Wolfgang Frahm | Alexander Walter

Arzthaftungsrecht

Leitfaden für die Praxis

Mit dem Erwerb dieses Buches erhalten Sie drei Monate Vollzugriff auf die VersR-Datenbank. Für die nötige Freischaltung kontaktieren Sie uns bitte über vertrieb@vvw.de.

Wolfgang Frahm | Alexander Walter

Arzthaftungsrecht

Leitfaden für die Praxis

7. Auflage

begründet von

Wolfgang Frahm und Wolfgang Nixdorf
ehem. wissenschaftliche Mitarbeiter beim Bundesgerichtshof

fortgeführt von

Wolfgang Frahm
Vorsitzender Richter am Oberlandesgericht

und

Dr. Alexander Walter
Richter am Oberlandesgericht

Verlag Versicherungswirtschaft

Bibliografische Information der Deutschen Nationalbibliothek

Die Deutsche Nationalbibliothek verzeichnet diese Publikation in der Deutschen Nationalbibliografie; detaillierte bibliografische Daten sind im Internet über http://dnb.d-nb.de abrufbar.

Beachten Sie bitte stets unseren Aktualisierungsservice auf unserer Homepage unter:
vvw.de → Service → Ergänzungen/Aktualisierungen
Dort halten wir für Sie wichtige und relevante Änderungen und Ergänzungen zum Download bereit.

Gleichstellungshinweis

Zur besseren Lesbarkeit wird auf geschlechtsspezifische Doppelnennungen verzichtet.

ISBN 978-3-96329-320-7

Vorwort

Bereits rund zweieinhalb Jahre nach dem Erscheinen der erneut freundlich aufgenommenen Vorauflage steht die Überarbeitung unseres Leitfadens im Zeichen zahlreicher bedeutsamer neuer Entscheidungen des BGH und der Instanzgerichte sowie innovativer Beiträge im kaum noch zu überblickenden Schrifttum zum Arzthaftungsrecht. Das bereits vor mehr als sieben Jahren in Kraft getretene Gesetz zur Verbesserung der Rechte von Patientinnen und Patienten (Patientenrechtegesetz) kommt mit dem prognostizierten zeitlichen Versatz allmählich in der gerichtlichen Praxis an. Unser Bemühen lag auf einer Einarbeitung all dieser Einflüsse auf die Fortentwicklung des Arzthaftungsrechts bei gleichzeitiger Beibehaltung einer übersichtlichen und kurz gefassten Darstellung der Grundlagen und Zusammenhänge des Arzthaftungsrechts. Das Buch soll den Zugang zu diesem – ungeachtet der für Teilbereiche bestehenden gesetzlichen Regelung – richterrechtlich geprägten Rechtsgebiet erleichtern und Hilfe sowie Orientierung bei der alltäglichen Bearbeitung einschlägiger Schadensfälle bieten. Im Blickfeld steht dabei vor allem die praktische Anwendung. Die Schrift richtet sich daher in erster Linie an Rechtsanwälte und Richter sowie Mitarbeiter von Versicherungsunternehmen, Verbänden und Krankenhäusern.

Das Buch befindet sich auf dem Stand Juni 2020. Nach mehreren Auflagen haben wir uns entschieden, die Randnummern angesichts des immer umfangreicher gewordenen Textes neu zu vergeben, um die Arbeit mit dem Stichwortverzeichnis und die Orientierung zu vereinfachen. Zur Erleichterung des Übergangs auf die neue Bezifferung haben wir die bisherigen Randnummern am Anfang der jeweiligen Absätze in Klammern gesetzt.

Schleswig/Koblenz im September 2020

Wolfgang Frahm — Dr. Alexander Walter

Inhaltsverzeichnis

Zur Erleichterung des Übergangs auf die neue Bezifferung haben wir die bisherigen Randnummern am Anfang der jeweiligen Absätze in Klammern gesetzt.

Seite

Teil 5: Verjährung

Teil 6: Verfahrensrechtliches

Abkürzungsverzeichnis

a.A.	anderer Ansicht
Abs.	Absatz
AcP	Archiv für die civilistische Praxis (Band, Seite)
a.E.	am Ende
a.F.	alte Fassung
AFG	Arbeitsförderungsgesetz
AG	Amtsgericht
AGB	Allgemeine Geschäftsbedingungen
AGBG	Gesetz zur Regelung des Rechts der Allgemeinen Geschäftsbedingungen (AGB-Gesetz)
AGS	Anwaltsgebühren Spezial (Jahr, Seite)
AHB	Allgemeine Versicherungsbedingungen für die Haftpflichtversicherung
AHRS	Arzthaftpflicht-Rechtsprechung (Loseblatt-Ausgabe)
Anh.	Anhang
Anm.	Anmerkung
AnwBl	Anwaltsblatt (Jahr, Seite)
AO	Abgabenordnung
AOP	Ambulantes Operieren und stationsersetzende Eingriffe im Krankenhaus
Art.	Artikel
ÄrzteZV	Ärzte-Zulassungsverordnung
ArztR	Arztrecht (Jahr, Seite)
AtomG	Atomgesetz
Aufl.	Auflage
AusR	Der Arzt und sein Recht (Jahr, Seite)
AVB	Allgemeine Vertragsbedingungen für Krankenhäuser
AZR	Arzt Zahnarzt Recht (Jahr, Seite)
BAG	Bundesarbeitsgericht
BayObLG	Bayerisches Oberstes Landesgericht
BauR	Baurecht (Jahr, Seite)
BB	Der Betriebs-Berater (Jahr, Seite)
BBG	Bundesbeamtengesetz

Bd.	Band
BG	Die Berufsgenossenschaft (Jahr, Seite)
BGB	Bürgerliches Gesetzbuch
BGBl. I	Bundesgesetzblatt Teil 1
BGH	Bundesgerichtshof
BGHR	Rechtsprechung des Bundesgerichtshofs (Loseblatt-Ausgabe)
BGHSt	Entscheidungen des Bundesgerichtshofs in Strafsachen (Band, Seite)
BGHZ	Entscheidungen des Bundesgerichtshofs in Zivilsachen (Band, Seite)
BMV-Ä	Bundesmantelvertrag – Ärzte
BPflV	Bundespflegesatzverordnung
BSeuchG	Gesetz zur Verhütung und Bekämpfung übertragbarer Krankheiten
BSG	Bundessozialgericht
BSHG	Bundessozialhilfegesetz
BT-Drucks.	Drucksachen des Deutschen Bundestages
BVerfG	Bundesverfassungsgericht
BVerfGE	Entscheidungen des Bundesverfassungsgerichts (Band, Seite)
bzgl.	bezüglich
bzw.	beziehungsweise
DAR	Deutsches Autorecht (Jahr, Seite)
DB	Der Betrieb (Jahr, Seite)
DDR	Deutsche Demokratische Republik
DDR-ZGB	Zivilgesetzbuch der Deutschen Demokratischen Republik
d.h.	das heißt
DJT	Deutscher Juristentag
DÖV	Die Öffentliche Verwaltung (Jahr, Seite)
DRiZ	Deutsche Richterzeitung (Jahr, Seite)
DS	Der Sachverständige (Jahr, Seite)
DVG	Digitale-Versorgung-Gesetz
Ed.	Edition
EGBGB	Einführungsgesetz zum Bürgerlichen Gesetzbuch
EGMR	Europäischer Gerichtshof für Menschenrechte
EGZPO	Einführungsgesetz zur Zivilprozessordnung

EKG	Elektrokardiogramm
EMRK	Europäische Menschenrechtskonvention
etc.	et cetera
f.	folgende
ff.	fortfolgende
FamRZ	Zeitschrift für das gesamte Familienrecht (Jahr, Seite)
Fn.	Fußnote
FS	Festschrift
G-BA	Gemeinsamer Bundesausschuss
GbR	Gesellschaft bürgerlichen Rechts
GesR	GesundheitsRecht (Jahr, Seite)
GG	Grundgesetz
GRUR	Gewerblicher Rechtsschutz und Urheberrecht (Jahr, Seite)
HGB	Handelsgesetzbuch
HIV	Human Immunodeficiency Virus
HRRS	Onlinezeitschrift für Höchstrichterliche Rechtsprechung zum Strafrecht (Jahr, Seite)
Hrsg.	Herausgeber
HS	Halbsatz
IfSG	Infektionsschutzgesetz
i.S.d.	im Sinne der/des
i.S.v.	im Sinne von
i.V.m.	in Verbindung mit
JR	Juristische Rundschau (Jahr, Seite)
JurBüro	Das Juristische Büro (Jahr, Seite)
juris	Das Rechtsportal juris.de
JuS	Juristische Schulung (Jahr, Seite)
JVEG	Justizvergütungs- und -entschädigungsgesetz
JZ	Juristen-Zeitung (Jahr, Seite)
Kap.	Kapitel
KG	Kammergericht Berlin
KGR	Kammergericht-Report (Jahr, Seite)

KHEntgG	Krankenhausentgeltgesetz
KHG	Krankenhausfinanzierungsgesetz
KHRG	Krankenhausfinanzierungsreformgesetz
KKG	Kinderschutz-Kooperations-Gesetz
Komm.	Kommentar
L	Leitsatz
LASIK	Laser-in-situ-Keratomileusis (Augenoperation zur Korrektur optischer Fehlsichtigkeit)
LG	Landgericht
Lit.	Literatur
LM	Nachschlagewerk des Bundesgerichtshofs, begründet von Lindenmaier und Möhring
LugÜ	Lugano-Übereinkommen für die gerichtliche Zuständigkeit und die Vollstreckung gerichtlicher Entscheidungen in Zivil- und Handelssachen
MBO-Ä	Musterberufsordnung-Ärzte
MBO-PsychTh	Musterberufsordnung der Psychologischen Psychotherapeuten und Kinder- und Jugendlichenpsychotherapeuten
MDK	Medizinischer Dienst der Krankenversicherung
MDR	Monatsschrift für Deutsches Recht (Jahr, Seite)
MedDRA	Medical Dictionary for Regulatory Activities
MedR	Medizinrecht (Jahr, Seite)
MFA	Medizinische(r) Fachangestellte(r)
MPBetreibVO	Medizinprodukte-Betreiberverordnung
MünchKomm	(Bearbeiter) Münchener Kommentar zum Bürgerlichen Gesetzbuch
MTRA	Medizinisch technische(r) Radiologieassistent/in
MVZ	Medizinisches Versorgungszentrum
m.w.N.	mit weiteren Nachweisen
NdsRpfl	Niedersächsische Rechtspflege (Jahr, Seite)
n.F.	neue Fassung
NJOZ	Neue Juristische Online-Zeitschrift (Jahr, Seite)
NJW	Neue JuristischeWochenschrift (Jahr, Seite)
NJWE-VHR	NJW-Entscheidungsdienst Versicherungs- und Haftungsrecht (Jahr, Seite)

NJW-RR	NJW-Rechtsprechungs-Report Zivilrecht (Jahr, Seite)
NK-BGB	Nomos Kommentar BGB
NVwZ	Neue Zeitschrift für Verwaltungsrecht (Jahr, Seite)
NZFam	Neue Zeitschrift für Familienrecht (Jahr, Seite)
OGH	Oberster Gerichtshof (Wien)
OLG	Oberlandesgericht
OLG-NL	OLG-Rechtsprechung Neue Länder (Jahr, Seite)
OLGR	OLG-Report (Jahr, Seite)
OLGZ	Entscheidungen der Oberlandesgerichte in Zivilsachen
PartGG	Partnerschaftsgesellschaftsgesetz
PflR	PflegeRecht (Jahr, Seite)
RDG	Rechtsdepesche für das Gesundheitswesen (Jahr, Seite)
RdL	Recht der Landwirtschaft (Jahr, Seite)
RefE	Referentenentwurf
RG	Reichsgericht
RGRK	(Bearbeiter) Das Bürgerliche Recht mit besonderer Berücksichtigung der Rechtsprechung des Reichsgerichts und des Bundesgerichtshofs, Kommentar, 12. Aufl.
RGSt	Entscheidungen des Reichsgerichts in Strafsachen (Band, Seite)
RGZ	Entscheidungen des Reichsgerichts in Zivilsachen (Band, Seite)
Rn.	Randnummer
RöV	Röntgenverordnung
Rspr.	Rechtsprechung
r+s	Recht und Schaden (Jahr, Seite)
RVG	Rechtsanwaltsvergütungsgesetz
RVO	Reichsversicherungsordnung
S.	Satz, Seite
s.	siehe
SchlHAnz	Schleswig-Holsteinische Anzeigen (Jahr, Seite)

SGB V, VII, X, XI	Sozialgesetzbuch 5. Buch (Gesetzliche Krankenversicherung), 7. Buch (Gesetzliche Unfallversicherung), 10. Buch (Verwaltungsverfahren), 11. Buch (Soziale Pflegeversicherung)
sog.	so genannt
st.	ständige
StGB	Strafgesetzbuch
SVT	Sozialversicherungsträger
TFG	Transfusionsgesetz
TPG	Transplantationsgesetz
UrhG	Urhebergesetz
Urt.	Urteil
VerfGH	Verfassungsgerichtshof
veröff.	veröffentlicht
VersR	Versicherungsrecht (Jahr, Seite)
vgl.	vergleiche
Vorb.	Vorbemerkung
VRS	Verkehrsrechts-Sammlung (Band, Seite)
VuR	Verbraucher und Recht (Jahr, Seite)
VVG	Versicherungsvertragsgesetz
VW	Versicherungswirtschaft (Jahr, Seite)
WM	Zeitschrift für Wirtschafts- und Bankrecht, Wertpapiermitteilungen Teil IV (Jahr, Seite)
ZAP	Zeitschrift für die Anwaltspraxis
z.B.	zum Beispiel
ZEV	Zeitschrift für Erbrecht und Vermögensnachfolge
ZfL	Zeitschrift für Lebensrecht (Jahr, Seite)
zfs	Zeitschrift für Schadensrecht (Jahr, Seite)
ZGB	Zivilgesetzbuch der DDR
zit.	zitiert
ZMGR	Zeitschrift für das gesamte Medizin- und Gesundheitsrecht (Jahr, Seite)
ZPO	Zivilprozessordnung
ZR	Revision in Zivilsachen (Aktenzeichen des BGH)
ZRP	Zeitschrift für Rechtspolitik

Weiterführende Literatur

Bergmann/Kienzle, Krankenhaushaftung, 4. Aufl. 2015

Bergmann/Pauge/Steinmeyer, Gesamtes Medizinrecht, 3. Aufl. 2018

Deutsch/Matthies, Arzthaftungsrecht, 3. Aufl. 1988

Deutsch/Spickhoff, Medizinrecht, 7. Aufl. 2014

Franzki, Der Arzthaftungsprozess, 1984

Gehrlein, Grundriss der Arzthaftpflicht, 2. Aufl. 2006

Geigel, Der Haftpflichtprozess, 28. Aufl. 2020

Geiß/Greiner, Arzthaftpflichtrecht, 7. Aufl. 2014

Giesen, Arzthaftungsrecht, 4. Aufl. 1995

Hausch, Der grobe Behandlungsfehler in der gerichtlichen Praxis, 2007

Jaeger, Patientenrechtegesetz, 2013

Jorzig, Handbuch Arzthaftungsrecht, 2018

Kasseler Kommentar Sozialversicherungsrecht, Loseblatt, Stand: 108. Ergänzungslieferung 2020

Katzenmeier, Arzthaftung, 2002

Laufs/Katzenmeier/Lipp, Arztrecht, 7. Aufl. 2015

Laufs/Kern/Rehborn, Handbuch des Arztrechts, 5. Aufl. 2019

Lorenz, Egon (Hrsg.), Karlsruher Forum 2013: Patientenrechte und Arzthaftung, 2014

Martis/Winkhart, Arzthaftungsrecht, 5. Aufl. 2018

Pauge/Offenloch, Arzthaftungsrecht, 14. Aufl. 2018

Ratzel/Luxenburger, Handbuch Medizinrecht, 3. Aufl. 2015

Rehborn, Arzt-Patient-Krankenhaus, 3. Aufl. 2000

Spickhoff, Medizinrecht,3. Aufl. 2018

Stegers/Hansis/Alberts/Scheuch, Sachverständigenbeweis im Arzthaftungsrecht, 2. Aufl. 2008

Wenzel, Der Arzthaftungsprozess, 2012

Wenzel, Handbuch des Fachanwalts Medizinrecht, 4. Aufl. 2019

Teil 1: Haftungsgrundlagen

[1] Die wichtigsten Anknüpfungspunkte der Arzthaftung sind der Behandlungsvertrag und die deliktischen Haftungstatbestände. In den Regelungen der §§ 630a ff. BGB finden sich dabei konkrete Bestimmungen zum Inhalt und Umfang eines vertraglichen Behandlungsverhältnisses. Die in den Regelungen vorgenommene gesetzliche Ausgestaltung besteht erst seit 2013 und die Entwicklung der rechtlichen Grundsätze zur Arzthaftung ist überwiegend keine Leistung des Gesetzgebers. Die rechtlichen Grundlagen der Arzthaftung waren bis zum Inkrafttreten des Patientenrechtegesetzes am 26.2.2013[1] nur rudimentär normativ verankert. Als Haftungsgründe kamen stets ein mit der Übernahme der ärztlichen Behandlung zustande gekommener, gesetzlich aber nicht speziell geregelter Behandlungsvertrag und ein deliktischer Anspruch nach § 823 Abs. 1 BGB in Betracht. Inhalt und Umfang der ärztlichen Pflichtenkreise sowie das arzthaftungsrechtliche Beweisrecht konnten mangels einschlägiger gesetzlicher Grundlagen nur durch die Rechtsprechung entwickelt und den aktuellen Verhältnissen angepasst werden. Nicht umsonst wird das Arzthaftungsrecht daher als **„Richterrecht reinsten Wassers"** bezeichnet[2]. Der Hauptanknüpfungspunkt der Arzthaftung lag stets im – eigentlich für das Austarieren eines vom gegenseitigen Vertrauen und Miteinander geprägten Arzt-Patient-Verhältnisses ungeeigneten – Deliktsrecht. Nach der umstritten gebliebenen, aber nach wie vor ständiger Rechtsprechung in Zivil- und Strafsachen entsprechenden Körperverletzungsdoktrin stellt sich die ärztliche Heilbehandlung als Körperverletzung und damit unerlaubte Handlung dar, deren Rechtfertigung eine wirksame Einwilligung voraussetzt (s. Rz. 104). Da bis zum Inkrafttreten des Zweiten Gesetzes zur Änderung schadensersatzrechtlicher Vorschriften am 1.8.2002 ein Schmerzensgeld nur bei deliktischer Haftung zugesprochen werden konnte, spitzte sich auch die rechtliche Prüfung entsprechend zu. Soweit die Rechtsprechung im Einzelfall eine vertragliche Haftung des behandelnden Arztes festgestellt hat, geschah dies regelmäßig auf der Grundlage einer Verletzung der aus dem Behandlungsvertrag resultierenden Pflich- 1

1 BGBl. I, 277.
2 *G. Müller*, VersR 2009, 1145, 1147.

ten[3]. Weitere Details über Vertragsform und nähere Ausformung der Anspruchsgrundlage lassen sich den entsprechenden Entscheidungen regelmäßig nicht entnehmen. Die Begründung einer Haftung folgt im vertraglichen Rahmen im Wesentlichen den gleichen Vorgaben wie im in Anspruchskonkurrenz stehenden deliktischen Bereich (s. Rz. 161); die Rechtsprechung hat sich stets um einen Gleichlauf bemüht. Vor dem Inkrafttreten des Schuldrechtsmodernisierungsgesetzes zum 1.1.2002 sowie des Zweiten Gesetzes zur Änderung schadensersatzrechtlicher Vorschriften zum 1.8.2002 ergaben sich nennenswerte Unterschiede lediglich bei den Verjährungsfristen, beim Einstehen für Hilfspersonen (§§ 278, 831 BGB) sowie auf der Rechtsfolgenseite etwa durch § 844 BGB sowie insbesondere durch § 847 BGB a.F., der ein Schmerzensgeld ausschließlich bei Vorliegen einer unerlaubten Handlung eröffnete.

2 Nach der **Schuldrechtsmodernisierung** wurden auch diese Unterschiede immer geringer. Abgesehen von der in § 280 Abs. 1 S. 2 BGB geregelten Verschuldensvermutung, die nach bisherigen Erkenntnissen in der Praxis nicht zu einer Haftungsverschärfung und damit einer Nivellierung des beweisrechtlichen Gleichlaufs der vertraglichen und deliktischen Haftung geführt hat (s. Rz. 267), gilt seit dem 1.1.2002 für Delikt wie Vertrag die einheitliche Verjährungsregelung des § 195 BGB. Überdies wird ein Schmerzensgeld auf Grund der Neuregelung in § 253 Abs. 2 BGB bei nach dem 31.7.2002 vorgenommenen pflichtwidrigen Handlungen auch im Rahmen der vertraglichen Haftung geschuldet. Als Unterschiede verblieben sind lediglich das Verweisungsprivileg beamteter Ärzte nach § 839 Abs. 1 S. 2 BGB sowie die Einstandspflicht für das Handeln von Hilfspersonen nach § 278 BGB bzw. § 831 BGB, wobei die Rechtsprechung die Anforderungen an eine Exkulpation nach § 831 BGB zunehmend erhöht hat, so dass zwischenzeitlich auch insofern nahezu von einem Gleichlauf ausgegangen werden kann. Die konsequent prognostizierte Akzentverschiebung der Arzthaftung vom Delikts- zum Vertragsrecht[4] stellte sich gleichwohl nicht ein; vielmehr werden in der Praxis zumeist vertragliche und deliktische Anspruchsgrundlagen gemeinsam zitiert.

3 BGH NJW 1989, 1538 = BGHZ 106, 153; BGH VersR 1988, 1270 = NJW 1989, 769; BGH VersR 1986, 866 a.E. = NJW 1986, 2364; BGH VersR 1984, 356, 358.

4 *Deutsch/Spickhoff*, Medizinrecht, Rz. 303.

Mit dem **Patientenrechtegesetz 2013** wurde der Behandlungsvertrag und – etwas einseitig – die hieraus resultierenden Pflichten des Arztes sowie die beweisrechtlichen Besonderheiten der Arzthaftpflicht erstmals kodifiziert. Die seit jeher schwierige Struktur des Arzt-Patienten-Verhältnisses[5] stand dabei kaum im Fokus. Mit Blick auf den Haftungsgrund ergeben sich ebenfalls keine wesentlichen Neuerungen[6]. Unter dem Titel „Dienstvertrag und ähnliche Verträge“ wird der Behandlungsvertrag im Anschluss an den Dienstvertrag in den §§ 630a ff. BGB geregelt. Damit betont der Gesetzgeber den fehlenden Erfolgsbezug der ärztlichen Pflichten. Eine spezielle vertragliche Haftungsnorm ist zu Recht nicht vorgesehen. Die §§ 630a ff. BGB regeln vielmehr ausschließlich die vertraglichen Pflichten der Parteien; die Haftung bei Pflichtverletzungen richtet sich hingegen nach der allgemeinen schuldrechtlichen Haftungsnorm in § 280 BGB[7]. Die **Kodifikation des Behandlungsvertrages** ändert also nicht die konkreten Anspruchsnormen. Bei der Ausgestaltung der ärztlichen Pflichtenkreise orientieren sich die §§ 630a ff. BGB im Wesentlichen an der stets um identische vertragliche und deliktische Pflichten bemühten Rechtsprechung. **Hauptanknüpfungspunkte der Haftung** bleiben der ärztliche **Behandlungsfehler** sowie die **unzureichende Aufklärung** mit der Folge der fehlenden bzw. unwirksamen Einwilligung in den ärztlichen Heileingriff. In einigen Bereichen statuieren die §§ 630a ff. BGB jedoch neue Verpflichtungen[8], mitunter werden Vorgaben der Rechtsprechung etwas verschärft[9] und teilweise besteht die – bei einer solchen Kodifikation kaum zu vermeidende – Gefahr von Missverständnissen aufgrund der verkürzten gesetzlichen Regelung der richterrechtlichen Grundsätze[10], regelungstechnischer Irritationen[11] und 3

5 Vgl. hierzu *Miranowicz*, MedR 2018, 131.

6 Ausgeblendet werden insbesondere auch rechtsvergleichende Überlegungen und die europäischen Entwicklungen zum Recht der medizinischen Behandlung; vgl. hierzu *Wagner* in FS Müller, 2009, S. 335 ff.

7 BT-Drucks. 17/10488, 10 f.; ebenfalls zustimmend *Wagner*, VersR 2012, 789, 790.

8 Eine wirkliche Neuerung ist die Verpflichtung zur Information über eigene und fremde Behandlungsfehler nach § 630c Abs. 2 S. 2 BGB.

9 So muss seit Inkrafttreten der Bestimmungen der §§ 630a ff. BGB etwa eine EDV-Dokumentation zwingend revisionssicher sein; § 630f Abs. 1 BGB.

10 Siehe nur § 630a Abs. 2 BGB oder § 630h Abs. 5 BGB.

11 Vgl. z.B. die Regelung des § 630f Abs. 3 BGB; hierzu Rz. 309.

einer unbestimmten bzw. ungenauen Gesetzesbegründung[12]. Bei der Ausfüllung der vertraglichen Anspruchsnorm des § 280 Abs. 1 BGB können also trotz der Orientierung der Kodifikation an der bisherigen Rechtsprechung neue Probleme auftauchen. Zudem stellt sich die Frage, ob Inhalt und Umfang der Pflichtenkreise und das Beweisrecht auch weiterhin im vertraglichen und deliktischen Bereich im Gleichschritt bleiben[13]. Abzuwarten bleibt zudem, inwieweit die Haftung aus Delikt neben der vertraglichen Haftung an eigenständiger Bedeutung verliert[14]. Bislang sind in der Praxis keine nennenswerten strukturellen Änderungen durch die Regelungen der §§ 630a ff. BGB zu verzeichnen. Allerdings dürfte eine sachgerechte Betrachtung der Auswirkungen des Patientenrechtegesetzes noch einiger Zeit bedürfen, gelangen Arzthaftungssachen doch häufig erst Jahre nach dem Behandlungsgeschehen zu den Gerichten, weshalb aktuell in zahlreichen Fällen die §§ 630a ff. BGB gar nicht anwendbar sind.

I. Behandlungsvertrag

4 [1a] Bereits vor der Kodifikation durch das Patientenrechtegesetz war der Behandlungsvertrag als Grundlage der ärztlichen Haftung anerkannt. Spätestens mit der Vorstellung des Patienten in der Arztpraxis bzw. im Krankenhaus kommt zwischen ihm und der Behandlungsseite[15] ein **privatrechtlicher Behandlungsvertrag** nach § 630a Abs. 1 BGB zustande. Dies gilt – wie nun auch der Gesetzgeber klargestellt hat[16] – selbst dann, wenn es sich nicht um einen **Selbstzahler (Privat-**

12 Beispielhaft kann auf die Ausführungen zu den Ausnahmen von einer Beweislastumkehr wegen eines groben Behandlungsfehlers verwiesen werden; hierzu Rz. 277 ff.

13 Skeptisch etwa *Wagner*, VersR 2012, 789, 801.

14 Vgl. BT-Drucks. 17/10488, 17 f.

15 In § 630a Abs. 1 BGB wird der Vertragspartner auf Behandlungsseite begrifflich als „Behandelnder“ definiert. Diese Begriffsbildung ist durchaus missverständlich, da die eine Behandlung zusagende Vertragspartei und der tatsächlich behandelnde Arzt nicht identisch sein müssen und in der Praxis häufig auch nicht identisch sein werden. Während der tatsächlich Behandelnde jedenfalls aufgrund der Handelndenhaftung des § 823 Abs. 1 BGB deliktisch einstehen muss, gilt dies nicht für die vertragliche Haftung. Die Rechtspraxis wird indes mit den gewählten Begrifflichkeiten umzugehen wissen.

16 BT-Drucks. 17/10488, 18 f.

patient), sondern um einen **gesetzlich versicherten Patienten (Kassenpatient)** handelt[17]. Beim gesetzlich versicherten Patienten sind zwar die versicherungsrechtlichen Ansprüche gegenüber der Krankenkasse (also etwa wenn es um die Frage der Notwendigkeit oder die Art der Behandlung geht, § 27 Abs. 1 SGB V) ebenso wie die Beziehungen zwischen Leistungserbringern, Kassen und Kassenärztlichen Vereinigungen (§§ 77 ff. SGB V) öffentlich-rechtlich geregelt[18]. Dies betrifft insbesondere auch den Vergütungsanspruch der Behandlungsseite, welcher nicht direkt gegenüber dem Kassenpatienten besteht, sondern bei Behandlung durch den Vertragsarzt (früher: Kassenarzt) gegenüber der zuständigen Kassenärztlichen Vereinigung und bei stationärer Behandlung im Krankenhaus gegenüber der Krankenkasse. Streitigkeiten in diesen öffentlich-rechtlich zu qualifizierenden Beziehungen sind vor den Sozialgerichten auszutragen (§ 51 Abs. 2 S. 1 SGG)[19]. Auch hinsichtlich der Zuzahlungspflicht des Krankenhauspatienten gem. § 39 Abs. 4 SGB V besteht im Übrigen kein direktes Vergütungsband zwischen diesem und dem Krankenhausträger. Die Zahlung erfolgt zwar zu Händen des Krankenhauses. Dieses ist jedoch lediglich Zahlstelle und hat den Betrag an den eigentlichen Gläubiger, die Krankenkasse, weiterzuleiten[20]. Auch die sonstigen Zuzahlungspflichten bei Krankenbehandlungen lassen das System unberührt[21]. Dies alles ändert jedoch nichts daran, dass auch beim Kassenpatienten die unmittelbare Behandlungsbeziehung, aus welcher sich letztlich im Falle der Schädigung eine ärztliche Haftung ergeben kann, rein privatrechtlicher Natur ist (vgl. auch Rz. 18)[22]. Dies wird noch un-

17 Den Vertragsarzt trifft eine Präsenzpflicht und ein gewisser Kontrahierungszwang. Verstöße können disziplinarisch geahndet werden. Vgl. etwa LSG Bayern GesR 2014, 362.

18 Vgl. hierzu etwa *Geiß/Greiner*, Arzthaftpflichtrecht, Rz. A 10 ff.; *Pauge/Offenloch*, Arzthaftungsrecht, Rz. 65 ff.

19 Vgl. nur BGH VersR 1984, 264 = NJW 1984, 1820; *Pauge/Offenloch*, Arzthaftungsrecht, Rz. 75. Zum Verfahren vgl. Kasseler Kommentar/*Nolte*, § 27 SGB V Rz. 86 ff.; dies gilt auch, wenn der Kostenübernahmeanspruch auf Geschäftsführung ohne Auftrag gestützt wird.

20 Vgl. etwa Kasseler Kommentar/*Gamperl*, § 39 SGB V Rz. 150, 153.

21 *Quaas/Zuck/Clemens*, Medizinrecht, § 9 Rz. 14 f. So wurde auch die Praxisgebühr von den Arztpraxen als eine Art Inkassostelle eingezogen.

22 So zutreffend und ohne nähere Auseinandersetzung mit der Gegenauffassung BT-Drucks. 17/10488, 18 f.; zuvor bereits BGH VersR 1984, 264 = NJW 1984, 1820; bestätigend *Deutsch/Spickhoff*, Medizinrecht, Rz. 21 und 106; jurisPK-SGB V/*Hesral*, 3. Aufl. 2016, § 72 SGB V Rz. 74 ff.

terstrichen durch die Regelung des § 76 Abs. 4 SGB V, wonach sich auch nach Ansicht des Gesetzgebers die Pflicht zu sorgfältiger Behandlung des Versicherten „nach den Vorschriften des bürgerlichen Vertragsrechts“ richtet. Für die als privatrechtlich erkannte Rechtsnatur des Behandlungsverhältnisses ist es im Übrigen unerheblich, ob die Behandlungsseite – also etwa der Träger des in Anspruch genommenen Krankenhauses – (wie häufig) öffentlich-rechtlich organisiert ist[23].

5 Hinsichtlich der Einteilung in Selbstzahler und Kassenpatienten sei hier abschließend noch darauf verwiesen, dass auch Letztere insoweit zum Selbstzahler werden, als sie über die sog. allgemeinen Krankenhausleistungen (§ 2 Abs. 2 BPflV)[24] hinaus Wahlleistungen nach Maßgabe des § 17 KHEntG in Anspruch nehmen[25].

1. Vertragstypus

6 [2] Bei der näheren Qualifizierung des Behandlungsvertrages hat sich die Rechtsprechung in der Vergangenheit zumeist nicht eindeutig festgelegt. Von wenigen Ausnahmegestaltungen abgesehen ging man jedoch nahezu einhellig von einem Dienstvertrag aus[26], nach dem der Arzt eine ordnungsgemäße Behandlung, aber keinen Heil- oder Behandlungserfolg schuldet. Hieran anknüpfend regelt das **Patientenrechtegesetz** den Behandlungsvertrag als **spezielle Form des Dienstvertrages**, der die Behandlungsseite lediglich zu einer fachgerechten Vornahme der Behandlung, nicht aber zu einem Behandlungserfolg verpflichtet[27]. Durch diese Einordnung werden indes die bekannten Abgrenzungsprobleme – insbesondere zum Werkvertrag – nicht aufgelöst. Nach wie vor kann also bei geschuldetem Erfolg in eher seltenen Ausnahmefällen – etwa bei rein zahnlabortechnischen Leistungen

23 BGH VersR 1989, 1085 = NJW 1989, 2945; BGH VersR 1986, 465 = NJW 1986, 1542; zum hoheitlich tätigen Arzt vgl. aber unten Rz. 10 ff.

24 Bundespflegesatzverordnung vom 26.9.1994, BGBl. I 2750.

25 Hierzu näher unten Rz. 24; vgl. auch *Tuschen/Quaas*, Kommentar zur BPflV, § 22 S. 406 ff.

26 Vgl. nur BGH VersR 2011, 883 = NJW 2011, 1674; BGH VersR 1986, 866 = NJW 1986, 2364; *Gehrlein*, Grundriss der Arzthaftpflicht, Rz. A 4.

27 BT-Drucks. 17/10488, 17.

– das Werkvertragsrecht greifen (s. auch Rz. 8)[28]. Im Falle stationärer Unterbringung kann der Vertrag durch Elemente des Miet-, Beherbergungs-, Kauf- und Werkvertrages tangiert werden[29], wobei diese zusätzlichen Elemente in der Rechtspraxis in aller Regel nicht durchschlagen.

Die Regelung des Behandlungsvertrages in § 630a Abs. 1 BGB bezieht 7
sich nur auf Verträge, die eine medizinische Behandlung eines Patienten zum Gegenstand haben. Sie umfasst also den Bereich der **Humanmedizin**[30]. Der nicht gesetzlich definierte Begriff der medizinischen Behandlung[31] zielt auf die Heilbehandlung ab[32]. Diese umfasst in ers-

---

28 Vgl. auch BT-Drucks. 17/10488, 17; *Spickhoff*, VersR 2013, 267, 268; ders., ZRP 2012, 65, 66.

29 Vgl. LG Berlin MedR 2017, 62; *Büsken/Klüglich*, VersR 1994, 1141.

30 Vgl. auch BT-Drucks. 17/10488, 18. Erfasst werden ausschließlich Behandlungen durch Angehörige humanmedizinischer Heilberufe, insbesondere durch (Zahn-)Ärzte, Psychologische Psychotherapeuten, Kinder- und Jugendlichenpsychotherapeuten. Darüber hinaus fallen unter § 630a Abs. 1 BGB auch Behandlungen durch humanmedizinische Nebenberufe (Hebammen, Masseure und medizinische Bademeister, Ergotherapeuten, Logopäden, Physiotherapeuten, Heilpraktiker u.a.). Verträge mit Apothekern sind vom Anwendungsbereich der §§ 630a ff. BGB hingegen ausgeschlossen, da Apotheker nicht zur Behandlung von Patienten befugt sind; kritisch *Effertz*, GesR 2019, 15. Auch Behandlungsverträge mit Veterinärmedizinern über die Behandlung von Tieren werden nicht von den §§ 630a ff. BGB erfasst. Zur Haftung des Tierarztes vgl. den Überblick bei *Deutsch/Spickhoff*, Medizinrecht, Rz. 582 ff.; zur Beratungspflicht des Tierarztes: BGH VersR 1982, 435; zur Dokumentationspflicht etwa: OLG Stuttgart VersR 1996, 1029; OLG Hamm OLGR 2003, 92; *Bemmann*, VersR 2005, 760; zur Aufklärungspflicht: OLG Dresden GesR 2019, 164; OLG Zweibrücken VersR 1996, 1030; zur Beweislastumkehr bei einem groben Behandlungsfehler: BGH VersR 2016, 1002 = NJW 2016, 2502. Insgesamt gelten für die tierärztliche Aufklärung und Beratung andere Maßstäbe als in der Humanmedizin. Zur Haftung bei tierärztlichen Kaufuntersuchungen: *Adolphsen*, VersR 2003, 1088; *von Westphalen*, VersR 2005, 1055.

31 Vgl. *Wagner*, VersR 2012, 789, 790: Eine medizinische Behandlung sind sämtliche Dienstleistungen, die physisches oder psychisches menschliches Leid lindern oder dessen Ursache beheben sollen.

32 Vgl. auch BT-Drucks. 17/10488, 17. Nicht erfasst werden daher Verträge über die Erbringung reiner Pflege- oder Betreuungsleistungen sowie Verträge im Geltungsbereich des Gesetzes über Wohnraum mit Pflege- oder Betreuungsleistungen. Der bloße Gesundheitsbezug genügt nicht; vgl.

ter Linie sämtliche Maßnahmen und Eingriffe am Körper eines Menschen, um Krankheiten, Leiden, Körperschäden, körperliche Beschwerden oder seelische Störungen nicht krankhafter Natur zu verhüten, zu erkennen, zu heilen oder zu lindern[33]. Allerdings muss sich die medizinische Behandlungsmaßnahme nicht zwingend auf die Behandlung einer Krankheit beziehen. Auch die Behandlung aus kosmetischen Gründen fällt unter die §§ 630a ff. BGB[34].

8 [3] Spezielle vertragliche Gewährleistungsrechte bzw. Rechtsbehelfe, wie sie das BGB bei Schlechterfüllung von Leistungspflichten vorsieht, spielen so gut wie keine Rolle[35]. Lediglich für die Fälle, in denen die Behandlungsseite in erster Linie Herstellung und Lieferung von Sachen schuldet, wird die Anwendung werkvertraglicher Regeln in Betracht gezogen[36]. Besteht allerdings eine Verflechtung mit der ärztlichen Heilbehandlung, werden regelmäßig die Regelungen des Behandlungs- bzw. Dienstvertragsrechts anzuwenden sein. Folglich kann das **Gewährleistungsrecht des Werkvertrages** nur in demjenigen Vertragssegment zur Anwendung gelangen, in dem keine Heilbehandlung erfolgt, es sich vielmehr nur um die technische Anfertigung und deren nicht durch Befindlichkeiten des Patienten beeinflusste Mängel handelt[37]. Eine Übertragung spezieller werkvertraglicher Gewährleistungsregeln – etwa des Kostenvorschussanspruchs nach §§ 634 Nr. 2, 637 Abs. 3 BGB[38] – auf den Behandlungsvertrag ist nicht eröffnet.

---

auch OLG Zweibrücken GesR 2018, 792: „Yoga für Schwangere“ kein Behandlungsvertrag.

33 BT-Drucks. 17/10488, 17.

34 BT-Drucks. 17/10488, a.a.O. Vgl. zur Definition des „Behandlungsziels“ bei einer kosmetischen Operation OLG Hamm GesR 2016, 513.

35 Zur Problematik des Vorrangs der Nacherfüllung beim Behandlungsvertrag vgl. *Ballhausen*, NJW 2011, 2694; s. auch *Kohler*, AcP 215, 165.

36 RGRK – *Nüßgens*, BGB § 823 Anh. II Rz. 12.

37 BGH VersR 2011, 883 = NJW 2011, 1674; BGH VersR 1975, 347 = NJW 1975, 305; s. auch BGH VersR 2017, 432 (Therapie zur Gewichtsabnahme nach ernährungsmedizinischem Konzept); OLG Karlsruhe VersR 1996, 62: Beinprothese; vgl. auch RGRK – *Nüßgens*, BGB § 823 Anh. II Rz. 12: Herzschrittmacher, Leistungen von reinen Laborärzten; ferner *Griebau*, juris-PR-MedizinR 1/2012, Anm. 2. Zur (verneinten) Haftung des Zahntechnikers für das Beschleifen einer Prothese: OLG Frankfurt BeckRS 2019, 849. Zum Zahntechnikervertrag und dem Verhältnis zum Behandlungsvertrag mit dem Zahnarzt *Grams*, GesR 2014, 137.

38 Vgl. etwa OLG Koblenz VersR 2009, 1542.

Für die häufig umstrittene **zahnprothetische Behandlung** ist zu differenzieren: Die Vorschriften der §§ 633 ff. BGB gelten nur insoweit, als die technische Herstellung der Prothese etc. betroffen ist. Die zahnärztlichen Eingliederungs- und Anpassungsmaßnahmen sind hingegen dem **Behandlungsvertragsrecht** und damit über § 630b BGB auch den dienstvertraglichen Vorschriften der §§ 611 ff. BGB zu unterstellen. In der Praxis treten in diesem Zusammenhang vielfältige Probleme auf, die in der Vergangenheit in durchaus divergierende instanzgerichtliche Entscheidungen mündeten[39], zwischenzeitlich aber weitgehend vom BGH einer Klärung zugeführt wurden. Danach kann die schuldhafte Fehlleistung des (Zahn-)Arztes bei völliger Unbrauchbarkeit zur **Befreiung von der Vergütungspflicht** als Mindestschaden führen. Daneben kann weiterer Schadensersatz nach allgemeinen Grundsätzen – insbesondere also ein Schmerzensgeld – in Betracht kommen. Darüber hinaus kann eine nutzlose fehlerhafte Leistung des (Zahn-)Arztes die **vorzeitige Kündigung des Behandlungsvertrages** unter Wegfall der Vergütungspflicht rechtfertigen (§§ 630b, 628 Abs. 1 S. 2 BGB)[40]. 9

2. Öffentlich-rechtliche Behandlungsverhältnisse

a) Ausgangslage

[4] Nur in Ausnahmefällen ist das Behandlungsverhältnis selbst öffentlich-rechtlich geregelt, wenn der Arzt **in Ausübung** des ihm anvertrauten **öffentlichen Amtes** handelt[41]. Entscheidend ist hierbei, ob die 10

39 Vgl. etwa die Nachweise in Fn. 38 der Vorauflage.

40 Zum Ganzen BGH VersR 2019, 818 = NJW 2018, 3513; vgl. zuvor bereits BGH VersR 2011, 883 = NJW 2011, 1674 = MedR 2012, 38 m. zust. Anm. *Preis/Sagan*; zum Ganzen auch *Schellenberg*, VersR 2007, 1343; unter Berücksichtigung des Haftpflichtversicherungsschutzes ferner *Salzmann-Hennersdorf*, VersR 2012, 1101. Nicht ohne weiteres übertragbar auf das Rechtsverhältnis zwischen Patient und Zahnarzt ist die Rechtsprechung des BSG zum vertragszahnärztlichen Schadensersatzanspruch der Krankenkasse wegen standardwidriger prothetischer Versorgung mit der Voraussetzung einer Unzumutbarkeit der Nacherfüllung durch den Erstbehandler: vgl. hierzu etwa BSG MedR 2018, 49 = GesR 2018, 91.

41 Allgemein zur Amtshaftung im Gesundheitswesen und öffentlich-rechtlichen Behandlungsverhältnissen *Itzel/Schwall*, GesR 2016, 741; *Galke*, FS Schlick, 2015, S. 145. Daneben bestehen im Gesundheitsbereich weitere Fallkonstellationen, in denen eine Amtshaftung mit Bezug zur medizi-

eigentliche Zielsetzung, in deren Sinn der Betroffene tätig wurde, hoheitlicher Tätigkeit zuzurechnen ist und ob zwischen dieser Tätigkeit und der schädigenden Handlung ein so enger äußerer und innerer Zusammenhang besteht, dass die Handlung ebenfalls als dem Bereich hoheitlicher Betätigung angehörend angesehen werden muss[42]. Dabei kommt es nicht auf die Person des Handelnden, sondern auf seine **Funktion** an. Selbst dann, wenn auf der Behandlungsseite beamtete Ärzte tätig werden bzw. die Behandlung in einem Krankenhaus in öffentlich-rechtlicher Trägerschaft erfolgt, ändert dies daher im Regelfall an der privatrechtlichen Einstufung des Behandlungsverhältnisses nichts[43]. So kommt etwa bei der Behandlung eines Zivilpatienten in einem Bundeswehrkrankenhaus ein rein zivilrechtlicher Behandlungsvertrag zustande[44], ebenso im berufsgenossenschaftlichen Krankenhaus[45]. Eine hoheitliche Tätigkeit kann auch nicht allein damit begründet werden, dass der Patient im Staatsdienst beschäftigt ist[46].

---

nischen Versorgung in Betracht kommt; vgl. etwa OLG Saarbrücken NJW-RR 2016, 271 (zögerliche Bewilligung einer Kur durch die gesetzliche Krankenkasse); OLG Karlsruhe VersR 2013, 501 (Leistungszusagen von Mitarbeitern einer gesetzlichen Krankenkasse); LG Baden-Baden FamRZ 2016, 991 (zur Haftung einer Adoptionsvermittlungsstelle in privater Trägerschaft wegen fehlender Aufklärung über das Risiko eines fetalen Alkoholsyndroms des vermittelten Adoptivkindes; offen lassend BGH, Beschl. v. 27.7.2017 – III ZR 456/16, veröff. in juris); zur quasiärztlichen Versorgung von Flüchtlingen durch Flüchtlinge *Rixen*, NVwZ 2015, 1640.

42 BGH VersR 2006, 1684 = GesR 2006, 413; ebenso BGH VersR 2017, 490 = NJW 2017, 1742; BGH VersR 2017, 495 = NJW 2017, 1745; BGH VersR 2011, 264 = BGHZ 187, 194; BGH VersR 2010, 768 = MedR 2011, 96; BGH VersR 2009, 401 = GesR 2009, 151.

43 BGH VersR 1989, 1085 = NJW 1989, 2945; vgl. auch *Stein/Itzel/Schwall*, Praxishandbuch des Amts- und Staatshaftungsrechts, 2. Aufl. 2012, Rz. 594.

44 OLG Koblenz VersR 2011, 79 = MedR 2011, 366.

45 Vgl. etwa OLG München, Urt. v. 8.12.2005 – 1 U 2954/05 – und Urt. v. 17.1.2008 – 1 U 1541/07, beide zit. nach juris.

46 BGH VersR 2014, 374 = NJW-RR 2014, 1051.

b) Fallgruppen

Eine hoheitliche Betätigung liegt vor, wenn sich die ärztliche Maßnahme als **Zwangsbehandlung** darstellt[47] oder der Arzt mit ihr unmittelbar ein ihm übertragenes öffentliches Amt ausübt, wie etwa der **Amtsarzt** des Gesundheitsamtes[48], der **Truppenarzt** oder die im Auftrag der Bundeswehr tätigen Ärzte eines zivilen Krankenhauses bei der ärztlichen Behandlung von Soldaten – nicht hingegen von Zivildienstleistenden[49] – im Bereich der gesetzlichen Heilfürsorge[50] oder der von den Gesundheitsbehörden eingeschaltete **Impfarzt** bei der Durchführung einer staatlichen Schutzimpfung nach dem BSeuchG – und zwar auch, wenn die Impfung selbst freiwillig erfolgt[51] –, ist das Behandlungsverhältnis hoheitlich geprägt[52]. Gleiches gilt für die **Behandlung von Strafgefangenen**[53] oder Untersuchungsgefangenen durch den 11

47 Vgl. BGH VersR 2013, 718 = GesR 2013, 117 (auch zur Passivlegitimation bei Fehlen einer öffentlich-rechtlichen Anstellungskörperschaft); OLG Karlsruhe VersR 2016, 254; s. auch BGH VersR 2014, 1210.

48 BGH VersR 1975, 283 = BGHZ 63, 265; BGHR BGB § 839 Abs. 1 „Notarzt 1"; möglich auch nach Landesrecht, z.B. bei Untersuchung für Verlängerung einer speziellen Fahrerlaubnis: BGH NJW 1994, 2415.

49 BGH VersR 2011, 264 = BGHZ 187, 194 = JR 2012, 20 m. zust. Anm. *Thiel* = MedR 2011, 805 m. abl. Anm. *Kern*. Nach Auffassung des BGH sind die Grundsätze für die Behandlung von Soldaten nicht auf Zivildienstleistende übertragbar. Zwar haben auch Zivildienstleistende einen gesetzlichen Anspruch auf Heilfürsorge, doch ist dieser anders ausgestaltet. Die Behandlung erfolgt primär durch niedergelassene Ärzte sowie zivile Kliniken und ohne Auftrag bzw. Weisung eines Bundeswehrarztes.

50 BGH VersR 1996, 976; BGH VersR 1993, 435; BGH VersR 1989, 1050 = NJW 1990, 760; OLG Koblenz VersR 2018, 1066; OLG Schleswig GesR 2014, 667 (sowohl zur Amtshaftung im Bereich der Behandlung durch Truppenärzte bzw. in einem Bundeswehrkrankenhaus mit der Beschränkung nach § 91a Abs. 1 S. 1 SVG als auch zur privatrechtlichen Behandlung im Falle der Versorgung eines Soldaten in einem Krankenhaus ohne Ein- bzw. Überweisung durch einen Truppenarzt); OLG Brandenburg VersR 2001, 1428. Vgl. aber zur Behandlung in einem zivilen Krankenhaus OLG Hamm GesR 2019, 465.

51 BGH VersR 1994, 1228 = MDR 1995, 585; BGH VersR 1990, 737 = NJW 1990, 2311.

52 Zu den Fallgruppen im Einzelnen *Stein/Itzel/Schwall*, Praxishandbuch des Amts- und Staatshaftungsrechts, 2. Aufl. 2012, Rz. 600 ff.

53 Zu deren Rechtsstellung vgl. *Brettel*, GesR 2017, 477.

Anstaltsarzt[54] und durch den von der Anstalt von Amts wegen beauftragten externen Vertragsarzt[55]. Auch der bei einem **Medizinischen Dienst der Krankenversicherung** (MDK) angestellte Arzt, der gegenüber einer Krankenkasse eine Stellungnahme nach § 275 SGB V abgibt, handelt – unabhängig, ob sein Arbeitgeber öffentlich- oder privatrechtlich organisiert ist – hoheitlich[56]. Schließlich ist die Behandlung in der **geschlossenen Abteilung eines psychiatrischen Landeskrankenhauses** auch dann öffentlich-rechtlicher Natur, wenn sie im Einverständnis des Patienten und seines Betreuers und nicht auf Grund einer hoheitlichen Unterbringung erfolgt, da die Heilbehandlung von Geistes- und Gemütskranken und gegebenenfalls auch der Schutz der Außenwelt vor ihnen eine öffentliche Pflicht des Staates darstellt, weshalb dem Einverständnis lediglich verfahrensrechtliche und die Freiheitsbeschränkung legitimierende Bedeutung zukommt[57]. Als Folge hiervon tritt dann – unabhängig vom staatsrechtlichen Beamtenstatus des Behandelnden (sog. weiter haftungsrechtlicher Beamtenbegriff) – eine persönliche Haftung des behandelnden Arztes weder aus Vertrag noch aus Delikt ein. Die Haftung trifft vielmehr als **Staatshaftung gem. Art. 34 GG** die hinter seinem Handeln stehende Kör-

---

54 Vgl. zur gerichtlichen Kontrolle nach § 109 StVollzG: OLG Celle GesR 2018, 462 = MedR 2018, 888 m. Anm. *Laubenthal.*

55 Anders, wenn dem Untersuchungsgefangenen mit Zustimmung des Haftrichters als Vergünstigung gestattet wird, auf eigene Kosten einen beratenden Arzt hinzuzuziehen: BGH VersR 1982, 240.

56 BGH VersR 2006, 1684 = GesR 2006, 413: Soweit der Dienst den Status einer Körperschaft öffentlichen Rechts hat, haftet dieser für seine Bediensteten als Anstellungskörperschaft. Ist der Medizinische Dienst privatrechtlich organisiert, haftet die Krankenversicherung, die den konkreten Gutachtenauftrag erteilt hat. Zur Amtshaftung des MDK für fehlerhafte Begutachtungen Versicherter vgl. auch OLG Koblenz GesR 2012, 173; zur Anwendbarkeit des Subsidiaritätsprinzips (etwa bei Fehlern des behandelnden Arztes) OLG Koblenz VersR 2013, 1400. Ansprüche auf Unterlassung und Widerruf von Erklärungen, die von einem Arzt des MDK in einer sozialmedizinischen Stellungnahme abgegeben wurden, richten sich aufgrund der hoheitlichen Tätigkeit nicht gegen den einzelnen Arzt: LSG Baden-Württemberg BeckRS 2017, 142343.

57 BGH VersR 2008, 778 = NJW 2008, 1444; vgl. auch OLG Dresden GesR 2018, 302, 303; OLG Naumburg GesR 2010, 318.

perschaft (mit möglicher Verweisung nach § 839 Abs. 1 S. 2 BGB auf eine Haftung Dritter)[58].

c) Rettungsdienst

Auch die Tätigkeit des **Notarztes im Rettungsdienst** kann – anders als 12
der hiervon zu unterscheidende vertragsärztliche Bereitschafts- oder Notfalldienst für ansonsten sprechstundenfreie Zeiten – im Verhältnis zum Notfallpatienten nach Amtshaftungsgrundsätzen zu beurteilen sein[59]. Abzustellen ist auf die **Ausgestaltung des Rettungsdienstes durch die jeweiligen landesrechtlichen Bestimmungen**. Ist etwa durch Landesgesetz der Rettungsdienst als öffentliche Aufgabe der Daseins- und Gesundheitsfürsorge, aber auch der Gefahrenabwehr öffentlich-rechtlich organisiert und seine Wahrnehmung der hoheitlichen Betätigung zuzurechnen, so sind auch Behandlungsfehler des Notarztes in diesem Rahmen nicht persönlich diesem gegenüber geltend zu machen. Vielmehr trifft die Haftung die Körperschaft, der sein Handeln zuzurechnen ist[60].

---

58 Zur Bestimmung der haftenden Körperschaft vgl. BGH VersR 2017, 422, 423: „Entscheidend ist mithin, wer dem Amtsträger das Amt, bei dessen Ausübung er fehlerhaft handelte, anvertraut, wer mit anderen Worten dem Amtsträger die Aufgabe, bei deren Wahrnehmung die Amtspflichtverletzung erfolgte, übertragen hat. Es haftet daher im Regelfall die Körperschaft, die den Amtsträger angestellt und ihm damit die Möglichkeit der Amtsausübung eröffnet hat. Steht der Amtsinhaber nicht als Beamter oder Behördenangestellter in einem dauernden Dienstverhältnis zu einer Körperschaft, ist er also nicht bei einem öffentlich-rechtlichen Dienstherrn beschäftigt, haftet die Körperschaft, die ihm durch Übertragung hoheitlicher Befugnisse ein öffentliches Amt anvertraut und ihm damit die Eigenschaft eines Beamten im haftungsrechtlichen Sinn verliehen hat. Entscheidend ist mithin dann, wer dem Amtsträger die konkrete – fehlerhaft erfüllte – Aufgabe anvertraut hat.“

59 Zur Amtshaftung bei freiwilligen Ersthelfern im Bereich mobiler Ersthelfersysteme *Messerschmidt/Krebs*, NVwZ 2016, 275.

60 Für Bayern: BGH VersR 2003, 732 = NJW 2003, 1184; BGH VersR 2005, 688 = NJW 2005, 429; vgl. hierzu auch *Schlick*, Festschrift Müller, 2009, S. 275, 282 ff.; für Hessen: BGH VersR 2011, 90 = MDR 2010, 278; für Thüringen (auch zur Bestimmung der haftenden Körperschaft): BGH VersR 2017, 422 = GesR 2017, 167 (öffentlich-rechtlich); für Nordrhein-Westfalen: OLG Hamm GesR 2018, 425 (öffentlich-rechtlich); für Rheinland-Pfalz: OLG Koblenz BeckRS 2017, 149541 (öffentlich-rechtlich); für Berlin: KG VersR 2017, 551 (öffentlich-rechtlich); für Sachsen (auch

d) Durchgangsarzt

13 [5] Stets ist aber auch bei Ärzten, die einem öffentlich-rechtlichen Pflichtenverhältnis unterworfen sind, darauf zu achten, ob denn auch die konkrete, haftungsrechtlich zu beurteilende Behandlung hoheitlich geprägt oder aber aus dem allgemeinen öffentlichen Aufgabenbereich herausgelöst ist. Problematisch stellt sich häufig die **Tätigkeit des Durchgangsarztes** (D-Arzt) der gesetzlichen Unfallversicherungsträger dar[61]. Nach § 11 Abs. 5 SGB V sind die auf Grund von **Arbeitsunfällen** erforderlichen Leistungen vom **Träger der gesetzlichen Unfallversicherung** zu erbringen (§§ 26 ff. SGB VII). Dieser ist als Körperschaft öffentlichen Rechts nach § 34 SGB VII verpflichtet, alle Maßnahmen zu treffen, durch die eine schnelle und sachgemäße Behandlung zur Wiederherstellung der Erwerbsfähigkeit gewährleistet wird, sowie Verletzte in die besondere Heilbehandlung zu übernehmen, soweit dies erforderlich ist[62]. Ihm obliegt dabei die **Entscheidung über das Ob und Wie der zu gewährenden Heilbehandlung.** Diese Frage über die Art der vorzunehmenden Heilbehandlung beurteilt und entscheidet der D-Arzt selbständig. Bei den D-Ärzten handelt es sich vorzugsweise um erfahrene Fachärzte der Orthopädie oder Chirurgie, die als niedergelassene Ärzte oder Klinikärzte tätig sind und auf Grund ihrer Erfahrungen auf dem Gebiet der Behandlung von Unfallverletzungen von den Trägern der gesetzlichen Unfallversicherung durch öffentlich-rechtlichen Vertrag i.S.d. §§ 53 ff.

---

zur Bestimmung der haftenden Körperschaft): BGH, MedR 2019, 562; OLG Dresden GesR 2018, 262, 263; für Schleswig-Holstein: OLG Schleswig OLGR 2007, 17 (öffentlich-rechtlich). Zur Organisation in Baden-Württemberg: BGH MedR 2008, 211 (jedenfalls Tätigkeit der Rettungsleitstelle bei der Lenkung der Einsätze des Rettungsdienstes öffentlich-rechtlich); hierzu *Fehn*, MedR 2008, 203; OLG Karlsruhe GesR 2017, 235 (Rettungsdienst privatrechtlich); vgl. auch OLG Karlsruhe GesR 2016, 515.

61 Vgl. hierzu *Jorzig/Glaubitz*, MedR 2018, 17; *Ruhkamp*, ArztR 2017, 173 (bereits zur neueren Rechtsprechung des BGH); s. ferner *Nußstein*, VersR 2015, 165; *Ziegler*, GesR 2014, 65; *Olzen/Kaya*, MedR 2010, 504; *Jorzig*, GesR 2009, 400; *Schlaeger*, ZAP Fach 2, 523.

62 Vgl. auch OLG Köln VersR 2018, 1083, wonach der von einer Berufsgenossenschaft beauftragte Sachverständige zur Klärung, ob eine Schädigung durch einen Arbeitsunfall oder eine Berufskrankheit vorliegt, hoheitlich handelt.

SGB X zu D-Ärzten bestellt werden[63]. Hält der D-Arzt eine besondere Heilbehandlung für erforderlich, leitet er diese durch sich selbst oder bei einem anderen entsprechend zugelassenen Arzt oder Krankenhaus ein. Ist eine besondere Heilbehandlung nicht erforderlich, kann die Behandlung durch jeden an der vertragsärztlichen Versorgung teilnehmenden Arzt erfolgen[64].

Bei der Beurteilung des Handelns des D-Arztes ist **zu differenzieren**: 14
Bei der Entscheidung über das Ob und Wie der notwendigen Heilmaßnahmen und bei für diese Entscheidung erforderlichen vorbereitenden Untersuchungen des Verletzten übt er ein öffentliches Amt aus. Für Fehler hierbei haftet er diesem gegenüber nicht persönlich, sondern der Unfallversicherungsträger über Art. 34 GG i.V.m. § 839 BGB[65]. Mit dieser Entscheidung endet aber auch seine öffentlichrechtliche Tätigkeit. Entschließt er sich – wie häufig – die Heilbehandlung selbst in seine eigenen Hände zu nehmen, so entsteht hierdurch im Anschluss an die Ausübung seines Amtes ein normales zivilrechtliches Behandlungsverhältnis. Für Fehler in diesem Bereich haftet der D-Arzt selbst (deliktisch und vertraglich) nach allgemeinen Grundsätzen[66].

Von diesen – unstreitigen – Grundsätzen ausgehend gestaltet sich die 15
Abgrenzung zwischen öffentlich-rechtlicher und privatrechtlicher

---

63 Zum Ganzen *Schlaeger*, ZAP Fach 2, 523; zur (im konkreten Fall bejahten) Frage der Haftung der Berufsgenossenschaft für Behandlungsfehler eines Arztes, der im Behandlungszeitpunkt kein D-Arzt war und für einen D-Arzt tätig wurde, vgl. BGH VersR 2017, 490, 493 mit insoweit krit. Anm. *Nußstein*. Entsprechendes gilt bei Hinzuziehung eines anderen Arztes durch den D-Arzt im Zuge der hoheitlichen Tätigkeit: OLG Schleswig, Beschl. v. 15.4.2019 – 4 U 61/18.

64 Kasseler Kommentar/*Feddern*, § 34 SGB VII Rz. 8.

65 Zum Rechtsweg bei einem Regress des Unfallversicherungsträgers gegen den Durchgangsarzt OLG Dresden GesR 2019, 783; LG Dortmund GesR 2019, 242.

66 BGH VersR 2017, 490 = NJW 2017, 1742; BGH VersR 2017, 495 = NJW 2017, 1745; BGH VersR 2010, 768 = MedR 2011, 96; BGH VersR 1975, 283 = BGHZ 63, 265; BGH VersR 1994, 1195 = NJW 1994, 2417; BGH VersR 1988, 1273 = NJW 1989, 767; OLG Schleswig NJW-RR 2008, 41; OLG Hamm GesR 2004, 377; *Stein/Itzel/Schwall*, Praxishandbuch des Amts- und Staatshaftungsrechts, 2. Aufl. 2012, Rz. 618; *Jorzig*, GesR 2009, 400; *Schlaeger*, ZAP Fach 2, 523.

Tätigkeit des D-Arztes häufig problematisch. Sie ist jedoch bei der Bestimmung des richtigen Beklagten und damit für eine aussichtsreiche Rechtsverfolgung von zentraler Bedeutung, wobei der Durchgangsarztbericht, in dem die „Art der Erstversorgung" durch den D-Arzt festgehalten wird, zur Bestimmung des Anspruchsgegners herangezogen werden kann[67]. Die **Erstversorgung** durch den D-Arzt ist der Ausübung des öffentlichen Amts zuzurechnen[68]. Auch die **Nachschauuntersuchung** gehört zum öffentlich-rechtlichen Tätigkeitsbereich des D-Arztes, soweit die Überwachung lediglich als Grundlage der Entscheidung dient, ob der Verletzte in der allgemeinen Heilbehandlung verbleibt oder in die besondere Heilbehandlung überwiesen werden soll[69]. Ungeklärt war lange, wie die durchgangsärztliche Eingangsuntersuchung zur **Diagnosestellung** sowie die Diagnosestellung selbst einzuordnen sind und wie das Fortwirken einer fehlerhaften Diagnose bei Übernahme der Heilbehandlung zu behandeln ist. Nach der früheren Rechtsprechung des BGH sollte die Zäsur durch die Entscheidung über das „ob" und „wie" der zu gewährenden Heilbehandlung inhaltlich und nicht als ein zeitliches Abgrenzungskriterium zu verstehen sein, das ein Nebeneinander der Pflichtenkreise ausschließt[70]. Für die durchgangsärztliche Eingangsuntersuchung nebst Diagnosestellung besteht aber das Problem, dass diese zwar unverzichtbarer Teil einer – privatrechtlich einzuordnenden – Erstversorgung sind, andererseits jedoch ohne sie auch keine ordnungsgemäße Entscheidung über das „ob" und „wie" der zu gewährenden Heilbehandlung erfolgen kann. Letzterer Gesichtspunkt verdient bei der Abgrenzung zwischen öffentlich-rechtlicher und privatrechtlicher Tätigkeit besondere Beachtung. Die durchgangsärztliche Eingangsuntersuchung mit anschließender Diagnosestellung ist unabdingbarer und damit auch „inhaltlicher" Teil der öffentlich-rechtlich geprägten Entscheidung des D-Arztes über die weitere Heilbehandlung. Eine haftungsrechtliche Aufspaltung dieses einheitlichen Entscheidungs-

67 BGH VersR 2017, 490.

68 So mit überzeugender Begründung nunmehr BGH VersR 2017, 490, 492 f. unter Aufgabe von BGHZ 63, 265 = VersR 1975, 283; OLG Schleswig, Beschl. v. 15.4.2019 – 4 U 61/18.

69 BGH VersR 2010, 768 = MedR 2011, 96; OLG Schleswig NJW-RR 2008, 41.

70 So noch BGH VersR 2009, 401 = GesR 2009, 151; BGH, Beschl. v. 4.3.2008 – VI ZR 101/07.

vorgangs ist weder interessegerecht[71] noch rechtlich überzeugend[72]. Die öffentlich-rechtliche Zuordnung der (Eingangs-)Diagnosestellung des D-Arztes führt nach allgemeinen Grundsätzen zur Haftungszurechnung zu einer entsprechenden Bewertung des Fortwirkens eines Diagnosefehlers im Falle der Übernahme der Heilbehandlung durch den D-Arzt[73]. Noch nicht hinreichend geklärt ist, ob eine persönliche Haftung greift, wenn der D-Arzt die Heilbehandlung übernimmt, während dieser aber standardwidrig die Diagnose nicht überprüft[74]. In diesem Fall ist aufgrund der zeitlichen Zäsur durch Übernahme der Heilbehandlung kein einheitlicher Entscheidungsvorgang mehr gegeben und ein anderer Arzt wäre bei einem Fehlverhalten haftbar, was auch bei Übernahme der Heilbehandlung durch den D-Arzt für eine persönliche Haftung spricht[74a].

Die Rechtsprechung zum hoheitlichen Handeln des D-Arztes ist auf- 16
grund der abweichenden Entscheidungsbefugnisse auf den beim Unfallversicherungsträger zugelassenen **Heilbehandlungsarzt** (H-Arzt) nicht unmittelbar übertragbar, wobei das Aufkommen entsprechender (ohnehin seltener) Haftungsfälle aufgrund des Auslaufens des H-Arzt-Verfahrens zum 31.12.2015 überschaubar bleiben wird. Den zur Entlastung der D-Ärzte beteiligten H-Ärzten obliegt in den in Anhang 2 des vom Hauptverband der gewerblichen Berufsgenossenschaften, dem Bundesverband der landwirtschaftlichen Berufsgenossenschaften, dem Bundesverband der Unfallkassen und der Kassenärztlichen Bundesvereinigung über die Durchführung der Heilbehandlung, die Vergütung der Ärzte sowie die Art und Weise der Abrechnung der ärztlichen Leistungen gem. § 34 Abs. 3 SGB VII abgeschlossenen Vertrages genannten Fällen die Entscheidung, ob und in welcher Weise

71 Vgl. insoweit *Olzen/Kaya*, MedR 2010, 504, 505.

72 Ebenso BGH VersR 2017, 490, 491 f. (unter Aufgabe seiner Rechtsprechung zur „doppelten Zielrichtung"); OLG Schleswig NJW-RR 2008, 41; *Nußstein*, VersR 2015, 165, 166 f.; *Olzen/Kaya*, MedR 2010, 504, 505; *Olzen*, MedR 2002, 132, 135; *Jorzig*, GesR 2009, 400; für eine privatrechtliche Einordnung OLG Bremen GesR 2010, 21 = MedR 2010, 502; OLG Hamm GesR 2010, 137; *Spickhoff/Greiner*, Medizinrecht, §§ 823 ff. BGB, Rz. 357; *Schlaeger*, BG 2008, 19; *Ziegler*, GesR 2014, 65, 69.

73 Vgl. nur *Olzen/Kaya*, MedR 2010, 504, 505 f.

74 Dafür OLG Naumburg NJW 2020, 1445; vgl. auch OLG Köln VersR 2019, 764, 765.

74a In diese Richtung nach Abschluss des Manuskripts auch BGH VersR 2020, 914 = NJW-RR 2020, 790.

der Verletzte in die besondere Heilbehandlung der Berufsgenossenschaft übernommen werden soll. Insoweit übt der H-Arzt ein öffentliches Amt aus. Es haftet die den H-Arzt beauftragende Berufsgenossenschaft nach Art. 34 GG i.V.m. § 839 BGB. Außerhalb dieser – gegenüber dem D-Arzt begrenzten – Entscheidungskompetenz handelt der H-Arzt nicht in Ausübung eines von der Berufsgenossenschaft übertragenen öffentlichen Amts, d.h., er haftet nach allgemeinen zivilrechtlichen Grundsätzen[75].

3. Vertragspartei auf der Patientenseite

17 [6] Der Behandlungsvertrag kommt – **oft stillschweigend** – durch Willenserklärungen zustande, die nach allgemeinen zivilrechtlichen Regeln (§§ 133, 157 BGB) auszulegen sind; Probleme können sich beim Notfallpatienten stellen, dessen Geschäftsfähigkeit häufig fraglich ist[76]. Änderungen sind in diesem Zusammenhang durch das Patientenrechtegesetz nicht eingetreten. Dies gilt auch für die Fragen, ob der beim Arzt vorsprechende Patient als Privat- oder Kassenpatient behandelt werden will[77] und wer konkret Vertragspartei sein soll. Als Vertragspartner der Behandlungsseite wird in der Regel der Patient selbst auftreten[78]. Bei **Minderjährigen**[79] ist im Zweifel anzunehmen, dass der Vertrag als Vertrag zugunsten Dritter (§ 328 BGB) mit den gesetzlichen Vertretern des minderjährigen Patienten zustande kommt[80]. Ohne besondere hinzutretende Umstände kann

75 Zum Ganzen eingehend BGH VersR 2009, 401 = GesR 2009, 151.

76 Vgl. hierzu *Lippert*, GesR 2015, 268, der – mit Ausnahme des bewusstlosen Patienten – von einem schwebend unwirksamen Vertrag ausgeht. Siehe auch OLG Köln MedR 2015, 826: Behandlung in psychiatrischer Klinik nach Selbstmordversuch.

77 BGH VersR 1967, 408, 409 = BGHZ 47, 75, 78 f.

78 Zu Einzelproblemen (Vertragsschluss bei Vorliegen einer Vorsorgevollmacht oder Betreuung bzw. Besonderheiten bei der Einbeziehung von Familienangehörigen) vgl. *Lipp*, in: Laufs/Katzenmeier/Lipp, Arztrecht, Kap. III Rz. 11 ff. Zum Vertragskonstrukt bei Kostenübernahmeerklärung eines Angehörigen (hier des Sohnes) bezüglich der Behandlung eines Kassenpatienten OLG Köln VersR 2016, 538.

79 Vgl. hierzu (auch zur Unterscheidung zwischen privat und gesetzlich versicherten Minderjährigen) *Spickhoff*, FamRZ 2018, 412, 414 ff.; *Lauf/Birck*, NJW 2018, 2230; eingehend *Reuter*, Der Abschluss des Arztvertrages durch einen minderjährigen Patienten, 2018.

80 Zum Aufwendungsersatzanspruch eines Krankenhauses aus Geschäftsführung ohne Auftrag gegen die Eltern für die Behandlung des Kindes

nicht vorausgesetzt werden, das Kind solle selbst Vertragspartner des Arztes werden. Dies wird man selbst dann annehmen können, wenn der Minderjährige im Einzelfall selbst und ohne Begleitung des gesetzlichen Vertreters zur Behandlung erscheint[81].

[7] Auch beim **Kassenpatienten** wird nicht die – die Vergütung leis- 18
tende – Krankenkasse, sondern – wie der Gesetzgeber nun klargestellt hat[82] – der Patient selbst Vertragspartner. Insbesondere bei der stationären Krankenhauspflege ließ die Rechtsprechung zwar bislang auch die Möglichkeit offen, insoweit komme lediglich ein Behandlungsvertrag zwischen Krankenkasse und Behandlungsseite zustande, welcher Schutzwirkung i.S.d. § 328 BGB zugunsten des Patienten entfalte[83]. Vorrangiger Grund hierfür war das die gesetzliche Krankenversicherung beherrschende Prinzip, dass die Krankenkasse nicht nur die finanziellen Lasten der Behandlung des Kassenpatienten zu übernehmen, sondern die ärztliche Versorgung ihrer Mitglieder sachlich sicherzustellen habe (Sachleistungsprinzip, §§ 2 Abs. 2, 11, 27 ff. SGB V). Dem schien es zu widersprechen, die Vertragsbeziehungen zu den ärztlichen Leistungsträgern mit Ausnahme der Vergütungsebene dem Patienten selbst zu überlassen. Diese für die Arzthaftung ohnehin eher nur für die rechtstechnische Konstruktion bedeutsame Problematik beantwortet der Gesetzgeber nun mit der ganz überwiegenden Meinung zutreffend dahingehend, dass der Kassenpatient selbst (nicht anders als der Privatpatient) Partei des eigenständigen Behandlungsvertrages wird[84]. Die Annahme eines gesonderten zivilrechtlichen Behandlungsverhältnisses zwischen Kasse und Behandlungsseite würde sich kaum mit den ansonsten in diesem Verhältnis öffentlich-rechtlich zu qualifizierenden Beziehungen[85] in Einklang bringen lassen.

---

bei fehlendem Behandlungsvertrag vgl. KG KGReport Berlin 2006, 648; s. allerdings auch LG Wiesbaden MDR 2014, 204.

81 Zum Ganzen BGH VersR 1984, 356 = NJW 1984, 1400; OLG Schleswig SchlHA 2005, 410; RGRK – *Nüßgens*, BGB § 823 Anh. II Rz. 7; *Lipp*, in: Laufs/Katzenmeier/Lipp, Arztrecht, Kap. III Rz. 15, 19.

82 BT-Drucks. 17/10488, 18 f.

83 BGH VersR 1992, 1263 = NJW 1992, 2962 m.w.N.; BGH VersR 1984, 264 = NJW 1984, 1820; BGH VersR 1986, 465 = NJW 1986, 1542.

84 BT-Drucks. 17/10488, 18 f.; aus dem Schrifttum zuvor etwa *Gehrlein*, Grundriss der Arzthaftpflicht, Rz. A 21; vgl. auch Kasseler Kommentar/*Rademacker*, § 76 SGB V Rz. 32.

85 S. oben Rz. 4.

4. Allgemeine Geschäftsbedingungen

19 [8] Dem zivilrechtlichen Behandlungsverhältnis eventuell zugrunde gelegte allgemeine Geschäftsbedingungen (AGB) unterliegen der Kontrolle nach den – im Zuge der Schuldrechtsmodernisierung an die Stelle des AGBG getretenen – §§ 305–310 BGB[86].

20 AGB im Rahmen der Behandlung durch niedergelassene Ärzte sind seltener anzutreffen und beinhalten meist Klauseln über spezielle Honorarvereinbarungen. Gängig sind dagegen allgemeine Aufnahme- und Vertragsbedingungen bei der stationären Krankenhausbehandlung. Hingewiesen sei hier nur auf das Muster Allgemeiner Vertragsbedingungen für Krankenhäuser (AVB) der Deutschen Krankenhausgesellschaft[87].

21 Derartige AGB waren schon vielfach Gegenstand gerichtlicher Kontrollverfahren. Auf die Wirksamkeit oder Unwirksamkeit einzelner Klauseln einzugehen, besteht im Rahmen einer Abhandlung zum Arzthaftungsrecht weniger Anlass, zumal wie üblich Klauseln in der Praxis stetig einer fortschreitenden Rechtsentwicklung angepasst werden. Die diesbezügliche Problematik ist Gegenstand speziell arztvertragsrechtlicher Abhandlungen[88]. Für die Frage der Arzthaftung ist jedoch festzuhalten, dass AGB, die eine Haftung der Behandlungsseite im eigentlichen, die **medizinische Heilbehandlung** betreffenden Kernbereich einschließlich des zur Sicherstellung des Heilerfolges notwendigen pflegerischen und technischen Umfeldes ausschließen oder beschränken (z.B. bzgl. leicht fahrlässiger Behandlungsfehler), wegen Verstoßes gegen § 309 Nr. 7a BGB unzulässig sind[89]. Eine wesentliche Beschränkung des Rechts des Patienten auf

---

86 Vgl. etwa BGH VersR 1992, 185 = NJW 1992, 746; BGH VersR 1993, 481 = NJW 1993, 779 zu § 3 AGBG; OLG Bamberg VersR 1994, 813; LG Düsseldorf, Urt. v. 7.12.2016 – 12 O 75/16, veröff. in juris.

87 Vgl. BGH VersR 1990, 91 = NJW 1990, 761.

88 Zu den beim Arztvertrag und Krankenhausaufnahmevertrag anzutreffenden Klauseln die Erläuterungen: *Stoffels*, in: Wolf/Lindacher/Pfeiffer, AGB-Recht, 6. Aufl. 2013, Anhang zu § 310 BGB Rz. K 51-K 70; *Spickhoff/Starzer*, Medizinrecht, §§ 305 ff. BGB; *Kutlu*, AGB-Kontrolle bei stationärer Krankenhausaufnahme, 2006; vgl. auch ausführlich: BGH VersR 1990, 91 = NJW 1990, 761; OLG Düsseldorf VersR 1996, 637. Zu Haftungsregelungen in Forschungsverträgen *Geiger*, MedR 2009, 67.

89 *Martis/Winkhart*, Arzthaftungsrecht, Rz. A 56 f.; *Pauge/Offenloch*, Arzthaftungsrecht, Rz. 29; *Stoffels*, in: Wolf/Lindacher/Pfeiffer, AGB-Recht,

Einsicht in die Krankenunterlagen dürfte § 307 Abs. 2 Nr. 1 BGB ebenso wenig standhalten[90] wie eine Klausel, durch die pauschal eine umfassende Aufklärung bestätigt wird[91]. Bestimmungen, die zur Abänderung der Beweislastverteilung zugunsten des die AGB verwendenden Arztes bzw. Krankenhauses führen, sind nach § 309 Nr. 12 BGB unwirksam[92]. Nach der Rechtsprechung soll eine sog. **Spaltungsklausel** zulässig sein, in der abweichend vom Regelfall des „totalen Krankenhausvertrages mit Arztzusatzvertrag" vorgegeben wird, dass die ärztlichen Leistungen nur von den liquidationsberechtigten Ärzten geschuldet werden, sofern dem Patienten bei Vertragsschluss optisch – etwa durch einen gesonderten Bogen und Fettdruck – wie inhaltlich hinreichend verdeutlicht wird, dass der Krankenhausträger bei ärztlichen Fehlleistungen nicht haftet und als Haftungsschuldner lediglich der liquidationsberechtigte Arzt zur Verfügung steht[93].

[9] Im Vergleich zu Haftungsbeschränkungen können vorformulierte 22
Vertragsklauseln, die lediglich eine Beschränkung oder nähere Ausgestaltung der Haftung des Krankenhausträgers im Rahmen der Verletzung solcher vertraglicher **Nebenpflichten** zum Inhalt haben, die mit dem Heilerfolg an sich nicht in direktem Zusammenhang stehen, eher im Rahmen einer rechtlichen Inhaltskontrolle Bestand haben. Dies betrifft etwa die Haftung für mitgebrachte private Sachen des Krankenhauspatienten oder das Schicksal zurückgelassener Gegenstände[94]. Auch hier setzt jedoch § 309 Nr. 7b BGB Grenzen.

---

6. Aufl. 2013, Anhang zu § 310 BGB Rz. K 59; OLG Köln VersR 1989, 372. Auch ein individuell vereinbarter Haftungsausschluss wird häufig wegen §§ 138, 242 BGB unwirksam sein, vgl. *Gehrlein*, Grundriss der Arzthaftpflicht, Rz. A 38; hierzu auch OLG Saarbrücken NJW 1999, 871.

90 *Martis/Winkhart*, Arzthaftungsrecht, Rz. A 74.

91 *Spickhoff/Starzer*, Medizinrecht, § 309 BGB Rz. 3 m.w.N.; allg. zur AGB-Kontrolle bei ärztlichen Aufklärungsbögen *Prütting/Friedrich*, GesR 2019, 749.

92 Vgl. hierzu LG Düsseldorf, Urt. v. 7.12.2016 – 12 O 75/16, veröff. in juris.

93 BGH VersR 1993, 481 = NJW 1993, 779; s. auch OLG Köln VersR 2017, 101; OLG Koblenz VersR 1998, 1283 = NJW 1998, 3425; hierzu *Schlosser*, MedR 2009, 313, 314; kritisch *Deutsch/Spickhoff*, Medizinrecht, Rz. 122 m.w.N.

94 BGH VersR 1990, 91 = NJW 1990, 761; auch *Martis/Winkhart*, Arzthaftungsrecht, Rz. A 60.

23 Mitunter wird Anlass bestehen, die Wirksamkeit der Klausel nach § 305c BGB zu prüfen. Dies kann auch bei einer von den äußeren Umständen abweichenden Regelung des Umfangs der vertraglichen Pflichten in Betracht kommen[95]. Eine vorformulierte Sektionseinwilligung wird **überraschend** i.S.d. § 305c Abs. 1 BGB sein[96]; Entsprechendes gilt für Weiterverwendungsklauseln für Körpermaterial[97]. Überdies kann es den Krankenhausaufnahmebedingungen mit Blick auf § 305c Abs. 2 BGB auch an Allgemeinverständlichkeit fehlen[98].

24 [10] Probleme können sich in der Praxis bei der **Einbeziehung der AGB** in den Krankenhausvertrag stellen (§ 305 Abs. 2 BGB). Diese setzt nach § 305 Abs. 2 Nr. 2 BGB voraus, dass der Vertragspartei die Möglichkeit verschafft wird, in zumutbarer Weise vom Inhalt der AGB Kenntnis zu nehmen. Dazu gehört, dass diese für einen Durchschnittskunden, auf dessen Horizont abzustellen ist, mühelos lesbar sind[99]. Hieran kann angesichts des nicht unerheblichen Umfanges der gebräuchlichen Allgemeinen Aufnahme- und Vertragsbedingungen in Verbindung mit der in der Regel angeschlagenen psychischen und physischen Verfassung des eingelieferten Patienten im Einzelfall erheblicher Zweifel bestehen. Noch dazu befindet sich der Patient üblicherweise in Anbetracht der ihm bewussten Hilfebedürftigkeit gegenüber der Behandlungsseite in einer Art nicht zu unterschätzender Zwangssituation. Dies legt es nahe, generell die Frage aufzuwerfen, ob die Einführung umfangreicher Klauselwerke im Bereich der Krankenhausbehandlung als sinnvolles und der Privatautonomie angemessenes Mittel der Vertragsgestaltung angesehen werden kann. In diesen Zusammenhang gehört auch die Neuregelung des § 305 Abs. 2 Nr. 2 BGB, wonach der Verwender eine für ihn erkennbare körperliche Behinderung der anderen Vertragspartei bei der Einbeziehung angemessen berücksichtigen muss[100].

---

95 OLG Köln VersR 2017, 101 (Leistungsbeschränkung entsprechend Belegkrankenhaus ohne äußeren Hinweis).

96 *Pauge/Offenloch*, Arzthaftungsrecht, Rz. 26.

97 Vgl. *Spickhoff/Starzer*, Medizinrecht, § 305c BGB, Rz. 3.

98 Vgl. *Deutsch/Spickhoff*, Medizinrecht, Rz. 121.

99 *Pfeiffer*, in: Wolf/Lindacher/Pfeiffer, AGB-Recht, 6. Aufl. 2013, § 305 BGB Rz. 88.

100 Vgl. *v. Westphalen*, NJW 2002, 12 ff.

Unabhängig hiervon ist gem. § 309 Nr. 12b BGB selbstverständlich eine Klausel unwirksam, mit der der Patient ebenso formularmäßig bestätigt, „die Möglichkeit gehabt zu haben, in zumutbarer Weise" vom Inhalt der AGB Kenntnis zu nehmen[101]. Sie stellt den kaum noch als seriös zu betrachtenden Versuch dar, den Schutzzweck der Einbeziehungsvoraussetzungen des § 305 BGB außer Kraft zu setzen. 25

Einbezogen werden müssen AGB im Verhältnis der unmittelbaren Vertragsparteien. Die Möglichkeit der Kenntnisnahme i.S.d. § 305 Abs. 2 BGB muss daher dem zu behandelnden Patienten eröffnet werden. Wenn es sich bei ihm um einen Kassenpatienten handelt, genügt es daher nicht, wenn der hinter ihm stehenden Krankenkasse die einschlägigen AGB bekannt sind[102]. 26

5. Vertragspartei auf der Behandlungsseite

[11] Die Bestimmung des leistungs- und empfangszuständigen **Vertragspartners des Patienten** folgt allgemeinen vertragsrechtlichen Regeln und ist deshalb erforderlichenfalls im Wege der Auslegung[103] zu treffen. Besonderheiten der Regelungen zur gesetzlichen Krankenversicherung sowie des KHG, KHEntG und der BPflV führen jedoch insbesondere bei der stationären Krankenhausbehandlung (Rz. 59 ff.) sowie bei der Behandlung in der Ambulanz des Krankenhauses (Rz. 45 ff.) dazu, dass Schwierigkeiten bei der Ermittlung des Vertragsschuldners auftreten. Dieser durchaus komplexe Bereich des Arztrechts wurde vom Gesetzgeber im **Patientenrechtegesetz** gänzlich ungeregelt gelassen, weshalb nach wie vor auf die bekannten Grundsätze zurückgegriffen werden muss. 27

---

101 BGH VersR 1990, 91 = NJW 1990, 761; *Stoffels*, in: Wolf/Lindacher/Pfeiffer, AGB-Recht, 6. Aufl. 2013, Anhang zu § 310 BGB Rz. K 52. Siehe auch LG Düsseldorf, Urt. v. 7.12.2016 – 12 O 75/16, veröff. in juris.

102 Vgl. auch *Stoffels*, in: Wolf/Lindacher/Pfeiffer, AGB-Recht, 6. Aufl. 2013, Anhang zu § 310 BGB Rz. K 52, und oben Rz. 7 („Vertragspartner"); lediglich insoweit, als es in der Sache um den Umfang der seitens des Versicherungsträgers geschuldeten krankenversicherungsrechtlichen Leistungen geht, kann auch das Verhältnis zwischen Krankenkasse und Leistungserbringer (hier Krankenhausträger) maßgeblich sein; vgl. insoweit den Sachverhalt in BGH VersR 1967, 408 = BGHZ 47, 75.

103 Vgl. zur Auslegung bei einer betrieblich veranlassten und übernommenen Grippeschutzimpfung: BAG NZA 2018, 708.

a) Einzel- und Gruppenpraxis

28 [12] Vergleichsweise unproblematisch gestaltet sich die Lage bei den zur Tätigkeit in einer Einzelpraxis **niedergelassenen Ärzten**. Vertragspartner des Patienten wird hier der Praxisinhaber als behandelnder Arzt. Dies gilt selbst dann, wenn der in der Praxis vorsprechende Patient nicht den Inhaber, sondern einen diesen vertretenden Arzt, etwa den **Urlaubsvertreter**, antrifft[104].

29 [13] Kooperieren indes mehrere Ärzte zum Zwecke der gemeinsamen Berufsausübung oder Organisation des Praxisbetriebs, stellt sich die Frage, wie weit die Haftung der beteiligten Ärzte im Schadensfall reicht. Dabei ist insbesondere zwischen der Praxisgemeinschaft und der Gemeinschaftspraxis zu unterscheiden, wobei die Abgrenzung sich nach dem Gesamterscheinungsbild im Rechtsverkehr – also dem Auftreten nach außen – beurteilt[105]. Bei einer **Praxisgemeinschaft** beschränkt sich die Zusammenarbeit auf die sachlichen und persönlichen Mittel der Praxis; sie ist der Zusammenschluss zweier oder mehrerer Ärzte gleicher oder auch verschiedener Fachrichtung zwecks gemeinsamer Nutzung von Praxisräumen und/oder Praxiseinrichtungen bzw. zwecks gemeinsamer Inanspruchnahme von Praxispersonal bei sonst selbständiger Praxisführung. Die ärztliche Tätigkeit wird von jedem Arzt selbständig ausgeübt. Wie in einer Einzelpraxis hat hier jeder Arzt seine eigene Praxis mit eigenem Patientenstamm und eigener Karteiführung. Die Praxisgemeinschaft dient also lediglich der Kooperation zwischen mehreren Praxen in abgegrenzten organisatorischen Aufgabenfeldern. In der Praxis verbreitet sind beispielsweise die sog. Apparate- oder Laborgemeinschaften. Der Behandlungsvertrag kommt mit dem einzelnen Arzt zustande, so dass auch nur dieser vertraglicher Haftungsschuldner wird[106]. Im Ergebnis Entsprechendes gilt bei sog. **Praxisnetzen**, deren Ziel die Gewährleistung der Versorgungsqualität bei gleichzeitiger Kosteneinsparung ist und die damit eine besondere Organisationsgemeinschaft darstellen. Auch hier kommt der Behandlungsvertrag – soweit nicht der Eindruck erweckt wird, die

---

104 *Lipp*, in: Laufs/Katzenmeier/Lipp, Arztrecht, Kap. III Rz. 3; *Geiß/Greiner*, Arzthaftpflichtrecht, Rz. A 16; BGH VersR 1998, 457; BGH VersR 2000, 1146 = NJW 2000, 2737.

105 BGH VersR 2006, 361 = NJW 2006, 437.

106 Zum Ganzen *Quaas/Zuck/Clemens*, Medizinrecht, § 15 Rz. 14; *Laufs/Kern/Rehborn*, Handbuch des Arztrechts, § 22 Rz. 14; *Walter*, MedR 2002, 169.

Leistungen würden von den Netzärzten gemeinschaftlich erbracht – nur mit dem betreffenden Arzt zustande[107].

[14] Unter dem Begriff der **Gemeinschaftspraxis** erfasst man hingegen herkömmlich Zusammenschlüsse von mehreren Ärzten zur gemeinsamen Ausübung der ärztlichen Tätigkeit auf dem gleichen oder verwandten Fachgebiet in gemeinsamen Räumen mit gemeinsamer Praxiseinrichtung, gemeinsamer Karteiführung und Abrechnung sowie mit gemeinsamem Personal auf gemeinsame Rechnung. Neben der Organisation der Zusammenarbeit ist das nach außen erzeugte Erscheinungsbild von Bedeutung, wobei für eine Gemeinschaftspraxis insbesondere eine gemeinsame Nennung auf dem Praxisschild, gemeinsame Briefbögen, Rezepte und Überweisungsscheine sowie eine gemeinschaftliche Abrechnung sprechen[108]. Derartige Berufsausübungsgemeinschaften überschreiten zunehmend die Fachgebietsgrenzen, bleiben ihrem Wesen nach bei Erfüllung der weiteren Voraussetzungen jedoch Gemeinschaftspraxen, die regelmäßig in der Rechtsform der **BGB-Gesellschaft** (GbR) betrieben werden. Nach der Rechtsprechung des II. Zivilsenats des BGH sind (Außen-)BGB-Gesellschaften als rechts- und parteifähig anzusehen. Die in der Rechtsform der BGB-Gesellschaft betriebene Gemeinschaftspraxis kann also durch Teilnahme am Rechtsverkehr eigene Rechte und Pflichten begründen und als Partei im Zivilprozess klagen und verklagt werden. Im Gefolge der Anerkennung der Rechtsfähigkeit der BGB-Gesellschaft haften alle Gesellschafter zumindest für rechtsgeschäftliche Verbindlichkeiten der Gesellschaft analog §§ 128, 129 HGB[109]. In zwei weiteren Entscheidungen präzisierte der BGH das Haftungsregime: Zum einen bejahte er die analoge Anwendung des § 31 BGB auf die BGB-Gesellschaft mit der Folge der Erstreckung der akzessorischen Gesellschafterhaftung auch auf gesetzlich, insbesondere deliktisch begründete Verbindlichkeiten[110]. Zum anderen 30

107 Vgl. auch *Steffen*, MedR 2006, 75, 76.

108 BGH VersR 2006, 361 = NJW 2006, 437; *Martis/Winkhart*, Arzthaftungsrecht, Rz. G 2.

109 BGH VersR 2001, 510 = NJW 2001, 1056; aus arzthaftungsrechtlicher Sicht hierzu *Walter*, MedR 2002, 169.

110 BGH VersR 2003, 650 = MedR 2003, 632 mit Anm. *Walter*. Zum Innenausgleich vgl. BGH VersR 2009, 795 = NJW-RR 2009, 49. Danach kann die Heranziehung des Gedankens des § 254 BGB zu einer Alleinhaftung

entschied er sich unter Gewährung von Vertrauensschutz für alte Beitrittsfälle[111] für eine entsprechende Anwendung des § 130 HGB und damit eine Altschuldenhaftung des Neugesellschafters und stellte klar, dass dies – ebenso wie die bereits vorher postulierten Grundsätze – auch für freiberufliche BGB-Gesellschaften gilt. Insoweit warf der II. Zivilsenat jedoch – ohne eigene Präferenzen aufzuzeigen – die Frage auf, ob in Berufshaftungsfällen für freiberufliche BGB-Gesellschaften eine Ausnahme von der Haftung für Altverbindlichkeiten durch eine Analogie zu § 8 Abs. 2 PartGG möglich sei[112], was im Schrifttum ganz überwiegend und nunmehr auch in der Rechtsprechung des für die Haftung von Rechtsanwälten zuständigen IX. Zivilsenats des BGH auf Ablehnung gestoßen ist[113]. Erben eines Gesellschafters einer GbR haften nach der Rechtsprechung des II. Zivilsenats des BGH (folgerichtig) analog § 130 HGB für Altschulden der Gesellschaft[114].

31 Der für das Arzthaftpflichtrecht zuständige VI. Zivilsenat des BGH hat sich bislang zur Übertragbarkeit der Grundsätze dieser Rechtsprechung auf ärztliche Gemeinschaftspraxen nicht geäußert[115]. In der instanzgerichtlichen Rechtsprechung und im Schrifttum wird indes die Haftung der Gesellschafter einer ärztlichen Gemeinschaftspraxis für vertragliche und gesetzliche Gesellschaftsschulden unter Anknüpfung an die Rechtsprechung des II. Zivilsenats des BGH ganz

---

des schuldhaft handelnden Gesellschafters im Verhältnis zu seinen Mitgesellschaftern führen.

111 Vgl. aber BGH VersR 2006, 550 = NJW 2006, 756: kein Vertrauensschutz, wenn der Neugesellschafter die bestehende Altverbindlichkeit im Beitrittszeitpunkt kennt oder bei geringer Aufmerksamkeit hätte erkennen können.

112 BGH VersR 2003, 771 = MedR 2003, 634 mit Anm. *Walter.*

113 Vgl. BGH VersR 2013, 102 = NJW 2012, 2435; *Ulmer*, ZIP 2003, 1113, 1119; *K. Schmidt*, NJW 2003, 1897, 1902; *Steffen*, MedR 2006, 75, 78.

114 BGH NZG 2014, 696.

115 Zur noch auf der Grundlage der sog. Doppelverpflichtungslehre ergangenen Rechtsprechung vgl. BGH VersR 1986, 866 = NJW 1986, 2364; BGH VersR 1999, 1241 = NJW 1999, 2731: Danach kommt der Behandlungsvertrag bei weithin austauschbaren Leistungen mit allen Ärzten der Gemeinschaft zustande, so dass diese gesamtschuldnerisch aus dem Arztvertrag haften, wohingegen deliktisch jeder Arzt nur für sein Fehlverhalten haften soll.

überwiegend bejaht[116]. Nur dann, wenn der Patient vor Beginn der Behandlung zweifelsfrei zum Ausdruck bringt, er wolle die auch für ihn aus der gemeinsamen Berufsausübung entspringenden Vorteile nicht nutzen und ausschließlich von einem – für ihn eher „zufällig“ dem Team angehörenden[117] – Arzt behandelt werden, kommt der Behandlungsvertrag ausschließlich mit dem jeweiligen Arzt der Gemeinschaftspraxis zustande[118]. Dies wird in der Praxis nicht allzu häufig vorkommen und sollte nicht leichtfertig angenommen werden. Denn allein der am Empfang geäußerte Wunsch, von einem Arzt behandelt zu werden, wird hierfür nicht ausreichen. Die **Darlegungs- und Beweislast** für das Vorliegen einer Gemeinschaftspraxis in der Rechtsform einer BGB-Gesellschaft trägt der Patient, falls sich etwa die Behandlungsseite auf das Bestehen einer reinen Praxisgemeinschaft beruft[119].

Die Rechtsprechung zur Haftung in ärztlichen Gemeinschaftspraxen 32
ist auch bei der kooperativen Tätigkeit von **Belegärzten** zu beachten: Wenn die an einer Gemeinschaftspraxis beteiligten Ärzte als Belegärzte im gleichen Krankenhaus tätig sind und die in ihrer Praxis begonnene

---

116 OLG Koblenz VersR 2005, 655 = GesR 2005, 260, hierzu *Walter*, GesR 2005, 396; auch OLG Dresden GesR 2008, 635; aus dem Schrifttum: *Pauge/Offenloch*, Arzthaftungsrecht, Rz. 60; *Martis/Winkhart*, Arzthaftungsrecht, Rz. G 13 ff.; *Deutsch/Spickhoff*, Medizinrecht, Rz. 166; *Möller*, MedR 2004, 69; ohne weitere Begründung abweichend etwa OLG Celle VersR 2002, 1558; OLG Hamm VersR 2003, 1312. Kritisch zu beurteilen ist OLG Brandenburg, GesR 2016, 89: Danach soll eine die gesamtschuldnerische Haftung begründende Gemeinschaftspraxis nur dann vorliegen, wenn die in Rede stehenden medizinischen Leistungen wegen entsprechender Qualifikation wahlweise auch von den anderen Ärzten erbracht werden können. Dem kann nicht gefolgt werden. Eine BGB-Gesellschaft liegt auch dann vor, wenn die Gesellschafter verschiedenen Fachrichtungen angehören. Auch fach- und sogar berufsübergreifende Zusammenschlüsse sind möglich. Auf eine – vom OLG Brandenburg geprüfte und ebenfalls zweifelhaft abgelehnte (geschädigter Patient habe sich nicht im Vertrauen darauf in Behandlung begeben, gegebenenfalls von jedem der Ärzte behandelt werden zu können) – Rechtsscheinhaftung (Internetauftritt als Gemeinschaftspraxis) dürfte es daher nicht ankommen.

117 So treffend *Steffen*, MedR 2006, 75, 77.

118 *Pauge/Offenloch*, Arzthaftungsrecht, Rz. 60; *Steffen*, MedR 2006, 75, 77; *Ratzel/Möller/Michels*, MedR 2006, 377, 385.

119 OLG Koblenz MedR 2016, 622.

Behandlung dort fortsetzen, haften sie gemeinsam, da der ursprünglich begründete Behandlungsvertrag fortbesteht[120]. Treten die Belegärzte eines Krankenhauses gegenüber ihren Patienten gemeinschaftlich auf, haften sämtliche gemeinsam nach außen in Erscheinung tretenden Ärzte auch dann gesamtschuldnerisch, wenn der Patient vor der stationären Aufnahme im Rahmen der ambulanten Behandlung lediglich von einem der Belegärzte behandelt wurde[121].

33 Wendet man das vom II. Zivilsenat für die BGB-Gesellschaft entwickelte Haftungsregime an, besteht zudem auch bei **fachübergreifenden Gemeinschaftspraxen** eine Haftung der ärztlichen Gesellschafter für vertraglich und deliktisch begründete Verbindlichkeiten[122]. Die geschilderte Haftungslage gilt schließlich bei sog. **Scheingesellschaftern**, wenn also ein angestellter Arzt nach außen – etwa auf Grund der Bezeichnung im Briefbogen, Rezeptblock etc. – wie ein Gesellschafter in Erscheinung tritt. In diesem Fall ist sowohl für die Haftung des Scheingesellschafters als auch für die Haftung der ärztlichen Gesellschafter für ein Fehlverhalten des (nur angestellten) Scheingesellschafters Vertrauensschutz nach allgemeinen Rechtsscheingrundsätzen zu gewähren[123].

34 Mit guten Gründen verneint worden ist hingegen die Frage der analogen Anwendung des § 28 HGB auf den Eintritt in eine freiberufliche Einzelpraxis unter gleichzeitiger Gründung einer Gesellschaft bürgerlichen Rechts, da insoweit der Grundsatz der persönlichen Leistungserbringung besteht und Nichtkaufleute bei Annahme einer

---

120 BGH VersR 2000, 1146 = NJW 2000, 2737.

121 BGH VersR 2006, 361 = NJW 2006, 437; vgl. aber für den Fall eines fehlenden gemeinsamen Auftretens der Belegärzte nach außen OLG Koblenz GesR 2014, 282.

122 *Steffen*, MedR 2006, 75, 77; *Walter*, GesR 2005, 396, 398. Für die interprofessionelle Sozietät aus Rechtsanwälten und Steuerberatern/Wirtschaftsprüfern bejaht eine persönliche Haftung aller Sozien BGH NJW 2012, 2435 = MDR 2012, 1031 (IX. Zivilsenat).

123 Vgl. BGH VersR 2007, 1654 = NJW 2007, 2490; *Martis/Winkhart*, Arzthaftungsrecht, Rz. G 3 und 21; anders freilich im Bereich der Haftung, die nicht auf einer berufstypischen Handlung beruht: BGH VersR 2008, 969 = NJW 2008, 2330. Umstritten ist, ob ein Scheingesellschafter auch für vor dem Setzen des Rechtsscheins begründete Altschulden haftet, verneinend OLG Saarbrücken NJW 2006, 2862; ablehnend *Lepczyk*, NJW 2006, 3391.

Analogie auf Grund der fehlenden Möglichkeit der Eintragung einer die Haftung abwehrenden Regelung in das Handelsregister gem. § 28 Abs. 2 HGB schlechter als Kaufleute gestellt wären[124].

[15] Mitglieder von Gemeinschaftspraxen können ihre Berufstätigkeit 35
auch in einer in das Partnerschaftsregister eingetragenen **Partnerschaft** gemeinsam auszuüben[125]. Das ärztliche Berufsrecht steht insoweit grundsätzlich bei Erfüllung der entsprechenden Anzeige- und Zulassungspflichten nicht entgegen. Das Haftungskonzept folgt gem. §§ 7, 8 PartGG im Ansatz demjenigen der offenen Handelsgesellschaft. Vertragspartner des Patienten wird im Zweifel die Partnerschaft selbst als eigenständiges Rechtssubjekt. Daneben haften nach § 8 Abs. 1 PartGG für Verbindlichkeiten der Partnerschaft die Partner als Gesamtschuldner. Auf Grund der analogen Anwendung von § 31 BGB auf die Partnerschaftsgesellschaft erfasst die Haftung der Partner auch deliktische Verbindlichkeiten der Gesellschaft. Schließlich sind nach § 8 Abs. 1 Satz 2 PartGG die §§ 129, 130 HGB entsprechend anwendbar, so dass auch neu eintretende Partner für Altverbindlichkeiten der Partnerschaft haften. Seit dem 1.8.1998 wird diese strenge Haftung durch § 8 Abs. 2 PartGG begrenzt. Danach haftet für berufliche Fehler neben der Partnerschaft nur der jeweils mit der Behandlung befasste Partner persönlich[126]. Die **Handelndenhaftung für berufliche Fehler** trifft allerdings auch den (später) mit der Behandlung befassten Beitretenden, selbst wenn der Fehler durch einen anderen Partner begangen wurde und nicht mehr zu korrigieren war[127]. Zudem endet die Handelndenhaftung nicht mit der Abgabe der Behandlung inner-

---

124 BGH VersR 2004, 536 = NJW 2004, 836; BGH NJW-RR 2012, 239 = MDR 2012, 256; ebenso BSG NJOZ 2008, 1130; ablehnend *K. Schmidt*, BB 2004, 785 und NJW 2003, 1897, 1903; MünchKomm – *Schäfer*, BGB, 7. Aufl. 2017, § 714 Rz. 75; zum Problem auch *Martis/Winkhart*, Arzthaftungsrecht, Rz. G 30 ff.; *Walter*, GesR 2005, 396, 399.

125 Auch interprofessionelle Partnerschaften sind zulässig; vgl. zur Verfassungswidrigkeit des Verbots einer Partnerschaftsgesellschaft von Rechtsanwälten mit (beratend tätigen) Ärzten und Apothekern BVerfG NJW 2016, 700; BGH NJW 2016, 2263.

126 Zum Begriff der Befassung vgl. BGH NJW 2010, 1360 = MDR 2010, 323; OLG Hamm MDR 2010, 900. Zur Haftung des Scheinpartners *Markworth*, JuS 2016, 587 (mit Beispielen zur Arzthaftung); *Sommer/Treptow/Friemel*, NZG 2012, 1249.

127 So für die Rechtsanwaltshaftung BGH NJW 2010, 1360 = MDR 2010, 323.

halb der Partnerschaftsgesellschaft[128]. Wegen der Haftungskonzentration zeigt sich die Partnerschaftsgesellschaft gegenüber der BGB-Gesellschaft aus haftungsrechtlicher Sicht bei beruflichen Fehlern – bei anderen Verbindlichkeiten verhält sich die Rechtslage parallel – überlegen[129]. Für den Arzt persönlich werden sich die Haftungsunterschiede wegen der berufsrechtlichen Verpflichtung zum Abschluss einer Haftpflichtversicherung freilich nur dann auswirken, wenn Probleme mit dem Versicherungsschutz bestehen (etwa wegen einer unzureichenden Deckungssumme, einem unwirksamen Versicherungsvertrag etc.)[130].

36 Am 19.7.2013 ist das Gesetz zur Einführung einer **Partnerschaftsgesellschaft mit beschränkter Berufshaftung** in Kraft getreten. Dieses bietet Freiberuflern die Möglichkeit, ihre Haftungsrisiken für Schäden aus fehlerhafter Berufsausübung auf das Gesellschaftsvermögen zu begrenzen, indem die bisherigen Vorschriften des PartGG um eine neue Rechtsform – die Partnerschaft mit begrenzter Berufshaftung (PartGmbB) – ergänzt wurden[131]. Dann haftet nicht jeder mit der Bearbeitung befasste Partner mit seinem gesamten Privatvermögen[132]. Allerdings greift die Haftungsbeschränkung **nicht für die deliktische Haftung**, so dass der handelnde Partner insoweit weiter persönlich

128 Für die Rechtsanwaltshaftung BGH VersR 2019, 1573.

129 *Steffen*, MedR 2006, 75, 78; *Walter*, MedR 2002, 169; auch *Quaas/Zuck/Clemens*, Medizinrecht, § 15 Rz. 32.

130 Zieht man jedoch die Gründung einer Partnerschaftsgesellschaft aus haftungsrechtlichen Gründen in Erwägung, so muss man auch bereit sein, sie im Ernstfall zu liquidieren. Ist man hierzu nicht bereit, müssen die Partner den zur Gläubigerbefriedigung erforderlichen Betrag in das Vermögen der Partnerschaft nachschießen, so dass die Haftungskonzentration nach § 8 Abs. 2 PartGG letztlich leer läuft. Zur Haftung für Berufsfehler nach Umwandlung einer Freiberufler-GbR in eine Partnerschaftsgesellschaft *Sommer/Treptow/Dietlmeier*, NJW 2011, 1551.

131 Hintergrund der Gesetzesänderung war die Reformdiskussion um die Haftungsverfassung der PartGG und die als unbefriedigend empfundene Haftungssituation für berufliche Fehler in Sozietäten von Rechtsanwälten, Steuerberatern und Wirtschaftsprüfern. Der aus der Anwaltschaft geäußerte Wunsch nach einer Möglichkeit zur Haftungsbeschränkung ist beim Gesetzgeber auf Resonanz gestoßen. Leider enthalten die auf anwaltliche Interessen fokussierte Gesetzesmaterialien (BT-Drucks. 17/10487) keine Aussage zur ärztlichen Partnerschaft.

132 Zur Haftungsverfassung der PartGmbB *Höpfner*, JZ 2017, 19; *Kienzler*, JR 2016, 221; *Korch*, NZG 2015, 1425.

haftet; bereits dies macht die neue Rechtsform **für Ärzte weitgehend uninteressant**[133]. Voraussetzung für eine PartGmbB ist nach § 8 Abs. 4 PartGG, dass die Partnerschaft eine für Schäden wegen fehlerhafter Berufsausübung **durch Gesetz vorgegebene Berufshaftpflichtversicherung** unterhält[134]. Für Ärzte besteht hingegen keine allgemeine gesetzliche Pflicht zur Unterhaltung einer Berufshaftpflichtversicherung. Die in den Berufsordnungen[135] verankerte Pflicht zum Unterhalt einer Berufshaftpflichtversicherung scheidet bereits mangels Gesetzesqualität (Satzungsrecht) aus. Auch etwaige in den landesrechtlichen Heilberufs- bzw. Kammergesetzen auferlegte Pflichten zum Abschluss und zum Unterhalt einer Berufshaftpflichtversicherung dürften der Vorgabe in § 8 Abs. 4 PartGG nicht genügen. Diese Verpflichtungen[136] dürften – auch mangels Relevanz zum Zeitpunkt des Erlasses der zugrunde liegenden gesetzlichen Pflicht – nicht auf den Zweck bezogen sein, die Begrenzung der Haftung auf das Gesellschaftsvermögen zu kompensieren. Da das ärztliche Kammerrecht Landesrecht ist, könnten die Landesgesetzgeber die Voraussetzungen für eine ärztliche PartGmbB schaffen. Dies ist zwischenzeitlich in Bayern (vgl. Art. 18 Abs. 2 Heilberufe-Kammergesetz) und Niedersachsen (vgl. § 32 Abs. 4 Kammergesetz für die Heilberufe) geschehen; andere Bundesländer sind – soweit ersichtlich – noch nicht nachgezogen.

[16] Soweit die ärztliche Tätigkeit – in der Praxis vergleichsweise selten[137] – gemeinsam in der Rechtsform einer juristischen Person des Privatrechts betrieben wird (insb. sog. **Ärzte-GmbH**), kommt der Vertrag allein mit dieser zustande. Die Haftung des behandelnden Arztes kann somit nicht auf eine vertragliche Grundlage gestützt werden. Un- 37

133 Anders *Schiller*, Bayerisches Ärzteblatt 2015, 506.

134 Zu diesem Erfordernis mit Blick auf Ingenieure in Niedersachsen OLG Celle MDR 2016, 1216; zu versicherungsrechtlichen Problemen *Schumacher*, VersR 2016, 964.

135 Zum Widerruf der Approbation bei ärztlicher Tätigkeit ohne Berufshaftpflichtversicherung VG München MedR 2018, 247 m. Anm. *Wever/Bergmann*.

136 Sie bestehen etwa in Brandenburg, Bremen, Hamburg, Nordrhein-Westfalen, Sachsen-Anhalt und Schleswig-Holstein.

137 Zu den Hintergründen vgl. nur *Quaas/Zuck/Clemens*, Medizinrecht, § 15 Rz. 35 ff. Zur Diskussion um die Vereinbarkeit eines Verbots der Ärzte-GmbH mit der Landesverfassung VerfGH Rheinland-Pfalz GesR 2017, 388 auf Vorlage des OLG Zweibrücken MedR 2016, 798.

berührt bleibt indes die deliktische Haftung des Arztes, die der juristischen Person überdies nach § 31 BGB zugerechnet wird.

38 Bei der ärztlichen Tätigkeit im **Medizinischen Versorgungszentrum** (§ 95 SGB V) ist entscheidend, in welcher Rechtsform dieses betrieben wird. Der Behandlungsvertrag kommt mit dem Versorgungszentrum und nicht mit den angestellten Ärzten zustande. Ist eine GbR Trägerin des MVZ, kommt der Behandlungsvertrag mit der Gesellschaft zustande; die Haftungsverhältnisse verlaufen parallel zur ärztlichen Gemeinschaftspraxis, d.h., neben der Gesellschaft haften die Gesellschafter akzessorisch analog §§ 128 ff. HGB. Bei Trägerschaft einer Partnerschaftsgesellschaft haftet diese mit ihrem Vermögen und die Partner nach § 8 PartGG. Ist eine GmbH MVZ-Träger, kommt grundsätzlich nur eine Einstandspflicht der GmbH in Betracht; eine prinzipiell nach dem GmbH-Recht mögliche Durchgriffshaftung des Geschäftsführers wird die Fälle ärztlicher Berufshaftung grundsätzlich nicht erfassen. Daneben verbleibt jedoch generell zumindest eine deliktische Eigenhaftung des behandelnden Arztes, auch wenn er lediglich angestellt ist[138].

39 Bei einer Mammographie in einer **Screening-Einheit**[139] soll der programmverantwortliche Arzt Vertragspartner werden. Der befundende Arzt kann nur nach deliktischen Vorschriften haften[140].

b) Zusammenarbeit und Überweisung

40 [17] Schaltet der aufgesuchte niedergelassene Arzt oder das behandelnde Krankenhaus von sich aus zur Mithilfe bei Erledigung des Heilauftrags einen externen **ärztlichen Kollegen** anderer oder gleicher Fachrichtung ein, so ist nach der Rechtsprechung im Zweifel davon auszugehen, dass dieser nicht Erfüllungsgehilfe (§ 278 BGB) des Behandelnden wird. Vielmehr soll in der Regel durch die Hinzuziehung

138 Vgl. auch *Rehborn*, ZMGR 2008, 296, 302. Zum Grundsatz der Handelndenhaftung allgemein *Katzenmeier*, in: *Laufs/Katzenmeier/Lipp*, Arztrecht, Kap. XI Rz. 17.

139 Das Mammographie-Screening nach dem staatlichen Screening-Programm wird in Screening-Einheiten durchgeführt. Das sind Zentren, die auf Mammographie-Screening spezialisiert sind und eine spezielle Zulassung dafür haben.

140 So LG Dortmund GesR 2016, 530 (n. rkr.).

ein eigenes, **weiteres Vertragsverhältnis** unmittelbar zwischen Patient und hinzutretendem Arzt begründet werden. Dies gilt auch dann, wenn der hinzugezogene Arzt die Behandlung des Patienten nicht vollständig übernimmt, sondern lediglich Vor- oder Zwischenleistungen erbringt, der Patient im Übrigen aber in der Behandlung des Überweisenden verbleibt[141].

Dabei wird häufig nicht näher auf die rechtliche Konstruktion des Zustandekommens dieses neuen Rechtsgeschäftes eingegangen. Erfolgt die Zuziehung mit Zustimmung des Patienten, so wird man gegen das Zustandekommen eines neuen Behandlungsvertrages nichts einwenden können. Mangels direktem Kontakt des neuen Arztes mit dem Patienten (etwa bei bloßer Einsendung einer Gewebsprobe zur histologischen Untersuchung durch den Pathologen oder bei medizinischen Laborleistungen[142]) wird man insoweit – bei gesetzlich wie privat versicherten Patienten[143] – einen **Vertragsschluss im Wege der Stellvertretung vermittelt durch den Erstbehandelnden** anzunehmen haben[144]. Allerdings beschränkt sich der Umfang der regelmäßig stillschweigend erteilten Innenvollmacht grundsätzlich auf objektiv medizinisch notwendige Leistungen i.S.d. § 1 Abs. 2 S. 1 GOÄ; dies gewährleistet einen Gleichlauf von privatärztlicher Liquidationsbefugnis und Umfang der Vertretungsmacht[145]. 41

Hat sich der Patient je nach Art der Behandlungsaufgabe sogar persönlich bei dem Hinzugezogenen vorzustellen (Radiologe, Facharzt eines anderen Gebietes etc.), erfolgt die Übergabe eines Überwei- 42

141 BGH VersR 1999, 1241 = NJW 1999, 2731 mit ausführlicher Begründung anhand Vertragsauslegung und des ärztlichen Berufsrechts; OLG Karlsruhe VersR 1999, 718; *Geiß/Greiner*, Arzthaftpflichtrecht, Rz. A 13; *Rehborn*, Arzt – Patient – Krankenhaus, S. 37 f.

142 BGH VersR 2010, 814 = NJW 2010, 1203; BGH VersR 2010, 816 = NJW 2010, 1200; BGH VersR 1989, 1051 = NJW 1989, 3009; *Rehborn*, Arzt – Patient – Krankenhaus, S. 38.

143 BGH VersR 2010, 816.

144 BGH VersR 2010, 814 = NJW 2010, 1203; BGH VersR 2010, 816 = NJW 2010, 1200; BGH VersR 1999, 1241 = NJW 1999, 2731; *Gehrlein*, Grundriss der Arzthaftpflicht, Rz. A 13; *Lipp*, in: Laufs/Katzenmeier/Lipp, Arztrecht, Kap. III Rz. 3.

145 Eingehend hierzu BGH VersR 2010, 814 = NJW 2010, 1203; BGH VersR 2010, 816 = NJW 2010, 1200 hierzu Anm. *Spickhoff*, JZ 2010, 470; *Griebau*, GesR 2010, 244; *Ostendorf*, VW 2010, 850.

sungsscheines oder geht die weitere Behandlung sogar vollständig auf den neuen Arzt über, so bereitet die rechtliche Konstruktion erst recht keine Schwierigkeiten[146]. Aber sogar in jenen Fällen, in denen der Patient (zunächst) nicht oder jedenfalls nicht mit hinreichender Deutlichkeit Kenntnis davon erlangt, dass eine bestimmte ärztliche Leistung nicht vom aufgesuchten Arzt selbst oder seinem Personal erbracht wird, sondern Dritte um Hilfe bemüht werden müssen, nimmt man überwiegend das Zustandekommen eines weiteren Behandlungsvertrages an. Dies ist unter rechtsgeschäftlichen Gesichtspunkten nicht unbedenklich[147], beruht aber wohl auf dem Berufsbild eines eigenverantwortlich behandelnden Arztes, den man in der Regel nicht als bloßen Erfüllungsgehilfen im Heilauftrag gegenüber dem Patienten ansehen möchte. Zum Teil behilft man sich damit, dass der Erstbehandelnde zunächst als vollmachtloser Stellvertreter des Patienten bei der Auftragserteilung angesehen wird, und kann dann in nachträglichen rechtsgeschäftlichen Handlungsweisen des Patienten, wie etwa dem Begleichen der gesondert gestellten Rechnung, dem Nachreichen eines Überweisungsscheines etc., die Genehmigung i.S.d. § 177 BGB annehmen[148].

43 [18] Die Grenze solcher Konstruktionen ist – über die vom BGH vorgenommene Beschränkung der vom Patienten erteilten Innenvollmacht auf medizinisch notwendige Maßnahmen hinaus – jedenfalls dort erreicht, wo nach den Umständen des Einzelfalls nicht angenommen werden kann, der Erstbehandelnde wolle überhaupt die Erteilung des Teilauftrages an den weiteren Arzt im Namen des Patienten (§§ 164, 177 BGB) vornehmen, oder wo jedwede Ansatzpunkte dafür fehlen, der Patient habe damit rechnen müssen, Außenstehende würden – auf seine Kosten – konsultiert. Dies kann gegeben sein, wenn sich der behandelnde Arzt **lediglich intern** und ohne Wissen von einem (vielleicht erfahreneren) Kollegen gleicher Fachrichtung **beraten lässt**. Das Gleiche gilt, wo sich ein durch einen totalen Krankenhaus-

---

146 BGH VersR 1989, 186 = NJW 1989, 1536; BGH VersR 1994, 102 = NJW 1994, 797.

147 Vgl. unten Rz. 107 Fn. 163; vgl. hierzu auch *Franzki*, Der Arzthaftungsprozess, S. 28.

148 BGH VersR 1987, 1191 = NJW-RR 1988, 630; BGH VersR 1992, 1263 = NJW 1992, 2962; RGRK – *Nüßgens*, BGB § 823 Anh. II Rz. 10.

vertrag[149] vollumfänglich verpflichtetes Krankenhaus zu einer an sich nach dem Behandlungsauftrag von ihm selbst eigenverantwortlich zu erbringenden Teilleistung nur deshalb außenstehender Dritter (ohne Wissen des Patienten) bedient, weil es ihm etwa selbst standardwidrig an einem eigenen einschlägigen Facharzt mangelt (vgl. hierzu auch § 2 Abs. 2 Nr. 2 BPflV bei stationärer Behandlung)[150]. In diesen Fällen haftet dann der Arzt bzw. Krankenhausträger für Fehler Dritter, welche nicht selbst Vertragspartner des Patienten werden, über § 278 BGB[151].

Beim **Konsilium** ist im niedergelassenen Bereich[152] folglich zu unter- 44
scheiden: Bleibt es bei einer internen Tätigkeit des – etwa lediglich beratenden – Konsiliararztes, kommt grundsätzlich kein gesonderter Vertrag zustande und der behandelnde Arzt haftet allein aus Vertrag; ein Verschulden des Konsiliarius wird nach § 278 BGB zugerechnet. Kommt es im ausdrücklichen oder stillschweigenden Einverständnis des Patienten zu Behandlungsmaßnahmen des Konsiliararztes, liegt eine Mitbehandlung vor und es wird regelmäßig ein selbständiger Behandlungsvertrag zustande kommen[153].

c) Ambulante Behandlung im Krankenhaus

[19] Die Bestimmung des Vertragspartners bei dessen Vorstellung in 45
der **Ambulanz des Krankenhauses**[154] verlässt weitgehend die gewohnten Wege rechtsgeschäftlicher Regeln, da sie ganz entscheidend durch die Liquidationsvorschriften des Rechts der gesetzlichen Kran-

149 Vgl. OLG Oldenburg VersR 1989, 1300; OLG Stuttgart VersR 1992, 55; OLG Karlsruhe VersR 1999, 718; zum totalen Krankenhausvertrag vgl. unten Rz. 60.

150 *Franzki*, Der Arzthaftungsprozess, S. 28; vgl. zur Problematik aber auch BGH VersR 1987, 1191 = NJW-RR 1988, 630; BGH VersR 1992, 1263 = NJW 1992, 2962.

151 BGH VersR 2014, 374, 376; OLG Stuttgart VersR 1992, 55 = MedR 1991, 143.

152 Zur Einordnung der vielfältigen über die „klassische" Konsiliararzttätigkeit hinausgehenden honorarärztlichen Kooperationsmodelle zwischen niedergelassenen Ärzten und Krankenhäusern vgl. auch Rz. 54, 60, 69.

153 Vgl. auch *Katzenmeier*, in: Laufs/Katzenmeier/Lipp, Arztrecht, Kap. X Rz. 2.

154 Zu den aktuellen Gestaltungsmöglichkeiten vgl. etwa *Lange/Johnen*, GesR 2018, 211.

kenversicherung vorbestimmt ist[155]. Dies gilt nach der Rechtsprechung sehr weitgehend nicht nur für **Kassenpatienten**, sondern auch für den selbstzahlenden **Privatpatienten**[156]. Dem beugt sich – ohne inhaltliche Auseinandersetzung – auch die Kodifikation des Behandlungsvertrages durch das Patientenrechtegesetz.

46 Als **grobe Regel** kann man hier festhalten, dass der Behandlungsvertrag im Zweifel, d.h. mangels anderweitiger Vereinbarung, mit derjenigen Stelle oder Person im Krankenhausgefüge zustande kommt, die nach den Vorschriften des Fünften Buches des Sozialgesetzbuches (SGB V) zur Abrechnung gegenüber den Krankenkassen berechtigt ist bzw. – beim Privatpatienten – hypothetisch berechtigt wäre. Diese Verzahnung der Liquidationsbefugnisse mit der Bestimmung des Vertragspartners kann durchaus Abgrenzungsschwierigkeit bei der Bestimmung des richtigen Beklagten hervorrufen. Insofern ist die Entwicklung der gesetzlichen Rahmenbedingungen bedeutsam.

47 [20] Das für Behandlungen **vor dem 1.1.1993** geltende Kassenarztrecht kannte eine weitgehende Trennung von ambulanter und stationärer Krankenpflege. Für Erstere waren die niedergelassenen Kassenärzte zuständig, für Letztere dagegen die Krankenhausträger. Diesem System folgte eine Regelung der Abrechnungsbefugnis gegenüber den Krankenkassen, wonach für ambulante Dienste, auch soweit sie im Krankenhaus erbracht wurden, die Liquidation in der Regel nicht dem Krankenhausträger, sondern ausschließlich den zugelassenen, beteiligten oder ermächtigten (§§ 368a, 368c RVO, § 95 SGB V) Ärzten zustand (Teilnahme an der kassenärztlichen Versorgung). Dabei ist die **Zulassung** die typische Teilnahmeform für den frei praktizierenden Arzt. Die **Beteiligung** dagegen (heute Ermächtigung von Krankenhausärzten mit abgeschlossener Weiterbildung nach §§ 95, 116 SGB V) war die Teilnahmeform (an der kassenärztlichen Versorgung und damit auch an dem Vergütungsverhältnis zwischen Kassen und Leistungserbringern der ambulanten Behandlungen) für Ärzte in abhängigen Beschäftigungsverhältnissen. Das Gesetz (§ 368a Abs. 8 RVO) nannte ausdrücklich die angestellten oder im Beamtenverhältnis stehenden leitenden Krankenhausärzte sowie unter bestimmten

155 Deutlich etwa – wenn auch zur stationären Behandlung – BGH VersR 2014, 374, 376: „Faustregel (…), dass haftet, wer liquidiert".

156 BGH VersR 1988, 1270 = NJW 1989, 769; *Geiß/Greiner*, Arzthaftpflichtrecht, Rz. A 19.

Voraussetzungen auch weitere **Krankenhausärzte** als mögliche Beteiligte. Die **Ermächtigung** alten Rechts schließlich war hilfsweise zum Ausfüllen von Versorgungslücken gedacht, falls solche dann immer noch im ambulanten Bereich verbleiben sollten. Damit war klar, dass in der Regel dem Krankenhausträger selbst ein Vergütungsanspruch für die in seinem Hause vorgenommenen ambulanten Dienste nicht erwuchs. Dem misst die Rechtsprechung für Haftungsfälle aus diesem Zeitraum dahingehend indizielle Bedeutung bei, dass Vertragspartner des Patienten in der Ambulanz im Zweifel allein der die Ambulanz leitende, liquidierungsberechtigte Chefarzt ist (beteiligter Arzt i.S.d. § 368a Abs. 8 RVO)[157].

Dies gilt, soweit nichts anderes vertraglich vereinbart ist, **auch beim Privatpatienten**. Denn soweit sich anderweitige Umstände zur Auslegung der Vertragserklärungen nicht finden lassen, wird die Erwartungshaltung des Patienten von der Organisation geprägt, wie er diese vorfindet. Und diese ist schließlich, soweit das Krankenhaus nicht ausschließlich Privatpatienten betreut, an den kassenarztrechtlichen Zuständigkeitsregelungen ausgerichtet. Damit prägen Letztere zugleich auch das für die Vertragsauslegung wesentliche Vorverständnis des Privatpatienten[158]. 48

Im Ergebnis ist für diese Fälle daher Vertragspartner der die Ambulanz betreibende und **liquidationsberechtigte Chefarzt**, nicht jedoch das Krankenhaus[159]. Dies gilt entsprechend den Fällen der Urlaubsvertretung (vgl. oben Rz. 28) selbst dann, wenn in Abwesenheit des Chefarztes nur der diensthabende nachgeordnete Krankenhausarzt tätig wird, und auch dann, wenn der Patient eine Überweisung vorlegt, die auf das Krankenhaus lautet[160]. Im letztgenannten Fall allerdings nur dann, wenn auch tatsächlich eine ambulante Behandlung stattfindet. Wird also ein Kassenpatient zur stationären Behandlung eingewiesen, hält aber der leitende Arzt die Behandlung nicht für erforderlich und ent- 49

157 BGH VersR 1988, 1270 = NJW 1989, 769; BGH VersR 1987, 990 = NJW 1987, 2289; BGH VersR 1994, 425 = NJW 1994, 788; BGH VersR 1993, 357 = NJW 1993, 784; BGH VersR 1990, 522 = NJW 1990, 1528.

158 Ausführlich: BGH VersR 1988, 1270 = NJW 1989, 769.

159 Anschaulich zusammenfassend BGH VersR 2006, 409 = NJW 2006, 767; auch BGH VersR 2006, 791 = NJW-RR 2006, 811.

160 BGH VersR 1988, 1270 = NJW 1989, 769; BGH VersR 1987, 990 = NJW 1987, 2289; BGH VersR 1994, 425 = NJW 1994, 788; BGH VersR 2006, 791 = NJW-RR 2006, 811.

lässt den Patienten, so sind Vertragsbeziehungen ausschließlich mit dem Krankenhausträger zustande gekommen, selbst wenn der leitende Arzt zugleich Betreiber der Krankenhausambulanz ist[161].

50 Das Krankenhaus selbst als Institution kann nur ausnahmsweise Vertragspartner im ambulanten Bereich werden. Dies ist der Fall, wenn es um eine **Notfallbehandlung** geht, für die weder ein Kassenarzt noch ein beteiligter Chefarzt im Hause zur Verfügung steht[162]. Diese Möglichkeit der Notfallambulanz ergibt sich auch nach **neuem Recht**, und zwar gem. § 76 Abs. 1 S. 2 SGB V, wonach „andere Ärzte“ (als die zugelassenen und ermächtigten) „nur in Notfällen in Anspruch genommen werden“ dürfen. Das insoweit im Notfall in diesem Sinne in Anspruch genommene Krankenhaus nimmt dann für diesen Einzelvorgang kraft Gesetzes an der kassenärztlichen, ambulanten Versorgung teil.

51 [21] Für **Behandlungen ab dem 1.1.1993**[163] in der Ambulanz können zwar die dargestellten Grundsätze, wonach sich im Großen und Ganzen der für die Haftung zuständige Vertragspartner nach den Vorgaben der Liquidationsbefugnis beurteilt, fortgeschrieben werden[164]. Zu beachten ist jedoch, dass der Gesetzgeber ab diesem Zeitpunkt die Möglichkeiten der Krankenhäuser, selbst ambulant zu behandeln, bewusst erweitert hat. Der Gesetzgeber sah die Möglichkeit von Einsparungen, wenn die vollstationäre Krankenhausbehandlung bei geeigneten Patienten auf das medizinisch notwendige Maß reduziert und die Krankenhausbehandlung im Übrigen bei diesen Patienten **vor-** und **nachstationär** bzw. **ambulant** erbracht wird[165]. Umgesetzt wurde dies durch die Neuregelungen der §§ 115a und 115b SGB V, die anschließend mehrfach geändert wurden und seit dem 1.1.2012[166] erneut veränderte Rahmenbedingungen setzen. Damit kommt der Krankenhausträger in Zukunft häufiger selbst als Vertragspartner in Betracht. Zudem bestehen umfänglichere Organisations-

161 OLG Düsseldorf VersR 1992, 493.

162 BGH VersR 1988, 1270 = NJW 1989, 769.

163 Inkrafttreten des Gesundheitsstrukturgesetzes vom 21.12.1992, BGBl. I 2266.

164 BGH VersR 2006, 409 = NJW 2006, 767.

165 BT-Drucks. 12/3608, 102 ff.

166 Neuregelung durch das Gesetz zur Verbesserung der Versorgungsstrukturen in der gesetzlichen Krankenversicherung (GKV-VStG) vom 22.12.2011, BGBl. I 2983.

pflichten, die Grundlage einer deliktischen Einstandspflicht des Krankenhausträgers sein können, da der Patient bei der Durchführung ambulanter Operationen davon ausgehen kann, dass es einen sozialrechtlich befugten Behandler – entweder das Krankenhaus oder den ermächtigten Arzt – gibt[167]. Die Komplexität der Organisations- und Haftungsstruktur des Krankenhauses soll in Zweifelsfällen haftungsrechtlich nicht zu Lasten des Patienten gehen.

§ 115a SGB V betrifft die Möglichkeit **vorstationärer** und **nachstationärer** Behandlung ohne Unterkunft und Verpflegung zur Prüfung der Erforderlichkeit bzw. zur Vorbereitung eines vollstationären Krankenhausaufenthaltes sowie zur Nachbehandlung entlassener Patienten. Sie ist ausgegliederter Teil an sich bisher stationärer Pflege und kann – wie diese – nur in Betracht kommen, wenn ein niedergelassener Vertragsarzt Krankenhausbehandlung verordnet hat (§§ 115a Abs. 1, 73 Abs. 2 Nr. 7 SGB V). Es handelt sich damit lediglich um eine besondere Form der Krankenhausbehandlung (§ 39 Abs. 1 S. 1 SGB V). **Vertragspartner** ist insoweit der **Krankenhausträger** selbst; dies gilt auch dann, wenn zu der Behandlung externe Ärzte auf Honorarbasis – als Erfüllungsgehilfen (s. Rz. 132) – hinzugezogen werden. Für den Bereich des § 115a SGB V (anders als bei § 115b SGB V) besteht allerdings die Möglichkeit, ärztliche Wahlleistungen (vgl. § 22 BPflV) in Anspruch zu nehmen, was nach den zur stationären Pflege noch zu erörternden Regeln Auswirkungen auf die Passivlegitimation haben kann (vgl. Rz. 71 ff.). Auch der Gesetzgeber ordnet insoweit ausdrücklich § 115a SGB V nicht mehr bzw. noch nicht dem Bereich der an sich ambulanten vertragsärztlichen Versorgung zu[168], so dass sich Liquidationsfragen des § 95 SGB V nicht stellen. Durch das zum 1.1.2012 in Kraft getretene **Versorgungsstrukturgesetz** wurde der rechtliche Rahmen für die Beteiligung von Vertragsärzten auf Honorarbasis neu gesteckt. Nunmehr muss die Behandlung nach § 115a SGB V nicht mehr zwingend im Krankenhaus erfolgen, sondern kann – ungeachtet der Überschrift der Norm – auch in die Praxis des Vertragsarztes ausgelagert werden (§ 115a Abs. 1 S. 2 SGB V). Auch bei Behandlung nach § 115a SGB V in den Räumen des Vertragsarztes bleibt der Krankenhausträger Vertragspartner des Patienten und der Honorararzt Erfüllungsgehilfe des Krankenhausträgers. Entscheidend für die 52

167 Vgl. BGH VersR 2006, 409 = NJW 2006, 767.
168 BT-Drucks. 12/3608, 102.

Bestimmung der Vertragspartei auf Behandlungsseite ist folglich die Abgrenzung der nachstationären Behandlung nach § 115a Abs. 1 Nr. 2 SGB V von sonstigen nachstationären Behandlungen[169].

53 § 115b SGB V schafft dagegen im Gegensatz zur bisherigen Rechtslage grundsätzlich neu die Möglichkeit **ambulanten Operierens** im Krankenhaus. Da es sich in der Sache um vertragsärztliche Tätigkeit handelt, ist wie dort – anders als bei stationärer Pflege – eine Einweisung in das Krankenhaus durch einen niedergelassenen Vertragsarzt nicht erforderlich, der Patient kann vielmehr die „Ambulanz" unmittelbar aufsuchen[170]. Gemäß § 115b Abs. 2 SGB V sind die Krankenhäuser insoweit ausdrücklich zur ambulanten Durchführung „zugelassen". Einer Ermächtigung i.S.d. §§ 95 Abs. 1, 116 SGB V zur Teilnahme an der kassenärztlichen Versorgung bedarf es folglich nicht (vgl. oben Rz. 47). Konsequenterweise wird deshalb in diesen Fällen nunmehr – im Gegensatz zu § 115a SGB V ausnahmslos – der **Krankenhausträger selbst Vertragspartner** des Patienten[171]. Diese Zulassung wird jedoch erst wirksam, sobald das Krankenhaus die in § 115b Abs. 2 S. 2 SGB V vorgesehene Mitteilung der Bereitschaft zur Durchführung ambulanter Eingriffe mit Angabe des Leistungsangebots bewirkt hat, wobei die Mitteilung eines Krankenhausträgers für eines seiner Krankenhäuser nicht für alle anderen in seiner Trägerschaft gilt[172]. Dies ist von Bedeutung, da die ambulante Operation als Krankenhausleistung in Verantwortung des Krankenhausträgers nach der Intention des Gesetzgebers einer Ermächtigung von Krankenhausärzten zur ambulanten Operation nach § 116 SGB V vorgeht. Da der Patient von diesen internen Vorgängen regelmäßig keine Kenntnis hat, wird – soweit eine Ermächtigung der Krankenhausärzte fehlt – der Anschein erweckt, dass jedenfalls der Krankenhausträger

169 Vgl. hierzu etwa *Ratzel/Szabados*, GesR 2012, 210, 211 f.; auch *Hedermann*, GesR 2014, 321. Die Schwierigkeiten bei der Bestimmung der vor- und nachstationären Behandlung können also in das Arzthaftungsrecht hineinwirken. Ebenso verhält es sich bei der Abgrenzung nachstationärer Behandlung vom Gegenstand einer Ermächtigung nach § 116 SGB V, s. BSG NZS 2013, 915, oder der Differenzierung zwischen ambulanter Tätigkeit aufgrund einer Ermächtigung nach § 116 SGB V und der stationären Behandlung, vgl. BSG NZS 2015, 262.

170 BT-Drucks. 12/3608, 103.

171 Zum Ganzen auch *Geiß/Greiner*, Arzthaftpflichtrecht, Rz. A 20.

172 BGH VersR 2006, 409 = NJW 2006, 767; BSG MedR 2000, 242.

sozialrechtlich zur ambulanten Operation befugt ist. Er haftet daher auf Grund seiner Kenntnis, in welchem Bereich und für welche Dauer die Ermächtigung eines Krankenhausarztes besteht, zumindest deliktisch wegen eines Organisationsverschuldens, wenn keine sozialrechtlich als befugt anzusehenden Ärzte zu ermitteln sind[173].

Diese Grundsätze gelten auch dann, wenn das Krankenhaus mit einem **Vertragsarzt** eine Kooperationsvereinbarung schließt, nach der dieser auf **Honorarbasis** bei ambulanten Operationen im Krankenhaus mitwirkt bzw. diese selbst durchführt[174]. Auch in diesem Fall kommt der **Behandlungsvertrag** grundsätzlich **mit dem Krankenhaus** zustande; der Honorararzt agiert als Erfüllungsgehilfe (s. Rz. 132). Die Möglichkeit der Hinzuziehung von Vertragsärzten auf Honorarbasis zu ambulanten Operationen i.S.d. § 115b SGB V ist seit 1.1.2012 in § 115b Abs. 1 S. 4 SGB V vorgesehen[175]. Diese Neuregelung des Versorgungsstrukturgesetzes ist die Reaktion des Gesetzgebers auf die Rechtsprechung des Bundessozialgerichts, nach der entweder Operateur und Anästhesist Ärzte des Krankenhauses oder der Operateur Belegarzt und der Anästhesist Arzt des Krankenhauses sein müssen[176]. Doch auch für die Zeit vor Inkrafttreten des Versorgungsstrukturgesetzes gelten die ausgeführten Grundsätze. Die Ablehnung eines Vergütungsanspruchs des Krankenhauses wegen unzulässiger honorarärztlicher Tätigkeit kann sich nicht – zu Lasten des Patienten – auf die Haftungssituation auswirken, da die sozialrechtliche Problematik vom Zustandekommen eines zivilrechtlichen Behandlungsvertrages zwischen Krankenhaus und Patient zu trennen ist. 54

Zu ergänzen ist allerdings, dass die dargestellten Möglichkeiten des ambulanten Operierens nicht für jedweden Eingriff gelten. § 115b 55

173 BGH VersR 2006, 409 = NJW 2006, 767.

174 Gemeint sind damit Fälle, in denen das Krankenhaus die Leistungen abrechnet. Hiervon ist der reine Nutzungsüberlassungsvertrag zwischen Krankenhaus und Vertragsarzt mit Leistungserbringung und Abrechnung durch den Vertragsarzt zu trennen; insoweit kommt der Behandlungsvertrag mit dem Vertragsarzt zustande.

175 Zum 1.6.2012 wurde auch der AOP-Vertrag entsprechend angepasst und eröffnet Kooperationen zwischen Vertragsarzt und Krankenhaus.

176 BSG GesR 2011, 542 = MedR 2011, 677, s. hierzu *U. Walter*, jurisPR-MedizinR 10/2011; *Clemens*, MedR 2011, 770; zuvor bereits kritisch *Ratzel*, GesR 2009, 561, 564 f.; für eine Zulässigkeit etwa *Quaas*, GesR 2009, 459, 462 ff.

Abs. 1 SGB V sieht vielmehr vor, dass die Spitzenverbände der Krankenkassen, die Deutsche Krankenhausgesellschaft sowie die Kassenärztlichen Bundesvereinigungen die hierfür infrage kommenden ambulanten Operationen (und – seit 1.1.2000 – sonstigen stationsersetzenden Eingriffe) enumerativ in einem Katalog bindend (§ 115b Abs. 2 S. 1 SGB V) vereinbaren. Dieser fortlaufend aktualisierte Katalog liegt seit dem 1.1.1994 vor[177]. Bei Eingriffen oder Untersuchungen über den Inhalt dieses Kataloges hinaus wird es dabei bleiben, dass der Krankenhausträger im Zweifel nicht Vertragspartner wird (vgl. Rz. 49).

56 Zugelassen sind darüber hinaus Hochschulambulanzen nach den §§ 117 ff. SGB V[178], in engen Grenzen ambulante Behandlungen durch Krankenhäuser bei Unterversorgung nach § 116a SGB V, bei Teilnahme an strukturierten Behandlungsprogrammen nach § 116b Abs. 1 SGB V, bei ambulanter spezialfachärztlicher Versorgung nach § 116b Abs. 2 SGB V[179] sowie im Bereich der besonderen (früheren integrierten) Versorgung nach §§ 140a ff. SGB V. Auch in diesen Fällen kommt der Vertrag mit dem Krankenhausträger zustande, da diesem aus sozialrechtlicher Sicht die Honorierung zusteht[180].

57 Betreibt der Chefarzt die Ambulanz hingegen selbst, gelten auch für den Rechtszustand seit dem 1.1.1993 die bereits geschilderten Grundsätze, nach denen ein Vertrag mit dem zur vertragsärztlichen Versorgung ermächtigten Krankenhausarzt begründet wird[181]. Geht in diesen Fällen allerdings die ambulante in eine stationäre Behandlung über, kommt ein Behandlungsvertrag auch mit dem Krankenhausträger zustande. In Zweifelsfällen ist abzugrenzen, ob ein Vertrag bezüglich der ambulanten Behandlung oder gegebenenfalls ein totaler Kran-

177 Der aktuelle Katalog ist abrufbar unter http://daris.kbv.de/daris.asp.

178 Vgl. etwa BSG GesR 2009, 487.

179 Auch § 116b SGB V wurde durch das Versorgungsstrukturgesetz grundlegend geändert. Gegenüber § 116b SGB V a.F. weitet die Norm die Teilnahmemöglichkeiten deutlich aus. Neben berechtigten Krankenhäusern können auch Vertragsärzte eigenständige Leistungserbringer sein; vgl. etwa *Köhler-Hohmann*, in: jurisPK-SGB V, 3. Aufl. 2016, § 116b SGB V, Rz. 50 f.; *Seifert*, GesR 2015, 601; *Ratzel/Szabados*, GesR 2012, 210, 214 f.; s. hierzu auch *Klakow-Franck*, GesR 2015, 577.

180 Vgl. auch *Quaas/Zuck/Clemens*, Medizinrecht, § 14 Rz. 15.

181 BGH VersR 2006, 409 = NJW 2006, 767.

kenhausaufnahmevertrag mit Arztzusatzvertrag zustande gekommen ist[182].

58 [22] Im Zuge des **Vertragsarztrechtsänderungsgesetzes** wurde mit Wirkung vom 1.1.2007 die Zulassungsverordnung geändert. Nach § 20 Abs. 2 Ärzte-ZV können nunmehr auch unmittelbar patientenbezogen arbeitende Krankenhausärzte, die häufig durch § 115b SGB V die Möglichkeit zum ambulanten Operieren verloren haben, als zugelassene Vertragsärzte und als angestellte Krankenhausärzte arbeiten[183]. Die Tätigkeit als Vertragsarzt erfolgt dann in eigener Verantwortung, so dass ein Vertrag mit dem Krankenhausträger nicht zustande kommt. Ob der Vertrag mit dem zugelassenen Krankenhausarzt begründet wird, hängt davon ab, wie dieser seine vertragsärztliche Tätigkeit organisiert hat (Anstellung, Kooperationsmodell, eigene Praxis etc.). Allerdings kann sich in den Fällen, in denen der (teil-)zugelassene Arzt die Möglichkeit wahrnimmt, die Patienten vor- und nachstationär zu betreuen, das bereits beschriebene Abgrenzungsproblem stellen.

d) Stationäre Behandlung

59 [23] Im Bereich der **stationären Krankenhausbehandlung** werden die möglichen Formen der Vertragsgestaltung[184] – und damit zugleich auch die Bestimmung des Vertragspartners des Patienten – mit geprägt durch das Krankenhausfinanzierungsgesetz (KHG), das Krankenhausentgeltgesetz (KHEntG) und die Bundespflegesatzverordnung (BPflV). Von einer Regelung des nicht immer einfach zu durchblickenden Krankenhausvertragsrechts hat der Gesetzgeber abgesehen. Die Bestimmung des „Behandelnden" in § 630a Abs. 1 BGB richtet sich also weiterhin nach den bisherigen Grundsätzen.

---

182 Vgl. BGH VersR 2006, 791 = NJW-RR 2006, 811; zur Problematik auch *Geiß/Greiner*, Arzthaftpflichtrecht, Rz. A 18 m.w.N. Gegen eine Aufspaltung der Behandlung in einen ambulanten und einen stationären Teil, sofern das Behandlungsgeschehen unter medizinischen Gesichtspunkten als Einheit anzusehen ist: OLG Köln VersR 2004, 1181.

183 Hierzu *Junghanns*, ArztR 2008, 228; *Debong*, ArztR 2008, 230.

184 Im Überblick vgl. BGH VersR 2017, 825 = NJW 2016, 3027; *Wenzel/Mennemeyer/Hugemann*, Der Arzthaftungsprozess, Kap. 2 Rz. 719 ff.; *Deutsch/Spickhoff*, Medizinrecht, Rz. 113 ff.; *Büsken/Klüglich*, VersR 1994, 1141 ff.

(1) Totaler Krankenhausvertrag

60 [24] Bei Abschluss des einheitlichen, **totalen Krankenhausvertrages** wird der **Krankenhausträger alleiniger Vertragspartner** des Patienten. Dieser schuldet für sämtliche allgemeinen Krankenhausleistungen (§ 2 Abs. 2 BPflV) den allgemeinen ungekürzten Pflegesatz. Der Vertrag kommt für Versicherte regelmäßig auf Einweisung (Verordnung) durch einen niedergelassenen Arzt zustande. Bei dieser Vertragsform schuldet das Krankenhaus sämtliche ärztlichen und nichtärztlichen Leistungen selbst[185]. Allgemeine Krankenhausleistungen sind dabei solche, die unter Berücksichtigung der Leistungsfähigkeit des Hauses im Einzelfall nach Art und Schwere der Krankheit für die medizinisch **zweckmäßige** und **ausreichende** Versorgung des Patienten **notwendig** sind. Unter diesen Voraussetzungen gehören dazu auch die vom Krankenhaus veranlassten Leistungen Dritter (so ausdrücklich § 2 Abs. 2 Nr. 2 BPflV[186]); die Vertragshaftung allein des Krankenhauses verbleibt also auch dann, wenn das Krankenhaus externe Ärzte auf Honorarbasis hinzuzieht. Dabei kommt es für das zivilrechtliche Vertragsverhältnis und die daraus resultierende Haftung nicht darauf an, ob es sich um einen sog. „echten" oder „unechten" Konsiliararzt handelt[187]. Für diese, wie auch im Übrigen für eigenes ärztliches und nichtärztliches Personal, haftet der Krankenhausträger gem. § 278 BGB. Der totale Krankenhausvertrag ist gewissermaßen der Regeltypus. Er kommt stets zustande, wenn die Parteien nicht irgendwelche Zusatzvereinbarungen bei der Aufnahme treffen[188].

61 Zur Erfüllung seiner Pflichten aus dem Behandlungsvertrag kann sich der Krankenhausträger grundsätzlich seines gesamten angestellten

185 Vgl. BGH VersR 2017, 825 = NJW 2016, 3027.

186 Vgl. auch BGH VersR 2011, 502 = MDR 2011, 89. Bei der Regelung handelt es sich um eine Schutzvorschrift zugunsten der Krankenhausbenutzer, damit nicht Teilleistungen der vom Haus geschuldeten stationären Versorgung zum Zwecke gesonderter Vergütung ausgegliedert werden: *Tuschen/Quaas*, Kommentar zur BPflV, § 2 S. 179.

187 Vgl. hierzu nur *Wenzel/Köllner*, Der Arzthaftungsprozess, Kap. 2 Rz. 1062 f.; allg. auch *Morawietz*, ArztR 2009, 116, 117 f.

188 *Katzenmeier*, in: Laufs/Katzenmeier/Lipp, Arztrecht, Kap. XI Rz. 10; RGRK – *Nüßgens*, BGB § 823 Anh. II Rz. 25.

Personals bedienen[189]. Es steht in seiner Entscheidung, die Operationspläne – im Idealfall unter Orientierung an Qualifikation, Können und Belastung der Ärzte – aufzustellen[190].

Bei Abschluss eines totalen Krankenhausvertrages hat der Patient **grundsätzlich keinen Anspruch** darauf, von einem **bestimmten Arzt** behandelt und operiert zu werden[191], solange der Anspruch auf den Behandlungsstandard eines Facharztes gewahrt bleibt (vgl. hierzu unter Rz. 193 ff.). Der Patient erklärt sich im Regelfall mit der Behandlung durch alle diejenigen Ärzte einverstanden, die nach dem internen Dienstplan zuständig sind[192]. Der Patient kann jedoch erklären, er wolle sich nur von einem bestimmten Arzt behandeln lassen, wobei der BGH verlangt, der entsprechende Wille müsse eindeutig zum Ausdruck gebracht werden[193]. In diesem Fall darf ein anderer Arzt keinen Eingriff vornehmen; ggf. muss der Patient – nach entsprechender therapeutischer Beratung (s. hierzu Rz. 243 ff., 356) – unbehandelt entlassen werden[194]. 62

(2) Gespaltener Krankenhausvertrag

[25] Hiervon zu unterscheiden ist der Vertragsschluss im sog. **Belegarztwesen**. Dabei begibt sich der Patient regelmäßig zuerst in die ambulante Behandlung eines niedergelassenen Arztes, der zugleich 63

189 BGH VersR 2010, 1038 = NJW 2010, 2580 m.w.N.; OLG München NJW-RR 2011, 749; OLG Celle VersR 1982, 46 f.; OLG Düsseldorf VersR 1985, 1049, 1051.

190 Zur Begründung verweist der BGH darauf, dass nur bei Aufstellung eines den verschiedenen Schwierigkeitsgraden der Eingriffe gerecht werdenden Operationsplans eine vernünftige Aus- und Weiterbildung der Ärzte in Krankenhäusern möglich ist: BGH VersR 2010, 1038 = NJW 2010, 2580.

191 BGH VersR 2010, 1038 = NJW 2010, 2580; vgl. auch OLG Saarbrücken NJW 2019, 239.

192 BGH VersR 2010, 1038 = NJW 2010, 2580; OLG München NJW-RR 2011, 749; *Hager* in Staudinger, 2009, § 823 BGB Rz. I 109.

193 BGH VersR 2010, 1038 = NJW 2010, 2580; s. auch BGH VersR 2017, 825 = NJW 2016, 3027; OLG Saarbrücken BeckRS 2018, 6340; kritisch *Spickhoff*, NJW 2011, 1651, 1654 f.; vgl. zur Problematik der beschränkten Einwilligung Rz. 206.

194 BGH VersR 2010, 1038 = NJW 2010, 2580; OLG Celle VersR 1982, 46 f.

Belegarzt ist[195]. Dieser ist nach der vertragsarztrechtlichen Definition, die auch für privatärztliche Belegärzte gilt, ein nicht am Krankenhaus angestellter Vertragsarzt, der auf Grund des mit dem Krankenhausträger geschlossenen Belegarztvertrages berechtigt ist, Patienten im Krankenhaus unter Inanspruchnahme der dort hierfür bereitgestellten Dienste und Einrichtungen stationär oder teilstationär zu behandeln, ohne hierfür vom Krankenhaus vergütet zu werden (§§ 18 KHEntG, 121 SGB V)[196]. Entscheidet sich der Belegarzt, die zunächst ambulant (in seiner Praxis) begonnene Behandlung des Patienten nunmehr stationär in dem Krankenhaus, in dem ihm etwa Belegbetten zur Verfügung stehen, selbst fortzusetzen, so kommt ein sog. **gespaltener Krankenhausaufnahmevertrag** zustande[197]. Gleiches gilt im Übrigen für die **Beleghebamme** (vgl. § 2 Abs. 1 Satz 2 BPflV)[198]. Dieser Aufnahmevertrag ist gekennzeichnet durch **zwei** voneinander getrennte **vertragliche Beziehungen**, nämlich zum einen der (fortdauernde) Vertrag zwischen Patient und Belegarzt, welcher die spezifisch belegärztlichen Behandlungsleistungen zum Gegenstand hat, und zum anderen derjenige zwischen Patient und Krankenhausträger für die restlichen allgemeinen Krankenhausleistungen[199]. Die Abgrenzung der Leistungsinhalte beider Verträge, die für die Haftungszuweisung bei Fehlleistungen von Bedeutung ist, kann im Einzelfall Schwierigkeiten bereiten. Es bestehen zwei **getrennte, sich in der Regel nicht decken-**

---

195 *Franzki/Hansen*, NJW 1990, 737 f. auch mit statistischem Material; zur grundsätzlichen Vertragsgestaltung vgl. auch *Stegers* in: Das Belegarztsystem, 1994 S. 3 ff.; zu Bedenken gegen den medizinischen Qualitätsstandard vgl. BGH NJW 1990, 2317 = GRUR 1990, 606.

196 BGH VersR 2006, 361 = NJW 2006, 437. Die Vornahme der Behandlung durch einen Arzt, der über keine Anerkennung als Belegarzt in dem Krankenhaus verfügt, begründet allein noch keine Haftung für die Folgen der Behandlung: OLG Karlsruhe GesR 2018, 173.

197 So schon BGH VersR 1962, 744. Ist der bereits ambulant tätige Belegarzt zum Zeitpunkt der stationären Behandlung nicht im Krankenhaus und wird daher aufgrund einer Vertreterregelung ein anderer Belegarzt tätig, wobei es an den Voraussetzungen einer BGB-Gesellschaft zwischen den Belegärzten fehlt, kommt kein gesonderter Vertrag mit dem vertretenden Arzt zustande, OLG Koblenz GesR 2014, 282.

198 BGH VersR 1995, 706 = NJW 1995, 1611.

199 Allerdings muss der Charakter der Klinik als Belegklinik deutlich werden. Sonst kommt ggf. ein einheitlicher Krankenhausvertrag (ggf. mit Arztzusatzvertrag) mit dem Träger der Klinik zustande; vgl. OLG Köln VersR 2017, 101.

de Leistungs- und Haftungsbereiche. Klar ist, dass die Leistungen der Belegärzte, Beleghebammen und -entbindungspfleger kraft Gesetzes nicht zu den Krankenhausleistungen gehören (§ 2 Abs. 1 Satz 2 BPflV), so dass der Krankenhausträger, da er die Leistungen des Belegarztes nicht schuldet, insoweit auch nicht neben diesem Haftungsschuldner wird[200]. Der Belegarzt ist in diesem Rahmen nicht sein Erfüllungsgehilfe.

[26] Das Gesetz selbst umschreibt in § 18 Abs. 1 Satz 2 KHEntG im Allgemeinen den vertraglichen Leistungsbereich des Belegarztes. Neben anderen Kriterien, insbesondere dem konkreten Vertragsinhalt sowie der fachgebietsmäßigen und zeitlichen Beschreibung und Eingrenzung des belegärztlichen Eingriffs, sind diese Leistungsbeschreibungen im Wege normativer Vertragsauslegung zur Festlegung und Abgrenzung des näheren Inhalts der beiden vertraglichen Beziehungen zwischen Patient und Belegarzt einerseits sowie Patient und Krankenhaus andererseits heranzuziehen[201]. 64

Danach sind Leistungen des Belegarztes gem. § 18 Abs. 1 Satz 2 KHEntG: 65

1. seine **persönlichen** Leistungen,
2. der ärztliche Bereitschaftsdienst für Belegpatienten,
3. die von ihm veranlassten Leistungen nachgeordneter Ärzte des Krankenhauses, die bei der Behandlung seines Belegpatienten in demselben Fachgebiet wie der Belegarzt tätig werden,
4. die von ihm veranlassten Leistungen von Ärzten und ärztlich geleiteten Einrichtungen **außerhalb** des Krankenhauses.

Alle anderen Bereiche, d.h. im Wesentlichen die räumlichen und medizinischen Voraussetzungen für die belegärztliche Tätigkeit, pflegerische und medizinische Betreuung außerhalb der Belegarztleistungen, Bereitstellung ärztlichen und nichtärztlichen Personals, Unterkunft, Beköstigung etc., sind alleinige vertragliche Aufgabe des Krankenhauses. Insoweit haftet der Belegarzt in der Regel für Fehler aus diesem Be- 66

200 BGH VersR 1995, 706 = NJW 1995, 1611; BGH VersR 1996, 976 = NJW 1996, 2429.

201 *Geiß/Greiner*, Arzthaftpflichtrecht, Rz. A 33; *Geiß* in: Das Belegarztsystem, 1994, S. 91, 103; *Franzki/Hansen*, NJW 1990, 737, 742.

reich nicht neben dem Krankenhausträger[202]. Allerdings fällt es regelmäßig in den Aufgaben- und Haftungsbereich des Belegarztes, zu entscheiden, ob die Ausstattung des Belegkrankenhauses ausreicht, um die innerhalb seines Fachgebiets im konkreten Fall zu erwartende Behandlungsaufgabe zu bewältigen[203].

67 Die Haftungstrennung zwischen Krankenhaus und Belegarzt ist in jüngerer Vergangenheit in Fällen der **Rollenkonfusion** in der Person des behandelnden Belegarztes in die Diskussion geraten. Danach soll der Krankenhausträger sich bei seiner Inanspruchnahme für eigentlich in den Haftungsbereich des Belegarztes fallende Fehlleistungen nicht auf die Spaltung berufen können, wenn der Belegarzt zugleich ein Repräsentant des Krankenhauses ist und als verfassungsmäßig berufener Vertreter i.S.d. § 31 BGB (s. hierzu Rz. 123 ff.) anzusehen ist. Entschieden wurde dies für einen Belegarzt, der zugleich Geschäftsführer des Krankenhauses[204] bzw. Leitender ärztlicher Direktor der Klinik[205] war[206]. Im Ergebnis wird man danach differenzieren müssen, ob Amt i.S.d. § 31 BGB und Schädigung in einem Zusammenhang stehen; eine Zurechnung zum Klinikträger nach § 31 BGB wird nur dann erfolgen können, wenn der Pflichtenverstoß den Wirkungskreis des Organs – insb. Organisationspflichten – berührt (vgl. auch Rz. 126).

68 [27] Hingewiesen sei in diesem Zusammenhang noch auf die Möglichkeit, dass **mehrere Belegärzte unterschiedlicher Fachrichtung** zugleich an der Heilbehandlung teilnehmen. Außerhalb einer etwai-

202 OLG München VersR 2007, 797; OLG Karlsruhe VersR 2005, 1587.

203 OLG Oldenburg VersR 2011, 1401 = MDR 2011, 361; *Geiß/Greiner*, Arzthaftpflichtrecht, Rz. A 35; zu den Ausnahmen vgl. unten Rz. 137.

204 OLG Frankfurt MedR 2006, 294 = GesR 2006, 127; kritisch *Nebendahl* in FS 10 Jahre ARGE Medizinrecht im DAV, 2008, S. 237, 245 ff.

205 OLG Köln VersR 2010, 1454: Eine Aufspaltung des handelnden Arztes in einen Leitenden ärztlichen Direktor, dessen Verhalten sich der Klinikträger zurechnen lassen muss, und einen davon unabhängigen Belegarzt, dessen Verhalten sich der Klinikträger nur in eingeschränktem Umfang bei eigenem Organisationsversagen zurechnen lassen müsste, komme nicht in Betracht.

206 Ähnlich OLG Köln VersR 2017, 101: Gesellschafter und Geschäftsführer der die Privatklinik tragenden GmbH betreiben dort zugleich eine Gemeinschaftspraxis und der Charakter der Klinik als Belegklinik tritt nicht nach außen hervor. Es kommt auch ein Vertrag mit dem Krankenhaus bezüglich der ärztlichen Leistungen zustande.

gen Kooperation der Belegärzte bestehen dann jeweils getrennte Belegarztverträge. Der weitere Belegarzt nimmt für sein Fachgebiet im Rahmen des § 18 KHEntG weitere Teilbereiche aus dem Zuständigkeitsbereich des Krankenhausträgers heraus. Ähnliches gilt für das Nebeneinanderwirken von Belegarzt und Beleghebamme[207].

[27a] Durch das Krankenhausfinanzierungsreformgesetz[208] wurde das Belegarztwesen um den sog. **Belegarzt mit Honorarvertrag** ergänzt (§§ 121 Abs. 5 SGB V, 18 Abs. 4 KHEntG). Damit stehen nunmehr zwei Belegarztmodelle zur Verfügung. Zwischen dem „klassischen" Belegarztmodell und dem Belegarzt mit Honorarvertrag besteht ein wesentlicher Unterschied: Während der herkömmliche Belegarzt seine Leistungen selbst abrechnet (privat oder im Rahmen der vertragsärztlichen Gesamtvergütung) und keine Vergütung vom Krankenhaus erlangt (vgl. § 18 Abs. 1 KHEntG), schließt der Belegarzt mit Honorarvertrag eine Honorarvereinbarung mit dem Krankenhaus und erhält auf dieser Grundlage seine Vergütung vom Krankenhaus. Dieses rechnet nach § 18 Abs. 4 KHEntG für die von Belegärzten mit Honorarverträgen behandelten Belegpatienten die Fallpauschalen für Hauptabteilungen i.H.v. 80 Prozent ab. In der Praxis hat sich der Belegarzt mit Honorarvertrag bislang nicht durchgesetzt, was seinen Grund in der geringen wirtschaftlichen Attraktivität der Vergütung für den Krankenhausträger hat[209]. 69

Die Rechtsprechung hatte bislang – soweit ersichtlich – keine Gelegenheit, sich zum **Vertragsverhältnis gegenüber dem Patienten** beim Belegarzt mit Honorarvertrag zu positionieren. Im Schrifttum ist der Meinungsstand nicht einheitlich[210]. Der Gesetzgeber hat sich – bei offenbar fehlendem Problembewusstsein und rein politischen Motiven – einer Klarstellung enthalten; er hat jedoch festgehalten, dass die Leistungen des Belegarztes mit Honorarvertrag keine vertragsärztlichen 70

207 BGH VersR 1995, 706 = NJW 1995, 1611.

208 KHRG vom 24.3.2009, BGBl. I, 334.

209 Vgl. etwa jurisPK-SGB V/*Köhler-Hohmann*, 3. Aufl. 2016, § 121 SGB V, Rz. 69.

210 Für einen totalen Krankenhausvertrag: *Clausen/Schröder-Printzen*, ZMGR 2010, 3, 8; *Dahm*, MedR 2009, 289, 290 a.E.; auch *Spickhoff/Starzer*, Medizinrecht, § 18 KHEntG, Rz. 7 f.; für einen eigenen Behandlungsvertrag mit dem Belegarzt *Makoski*, GesR 2009, 225, 229.

Leistungen sind[211]. Die rechtlichen Rahmenbedingungen des Belegarztes mit Honorarvertrag brechen mit der Struktur des „klassischen" Belegarztwesens[212]. Orientiert man sich – wie für die rechtliche Beurteilung der Vertragsverhältnisse bei Krankenhausbehandlungen prägend – an dem Vergütungsverhältnis, müsste von einem Vertragsschluss mit dem Krankenhausträger ausgegangen werden. Dies dürfte indes nicht allen Sachverhaltsgestaltungen gerecht werden. Setzt der Belegarzt mit Honorarvertrag lediglich die bereits ambulant begonnene Behandlung stationär in der Belegabteilung des Krankenhauses fort, wird man auch für ihn[213] vom Fortbestehen des Behandlungsvertrages ausgehen können. Sucht der Patient hingegen das Krankenhaus auf und kann er nicht wahrnehmen, ob er von einem angestellten Krankenhausarzt oder einem Belegarzt mit Honorarvertrag behandelt wird[214], dürfte sich die Konstruktion eines Behandlungsvertrages mit dem Belegarzt schwierig gestalten, zumal auch der Belegarzt mangels eigenem Honoraranspruch – er wird ja vom Krankenhausträger vergütet – kein Interesse an einem Vertragsschluss haben wird. Auf der Grundlage der Rechtsprechung zum gespaltenen Krankenhausvertrag wird man in diesem Fall nur dann eine vertragliche Haftung des honorarvertraglichen Belegarztes bejahen können, wenn der Patient ausdrücklich und hinreichend deutlich darauf hingewiesen wurde, dass ein Behandlungsvertrag hinsichtlich der belegärztlichen Leistungen allein mit dem honorarvertraglichen Belegarzt zustande kommt[215].

211 Zur Begründung der Einführung des Belegarztes mit Honorarvertrag: BT-Drucks. 16/11429, 46 f.

212 Vgl. auch jurisPK-SGB V/*Köhler-Hohmann*, § 121 SGB V, Rz. 68; *Makoski*, GesR 2009, 225.

213 Zum „klassischen" Belegarztmodell insoweit BGH VersR 2006, 361 = NJW 2006, 437; *Spickhoff/Greiner*, Medizinrecht, §§ 823 ff. BGB, Rz. 312.

214 *Wenzel/Hennings*, Der Arzthaftungsprozess, Kap. 2 Rz. 55 nimmt für diesen Fall eine gesamtschuldnerische Haftung von Krankenhausträger und honorarvertraglichem Belegarzt an, ohne jedoch klarzustellen, ob der Belegarzt auch vertraglich haften soll.

215 Vgl. auch *Luxenburger*, in: Ratzel/Luxenburger, Handbuch Medizinrecht, Kap. 21 Rz. 13.

(3) Krankenhausvertrag mit Wahlleistungsabrede

[28] Eine dritte Möglichkeit der Vertragsgestaltung bietet der **Krankenhausvertrag mit Wahlleistungsabrede.** Sowohl der Kassenpatient (der dann insoweit zum Selbstzahler wird[216]) als auch der Privatpatient können nach § 17 KHEntG andere als allgemeine Krankenhausleistungen (vgl. § 2 Abs. 2 BPflV) – also z.B. Komfortunterbringung, Zimmerausstattung, Begleitperson, Chefarztbehandlung[217] (soweit nicht ohnehin medizinisch notwendig) – als gesondert zu vergütende Wahlleistungen vereinbaren. Nach § 17 Abs. 3 S. 1 KHEntG erstreckt sich diese Vereinbarung bei ärztlichen Wahlleistungen dann auf alle an der Behandlung beteiligten Ärzte des Hauses, soweit diese zur gesonderten Liquidation ihrer Leistungen im Rahmen der Behandlung berechtigt sind[218]. Diese sind aufgrund des grundsätzlich neben dem 71

---

216 *Tuschen/Quaas*, Kommentar zur BPflV, § 22 S. 406 f.

217 Zur Interessenlage des Patienten: BGH NJW 2018, 2117, 2119 = VersR 2018, 1451.

218 Sog. Wahlarztkette: Wer chirurgische Privatbehandlung durch den Chefarzt der Chirurgie wählt, nimmt damit alle dies ergänzenden Leistungen anderer liquidationsberechtigter Chefärzte ebenfalls in Anspruch. Diese, z.B. Anästhesist und Laborarzt, die an dieser speziellen Behandlung teilnehmen (!), werden dann gleichfalls berechtigte, aber auch verpflichtete Vertragspartner des Patienten. Eine Beschränkung der Abrede auf einzelne liquidationsberechtigte Ärzte innerhalb derselben ärztlichen Leistung ist rechtlich nicht möglich: *Tuschen/Quaas*, Kommentar zur BPflV, § 22 S. 414. Dies gilt auch dann, wenn im Einzelfall der Vertrag direkt mit dem Arzt und nicht über das Krankenhaus ausgehandelt wird: BGH VersR 1987, 1191 = NJW-RR 1988, 630. Zu Wirksamkeitsbedenken bei Verletzung der Hinweispflicht nach § 17 Abs. 3 S. 1 KHEntG vgl. LG Stuttgart MedR 2017, 322 mit zu Recht krit. Anm. *Dahm*. Die umstrittene Frage (Nachweise 5. Aufl. Fn. 182), ob ein im Krankenhaus nicht angestellter Honorararzt, der aufgrund eines Dienstvertrags ärztliche Leistungen für den Krankenhausträger erbringt, zum Kreis der Liquidationsberechtigten nach § 17 Abs. 3 S. 1 KHEntgG gehört, hat der BGH zwischenzeitlich ablehnend beantwortet; vgl. BGH VersR 2015, 456 = NJW 2015, 1375. Die Entscheidung wurde vom BVerfG als mit dem Grundgesetz vereinbar angesehen; BVerfG MedR 2017, 591. Aktuell zur Problematik *Clausen*, ZMGR 2016, 82; *Göbel*, VersR 2015, 809; *Jenschke*, GesR 2015, 136; *Seifert*, GesR 2015, 601; *Theodoridis*, GesR 2017, 216; s. auch (vor der BGH-Entscheidung) *Bender*, GesR 2013, 449. Zur Auslegung einer Wahlleistungsvereinbarung, die den Kreis der Wahlärzte auf alle an der Behandlung beteiligten Ärzte des Krankenhauses erstreckt, soweit diese zur gesonderten Berechnung

Krankhausvertrag und der Wahlleistungsvereinbarung zustande kommenden Arztzusatzvertrages gem. § 613 S. 1 BGB verpflichtet, die ihre Disziplin prägende Kernleistung persönlich und eigenhändig zu erbringen, soweit nicht eine wirksame Stellvertreterklausel vereinbart wurde und tatbestandlich eingreift[219].

72 Die Berechtigung zur gesonderten Liquidation über die eigenen Vergütungsansprüche des Krankenhauses hinaus (Selbstliquidierungsberechtigung) muss sich aus dem Vertragsverhältnis (Dienstvertrag) zwischen Arzt und Krankenhaus ergeben (oder bei beamteten Ärzten aus den Nebentätigkeitsregelungen des Beamtenrechts)[220]. Sie gilt auch für den Bereich des § 115a SGB V, nicht aber für das ambulante Operieren nach § 115b SGB V[221], da Wahlleistungen nach § 17 KHEntG begriffsnotwendig eine an sich stationäre Tätigkeit voraussetzen.

73 [29] Im Vertragsverhältnis zwischen Patient und Behandlungsseite setzt die **Wahlleistungsvereinbarung** neben der Schriftform gem. § 17 Abs. 2 KHEntG ausdrücklich voraus, dass der Patient „vor Abschluss der Vereinbarung über die Entgelte der Wahlleistungen und deren Inhalt im einzelnen zu unterrichten" ist. Dafür genügt nicht die bloße Information über ein gesondertes Abrechnen, also über die Entgeltlichkeit an sich. Der BGH hat die Anforderungen an die Unterrichtungspflicht dahin konkretisiert, dass neben einer Charakterisierung der wahlärztlichen Leistungen eine kurze Erläuterung der Preisermittlung für ärztliche Leistungen nach der GOÄ sowie Hinweise auf die erhebliche finanzielle Mehrbelastung, die Liquidationskette und auf die bei entsprechendem Wunsch des Patienten gegebene Einsichtsmöglichkeit in die GOÄ erforderlich sind; hingegen geht die Verpflichtung nicht so weit, den Patienten vor Abschluss der Wahlleistungsverein-

---

ihrer Leistungen berechtigt sind: BGH VersR 2018, 1451 = NJW 2018, 2117. Auch durch ausdrückliche Benennung kann der Honorararzt nicht zum liquidationsberechtigten Wahlarzt werden: BGH NJW 2019, 1519 = MedR 2019, 654.

219 Vgl. aus der Rechtsprechung BGH VersR 2010, 1038 = NJW 2010, 2580; BGH VersR 2008, 493 = BGHZ 175, 76; OLG Celle VersR 2016, 53; s. auch *Bäune*, MedR 2014, 76.

220 Vgl. hierzu auch BGH VersR 2017, 825 = NJW 2016, 3027.

221 Vgl. oben Rz. 53; zur Möglichkeit der Chefarztwahl im Rahmen des § 115b SGB V bei Selbstzahlern vgl. aber *Tuschen/Quaas*, Kommentar zum BPflV, § 22 S. 416.

barung in Form eines Kostenvoranschlags über die voraussichtliche Höhe der entstehenden Arztkosten zu unterrichten[222]. Diese Gesichtspunkte sind für die Wirksamkeit der Vereinbarung von entscheidender Bedeutung. Nachdem der BGH zunächst bei einem Verstoß gegen § 17 Abs. 2 KHEntG (vormals § 22 Abs. 2 BPflV) Schadensersatzansprüche des Patienten dahingehend erwogen hatte, dass der Krankenhausträger in solchem Falle gehindert sei, erbrachte Wahlleistungen abzurechnen[223], hält er nunmehr die insoweit mangelhafte Wahlleistungsvereinbarung für **unwirksam**[224], wobei jedoch nicht ausgeführt wird, auf Grund welchen Rechtssatzes der Mangel zur Unwirksamkeit des Vertrages führen soll[225]. In der – ausschließlich zu Vergütungsansprüchen des Wahlarztes ergangenen – Rechtsprechung des BGH wird von einer **rechtlichen Einheit von Wahlleistungsvereinbarung und Arztzusatzvertrag** ausgegangen, weshalb die Unwirksamkeit der Wahlleistungsvereinbarung nach § 139 BGB auch den Arztzusatzvertrag erfasst[226]; es verbleibt in diesem Fall der totale Krankenhausvertrag. Höchstrichterlich noch nicht geklärt ist in diesem Zusammenhang allerdings, ob diese Unwirksamkeit[227] nur Auswirkung hinsichtlich der Vergütungsfrage hat oder ob und in welchem Umfang auch Haftungsfragen betroffen sind. In der vereinzelt veröffentlichten instanzgerichtlichen Rechtsprechung wird die Frage nicht einheitlich beantwortet[228]. Im Grundsatz wird man aber auch

222 BGH VersR 2004, 1005; BGH VersR 2004, 1007; BGH VersR 2005, 121; BGH VersR 2007, 950.

223 BGH VersR 1990, 91, 95 = NJW 1990, 761.

224 BGH VersR 1996, 1157 = NJW 1996, 781; BGH VersR 1998, 728 = NJW 1998, 1778.

225 Bei mangelnder Schriftform kann die Unwirksamkeit auf § 125 S. 1 BGB gestützt werden, vgl. etwa BGH VersR 2002, 1545 = NJW 2002, 3772.

226 Vgl. BGH VersR 2002, 1545 = NJW 2002, 3772; BGH VersR 1998, 728 = NJW 1998, 1778; OLG Stuttgart MedR 2019, 307.

227 Die Unwirksamkeit einer in der Wahlarztvereinbarung enthaltenen Vertreterklausel (vgl. hierzu insbesondere BGH VersR 2008, 493 = NJW 2008, 987) führt nicht zur Gesamtunwirksamkeit und bleibt daher ohne Auswirkung auf die Haftungsverhältnisse; vgl. auch LG München I MedR 2012, 49 m. Anm. *Greiner*.

228 Nach OLG München, Urt. v. 7.8.2012 – 1 U 4979/07, zit. nach juris, dort Rz. 52, erfasst die unwirksame Wahlleistungsvereinbarung nach § 139 BGB auch den Arztzusatzvertrag als vertragliche Haftungsgrundlage. Im Ergebnis anders LG Nürnberg-Fürth VersR 2011, 1017 m.

bei unwirksamer Wahlleistungsklausel den insoweit selbstliquidierungsberechtigten Arzt aus tatsächlicher Übernahme der Behandlungsaufgabe auf vertragsähnlicher Grundlage[229] nach den sogleich noch auszuführenden Regeln zum Krankenhausvertrag mit Wahlleistungsabrede selbst als passivlegitimiert ansehen müssen[230].

74 [30] Beim Krankenhausaufnahmevertrag mit Vereinbarung ärztlicher Wahlleistungen kommen regelmäßig **zwei** voneinander getrennte **Verträge** zustande. Der eine zwischen Patient und Krankenhaus, der andere zwischen Patient und selbstliquidierungsberechtigtem Arzt hinsichtlich der mit diesem vereinbarten Wahlleistung[231]. Dies und die folgenden Ausführungen zu den dann möglichen zwei Vertragsmodellen setzen natürlich voraus, dass ein liquidierungsberechtigter Arzt überhaupt neben dem Krankenhausträger Vertragspartner des Patienten werden soll[232]. Ist nichts Abweichendes vereinbart, so geht

---

Anm. *Bender* = MedR 2011, 733 (für einen gespaltenen Krankenhausvertrag): Danach ist die durch § 139 BGB ausgelöste Unwirksamkeit des Arztzusatzvertrages hinsichtlich der Haftungsfrage durch § 242 BGB zu korrigieren. Zwei weitere unveröffentlichte Entscheidungen – OLG München, Urt. v. 25.8.2004 – 9 O 2445/01 und LG Hamburg, Urt. v. 11.3.1999 – 323 O 49/96 – zitiert in diesem Zusammenhang *Schlosser*, MedR 2009, 313, 318 (Fn. 52).

229 Rechtliche Sonderverbindung vertragsähnlicher Natur ohne primäre Leistungspflichten, aber mit Schutz- und Erhaltungspflichten, soweit die Behandlungsaufgabe übernommen wurde. *Laufs/Kern/Rehborn*, Handbuch des Arztrechts, § 47 Rz. 14 nimmt dagegen allgemein bei nichtigem Arztvertrag Geschäftsführung ohne Auftrag an.

230 Im Ergebnis – auch mit anderen Lösungsansätzen – zustimmend *Schlosser*, MedR 2009, 313, 318; für eine Wirksamkeit des Behandlungsvertrages mit dem liquidationsberechtigten Arzt: *Bender*, VersR 2011, 1021 ff.; dagegen *Spickhoff/Greiner*, Medizinrecht, §§ 823 ff. BGB, Rz. 326, wonach ausschließlich ein einheitlicher Krankenhausvertrag verbleiben soll.

231 BGH VersR 1981, 730 = NJW 1981, 2002.

232 In diesem Zusammenhang wird teilweise auf die Möglichkeit hingewiesen, dass (auch hinsichtlich der Wahlleistungen) allein und einheitlich ein Vertrag mit dem Krankenhaus geschlossen wird; vgl. *Reiling*, MedR 1995, 443, 448 ff.; *Kistner*, MedR 1990, 51, 52; *Schmid*, Die Passivlegitimation im Arzthaftpflichtprozess, S. 85 f. Der Wahlarzt haftet dann nicht vertraglich, kann aber auch nur mittelbar, d.h. im Innenverhältnis zu seinem Dienstherrn liquidieren. Ob dieser totale Wahlbehandlungsvertrag sogar das Regelmodell darstellen soll (vgl. *Reiling*, MedR 1995,

die Rechtsprechung davon aus, dass sich der Patient bei ansonsten gegenüber dem totalen Krankenhausvertrag unveränderter Lage lediglich die Leistungen des selbstliquidierungsberechtigten Arztes **hinzukaufen** will. Im Zweifel (Regelfall) ist deshalb ein **Arztzusatzvertrag nebst einheitlichem Krankenhausvertrag** zustande gekommen, bei welchem der Krankenhausträger Schuldner sämtlicher Leistungen ist, d.h.auch derjenigen, die der Arzt als Wahlleistungen zu erbringen hat. Hinsichtlich Letzterer ist daneben der selbstliquidierungsberechtigte Arzt Vertragsschuldner[233]. Im Ergebnis decken sich hier also die Zuständigkeitsbereiche beider Vertragsschuldner auf Behandlungsseite teilweise. Allerdings ist es eine Frage der Vertragsgestaltung im Einzelfall, ob der gesonderte Behandlungsvertrag, der zwischen dem Patienten und dem Wahlarzt geschlossen werden soll, bereits Gegenstand der zwischen dem Krankenhaus und dem Patienten abgeschlossenen Wahlleistungsvereinbarung ist (Krankenhaus als Stellvertreter des Wahlarztes), oder ob es hierzu einer weiteren Abrede zwischen dem Arzt und dem Patienten bedarf, die auch durch konkludentes Verhalten zustande kommen kann[234]. Probleme bei der Annahme eines konkludenten Vertragsabschlusses mit dem Chef- bzw. Wahlarzt stellen sich, wenn diesem aufgrund seiner Vereinbarung mit dem Klinikträger kein Recht auf private Liquidation von Behandlungskosten bei Privatpatienten zusteht; dann besteht keine Veranlassung für den Chefarzt, durch Abschluss eines gesonderten Behandlungsvertrags ein zusätzliches Haftungsrisiko gegenüber dem Patienten zu übernehmen, ohne einen eigenen Honoraranspruch gegen diesen zu erwerben[235].

443, 452) und welche Anforderungen im Hinblick auf § 164 Abs. 1 S. 2, Abs. 2 BGB andererseits bei einem (stellvertretenden) Vertragsabschluss auf Behandlungsseite durch den Krankenhausträger an eine Offenlegung des Abschlusses auch zugunsten des liquidierungsberechtigten Arztes zu stellen sind, war bislang noch nicht Gegenstand höchstrichterlicher Rechtsprechung. Haftungsrechtlich wiese dieses Modell jedenfalls schon wegen der alleinigen Vertragspartnerschaft des Trägers keine Besonderheiten auf.

233 BGH VersR 1993, 481 = NJW 1993, 779; BGH VersR 1985, 1043 = NJW 1985, 2189; *Büsken/Klüglich*, VersR 1994, 1141, 1142. Zuvor tendierte der BGH zum Modell des gespaltenen Krankenhausvertrags: BGH VersR 1984, 356 = NJW 1984, 1400.

234 BGH VersR 2017, 825 = NJW 2016, 3027.

235 BGH VersR 2017, 825 = NJW 2016, 3027.

75 [31] Nur wenn dies hinreichend deutlich vereinbart wird – der Patient entlässt in diesem Fall immerhin den Krankenhausträger teilweise aus seiner Verantwortung –, kommt dagegen vergleichbar dem Belegarztmodell ein **gespaltener Krankenhausvertrag** zustande (vgl. auch Rz. 21 a.E.)[236]. Bei diesem wird der selbstliquidierende Arzt hinsichtlich der mit ihm vereinbarten Wahlleistungen **alleiniger Vertragspartner**. Er ist insoweit nicht Erfüllungsgehilfe des Krankenhauses, welches ja dann diese Leistungen vertraglich nicht schuldet, sondern Vertragspartner des Patienten nur für die über die Wahlleistungen hinausgehenden allgemeinen Krankenhausleistungen (§ 2 Abs. 2 BPflV) wird[237]. Der Krankenhausträger schuldet bei einem gespaltenen Krankenhausvertrag folglich nicht die wahlärztlichen Leistungen, muss aber aufgrund des gespaltenen Vertrages für die Unterbringung und Verpflegung, den Einsatz nichtärztlichen Pflegepersonals, die Bereitstellung der erforderlichen technisch-apparativen Ausstattung und die Organisation der Krankenhausversorgung einstehen.

76 Auch bei einem gespaltenen Krankenhausvertrag kann es aufgrund der Unwirksamkeit der Wahlleistungsvereinbarung wegen Verstoßes gegen die Schutzvorschrift des § 17 KHEntG über § 139 BGB zur Unwirksamkeit des Arztzusatzvertrages kommen. Es stellt sich dann das bereits geschilderte Problem der Auswirkung der Unwirksamkeit auf die vertragliche Haftung (oben Rz. 73), das – gleich nach welcher Auffassung – nicht anders als bei einem totalen Krankenhausvertrag mit Arztzusatzvertrag beantwortet werden kann. Hier verdeutlicht sich die „Brisanz“ der Auffassung, bei unwirksamer Wahlleistungsabrede verbleibe der Wahlarzt aufgrund der Erstreckung der Unwirksamkeit auf den Arztzusatzvertrag nicht als vertraglicher Haftungsschuldner. Während beim totalen Krankenhausvertrag mit (dann unwirksamem) Arztzusatzvertrag das Krankenhaus als vertraglicher Haftungsschuldner verbliebe, fällt der Patient beim gespaltenen Krankenhausvertrag in einen vertragslosen Zustand[238]. Dieser vertragslose Zustand beruht auf der Unwirksamkeit des Vertrags wegen eines Verstoßes gegen eine

---

236 Hierzu *Schlosser*, MedR 2009, 313, 314.

237 BGH VersR 1993, 481 = NJW 1993, 779.

238 Entweder die unwirksame Wahlleistungsvereinbarung erfasst über § 139 BGB den Arztzusatzvertrag, nicht aber den Krankenhausvertrag mit Spaltungsklausel, oder auch der gespaltene Krankenhausvertrag ist nach § 139 BGB unwirksam; eine alleinige Unwirksamkeit der Spaltungsklausel wird sich kaum konstruieren lassen.

dem Schutz des Patienten (!) dienenden Vorschrift. Daher erscheint es überzeugend, den Wahlarzt als den „geplanten“ vertraglichen Haftungsschuldner wegen tatsächlicher Übernahme der Behandlungsaufgabe auf vertragsähnlicher Grundlage haften zu lassen (s.o. Rz. 73).

Zwischen beiden Modellen kann es allerdings je nach vertraglicher Abrede mit dem Patienten haftungsrechtliche Zwischenlösungen geben. Haftungsausgliederungen aus dem an sich nach dem Regelfall dem Krankenhausträger insgesamt obliegenden Bereich hin zum Wahlleistungsarzt mit Freistellung des Trägers müssen in jedem Falle hinreichend deutlich vereinbart werden. Dies gilt auch für die Frage, wer für Fehler von Hilfspersonal des Krankenhauses einstehen soll[239]. 77

6. Schutzgüter und Nebenpflichten

a) Schutzgüter

[32] Die Eingrenzung der vertraglichen **Schutzgüter** folgt in der Arzthaftpflicht im Wesentlichen den allgemeinen Regeln. Eine gewisse Besonderheit ergibt sich allerdings aus der zentralen Ausrichtung des Vertrages auf eine Heilung des Patienten. Geschützt ist damit in erster Linie die **körperliche Integrität des Patienten selbst**[240]. Dies gilt auch, soweit etwa Dritte (z.B. Eltern) eigenen Namens den Behandlungsvertrag abgeschlossen haben. In diesen Fällen sind deshalb der Geltendmachung eigener Schäden der Vertragsparteien Grenzen gesetzt. Grundsätzlich ist die Einstandspflicht des Arztes auf den **Schaden des Patienten** beschränkt, erstreckt sich aber nicht auf Vermögensnachteile seines Vertragspartners. Im Wege der Vertragsauslegung hat die Rechtsprechung dort Ausnahmen zugelassen, wo Eltern berechtigt sein sollen, den vom Arzt verschuldeten Mehraufwand an Pflege und Versorgung des durch die Behandlung geschädigten Kindes geltend zu machen, soweit dieser Kindesschaden sich für sie als vermehrter Pflegeaufwand niederschlägt. Es handelt sich 78

239 Zur Regelung in AGB: vgl. etwa *Stoffels*, in: Wolf/Lindacher/Pfeiffer, AGB-Recht, Anhang zu § 310 BGB Rz. K 51; BGH VersR 1993, 481 = NJW 1993, 779; OLG Bamberg VersR 1994, 813 und oben Rz. 21 a.E.

240 Vgl. auch OLG Hamm FamRZ 2018, 71; OLG Köln VersR 2016, 796: keine Schutzwirkung bezüglich Ehefrau wegen dauerhafter Impotenz des Ehemanns nach Fehlmedikation; auch keine deliktische Haftung; abweichend *Ziegler/Rektorschek*, VersR 2009, 181.

insoweit um einen eigenen, nur verlagerten Schaden des Kindes[241]. Vertraglich können allerdings auch **Schutzgüter Dritter** einbezogen sein, wenn der mit dem Patienten geschlossene Vertrag ersichtlich auch auf deren Schutz angelegt ist[242]. Der Regelfall ist dies jedoch nicht.

b) Allgemeine Nebenpflichten

79 [33] Über die vertragliche Verpflichtung zur standardgerechten Behandlung hinaus treffen die Behandlungsseite – teilweise kodifizierte – **vertragliche Nebenpflichten**, die dem Schutz anderer Rechtsgüter des Patienten oder des Vermögens dienen und daher keine Schädigung an Körper und Gesundheit erfordern. So können Schadensersatzansprüche resultieren aus der Verletzung der Pflicht, geeignete **Verwahrungsmöglichkeiten** für Wertgegenstände des Patienten vorzusehen[243], sicherzustellen, dass Kleidung und Schmuck eines im Notfall eingelieferten Patienten, dem diese Gegenstände während der Versorgung abgenommen werden, aufbewahrt bleiben[244], sowie einem aufgenommenen hilfebedürftigen Patienten im zumutbaren Umfang zur notwendigen Erledigung persönlicher Angelegenheiten – wie etwa der Veranlassung einer Testamentserrichtung – Hilfe zu leisten[245]. Zudem wird eine **Beratungs- und Hinweispflicht** über die Möglichkeit der Beantragung von Pflegegeld und anderer Leistungen angenommen, sobald die Voraussetzungen, unter denen der Hilfesuchende möglicherweise einen Anspruch auf Leistungen nach dem SGB XI hat, vorliegen oder sich zumindest auf Grund der Untersuchungsergebnisse abzeichnen[246]. Eine Verpflichtung des Arztes, den Patienten im Zu-

241 BGH VersR 1984, 356 = NJW 1984, 1400; BGH VersR 1992, 1263 = NJW 1992, 2962.

242 BGH VersR 1986, 465 = NJW 1986, 1542: Kindsvater; BGH VersR 1984, 356 = NJW 1984, 1400; BGH VersR 1994, 1195 = NJW 1994, 2417; BGH VersR 1985, 1068 = NJW 1985, 2749; so selbstverständlich der Nasciturus: BGH NJW 1989, 1538 = BGHZ 106, 153.

243 OLG Karlsruhe NJW 1975, 597.

244 OLG Hamburg VersR 1989, 1268.

245 BGH NJW 1958, 2107; BGH VersR 1989, 1085 = NJW 1989, 2945; OLG Hamm MedR 2011, 812; grundlegend zu den Haftungsrisiken für Krankenhausträger im Zusammenhang mit der Testamentserrichtung *Metzmacher*, JR 2012, 359.

246 OLG Hamburg NJOZ 2008, 1145.

ge der Bescheinigung einer Arbeitsunfähigkeit über sozialrechtliche Voraussetzungen und Zweifelsfragen zu informieren, die sich im Zusammenhang mit lückenloser bzw. rückwirkender Arbeitsunfähigkeitsbescheinigung stellen, besteht grundsätzlich nicht[247]. **Ärztliche Zeugnisse** oder Gutachten, die etwa zum Abschluss einer Risikolebensversicherung benötigt werden, müssen innerhalb einer angemessenen Frist abgegeben werden, weshalb bei einer Verletzung dieser Pflicht Schadensersatzansprüche aus Verzug denkbar sind[248]. Die wiederkehrend auftretenden Fälle, in denen Arzt oder Patient Ansprüche wegen nicht eingehaltener **Terminvereinbarung** geltend machen möchten, beurteilen sich nach allgemeinen Verzugsregeln[249].

Im Zusammenhang mit der Verfolgung von Ansprüchen durch den Patienten können sich aus dem Behandlungsvertrag – ggf. auch aufgrund einer Herleitung aus § 242 BGB – **Auskunftsrechte** ergeben. So ist der Klinikträger zur Ermöglichung der Verfolgung etwaiger arzthaftungsrechtlicher Ansprüche grundsätzlich gehalten, dem Patienten den **Namen des ihn behandelnden Arztes** mitzuteilen[250]. Die Angabe der Privatanschrift des behandelnden Arztes ist hingegen regelmäßig nicht erforderlich, da als ladungsfähige Anschrift die Klinikadresse genügt[251]. Die **Adresse von Mitpatienten** kann dann Gegenstand eines Auskunftsanspruchs sein, wenn gegen diesen Ansprüche wegen wäh- 80

247 OLG Köln VersR 2018, 744.

248 BGH VersR 2006, 363 = NJW 2006, 687; zur (im Ergebnis verneinten) Haftung für ein psychiatrisches Gutachten: OLG Koblenz VersR 2008, 780; zur Verantwortung des Patienten zur Wahrung versicherungsrechtlicher Fristen gegenüber der Pflicht des Arztes zur Erstellung eines Zeugnisses in angemessener Zeit: OLG Saarbrücken, Urt. v. 27.7.2016 – 1 U 147/15, veröff. in juris; aus berufsrechtlicher Sicht VG Gießen GesR 2013, 572.

249 Zum Überblick *Laufs/Kern/Rehborn*, Handbuch des Arztrechts, § 74 Rz. 69 ff. m.w.N.; *Wertenbruch*, MedR 1991, 167. Eine Haftung des Arztes soll in Betracht kommen, wenn der Patient länger als 30 Minuten warten muss und er hierüber nicht informiert wird, AG Burgdorf MedR 1985, 129. Zum Anspruch des Arztes gegen den Patienten zuletzt etwa OLG Stuttgart VersR 2007, 951; *Poelzig*, VersR 2007, 1608; *Schinnenburg*, MDR 2008, 837.

250 Zur Erforderlichkeit eines berechtigten Interesses vgl. aber OLG Hamm, Urt. v. 14.7.2017 – 26 U 117/16 – veröff. in juris.

251 BGH VersR 2015, 582 = NJW 2015, 1525; OLG Köln MedR 2019, 147 m. Anm. *Katzenmeier*.

rend eines Krankenhausaufenthalts begangenen unerlaubten Handlung geltend gemacht werden sollen[252]. Auch hat ein mittels künstlicher heterologer Insemination gezeugtes Kind im Regelfall einen Anspruch gegen den Reproduktionsmediziner auf **Auskunft über den biologischen Vater**[253], was bei der Beratung der Beteiligten durch den Reproduktionsmediziner im Vorfeld der Behandlung zu berücksichtigen ist. Es besteht aber kein Auskunftsanspruch gegen den Arzt, ob und bei wem dieser berufshaftpflichtversichert ist[254].

c) Wirtschaftliche Informationspflicht

81 [33a] In § 630c Abs. 3 BGB ist die **Verpflichtung zur wirtschaftlichen Information** – zuvor wirtschaftlichen Aufklärung – des Patienten geregelt. Vor der gesetzlichen Regelung durch das Patientenrechtegesetz bestand keine generelle Verpflichtung zur Abklärung der Details des Versicherungsschutzes des Patienten auf Behandlungsseite. Bei Bestehen begründeter Zweifel[255] des Arztes[256], ob eine Übernahme der Kosten einer bestimmten Maßnahme durch die gesetzliche Kranken-

252 Vgl. BGH VersR 2016, 129 = NJW 2015, 2652.

253 BGH NJW 2015, 1098 m. zust. Anm. *Löhnig*; ferner BGH NJW 2019, 848 betreffend Insemination vor der deutschen Wiedervereinigung auf dem Gebiet der ehemaligen DDR; s. in diesem Zusammenhang auch OLG Hamm NJW 2013, 1167 mit krit. Besprechung *Fink/Grün*, NJW 2013, 1913. Mit gewissem zeitlichem Verzug hat sich der Gesetzgeber der Problematik angenommen und das Gesetz zur Regelung des Rechts auf Kenntnis der Abstammung bei heterologer Verwendung von Samen beschlossen, BGBl. I 2017, 2513 ff. Dieses schafft die rechtlichen Voraussetzungen für die Errichtung und Führung eines bundesweiten Samenspenderregisters, das die Durchsetzung des Rechts auf Kenntnis der eigenen Abstammung erleichtern soll. Zugleich wird durch § 1600d Abs. 4 BGB die Feststellung des Samenspenders als rechtlicher Vater ausgeschlossen, was diesen von Sorgerechts-, Unterhalts- und Erbschaftsansprüchen freistellt. Näher zur gesetzlichen Regelung *Taupitz/Theodoridis*, MedR 2018, 457; vgl. auch *Spickhoff*, ZfPW 2017, 257.

254 KG MDR 2019, 280.

255 Zweifel können sich aus bekannten Problemen bei der Erstattung der Behandlungskosten durch Krankenversicherer ergeben; vgl. OLG Stuttgart VersR 2013, 583.

256 Zur Abgrenzung, welcher Arzt für die wirtschaftliche Aufklärung verantwortlich ist, bei Beauftragung bzw. Überweisung durch den behandelnden Arzt vgl. OLG Köln GesR 2014, 93.

versicherung bzw. den privaten Krankenversicherer erfolgen wird, musste er den Patienten nach herrschender Ansicht rechtzeitig[257] darauf hinweisen[258]. An diese Grundsätze knüpft **§ 630c Abs. 3 BGB** an. Danach muss der Behandelnde bei positiver Kenntnis oder hinreichenden Anhaltspunkten für eine nicht gesicherte Übernahme der vollständigen Behandlungskosten durch den gesetzlichen oder privaten Krankenversicherer den Patienten vor Beginn der Behandlung über die voraussichtlichen Kosten informieren. Dies soll den Patienten vor finanziellen Überraschungen schützen und ihn in die Lage versetzen, die wirtschaftliche Tragweite seiner Entscheidung zu überschauen[259].

Inhaltlich gründet sich die Hinweispflicht auf die positive Kenntnis 82
bzw. hinreichende Anhaltspunkte für die Unsicherheit der vollstän-

257 Streng OLG Celle GesR 2017, 432: ausreichende Bedenkzeit erforderlich; zwei Tage sollen nicht ausreichen. Hierbei handelt es sich wohl um eine Einzelfallentscheidung, die durch die besonders hohen Behandlungskosten geprägt ist.

258 Zur „wirtschaftlichen Aufklärungspflicht" der Behandlungsseite über den Patienten treffende Kosten der Behandlung näher: *Schelling*, MedR 2004, 422; *Wussow*, VersR 2002, 1337, 1340; *Michalski*, VersR 1997, 137; beim Privatpatienten: BGH VersR 1983, 443 = NJW 1983, 2630; BGH VersR 2000, 999, 1002 = NJW 2000, 3429, 3431 f. (Umstellung von einem stationären Behandlungs- zum Pflegefall); OLG Celle GesR 2017, 432 (komplexe zahnärztliche Versorgung mit zehn Implantaten und Knochenaufbau; Abhängigkeit der Intensität der Information von den Behandlungskosten); OLG Stuttgart VersR 2013, 583 (Plan- und Privatkrankenhaus unter einem Dach; Zweifel an Übernahme voller Kosten bei Behandlung in Privatklinik); OLG Köln VersR 2005, 1589 = OLGR 2005, 601; OLG Stuttgart VersR 2003, 992 = OLGR 2003, 91; OLG Köln VersR 1997, 1362; LG Bielefeld VersR 1998, 1516; LG Bremen NJW 1991, 2353 (Schönheitsoperation); LG Karlsruhe VersR 2006, 1217 = NJW-RR 2005, 1690; AG Bergheim VersR 2009, 684 (ADHS-Erkrankung); AG Pforzheim MedR 2003, 234 = r+s 2003, 331 (stationäre statt ambulante Behandlung); vgl. auch BGH VersR 1988, 272 = NJW 1988, 759; OLG Hamm VersR 2001, 895 = NJW 2002, 307 (falsche Darstellung der Erfolgsaussicht einer teuren Medikation bei austherapiertem Krebspatienten); OLG Frankfurt NJW-RR 2004, 1608 = MDR 2004, 1401 (unterlassener Hinweis auf einen Krankenhilfeantrag nach dem BSHG); vgl. im Zusammenhang mit der wirtschaftlichen Information auch BSG, Urt. v. 28.3.2017 – B 1 KR 29/16 R, veröff. in juris; VerfGH Saarland GesR 2014, 546.

259 BGH VersR 2020, 622 = NJW 2020, 1211 m.w.N.

digen Kostenübernahme durch den Versicherer; dies dürfte sich mit den zuvor überwiegend geforderten „begründeten Zweifeln" an der Kostenübernahme decken. Insofern ist zwischen gesetzlich und privat versicherten Patienten zu differenzieren[260]. Hinreichende Anhaltspunkte für eine Hinweispflicht liegen bei **gesetzlich versicherten Patienten** aufgrund des täglichen Umgangs mit dem weitgehend identischen **Leistungskatalog der gesetzlichen Krankenversicherungen** regelmäßig nahe. Problematischer stellt sich die Begründung einer Informationspflicht aufgrund der **Tarifvielfalt bei privat versicherten Patienten** dar. Hier hält die gesetzliche Regelung – im Einklang mit der bisherigen Rechtsprechung – grundsätzlich an der Eigenverantwortung des Patienten für die Kenntnis seines Versicherungsschutzes fest[261]. Nur wenn die mangelnde Anerkennung als medizinisch notwendige Leistung durch die private Krankenversicherung bekannt ist bzw. nahe liegt, ist der Behandelnde zur Information verpflichtet. Dies gilt etwa bei Anwendung einer neuen, noch nicht allgemein anerkannten Behandlungsmethode[262]. Eine Pflichtverletzung liegt auch dann vor, wenn der Arzt ohne nähere Kenntnisse der Umstände – quasi „ins Blaue hinein" – erklärt, der Krankenversicherer werde die Behandlungskosten erstatten, und mit der Behandlung beginnt, obgleich er erkennt, dass die Kostenfrage noch nicht geklärt ist[263].

83 Ungeklärt ist die Frage, ob die Informationspflicht über die eigentlich (zunächst) vorzunehmende Behandlung hinausreichen kann. So ist in der Rechtsprechung noch nicht entschieden, ob der Behandler auf die **Kostenbeteiligung bei eventuellen Nachbehandlungen** i.S.v. § 52 Abs. 2 SGB V[264] (nach medizinisch nicht indizierter ästhetischer Operation, Tätowierung oder Piercing) hinweisen muss. Man wird dies verneinen müssen[265]. Denn der eigentliche Grund für die Ver-

260 BGH VersR 2020, 622 = NJW 2020, 1211.

261 Vgl. auch BT-Drucks. 17/10488, 22.

262 BGH VersR 2020, 622 = NJW 2020, 1211.

263 OLG Köln VersR 2005, 1589 (auch zur Frage des Mitverschuldens).

264 Zur Verfassungsgemäßheit der Norm: BSG NJW 2020, 708 = GesR 2019, 796. Zur Höhe der Beteiligung des Patienten an den Kosten der Folgebehandlung: LSG Celle GesR 2019, 253.

265 A.A. *Teichner/Schröder*, MedR 2009, 586 unter Hinweis auf die in diesen Fällen geschuldete Maximalaufklärung; s. auch *Krüger/Helml*, GesR 2011, 584: jedenfalls dann bejahend, wenn für den Behandler ersichtlich ist, dass die wirtschaftlichen Möglichkeiten des Patienten eingeschränkt sind.

pflichtung zur wirtschaftlichen Aufklärung, der Informationsvorsprung des Arztes über Umfang und Details der ihm von der Kassenärztlichen Vereinigung zu zahlenden Heilbehandlungskosten, wirkt sich hier nicht aus. Es geht vielmehr vorrangig um das Verhältnis zwischen dem Patienten und der Krankenkasse, in dem der Patient zur Erstattung dem Arzt gezahlter Nachbehandlungskosten herangezogen wird. Im Übrigen ist auch fraglich, ob der Patient schutzwürdig ist, wenn er darauf vertraut, ihm würden Folgekosten eines nicht notwendigen Eingriffs abgenommen, obwohl er diesen selbst hatte bezahlen müssen. Der Wortlaut des § 630c Abs. 3 BGB spricht ebenfalls hierfür, wonach der Patient vor Beginn *der* Behandlung über die voraussichtlichen Kosten *der* Behandlung zu informieren ist. Die Informationspflicht betrifft also gerade diese aktuell anstehende Behandlung, aber kaum später vorzunehmende Eingriffe, deren Erforderlichkeit noch gar nicht feststeht[266].

Die gesetzliche Regelung sieht – abweichend zu den Altfällen – die 84
formelle Anforderung der Information in **Textform** nach § 126b BGB vor. Es genügen also – soweit Wahrnehmbarkeit auf Patientenseite gewährleistet ist – Formulare bzw. Ausdrucke mit den voraussichtlich entstehenden Behandlungskosten ohne eigene Unterschrift; eine schriftliche Bestätigung der Information ist grundsätzlich nicht erforderlich. Anderweitige Formvorschriften bleiben jedoch unberührt[267]. Über § 18 Abs. 8 Nr. 2 BMV-Ä besteht daher bei den rechtspolitisch umstrittenen „Individuellen Gesundheitsleistungen" (IGeL)[268] letztlich doch das Erfordernis einer schriftlichen Zustimmung des Patienten zur Begründung des Vergütungsanspruchs[269].

Nicht ausdrücklich geregelt sind die **Rechtsfolgen** einer unterlasse- 85
nen wirtschaftlichen Information. Nach weiterhin maßgeblicher Rechtsprechung kann aus der Verletzung der wirtschaftlichen Informationspflicht ein **Schadensersatzanspruch nach § 280 Abs. 1 BGB**

266 Dazu passt auch BT-Drucks. 17/10488, 54: „Eine Pflicht zur unaufgeforderten weitergehenden Information erscheint nicht notwendig."

267 Die Gesetzesbegründung nennt beispielhaft § 17 Abs. 2 KHEntG sowie § 3 Abs. 1 und § 18 Abs. 8 BMV-Ä, BT-Drucks. 17/10488, 22.

268 Grundlegend zu diesen *Voigt*, Individuelle Gesundheitsleistungen, 2013 (zur wirtschaftlichen Information S. 155 ff.).

269 So zutreffend *Olzen/Uzunovic*, JR 2012, 447, 449.

auf Freistellung oder Rückzahlung von Kosten folgen[270]. Mit seinem Schadensersatzanspruch aus § 280 Abs. 1 BGB kann der Patient gegen die Honorarforderung des Arztes die Aufrechnung erklären, so dass die Arztforderung insoweit erlischt (§ 389 BGB). Die Beweislastverteilung folgt dabei allgemeinen Regeln; § 630h Abs. 2 BGB findet keine Anwendung. Der Patient muss also die Verletzung der Informationspflicht – als Pflichtverletzung i.S.d. § 280 Abs. 1 BGB – darlegen und beweisen[271]. Auch für den Kausalzusammenhang trägt der Patient die Beweislast; er kann sich nicht auf die Vermutung „aufklärungsrichtigen Verhaltens“ berufen[272].

86 Die in § 630c Abs. 4 BGB festgehaltenen **Ausnahmen** von der Informationspflicht sind eher für die therapeutische Information gedacht, greifen jedoch auch im Bereich der wirtschaftlichen Information. Die Annahme eines Verzichts unterliegt strengen Anforderungen[273]. Eine die Informationspflicht entfallen lassende Kenntnis des Patienten (§ 630c Abs. 4 BGB) muss der Arzt darlegen und beweisen[274].

87 Der durch das Versorgungsstärkungsgesetz 2015 eingeführte Anspruch auf **Einholung einer Zweitmeinung** bei „mengenanfälligen planbaren Eingriffen“ (werden vom G-BA definiert) nach § 27b SGB V wird durch eine **Pflicht zur Aufklärung** des Patienten über dieses Recht flankiert (§ 27b Abs. 5 SGB V). Über die Einordnung dieser Verpflichtung in die Strukturen des Behandlungsvertragsrechts hat sich der Gesetzgeber keine vertieften Gedanken gemacht, was ermöglicht, die Verpflichtung als in erster Linie vertragsärztlicher Natur einzuordnen. Allein ihr Gegenstand, den Patienten auf eine für ihn kostenlose weitere medizinische Leistung – die Zweitmeinung – hinzuweisen, lässt sie kaum als Teil der wirtschaftlichen Information erscheinen[275].

---

270 BGH VersR 2000, 999, 1002 = NJW 2000, 3429, 3431 f.; BGH VersR 1983, 443 = NJW 1983, 2630.

271 Vgl. auch BT-Drucks. 17/10488, 22.

272 Eingehend BGH VersR 2020, 622 = NJW 2020, 1211.

273 BGH VersR 2020, 622 = NJW 2020, 1211.

274 BGH VersR 2020, 622 = NJW 2020, 1211.

275 Eine nach ausreichender Eingriffs- und Risikoaufklärung wirksam erteilte Einwilligung wird durch die nicht eröffnete Möglichkeit der Einholung einer Zweitmeinung ebenfalls nicht in Frage gestellt werden können; vgl. auch *Knispel*, NZS 2016, 174, 177; anders Kasseler Kommentar/*Zieglmeier*, § 27b SGB V, Rz. 38.

d) Schweigepflicht

[34] Eine weitere vertragliche Nebenpflicht bezieht sich auf die Verschwiegenheit des Arztes über das, was ihm der Patient mitteilt und er während der Behandlung über diesen erfährt[276]. Die §§ 630a ff. BGB erwähnen die Schweigepflicht des Arztes nicht, obgleich es sich hierbei um eine – zuletzt wieder vermehrt in die (nicht immer mit Weitsicht geführte) rechtspolitische Diskussion geratene[277] – **ärztliche Kardinalpflicht** handelt, deren Beachtung im Praxis- und Klinikalltag erhebliche Anforderungen stellt[278]. Strafrechtlich[279] ist die Verschwiegenheitspflicht über das **Schutzgesetz des § 203 StGB** abgesichert[280], weshalb bei Verletzungshandlungen vertragliche und deliktische Schadensersatzansprüche – insbesondere bei einer Beeinträchtigung des Persönlichkeitsrechts – in Betracht kommen[281]. 88

276 Vgl. nur *Deutsch/Spickhoff*, Medizinrecht, Rz. 146, 934 ff. Auch bei minderjährigen Patienten besteht grundsätzlich eine Verpflichtung zur Verschwiegenheit, vgl. LG Köln GesR 2009, 43. Zum Verhältnis zum Datenschutzrecht vgl. *Dochow*, MedR 2019, 279 und 363.

277 Vgl. etwa *Rehborn*, GesR 2017, 409; *Herzog*, ZRP 2015, 121.

278 Zur Wahrung der Schweigepflicht bei der Visite im Mehrbettzimmer *Franck*, NStZ 2015, 322; zu klinischen Ethikkomitees *Debong*, ArztR 2015, 234; zur Abtretung der Honorarforderung an eine Verrechnungsstelle BGH VersR 2014, 1220 (unter Einbeziehung der AGB-rechtlichen Probleme); zur Abtretung der Honorarforderung gegen die Kassen(zahn)ärztliche Vereinigung an einen Dritten OLG Koblenz 2014, 965; zur Weitergabe von Rechnungsunterlagen zur Anspruchsverfolgung *Schmuck/Schmidt*, NJOZ 2015, 1593; zur Lagerung der Patientenakten eines insolventen Krankenhauses VG Göttingen GesR 2015, 440.

279 Zum Verhalten bei Durchsuchungen mit Blick auf die Herausgabe patientenbezogener Daten *Auffermann/Vogel*, NStZ 2016, 387.

280 Zur Neuregelung des § 203 StGB durch das Gesetz zur Neuregelung des Schutzes von Geheimnissen bei der Mitwirkung Dritter an der Berufsübung schweigepflichtiger Personen vom 30.10.2017 (BGBl. I 2017, 3618): *Eisele*, JR 2018, 79; *Dochow*, GesR 2018, 137. In einem Prozess hat der Patient aber kein Recht, eine Aussageverweigerung des zeugnisverweigerungsberechtigten, aber aussagebereiten Arztes zu verlangen. Seine Aussage ist grundsätzlich verwertbar: BGH NStZ 2018, 362.

281 Vgl. etwa OLG Düsseldorf GesR 2008, 587; vgl. zu den Anforderungen etwa OLG Naumburg MedR 2019, 893.

89 Durchbrochen werden kann und ggf. muss[282] die Schweigepflicht insbesondere durch auf Allgemeininteressen beruhenden gesetzlichen Vorgaben[283], ausdrückliche, stillschweigende oder mutmaßliche Einwilligung[284] sowie auf Grund einer Rechtfertigung nach § 34 StGB[285]. So wird der Arzt zur Aufklärung über eine bestehende Aids-Erkrankung gegenüber dem Lebenspartner des Patienten entgegen einem ausdrücklichen Verbot des Erkrankten nicht nur berechtigt, sondern sogar verpflichtet gehalten, wenn dieser uneinsichtig ist und beide Lebenspartner Patienten des Arztes sind[286].

90 Die ärztliche Schweigepflicht besteht **über den Tod des Patienten hinaus**. Fehlt es an einer Erklärung des verstorbenen Patienten zu Lebzeiten, ist der mutmaßliche Wille des Verstorbenen zu erforschen[287]. Ist Anlass des Auskunftsbegehrens der Erben oder regressierender Dritter die Prüfung bzw. Geltendmachung von Schadensersatzansprüchen, tendiert die Rechtsprechung überzeugend zur Annahme des mutmaßlichen Willens des Verstorbenen zur Entbindung von

282 Zu den Offenbarungspflichten und -rechten *Rehborn*, GesR 2017, 409, 412 ff.; *Ellbogen*, ArztR 2019, 117, 119 f.

283 So stellt die Vorlage von personenbezogenen Patientendaten – etwa Röntgentagebüchern – an die nach § 19 AtomG i.V.m. § 17a RöV eingerichteten Ärztlichen Stellen keinen Verstoß gegen die ärztliche Schweigepflicht dar: VG Frankfurt MedR 2009, 237. Zu § 4 Abs. 3 KKG in Fällen mutmaßlichen Kindesmissbrauchs vgl. *Vitkas*, JR 2015, 353. Zur entsprechenden Anwendung von § 34 StGB beim Verdacht auf Kindesmissbrauch KG NJW 2014, 640 (Rechtfertigung der Meldung an Landeskriminalamt und Jugendamt). Zur Handhabe bei Alkohol-/Drogenmissbrauch während der Schwangerschaft *Wever/Krekeler*, MedR 2019, 369.

284 Probleme bereiten häufig Schweigepflichtentbindungen im Zusammenhang mit Privatversicherungen; vgl. etwa *Weichert*, VuR 2017, 138.

285 Hierzu ausführlich *Laufs/Kern/Rehborn*, Handbuch des Arztrechts, § 141 Rz. 1 ff. *Hirthammer-Schmidt-Bleibtreu/Wiese*, MedR 2017, 199; s. auch *Herzog*, ZRP 2015, 121. Zur Schweigepflicht im Haftungsprozess vgl. Rz. 354, 597.

286 Vgl. auch OLG Frankfurt VersR 2000, 320 mit kritischer Anm. *Bender* = NJW 2000, 875; zustimmend *Deutsch*, VersR 2001, 1474; *Spickhoff*, NJW 2000, 848. Zur Vereinbarkeit der Entscheidung mit der EMRK: EGMR NJW 2010, 1865.

287 Vgl. etwa OLG Koblenz FamRZ 2016, 1210. Vgl. für den Fall der Berufung des Arztes auf ein Zeugnisverweigerungsrecht im Erbscheinverfahren: OLG Köln NZFam 2018, 760.

der Schweigepflicht[288]. Hingegen liegt die Beweisaufnahme zur möglichen wahrheitswidrigen Beantwortung von Gesundheitsfragen beim Abschluss eines Versicherungsvertrages nicht im Interesse des Verstorbenen, weshalb keine mutmaßliche Entbindung des Hausarztes von seiner Schweigepflicht angenommen werden kann[289].

e) Hinweis auf eigene/fremde Behandlungsfehler[290]

[35] Sind für den Arzt Umstände erkennbar, die die Annahme eines 91
Behandlungsfehlers begründen, ist er nach **§ 630c Abs. 2 S. 2 BGB** verpflichtet, hierüber den Patienten wahrheitsgemäß aufzuklären[291]. Diese Verpflichtung, die sowohl eigene wie auch fremde Behandlungsfehler betrifft, gilt nach dem Gesetz aber nur, wenn der Patient nachfragt oder wenn die Information zur Abwendung gesundheitlicher Gefahren dieses Patienten erforderlich ist[292]. Eine weiter gehende Pflicht trifft den Arzt auch nicht aus einer dem Behandlungsverhältnis entspringenden Treuepflicht[293]. Die Regelung begründet und begrenzt zugleich die bislang umstrittene Pflicht zur **Information über Behandlungsfehler**[294]. Die Informationspflicht bezieht sich nach § 630c Abs. 2 BGB ausdrücklich nur auf Behandlungsfehler, tatsächlich aber auch auf die diesen gleichgestellte Fehler bei der therapeutischen Information (s. unten Rz. 243 ff.). Ist dem Arzt oder einem Dritten ein (sonstiger) Aufklärungsfehler unterlaufen, muss der Patient hierüber nicht informiert werden[295]; dies gilt nicht nur bei unzureichender Eingriffs- und Risikoaufklärung, sondern auch für Aufklärungs- und Informationsversäumnisse, die (im Gegensatz zur therapeutischen Informations- und Beratungspflicht) als reine Nebenpflichten nicht zu dem Bereich der Behandlungsfehler zu zählen

288 Eingehend hierzu OLG München GesR 2011, 674.
289 OLG Karlsruhe VersR 2015, 221.
290 Ausführlich: *Spickhoff*, JZ 2015, 15; *Kett-Straub/Sipos-Lay*, MedR 2014, 867.
291 Die Ausnahmevorschrift des § 630c Abs. 4 BGB (s. unten Rz. 248) greift hier regelmäßig nicht; sie betrifft in erster Linie die therapeutische Aufklärung.
292 BT-Drucks. 17/10488, 53.
293 *Schelling/Warntjen*, MedR 2012, 506, 510 f.
294 Vgl. auch BT-Drucks. 17/10488, 21.
295 Vgl. *Spickhoff*, ZRP 2012, 65, 67.

sind, wie insbesondere die wirtschaftliche Information und die Fehleraufklärung selbst.

92 Eine seinem Haftpflichtversicherer gegenüber bestehende Pflicht des Arztes, Ansprüche Dritter nicht anzuerkennen, kollidiert nicht mit der Fehleraufklärungspflicht (s. § 105 VVG).

93 Der Arzt muss nach dem Wortlaut des § 630c Abs. 2 S. 2 BGB lediglich über **für ihn erkennbare Umstände** informieren, die die Annahme eines Behandlungsfehlers begründen. Er hat danach aber nicht eine Bewertung der oft schwierigen Frage anzustellen, ob tatsächlich schon ein Behandlungsfehler vorliegt[296]. Ihn trifft auch keine Recherchepflicht zur Abklärung möglicher, für ihn nicht erkennbarer Behandlungsfehler[297].

94 Die Verpflichtung zur Fehleraufklärung bestand unter dem Gesichtspunkt der **wirtschaftlichen Information** (s. oben Rz. 81 ff.) schon bisher und besteht auch weiterhin[298], wenn infolge des Fehlers eine Folgebehandlung erforderlich ist, die für den Patienten mit eigenen finanziellen Aufwendungen verbunden sein wird[299]. Eine Information allein um dem Patienten die Geltendmachung von Schadensersatzansprüchen aus dem Behandlungsfehler zu ermöglichen, ist aber nicht gefordert; denn den Arzt trifft keine generelle Vermögensbetreuungspflicht gegenüber dem Patienten[300].

95 Wichtiger und daher nun ausdrücklich in § 630c Abs. 2 S. 2 BGB geregelt ist die von der Rechtsprechung unter dem Gesichtspunkt der therapeutischen Aufklärung bzw. Information (s. unten Rz. 243 ff.) bereits bejahte Pflicht zur Information, wenn ansonsten für den Patienten **gesundheitliche Gefahren drohen**[301]. Hier geht also das Interesse des Patienten am Schutz seiner Gesundheit dem Interesse des Arztes am Schutz seiner Person vor.

---

296 BT-Drucks. 17/10488, 38; *Schelling/Warntjen*, MedR 2012, 506, 508.
297 BT-Drucks. 17/10488, 21, 38.
298 Aber BT-Drucks. 17/10488, 21: Eine über § 630c Abs. 2 BGB hinausgehende Informationspflicht besteht mangels umfassender Fürsorgepflicht nicht.
299 So *Terbille/Schmitz-Herscheidt*, NJW 2000, 1749.
300 *Schelling/Warntjen*, MedR 2012, 506, 509 f.
301 OLG München VersR 2002, 986.

Mit § 630c Abs. 2 S. 2 BGB ist aber insoweit eine neue Informationspflicht des Arztes begründet worden, als der Behandler aufgrund vertraglicher Treue- und Wahrheitspflicht nun **auf Nachfrage** offenbaren muss, wenn Umstände erkennbar sind, die die Annahme eines Behandlungsfehlers begründen, und zwar unabhängig davon, ob dem Patienten aus dem Behandlungsfehler künftig gesundheitliche Gefahren drohen. Die Informationspflicht betrifft nur die konkret an diesem Patienten vorgenommene Behandlung; der Arzt ist nicht etwa verpflichtet, auf Nachfrage darüber Auskunft zu geben, ihm sei in seiner bisherigen Tätigkeit irgendwann schon einmal ein Fehler unterlaufen. 96

Kommt der Arzt seiner Pflicht zur Fehleraufklärung nach und belastet er sich damit selbst, besteht die Gefahr, sich damit der **straf- oder bußgeldrechtlichen Verfolgung** z.B. wegen fahrlässiger Körperverletzung (§ 229 StGB) auszusetzen. Deshalb sieht § 630c Abs. 2 S. 3 BGB vor, dass die erfolgte Aufklärung über den eigenen Fehler in einem gegen ihn gerichteten Straf- oder Bußgeldverfahren nur mit seiner Zustimmung verwendet werden darf. Damit soll die Beachtung des Nemo-tenetur-Grundsatzes gewährleistet werden, wonach für den Betroffenen aus der Pflicht zur Offenbarung eigener Fehler keine unmittelbaren[302] straf- oder ordnungswidrigkeitsrechtlichen Nachteile entstehen dürfen. Dies bedeutet aber kein uneingeschränktes Beweisverwertungsverbot; so sind z.B. die aufgrund der Information des Arztes beschlagnahmten Behandlungsunterlagen und ein eingeholtes Sachverständigengutachten durchaus verwertbar[303]. Dem Beweisverwertungsverbot kommt daher keine überragende Bedeutung zu[304]. In Zivilverfahren ist die Auskunft des Behandlers ohnehin vollumfänglich verwertbar[305]. 97

302 BT-Drucks. 17/10488, 21.

303 *Ruppert*, HRRS 2015, 448; a.A. *Wagner* in MünchKomm/BGB, 8. Aufl. 2020, § 630c Rz. 52 f.

304 *Kett-Straub/Sipos-Lay*, MedR 2014, 867, 874: nicht verfassungskonform; *Schelling/Warntjen*, MedR 2012, 506, 509; vgl. auch *Wagner*, VersR 2012, 789, 796 f., der einen wirksamen Anreiz für eine Offenlegung eigener Behandlungsfehler nur bei einer strafrechtlichen Immunität für Fahrlässigkeitsdelikte erkennen kann. Hiervon sollte man indes zumindest für die fahrlässige Tötung zwingend Abstand halten.

305 *Bamberger/Roth/Katzenmeier*, BGB, 4. Aufl. 2019, § 630c Rz. 14.

98 Die Pflicht zur Fehleraufklärung eines Arztes besteht auch dann, wenn er den Behandlungsfehler **nicht selbst begangen** hat, sondern z.B. sein Vor- oder Mitbehandler. Unter dem Gesichtspunkt der therapeutischen Aufklärung (s. unten Rz. 243 ff.) war dies bisher insofern schon anerkannt, als z.B. den Nachbehandler auch dann eine auf die Erreichung und Sicherung des Heilerfolges und zu therapiegerechtem Verhalten gerichtete Informationspflicht trifft, wenn damit zugleich die Vorbehandlung beanstandet wird – allerdings ohne dass dabei der Begriff „Fehler" fallen musste[306]. Besteht zwischen dem Arzt, der verpflichtet ist, den Patienten über einen Fehler eines anderen Arztes aufzuklären, zu diesem Behandler ein **Angehörigenverhältnis** gem. § 52 Abs. 1 StPO, gilt wie bei eigenen Fehlern (s. oben) das Beweisverwertungsverbot nach § 630c Abs. 2 S. 3 BGB.

99 Die Bedeutung der Pflicht zur Information über eigene und fremde Behandlungsfehler ist in haftungsrechtlicher Hinsicht gering[307]; veröffentlichte Entscheidungen gibt es zu § 630c Abs. 2 S. 2 BGB bislang kaum[308]. Die Frage nach den **Rechtsfolgen** eines entsprechenden Pflichtenverstoßes hat der Gesetzgeber auch ausgeblendet[309]. Der Verstoß stellt zwar eine Pflichtverletzung i.S.d. § 280 Abs. 1 BGB dar, doch wird es zumeist an einem darauf beruhenden Schaden des Patienten fehlen. Denn der gesundheitliche Schaden des Patienten ist regelmäßig zum Zeitpunkt der gebotenen Fehleraufklärung bereits eingetreten. Sofern dies nicht der Fall ist, muss der Arzt aufgrund seiner Behandlungspflichten ohnehin versuchen, den Schadenseintritt durch standardgerechte Behandlung zu verhindern. Auch in den Fällen der Pflicht zur Information wegen drohender gesundheitlicher Gefahren für den Patienten kommt es eher auf die Frage der standardgerechten – einen Gesundheitsschaden vermeidenden – Behandlung als auf das Aufklärungsversäumnis an. Denkbar sind Vermögensschäden infolge der Informationspflichtverletzung, z.B. wenn die Ersatz-

306 *Schelling/Warntjen*, MedR 2012, 506, 507.

307 *Bamberger/Roth/Katzenmeier*, BGB, 4. Aufl. 2019, § 630c Rz. 15.

308 OLG Oldenburg, VersR 2015, 1383 = MDR 2015, 1353 zu der Frage, ob ein Anspruch auf eine Negativauskunft besteht, dass es also *keine* Umstände gibt, die die Annahme eines Behandlungsfehlers begründen (hier bejaht aus § 630c Abs. 2 S. 2 BGB, hilfsweise aus § 242 BGB), mit zustimmender Anmerkung *Jaeger* (bezogen auf die Bejahung einer Verpflichtung zur Negativauskunft aus § 630c Abs. 2 S. 2 BGB).

309 Zum Ganzen auch *Wagner*, VersR 2012, 789, 797 f.

ansprüche gegen den vor- oder mitbehandelnden Arzt – etwa wegen nicht bestehendem oder ausreichendem Versicherungsschutz (in der Praxis durchaus vorkommend) – nicht durchgesetzt werden können und dies auf der unterlassenen Aufklärung beruht. Erklärt sich der Arzt erstmalig in dem auf eine Auskunft nach § 630c Abs. 2 S. 2 BGB gerichteten Klageverfahren und wird die Sache dann für erledigt erklärt, können ihn die Kosten des Rechtsstreits treffen (§ 91a Abs. 1 S. 1 ZPO)[310].

II. Geschäftsführung ohne Auftrag

[36] Als gesetzliches Schuldverhältnis auf der Grundlage der Vorschriften über die Geschäftsführung ohne Auftrag (§§ 677, 683 BGB) kommt das Behandlungsverhältnis ausnahmsweise dort zustande, wo bei der **Notfallbehandlung**[311] etwa der **bewusstlose bzw. unansprechbare** Patient zu versorgen oder bei **minderjährigen Patienten** eine Zustimmung des gesetzlichen Vertreters nicht zu konstruieren ist. In beiden Fällen ist entscheidend, ob in der durch die Behandlungsbedürftigkeit diktierten Zeitnot eine rechtswirksame Willenserklärung des Patienten oder eines – gegebenenfalls noch zu bestellenden – gesetzlichen Vertreters zu erlangen ist. Allein die Offenbarung der beruflichen Tätigkeit durch einen zufällig am Unfallort anwesenden und erste Hilfe leistenden Arzt wird den Rückschluss auf den Abschluss eines Behandlungsvertrages mit dem Unfallopfer – gegebenenfalls vertreten durch anwesende Angehörige – nicht zulassen[312]. Auch ein unentgeltlicher Auftrag kann nicht ohne weiteres unterstellt werden[313]. 100

Kommt ein Vertragsverhältnis nicht zustande, ist die Berechtigung zur ärztlichen Behandlung im Wege der Geschäftsführung ohne Auftrag dann gegeben, wenn ihre Übernahme im Interesse des Patienten und entsprechend seinem wirklichen oder mutmaßlichen Willen (§ 683 BGB) stattfindet. Hiervon ist regelmäßig bei nicht ansprechbaren Kranken auszugehen. Fehlt es am objektiven Interesse oder widerspricht das ärztliche Eingreifen dem für den Arzt erkennbar subjektiv 101

310 OLG Oldenburg VersR 2015, 1383 mit Anm. *Jaeger.*
311 Vgl. hierzu *Lippert*, GesR 2015, 268, 272 f.
312 OLG München NJW 2006, 1883.
313 Ebenso *Roth*, NJW 2006, 2814 f.; *Spickhoff*, NJW 2007, 1628, 1631; anders OLG München NJW 2006, 1883.

vorhandenen Willen des Patienten, muss die Behandlung unterbleiben; nur in Grenzen kann sich entsprechend § 679 BGB eine Handlungspflicht und ein Übernahmerecht ergeben, soweit ausnahmsweise der geäußerte Wille gröblich gegen die guten Sitten verstößt (öffentliches Interesse)[314]. Hinsichtlich des Umfanges (§§ 677, 681 BGB) ärztlichen Tätigwerdens ohne Auftrag wird nur das zunächst Notwendige zur Abwehr der akuten Gefahr geschuldet, wohingegen nur relativ indizierte, risikobehaftete Eingriffe der Entscheidung des Patienten zu überlassen sind[315]. Schwierigkeiten dieses Rechtsverhältnisses kann je nach Umständen des Falles vielfach dadurch begegnet werden, dass nach Abklingen der Gefahrenlage der reguläre Vertragsschluss als nachgeholt oder die Zustimmung des gesetzlichen Vertreters bzw. Patienten selbst als nachträglich erteilt angesehen wird[316].

102 [37] Für die ärztliche Haftung aufgrund des gesetzlichen Schuldverhältnisses nach §§ 677, 683 BGB stellen sich einige Probleme und Besonderheiten. Bei der **Anwendbarkeit des erleichterten Haftungsmaßstabs** des § 680 BGB (nur Vorsatz und grobe Fahrlässigkeit) wird zu differenzieren sein. Die Ablehnung der Anwendung der Privilegierung des § 680 BGB für ärztliche Nothelfer im Wege der teleologischen Reduktion ist jedenfalls dann gerechtfertigt, wenn ein professioneller Nothelfer (Notarzt oder Rettungssanitäter) die Behandlung vorgenommen hat, da dieser Berufskreis zwangsläufig mit Notfällen konfrontiert wird, sich für die Hilfeleistung in Notsituationen freiwillig zur Verfügung stellt und für diese vergütet wird[317]. Der Sorgfaltsmaßstab entspricht dem der Vertragshaftung. Allerdings sind die Sorgfaltsanforderungen an die gegebenen besonderen Umstände anzupassen. Erforderlich ist, was in der konkreten Notsituation vorher-

314 Vgl. etwa *Erman/Dornis*, BGB, 15. Aufl. 2017, § 679 Rz. 3.

315 RGRK – *Nüßgens*, BGB § 823 Anh. II Rz. 40; *Gehrlein*, Grundriss der Arzthaftpflicht, Rz. A 17. Gleichwohl muss der Arzt über die akute Behandlung hinaus das Krankheitsbild im Rahmen seiner Möglichkeiten abklären, vgl. KG VersR 1987, 992.

316 *Lipp*, in: Laufs/Katzenmeier/Lipp, Arztrecht, Kap. III Rz. 58.

317 *Deutsch/Spickhoff*, Medizinrecht, Rz. 130; *Teichner/Schröder*, GesR 2013, 577, 580; generell gegen eine Anwendung des § 680 BGB *Gehrlein*, Grundriss der Arzthaftpflicht, Rz. A 17; für Amtshaftungsansprüche beim Einsatz professioneller Nothelfer ablehnend: BGH NJW 2018, 2723, 2727 f. = VersR 2018, 1445.

sehbar und möglich war[318]. Hingegen sollte die Privilegierung des § 680 BGB im Falle des zufällig am Unfallort anwesenden und erste Hilfe leistenden Arztes nicht verwehrt bleiben, da dieser unvorbereitet mit der Notsituation konfrontiert wird, Anreize, Notfälle „zu übersehen", vermieden werden sollten und besondere Fähigkeiten und Eigenschaften aus haftungsrechtlicher Sicht ohnehin einzusetzen sind[319]. Sofern der Haftungsmaßstab des § 680 BGB Anwendung findet, erstreckt sich dies auch auf die deliktische Haftung.

[38] Für die Behandlung durch einen zufällig am Unfallort anwesenden und erste Hilfe leistenden Arzt – der professionelle Nothelfer ist auch insofern nicht schutzbedürftig – wird zudem darüber diskutiert, ob bei „groben Behandlungsfehlern" eine Beweislastumkehr eingreifen kann (hierzu Rz. 270 ff.) oder es bei den allgemeinen **Regeln der Beweislast** bleiben soll, nach denen der Geschädigte den Beweis der Ursächlichkeit führen muss. Die Beweislastumkehr bei groben Behandlungsfehlern knüpft nach der Rechtsprechung des BGH daran an, dass die Aufklärbarkeit des Behandlungsgeschehens wegen des besonderen Gewichtes des Behandlungsfehlers und seiner Bedeutung für die Behandlung in einer Weise erschwert ist, dass der Arzt nach Treu und Glauben dem Patienten den vollen Kausalitätsnachweis nicht zumuten kann. Letztlich spielen – zumindest auch – Billigkeitsgesichtspunkte eine Rolle[320]. Bei einer zufälligen ärztlichen Nothilfe dürfte indes eine Unzumutbarkeit der allgemeinen Beweisregel gegenüber dem Geschädigten zu Lasten des unvorbereitet der Behandlungssituation gegenüberstehenden und auf Grund der allgemeinen Pflicht zur Hilfeleistung – und nicht wegen der Übernahme der Behandlung infolge der beruflichen Qualifikation – handelnden Arztes nicht gegeben sein[321]. 103

318 Hierzu vgl. unten „Behandlungsfehler" Rz. 124; *Pauge/Offenloch*, Arzthaftungsrecht, Rz. 85 f. ausführlich *Walter*, Spezialisierung und Sorgfaltsstandard, S. 60 ff., 177 ff.

319 OLG München NJW 2006, 1883; *Deutsch/Spickhoff*, Medizinrecht, Rz. 130; *Martis/Winkhart*, Arzthaftungsrecht, Rz. A 452a; *Pauge/Offenloch*, Arzthaftungsrecht, Rz. 85 *Teichner/Schröder*, GesR 2013, 577, 581; *Roth*, NJW 2006, 2814, 2816; dagegen *Voit*, AZR 2007, 152, 154 f.

320 Zur Begründung der Beweisregel durch die Rechtsprechung *Hausch*, Der grobe Behandlungsfehler in der gerichtlichen Praxis, S. 64 ff., 85 ff.

321 OLG München NJW 2006, 1883; OLG Düsseldorf, GesR 2008, 107 (allerdings zu § 823 BGB); *Roth*, NJW 2006, 2814, 2816; dagegen *Voit*, AZR 2007, 152, 154 f.

III. Delikt

104 [39] Die an die – inhaltlich zur Vertragshaftung parallel verlaufenden – Kategorien des Behandlungs- und Aufklärungsfehlers anknüpfenden Grundlagen der Arzthaftung sind von der Rechtsprechung unter Anknüpfung an die deliktische Haftung des Arztes nach § 823 Abs. 1 BGB entwickelt worden. Basis war seit einer Entscheidung des Reichsgerichts aus dem Jahr 1894[322] die in ständiger Rechtsprechung der Straf- und Zivilgerichte bis heute vorgenommene Einordnung des ärztlichen Heileingriffs als Körperverletzung und damit unerlaubte Handlung i.S.d. §§ 823 ff. BGB. Dies gilt selbst dann, wenn er lege artis vorgenommen wird und am Ende sogar der erstrebte Heilerfolg eintritt[323]. Der behandelnde[324] Arzt entgeht deliktischer Inanspruchnahme – auch im letztgenannten Fall – in der Regel nur dadurch, dass innerhalb des Gesamttatbestandes der unerlaubten Handlung die Rechtswidrigkeit seines Vorgehens durch eine eingeholte und auf Grund ausreichender Risikoaufklärung auch rechtswirksame Einwilligung des Patienten ausgeschlossen wird (hierzu unten Teil 4) und im Übrigen die ärztlichen Sorgfaltsmaßstäbe eingehalten werden (hierzu Teil 3). Die Kritik an dieser rechtlichen Konstruktion, bei welcher der mit ihr verbundene Makel der Körperverletzung so wenig mit den auf Heilung ausgerichteten Zwecken ärztlichen Handelns

322 RGSt 25, 375.

323 Vgl. nur BGHZ 106, 391, 397 f.; RGRK – *Nüßgens*, BGB § 823 Anh. II Rz. 36, 58, 64 ff., 163 ff., m.w.N.

324 Mit der Übernahme der Behandlung entsteht – unabhängig vom Bestehen eines Vertragsverhältnisses – eine ärztliche Garantenstellung; vgl. hierzu *Lipp*, in: Laufs/Katzenmeier/Lipp, Arztrecht, Kap. IV Rz. 4. Der Begriff der ärztlichen Garantenstellung hat dabei keine eigenständige zivilrechtliche Bedeutung; er geht vielmehr mit der Begründung einer deliktischen Verantwortlichkeit für die Einhaltung der bestehenden Schutzpflichten durch tatsächliche Befassung mit dem Patienten bzw. organisatorische Einbindung/Zuweisung der Behandlungsaufgabe einher. Ob der Arzt als „behandelnder" Arzt mit der Folge der Handelndenhaftung nach § 823 Abs. 1 BGB anzusehen ist, wird bei – auch nur kurzzeitiger oder geringfügiger – tatsächlicher Befassung mit der Behandlungsaufgabe grundsätzlich zu bejahen sein, kann sich aber in Grenzfällen – etwa bei gebotener Abgrenzung der Verantwortungsbereiche – auch problematisch gestalten; vgl. etwa OLG Bamberg VersR 2012, 725 = MedR 2012, 460 m. Anm. *Steffen*; OLG Koblenz GesR 2014, 282.

vereinbar scheint, ist niemals verstummt[325]. Die Praxis hält gleichwohl an ihr fest, ohne die Streitfragen näher zu diskutieren. Im Folgenden sei deshalb lediglich auf einige deliktsrechtliche Besonderheiten der Arzthaftung eingegangen.

1. Schutzgüter

a) Rechtsgüter des § 823 Abs. 1 BGB

[40] Schutzgüter des **§ 823 Abs. 1 BGB** sind im Bereich der Arzthaftung in erster Linie Leben[326], Körper und Gesundheit[327]. Auch pathologische psychische Störungen – unter den Voraussetzungen der sog. **Schockschaden-Rechtsprechung** auch psychisch vermittelte Schädigungen eines Dritten[328] – können eine Gesundheitsverletzung darstellen; allerdings kann der Zurechnungszusammenhang durch den **Schutzzweck der Norm** begrenzt werden[329]. Spezielle Probleme der 105

---

325 Zum neueren Stand etwa *Katzenmeier*, in: Laufs/Katzenmeier/Lipp, Arztrecht, Kap. V Rz. 10 ff.; *Soergel/Spickhoff*, BGB, 13. Aufl. 2005, Anh. I BGB § 823 Rz. 52. Aus strafrechtlicher Sicht: *Fehn*, GesR 2009, 11.

326 Vgl. zur von der Rechtsgutverletzung zu trennenden schadensrechtlichen Betrachtung BGH VersR 2019, 760 = NJW 2019, 1741: auch leidensbehaftetes Weiterleben kein Schaden. Hierzu *Spickhoff/Deuring*, JZ 2019, 815; *Finn*, MedR 2019, 695; *Weishaupt*, JR 2020, 219.

327 Allgemein hierzu *Soergel/Spickhoff*, BGB, 13. Aufl. 2005, § 823 Rz. 33 ff.

328 Klarstellend BGH VersR 2019, 960 = NJW 2019, 2387 = MedR 2020, 35 m. krit. Anm. *Katzenmeier/Jansen*; vgl. zuvor bereits OLG Koblenz GesR 2017, 784, 787 f.; OLG Koblenz GesR 2017, 724; zu den entsprechenden rechtlichen Problemen einschließlich das Anspruchs Dritter nach dem Versterben des Patienten auf ein Hinterbliebenengeld *Walter*, MedR 2018, 213.

329 BGH VersR 2014, 891, 892 f. m. Anm. *John*, VersR 2014, 1139, *Schneider*, NJW 2014, 3133 sowie *Gassner*, GesR 2014, 558 = JZ 2014, 898 m. Anm. *Katzenmeier/Voigt* = FamRZ 2014, 1288 m. Anm. *Spickhoff* zu einer Konstellation, in der die (inhaltlich zutreffende) Information der geschiedenen und die Kinder versorgenden Ehefrau über eine vererbliche Erkrankung des Mannes durch den behandelnden Arzt auf ausdrücklichen Wunsch des Erkrankten mit der Folge psychischer Belastungen zwar als mögliche Gesundheitsverletzung, aber nicht als vom Schutzzweck der Norm umfasst angesehen wird, da die Kenntnis von der Erkrankung des Mannes jederzeit anderweitig erlangt werden könnte, das Bekanntwerden also dem allgemeinen Lebensrisiko unterfällt.

Verletzung eines geschützten Rechtsguts stellen sich im Bereich der Arzthaftung nur vereinzelt. Geschützt ist auch der Nasciturus[330]; auch vorgeburtliche Schädigungen durch Behandlungsfehler und/oder Aufklärungsversäumnisse werden daher erfasst. Als Körperverletzung ist neben dem ärztlichen Heileingriff (s. Rz. 104) auch die ungewollte Schwangerschaft infolge missglückter Sterilisation von Mann oder Frau bzw. nach nicht gelungenem straflosem Schwangerschaftsabbruch anerkannt (hierzu auch Rz. 364 ff.)[331]. Durchaus problematisch ist die Beschädigung abgetrennter Körperteile (hierzu Rz. 111). Eine Gesundheitsbeeinträchtigung liegt mit der Übertragung des HIV-Virus mittels verseuchter Blutkonserven in diesem Zusammenhang schon dann vor, wenn es noch gar nicht zum Ausbruch der Immunschwächekrankheit Aids gekommen ist[332].

b) Allgemeines Persönlichkeitsrecht

106 [41] Darüber hinaus kann auch das allgemeine Persönlichkeitsrecht[333] des Patienten tangiert sein, so wenn etwa der Nervenarzt für ein **Unterbringungsverfahren** leichtfertig ein Attest mit einer unrichtigen, die Unterbringung des Betroffenen (z.B. wegen Verfolgungswahn) na-

---

Vgl. aber OLG Hamm MedR 2019, 72 = FamRZ 2018, 1162: Trägt eine mit „falschem" Sperma, weil nicht vom richtigen Samenspender stammend, durchgeführte heterologe Insemination zu einer körperlich-psychischen Belastung der Mutter bei, kann dieser ein Schmerzensgeldanspruch gegen den für die Insemination verantwortlichen Arzt zustehen.

330 BGH NJW 1989, 1538 = BGHZ 106, 153; *Pauge/Offenloch*, Arzthaftungsrecht, Rz. 155.

331 Vgl. nur BGH VersR 1985, 240 = NJW 1985, 671; BGH VersR 1980, 558 = NJW 1980, 1452.

332 BGH VersR 1991, 816 = NJW 1991, 1948.

333 Vgl. zu einer Verletzung des Rechts aus Art. 8 EMRK (Recht auf Achtung des Privat- und Familienlebens) bei einer Geburt vor Studenten EGMR NJW-RR 2015, 1432. Zur Übernahme einer heimlich durch einen Patienten im Maßregelvollzug erstellten Textdatei in die Krankenakte und Überlassung einer Kopie an einen externen Sachverständigen unter dem Blickwinkel einer Persönlichkeitsrechtsverletzung: BVerfG GesR 2018, 459.

he legenden Diagnose erstellt[334]. Die **Aufnahme eines psychologischen Nebenbefundes** bei der Behandlung wegen Wirbelsäulenbeschwerden in einer Schmerzklinik in einen Entlassungsbericht berührt das Persönlichkeitsrecht hingegen nicht[335]. Eine Persönlichkeitsrechtsverletzung ist freilich gegeben, wenn ein Frauenarzt, der das ihm von seiner Patientin entgegengebrachte Vertrauen in besonders verwerflicher Weise missbraucht, indem er durch die **heimliche Fertigung von Nacktbildaufnahmen** in Untersuchungs- und Behandlungssituationen in die Intimsphäre seiner Patientin eindringt[336]. Anderes gilt aber, wenn im Zuge einer indizierten und nach dem Stand der medizinischen Kunst durchgeführten MRT-Aufnahme ein Teil der Bildgebung ein von der Patientin nicht erwartetes „Nacktbild" der Körperoberfläche wiedergibt[337]. An einem erheblichen Eingriff in das allgemeine Persönlichkeitsrecht des Patienten soll es auch fehlen, wenn bei einer **Live-Übertragung einer seltenen Operation** zum Zweck der Aus- und Fortbildung auf dem Bildschirm nur das unmittelbare, außerhalb des Schambereichs liegende Operationsgebiet zu erkennen und jede Möglichkeit einer Identifizierung des Patienten ausgeschlossen ist[338]. In der **Observierung** einer durch ärztliche Behandlungsfehler betroffenen Patientin im Auftrag der Berufshaftpflichtversicherung des Behandelnden kann wiederum eine Persönlichkeitsrechtsverletzung liegen[339].

Bei einer Persönlichkeitsrechtsverletzung kommt ein – grundsätzlich nicht vererblicher[340] – Anspruch auf Geldentschädigung als Ausgleich immaterieller Einbußen nach den von der Rechtsprechung zu **schwerwiegenden Verletzungen** des allgemeinen Persönlichkeitsrechts entwickelten Grundsätzen in Betracht. Nach diesen hängt der Anspruch im Einzelfall von der Tragweite des Eingriffs, vom Ausmaß der Verlet- 107

334 BGH VersR 1989, 628 = NJW 1989, 2941. Grundsätzlich besteht aber kein Anspruch auf Widerruf einer Diagnose: BGH VersR 1988, 827; OLG Koblenz VersR 2018, 613.

335 OLG Koblenz VersR 2018, 613.

336 OLG Zweibrücken VersR 2013, 915 (Geldentschädigung i.H.v. 1.000 €, wenn die Bilder nicht an Dritte gelangt sind); zum Einsatz einer „versteckten Kamera" eines als Patient auftretenden Journalisten OLG Düsseldorf AfP 2010, 182.

337 KG VersR 2018, 433.

338 OLG Bamberg GesR 2017, 646 = MedR 2018, 402.

339 LG Köln NJW-RR 2014, 537.

340 BGH VersR 2017, 301, 302.

zung, vom Anlass der Verletzungshandlung sowie vom Grad des Verschuldens ab[341]. So löst etwa eine Verletzung des Persönlichkeitsrechts durch die – ggf. unter Täuschung erfolgte – Beschaffung von Informationen und Behandlungsunterlagen eines Vorbehandlers durch einen mit einem Behandlungsfehlervorwurf konfrontierten Arzt grundsätzlich keinen Anspruch auf Geldentschädigung aus[342].

108 [42] Derartige Ansprüche kommen auch infrage, wenn dem Patienten mit dessen Einwilligung entnommene **Körpersubstanzen** (Blut, Haut, Gewebe etc.) oder endgültig abgetrennte Organe und andere Körperteile gröblich und auf eine die Persönlichkeit des Patienten berührende Weise zweckwidrig ärztlicherseits weiterverwendet werden[343]. Dabei bieten die im Rahmen der Persönlichkeitsrechtsverletzungen ohnehin notwendige Güterabwägung als auch das von der Rechtsprechung geforderte Merkmal der **schwerwiegenden** Verletzung ausreichenden Spielraum, um den vielfältigen Fallgestaltungen gerecht zu werden. Denkbar erscheinen Ersatzansprüche bei heimlicher Nutzung zu Genomanalyse, Klonen oder bei vorsätzlich zweckwidriger Weitergabe von Körpersubstanzen zu bestimmten medizinischen Versuchen oder sogar zur Herstellung von Zellkulturen oder Schönheitspräparaten[344].

109 Das allgemeine Persönlichkeitsrecht umfasst auch ein **„Recht auf Nichtwissen der eigenen genetischen Veranlagung"**, das den Einzelnen davor schützt, Kenntnis über ihn betreffende genetische Informationen mit Aussagekraft für seine persönliche Zukunft zu erlangen, ohne dies zu wollen[345].

---

341 BGH VersR 1989, 628 = NJW 1989, 2941.

342 OLG Köln VersR 2010, 1454; offen lassend BGH VersR 2017, 301, 302 zur Weitergabe eines nicht ausreichend anonymisierten Gutachtens mit personenbezogenen Daten durch die Krankenkasse in anderen sozialgerichtlichen Verfahren.

343 *Taupitz*, AcP 191, 201 ff.; zum Verkauf von Restblut an die Medizinprodukteindustrie *Taupitz*, MedR 2017, 353. Vgl. zur erforderlichen Einwilligung des potentiellen Vaters zu einem Embryonentransfer: LG München I MedR 2018, 978.

344 Zur Genomanalyse: *Taupitz*, JZ 1992, 1089, 1093; allgemein: *Taupitz*, MedR 2017, 353; *Taupitz*, AcP 191, 201 ff.; *Deutsch*, AcP 192, 161 ff.

345 BGH VersR 2014, 891, 893 m.w.N. m. Anm. *John*, VersR 2014, 1139, *Schneider*, NJW 2014, 3133 sowie *Gassner*, GesR 2014, 558 = JZ 2014, 898 m. Anm. *Katzenmeier/Voigt* = FamRZ 2014, 1288 m. Anm. *Spickhoff*. Im Ergebnis verneint der BGH eine Persönlichkeitsrechtsverletzung, da

c) Entnahme von Körpersubstanzen und Organen

[43] Die **Organentnahme** und -verwendung **von Verstorbenen** ist nach mehrere Jahrzehnte andauernden Bemühungen im TPG geregelt worden. Dieses weist in § 6 TPG ausdrücklich auf die Achtung der Würde des Organspenders hin. Regelungen über Schadensersatzansprüche trifft es jedoch nicht[346]. Ein Schaden kann hier nur in immaterieller Gestalt, auszugleichen gegenüber den Hinterbliebenen, in Betracht kommen. Angehörige können zwar einer anstehenden rechtswidrigen Organentnahme mithilfe von Unterlassungsansprüchen begegnen. In der Praxis erweist sich dies jedoch naturgemäß als recht stumpfes Schwert, da eine rechtzeitige Kenntniserlangung der Hinterbliebenen von derartigen Vorgängen kaum realistisch ist. Man sollte deshalb unter dem Gesichtspunkt der **Totenfürsorge** als auch zum notwendigen Schutz des fortwirkenden Persönlichkeitsrechts des Verstorbenen schon auf bisheriger Rechtslage (allgemeines Persönlichkeitsrecht) einen Anspruch auf billige Entschädigung in Geld aus eigenem Recht der nahen Angehörigen befürworten[347]. Konstruktiv ist dies ohne weiteres möglich, ist doch das Totensorgerecht der Angehörigen weitgehend, auch soweit indirekt fortwirkende Belange des Toten betroffen sind, als absolutes Recht i.S.d. § 823 Abs. 1 BGB anerkannt. Konsequenterweise sollte seine – bei der Verletzung allgemeiner Persönlichkeitsrechte ohnehin vorausgesetzte – **schwere** Verletzung auch Entschädigungsansprüche für immaterielle Nachteile nach sich ziehen. Schwere Fälle in dieser Hinsicht könnten gegeben sein, wo etwa das Krankenhaus sich bei der Entnahme bewusst über den Willen des Verstorbenen hinwegsetzt oder wo Leichenteile in besonders herabwürdigender Weise, z.B. im Bereich von Forschung und Pharmazie, weiterverwandt werden[348]. 110

---

die Klägerin im zu entscheidenden Fall ihre Schadensersatzansprüche nicht auf eine Mitteilung ihrer eigenen genetischen Konstitution, sondern darauf gestützt hat, dass der Beklagte sie über eine bei ihrem geschiedenen Mann bestehende Erkrankung informiert hat, deren genetische Anlage ihre Kinder möglicherweise geerbt haben.

346 Vgl. *Höfling/Rixen*, TPG § 6 Rz. 8: § 6 TPG habe „bloßen Appellcharakter".

347 *Staudinger/Schäfer*, BGB, 12. Aufl., § 823 Rz. 116; *Carstens*, Das Recht der Organtransplantation, 1978, S. 101 f., 154; *Laufs*, VersR 1972, 1, 9; ders., NJW 1996, 1571, 1579; *Nixdorf*, VersR 1995, 740, 745 m.w.N.; anders etwa *Höfling/Rixen*, TPG § 6 Rz. 14 f.

348 *Möx*, ArztR 1994, 39, 42; *Nixdorf*, VersR 1995, 740, 745.

111 [44] Die Frage nach dem betroffenen Rechtsgut bei der **Entnahme** von Körpersubstanzen und Organen **vom lebenden Patienten** bedarf differenzierter Betrachtung[349]. Soweit keine wirksame Einwilligung den Eingriff zu decken vermag, liegt der Tatbestand der Körperverletzung in der Entnahme selbst vor. Für das rechtliche Schicksal des Körperteils nach (zulässiger) Entnahme ist zu unterscheiden[350]. Der lebende Mensch selbst ist keine Sache im Rechtssinne. Nach überwiegender Auffassung werden Körperteile jedoch mit ihrer **endgültigen Abtrennung** zu **Sachen i.S.d. § 90 BGB**[351], welche vorbehaltlich anderer Bestimmung des bisherigen Rechtsträgers (etwa bei Dereliktion wertloser, weil kranker Substanzen) entsprechend § 953 BGB in dessen Eigentum übergehen[352]. Bei deren Vernichtung oder zweckwidriger Verwendung sind materielle ersatzfähige Schäden weniger vorstellbar. Immaterielle Nachteile können angesichts der Sachqualität nicht im Wege eines Schmerzensgeldes über § 253 Abs. 2 BGB (ohne Güterabwägung), sondern nur durch billige Entschädigung in Geld unter dem Gesichtspunkt einer möglichen schwerwiegenden Verletzung des allgemeinen Persönlichkeitsrechts ausgeglichen werden[353].

112 Schon keine Abtrennung vom Restkörper im Sinne dieser Konstruktion liegt aber bei nur kurzzeitig und nur für die Dauer ärztlicher Behandlung (in engem räumlich-zeitlichen Zusammenhang etwa einer Operation) und von Anbeginn an mit dem Ziel der Wiedereingliederung in den Organismus vorgenommener Entnahme vor. Schädigungen in diesem Rahmen erfüllen deshalb, auch soweit sie sich aus-

---

349 Probleme – weniger mit Blick auf Schadensersatzansprüche als auf Herausgabeverlangen – bereitet das Schicksal kryokonservierter Eizellen und Samenzellen; vgl. OLG München FamRZ 2017, 904 m. Anm. *Coester-Waltjen*; OLG Karlsruhe FamRZ 2016, 1790 m. Anm. *Spickhoff*. Vgl. zum „Recht am Embryo" auch *Mayr*, NZFam 2018, 913; zur Herausgabe eingefrorener Embryonen unter dem Blickwinkel der EMRK: EGMR NJW-RR 2019, 193.

350 Vgl. hierzu auch *Taupitz*, MedR 2017, 353.

351 *Taupitz*, JZ 1992, 1089, 1092; *Staudinger/Stieper*, BGB, 2017, § 90 Rz. 28 ff.; BGH VersR 1994, 55 = NJW 1994, 127 m.w.N.

352 *Staudinger/Stieper*, BGB, 2017, § 90 Rz. 30.

353 Ohnehin bestehen nach fast einhelliger Auffassung auch nach der Abtrennung vom Körper persönlichkeitsrechtlich geprägte Beziehungen zum Patienten fort: *Deutsch*, AcP 192, 161, 173; *Taupitz*, JZ 1992, 1089, 1093.

schließlich gegen die entnommene Substanz richten, den Tatbestand der Verletzung des Körpers und der Gesundheit.

Die Rechtsprechung lässt auch über diese Fallgestaltungen hinausgehend für den Fortbestand als Teil des Rechtsgutes „Körper" genügen, dass entnommene Bestandteile möglicherweise bestimmt sind, irgendwann später zur Bewahrung von Körperfunktionen oder zu deren Verwirklichung wieder mit dem Körper vereinigt zu werden (Eizelle der Frau, zur Eigentransplantation bestimmte Haut- und Knochenbestandteile, Eigenblutspende)[354]. **Verletzungen der Substanz** rechtfertigen hiernach Ansprüche (auch auf Zahlung von Schmerzensgeld) unter dem Gesichtspunkt der Körperverletzung. Für die Rechtspraxis wird man diese im Ergebnis überzeugende rechtliche Konstruktion akzeptieren können, zumal sie zu einem angemessenen Interessenausgleich zu führen scheint. Dogmatisch ist sie allerdings anfechtbar[355], nicht zuletzt auch, weil mit ihr systemwidrig die Frage, ob Sachqualität oder Körperteil anzunehmen ist, in erster Linie nach der vereinbarten Zweckbestimmung zwischen Arzt und Patient und nicht nach äußerlich im Rechtsverkehr erkennbaren Umständen (vollständige Entfernung vom Herrschaftsbereich des Spenders, nähere Umstände der Entnahme etc.) entschieden wird. 113

Schwieriger begründbar und ergebnisorientiert erscheint die Rechtsprechung, nach der die **Vernichtung konservierten Spermas**, das der Patient wegen der Möglichkeit eines Verlustes seiner Zeugungsfähigkeit durch eine anstehende Operation vom Arzt hatte zur Sicherung einer Nachkommenschaft einfrieren lassen, deliktische Ansprüche unter dem Gesichtspunkt der Körperverletzung eröffnet[356]. Betroffenes Rechtsgut scheint hier eher das allgemeine Persönlichkeitsrecht des Patienten sein, was Entschädigungsansprüche allerdings nur bei schwerwiegenden Eingriffen zubilligt. 114

354 BGH VersR 1994, 55 = NJW 1994, 127.

355 *Taupitz*, NJW 1995, 745, 747 ff.; *Nixdorf*, VersR 1995, 740, 743.

356 BGH VersR 1994, 55 = NJW 1994, 127; mit Zustimmung: *Schnorbus*, JuS 1994, 830, 834; kritisch: *Taupitz*, NJW 1995, 745 ff.; *Laufs/Reiling*, NJW 1994, 775; *Taupitz*, JR 1995, 22 ff.; für Sachqualität: *Deutsch*, MDR 1985, 177, 179.

2. Beamtete Ärzte und Verweisungsprivileg

115 [45] Soweit nicht ausnahmsweise hoheitliches Handeln gegeben ist (hierzu vgl. oben Rz. 10 ff.), haftet der **beamtete Arzt** – hier gilt der enge statusrechtliche Beamtenbegriff – im deliktischen Bereich nach **§ 839 BGB**. Dies schließt eine Anwendung der §§ 823 ff. BGB für seine Person aus. § 839 BGB findet aber nur auf diejenigen Behandlungsaufgaben Anwendung, die in einem inneren Zusammenhang mit seinem ihm übertragenen Amt stehen. Soweit hingegen **Nebentätigkeiten** infrage stehen, kann stattdessen die allgemeine deliktische Haftung gem. §§ 823 ff. BGB in Betracht kommen (s. unten Rz. 119 ff.).

116 [46] Im Anwendungsbereich des § 839 BGB kann der beamtete Arzt bei lediglich fahrlässiger Schadenszufügung nur dann in Anspruch genommen werden, wenn der Patient nicht auf andere Weise (von Dritten) Ersatz zu erlangen vermag (**Verweisungsprivileg**, Aushilfshaftung; § 839 Abs. 1 S. 2 BGB)[357]. Diese Verweisung befreit aber nur von Ansprüchen aus Delikt. Unberührt bleiben dagegen etwaige – nunmehr über § 253 BGB auch ein Schmerzensgeld umfassende – vertragliche Ansprüche gegen den Beamten[358]. Derartige vertragliche Ansprüche sind insbesondere beim selbstliquidierungsberechtigten beamteten Arzt möglich. Die anderweitige Ersatzmöglichkeit, auf die verwiesen werden kann, kann auf Vertrag oder Gesetz beruhen, muss aber ihre Wurzeln in dem gleichen Tatsachenkreis[359], dem gleichen Behandlungsgeschehen haben. Hierzu kann aber genügen, dass die ärztliche Behandlung nur Teil eines umfassenderen Gesamtgeschehens ist, dessen Kausalkette von einem Dritten durch unerlaubte Handlung – etwa als Tierhalter, bei Verletzung durch Reitunfall oder als Fahrzeugführer bei einem Verkehrsunfall – in Gang gesetzt wurde. Da dieser Dritte dann auch für bei Behandlung der Verletzung zurechenbar[360] auftretende Arztfehler mithaftet, kann der Arzt gem. § 839 Abs. 1 S. 2 BGB auf ihn verweisen[361].

---

357 Zur Darlegungs- und Beweislast beim Verweisungsprivileg *Rohlfing*, MDR 2010, 237.

358 BGH VersR 1993, 481 = NJW 1993, 779; BGH VersR 1989, 145 = NJW 1988, 2946.

359 BGH VersR 1960, 34, 35 = BGHZ 31, 148, 150.

360 OLG Hamm VersR 1996, 585 = NJW 1996, 789; OLG Koblenz VersR 2008, 1071; *Wertenbruch*, NJW 2008, 2962.

361 BGH VersR 1986, 1206 = NJW 1986, 2883.

Verwiesen werden kann auf eine Haftung der hinter dem beamteten Arzt stehenden Körperschaft für dieselbe unerlaubte Handlung gem. §§ 89, 30, 31, 831 BGB[362], nicht aber auf eine gegebenenfalls daneben bestehende Haftung eines weiteren beamteten Arztes, soweit diesem ebenfalls nur Fahrlässigkeit zur Last fällt und daher seinerseits das Verweisungsprivileg zusteht[363]. 117

Die Unmöglichkeit, anderweit Ersatz i.S.d. § 839 Abs. 1 S. 2 BGB zu erlangen, bildet einen Teil des Tatbestandes und ist folglich vom geschädigten Patienten als negative Voraussetzung darzulegen und im Streitfall zu beweisen[364]. Waren früher andere Ersatzmöglichkeiten vorhanden, die aber zum Zeitpunkt der Klageerhebung – etwa wegen Verjährung oder eingetretener Vermögenslosigkeit – nicht mehr durchsetzbar sind, so muss der Patient des Weiteren auch nachweisen, dass er die früher vorhandene Möglichkeit nicht schuldhaft versäumt hat[365]. 118

[47] Wie bereits angedeutet, gilt auch für den beamteten Arzt § 839 BGB und nicht § 823 BGB nur dort, wo er bei der zu beurteilenden Behandlungsaufgabe auch tatsächlich aus seiner Aufgaben- und Pflichtenstellung als Amtsträger heraus tätig wird[366]. Dieses Kriterium erlangt insbesondere bei (genehmigten) **Nebentätigkeiten** beamteter selbstliquidierungsberechtigter Ärzte Bedeutung[367]. Zu den mögli- 119

362 BGH VersR 1984, 356 = NJW 1984, 1400; BGH VersR 1985, 1043 = NJW 1985, 2189; OLG Schleswig SchlHA 2005, 410.

363 BGH VersR 1983, 244 = NJW 1983, 1374.

364 BGH VersR 1991, 925 = NJW 1991, 1171; BGH VersR 1993, 575 = NJW 1993, 1647.

365 BGH VersR 1992, 698 = NJW-RR 1992, 1301; BGH VersR 2002, 1024 = NJW 2002, 1266.

366 S. etwa OLG München, Urt. v. 26.11.2009 – 1 U 2283/09, zit. nach juris (Kurzwiedergabe in MedR 2010, 179): Ein verbeamteter Hochschulprofessor, der an einem medizinischen Institut im Auftrag eines Dritten eine Impfstudie durchführt, wird in Ausübung seiner dienstlichen Aufgaben tätig und kann sich auf § 839 Abs. 1 S. 2 BGB berufen, wenn der Drittauftrag dem Institut erteilt wurde.

367 Natürlich ist auch im Rahmen der Nebentätigkeiten danach zu differenzieren, ob die Behandlung in Ausübung des öffentlich-rechtlichen Dienst- bzw. Amtsverhältnisses erfolgt. Vgl. in diesem Zusammenhang OLG Koblenz VersR 2011, 79 = MedR 2011, 366 m. ablehnender Anm. *Kern*: Ein Sanitätsoffizier, der in seinem Hauptamt Soldaten und in seinem Nebenamt nach den rechtlichen Vorgaben seines Dienstverhältnis-

chen Vertragsgestaltungen bei ambulanter Behandlung im Krankenhaus (oben Rz. 45 ff.) ist bereits dargestellt, dass in gewissen Fällen nicht der Krankenhausträger, sondern der Arzt mit Liquidationsbefugnis die Behandlungsaufgabe übernimmt. In diesen Fällen kann der für die Anwendung des § 839 BGB notwendige innere Zusammenhang mit dem ihm übertragenen Hauptamt fehlen. Hierfür ist nach der Rechtsprechung zu differenzieren:

120 [48] Soweit nach den Ausführungen zur Vertragsgestaltung **bei ambulanter Behandlung im Krankenhaus** nach bisheriger Rechtslage sowie neuerdings nach §§ 115a, 115b SGB V (ambulantes Operieren, vor- und nachstationäre Pflege) ausnahmsweise dem Krankenhausträger selbst die Behandlungsaufgabe vertraglich zuwächst[368], arbeitet der beamtete Arzt bei Erfüllung dieser Aufgabe aus seiner Dienststellung heraus. Es gilt deshalb § 839 BGB[369]. Bei über diesen Bereich hinausgehenden ambulanten Maßnahmen – insbesondere in der sog. Chefarzt-Ambulanz[370] – dient er, der insoweit liquidierungsberechtigt ist, seiner eigenen Nebentätigkeit. Dies gilt gegenüber Privatpatienten ebenso wie gegenüber Kassenpatienten. Hier haftet er allein nach § 823 BGB und deshalb **ohne Verweisungsprivileg**. Dasselbe gilt für seinen Vertreter, nicht aber für nachgeordnete Ärzte, die von diesen zur Mithilfe herangezogen werden[371].

121 [49] Anders gestaltet sich dagegen seine Position bei **stationärer Krankenhausbehandlung**. Hier wird er zwar, soweit bei Abschluss einer Wahlleistungsvereinbarung seine Liquidationsbefugnis reicht, auch selbst Vertragspartner (vgl. oben Rz. 74). Wegen der engeren

ses aufgrund seiner öffentlich-rechtlichen Verpflichtung hierzu Zivilpatienten in einem Bundeswehrkrankenhaus ärztlich versorgt, werde bei der Behandlung von Zivilpatienten in Erfüllung seiner Dienstpflichten als „Beamter" i.S.d. § 839 BGB tätig. Er hafte daher nach § 839 BGB und könne auf die Einstandspflicht des Krankenhauses verweisen. *Kern* verweist in seiner Anmerkung darauf, dass Soldaten keine Beamten im statusrechtlichen Sinne sind.

368 Vgl. oben Rz. 47 ff.

369 *Geiß/Greiner*, Arzthaftpflichtrecht, Rz. A 84.

370 Vgl. zu den durch das Vertragsarztrechtsänderungsgesetz vom 22.12.2006 eröffneten weiteren Möglichkeiten *Junghanns*, ArztR 2008, 228; *Debong*, ArztR 2008, 230.

371 BGH VersR 2003, 1126 = NJW 2003, 2309; BGH VersR 1993, 357 = NJW 1993, 784; *Büsken/Klüglich*, VersR 1994, 1141, 1149.

Verzahnung seiner Tätigkeit mit den daneben verbleibenden Aufgaben des Krankenhauses als Institution, in die seine Behandlungstätigkeit eingebettet ist, lässt sich hier aber eine klare Trennung von Amt und privater Nebentätigkeit nicht sinnvoll durchführen. Der beamtete selbstliquidierungsberechtigte Arzt haftet deshalb deliktisch nur nach § 839 BGB mit der Möglichkeit einer befreienden Verweisung auf eine Haftung Dritter[372]. Das Verweisungsprivileg erfasst allerdings nicht die vertragliche Einstandspflicht des selbstliquidierenden beamteten Arztes (s. Rz. 116). Die nunmehr auch ein Schmerzensgeld umfassenden vertraglichen Ansprüche können also unmittelbar geltend gemacht werden; dies gilt für den totalen Krankenhausvertrag mit Arztzusatzvertrag und für den gespaltenen Krankenhausvertrag. Das Verweisungsprivileg hat insofern erheblich an Bedeutung verloren. Anderes gilt für den beamteten nachgeordneten Arzt: Dieser haftet vertraglich nicht, da er nicht Partei des Arztzusatzvertrages ist. Ihn trifft lediglich die deliktische Handelndenhaftung, die sich – aufgrund der Beamtenstellung – nach § 839 BGB richtet. Er kann daher auf eine Haftung Dritter – insb. des selbstliquidierenden Arztes und ggf. des Krankenhausträgers – verweisen[373].

---

372 *Büsken/Klüglich*, VersR 1994, 1141, 1148; BGH VersR 1993, 357 = NJW 1993, 784; BGH VersR 1986, 1206 = NJW 1986, 2883: Dies führt in der Sache – ohne dass dies in der Entscheidungsformel zum Ausdruck gelangen muss – zur Klageabweisung als zurzeit unbegründet. BGH VersR 1983, 244 = NJW 1983, 1374; BGH VersR 1984, 356 = NJW 1984, 1400.

373 Vgl. nur *Geiß/Greiner*, Arzthaftpflichtrecht, Rz. A 78 ff.

Teil 2: Haftende und Haftung für Hilfspersonen

I. Allgemeines

[50] Richtiger Anspruchsgegner ist für **vertragliche Ansprüche** der Vertragspartner des Patienten. Wer dies im Einzelnen für die konkrete Behandlungsaufgabe ist, wird in Teil 1 Abschnitt I Nr. 5 ausführlich dargestellt; die Vertragspartei auf Behandlungsseite muss sich das Verschulden ihrer Erfüllungsgehilfen nach § 278 BGB zurechnen lassen. In diesem Bereich sind durch die Kodifikation des Behandlungsvertrages in den §§ 630a ff. BGB keine Änderungen eingetreten. Für die **unerlaubte Handlung** ist Anspruchsgegner – mit Ausnahme hoheitlichen Handelns wegen der befreienden Wirkung des Art. 34 GG (hierzu Rz. 10 ff.) – zunächst einmal der Handelnde selbst. Daneben kann sein deliktisches Tun auch Dritten zuzurechnen sein (§§ 831, 31, 89 BGB). Soweit hierbei ein Einstehenmüssen für Verrichtungsgehilfen infrage steht, sind die spezifischen – durch die Rechtsprechung zunehmend entleerten – Entlastungsmöglichkeiten des § 831 BGB zu beachten. 122

II. Haftung für Organe oder Chefärzte

[51] In der Praxis durchaus Bedeutung hat – für Vertragsverletzungen wie auch für unerlaubte Handlungen – die **Organhaftung** gem. §§ 31, 30, 89 BGB, die keine **Entlastungsmöglichkeit** vorsieht. Auch die haftungszuweisende Norm des § 31 BGB lässt aber für das Organ selbst den allgemeinen Grundsatz unberührt, dass derjenige, der selbst in seiner Person den Tatbestand einer unerlaubten Handlung erfüllt, auch persönlich für den hieraus entstehenden Schaden haftet[374]. Die Organhaftung gilt für alle Krankenhaus- oder Institutsträger, die in der Rechtsform einer juristischen Person des Privatrechts (§ 31 BGB) oder des Öffentlichen Rechts (§ 89 BGB) arbeiten. Gehaftet wird für die zum Schadensersatz verpflichtenden Handlungen der notwendi- 123

374 So schon RGZ 91, 72, 75 ff. und BGHZ 56, 73, 77; BGH VersR 1990, 205, 206 = BGHZ 109, 297, 302.

gen Organe sowie der sonstigen verfassungsmäßig berufenen Vertreter.

124 [52] Selbst wenn der Handelnde nicht unter diese Gruppe der bestellten Vertreter fällt, kann den Geschäftsherren dennoch nach der Rechtsprechung unter dem Gesichtspunkt der **Fiktionshaftung** die Haftungszuweisung nach § 31 BGB treffen[375]. Je nach den Umständen der internen Organisation und Arbeitsverteilung kann ein Geschäftsherr verpflichtet sein, einer Hilfsperson, die für einen bestimmten Aufgabenkreis bestellt ist, eine satzungsgemäße Organstellung zu verschaffen, die dann gem. § 31 BGB Wirkung entfaltet. Kommt er dieser organisatorischen Pflicht nicht nach, hat er sich dennoch haftungsrechtlich so behandeln zu lassen, als habe er dem Gehilfen Organstellung eingeräumt. Voraussetzung einer solchen Pflicht ist aber, dass der Gehilfe das Unternehmen in seinem eigenen Aufgabenbereich repräsentiert. Dies setzt Eigenverantwortlichkeit und Weisungsfreiheit voraus[376]. Denn tragend ist die Erwägung, dass sich eine juristische Person nicht dadurch der Verantwortung für einen für sie Tätigen entziehen können soll, dass sie ihn einerseits von jeder sachlichen Einflussnahme freistellt, andererseits aber auch nicht zum verfassungsmäßigen Vertreter bestellt.

125 [53] Damit sind angesprochen: Der im medizinischen Bereich konkret völlig weisungsfrei arbeitende Chefarzt[377], selbst wenn er nur Chefarzt einer organisatorisch nicht selbständigen (z.B. chirurgischen) Klinik (Fachbereich) einer Krankenanstalt ist; **generell die leitenden Krankenhausärzte**, soweit sie im medizinischen Bereich weisungsfrei sind – sie brauchen weder Vertretungsmacht zu besitzen, noch an Verwaltungsaufgaben teilzunehmen -[378]; ebenso der Vertreter des abwesenden Chefarztes einer Abteilung, der zuständigerweise dessen Funktion wahrnimmt[379]. Im Übrigen sind die Leiter der einzelnen Fachbereiche

375 BGH VersR 1996, 469 = NJW-RR 1996, 867; NK-BGB/*Katzenmeier*, BGB, 3. Aufl. 2016, § 823 BGB Rz. 360 m.w.N.

376 *Katzenmeier*, in: Laufs/Katzenmeier/Lipp, Arztrecht, Kap. XI Rz. 25.

377 BGH VersR 1980, 768 = NJW 1980, 1901.

378 BGH VersR 1984, 460 = NJW 1985, 677; BGH VersR 1985, 1043 = NJW 1985, 2189.

379 BGH VersR 1987, 1040 = NJW 1987, 2925.

so lange als Organe in diesem Sinne anzusehen, als nicht der Krankenhausträger eine hiervon abweichende Organisation darlegt. Und schließlich ist Organ der leitende Chefarzt des Krankenhauses selbst[380]. Eine Zurechnung nach § 31 BGB ist auch dann vorzunehmen, wenn ein Belegarzt neben seiner belegärztlichen Tätigkeit eine Leitungsfunktion im Krankenhaus wahrnimmt und der Pflichtenverstoß den Wirkungskreis der organschaftlichen Tätigkeit berührt (vgl. Rz. 67).

[54] Die Haftungszuweisung nach § 31 BGB setzt allerdings nach dem Wortlaut der Norm stets voraus, dass das Organ „in Ausführung der ihm zustehenden Verrichtungen“ gehandelt hat. Damit wird die Haftung des Krankenhausträgers auf denjenigen Bereich beschränkt, in welchem die Organperson **gerade in ihrer amtlichen Eigenschaft** tätig wurde. Gemeint ist also der ihr kraft ihrer Stellung zugewiesene Funktionsbereich. Amt und Schädigung müssen sachlich und nicht lediglich zeitlich oder örtlich in Verbindung stehen. Diese Eingrenzung erlangt Bedeutung, wo dem Organ auf Grund der besonderen Vertragsgestaltung bei Krankenhausambulanz (vgl. Rz. 45 ff.) sowie bei stationärer Krankenhausbetreuung mit Wahlleistungsabrede (vgl. Rz. 71 ff.) gewissermaßen eine **Doppelstellung** zukommt. Gehört nach dem dort näher Ausgeführten die **ambulante Behandlung** zur Vertragsaufgabe des Krankenhausträgers, so wird hier der leitende Arzt der Ambulanz in seiner Amtsfunktion tätig[381]. In den übrigen Fällen handelt er privat für seine eigene Rechnung. § 31 BGB scheidet hier aus. 126

Ähnliches gilt für die stationäre Behandlung mit Wahlleistungsabrede (zur Rollenkonfusion bei belegärztlicher Tätigkeit vgl. Rz. 67). Beim bloßen Zusatzvertrag (Regelfall, vgl. Rz. 74), bei dem die gesamte Behandlung Sache des Krankenhausträgers bleibt, wird der liquidierungsberechtigte, leitende Arzt zwar auch für sich selbst tätig. Seine Behandlungsmaßnahmen erfolgen daneben aber immer zugleich für das Krankenhaus, dessen Organ i.S.d. § 31 BGB er bleibt[382]. Beim gespaltenen Vertragsmodell (vgl. Rz. 75) ist er dagegen für seine Wahl- 127

380 St. Rspr. vgl. BGH VersR 1971, 1123 = NJW 1972, 334.
381 *Geiß/Greiner*, Arzthaftpflichtrecht, Rz. A 20.
382 BGH VersR 1985, 1043 = NJW 1985, 2189.

leistungen privat tätig und nur im übrigen Funktionsbereich Organ[383].

128 [55] Entsprechende Anwendung findet § 31 BGB auch auf eine in der Rechtsform der BGB-Gesellschaft betriebene **ärztliche Gemeinschaftspraxis**[384], was auf der Grundlage des nunmehr für BGB-Gesellschaften angenommenen Haftungssystems zu einer gesamtschuldnerischen vertraglichen und deliktischen Haftung der ärztlichen Mitgesellschafter für Fehler eines ihrer Mitglieder führt (vgl. Rz. 30).

III. Gebotene Darlegung der Passivlegitimation

129 [56] Vor allem bei öffentlich-rechtlicher Trägerschaft eines Krankenhauses kann es bisweilen für den Patienten nicht ganz klar zu durchschauen sein, welche Körperschaft (etwa Land oder Stadt, Land oder Universität etc.) nun passivlegitimiert ist. Gleiches gilt hinsichtlich der internen Liquidationsbefugnisse, welche eine Rolle bei der Bestimmung des richtigen Vertragspartners spielen. In diesen Fällen wird man der Behandlungsseite nach allgemeinen Regeln eine Mithilfe bei der Darlegungslast zumuten dürfen und entsprechend geringe Anforderungen an die Darlegungen der Klägerseite hinsichtlich des richtigen Anspruchsgegners zu stellen haben. Eine Pflicht des Beklagten, schon zu Beginn eines Rechtsstreits auf Bedenken gegen die Passivlegitimation hinzuweisen, lehnt die Rechtsprechung zwar allgemein ab (keine Pflicht zu gegenseitiger Rücksichtnahme). Im Falle der schlecht durchschaubaren Zuständigkeitsverteilung zwischen Land und Universität für eine Universitätsklinik ist jedoch insoweit eine Ausnahme zugelassen worden, als bei unterlassenem alsbaldigem Hinweis auf die wirkliche Rechtslage ein späteres **Berufen auf fehlende Passivlegitimation** nicht mehr beachtlich sei[385].

383 BGH VersR 1983, 244, 247 = NJW 1983, 1374 in ausdrücklichem Gegensatz zum Begriff „Amt“ im Rahmen des § 839 BGB; *Katzenmeier*, in: Laufs/Katzenmeier/Lipp, Arztrecht, Kap. XI Rz. 27.

384 BGH VersR 2003, 650 = NJW 2003, 1445.

385 BGHZ 96, 360, 370 = NJW 1986, 1542, insoweit in VersR 1986, 465 nicht abgedruckt; anders dagegen bei der Frage der kassenärztlichen Beteiligung: BGH VersR 1987, 990 = NJW 1987, 2289; BGH VersR 1999, 579 = NJW 1999, 1779.

IV. Vertragliche Haftung für Erfüllungsgehilfen

[57] Im Bereich der vertraglichen Anspruchsgrundlagen hat der Vertragsschuldner auch in der Arzthaftung gem. § 278 BGB ein Verschulden seiner Gehilfen zu vertreten[386]. Gehilfe in diesem Sinne kann dabei anders als im Bereich des § 831 BGB auch sein, wer in seinem Verhalten keinem Weisungsrecht des Schuldners unterliegt. Allerdings kann schon die Bestimmung des richtigen Vertragsschuldners durchaus Schwierigkeiten bereiten (vgl. oben Teil 1 Abschnitt I Nr. 5). Häufig schulden mehrere jeweils einen Teil der Behandlung[387]. Dann stellt sich das Problem, ob und gegebenenfalls wer von ihnen für den anderen Vertragsschuldner zur Erfüllung von dessen Vertragsaufgabe als Gehilfe tätig wird und wer für ärztliches oder nichtärztliches Hilfspersonal einzustehen hat. 130

1. Niedergelassene Ärzte

[58] Der niedergelassene Arzt, der eine ärztliche Leistung eines Kollegen veranlasst – weil er etwa eine Röntgenuntersuchung oder eine Stellungnahme des Pathologen für erforderlich hält –, begründet im Zweifel ein weiteres direktes Vertragsverhältnis zwischen Patient und hinzugezogenem Arzt (vgl. oben Rz. 40). Damit wird in der Regel keiner der beiden als Erfüllungsgehilfe des jeweils anderen tätig[388]. § 278 BGB gilt aber, wo ausnahmsweise der erstbehandelnde Arzt den Dritten eigenen Namens beauftragt[389]. Erfüllungsgehilfe für einen nieder- 131

386 Die Fallgestaltungen können dabei über das klassische Arzthaftungsrecht hinausreichen; vgl. etwa OLG Koblenz VersR 2018, 1015: Schiffsarzt nicht Erfüllungsgehilfe des Reiseveranstalters, wenn der Reisende zusätzliche, im Reisevertrag nicht vorgesehene Leistungen in Anspruch nimmt.

387 Vgl. für die Konstellation des Abschlusses eines Rettungsdienstvertrags zum Verhältnis von Rettungsdienst und Notarzt OLG Karlsruhe GesR 2016, 515: Notarzt kein Erfüllungsgehilfe des Rettungsdienstes.

388 BGH VersR 1989, 1051 = NJW 1989, 3009; BGH VersR 1999, 1241 = NJW 1999, 2731; *Gehrlein*, Grundriss der Arzthaftpflicht, Rz. A 13. Vgl. mit Blick auf die integrierte Versorgung nach §§ 140a ff. SGB V: *Krüger*, VersR 2006, 192, 193.

389 Eine Grenze ist zu ziehen, wenn das Handeln des Erfüllungsgehilfen nicht mehr im inneren Zusammenhang mit den ihm übertragenen Aufgaben steht, vgl. OLG München NJW-RR 2016, 472 (sexueller Übergriff eines Mitarbeiters).

gelassenen Arzt ist der für diesen, nicht aber für die eigene Praxis tätig werdende Urlaubsvertreter[390].

2. Ambulante Behandlung im Krankenhaus

132 [59] Bei der ambulanten Behandlung im Krankenhaus hängt die Antwort davon ab, ob Vertragspartner nur der die Ambulanz leitende, liquidierungsberechtigte Chefarzt oder nach der zwischenzeitlich wegen §§ 115a, 115b SGB V verstärkt gegebenen Möglichkeit das Krankenhaus selbst ist (vgl. oben Rz. 47 ff.). Ersterenfalls haftet der leitende Chefarzt – gleichgültig, ob ortsabwesend – gem. § 278 BGB für die Tätigkeiten des ärztlichen und nichtärztlichen Personals auch des Krankenhauses[391]. Letzterenfalls ist er selbst neben diesem Personal Erfüllungsgehilfe für den Krankenhausträger[392]. Zieht das Krankenhaus einen niedergelassenen Arzt auf Honorarbasis zur Ausführung ambulanter Operationen hinzu (vgl. hierzu Rz. 54), bleibt das Krankenhaus alleiniger Vertragspartner des Patienten und muss sich ein Verschulden des **Honorararztes** nach § 278 BGB zurechnen lassen.

3. Totaler Krankenhausvertrag

133 [60] Beim totalen Krankenhausaufnahmevertrag (vgl. Rz. 60) ist das Krankenhaus alleiniger Vertragspartner des Patienten. Es schuldet die allgemeinen Krankenhausleistungen im Rahmen des Notwendigen, zu denen nach § 2 Abs. 2 Nr. 2 BPflV auch die vom Haus veranlassten Leistungen Dritter gehören. Nicht zuletzt wegen dieser Vorschrift, die zum Schutz des Patienten einer Auslagerung von Teilleistungen der geschuldeten vollständigen stationären Versorgung zum Zwecke gesonderter Vergütung vorbeugen soll[393], wird man für die Annahme, Leistungen etwa eines hinzugezogenen auswärtigen Arztes seien nicht in diesem Sinne vom Krankenhaus, sondern im Namen des Patienten veranlasst, besondere Anforderungen zu stellen haben. Anders als beim Aufsuchen einer Arztpraxis oder beim Belegarztmodell kann

390 BGH VersR 2000, 1146 = NJW 2000, 2737. Auch der Praxisvertreter haftet freilich deliktisch für eigenes Fehlverhalten, vgl. etwa OLG Jena OLG-NL 2006, 125.

391 BGH VersR 1988, 1270 = NJW 1989, 769; *Katzenmeier,* in: Laufs/Katzenmeier/Lipp, Arztrecht, Kap. XI Rz. 8.

392 *Pauge/Offenloch,* Arzthaftungsrecht, Rz. 81.

393 *Tuschen/Quaas,* Kommentar zur BPflV, § 2 S. 179.

nämlich der Patient hier viel eher von einer ihm gebotenen umfassenden Versorgung aus einer Hand ausgehen. Dies prägt seinen Erwartungshorizont. Abweichendes bedarf der Offenlegung. Im Zweifel ist daher der im Rahmen des totalen Krankenhausvertrages hinzugezogene niedergelassene **Konsiliar- bzw. Honorararzt** ebenso Erfüllungsgehilfe des Krankenhauses wie im Übrigen ohnedies das nachgeordnete ärztliche und nichtärztliche **Krankenhauspersonal** sowie der **Chefarzt**[394]. Dabei ist bezüglich des tätig gewordenen Personals nicht entscheidend, ob dieses bei der Klinik angestellt ist, so dass auch insoweit eine Zurechnung des Fehlverhaltens nach § 278 BGB stattfindet[395]. Denn die Art der zwischen dem Schuldner und der Hilfsperson bestehenden rechtlichen Beziehung ist für deren Einordnung als Erfüllungsgehilfe ohne Belang und kann auch in einer rein tatsächlichen Beziehung – der Bedienung zur Erfüllung eigener Pflichten – bestehen[396].

4. Belegarztvertrag

[61] Der Belegarztvertrag im Rahmen stationärer Krankenhausbehandlung bedarf für die Zuordnung von Gehilfenhandeln differenzierter Betrachtung. Die Grobeinteilung hat hier zunächst einmal der in diesem Vertragsmodell verwirklichten **Aufspaltung der Behandlungsaufgaben** zwischen dem „klassischen“ Belegarzt[397] und Krankenhaus zu folgen (vgl. hierzu näher Rz. 63 ff.). Der Belegarzt selbst ist nicht Erfüllungsgehilfe des Krankenhausträgers, da er mit der Behandlung ausschließlich die eigene Vertragsaufgabe erfüllen will[398]. Er haftet 134

394 OLG München GesR 2018, 372, 374 (Haftung des Krankenhausträgers für Fehlverhalten einer angestellten Assistenzärztin bzw. einer Hebamme); OLG Stuttgart VersR 1992, 55 = MedR 1991, 143; OLG Oldenburg VersR 1989, 1300; OLG Karlsruhe VersR 1999, 718; vgl. auch BGH VersR 2014, 374, 376.

395 OLG Schleswig SchlHA 2005, 413 (für eine nicht angestellte Ärztin im Praktikum).

396 Vgl. etwa BGH VersR 2005, 408 = NJW 2005, 888.

397 Zum „Belegarzt mit Honorarvertrag“ vgl. Rz. 69 f.

398 BGH VersR 1995, 706 = NJW 1995, 1611 m.w.N.; OLG Oldenburg VersR 2011, 1401 = MDR 2011, 361. Zur Besonderheit, wenn der Belegarzt neben seiner belegärztlichen Tätigkeit zugleich eine Leitungsfunktion in der Klinik ausübt, vgl. Rz. 67 und aus der Rechtsprechung: OLG Frankfurt MedR 2006, 294 = NJOZ 2006, 166 (zugleich Geschäfts-

nach § 278 BGB für ärztliches und nichtärztliches Hilfspersonal – ganz gleich, ob es sich in einem Anstellungsverhältnis etwa zum Krankenhausträger befindet –, soweit es ihm bei der Erfüllung seiner eigenen vertraglichen Verpflichtung behilflich ist. Im übrigen Bereich ist das Krankenhaus haftender Geschäftsherr. Mangels anderweitiger vertraglicher Vereinbarungen umschreibt § 18 KHEntG die Trennlinie der beiden vertraglichen Zuständigkeiten. Es verbleibt aber vor allem beim nichtärztlichen Personal eine Grauzone, in welcher ausnahmsweise beide Geschäftsherren gesamtschuldnerisch für ein und dasselbe Handeln einzustehen haben können[399].

135 [62] Danach haftet im Einzelnen der **Belegarzt** nach § 278 BGB:

1. für Leistungen nachgeordneter Krankenhausärzte, welche auf seine Veranlassung hin bei der Behandlung des Belegpatienten in **demselben Fachgebiet** wie der Belegarzt selbst tätig werden (§ 18 Abs. 1 Satz 2 Nr. 3 KHEntG); dies ist also z.B. der Assistenzarzt aus der chirurgischen Abteilung des Krankenhauses, der dem Belegarzt bei einer gynäkologischen Operation assistiert, nicht dagegen der Anästhesist, da er bei der Operation fachlich andere Tätigkeiten als der Belegarzt erfüllt;
2. für Leistungen von ihm zur Erbringung seiner Leistungen im Krankenhaus hinzugezogener[400] niedergelassener Ärzte[401], soweit diese nicht aufgrund besonderer Umstände in eine eigene vertragliche Beziehung zum Patienten treten;
3. für die von ihm selbst und eigenen namens (vgl. aber oben zum hinzugezogenen niedergelassenen Arzt Rz. 40 ff.) veranlassten Leistungen von Ärzten und ärztlich geleiteten Einrichtungen **außerhalb des Krankenhauses** (§ 18 Abs. 1 Satz 2 Nr. 4 KHEntG); hierzu gehören z.B. Leistungen anderer Krankenhäuser;

---

führer der Klinik); OLG Köln VersR 2010, 1454 (zugleich Leitender Ärztlicher Direktor).

399 Ausführlich zur Haftungsverteilung im Belegarztwesen: *Franzki/Hansen*, NJW 1990, 737 ff.; *Geiß* in: Das Belegarztsystem, S. 91 ff.; *Geiß/Greiner*, Arzthaftpflichtrecht, Rz. A 37 ff.

400 Vgl. hierzu BGH VersR 1992, 1263: Eigener Vertrag mit niedergelassenem Arzt, wenn dieser eine Vorsorgeuntersuchung bei einem Neugeborenen im Krankenhaus vornimmt und nicht hierzu vom Belegarzt, sondern auf Veranlassung des Pflegepersonals hinzugezogen wurde.

401 Vgl. auch *Spickhoff/Greiner*, Medizinrecht, §§ 823 ff. BGB, Rz. 316.

4. natürlich für von ihm selbst angestellte Hilfspersonen einschließlich des Wochenend-[402] und Urlaubsvertreters[403];

5. für den im Einzelfall zugezogenen **ärztlichen Bereitschaftsdienst für Belegpatienten** (§ 18 Abs. 1 Satz 2 Nr. 2 KHEntG), gleichgültig, ob er vom Belegarzt (oder einem kooperativen Belegarztwesen) organisiert oder von Krankenhausärzten mit übernommen wird; der Belegarzt ist nämlich in dieser Hinsicht für die Sicherstellung der durchgehenden ärztlichen Versorgung seiner Belegpatienten verantwortlich, und zwar auch, soweit nur ein Teil der Patienten des Krankenhauses Belegpatienten sind (gemischtes Krankenhaus mit Anstalts- und Belegabteilungen).

[63] Dagegen haftet der **Krankenhausträger** gem. § 278 BGB: 136

1. in Ergänzung zu § 18 Abs. 1 Satz 2 Nr. 3 KHEntG für seine nachgeordneten Ärzte, welche nicht auf Veranlassung des Belegarztes oder nicht in dessen Fachgebiet tätig werden;

2. für sein **nichtärztliches Krankenhauspersonal**, welches mit seinem Vorhandensein und seiner Tätigkeit erst die räumlichen, pflegerischen und medizinischen Voraussetzungen für die eigentliche belegärztliche Berufsausübung schafft[404]. Dies gilt selbst dann, wenn – wie regelmäßig – dem Belegarzt gegenüber dem Personal ein Weisungsrecht zusteht, da die Weisungsbefugnis in diesem eigenen Aufgabenbereich des Krankenhauses nur dem Zweck dient, anstelle der Krankenhausleitung und für diese konkret im Einzelfall Art und Umfang der abstrakt geschuldeten nichtärztlichen Betreuung zu bestimmen; diese Weisung erspart also lediglich den Umweg über die Klinikdirektion[405]. Eine Zurechnung erfolgt hingegen nicht, wenn eigene Vertragspflichten des Hilfspersonals zum

402 OLG Celle VersR 1993, 360.

403 BGH VersR 2000, 1146 = NJW 2000, 2737; OLG Stuttgart VersR 2002, 235; *Geiß* in: Das Belegarztsystem, S. 91, 104.

404 BGH VersR 2000, 1146 = NJW 2000, 2737; OLG München VersR 1997, 977; *Katzenmeier*, in: Laufs/Katzenmeier/Lipp, Arztrecht, Kap. XI Rz. 12.

405 *Franzki/Hansen*, NJW 1990, 737, 742: Belegarzt als bloßer leistungsbestimmender Dritter i.S.d. § 317 BGB; *Stegers* in: Das Belegarztsystem, S. 3, 10 ff.; zur Weisungsbefugnis vgl. auch BGH VersR 1996, 976 = NJW 1996, 2429.

Patienten bestehen, wie dies bei Beleghebammen im Bereich der Geburtshilfe der Fall ist[406].

137 [64] Zwischen diesen beiden großen Zuordnungsbereichen gibt es jedoch Konstellationen, bei denen **Belegarzt und Belegkrankenhaus gesamtschuldnerisch** in Anspruch genommen werden können, entweder weil dem einen oder dem anderen von ihnen zusätzlich ein eigener Sorgfaltsverstoß etwa im Rahmen der Koordination der Behandlungssegmente zur Last fällt oder weil ausnahmsweise im Einzelfall das Verhalten einer Hilfsperson beiden Geschäftsherren zuzurechnen ist[407]. Derartige Konstellationen kommen infrage, wenn:

1. eine kaum auflösbare **Verzahnung der Behandlungsaufgaben** im Tun ein und derselben Hilfsperson vorliegt, etwa bei der Tätigkeit der Schwester in der Operation des Belegarztes; hier obliegt dem Belegarzt eine im Hinblick auf die **eigene** ärztliche Vertragsaufgabe hinzutretende Kontrollpflicht und Anweisungszuständigkeit, was die gleichsam unter seinen Augen tätige Hilfskraft zur Gehilfin beider Geschäftsherren werden lässt[408];
2. zum Fehler der Hilfsperson ein eigener Fehler in der Anweisung oder unterlassenen Anweisung durch den Belegarzt hinzutritt. Dies dürfte ein in der Praxis häufiger Fall sein[409]. Er betrifft insbesondere auch Behandlungssituationen, in denen der Einsatz des nichtärztlichen Krankenhauspersonals über die bloße Grundpflege hinausgehend den Bereich der **Behandlungspflege** (einschließlich etwa Verabreichung von Medikamenten und Infusionen) umfasst, **soweit** hier wegen der besonderen Anforderungen der konkreten belegärztlichen Behandlungsaufgabe spezifisch ärztliche Einweisungen und Kontrollen erforderlich sind (sog. Weisungspflege)[410].

406 *Geiß/Greiner*, Arzthaftpflichtrecht, Rz. A 43 m.w.N.

407 Vgl. hierzu allgemein: *Geiß/Greiner*, Arzthaftpflichtrecht, Rz. A 45 ff.

408 *Pauge/Offenloch*, Arzthaftungsrecht, Rz. 51; *Geiß* in: Das Belegarztsystem, S. 91, 106; *Reiling*, MedR 1995, 443, 454.

409 *Franzki/Hansen*, NJW 1990, 737, 742 f.; *Geiß* in: Das Belegarztsystem, S. 91, 105.

410 Die Abgrenzung zum Zuständigkeitsbereich der Klinik ist hier noch nicht hinreichend verlässlich. Betroffene Tätigkeiten sind z.B.: notwendige Instruktionen an das Pflegepersonal hinsichtlich der Betreuung des Infusionssystems, das der Arzt für die postoperative Behandlung benötigt, zumindest wenn die besondere Gefahrenlage und die Risiken für den Patienten auf Grund der konkreten Situation nur ihm, nicht aber

Hier wirkt sich aus, dass der Belegarzt derjenige ist, der den Patienten von Beginn an betreut und lediglich seine schon ambulant begonnene Behandlung nach Einweisung im Belegkrankenhaus fortsetzt. Im Zweifel steht ihm die übergeordnete Fachkompetenz verbunden mit der Haftungszuweisung für Gehilfenhandeln zu. Die Rechtsprechung neigt hier wohl dazu, dem Belegkrankenhaus die Haftung für eine bei ihm angestellte Hebamme (nur) so lange zuzuweisen, als diese nicht wegen einer besonderen Weisungskompetenz oder der Übernahme der Geburtsleitung durch den Belegarzt haftungsrechtlich gesehen für Letzteren tätig wird[411].

Ein zusätzlicher eigener Sorgfaltsverstoß des Belegkrankenhauses kann etwa darin liegen, dass es entgegen seiner **Organisationspflichten** schuldhaft nicht gegen eine Handhabung einschreitet, durch die der Belegarzt pflichtwidrig und unter Überschreitung seines Weisungsrechtes dem Pflegepersonal des Krankenhauses Aufgaben überlässt, die die pflegerische Kompetenz übersteigen und spezifisch ärztliche Tätigkeiten betreffen[412]. Auch in der Eröffnung der Tätigkeit eines alkoholkranken Belegarztes kann die Verletzung einer Organisationspflicht des Krankenhausträgers liegen[413]. 138

Zwischen **Belegarzt und Beleghebamme** sind ebenfalls Überdeckungen der Haftungsbereiche denkbar. Beide sind zwar durch jeweils eigene Behandlungsverträge mit der Kindesmutter verbunden. Die Beleghebamme wird aber dennoch ab dem Zeitpunkt kraft übergeordneter Fachkompetenz zugleich Erfüllungsgehilfe des frauenärztlichen Belegarztes, in welchem dieser die Geburtsleitung übernimmt[414]. Parallel 139

---

ohne weiteres dem Pflegepersonal einsichtig sein mussten: BGH VersR 1984, 356 = NJW 1984, 1400 (dort für den Wahlarzt); spezielle Anweisungen bei durch die konkrete Befindlichkeit des Patienten außergewöhnlich großer Gefahr von Durchliegegeschwüren: BGH VersR 1986, 788 = NJW 1986, 2365; BGH VersR 1987, 1238 = NJW 1988, 762 (beide an sich nicht zum Belegarzt); OLG Celle VersR 1993, 360; *Geiß/Greiner*, Arzthaftpflichtrecht, Rz. A 48; *Büsken/Klüglich*, VersR 1994, 1141, 1142.

411 BGH VersR 2000, 1146 = NJW 2000, 2737.

412 BGH VersR 1996, 976 = NJW 1996, 2429; vgl. auch OLG Köln VersR 1997, 1404.

413 LG Münster BeckRS 2018, 3142.

414 BGH VersR 1995, 706 = NJW 1995, 1611; OLG Frankfurt GesR 2016, 568; OLG Karlsruhe VersR 2005, 1587; OLG Celle VersR 1993, 360; *Pau-*

verhält es sich bei der beim Krankenhausträger angestellten Hebamme: Für diese haftet das Krankenhaus nach § 278 BGB bis der Belegarzt die Geburt übernimmt und die Hebamme in dessen Verantwortungsbereich wechselt[415].

140 [64a] Hinsichtlich der noch nicht hinreichend geklärten Vertragsverhältnisse bei Tätigkeit eines **Belegarztes mit Honorarvertrag** wird nach der hier vertretenen Auffassung (vgl. hierzu Rz. 69 f.) zu differenzieren sein. Eine Abweichung von den Haftungsverhältnissen des „klassischen" Belegarztwesens erscheint denkbar, wenn ein Vertragsschluss mit dem honorarärztlichen Belegarzt nicht angenommen werden kann. In diesem Fall müsste von einer vertraglichen Haftung des – letztlich auch liquidierenden – Krankenhausträgers ausgegangen werden.

5. Krankenhausvertrag mit Wahlleistungsabrede

141 [65] Für den Krankenhausvertrag mit Wahlleistungsabrede hängt die Zurechnung von Gehilfenhandeln gem. § 278 BGB von der konkret gewählten Vertragsgestaltung ab. Bei ausreichend klarer Vereinbarung können hier mehr oder weniger umfangreich Leistungen ärztlichen nachgeordneten Krankenhauspersonals, die mit Wahlleistungen in Zusammenhang stehen, aus dem Haftungsbereich des Krankenhausträgers herausgenommen werden[416]. Ansonsten ist danach zu unterscheiden, ob – wie in der Regel mangels näherer Vereinbarung – ein einheitlicher Krankenhausaufnahmevertrag mit Arztzusatzvertrag (vgl. Rz. 74) zustande kommt oder ausnahmsweise ein gespaltener Krankenhausvertrag (vgl. Rz. 75).

a) Arztzusatzvertrag

142 [66] Beim Krankenhausaufnahmevertrag mit Arztzusatzvertrag bleibt der Krankenhausträger Schuldner sämtlicher Leistungen einschließ-

---

ge/Offenloch, Arzthaftungsrecht, Rz. 52 m.w.N. Zur kurzzeitigen Übernahme der Behandlung durch einen Belegarzt, der nicht der Vertragspartner der Patientin ist, vgl. OLG Bamberg VersR 2012, 725 = GesR 2012, 301; vgl. in diesem Zusammenhang auch OLG Koblenz GesR 2014, 282.

415 Vgl. nur OLG Stuttgart VersR 2002, 235.

416 Vgl. *Pauge/Offenloch*, Arzthaftungsrecht, Rz. 36.

lich der Wahlleistungen. Sein Erfüllungsgehilfe ist daher neben dem übrigen ärztlichen und nichtärztlichen Krankenhauspersonal auch der selbstliquidierungsberechtigte Wahlarzt, und zwar auch, soweit ausschließlich Pflichten aus dem Zusatzvertrag betroffen sind[417].

Für Fehler im Rahmen der Wahlleistung haftet daneben der liquidierungsberechtigte Arzt. Zu seinen Erfüllungsgehilfen gehören die von ihm zur Erfüllung seiner eigenen Vertragsaufgabe hinzugezogenen nachgeordneten Krankenhausärzte (die insoweit für ihre Fehler gem. § 278 BGB in doppelter Hinsicht, nämlich zugleich dem Krankenhausträger, Haftung zuweisen)[418]. Betroffen sind die ihm nachgeordneten Ärzte. Ärztliches Personal anderer Abteilungen und Fachbereiche mag infolge der Regelung des § 17 Abs. 3 Satz 1 KHEntG[419] die Vertragsaufgabe des im fremden Fachgebiet liquidierungsberechtigten Chefarztes und zugleich (oder allein) des Trägers der Klinik wahrnehmen. Ein Fehlverhalten im Krankenhaus hinzugezogener niedergelassener Ärzte wird regelmäßig nach § 278 BGB dem Krankenhausträger, nicht jedoch dem selbst liquidierenden Chefarzt zuzurechnen sein[420]. Auch der nichtärztliche Dienst soll in der Regel beim Modell mit Arztzusatzvertrag allein für den Krankenhausträger tätig sein. Lediglich soweit eine **Behandlungspflege** spezifische ärztliche Anweisungen des Wahlarztes erfordert, soll für ein Verschulden des Pflegepersonals aus deren Nichtbeachtung[421] oder für Pflegefehler aus Anweisungsversäumnissen[422] gesamtschuldnerisch mit dem Haus auch der selbstliquidierende Arzt einstehen müssen (vgl. auch oben Rz. 137 zur Weisungspflege im Belegarztsystem)[423]. Gleiches gilt bei einer Verzahnung der Behandlungsaufgaben (vgl. zur entsprechenden Lage beim Belegarzt Rz. 137). 143

417 *Büsken/Klüglich*, VersR 1994, 1141, 1142 f.; BGH VersR 1993, 481 = NJW 1993, 779.

418 BGH VersR 1983, 244 = NJW 1983, 1374; BGH VersR 1985, 1043 = NJW 1985, 2189; *Geiß/Greiner*, Arzthaftpflichtrecht, Rz. A 53.

419 Vgl. oben Rz. 71 Fn. 218.

420 Vgl. auch *Ratzel*, in: Ratzel/Luxenburger, Handbuch Medizinrecht, § 13 Rz. 584; vgl. auch BGH VersR 2014, 374, 376.

421 *Geiß/Greiner*, Arzthaftpflichtrecht, Rz. A 54.

422 *Pauge/Offenloch*, Arzthaftungsrecht, Rz. 37.

423 BGH VersR 1984, 356 = NJW 1984, 1400.

b) Gespaltener Krankenhausvertrag

144 [67] Beim gespaltenen Vertragsmodell dagegen sind die allein vom selbstliquidierenden Arzt geschuldeten **Wahlleistungen aus dem Leistungsprogramm des Krankenhauses rechtlich ausgegliedert**, es schuldet sie nicht. Insoweit ist der Wahlleistungsarzt nicht Erfüllungsgehilfe des Krankenhausträgers[424].

145 Für die übrigen Fragen im Rahmen des § 278 BGB wird häufig die Parallele zum Belegarztmodell hergestellt. Hier ist jedoch Vorsicht geboten. Zwischen beiden Vertragsformen bestehen nicht nur in der Art des Zustandekommens, sondern auch inhaltlich erhebliche Unterschiede. Während der Belegarzt seinen Patienten häufig selbst in das Krankenhaus zur Weiterbehandlung mitbringt (vgl. Rz. 63), wird die Wahlleistungsabrede in der Regel nicht direkt und persönlich zwischen Patient und liquidierungsberechtigtem Arzt getroffen, sondern für Letzteren bei Abschluss der Krankenhausaufnahme vom Krankenhausträger – über § 328 BGB oder als Stellvertreter – gleich mitvermittelt[425]. Dieser rechtsgeschäftlichen Verbundenheit entspricht auch inhaltlich eine **stärkere Verflechtung mit den Krankenhausleistungen als beim Belegarzt**. Anders als dort werden – jedenfalls in den für die Haftungsfrage interessierenden Fällen der nicht etwa bloßen Komfortunterbringung, sondern wahlärztlichen Leistungen wie etwa der Chefarztbehandlung – keine sachlich klar von den allgemeinen Krankenhausleistungen abtrennbaren ärztlichen Leistungen angeboten. Der selbstliquidierende Arzt schuldet auch keine vom üblichen Rahmen abweichende Art der ärztlichen Behandlung, insbesondere grundsätzlich auch keine, die über das medizinisch Notwendige hinausgeht. Der Unterschied zu den allgemeinen Krankenhausleistungen (§ 2 BPflV) besteht insoweit nicht in der Art der ohnehin geschuldeten ärztlichen Leistung, sondern in der Person des behandelnden Arztes. Hier möchte der Patient sich eine Person seines Vertrauens sichern, weil er sich von ihr besondere Fähigkeiten und Erfahrungen erhofft[426]. Im Wesentlichen findet die gleiche Behandlung statt wie ohne Wahlleistungsabrede.

---

424 BGH VersR 1983, 244 = NJW 1983, 1374; OLG Bamberg VersR 1994, 813.

425 Vgl. BGH VersR 1987, 1191 = NJW-RR 1988, 630.

426 *Tuschen/Quaas*, Kommentar zur BPflV, § 22 S. 412.

Diese stärkere Einbettung der Wahlleistung in den Krankenhausvertrag hat schon bei der Rechtsprechung zu § 839 BGB (vgl. Rz. 121) zu dem Schluss geführt, dass eine klare Trennung von Amt (Tätigkeit für die Anstaltskörperschaft) und Nebentätigkeit (eigene Liquidation) nicht als möglich angesehen und der beamtete Chefarzt deshalb auch im Wahlleistungsbereich einheitlich als Amtsträger beurteilt wird[427]. Auf Grund dieser Verflechtung lässt sich auch für die Zuordnung von Hilfspersonal einerseits zum Krankenhausträger, andererseits zum selbstliquidierenden Arzt im Rahmen des gespaltenen Vertragsmodells jedenfalls ohne ausdrückliche Vereinbarung eine so weit gehende Aufteilung der Zuständigkeitsbereiche wie beim Belegarztsystem nicht vornehmen. Vielmehr sind ärztliches und nichtärztliches Krankenhauspersonal, auch soweit im Wahlleistungsbereich herangezogen, stets auch Erfüllungsgehilfen des Krankenhausträgers[428]. Ob sie daneben zugleich (mit der Folge gesamtschuldnerischer Haftung) auch Erfüllungsgehilfen des Wahlarztes sind, richtet sich nach den gleichen Grundsätzen wie bei einem Arztzusatzvertrag (vgl. Rz. 142 f.). Abweichungen hiervon sind natürlich wegen der grundsätzlichen Vertragsfreiheit möglich. Sie können auch in Form von allgemeinen Geschäftsbedingungen vorgenommen werden. Diese müssen dann insbesondere der Prüfung nach § 305c Abs. 1 BGB standhalten. In jedem Falle ist aber Voraussetzung, dass der Vertrag ausreichend klar erkennen lässt, dass und in welchem Umfange Gehilfenhandeln entgegen den vorgenannten Grundmodellen der einen oder anderen Vertragspartei zugerechnet werden soll[429]. 146

6. Geburtshaus

[68] Der Betreiber eines Geburtshauses haftet gem. § 278 BGB auch für medizinische Fehler des im Bedarfsfall herbeigerufenen Arztes, soweit der Vertrag alle medizinisch erforderlichen Maßnahmen der Geburtshilfe einschließlich des ärztlichen Beistands und ggf. eine erforderliche Verlegung der Patientin in eine Klinik umfasst[430]. In diesem Fall ist der Träger des Geburtshauses – auch wenn es sich dabei 147

427 BGH VersR 1986, 1206 = NJW 1986, 2883; BGH VersR 1983, 244 = NJW 1983, 1374.

428 OLG Bamberg VersR 1994, 813; *Pauge/Offenloch*, Arzthaftungsrecht, Rz. 36.

429 BGH VersR 1993, 481 = NJW 1993, 779.

430 BGH VersR 2005, 408 = NJW 2005, 888.

um eine Hebamme handelt – für die **ärztliche Behandlung in eigener Verantwortung mitverpflichtet**. Die Rechtsprechung zum Belegkrankenhaus ist nicht übertragbar. Die in der Rechtsprechung anerkannte Aufgabenverteilung der geburtshilflichen Tätigkeit von Arzt und Hebamme sowie deren Verpflichtung zur Hinzuziehung eines Arztes bei Regelwidrigkeiten und die Weisungsgebundenheit ab Übernahme der Behandlung durch den Arzt[431] betreffen allein die Vorgehensweise für den konkreten Geburtsvorgang. Dem Betreiber des Geburtshauses erwachsen indes bei entsprechendem Vertragsinhalt weiter gehende Leitungs- und Organisationspflichten, die sich insbesondere auch auf die in Aussicht gestellten ärztlichen Leistungen beziehen.

V. Deliktsrechtliche Haftung für Verrichtungsgehilfen

148 [69] Für die Beurteilung, wer von den an einer ärztlichen Behandlungsmaßnahme beteiligten Personen i.S.d. § 831 BGB für eine widerrechtliche Schadenszufügung einzustehen hat, wer also Geschäftsherr ist, kommt es darauf an, in wessen Verantwortungsbereich der Gehilfe eingeordnet werden kann. Da sich dies nur anhand der vertraglichen **Pflichtenkreise** bestimmen kann, gelten grundsätzlich die gleichen Regeln, wie sie zu § 278 BGB in den einzelnen Vertragstypen gelten[432]. Kurz gesagt: Für den Bereich des Arzthaftungsrechts ist Geschäftsherr gem. § 831 BGB derjenige, der auch für vertragliche Ansprüche über § 278 BGB als solcher haftet. Gleiches gilt für die Person des Verrichtungsgehilfen. Da aber Verrichtungsgehilfe nicht sein kann, wer bei Ausübung seiner Tätigkeit einer Weisung nicht unterliegt, fallen aus dem größeren Anwendungsbereich des § 278 BGB einige Fallkonstellationen heraus, für welche eine Zurechnung nach § 831 BGB nicht infrage kommt. Dabei ist aber stets die Möglichkeit zu berücksichtigen, dass ein Mangel an Weisungsgebundenheit den Handelnden zum Quasiorgan werden lassen kann, § 31 BGB (hierzu vgl. oben Rz. 124). Das im Rahmen der dem Verrichtungsgehilfen übertragenen Tätigkeit vorauszusetzende **Weisungsrecht** muss nicht

431 BGH VersR 2000, 1146 = NJW 2000, 2737; OLG Koblenz VersR 2001, 897.

432 *Geiß* in: Das Belegarztsystem, S. 91, 105. Es muss aber ein innerer Zusammenhang zwischen dem Handeln des Verrichtungsgehilfen und den von ihm wahrgenommenen Aufgaben bestehen, vgl. OLG München NJW-RR 2016, 472 (sexueller Übergriff eines Mitarbeiters).

ins Einzelne gehen. Entscheidend ist, dass die Tätigkeit in einer organisatorisch abhängigen Stellung ausgeübt wird. Auch ein Selbständiger kann in einen fremden Organisationsbereich so eingebunden sein, dass er als Verrichtungshilfe anzusehen ist[433].

[70] **Mangels Weisungsgebundenheit** sind keine Verrichtungsgehil- 149
fen:

1. die ärztlichen Mitglieder einer Gemeinschaftspraxis untereinander (die deliktische Mithaftung ergibt sich allerdings auf Grund der entsprechenden Anwendbarkeit des § 31 BGB auf BGB-Gesellschaften)[434];
2. der hinzugezogene niedergelassene Arzt für den Auftraggeber (Arzt oder Krankenhaus), selbst wenn für die vertragliche Haftung § 278 BGB eingreifen kann[435];
3. weisungsfrei arbeitende leitende Ärzte eines (wenn auch möglicherweise unselbständigen) Fachbereiches eines Krankenhauses sowie im Vertretungsfall deren zuständige Vertreter (vgl. Rz. 125), der leitende Chefarzt des Krankenhauses.

Als Verrichtungsgehilfen kommen hingegen im niedergelassenen Be- 150
reich der bei vorübergehender Abwesenheit des Praxisinhabers mit der Verwaltung der Praxis beauftragte **Praxisvertreter** sowie unter Umständen auch der die Notfalldienstvertretung übernehmende Arzt in Betracht[436]. Bei einem **totalen Krankenhausvertrag** sind der nachgeordnete ärztliche Dienst sowie das nichtärztliche Personal Verrichtungsgehilfen des Krankenhausträgers. Entsprechendes gilt beim totalen Krankenhausvertrag mit Arztzusatzvertrag; allerdings sind die nachgeordneten Ärzte innerhalb des wahlärztlichen Leistungsbereichs zugleich Verrichtungsgehilfen des jeweils liquidationsbefugten Wahlarztes. Beim **gespaltenen Krankenhausvertrag** ist auch bei der Bestimmung der Verrichtungsgehilfen nach den vertraglichen Verant-

433 Zum Ganzen BGH VersR 2009, 784 = GesR 2009, 322.
434 *Pauge/Offenloch*, Arzthaftungsrecht, Rz. 137.
435 OLG Stuttgart VersR 1992, 55 = MedR 1991, 143; differenzierend *Spickhoff/Greiner*, Medizinrecht, §§ 823 ff. BGB, Rz. 340.
436 BGH VersR 2009, 784 = GesR 2009, 322; vgl. zum Vertreter im Bereitschaftsdienst niedergelassener Ärzte auch *Diederichsen*, GesR 2011, 257, 264: „Wer liquidiert, haftet."

wortungsbereichen von Krankenhaus und Beleg- bzw. Wahlarzt zu differenzieren[437].

151 Die Haftung für Verrichtungsgehilfen verlangt zwar kein Verschulden des Gehilfen, doch muss eine pflichtwidrige und damit behandlungsfehlerhafte Schadenszufügung gegeben sein. Der eröffnete **Entlastungsbeweis** dürfte nur selten gelingen, da die Rechtsprechung die Anforderungen fortlaufend verschärft (s. Rz. 349).

VI. Zurechnungszusammenhang

152 [71] Die vorangegangenen Erläuterungen betreffen die Zurechnung von Maßnahmen Dritter. Unabhängig hiervon stellen sich zuweilen auch in der Arzthaftung Fragen des Zurechnungszusammenhanges.

153 Die Haftung des Arztes setzt die Ursächlichkeit der standardwidrigen Behandlung für den eingetretenen Gesundheitsschaden voraus. Zu unterscheiden ist – dies soll für die vertragliche und die deliktische Haftung gelten – zwischen der **haftungsbegründenden Kausalität** (§ 286 ZPO) und der **haftungsausfüllenden Kausalität** (§ 287 ZPO)[438]. Die haftungsbegründende Kausalität betrifft den Zusammenhang zwischen dem Behandlungsfehler und dem ersten Verletzungserfolg im Sinne eines Schadens an Körper und Gesundheit (sog. Primärschaden)[439]. Hingegen bezieht sich die haftungsausfüllende Kausalität auf die ursächliche Verbindung zwischen dem Primärschaden und weiteren Gesundheits- und Vermögensschäden (sog. Sekundärschäden)[440]. Gerade im Bereich der haftungsbegründenden Kausalität stellen sich mitunter Zurechnungsprobleme. Dabei kommt auch eine Begrenzung des Zurechnungszusammenhangs durch den **Schutzzweck der Norm** in Betracht[441].

437 Ausführlich hierzu *Spickhoff/Greiner*, Medizinrecht, §§ 823 ff. BGB, Rz. 341 ff.

438 Vgl. auch Rz. 361 f.

439 Nach BGH VersR 1986, 1121 = NJW 1987, 705 gilt dies auch für die vertragliche Haftung.

440 Zu den Begrifflichkeiten etwa BGH VersR 2012, 905 = NJW 2012, 2024.

441 Vgl. hierzu BGH VersR 2014, 891, 892 f.: Kein Schutz eines sorgeberechtigten Elternteils vor den psychischen Belastungen, die damit verbunden sind, dass er von einer genetisch bedingten Erkrankung des anderen

1. Mitursächlichkeit, Vorschäden, Reserveursache, rechtmäßiges Alternativverhalten

[72] Der allgemeine schadensrechtliche Grundsatz, nach dem **Mitursächlichkeit** zur Haftungsbegründung **genügt**, gilt auch für die Arzthaftung. Es kommt also nicht darauf an, ob ein Behandlungsfehler die ausschließliche oder alleinige Ursache einer gesundheitlichen Beeinträchtigung ist. Vielmehr steht eine Mitursächlichkeit, und sei es auch nur im Sinne eines Auslösers neben erheblichen anderen Umständen, der Alleinursächlichkeit haftungsrechtlich gleich[442]. Etwas anderes kann allenfalls bei **Teilkausalität** gelten, wenn das ärztliche Versagen und ein weiterer, der Behandlungsseite nicht zuzurechnender Umstand abgrenzbar zu einem Schaden geführt haben[443]. Der Schadensbeitrag des Behandlungsfehlers muss sich aber einwandfrei von dem anderen Schadensbeitrag – etwa einer Vorschädigung des Patienten – abgrenzen und damit der Haftungsanteil des Arztes bestimmen lassen. Andernfalls verbleibt es bei der Einstandspflicht für den gesamten Schaden, auch wenn dieser durch andere, schicksalhafte Umstände wesentlich mitverursacht worden ist[444]. 154

Etwaige **Vorschäden** des Patienten **entlasten** den Arzt regelmäßig **nicht**. Der Arzt kann – wie jeder andere Schädiger auch – nicht verlangen, so gestellt zu werden, als wenn der geschädigte Patient gesund gewesen wäre. Die Einstandspflicht verbleibt auch dann, wenn der Schaden auf einem Zusammenwirken des körperlichen Vorschadens und der fehlerhaften Behandlung beruht[445]. 155

Entlastende Wirkung kann einer sog. **Reserveursache** zukommen. 156
Dies gilt jedenfalls dann, wenn der wegen des Behandlungsfehlers eingetretene Gesundheitsschaden auf Grund einer anderen Ursache – in Betracht kommt insbesondere das Grundleiden des Patienten – auch

Elternteils und dem damit einhergehenden Risiko Kenntnis erlangt, auch die gemeinsamen Kinder könnten Träger der Krankheit sein.

442 BGH VersR 2005, 942 = NJW 2005, 2072; BGH VersR 2000, 1282.

443 BGH VersR 2005, 942 = NJW 2005, 2072; BGH VersR 1997, 362; vgl. auch OLG Bamberg GesR 2017, 154.

444 BGH VersR 2014, 1130, 1132.

445 Zuletzt etwa BGH VersR 1996, 990 = NJW 1996, 2425; KG VersR 2004, 257.

bei ordnungsgemäßer Behandlung eingetreten wäre[446]. Allerdings kann ein solcher Umstand zu Ungunsten des Geschädigten nur dann Beachtung finden, wenn der Schädiger zur Überzeugung des Gerichts nachgewiesen hat, dass er tatsächlich eingetreten wäre[447]. Ggf. ist der Schaden zu ersetzen, der durch die – gegenüber der Realisierung der Reserveursache – vorgezogene Rechtsgutverletzung eingetreten ist[448]. Die Haftung des Arztes kann ferner dann zu verneinen sein, wenn feststeht, dass derselbe Schaden auch bei Wahl einer anderen standardkonformen Behandlung eingetreten wäre (**rechtmäßiges Alternativverhalten**)[449]. Auch dieser Einwand bezieht sich auf die Zurechnung des Schadenserfolgs. Die Beweislast trägt insofern ebenfalls die Behandlungsseite[450]. Es muss aber feststehen, dass der Arzt dem Patienten durch fehlerhaftes und rechtswidriges Verhalten einen Schaden zugefügt hat; die Darlegungs- und Beweislast hierfür trägt nach allgemeinen Grundsätzen – soweit keine Beweislastumkehr greift – der Geschädigte (s. Rz. 265 ff.)[451]. Die Erheblichkeit des Einwands kann allerdings am **Schutzzweck der verletzten Norm** scheitern. Der BGH nimmt dies für die Durchführung eines Eingriffs entgegen der auf einen bestimmten Operateur beschränkten Einwilligungserklärung durch einen anderen Arzt an[452].

---

446 BGH r+s 2016, 535; BGH NJW 2016, 3522; OLG Schleswig NJW 2005, 439.

447 BGH r+s 2016, 535.

448 OLG Hamm NJW-RR 2018, 984.

449 BGH VersR 2012, 905 = NJW 2012, 2024; BGH VersR 2005, 836 = NJW 2005, 1718; hierzu auch *Karmasin*, VersR 2009, 1200.

450 BGH VersR 2012, 905 = NJW 2012, 2024; BGH VersR 2009, 401 = GesR 2009, 151; BGH VersR 2005, 942 = NJW 2005, 2072; BGH VersR 2005, 836 = NJW 2005, 1718.

451 BGH VersR 2012, 491 = NJW 2012, 850 = MedR 2012, 456 m. Anm. *Baur.*

452 BGH VersR 2016, 1191 = NJW 2016, 3523. Wertungsmäßig – die Betrachtung des Schutzzwecks einer Norm ist letztlich eine wertende Betrachtung (vgl. nur BGH VersR 2014, 891, 893) – begegnet die Entscheidung (unabhängig vom Ergebnis) durchaus Bedenken. Überzeugend ist, dass bei bewusst auf einen bestimmten Arzt bezogener Einwilligung kein Raum für eine hypothetische Einwilligung des Patienten hinsichtlich der Durchführung des Eingriffs durch einen anderen Arzt ist. Ob aber auch der Einwand, es wäre bei Durchführung des Eingriffs durch den richtigen Arzt zu denselben Folgen gekommen, zu versagen ist, erscheint keineswegs zwingend. Dieser Einwand wäre dem Arzt eröffnet,

2. Fehler des nachbehandelnden Arztes

[73] Hat die Behandlungsseite durch einen Sorgfaltsverstoß die Kausalkette in Gang gesetzt, so wird diese – wie auch im übrigen Haftungsrecht[453] – nicht ohne weiteres nur deshalb unterbrochen, weil in ihrem Verlauf ein hinzutretender Dritter weitere Fehler begeht. Grundsätzlich haftet der fehlerhaft erstbehandelnde Arzt für **alle adäquat kausalen Schadensfolgen**. Die Verantwortung entfällt daher weder allein dadurch, dass sich der Patient in die Hände eines die weitere Behandlung vollständig übernehmenden Arztes begeben hat, noch dadurch, dass auch diesem Arzt eigene Behandlungsfehler unterlaufen (die vielleicht sogar den Schaden noch vergrößern)[454]. Indes 157

---

der überhaupt nicht über den Eingriff und die Risiken aufgeklärt hat. In dem entschiedenen Fall wurde zwar in den Eingriff als solchen nach entsprechender Aufklärung eingewilligt, die Einwilligung erstreckte sich aber nicht auf den tatsächlich operierenden Arzt. Der gänzlich von der Aufklärung absehende Arzt wird also besser gestellt als ein (den Eingriff standardgerecht ausführender) Arzt, der sich – im Regelfall fahrlässig – über die Beschränkung der Einwilligung auf einen bestimmten Arzt hinwegsetzt (in diese Richtung geht wohl auch die Kritik von *Erman/Rehborn/Gescher*, BGB, 15. Aufl. 2017, § 630h BGB, Rz. 22). Die Formulierung des BGH, es könne die Behandlungsseite nicht entlasten, dass die Operation „möglicherweise" identische Folgen gehabt hätte, suggeriert, dies sei offen gewesen. Gleichzeitig verweist der BGH in seinem letzten Absatz auf die nicht entscheidungserhebliche Frage der Zulässigkeit des Bestreitens des hypothetischen Kausalverlaufs in zweiter Instanz. Offenbar hat das Berufungsgericht den Vortrag der Beklagten, es wäre auch bei Vornahme des Eingriffs durch den Chefarzt zu den Schadensfolgen gekommen, als unstreitig behandelt. Im Vortrag der Parteien scheint die Lösung der Problematik zu liegen. Bestreitet der Patient, dieselben Schadensfolgen wären bei Operation durch den „richtigen" Arzt ebenfalls eingetreten, wird der Behandlungsseite kaum die Beweisführung gelingen.

453 S. oben Rz. 116 und zur Haftung z.B. des Schädigers bei einem Verkehrsunfall für darauf folgende Behandlungsfehler: OLG Oldenburg VersR 2016, 644; OLG Koblenz VersR 2008, 1071 = MedR 2009, 231; OLG Hamm VersR 1996, 585 = NJW 1996, 789; *Wertenbruch*, NJW 2008, 2962.; vgl. auch OLG Hamm r+s 2014, 255 (tätlicher Angriff als Erstschädigung). Zum entsprechenden Gesamtschuldnerausgleich OLG Oldenburg VersR 2016, 644; OLG Düsseldorf NJW-RR 1999, 99.

454 Anschaulich BGH VersR 2012, 905 = NJW 2012, 2024; zu der Entscheidung s. *Olzen/Kaya*, GesR 2013, 1; vgl. auch BGH VersR 1986, 601 =

trifft den Erstschädiger in **zwei Fallgestaltungen** – neben dem vorsätzlichen Dazwischentreten Dritter bzw. des Verletzten – **keine Haftung**[455]. Zum einen, wenn das **Erstrisiko** bei Weiterbehandlung durch den nachbehandelnden Arzt bereits **abgeklungen** ist, sich der erste Behandlungsfehler auf den weiteren Krankheitsverlauf also nicht mehr ausgewirkt hat und es deshalb an einem inneren Zusammenhang fehlt[456]. Zum anderen ist eine Unterbrechung des Zurechnungszusammenhangs dann anzunehmen, wenn ein **Versagen** des nachbehandelnden Arztes **„in außergewöhnlich hohem Maße"** festgestellt werden kann, der durch den Erstbehandelnden an sich bereits angelegte Schaden also erst durch ein völlig ungewöhnliches und völlig unsachgemäßes Verhalten des weiteren Arztes – mit dem wegen seiner Ungewöhnlichkeit unter normalen Umständen nicht zu rechnen war – entscheidend ausgelöst wird[457]. Dazu muss der die Zweitschädigung herbeiführende Arzt in außergewöhnlich hohem Maß die an ein gewissenhaftes ärztliches Verhalten zu stellenden Anforderungen außer Acht gelassen und derart gegen alle ärztlichen Regeln verstoßen haben, dass der Schaden seinem Handeln haftungsrechtlich-wertend allein zugeordnet werden muss[458]. Da ein solcher Verstoß ein Außerachtlassen aller ärztlichen Regeln und Erfahrungen verlangt, ist ein „nur" grober Behandlungsfehler des nachbehandelnden Arztes dem erstbehandelnden Arzt grundsätzlich noch zurechenbar[459].

NJW 1986, 2367. Zum Ausgleich zwischen gesamtschuldnerisch haftendem Vor- und Nachbehandler: OLG Hamm GesR 2005, 70; LG München I MedR 2009, 233 m. Anm. *Schlosser*.

455 Die Eingrenzung der Zurechnung erfolgt unter Anknüpfung an den Schutzzweck der Norm; vgl. BGH VersR 2012, 905 = NJW 2012, 2024. In dieser Entscheidung verweist der BGH darauf, dass eine Begrenzung der Haftung unter diesem Blickwinkel auch in Betracht komme, wenn es bei der Zweitbehandlung um eine Krankheit gehe, die mit dem Anlass für die Erstbehandlung in keiner Beziehung steht. In derartigen Fällen wird es mitunter bereits an einer äquivalenten und adäquaten Schadensfolge fehlen.

456 OLG Saarbrücken MedR 2000, 326; OLG Brandenburg VersR 2004, 1050, 1053.

457 Vgl. hierzu etwa OLG Koblenz GesR 2017, 784, 785 f.

458 BGH VersR 2012, 905 = NJW 2012, 2024; BGH VersR 2003, 1128 mit Anm. *Walter*; BGH VersR 1988, 1273 = NJW 1989, 767.

459 OLG Koblenz GesR 2017, 784, 785 f.; OLG Hamm, Urt. v. 15.11.2016 – 26 U 37/14, juris; OLG Köln, VersR 1994, 987, 989; OLG Hamm, VersR 1992, 610, 612; OLG Oldenburg, VersR 1998, 1110, 1111; *Pauge/Offen-*

3. Verursachungsvermutung bei Handeln mehrerer Ärzte

[74] Zur Überwindung von Beweisschwierigkeiten im Bereich der haftungsbegründenden Kausalität dient § 830 Abs. 1 S. 2 BGB, wenn ungewiss bleibt, wer von mehreren als Urheber in Betracht kommenden, rechtswidrig und schuldhaft Handelnden den Schaden verursacht hat, oder wenn bei mehreren nicht gemeinschaftlich handelnden Schadensurhebern der Anteil des Einzelnen an der Schadensverursachung nicht zu ermitteln ist. Damit der Ersatzanspruch nicht daran scheitert, dass der Verursacher nicht mit hinreichender Sicherheit ermittelt werden kann, begründet § 830 Abs. 1 S. 2 BGB eine **Vermutung der Ursächlichkeit.** 158

Die Vorschrift findet Anwendung, wenn bei jedem Beteiligten – vom Nachweis der Ursächlichkeit abgesehen – ein anspruchsbegründendes Verhalten vorliegt, einer der Beteiligten den Schaden sicher verursacht hat und nicht feststellbar ist, wer den Schaden ganz oder anteilig verursacht hat[460]. Eine Beteiligung i.S.d. § 830 Abs. 1 S. 2 BGB ist jedenfalls dann anzunehmen, wenn die ggf. sogar zeitlich aufeinanderfolgenden Handlungen sachlich, räumlich und zeitlich untereinander und mit der alternativ verursachten Schädigung einen einheitlichen Vorgang bilden. Bei medizinischen Eingriffen wird dies vor allem bei einem **zusammenhängenden ärztlichen Behandlungsvorgang** wegen eines konkreten gesundheitlichen Problems in Betracht kommen[461]. Dann erscheint der einzelne Eingriff als Teil einer einheitlichen Behandlungsmaßnahme. Wird einem Patienten etwa bei zwei aufeinan- 159

loch, Arzthaftungsrecht, Rz. 295: Zurechnung zu bejahen, soweit durch groben Behandlungsfehler der Behandlungsverlauf nicht richtungsgebend verändert wurde; *Geiß/Greiner*, Arzthaftpflichtrecht, Rz. B 191: nur noch äußerer, gleichsam zufälliger Zusammenhang; *Gehrlein*, Grundriss der Arzthaftpflicht, Rz. B 108: Versagen im oberen Bereich des groben Behandlungsfehlers; *Wertenbruch*, NJW 2008, 2962: Verhalten im obersten Bereich der groben Fahrlässigkeit; für einen Verkehrsunfall als Erstschädigung auch OLG Oldenburg VersR 2016, 644; für einen tätlichen Angriff OLG Hamm r+s 2014, 255.

460 Vgl. nur *Palandt/Sprau*, BGB, 79. Aufl. 2020, § 830 Rz. 7. Ist folglich ein Ersatzanspruch gegen einen Arzt gegeben, da dessen pflichtwidriges Verhalten auch ursächlich für den Verletzungserfolg war, haften andere Ärzte jedenfalls nicht über § 830 Abs. 1 S. 2 BGB. Die Vorschrift kann auch dann nicht helfen, wenn Zweifel daran bestehen, ob die Behandelnden überhaupt pflichtwidrig gehandelt haben.

461 Vgl. OLG Koblenz NJW-RR 2005, 1111, 1113.

derfolgenden, ohne die erforderliche Aufklärung und Einwilligung vorgenommenen Eingriffen ein suprapubischer Blasenkatheder gelegt und kann nicht festgestellt werden, bei welchem Eingriff der Darm perforiert wurde, haften beide Ärzte[462].

462 OLG Koblenz NJW-RR 2005, 1111.

Teil 3: Haftung wegen Behandlungsfehler

I. Allgemeines

[75] Sieht man einmal von dem in der Praxis recht seltenen Fall der pflichtwidrig verweigerten Übernahme ärztlicher Behandlung ab[463], gibt es zwei wichtige Ansatzpunkte für eine Haftung des Arztes: die Vornahme eines ärztlichen Eingriffs in die körperliche Integrität des Patienten ohne dessen Einwilligung (hierzu Rz. 381 ff.) sowie die Verletzung der ärztlichen Behandlungsregeln (Behandlungsfehlerhaftung). Da der Arzt rechtlich nicht für den Erfolg seiner Behandlung einzustehen hat[464], vermag der Misserfolg allein eine Haftung nicht zu begründen. Der Gesetzgeber hat dies mit der Konzeption des Behandlungsvertrages nach § 630a BGB als besonderem Dienstvertrag ebenfalls betont[465]. Erforderlich ist ein **Behandlungsfehler**, d.h. eine schuldhafte Verletzung spezifischer Berufspflichten des Arztes. 160

Dabei kam es schon vor der Kodifikation des Behandlungsvertrags grundsätzlich nicht darauf an, ob Ersatzansprüche auf **deliktische oder auf vertragliche Grundlagen** gestützt werden sollen. Die Rechtsprechung hat sich stets bemüht, die einen Arzt treffenden Sorgfaltspflichten inhaltlich deckungsgleich zu entwickeln, gleich ob sie deliktischen oder vertraglichen Ursprunges sind[466], und im Übrigen unter Berücksichtigung der situativen Gegebenheiten auch dann, wenn der 161

---

463 Eine Behandlungspflicht besteht unstreitig bei Unglücksfällen und bei akuten sowie bedrohlichen Erkrankungen; im Übrigen ist – auch wenn selbst für Vertragsärzte kein Kontrahierungszwang bestehen soll – umstritten, in welchen Fällen sich die Verweigerung der Behandlung als pflichtwidrig darstellt; vgl. hierzu *Wenzel*, in: Wenzel, Handbuch des Fachanwalts Medizinrecht, Kap. 4 Rz. 18 ff.; *Lipp*, in: Laufs/Katzenmeier/Lipp, Arztrecht, Kap. III Rz. 22 ff.

464 BGH VersR 1956, 499; BGH VersR 1977, 546 = NJW 1977, 1102; BGH VersR 1978, 82 = NJW 1978, 584; *Pauge/Offenloch*, Arzthaftungsrecht, Rz. 165 f.; *Müller*, GesR 2004, 257, 258; anders für die Erfüllung sog. voll beherrschbarer Pflichtenkreise, dazu Rz. 335 ff.

465 Vgl. auch BT-Drucks. 17/10488, 17.

466 BGH VersR 1986, 1121 = NJW 1987, 705; BGH VersR 1988, 1273 = NJW 1989, 767; BGH VersR 1994, 50 = NJW 1994, 794; OLG Karlsruhe NJW-RR 2006, 458; *Spickhoff/Greiner*, Medizinrecht, § 823 ff. BGB,

Arzt im Rahmen seiner beruflichen Tätigkeit – also nicht aus zufälligem Anlass – ausnahmsweise als **Geschäftsführer ohne Auftrag** tätig wurde (vgl. hierzu Rz. 102).

162 Hier bleibt zu beobachten, ob dieser Gleichklang von Inhalt und Umfang der ärztlichen Pflichtenkreise im vertraglichen und deliktischen Bereich dauerhaft fortbesteht. Es spricht indes einiges dafür, auch unter Berücksichtigung der gesetzlichen Anforderungen der §§ 630a ff. BGB **einheitliche Sorgfaltsprogramme** zu entwickeln. Die eher allgemein formulierte und damit interpretationsfähige Verpflichtung zur Gewährleistung der anerkannten fachlichen Standards in § 630a Abs. 2 BGB steht einem weiteren Gleichlauf sicher nicht entgegen; etwaige sprachliche Ungereimtheiten lassen sich über die vom Gesetzgeber angestrebte Auslegung im Sinne der bisherigen Rechtsprechung beheben. Begründungsaufwand für eine deckungsgleiche Herausbildung vertraglicher und deliktischer Sorgfaltsanforderungen dürfte allenfalls dort entstehen können, wo die §§ 630a ff. BGB konkret ausgestaltete Verpflichtungen vorgeben. Dies ist im Bereich der Behandlungsfehlerhaftung[467] lediglich in § 630c Abs. 2 S. 1 BGB der Fall, der vergleichsweise detaillierte Vorgaben zur therapeutischen Information enthält (hierzu Rz. 243 ff.).

163 [76] Selbst wenn Ersatzansprüche wegen fehlerhafter Behandlung auf die Verletzung vertraglicher Pflichten gestützt werden, muss hier – wie nicht anders bei § 823 Abs. 1 BGB – zu der Pflichtverletzung eine dadurch verursachte Schädigung des Patienten an **Körper oder Gesundheit** hinzutreten[468]. Die Finalität ärztlichen Tuns schlägt sich also gewissermaßen in der Regel in einer (für einen Vertrag nicht ganz selbstverständlichen) Beschränkung des unmittelbaren Betroffenseins auf diese beiden Rechtsgüter nieder.

Rz. 1 f. Zur Möglichkeit eines individuellen Haftungsverzichts auf Vorschlag des Patienten vgl. OLG Saarbrücken NJW 1999, 871.

467 Die Verpflichtungen zur wirtschaftlichen Information (§ 630c Abs. 3 BGB) sowie zum Hinweis auf eigene und fremde Behandlungsfehler (§ 630c Abs. 2 S. 2 BGB) stellen sich als rein vertragliche Nebenpflichten dar. Die zum Teil neu ausgestalteten und tendenziell verschärften Regeln zur ärztlichen Dokumentation (§ 630f BGB; s. Rz. 397 ff.) lassen eine Übertragung auf das Deliktsrecht erwarten.

468 BGH VersR 1986, 1121 = NJW 1987, 705; vgl. auch *Wagner*, VersR 2012, 789, 792.

Ein die Haftung begründender Behandlungsfehler kann dabei nicht nur in einem **Tun**, sondern auch in einem **Unterlassen** bestehen. In diesem Zusammenhang kommt es – auch für die Bewertung – nicht entscheidend darauf an, ob das Schwergewicht des vom Arzt zu verantwortenden Fehlers in der Vornahme einer sachwidrigen oder im Unterlassen einer sachlich gebotenen Heilmaßnahme zu sehen ist. Die Rechtsprechung spricht hier teilweise davon, dass der Arzt mit der übernommenen Behandlungsaufgabe sowohl vertraglich als auch deliktisch eine Garantenstellung erlangt, die die Vornahme all jener Behandlungsmaßnahmen gebietet, die nach den Regeln ärztlicher Kunst zur Wiederherstellung der Gesundheit erforderlich und möglich sind[469]. 164

II. Sorgfaltsmaßstab

[77] Ein Behandlungsfehler ist gleichzusetzen mit der Verletzung der Berufspflicht zur sorgfältigen Behandlung. Damit stellt sich die Frage nach dem von Berufs wegen gebotenen Sorgfaltsmaßstab[470]. Nicht grundsätzlich abweichend von der Behandlung anderer Berufsstände kommt es für die Bestimmung der im Verkehr erforderlichen Sorgfalt (§ 276 Abs. 2 BGB) auf die **beruflich gebotene Sorgfalt** und damit auf die Einhaltung der Regeln der ärztlichen Kunst an. Für die **vertragliche Haftung** regelt dies – ohne Not und mit der Gefahr von Missverständnissen[471] – **§ 630a Abs. 2 BGB**, der den Vertragspartner des Patienten grundsätzlich zur Einhaltung der allgemein anerkannten fachlichen Standards verpflichtet, womit im Ergebnis nichts anderes gemeint ist[472]. Abweichend vom Strafrecht gilt also kein individueller, sondern ein auf die allgemeinen Verkehrsbedürfnisse ausgerichteter 165

469 BGH VersR 1985, 1043 = NJW 1985, 2189; BGH VersR 1988, 1273 = NJW 1989, 767; BGH NJW 1989, 1538 = BGHZ 106, 153; BGH VersR 2000, 1107 = NJW 2000, 2741; *Pauge/Offenloch*, Arzthaftungsrecht, Rz. 114.

470 Ausführlich zum Ganzen *Walter*, Spezialisierung und Sorgfaltsstandard, S. 152 ff.

471 Vgl. etwa *Katzenmeier*, MedR 2012, 576, 579: Gefährdung der Therapiefreiheit; *Wagner*, VersR 2012, 789, 791: Frage, ob die Vorschrift mehr Schaden als Nutzen stiftet.

472 Vgl. BT-Drucks. 17/10488, 19.

objektivierter Sorgfaltsmaßstab[473], der seine Rechtfertigung in den Grundsätzen des zivilrechtlichen Vertrauensschutzes findet[474]. Der Patient muss – nicht anders als in den übrigen Bereichen des Rechtsverkehrs – grundsätzlich darauf vertrauen dürfen, dass das ärztliche Personal die für die Erfüllung seiner Pflichten **erforderlichen Fähigkeiten und fachlichen Kenntnisse** besitzt. Individuelle Eigenschaften des handelnden Arztes – insbesondere seine Fähigkeiten, Kenntnisse und Erfahrungen – sowie eine etwaige mangelhafte Ausstattung bleiben bei Beurteilung des Vorliegens eines Behandlungsfehlers grundsätzlich unberücksichtigt[475]. Auch kann sich der handelnde Arzt im Falle eines eingerissenen Schlendrians oder sonstiger verbreiteter Nachlässigkeiten nicht durch Orientierung an der in seinem Berufskreis üblichen Sorgfalt entlasten[476]. Gleichwohl wird in Rechtsprechung und Schrifttum hervorgehoben, dass Sorgfaltsprogramme, die über die tatsächliche ärztliche Übung hinausgehen, nur mit Zurückhaltung postuliert werden dürfen[477]. Zudem ist zu prüfen, ob eine Übung nicht auch einen zur Sorgfalt verpflichtenden medizinischen Standard umschreibt[478]. Ökonomische Einflussfaktoren bzw. wirtschaftliche Interessen („Zielvorgaben") sind allerdings im Auge zu behalten und auf ihre Einordnung als Fehlanreize zu überprüfen[479]. Da-

---

473 BGH VersR 1991, 469 = NJW 1991, 1535; BGH VersR 2001, 646 = NJW 2001, 1786; BGH VersR 2003, 1128 mit Anm. *Walter*. Lehrreich zum Ganzen *Frahm/Jansen/Katzenmeier/Kienzle/Kingreen/Lungstras/Saeger/Schmitz-Luhn/Woopen*, MedR 2018, 447.

474 *Deutsch*, NJW 1993, 1506, 1508. Zum Einfluss werbender Aussagen über die Behandlungsqualität vgl. OLG Nürnberg VersR 2009, 786.

475 Vgl. etwa *Giesen*, Arzthaftungsrecht, Rz. 72; *Müller*, GesR 2004, 257, 258; *Frahm*, GesR 2005, 529, 530.

476 BGHZ 8, 138, 140; BGH VersR 1954, 290; auch BGH VersR 1962, 250, 251.

477 BGH VersR 1975, 952 = NJW 1975, 2245; *Taupitz*, NJW 1991, 1505, 1507. Zudem soll kein grober Behandlungsfehler vorliegen, wenn die nicht standardgemäße Behandlung einer zu diesem Zeitpunkt noch weit verbreiteten Übung innerhalb des jeweiligen Fachkreises entsprach, vgl. OLG Celle VersR 1988, 159, 160.

478 BGH VersR 2005, 408 = NJW 2005, 888.

479 *Grams*, GesR 2015, 321, 322 f. zu wirtschaftlichen Interessen; vgl. aber auch *Ulsenheimer*, MedR 2015, 757 zum wirtschaftlichen Druck. S. ferner *Miranowicz*, MedR 2018, 131, 134 zur Ökonomisierung und der Tendenz zur Überdiagnostik und vorschnellen Überweisung an Spezialisten als Teil der Defensivmedizin.

rüber hinaus ist der Sorgfaltsstandard trotz des normativen Charakters nicht „schematisch". So spiegelt die Umstandsabhängigkeit des objektiv-typisierten Maßstabs in Anknüpfung an das jeweils als „erforderlich" zu erachtende Maß der Sorgfalt dessen Sozialbezogenheit wider. Dabei sind die zu berücksichtigenden Umstände vielfältig. Maßgeblich können die Umstände sein, durch die jemand veranlasst wurde, eine bestimmte – möglicherweise gefährliche – Tätigkeit auszuüben, ferner die Umstände, unter denen der Betroffene handeln musste[480], sowie sonstige äußere Einwirkungen, die das Verhalten in besonderer und atypischer Weise beeinflussen (vgl. auch Rz. 259 f.). Dies entspricht dem Gedanken, dass einerseits eine erhöhte Gefahr eine erhöhte Aufmerksamkeit erfordert und andererseits in einer ungewöhnlichen Situation zumeist nicht die Sorgfaltsanforderungen angelegt werden können, die unter normalen Verhältnissen verlangt werden. Entscheidend ist folglich, welches Verhalten von einem gewissenhaften und aufmerksamen Arzt in der konkreten Behandlungssituation aus der berufsfachlichen Sicht seines Fachbereichs im Zeitpunkt der Behandlung vorausgesetzt und erwartet werden kann[481], wobei die Erwartungshaltung und damit auch der anzulegende Standard – sofern kein Notfall vorliegt – nicht durch eine nach der Liberalisierung des Berufsrechts als Reaktion auf den digitalen Fortschritt eröffnete **Fernbehandlung** abgesenkt oder in Frage gestellt wird[482].

[78] Dabei betont die Rechtsprechung wiederkehrend, dass sich die 166
im Verkehr erforderliche Sorgfalt im Rahmen der Arzthaftung nach dem **medizinischen Standard** bestimmt[483]. Er repräsentiert den jeweiligen Stand der naturwissenschaftlichen Erkenntnisse und der ärzt-

480 *Deutsch*, Jura 1987, 505, 508 bringt hierfür das Beispiel eines Erstickungsanfalls eines Straßenpassanten. In diesem Fall dürfe der zufällig vorbeikommende Arzt sogar mit einem Taschenmesser einen Luftröhrenschnitt vornehmen, um den Patienten zu retten.

481 BGH VersR 2015, 712 = NJW 2015, 1601.

482 Zutreffend *Spickhoff*, NJW 2018, 1725; eingehend zur haftungsrechtlichen Bewertung der Fernbehandlung *Katzenmeier*, NJW 2019, 1769; s. auch *Stellpflug*, GesR 2019, 76; zur grenzüberschreitenden Fernbehandlung *Spickhoff*, MedR 2018, 535; aus vertragsrechtlicher Sicht *Kaeding*, MedR 2019, 288; zur Eröffnung einer ärztlichen Fernbehandlung nach der Änderung der Musterberufsordnung *Braun*, MedR 2018, 563; *Kalb*, GesR 2018, 481; aus datenschutzrechtlicher Sicht *Wolf*, GuP 2018, 129.

483 Siehe etwa BGH VersR 1995, 659 = NJW 1995, 776.

lichen Erfahrung, der zur Erreichung des ärztlichen Behandlungsziels erforderlich ist und sich in der Erprobung bewährt hat[484]. Die unter Hinzuziehung eines medizinischen Sachverständigen[485] zu ermittelnden Maßstäbe der Medizin bilden danach den Ausgangspunkt bei der Statuierung der Sorgfaltsanforderungen, so dass letztlich medizinischer und haftungsrechtlicher Standardbegriff übereinstimmen[486]. Aus haftungsrechtlicher Sicht handelt der Arzt dann nicht behandlungsfehlerhaft, wenn er dem Patienten eine dem Stand der medizinischen Wissenschaft zur Zeit der Behandlung entsprechende medizinische Betreuung zuteil werden lässt. Das Recht gibt also bereits vor, dass die Gerichte an den Mediziner hinsichtlich der Behandlung keine über die medizinischen Maßstäbe hinausgehenden Sorgfaltsanforderungen stellen können. Das Absehen von einer ärztlichen Maßnahme ist nicht erst dann behandlungsfehlerhaft, wenn die Maßnahme „zwingend“ geboten war, sondern bereits dann, wenn ihr Unterbleiben dem im Zeitpunkt der Behandlung bestehenden medizinischen Standard zuwiderlief[487].

167 Die Lösung eines **Konflikts zwischen ärztlichem Standard und Wirtschaftlichkeitsgedanken im Recht der vertragsärztlichen Versorgung** ist noch nicht abschließend geklärt; auch das Patientenrechtegesetz enthält hierzu keinen Lösungsvorschlag[488]. Haftungsrechtliche Unterschiede zwischen gesetzlich und privat versicherten Patienten sind jedenfalls zu vermeiden. Bei einem Auseinanderdriften von sozialrechtlichen und haftungsrechtlichen Anforderungen an den Arzt (etwa bei Vorsorgeuntersuchungen, zahnärztlicher Versorgung oder – nach Anpassungen der Rechtsprechung[489] eher seltener – neuen Behandlungsmethoden) wird indes eine einseitige Anpassung des Haf-

484 BGH VersR 2016, 463 = NJW 2016, 713; BGH VersR 2014, 879 = NJW-RR 2014, 1053 m.w.N.; zu Kriterien für die Ermittlung des Standards bei konkurrierenden Behandlungsmethoden *Dumbs*, GesR 2014, 513. Aus interdisziplinärer Sicht instruktiv *Frahm/Jansen/Katzenmeier/Kienzle/Kingreen/Lungstras/Saeger/Schmitz-Luhn/Woopen*, MedR 2018, 447, die ergänzend auf die Einbeziehung der Behandlungssituation des Patienten verweisen.

485 Vgl. nur BGH VersR 2015, 712 = NJW 2015, 1601.

486 Hierzu insbesondere *Kullmann*, VersR 1997, 529 f.

487 BGH VersR 2016, 463 = NJW 2016, 713.

488 Einen solchen unterbreiten *Prütting/Winter*, ZRP 2019, 167.

489 Vgl. zuletzt aber BVerfG NJW 2017, 2096; zur Entwicklung *Bockholdt*, NZS 2017, 569.

tungsrechts an die Vorgaben des Sozialrechts nicht gerechtfertigt sein. Zwar berücksichtigt auch die Rechtsprechung zum Arzthaftungsrecht mitunter wirtschaftliche Gesichtspunkte, wenn sie die Sorgfalt nach den Versorgungsstufen abstuft (s. Rz. 185 f.), situative Gegebenheiten beachtet oder darauf hinweist, dass die haftungsrechtlichen Standards keine „Optimalstandards" sind[490], doch ist der Haftungsstandard gegen eine Korrosion aus reinen Kostengründen immun[491]. Eine Verpflichtung des Arztes zur Vornahme einer Behandlung, für die er aufgrund der vertragsärztlichen Vorgaben keine Vergütung erhält, wird nicht zu begründen sein[492]. Unterschreitet der sozialrechtliche Standard im konkreten Behandlungsfall den für das Haftungsrecht maßgeblichen medizinischen Standard, muss der Arzt den Patienten aller-

490 Vgl. etwa OLG Koblenz MedR 2017, 52.

491 Vgl. etwa LG Memmingen NJW-RR 2016, 224, 225. Faktische Einwirkungen des Kostendrucks auf den medizinischen Standard sind natürlich nicht auszuschließen; vgl. etwa OLG Köln GesR 2012, 168: Zu entscheiden war über Maßnahmen zur Vermeidung einer Selbstextubation eines intubierten Patienten auf der Intensivstation. Der medizinische Sachverständige verwies darauf, dass in den letzten Jahren die auf Intensivstationen verfügbaren Pflegekräfte reduziert worden seien. Die früher verbreitete Pflege durch eine Pflegekraft, die einem Raum zugewiesen ist und diesen nicht verlässt, sei zunehmend aufgegeben worden. Dies sei sicher mit einem Qualitätsverlust im Sinne einer reduzierten Engmaschigkeit der Überwachung verbunden. Dies war letztlich für die Bewertung durch das OLG Köln nicht von entscheidender Bedeutung. Deutlich wird jedoch die gesteigerte Bedeutung betriebswirtschaftlicher Erwägungen auf die Behandlungsqualität und den medizinischen Standard. Dies gilt aber auch für die entgegengesetzte Richtung. Die Therapieentscheidung aufgrund finanzieller Reize kann eine „Übermaßbehandlung" zur Folge haben. So wird für Deutschland in Teilbereichen eine statistisch auffällig hohe Steigerung operativer Eingriffe festgestellt. Auch hier muss sich der Sorgfaltsstandard bewähren. Siehe hierzu *Grams*, GesR 2015, 321, 322 f.

492 Vgl. etwa die Fallgestaltung BSG NZS 2016, 265: Die Krankenkasse muss die Kosten eines weiteren Aufenthalts im Krankenhaus nicht übernehmen, wenn keine stationäre Behandlungsbedürftigkeit mehr besteht, auch wenn eine erforderliche Weiterversorgung nicht zur Verfügung steht. Hier wird auch der medizinische Standard hinsichtlich der Krankenhausbehandlung gewahrt sein. Allerdings wird eine therapeutische Beratung hinsichtlich der Erforderlichkeit einer Weiterversorgung erfolgen müssen.

dings über die zusätzlichen bzw. weiter gehenden **Behandlungsmöglichkeiten aufklären**[493].

168 Ist der medizinische Standard die maßgebliche Richtgröße zur Ermittlung des haftungsrechtlichen Standards, der – geprägt von einem normativ wertenden Element – das in Wissenschaft und Praxis als erforderlich angesehene Normalverhalten beschreibt, so bleibt doch eine Art **richterlicher Grenzkontrolle**[494]. Dem trägt die Rechtsprechung Rechnung, indem sie dazu tendiert, eigene inhaltliche Verhaltensanforderungen zu formulieren, soweit man sich außerhalb des Kernbereichs ärztlicher Tätigkeit bewegt. Erforderlich ist daher eine kritische Überprüfung der zur Ermittlung des medizinischen Standards grundsätzlich notwendigen Begutachtung durch einen medizinischen Sachverständigen auf deren Widerspruchsfreiheit und Nachvollziehbarkeit. Der Richter muss dabei nicht nur kontrollieren, dass die Begriffswelt des Arztes nicht weiter oder enger ist als die juristischen Begriffe, sondern auch prüfen, inwieweit die rein wissenschaftliche Zusammenhänge enthaltenden außermedizinischen Wertungen, die in den Ausführungen medizinischer Sachverständiger häufig anzutreffen sind, mit den haftungsrechtlichen Anforderungen der Anwendung der im Verkehr erforderlichen Sorgfalt vereinbar sind. Medizinische bzw. ärztliche Standards erlangen also nicht aus sich heraus rechtliche Maßgeblichkeit, sondern erst auf Grund richterlich kontrollierter Rezeption[495]. Allerdings darf der Richter den medizinischen Standard grundsätzlich nicht ohne eine entsprechende Grundlage in einem Sachverständigengutachten oder gar entgegen den Ausführungen des Sachverständigen aus eigener Beurteilung heraus festlegen[496]. Die gerichtlich festgestellten Standards bleiben also ihrem Wesen nach

493 Vgl. etwa OLG Oldenburg GesR 2008, 539 = VersR 2008, 1652 L. Zum Problemkreis insbesondere *Müller* in FS Hirsch, 2008, S. 414 ff.; *Wenzel/Müller*, Der Arzthaftungsprozess, Kap. 2 Rz. 1488 ff.; *Stöhr* in FS Hirsch, 2008, S. 431, 440 f.; ders., MedR 2010, 214; *Katzenmeier* in FS Müller, 2009, S. 237 ff.; *Gaßner/Strömer*, MedR 2012, 159; *Hauck*, NJW 2013, 3334; *Frahm/Jansen/Katzenmeier/Kienzle/Kingreen/Lungstras/Saeger/Schmitz-Luhn/Woopen*, MedR 2018, 447; *Makowsky*, VersR 2019, 983; ausführlich auch *Walter*, Spezialisierung und Sorgfaltsstandard, S. 162 ff.

494 Vgl. *Katzenmeier*, Arzthaftung, S. 282 m.w.N.

495 *Müller-Graff*, JuS 1985, 352, 355.

496 BGH VersR 2015, 712 = NJW 2015, 1601.

medizinische und lassen Raum für eine Pluralität der Methoden[497] (vgl. Rz. 238).

In § 630a Abs. 2 letzter HS BGB wird ausdrücklich die Möglichkeit der **Vereinbarung einer Abweichung** vom eigentlich maßgebenden medizinischen (Facharzt-)Standard eröffnet[498]. Dies korrespondiert zu dem Grundsatz, dass jeder Patient, bei dem eine von der Schulmedizin nicht oder noch nicht anerkannte Methode angewendet wird, innerhalb der durch die §§ 138 BGB, 228 StGB gezogenen Grenzen eigenverantwortlich entscheiden kann, welchen Behandlungen er sich unterziehen will[499]. Allzu freizügig sollte mit dieser Regelung nicht umgegangen werden; dies gilt insbesondere für konkludente Vereinbarungen. So ist Zurückhaltung mit der Annahme der Vereinbarung einer Standardabweichung bei einer Fernbehandlung geboten[500]. Als Anwendungsbereiche der Vorschrift kommen alternative Behandlungsmethoden, Neulandverfahren (s. auch Rz. 240 f.) oder die Behandlung von Zeugen Jehovas in Betracht[501]. Auch bei **Einbeziehung ganzheitlicher Medizin** bzw. naturheilmedizinischer Methoden in die ärztliche Versorgung nach dem geschlossenen Behandlungsvertrag setzt die ärztliche Entscheidung zugunsten einer Abweichung von der 169

497 Vgl. etwa OLG Koblenz MedR 2017, 314: Schnittführung bei einem operativen Eingriff. Aus versicherungsrechtlicher Sicht OLG Nürnberg NJOZ 2016, 626.

498 Vgl. hierzu *Neelmeier*, NJW 2015, 374; *Nußstein*, VersR 2018, 1361.

499 BGH VersR 2017, 1142 = NJW 2017, 2685. Schwierigkeiten bei der Grenzziehung verdeutlicht OLG Hamm MedR 2017, 310 (Behandlung vor Inkrafttreten des PatRG): Danach soll eine standardwidrige Behandlung auch dann die Haftung begründen, wenn der Patient sie ausdrücklich will. Hintergrund der Entscheidung ist wohl, dass für die vorzunehmende Behandlung ein klarer Standard bestand und diese nicht kosmetischer Natur war, sondern auf eine tatsächliche „Heilbehandlung" hinauslief. Sie kann jedenfalls nicht auf alle Behandlungssituationen übertragen werden, da sonst Neulandverfahren und alternativen Behandlungsansätzen der Weg versperrt bliebe. Kritisch zu der Entscheidung auch jurisPK/BGB/*Lafontaine*, 9. Aufl. 2020, § 630a BGB, Rz. 379; *Geier*, MedR 2017, 293.

500 Ebenso *Katzenmeier*, NJW 2019, 1769, 1771 f.

501 Hierzu auch *Spickhoff*, VersR 2013, 267, 271 f.; vgl. auch OLG München NJW-RR 2002, 811.

Schulmedizin eine Abwägung der konkreten Vor- und Nachteile unter Berücksichtigung des Schweregrads des Eingriffs voraus[502].

170 Bei der näheren Ausgestaltung des im Einzelfall anzulegenden Sorgfaltsstandards bewirkt die Ausrichtung an der Verkehrserwartung der betroffenen Kreise eine Abschichtung in temporaler, vertikaler sowie horizontaler Hinsicht.

1. Maßgebender Zeitpunkt

171 [79] Temporal bezieht sich die ärztlicherseits zu beachtende Sorgfalt auf den Standard der ärztlichen Kunst und Wissenschaft zum Zeitpunkt der rechtlich zu beurteilenden Behandlung[503]. Dies verdeutlicht nun auch **§ 630a Abs. 2 BGB** für die vertragliche Haftung: Danach ist der „zum Zeitpunkt der Behandlung bestehende“ Standard maßgebend.

172 Wegen der stetig und gar zunehmend schneller fortschreitenden Entwicklung von Wissenschaft und Technik muss bei der forensisch notwendigerweise ex post stattfindenden Beurteilung ärztlichen Tuns oder Unterlassens besonderes Augenmerk darauf verwendet werden, dass dem Arzt nicht nachträglich mehr abverlangt wird, als damals tatsächlich zu leisten war[504]. Die enge Verbindung von Wissenschaft und Praxis auf dem Gebiet der Humanmedizin führt bisweilen stärker als in manch anderem Berufszweig dazu, dass nicht selten Behandlungsmethoden, die vordem noch als Stand ärztlichen Könnens galten, nunmehr auf Grund neuer Erkenntnisse verworfen werden[505]. Die Frage – und darauf ist insbesondere bei der Beauftragung von Sachverständigen zu achten – ist daher präzise dahin zu formulieren, ob der zum **Zeitpunkt der ärztlichen Behandlung** maßgebliche anerkannte

502 BGH VersR 2017, 1142 = NJW 2017, 2685; vgl. zum Verhältnis von Homöopathie und Standard auch *Müller/Raschke*, NJW 2013, 428. Zur Anwendung von Alternativmedizin *Schumacher*, MedR 2019, 786.

503 Vgl. etwa BGH VersR 2004, 645, 647 = NJW 2004, 1452; OLG Hamm GesR 2006, 31 = MedR 2006, 111; OLG Hamm VersR 2002, 857, 858.

504 Anschaulich etwa OLG Köln VersR 2015, 989 (Vorgehen bei Borreliosesymptomen im Jahr 1992); OLG Naumburg VersR 2008, 1494 = OLGR 2008, 540.

505 Vgl. beispielhaft OLG Hamm GesR 2009, 247.

und gesicherte Stand der medizinischen Wissenschaft sowie der technische Standard beachtet wurden[506].

[80] Schaden also spätere medizinische Erkenntnisse der Behandlungsseite nicht, so sind neuere Entwicklungen in der Medizin doch auch nicht völlig unerheblich für die rechtliche Beurteilung. 173

Nachträgliche Erkenntnisse können sich nämlich **zugunsten des Arztes** auswirken, soweit sie seine therapeutischen Maßnahmen rechtfertigen[507]. Angenommen der behandelnde Arzt schlägt eine zur Zeit des Eingriffs nicht anerkannte, in der Fachwelt sogar als fehlerhaft angesehene Methode ein, die letztlich auch keinen Erfolg zeigt, die aber ex post betrachtet auf Grund neuerer Forschungsergebnisse nunmehr als richtig eingestuft wird (der Fall ist sicherlich angesichts der zu beobachtenden ständigen Entwicklung gerade im therapeutischen Bereich nicht rein theoretischer Natur: Materiell-rechtlich betrachtet ist hier im Zeitpunkt des Eingriffs der Tatbestand einer unerlaubten Handlung erfüllt, eine pflichtwidrige und zum Schadensersatz verpflichtende Körperverletzung liegt vor. Würde der Schaden sogleich ersetzt, entspräche dies voll und ganz der Rechtsordnung. Es mag dem Laien nicht sofort einleuchten, dass dies anders sein soll, soweit sich die Regulierung hinzieht und dem Arzt in dieser Phase ex post neue fachliche Erkenntnisse zu Hilfe kommen. Allerdings bestimmen die Regeln der ärztlichen Kunst nicht Rechtssätzen gleich für die Zeit ihrer Geltung unabänderlich das Maß der Sorgfalt. Vielmehr bedarf auch hier das, was materiell Recht war oder ist, der verfahrensmäßigen Erkenntnis mit der Folge, dass durch den Verfahrenszeitpunkt bestimmte Veränderungen der Erkenntnismöglichkeiten sich durchaus zugunsten des Arztes auszuwirken vermögen. 174

[81] Kommt es also jedenfalls im Grundsatz auf den Zeitpunkt der Behandlungsmaßnahme an, so schuldet die Behandlungsseite dem Patienten neben einer sorgfältigen Diagnose die Anwendung einer Therapie, die dem **jeweiligen aktuellen Stand der Medizin** entspricht. Dies bedeutet zwar nicht, dass jeweils nur das neueste Therapiekon- 175

506 BGH VersR 1983, 729 = NJW 1983, 2080; BGH VersR 1988, 179 = NJW 1988, 763; BGH VersR 1989, 851 = NJW 1989, 2321; BGH VersR 1994, 1303 = NJW 1994, 3008.

507 RGRK – *Nüßgens*, BGB § 823 Anh. II Rz. 179; MünchKomm – *Wagner*, BGB, 8. Aufl. 2020, § 630a Rz. 143.

zept verfolgt sowie die günstigste diagnostische Methode genutzt werden müsste, wozu dann auch eine stets auf den neuesten Stand gebrachte apparative und personelle Ausstattung gehörte. Der Zeitpunkt, von dem ab eine bestimmte Behandlungsmaßnahme veraltet und überholt ist, so dass ihre weitere Anwendung unter Sorgfaltsgesichtspunkten nicht mehr dem einzuhaltenden Qualitätsstandard entspricht und damit zu einem Behandlungsfehler wird, ist aber jedenfalls dann gekommen, wenn neue Methoden risikoärmer sind oder bessere Heilungschancen versprechen (oder sogar beides), in der medizinischen Wissenschaft im Wesentlichen unumstritten sind und deshalb nur *ihre* Anwendung von einem sorgfältigen und damit auch auf Weiterbildung bedachten Arzt verantwortet werden kann[508]. Ist dies aber in einem bestimmten Fachbereich der Fall, so unterschreitet die Nichtanwendung der jüngeren Methode auch dann den zu fordernden Standard, wenn diese zum Behandlungszeitpunkt in den meisten Kliniken noch nicht in der Praxis berücksichtigt wurde. Es kommt nicht darauf an, ob eine medizinisch zur Abwendung eines erheblichen Gesundheitsrisikos für erforderlich gehaltene Behandlungsmethode in der Praxis schon allgemein durchgeführt wird. Entscheidend ist lediglich, ob von der Behandlungsseite die Kenntnis der gesundheitlichen Gefahren und der dagegen nach gesichertem medizinischen Wissensstand möglichen Maßnahmen verlangt werden kann, sowie zusätzlich die Möglichkeit, mit vorhandenen technischen Mitteln diese Behandlung auch durchzuführen. Liegt beides vor, ist der Arzt zur Anwendung der Behandlungsmaßnahmen, seien sie therapeutischer, seien sie diagnostischer Art, im Interesse des Patienten verpflichtet[509]. Im Grunde genommen würde sich ansonsten der für das Maß der Sorgfalt zu beachtende ärztliche Standard nicht wie notwendig an den Fortschritten moderner Medizin und Forschung orientieren, sondern – die Entwicklung hemmend – an den nicht zuletzt auch durch personelle und finanzielle Aspekte mitbestimmten, möglicherweise zu zögerlich fortschreitenden tatsächlichen Verhältnissen der Kliniken. Ob die Behandlung in der dargestellten Weise dem zeitlichen Standard entspricht, vermag der Richter durchweg nur mit sachverständiger Hilfe zu beurteilen[510].

---

508 BGH VersR 1988, 179 = NJW 1988, 763; BGH VersR 1992, 238 = NJW 1992, 754; *Kullmann*, VersR 1997, 529 ff.

509 BGH VersR 1983, 729 = NJW 1983, 2080.

510 BGH VersR 1995, 659 = NJW 1995, 776.

[82] Um mit der Entwicklung von ärztlicher Kunst und Wissenschaft Schritt halten zu können und die Einhaltung des medizinischen Standards zu gewährleisten, hat sich der Arzt wegen des Gewichts der bei seiner Tätigkeit möglicherweise betroffenen Rechtsgüter bis an die Grenze des Zumutbaren **über die Erkenntnisseund Erfahrungen der Wissenschaft unterrichtet zu halten**[511]. Hierzu bedarf es in der Regel des regelmäßigen Lesens einschlägiger Fachzeitschriften auf demjenigen medizinischen Gebiet, auf welchem er praktiziert. Auch eine Unterrichtung über Entwicklungen aufgrund evidenz-basierter Studien und auf sie gestützte Leitlinien kann geboten sein[512]. Kommt es im Einzelfall wegen eines etwa unterschiedlichen Veröffentlichungsstandes in den einzelnen Sparten des medizinischen Schrifttums darauf an, anhand welcher konkreten Literatur die berufsständische Fortbildung stattzufinden hat, so kann auch hier die Frage nach einem Kennenmüssen des medizinischen Schrifttums nur nach Einholung sachverständigen Rats durch den Tatrichter beantwortet werden. Dabei ist darauf zu achten, dass der – häufig an einer Universitätsklinik tätige – Sachverständige einen an den Gegebenheiten und Machbarkeiten der Praxis orientierten Maßstab anlegt und nicht unbesehen die für seinen eigenen beruflichen Wirkungskreis gewohnte und sicherlich auch notwendige Verfügbarkeit von Literatur verschiedenster Art voraussetzt. 176

Im Übrigen muss es gerade dem um das Wohl seines Patienten besorgten und um die Wechselhaftigkeit wissenschaftlicher Erkenntnisse wissenden Arzt gestattet sein, neue medizinische Veröffentlichungen und Auffassungen zunächst vor einer Umsetzung in die Praxis an den eigenen Kenntnissen und Erfahrungen zu messen und zu beobachten, ob diese in der übrigen Fachwelt auf Zustimmung oder Ablehnung stoßen. In diesem Zusammenhang ist es geradezu seine Pflicht, neueren Veröffentlichungen jedenfalls dort nicht unkritisch Folge zu leisten, wo sich ihm auf Grund seiner Fachkenntnisse erkennbare Fehler geradezu aufdrängen müssen. 177

[83] Einhergehend mit neuen wissenschaftlichen Erkenntnissen ist häufig auch für die Zukunft zur Einhaltung des ärztlichen Standards 178

511 BGH VersR 1977, 546 = NJW 1977, 1102; BGH VersR 1968, 276 = NJW 1968, 1181; BGH VersR 1991, 469 = NJW 1991, 1535; OLG Koblenz VersR 2012, 1304 = GesR 2012, 501; zur Fortbildungspflicht auch *Ring*, MedR 2016, 423.

512 *Steffen* in FS Deutsch II, S. 615, 619.

die **Verwendung und Anschaffung anderer oder doch neuartiger medizinischer Apparaturen** erforderlich. Hier gestaltet sich das Schritthalten der Praxis – nicht zuletzt aus Kostengründen – ungleich schwerer als bei bloßer Anwendung neuer geistiger Erkenntnisse. Schon aus Kostengründen, möglicherweise anfangs auch wegen eines noch unzureichenden Angebots auf dem Markt, kann nicht sofort jede technische Neuerung, die den Behandlungsstandard erhöht, von den Kliniken angeschafft werden. Dies gilt verstärkt unter dem Blickwinkel der Kostendämpfungsgesetzgebung im Gesundheitswesen. Deshalb kann es für eine gewisse – notfalls sachverständigerseits zu klärende – Übergangszeit gestattet sein, nach älteren, bis dahin bewährten Methoden zu arbeiten (sofern dies nicht schon wegen der Möglichkeit, den Patienten in eine besser ausgestattete Klinik zu überweisen, unverantwortlich sein sollte)[513]. Dies gilt insbesondere dann, wenn sich im Einzelfall ein ernsthaftes tatsächliches Bemühen der Behandlungsseite um die Anschaffung der neuen Technik feststellen lässt.

179 Im Einzelfall bedarf aber auch der so dargestellte temporale Behandlungsstandard bisweilen einer Korrektur, um den Besonderheiten der konkreten Fallkonstellation gerecht zu werden. Ist in der behandelnden Klinik nämlich ein bestimmtes, modernes medizinisches Gerät **tatsächlich vorhanden**, obwohl sein Einsatz zur Behandlungszeit **noch nicht** zum geschuldeten Standard gehörte, und war der Patient auch zunächst an ihm angeschlossen – womit der Arzt seinen Erkenntnisstand hinsichtlich der medizinischen Notwendigkeit dokumentiert hat –, so kann eine Pflicht der Klinik zu dessen weiterem ununterbrochenen Einsatz bestehen. Ein zwischenzeitliches Außerbetriebnehmen kann dann einen Behandlungsfehler darstellen[514].

180 [84] Muss der Arzt bei seinem Vorgehen wie ausgeführt den Standard seiner Zeit berücksichtigen, so bedeutet dies doch nicht, dass er gehindert wäre, Methoden anzuwenden, die nicht oder doch **noch nicht allgemein anerkannt sind** (sog. Neuland- bzw. Außenseitermethode; ausführlich hierzu Rz. 240). Soll dem Patienten ärztliches Können sowie berufliche Erfahrung voll zugutekommen, so muss die Wahl der Therapie grundsätzlich dem gewissenhaft auszuübenden Ermessen

513 BGH VersR 1988, 179 = NJW 1988, 763; kritisch: *Damm*, NJW 1989, 737, 740 f.

514 BGH NJW 1988, 2949, insoweit in VersR 1989, 80 nicht abgedruckt; BGH VersR 1989, 851 = NJW 1989, 2321.

des Arztes vorbehalten sein[515]. Allein die Wahl einer von der Schulmedizin abweichenden Therapie stellt deshalb für sich – freilich losgelöst von der Anknüpfung der Einstandspflicht an eine unzureichende Aufklärung – noch keinen Behandlungsfehler dar[516]. Dies gilt ungeachtet des insoweit missverständlichen Wortlauts des § 630a Abs. 2 BGB auch für die vertragliche Haftung (hierzu Rz. 241 f.).

Existiert **noch kein Standard** für ein Krankheitsbild, ist – wie bei Neuland- bzw. Außenseitermethoden (s. Rz. 240) – die **Sorgfalt eines „vorsichtigen Arztes"** abzuverlangen[517], wozu insbesondere eine gesteigerte Verlaufsbeobachtung gehört. 181

2. Vertikale Abstufungen

[85] In vertikaler Hinsicht sind Zäsuren beim Sorgfaltsmaßstab insoweit anzubringen, als unter dem Gesichtspunkt der Gruppenfahrlässigkeit sowie auf Grund der auch im Rahmen der Arzthaftung mitbestimmenden Verkehrserwartung[518] auf die fachspezifischen Erkenntnisse des jeweils betroffenen **medizinischen Teilbereichs** (sog. Facharztstandard) abzustellen ist[519]. Dies spiegelt für die vertragliche Haftung auch **§ 630a Abs. 2 BGB** wider, nach dem die jeweiligen fachlichen Standards maßgebend sind[520]. Maß und Umfang der geschul- 182

515 BGH VersR 2007, 1273 = NJW 2007, 2774; BGH VersR 2006, 1073 = NJW 2006, 2477; BGH VersR 2005, 836 = NJW 2005, 1718; BGH VersR 1988, 495 = NJW 1988, 1516; BGH NJW 1989, 1538 = VersR 1989, 253 L; OLG Naumburg NJOZ 2005, 4932.

516 BGH VersR 2007, 1273 = NJW 2007, 2774; BGH VersR 1991, 469 = NJW 1991, 1535; BGH VersR 1985, 969 = MedR 1986, 77; *Kleinewefers*, VersR 1992, 1425, 1428. Zum Placeboeinsatz *Katzenmeier*, MedR 2018, 367.

517 BGH VersR 2007, 1273 = BJW 2007, 2774; KG GesR 2012, 44; vgl. auch BT-Drucks. 17/10488, 19.

518 BGH VersR 1991, 469 = NJW 1991, 1535.

519 BGH VersR 2011, 400 = BGHZ 188, 29; BGH VersR 2011, 223 = MDR 2010, 1454 (zum Verschulden bei unzureichender Aufklärung); BGH VersR 2003, 1128 mit Anm. *Walter*; BGH VersR 2000, 1146 = BGHZ 144, 296; BGH VersR 1995, 659 = NJW 1995, 776. Für das medizinische Hilfspersonal gelten die jeweiligen pflegerischen Standards: vgl. etwa OLG Düsseldorf VersR 2002, 441 = NJW-RR 2001, 667.

520 Vgl. auch BT-Drucks. 17/10488, 19; anders *Wagner*, VersR 2012, 789, 791, der diese Differenzierung im Gesetzestext nicht angelegt sieht.

deten Sorgfalt bestimmen sich wie allgemein im Zivilrecht nach der Größe der übernommenen Gefahr und sind weitgehend abhängig von der Verkehrserwartung. Maßgebend ist dabei der Erwartungshorizont eines durchschnittlichen Patienten – man muss sich immer wieder in Erinnerung rufen, dass es in erster Linie um ihn (auch) als Vertragspartner und Leistungsgläubiger geht –, der einen Arzt einer bestimmten Sparte (Arzt für Allgemeinmedizin, Facharzt für Urologie, Chirurgie etc., auch Heilpraktiker) aufsucht. Es kommt also nicht auf die generell möglichen Fähigkeiten an, sondern auf die von den Ärzten oder Fachärzten einer bestimmten Disziplin erwarteten. Zur Abstufung wird dabei in erster Linie auf die **verschiedenen Facharztgebiete** zurückgegriffen. Die zunehmende Spezialisierung – etwa im Bereich der Chirurgie oder der Inneren Medizin[521] – kann indes zu feingliedrigen Abstufungen der Sorgfaltsanforderungen[522], nicht aber zum Heranziehen eines „Chefarztstandards" führen[523]. Im Ergebnis unterliegen Ärzte damit je nach Verkehrserwartung unterschiedlich strengen Sorgfaltsprogrammen. So schuldet ein Facharzt einer bestimmten anderen Sparte grundsätzlich ein anderes Maß an Sorgfalt und Können als ein Arzt für Allgemeinmedizin[524].

183 [86] Diese Abschichtung in vertikaler Hinsicht vermag jedoch im Einzelfall nicht stets auf das Haftungsergebnis durchzuschlagen. Zum einen hat nämlich der Arzt, soweit er Behandlungsmethoden anwendet, die in ein **fremdes Fachgebiet** fallen, dessen Standard zu garantieren[525]. So kann es beispielsweise sicher einem Facharzt für Urologie nicht zugemutet werden, auch die medizinische Spezialliteratur anderer Fachgebiete zu verfolgen. Indessen muss von ihm, wenn er sich et-

521 Vgl. OLG Hamm VersR 1995, 173, 174: Standard eines Proktologen; OLG Dresden GesR 2017, 333: Standard eines Allgemeinmediziners mit Schwerpunkt Sportmedizin bei zur Betreuung eines Sportwettkampfs eingesetzten Arztes.

522 Ausführlich *Walter*, Spezialisierung und Sorgfaltsstandard, S. 173 ff. Zur „Dynamisierung" der Sorgfaltsanforderungen infolge einer Änderung der Weiterbildungsordnung und der Facharztbezeichnung vgl. OLG Naumburg GesR 2011, 478.

523 Vgl. OLG Köln GesR 2018, 175.

524 BGH VersR 1991, 469 = NJW 1991, 1535; BGH VersR 1997, 1357 = NJW 1997, 3090.

525 *Geiß/Greiner*, Arzthaftpflichtrecht, Rz. B 13; *Müller*, GesR 2004, 257, 258.

wa im Einzelfall mit der Behandlung einer Tuberkulose befasst – falle sie in sein Fachgebiet oder nicht –, verlangt werden, dass er sich über die dabei einzusetzenden Standardmittel informiert, auch wenn Tuberkulostatica in der Hauptsache sonst von Lungenfachärzten angewandt werden[526]. Insofern ist bei der Bestimmung der Sorgfaltsanforderungen also direkt auf die durchgeführte medizinische Behandlungsmaßnahme abzustellen. Ebenso kann zwar von einem Heilpraktiker nicht dasselbe Maß von allgemeiner Ausbildung und Fortbildung verlangt werden wie von einem Facharzt. Wenn und soweit er aber invasive Behandlungsmethoden einschlägt, müssen an ihn bezüglich seines Wissens und Könnens die Sorgfaltsanforderungen wie an einen Allgemeinmediziner gestellt werden, der solche Methoden gleichfalls anwendet[527]. Zum anderen kann bereits in der Übernahme des Patienten und seiner Behandlung ein Sorgfaltsverstoß (sog. Übernahmeverschulden) liegen, wenn der um Hilfe ersuchte Arzt erkennt oder erkennen muss, dass Teilaspekte seines Auftrags den Bereich des von ihm beherrschten Fachgebietes verlassen[528] und er sich auch die fachfremden Kenntnisse nicht anderweit angeeignet hat. Zumindest kann sich in solchem Fall eine **Überweisung an den Spezialisten** aufdrängen.

Andererseits kann auch ein über den medizinischen Standard des je- 184
weiligen Fachgebiets hinausgehender Haftungsmaßstab vereinbart werden, wofür im Rechtsstreit der Patient darlegungs- und beweis-

---

526 BGH VersR 1982, 147 = NJW 1982, 697; ähnlich für Kenntnisse eines Nichtanästhesisten bei postoperativer Behandlung mit einem Infusionssystem: BGH VersR 1984, 356 = NJW 1984, 1400.

527 BGH VersR 1991, 469 = NJW 1991, 1535; *Taupitz*, NJW 1991, 1505. Vgl. auch OLG Oldenburg VersR 2015, 1514: Berechtigtes Vertrauen darauf, dass ein als Heilpraktiker tätiger Physiotherapeut die Möglichkeiten und Grenzen seiner Diagnosefähigkeit kennt. Zur osteopathischen Behandlung vgl. *Schröder*, GesR 2016, 281.

528 Die Problematik stellt sich etwa auch bei der Frage der Notwendigkeit der Hinzuziehung eines anderen Facharztes, wie etwa eines Anästhesisten bei „kleineren“ ambulanten Eingriffen. Siehe hierzu *Biermann/Bock*, VersR 2013, 549; OLG Köln VersR 2015, 330 (kein anästhesiologisches „Stand-by“ bei geringer Risikostufe des Patienten bei Behandlung in mehrstündiger Lokalanästhesie); AG Augsburg VersR 2014, 712 (Strafsache) m. Anm. *Neelmeier*: Hinzuziehung eines zweiten Arztes bei einer Gastroskopie unter Sedierung des Patienten.

pflichtig ist[529]; für die vertragliche Haftung ergibt sich diese Regelungsmöglichkeit unmittelbar aus § 630a Abs. 2 BGB. Unabhängig von einer entsprechenden Vereinbarung muss jeder Arzt vorhandene **besondere Fähigkeiten und Kenntnisse** einsetzen[530], da der objektivierte Sorgfaltsstandard lediglich die Mindestanforderungen festlegt.

3. Horizontale Abstufungen

185 [87] In ähnlichem Rahmen lässt der anzulegende Sorgfaltsmaßstab auch in gewissen Grenzen horizontale Abstufungen erkennen. Auch die in § 630a Abs. 2 BGB geforderten „allgemein anerkannten fachlichen Standards“ sind insoweit flexibel. Hintergrund ist der **Erwartungshorizont des Patienten**, der ja nicht einer unbenannten, fiktiven Behandlungsseite mit gedacht bestmöglichen Ausstattungsmerkmalen gegenübertritt, sondern der in einer ganz bestimmten Situation eine ganz bestimmte Klinik aufsucht. An dieser Situation und dieser konkreten Klinikkategorie hat sich dann aber auch der zu erwartende Standard auszurichten[531]. Der rasche Fortschritt in der medizinischen Technik und die damit einhergehende Gewinnung immer neuer Erfahrungen und Erkenntnisse bringen es mit sich, dass es zwangsläufig zu Qualitätsunterschieden in der Behandlung von Patienten kommt, je nachdem, ob sie sich etwa in eine größere Universitätsklinik[532] oder eine personell und apparativ besonders gut ausgestattete Spezialklinik oder aber in ein gewöhnliches Krankenhaus der Allgemeinversorgung begeben. In Grenzen ist deshalb der zu fordernde medizinische Standard je nach den personellen und sachlichen Möglichkeiten verschie-

---

529 OLG Karlsruhe NJW-RR 2006, 458, 459; *Wenzel* in: Wenzel, Handbuch des Fachanwalts Medizinrecht, Kap. 4 Rz. 236; auch *Walter*, Spezialisierung und Sorgfaltsstandard, S. 63 f. m.w.N.

530 BGH VersR 1997, 1357 = NJW 1997, 3090; BGH VersR 1987, 686 = NJW 1987, 1479; wohl anders OLG Köln VersR 1988, 1186, 1187; wohl auch OLG Naumburg GesR 2011, 478 (auch als H-Ärztin tätige Orthopädin schuldet bei allgemeiner – also nicht hoheitlicher -Tätigkeit nur den orthopädischen Fachstandard nicht jedoch einen u.U. höheren Standard eines H-Arztes); zumindest missverständlich die Gesetzesbegründung zu § 630a BGB: BT-Drucks. 17/10488, 19.

531 *Diederichsen*, GesR 2011, 257; *Kleinewefers*, VersR 1992, 1425, 1426 f.; *Franzki*, Der Arzthaftungsprozess, S. 11; ablehnend *Deutsch/Spickhoff*, Medizinrecht, Rz. 359.

532 BGH VersR 1992, 238 = NJW 1992, 754.

den. Er kann in einem mittleren oder kleineren Krankenhaus gewahrt sein, wenn jedenfalls die **Grundausstattung** modernen medizinischen Anforderungen entspricht. Erst eine deutliche Unterausstattung müsste zur Haftung führen, wenn es deswegen im Einzelfall zu vermeidbaren Schädigungen des Patienten kommt[533]. Zulässige Unterschiede in der Ausstattung können sich in dieser Weise auch für die Vorratshaltung bei Medikamenten ergeben[534].

[88] Eine flächendeckende und gleichmäßige Ausstattung aller Kli- 186
niken entsprechend dem jeweiligen Höchststand ärztlicher Möglichkeiten ist nicht zuletzt auch unter dem Einfluss der Kostendämpfungsgesetzgebung der jüngeren Zeit nicht möglich und auch in der Sache nicht nötig. Angezeigt ist vielmehr eine effiziente und **vernünftige Verteilung der Ressourcen** entsprechend den unterschiedlichen Aufgabenstellungen an eine moderne Gesundheitsversorgung[535]. Die Zuweisung der konkreten Behandlungsaufgabe im Einzelfall in diesem Netz unterschiedlicher ärztlicher Versorgungseinrichtungen an die dem Schwierigkeitsgrad der jeweiligen Aufgabe entsprechende und ihr gewachsene Klinik oder Arztpraxis hat im vertrauensvollen Zusammenwirken zwischen dem besonnenen Patienten und dem beratenden Arzt, der um die qualitativen Unterschiede in den Behandlungskonzepten weiß, zu erfolgen.

Für die rechtliche Beurteilung im Streitfall bedeutet dies zweierlei. 187
Zum einen ist bei der **Befragung des medizinischen Sachverständigen** darauf zu achten, dass sich seine Anforderungen nicht unbesehen an den Möglichkeiten von Universitätskliniken und Spezialkrankenhäusern orientieren. Sie haben sich vielmehr auch an den für diesen konkreten Patienten in seiner Situation faktisch erreichbaren Gegebenheiten auszurichten, sofern nur auch mit ihnen ein zwar nicht optimaler, aber immerhin noch sachlich ausreichender medizinischer Standard erreicht werden kann[536]. Zum anderen ist stets auch die Fra-

533 BGH VersR 1988, 179 = NJW 1988, 763; BGH VersR 1994, 480 = NJW 1994, 1596.

534 BGH VersR 1991, 315 = NJW 1991, 1543.

535 *Laufs*, NJW 1994, 1562, 1565.

536 BGH VersR 1994, 480 = NJW 1994, 1596. Vgl. auch OLG Köln VersR 2014, 1460: Sind die Operationskapazitäten eines Krankenhauses begrenzt, kann eine indizierte, nicht dringliche OP vom späten Abend auf den nächstfolgenden Tag verschoben werden.

ge im Auge zu behalten, ob nicht die Zuweisung einer konkreten Behandlungsaufgabe an eine (ihr möglicherweise nicht gewachsene) ärztliche Einrichtung, die dortige **Übernahme der Behandlung** und/oder eine **unterlassene Überweisung** an eine Spezialklinik – unter dem Gesichtspunkt des Übernahmeverschuldens – einen Verstoß gegen ärztliche Sorgfalt und damit einen Behandlungsfehler darstellt[537]. So kommt ein Behandlungsfehler in Betracht, wenn bei der Behandlung die Grenzen des Fachbereichs, der persönlichen Fähigkeiten oder der zur Verfügung stehenden technischapparativen Ausstattung überschritten wird. Entsprechendes gilt, wenn ein Eingriff nur in einem Spezialkrankenhaus erfolgen kann bzw. dort mit deutlich vermindertem Komplikationsrisiko vorgenommen werden kann[538].

188 Auch hier hat aber die Behandlungsseite über den festgestellten und zu fordernden Standard **hinausgehende Spezialkenntnisse**[539], Medikamente, personelle Ausstattung sowie eine bessere und modernere apparative Einrichtung, wenn sie im Einzelfall **tatsächlich** vorhanden ist, zugunsten des Patienten einzusetzen. Geschieht dies nicht, liegt darin ein Behandlungsfehler[540].

4. Richtlinien und Leitlinien

189 [89] Zunehmend wird in Arzthaftungsprozessen die Bedeutung ärztlicher Leitlinien, die zu großen Teilen im Internet zugänglich sind und deshalb leicht in den Prozess eingeführt werden können, für den medizinischen Standard problematisiert[541]. **Leitlinien** sind innerprofessio-

537 BGH VersR 1994, 480 = NJW 1994, 1596; BGH VersR 1988, 179 = NJW 1988, 763; BGH VersR 1989, 851 = NJW 1989, 2321; vgl. auch OLG Karlsruhe GesR 2018, 171; OLG Koblenz MedR 2017, 52; OLG Köln VersR 2015, 330 (ambulante Versorgung möglich, soweit stationäre Behandlung nicht zwingend geboten); OLG Oldenburg VersR 2008, 924; *Diederichsen*, GesR 2011, 257 f.; *Kleinewefers*, VersR 1992, 1425, 1430.

538 OLG Koblenz MedR 2017, 52.

539 BGH VersR 1997, 1357 – NJW 1997, 3090.

540 BGH VersR 1989, 851 = NJW 1989, 2321; BGH VersR 1991, 315 = NJW 1991, 1543; BGH VersR 1987, 686 = NJW 1987, 1479; BGH VersR 1967, 775; BGH NJW 1988, 2949, insoweit in VersR 1989, 80 nicht abgedruckt.

541 Zur Bedeutung der STIKO-Empfehlungen bei Impfungen vgl. *Makoski*, GuP 2017, 220, 224 f.

nell, d.h. durch ärztliche Fachgremien gesetzte Handlungsempfehlungen zur Steuerung der diagnostischen bzw. therapeutischen Vorgehensweise sowie zur Behandlungsorganisation für bestimmte (Standard-)Situationen. Sie existieren in verschiedenen Qualitätsstufen, zielen auf die qualitative Sicherung ärztlichen Handelns ab und dienen damit dem Schutz des Patienten. Davon zu unterscheiden sind **Richtlinien**, die als Instrumente des Berufs- und Sozialrechts schriftlich fixierte und veröffentlichte Verhaltensregelungen enthalten, die innerhalb des Rechtsraums der konsentierenden Institution verbindliche Wirkung – bei Nichtbeachtung drohen Sanktionen – entfalten[542]. Parallel hierzu bestehen Bestrebungen zu weiteren (europäischen) Normungen in der Medizin, denen allerdings mit Skepsis zu begegnen ist[543].

Sozialrechtliche Richtlinien nach § 92 SGB V legen nach der Recht- 190
sprechung jedenfalls den **Mindeststandard** fest[544]. Allerdings dienen die vertragsarztrechtlichen Richtlinien auch Wirtschaftlichkeitszielen, weshalb der medizinische Standard über diese hinausgehen kann[545]. Insgesamt muss bei der Einordnung der Aussagekraft sozialrechtlicher Richtlinien für den Haftungsstandard deren Zielrichtung und Legitimation berücksichtigt werden. Richtlinien des Gemeinsamen Bundesausschusses zur Qualitätssicherung nach § 136 SGB V mit Dokumentationsvorgaben definieren nicht zwingend, was nach § 630f Abs. 1, Abs. 2 S. 1 BGB als aus fachlicher Sicht für die derzeitige und künftige Behandlung wesentlich anzusehen ist[546]. Besondere gesetzliche Regelungen existieren für die Richtlinien im Transplantations- und Transfusionsrecht nach § 16 TPG bzw. §§ 12a, 18 TFG. Insoweit wird kraft Gesetzes eine Vermutung für die Einhaltung des Standes

542 Zu den Begrifflichkeiten *Frahm*, GesR 2005, 529, 531; *Walter*, GesR 2003, 165, 167.

543 Vgl. *Wienke/Kuball*, MedR 2016, 301.

544 Vgl. BGH VersR 2004, 645 = NJW 2004, 1452; OLG Köln VersR 2012, 1305 = MedR 2012, 527; OLG Hamm VersR 2000, 1373; weiter gehend wohl KG NJW 2004, 691. Vgl. auch OLG Köln GesR 2013, 352: kein Arzt-Patient-Kontakt bei Mammographie-Screening-Untersuchung nach Maßgabe der Krebsfrüherkennungsrichtlinie nicht behandlungsfehlerhaft.

545 Vgl. auch *Geiß/Greiner*, Arzthaftpflichtrecht, Rz. B 9a; *Stöhr* in FS Hirsch, 2008, S. 431, 438; *Müller*, GesR 2004, 257, 260.

546 Vgl. OLG Nürnberg GuP 2018, 191; anders *Heberlein*, GuP 2019, 49.

der Erkenntnisse der medizinischen Wissenschaft begründet, wenn die Richtlinien der Bundesärztekammer eingehalten werden.

191 **Leitlinien** können den medizinischen Erkenntnisstand nicht konstitutiv begründen, sondern bestenfalls deklaratorisch – für einen gewissen Zeitraum – wiedergeben[547]. Zudem besteht ein grundlegendes Spannungsverhältnis zwischen Leitlinien und Haftungsstandards. Während Leitlinien **starr und generalisierend** formuliert sind, stellt sich der für die Beurteilung der Behandlung maßgebliche Sorgfaltsstandard zeit- und situationsbezogen dar. Der individuelle Behandlungsfall kann besondere Diagnose- oder Therapiemaßnahmen bedingen bzw. rechtfertigen[548]. Letztlich wirkt ein Leitlinienverstoß ebenso wenig haftungsbegründend[549], wie die Befolgung der Leitlinie eine Haftungsimmunisierung zur Folge hat. Entscheidend bleibt vielmehr der Erkenntnisstand der medizinischen Wissenschaft zur Zeit der Behandlung, der mit Hilfe des medizinischen Sachverständigen zu ermitteln ist[550].

547 Vgl. statt vieler BGH VersR 2014, 879 = NJW-RR 2014, 1053; OLG Naumburg MedR 2002, 471, 472; *Stöhr* in FS Hirsch, 2008, S. 431, 437; *Müller*, GesR 2004, 257, 260; *Heyers*, ArztR 2016, 201; *Frahm*, GesR 2005, 529; *Walter*, GesR 2003, 165; anders *Ziegler*, VersR 2003, 545, 548, nach dem Leitlinien allgemeine medizinische Standards festlegen; weiter gehend auch *Hart*, GesR 2011, 387. Für eine stärkere Heranziehung von Leitlinien bei der Bestimmung des medizinischen Standards *Hase*, GesR 2012, 601. Missverständlich BT-Drucks. 17/10488, 19 zu § 630a Abs. 2 BGB: „Für Ärzte ist im Regelfall auf den jeweiligen Stand naturwissenschaftlicher Erkenntnis und ärztlicher Erfahrung abzustellen, der zur Erreichung des Behandlungsziels erforderlich ist und sich in der Erprobung bewährt hat. Maßgeblich sind insoweit regelmäßig Leitlinien, die von wissenschaftlichen Fachgesellschaften vorgegebenen werden." Ausführlich zum Meinungsstand *Martis/Winkhart*, Arzthaftungsrecht, Rz. B 41 ff. Zu Interessenkonflikten bei klinischen Leitlinien *Schott/Ludwig*, GuP 2016, 201.

548 *Frahm*, GesR 2005, 529, 531.

549 Vgl. etwa OLG Koblenz MedR 2015, 424; auch OLG München r+s 2013, 566 (Leitlinien der Deutschen Borreliose Gesellschaft nicht maßgebend); OLG Hamm GesR 2018, 221 (*Walter*).

550 BGH VersR 2014, 879 = NJW-RR 2014, 1053; BGH GesR 2008, 361. Stützt sich ein Privatgutachter auf eine einschlägige Leitlinie, muss das Gericht darauf hinwirken, dass sich der gerichtlich bestellte Sachverständige mit der Bedeutung dieser Leitlinien für die Beurteilung des Falls auseinandersetzt; BGH VersR 2016, 403 = NJW 2016, 639. Vor-

III. Fallgruppen

[90] Die Ausfüllung der in dieser Weise allgemein umschriebenen Sorgfaltsanforderungen für den jeweils betroffenen Einzelfall hängt von den Verkehrserwartungen bezüglich der vom Patienten konkret aufgesuchten ärztlichen Einrichtung, aber auch darüber hinaus von den prägenden Verhältnissen des Falles ab. Das Problem der Ermittlung der Sorgfaltsprogramme erfasst das **gesamte Spektrum ärztlicher Tätigkeit** von der Anamnese über die Befunderhebung und Diagnose, die Therapie und hierzu gehörende Behandlungsmaßnahmen bis hin zur Organisation der Behandlung. Die denkbaren Situationen sind hier so vielgestaltig wie das Leben selbst. Soll das Recht dem Rechnung tragen können, darf bei der rechtlichen Beurteilung der Lebenssachverhalt nicht vorschnell unreflektiert an Schablonen gemessen werden. Dennoch ist zu beachten, dass die Rechtsprechung in einer ganzen Reihe von Entscheidungen für einige typische Problemkreise Maßgaben festgeschrieben hat, deren Berücksichtigung als Grundsatz nur hilfreich sein kann. 192

1. Facharztstandard und Einsatz von Anfängern

[91] Ausgehend vom Erwartungshorizont des Patienten hat dieser bei Aufsuchen einer Klinik (und selbstverständlich auch bei Vorsprache in einer Facharztpraxis) Anspruch auf Einhaltung des Standards guter ärztlicher Versorgung nach Maßstab eines erfahrenen Arztes der jeweiligen Fachrichtung, also Anspruch auf den **Behandlungsstandard eines Facharztes** (sog. Facharztstandard)[551]. Dabei kommt es jedoch nicht auf das Papier, sprich die formelle Anerkennung als Facharzt (Arzt mit Gebietsbezeichnung), sondern in erster Linie auf die im Verlauf der bisherigen Ausbildung und Tätigkeit von dem jungen Arzt gesammelten Kenntnisse und Erfahrungen an[552], und zwar speziell im Hinblick auf den im konkreten Fall anstehenden Eingriff. 193

---

schläge zur stärkeren Einbindung in die richterliche Entscheidungsarbeit unterbreitet *Rehborn*, GesR 2011, 391.

551 BGH VersR 1984, 60 = NJW 1984, 655; BGH VersR 1987, 686 = NJW 1987, 1479; BGH VersR 1992, 745 = NJW 1992, 1560; BGH VersR 1993, 1231 = NJW 1993, 2989; BGH VersR 1994, 1303 = NJW 1994, 3008; BGH VersR 1995, 659 = NJW 1995, 776; BGH VersR 1999, 716 = NJW 1999, 1778.

552 So schon BGH VersR 1978, 82 = NJW 1978, 584.

194 [92] Im Übrigen kann es je nach Fachgebiet und konkreter Behandlungssituation durchaus unterschiedlicher Beurteilung unterliegen, in welcher Weise diesem Facharztstandard Genüge getan werden kann[553]. Schon die Übertragung eines bestimmten Eingriffs zu selbständiger Durchführung auf einen hierfür nicht ausreichend qualifizierten Assistenzarzt kann einen Behandlungsfehler der ärztlichen Leitung im Sinne eines Organisationsfehlers darstellen. Dies hat der BGH mehrfach für **Anfängeroperationen** sowie **Anfängernarkosen** bekräftigt[554].

195 Natürlich muss dem Arzt in Ausbildung wie bei jedem anderen Beruf auch die Gelegenheit gegeben werden, **Praxiserfahrung zu sammeln.** Der junge Arzt ist aber nur langsam und schrittweise an das operative Geschehen heranzuführen. Deshalb darf ein in der Facharztausbildung stehender Arzt erst nach Feststellung seiner Zuverlässigkeit bei ähnlichen Eingriffen wie dem anstehenden sowie dem Nachweis praktischer Fortschritte beispielsweise in der chirurgischen Ausbildung auch selbst operieren. Ob diese Voraussetzungen im Einzelfall vorliegen, ist erforderlichenfalls vom Gericht mit sachverständiger Hilfe anhand der vorgelegten Informationen über den **Ausbildungsstand** (etwa Anzahl sowie Art der Eingriffe, an denen der Assistenzarzt bereits mitgewirkt hat, zeitlicher Ausbildungsstand etc.) festzustellen.

196 Aber selbst dann, wenn der noch in der Ausbildung zum Facharzt stehende Assistenzarzt diese Anforderungen an die Zulässigkeit eigenen, selbständigen Tätigwerdens erfüllt, ist – solange er nicht selbst den Facharztstandard in eigener Person sicherzustellen vermag – die Erfüllung dieses Standards durch **begleitende Maßnahmen der Klinikleitung** sicherzustellen und ihr Unterlassen ein Behandlungsfehler. Dem Patienten darf durch das Tätigwerden des Assistenzarztes kein zusätzliches Risiko entstehen. Die mit der Ausbildung junger Ärzte na-

553 Vgl. *Laufs*, NJW 1994, 1562, 1564. Vgl. etwa OLG Koblenz NJW-RR 2006, 1172 = MedR 2007, 490: Fehlen Anhaltspunkte für ein makrosomes Kind, erfordert die Geburtsleitung bei genügendem Ausbildungsstand und hinreichender Erfahrung des Assistenzarztes nicht die unmittelbare Anwesenheit eines Facharztes.

554 BGH VersR 1993, 1231 = NJW 1993, 2989 m.w.N. Die Grundsätze des BGH zur Anfängeroperation sind auf medizinische Nebenberufe – etwa einen Krankengymnasten ohne chiropraktische Zusatzausbildung – übertragbar: KG VersR 2008, 1267.

turgemäß verbundenen höheren Verletzungsgefahren, die von dem für den Einsatz dieser Ärzte Verantwortlichen voll beherrschbar sind, müssen deshalb durch besondere Maßnahmen ausgeglichen werden, damit gegenüber dem Patienten als Leistungsgläubiger stets der Standard des Facharztes gewahrt bleibt. Dies ist nur dann gewährleistet, wenn eventuelle fachliche Defizite durch die rechtzeitige Unterstützung oder die Überwachung durch einen anderen Facharzt ausgeglichen werden können. Wie dies zu geschehen hat, hängt von der jeweiligen Situation ab. Auch hier wird im Streitfall der Sachverständige unter konkreter Darstellung der Behandlungssituation den am Verfahren Beteiligten zu erläutern haben, ob für eine ausreichende und rechtzeitige Unterstützung des Assistenzarztes organisatorisch vorgesorgt war[555]. So kann im **geburtshilflich-gynäkologischen Bereich** die Organisation einer Rufbereitschaft des Oberarztes (zu Hause) ausreichen[556]. Bei der Durchführung einer Herzkatheteruntersuchung durch einen Arzt in Weiterbildung kann es genügen, wenn ein Oberarzt das Geschehen von einem angrenzenden Monitorraum aus beobachtet[557].

[93] Auf dem Gebiet der **Anästhesie** muss der den in der Ausbildung befindlichen Arzt überwachende erfahrene Facharzt nicht unbedingt in unmittelbarer Nähe eingriffsbereit sein. Der BGH hat es – ausgehend von den fachspezifischen Unterschieden etwa zur Chirurgie – wiederholt nicht schon prinzipiell für unzulässig erachtet, wenn zwischen einem noch unerfahrenen Anästhesisten und dem in einem benachbarten Operationssaal tätigen Fachanästhesisten lediglich Blick- und/oder wenigstens Rufkontakt bestand[558]. 197

[94] Für den Bereich der **Chirurgie** geht die Rechtsprechung dagegen davon aus, dass die Operation von einem stets anwesenden, **eingriffsbereiten** Facharzt überwacht werden muss, solange irgendwelche Zweifel an dem erforderlichen Ausbildungsstand des Assis- 198

555 BGH VersR 1983, 244 = NJW 1983, 1374.
556 BGH VersR 1994, 1303 = NJW 1994, 3008; vgl. auch BGH VersR 1998, 634 = NJW 1998, 2736.
557 OLG Köln MedR 2019, 964.
558 BGH VersR 1993, 1231 = NJW 1993, 2989 m.w.N.

tenzarztes bestehen können[559]. Danach darf der junge Arzt nur unter unmittelbarer Aufsicht eines erfahrenen Chirurgen eingesetzt werden, der jeden einzelnen Operationsschritt beobachtend verfolgt und jederzeit korrigierend einzugreifen vermag. Dieser beobachtende und assistierende Arzt **muss selbst Facharzt sein**, da nur ein solcher – so die Rechtsprechung – die Gewähr der richtigen Anleitung und Überwachung bietet sowie die erforderliche Autorität gegenüber dem Berufsanfänger besitzt, um erforderlichenfalls eingreifen zu können. Für diesen Fall der **Aufsicht** lässt der BGH also im Unterschied zum eigenen Handeln den bloß ausreichenden Ausbildungsfortschritt nicht genügen. Dies rechtfertigt sich daraus, dass die Aufgabe der Anleitung und Aufsicht ein erhöhtes Anforderungsprofil aufweist.

199 [95] Liegt entsprechend dem Vorgesagten ein Behandlungsfehler der für die Organisation Verantwortlichen wegen der Einteilung eines nicht ausreichend qualifizierten Assistenzarztes vor, so kann daneben auch ein **Übernahmeverschulden des Assistenzarztes** selbst gegeben sein. Dies erfordert jedoch, dass sich ihm nach den bei ihm nach seinem Ausbildungsstand vorauszusetzenden Kenntnissen und Erfahrungen Bedenken gegen sein Tätigwerden sowie hinsichtlich möglicher Gefahren für den Patienten aufdrängen mussten. Maßstab für die an ihn hinsichtlich derartiger Überlegungen zu stellenden Sorgfaltsanforderungen kann also nicht der medizinische Wissens- und Erfahrungsstand eines fertigen, in der Praxis geübten Facharztes sein[560]. Vielmehr ist wie auch bei der Eigenhaftung des in der Aus- bzw. Weiterbildung befindlichen Arztes wegen eines Behandlungsfehlers (im Sinne eines Ausführungsfehlers) auf den **Standard eines Arztes des jeweiligen Ausbildungsstandes** abzustellen[561]. Muss der Assistenzarzt nach diesem Maßstab Bedenken gegen seinen Einsatz haben, ins-

559 BGH VersR 1984, 60 = NJW 1984, 655; BGH VersR 1992, 745 = NJW 1992, 1560; vgl. auch *Rumler-Detzel*, VersR 1994, 254, 257; zu den Möglichkeiten der Telemedizin vgl. *Pflüger*, VersR 1999, 1070, 1071, 1075.

560 BGH VersR 1992, 745 = NJW 1992, 1560; BGH VersR 1984, 60 = NJW 1984, 655; hier kann also im Einzelfall das Verschulden trotz Unterschreitens des Standards fehlen: *Deutsch*, NJW 1993, 1506, 1509; dagegen: *Heilmann*, NJW 1990, 1513, 1514.

561 Ausführlich *Walter*, Spezialisierung und Sorgfaltsstandard, S. 201 ff. (insb. S. 206 ff.). Durch diesen im Ergebnis abgesenkten Maßstab für die Haftung des aus- bzw. weiterzubildenden Arztes entsteht dem Patienten kein Nachteil, da ihm gegenüber von Seiten des Klinikträgers sowie des ausbildenden Arztes gleichwohl der Facharztstandard zu ge-

besondere weil er beispielweise durchaus weiß, dass er an Eingriffen der anstehenden Art bislang noch nie teilgenommen hat[562], so darf er sich nicht ohne weiteres weisungsgemäß auf die selbständige Operation einlassen. Vielmehr ist ihm zuzumuten, auch gegen die Anweisung des übergeordneten Facharztes[563] seine Bedenken zum Ausdruck zu bringen und notfalls eine Operation ohne Aufsicht abzulehnen. Gegenüber einem in diesem Zusammenhang durchaus naheliegenden Konflikt[564] des Assistenzarztes mit der Klinikleitung wiegt die Sorge um die Gesundheit sowie das Leben des Patienten, der mit Recht die bestmögliche Betreuung erwartet, stets schwerer. Andererseits fällt jedoch – möglicherweise ein Verschulden ausschließend – ins Gewicht, dass sich der in der Ausbildung befindliche Arzt, sofern von ihm auf Grund seines Ausbildungsstandes oder anderer Umstände nicht bessere Erkenntnisse oder Einsichten zu erwarten sind, auf eine Beurteilung des übergeordneten Facharztes darüber verlassen darf, ob er etwa eine bestimmte Operation ohne ständige Überwachung durch einen erfahrenen Operateur ausführen darf.

Soweit im Einzelfall die Organisation etwa einer Rufbereitschaft eines 200
Facharztes zur Gewährleistung rechtzeitiger Unterstützung des zunächst allein vor Ort befindlichen Anfängers ausreichend sein sollte oder fachliche Defizite durch ähnliche organisatorische Vorkehrungen auszugleichen sind, ist diese dementsprechende **Organisationsleistung** zunächst **Aufgabe der Entscheidungsträger** der Klinik. Diese haben über den Einsatz des Assistenzarztes zu befinden und seine Fähigkeiten und deren Grenzen zu kennen. Der Assistenzarzt kann daher grundsätzlich darauf vertrauen, dass die für seinen Einsatz Verantwortlichen auch für den Fall von Komplikationen, mit denen zu rechnen ist und für deren Beherrschung, wie sie wissen müssen, seine Fähigkeiten nicht ausreichen, organisatorisch die erforderliche Vorsorge getroffen haben. Dies gilt nur dann nicht, wenn für ihn erkennbar

---

währleisten ist. Werden Klinikträger und leitende Ärzte dem nicht gerecht, haften sie wegen Organisationsverschuldens.

562 BGH VersR 1993, 1231 = NJW 1993, 2989.

563 Auf die Richtigkeit vom Facharzt angeordneter Maßnahmen darf der Assistenzarzt vertrauen, wenn nicht erkennbare Umstände Zweifel gebieten: OLG Brandenburg VersR 2010, 1601.

564 Kritisch hierzu: *Franzki*, Der Arzthaftungsprozess, S. 12.

Umstände hervortreten, die ein solches Vertrauen als nicht gerechtfertigt erscheinen lassen[565].

201 [95a] Eine dem Spannungsverhältnis zwischen Gewährleistung des Facharztstandards und dem Einsatz von Anfängern vergleichbares Problem stellt sich beim **fachübergreifenden Bereitschaftsdienst**[566]. Bei diesem nehmen (Fach-)Ärzte Bereitschaftsdienste während der Nacht bzw. an Sonn- und Feiertagen auch für Behandlungsbereiche wahr, die nicht ihrem Fachgebiet zuzuordnen sind. Die haftungsrechtliche Verpflichtung zur Gewährleistung des fachärztlichen Standards setzt insoweit jedoch enge Grenzen; in vielen Fachgebieten wird ein fachübergreifender Bereitschaftsdienst von vornherein ausgeschlossen sein. Auch der Facharzt muss bei Behandlungen außerhalb seines Fachgebiets einem unerfahrenen Arzt gleichgesetzt werden[567]. Die rechtlichen Grundsätze zum Einsatz von Anfängern sind daher auf den fachübergreifenden Bereitschaftsdienst zu übertragen. Die rechtlich begrenzten Möglichkeiten für einen fachübergreifenden Bereitschaftsdienst dürften im Zusammenspiel mit den gebotenen organisatorischen Maßnahmen (Rufbereitschaft der Fachärzte zur Sicherstellung einer adäquaten fachärztlichen Versorgung auch in Eilfällen, fachübergreifende Fortbildung) die Kostenvorteile eines fachübergreifenden Bereitschaftsdienstes aufzehren.

2. Organisationsmaßstäbe

a) Organisation als Qualitätssicherungsaufgabe

202 [96] Nicht nur bei dem unmittelbaren Kontakt mit dem Patienten selbst, sondern bereits im Vorfeld bestehen im Bereich der – im Zusammenhang mit der Anfängeroperation bereits angesprochenen – **Klinikorganisation** (oder Praxisorganisation) grundlegende Pflichtenkreise der Behandlungsseite – konkret des Klinikträgers sowie der ärztlichen Leitung –, deren Nichtbeachtung einen Behandlungsfehler im weiteren Sinne darstellen kann. Hierzu gehören insbesondere die **Sicherstellung der personellen und apparativen Standards**, die Regelung der Behandlungs- und internen Arbeitsabläufe zur Gewährleis-

565 BGH VersR 1994, 1303 = NJW 1994, 3008.

566 Vgl. hierzu auch *Schulte-Sasse*, ArztR 2009, S. 32, 35 ff.; *Boemke*, NJW 2010, 1562; *Schulte-Sasse/Debong*, ArztR 2016, 61.

567 So auch *Boemke*, NJW 2010, 1562, 1564.

tung einer standardgerechten Behandlung einschließlich einer Organisation der Verantwortungsbereiche sowie die hiermit in unmittelbarem Zusammenhang stehende sorgfältige **Auswahl, Anweisung und Überwachung der Mitarbeiter**[568]. Letztlich geht es um die generelle Absicherung einer dem anzulegenden Standard genügenden medizinischen Versorgung und damit um **Qualitätssicherung**, die durch ein ausdifferenziertes „Risk-Management"[569] gewährleistet werden kann. Ob generell – also ohne konkrete anlassgebende Ereignisse – eine zivilrechtliche Organisationspflicht zur Einrichtung eines Organisationsmanagements bzw. eines klinischen Risikomanagements besteht[570], kann ungeachtet der in §§ 135a, 137 SGB V getroffenen Regelungen jedenfalls nicht undifferenziert für jede Einrichtung beantwortet werden.

Die Pflichtenprogramme der Rechtsprechung werden zunehmend als uferlos, die anknüpfende Haftung als Ausgestaltung eines „catch all" empfunden[571]. Die moderne medizinische Versorgung muss sich jedoch die Vorteile von Arbeitsteilung, Spezialisierung und Technisierung zunutze machen[572]. Je komplexer sich das arbeitsteilige medizinische Geschehen darstellt, desto mehr Einsatz und Umsicht erfordern Planung, Koordination und Kontrolle der klinischen Ab- 203

568 Zusammenfassend hierzu *Gross/Kucharz*, MedR 2018, 143, die eine Einteilung der Organisationspflichten in Aufbauorganisation, Ablauforganisation, Personal, Arbeitsmittel, Gestaltung und Kontrolle, Sicherheitskultur und Risikobereich des Krankenhausträgers vornehmen. Zu den „Kardinalpflichten" im Organisationsbereich vgl. auch die „Einbecker-Empfehlungen der Deutschen Gesellschaft für Medizinrecht e.V.", GesR 2006, 110, 111: 1. Abgrenzung und Absicherung der Zuständigkeiten und Verantwortlichkeiten durch Einsatzpläne und Vertreterregelungen; 2. das ärztliche und nichtärztliche Personal müssen sorgfältig ausgewählt, angelernt und überwacht werden; 3. das Krankenhaus muss die ärztlichen und pflegerischen Standards in personeller, fachlicher und apparativer Hinsicht gewährleisten; 4. die Sicherheit der Patienten muss gewährleistet sein.

569 Hierzu etwa *Bergmann/Kienzle*, Krankenhaushaftung, S. 381 ff.; *Heyers*, MedR 2016, 23.

570 Dafür etwa *Hart*, MedR 2012, 1, 6 ff. m.w.N.; vgl. auch *Heyers*, MedR 2016, 23; zurückhaltend *Deutsch/Spickhoff*, Medizinrecht, Rz. 379.

571 Vgl. *Quaas/Zuck/Clemens*, Medizinrecht, § 14 Rz. 119; *Katzenmeier*, JZ 2007, 642, 644.

572 Vgl. hierzu schon *Hahn*, NJW 1981, 1977 und BGH VersR 1975, 952.

läufe[573]. Zur Erfüllung der Arbeitsaufgaben nach dem jeweiligen Stand der medizinischen Erkenntnisse müssen absichernde organisatorische Vorkehrungen getroffen werden[574]. Allerdings kann dies, soll der Vorteil der Arbeitsteilung tatsächlich den Beteiligten und nicht zuletzt dem Patienten zugutekommen, etwa nicht bedeuten, dass der leitende Arzt[575] selbst sämtliche Behandlungsschritte in persona überwacht[576]. Vielmehr muss je nach Bedeutung, Anforderungsprofil und gesundheitlichen Risiken für jede medizinische Einzelmaßnahme unterschiedlicher Beurteilung unterliegen, ob und in welcher Weise sowie mit welcher Kontrolldichte der Arzt durch organisatorische Maßnahmen die Einhaltung medizinischer Sorgfaltsmaßstäbe auch im zuarbeitenden Bereich sicherzustellen hat. Dabei fällt zwar die Entscheidung – nicht zuletzt im Zusammenhang des § 831 BGB – auf rechtlicher Ebene. Auch hier vermag der Richter jedoch in der Regel nicht ohne Hinzuziehung sachverständiger Hilfe zu beurteilen, ob organisatorische Maßnahmen den zu fordernden Standards entsprechen und insbesondere ob und welchem nichtärztlichen Mitarbeiter welcher Qualifikationsebene bestimmte Aufgaben übertragen werden können. Die Vielfalt der gerade zu diesem Bereich ergangenen Entscheidungen – insbesondere des BGH – darf nie dazu verleiten, diesen für die Praxis nunmehr feste Kompetenzgrenzen für ein bestimmtes medizinisches Personal zu entnehmen. Immer ist der konkrete Einzelfall, die konkrete Behandlungssituation mit ihren ganz spezifischen Risiken zu beachten. Dies vermag letztlich allein der medizinische Sachverständige ausreichend zu beleuchten.

---

573 Die aus haftungsrechtlicher Perspektive entwickelten Organisationspflichten werden zunehmend durch das Recht der GKV überlagert. Dies zeigt sich auch an den Regeln zum Entlassmanagement (§ 39 SGB V); vgl. hierzu *Ruhkamp*, ArztR 2016, 117; *Kuck*, NZS 2016, 256; *Braun*, GesR 2015, 518. Das Entlassmanagement soll die Verzahnung der stationären und anschließenden ambulanten Versorgung gewährleisten. Begleitend sind die Erarbeitung eines Entlassplans, ein eingeschränktes Verordnungsrecht der Krankenhäuser, aber auch die Möglichkeit zur Auslagerung von Aufgaben auf Vertragsärzte vorgesehen. Angesichts einer Entwicklung zu immer frühzeitigeren, aber standardgerechten Entlassungen aus der stationären Versorgung können die Pflichten des Entlassmanagements durchaus haftungsrechtliche Bedeutung erlangen.

574 *Katzenmeier*, JZ 2007, 642, 643 m.w.N.

575 Zur Aufteilung der Leistungsverantwortung vgl. auch Rz. 222 ff.

576 Vgl. auch *Rumler-Detzel*, VersR 1994, 254 ff.; *Steffen*, MedR 1996, 265.

[97] Dem Krankenhausträger, aber auch dem **leitenden Arzt** fallen gegenüber seinen bei der einzelnen Behandlungsaufgabe **untergeordneten ärztlichen oder nichtärztlichen Mitarbeitern** auf Grund seiner fachlich überragenden Stellung, seiner Position im Klinikgefüge oder auch nur als Geschäftsherr i.S.d. § 831 BGB Aufgaben hinsichtlich der **Auswahl, Überwachung, Leitung** sowie der Bereitstellung von Gerätschaften etc. zu[577]. Dies ist selbstverständlich und unterscheidet seine Situation nicht grundlegend von derjenigen anderer Berufsgruppen[578]. Aufzuzeigen sind allerdings einige durch berufsspezifische Besonderheiten und die Bedeutung der auf dem Spiel stehenden Rechtsgüter bestimmte Ausprägungen. So ist auch bei sorgfältiger Auswahl und Führung des Personals eine ausreichende Instruktion durch die für die Leitung verantwortlichen Ärzte notwendig. Die Instruktionsdichte ist dabei abhängig von den Ansprüchen der konkreten Behandlungsaufgabe. Je weniger eine Routinemaßnahme vorliegt und je größer die Risikobelastung ist, desto eingehender haben Anweisungen zu erfolgen[579]. Hierzu zählt auch die Sicherstellung der Kontrolle der in der Klinik angewandten diagnostischen und therapeutischen Techniken. 204

577 Vgl. zu den Organisationspflichten mit Blick auf den Personaleinsatz auch *Eufinger*, MedR 2018, 218. Zum Einsatz eines alkoholkranken Belegarztes vgl. LG Münster BeckRS 2018, 3142.

578 Aus der Rspr. hierzu: Anweisung hinsichtlich der postoperativen Kontrolle des Infusionssystems: BGH VersR 1984, 356 = NJW 1984, 1400; Auswahl und Überwachung eines Assistenzarztes bei einer Parallelnarkose: BGH VersR 1983, 244 = NJW 1983, 1374; Überwachung technischen Hilfspersonals: BGH VersR 1975, 952 = NJW 1975, 2245; Unzulänglichkeit räumlicher Verhältnisse: BGH VersR 1978, 82 = NJW 1978, 584; Anweisung über Kontrollen von Wärmflaschen in Inkubatoren durch Klinikpersonal: BGH VersR 1994, 562 = NJW 1994, 1594; Kontrolle der Maßnahmen eines Assistenzarztes bei Intubationsnarkose: BGH VersR 1993, 1231 = NJW 1993, 2989; Organisation und Überwachung der Einhaltung von Pflegestandards (Dekubitusprophylaxe): OLG Brandenburg BeckRS 2018, 38855.

579 BGH VersR 1984, 356 = NJW 1984, 1400; BGH VersR 1984, 386 = NJW 1984, 1403; *Pauge/Offenloch*, Arzthaftungsrecht, Rz. 239.

b) Delegation ärztlicher Aufgaben

205 Dies gilt insbesondere für die zunehmende **Delegation**[580] von eigentlich zum Verantwortungsbereich des Arztes gehörenden Eingriffen[581]. Auch der Gesetzgeber strebt zur **Entlastung der Leistungserbringer** eine verstärkte Delegation an. Der Gesetzgeber zum GKV-Versorgungsstrukturgesetz konstatierte im Jahr 2011 – ohne nähere Begründung, Erwähnung von Beispielen oder eine Diskussion der haftungsrechtlichen Tragweite seiner Erwägungen – eine noch unzureichende Nutzung der bereits bestehenden Möglichkeiten zur Delegation und strebte zur Entlastung der Leistungserbringer eine verstärkte Delegation an[582]. Nach § 28 SGB V wird die Erbringung ärztlicher Leistungen durch Nicht-Ärzte eröffnet, wobei die Letztverantwortung – im Einklang mit den haftungsrechtlichen Grundsätzen zur Delegation – beim behandelnden Arzt verbleibt. Die Regelung betrifft den ambulanten Bereich[583]. Die Erarbeitung eines beispielhaften, der Orientierung dienenden Katalogs ärztlicher Leistungen, die von nichtärztlichem, medizinisch qualifiziertem Hilfspersonal auf Veranlassung erbracht werden können, liegt in den Händen der Partner der Bundesmantelverträge

580 Von der Delegation medizinischer Leistungen ist die Substitution zu unterscheiden, bei der nichtärztliches Personal unter Neuordnung der Verantwortungsbereiche eigenständig handelt (und haftet). Eine Substitution ärztlicher Leistungen wurde im Pflegebereich durch das Gesetz zur strukturellen Weiterentwicklung der Pflegeversicherung vom 28.5.2008 (BGBl. I, 874) ermöglicht. Der Gemeinsame Bundesausschuss (GBA) hat in der sog. Heilkundeübertragungsrichtlinie (Richtlinie über die Festlegung ärztlicher Tätigkeiten zur Übertragung auf Berufsangehörige der Alten- und Krankenpflege zur selbständigen Ausübung von Heilkunde im Rahmen von Modellvorhaben nach § 63 Abs. 3c SGB V) festgelegt, welche heilkundlichen Tätigkeiten innerhalb von Modellvorhaben auf Berufsangehörige der Kranken- und Altenpflege übertragen werden dürfen. Zu den gleichwohl bestehenden ärztlichen Haftungsrisiken *Heberlein*, ZMGR 2012, 75.

581 Zum Ganzen *Weiß*, GesR 2015, 262; *Frahm*, VersR 2009, 1576; *Spickhoff/Seibl*, MedR 2008, 463; *Bergmann*, MedR 2009, 1; ders. in FS 25 Jahre AG Rechtsanwälte im MedR, 2011, S. 11; ferner *Spaetgens/Walter*, Persönliche Leistungserbringung leitender Krankenhausärzte, S. 115 ff.; umfassend und überaus lesenswert *Achterfeld*, Aufgabenverteilung im Gesundheitswesen, 2014; aus der Rechtsprechung OLG Dresden GesR 2008, 635 = MedR 2009, 410; hierzu *Bergmann*, GesR 2010, 119.

582 BT-Drucks. 17/6906, 54.

583 BT-Drucks. 17/6906, 54.

(§ 28 Abs. 1 S. 3 SGB V). Die Kassenärztliche Bundesvereinigung und der GKV-Spitzenverband sind diesem Auftrag durch Abschluss der „Vereinbarung über die Delegation ärztlicher Leistungen an nichtärztliches Personal in der ambulanten vertragsärztlichen Versorgung gem. § 28 Abs. 1 S. 3 SGB V vom 1.10.2013" nachgekommen, wobei in der Anlage allgemein delegierbare ärztliche Tätigkeiten und versorgungsbereichs- bzw. arztgruppenspezifisch delegierbare ärztliche Tätigkeiten aufgezählt werden[584]. Die in der Vereinbarung verankerten Grundsätze werden – ebenso wie anderweitige Qualitätssicherungsvereinbarungen[585], aber auch die Stellungnahme „Persönliche Leistungserbringung – Möglichkeiten und Grenzen der Delegation ärztlicher Leistungen" der Bundesärztekammer und Kassenärztlichen Bundesvereinigung vom 29.8.2008[586] – zumindest in das Haftungsrecht ausstrahlen[587], um die Einheit der Rechtsordnung möglichst zu wahren.

Aus **haftungsrechtlicher Sicht** bedarf es für eine zulässige Delegation zunächst einer generell **delegationsfähigen Leistung**. Nicht delegationsfähig sind sämtliche ärztlichen Kernleistungen, also Tätigkeiten, deren Ausführung spezifisch ärztliches Fachwissen erfordert[588]. Zudem kommen nur Tätigkeiten in Betracht, die auf Grund ihres geringen Schwierigkeitsgrades und Gefahrenpotentials nicht zwingend von einem Arzt erbracht werden müssen[589]. Ferner muss der Delega- 206

584 Abrufbar unter https://www.kbv.de/html/delegation.php. Vgl. hierzu *Makoski*, GuP 2014, 135.

585 Vgl. etwa BSG, Urt. v. 13.5.2015 – B 6 KA 23/14 R, GesR 2015, 659: Die in der Qualitätssicherungsvereinbarung Zervix-Zytologie vorgesehene Delegation vom zytologieverantwortlichen Arzt auf Präparatebefunder erlaubt ein Absehen von der persönlichen Leistungserbringung unter der Voraussetzung, dass dies mit den medizinischen Erfordernissen zu vereinbaren und eine kontinuierliche Überwachung der Arbeitsvorgänge gewährleistet ist.

586 Abrufbar unter https://www.bundesaerztekammer.de/richtlinien/thematische-uebersicht/delegation/.

587 Vgl. auch *Weiß*, GesR 2015, 262, 265; übernommen werden diese auch bei *Sarangi*, in: Jorzig, Handbuch Arzthaftungsrecht, 1. Teil Kap. 3 VI Rz. 114 ff.

588 Näher *Frahm*, VersR 2009, 1576, 1580; *Spickhoff/Seibl*, MedR 2008, 463, 466.

589 Vgl. etwa OLG Dresden GesR 2008, 635 = MedR 2009, 410. Siehe auch die – ohne nähere Ausführungen zum rechtlichen Ansatz behandelte –

tionsadressat hinreichend fachlich befähigt sein. Die fachliche Befähigung – ggf. belegt durch entsprechende Aus- und Weiterbildung – bestimmt also, ob eine generell delegationsfähige Leistung auch im konkreten Fall übertragen werden darf. Schließlich muss eine regelmäßige Kontrolle und Überwachung durch einen Arzt sichergestellt sein[590].

c) Zuständigkeitsregeln und Dienstpläne

207 [98] Um positive, vor allem aber negative Kompetenzkonflikte mit nachteiligen Folgen letztlich für den Patienten zu vermeiden, muss die Leitung für **klare Zuständigkeitsregelungen** auf allen Einsatzebenen sorgen. Insoweit kann eine Pflicht der verantwortlichen Chefärzte bestehen, **generelle Anweisungen** und **Richtlinien**, sei dies in schriftlicher oder mündlicher Form, auch über Einzelheiten bestimmter Behandlungsvorgänge und deren Kontrolle zu erteilen[591]. Dies gilt insbesondere auch für den Bereich des Bereitschaftsdienstes[592] (zum fachübergreifenden Bereitschaftsdienst vgl. Rz. 201). Selbst wenn zulässigerweise ein noch in der Fachausbildung stehender Arzt eingeteilt ist und dieser auftragsgemäß den Patienten versorgt, ist der organisatorischen Pflicht noch nicht in vollem Umfange Genüge getan. So hat beispielsweise der Chefarzt der chirurgischen Abteilung eines Krankenhauses entweder selbst oder durch einen damit beauftragten Facharzt alsbald Diagnose und eingeleitete Therapie des noch in der Facharztausbildung stehenden Arztes vom Dienst, der den Patienten bei

---

Fallgestaltung bei OLG Köln GesR 2011, 229 (insoweit unvollständig abgedruckt in VersR 2011, 760): Ein niedergelassener Kinderarzt darf bei Erkrankung eines Säuglings mit Brechdurchfall seinen Angestellten grundsätzlich nicht das Ausfüllen eines blanko unterschriebenen Folgerezepts überlassen.

590 OLG Dresden GesR 2008, 635 = MedR 2009, 410. Vgl. auch BSG GesR 2015, 659: Die in der Qualitätssicherungsvereinbarung Zervix-Zytologie vorgesehene Delegation vom zytologieverantwortlichen Arzt auf Präparatebefunder erlaubt ein Absehen von der persönlichen Leistungserbringung unter der Voraussetzung, dass dies mit den medizinischen Erfordernissen zu vereinbaren und eine kontinuierliche Überwachung der Arbeitsvorgänge gewährleistet ist.

591 Zur Pflicht bzgl. Einzelheiten der Lagerung von Patienten während der Operation: BGH VersR 1984, 386 = NJW 1984, 1403.

592 Vgl. hierzu RGRK – *Nüßgens*, BGB § 823 Anh. II Rz. 212 m.w.N.; *Schulte-Sasse/Debong*, ArztR 2016, 61.

der Aufnahme ärztlich versorgt hat, zu überprüfen[593]. Notfalls kann, soweit der Patient zwischenzeitlich entlassen wurde, die Veranlassung seiner Wiedereinbestellung angezeigt sein. Mit der Verpflichtung zur Leitung des medizinischen Dienstes korrespondiert die Verpflichtung der Klinikleitung bzw. leitenden Ärzte, über aufgetretene gefahrträchtige Infektionsfälle zu informieren[594].

Generell ist dafür zu sorgen, dass ausreichend qualifiziertes ärztliches 208
und nichtärztliches Personal für einen **fachgerechten Ablauf der Behandlung** zur Verfügung steht, wobei **Dienstplan und Vertretungsregelung** auch an Sonn- und Feiertagen sowie während des Notdienstes den fachärztlichen Standard absichern müssen[595]; Letzteres ist insbesondere bei der Organisation eines fachübergreifenden Bereitschaftsdienstes problematisch (s. auch Rz. 201)[596]. Ist die fachliche Kompetenz zur Einhaltung des Standards nicht gegeben, muss eine mögliche Überweisung bzw. Verlegung des Patienten in eine diesen sicherstellende Klinik erfolgen[597].

[99] Die auch in anderen Berufen zu berücksichtigenden Arbeitszeiten 209
und Ruhezeiten gewinnen im ärztlichen Bereich angesichts der bei **Überlastung des medizinischen Personals** im Raume stehenden Gesundheitsgefahren an Bedeutung. Der Schutz des Patienten erfordert es, dafür Sorge zu tragen, dass keine etwa durch vorangegangenen Nachtdienst übermüdeten Ärzte zum Operationsdienst eingeteilt werden. Eine personelle Unterversorgung, die den erreichbaren medizinischen Standard einer sorgfältigen und optimalen Behandlung gefährdet, führt bei Verwirklichung dieser Gefahr zu einer Haftung des Krankenhausträgers. Dieser muss organisatorisch gewährleisten, dass

593 BGH VersR 1987, 686 = NJW 1987, 1479.

594 OLG Oldenburg VersR 2003, 1544; OLG Hamm GesR 2005, 164; s. zu der die Kliniken treffenden Aufzeichnungspflicht über das Vorkommen bestimmter Krankheitserreger § 23 Abs. 4 IfSG.

595 Vgl. etwa BGH VersR 1996, 976 = NJW 1996, 2429; OLG Düsseldorf VersR 1986, 659; LG Mainz VersR 2015, 623; *Schulte-Sasse/Debong*, ArztR 2016, 61. Allerdings kann eine indizierte, nicht dringliche OP vom späten Abend auf den nächstfolgenden Tag verschoben werden: OLG Köln VersR 2014, 1460. Es muss also nicht jederzeit eine „Vollbesetzung" vorgehalten werden.

596 Zu den Pflichten des Chefarztes bei Einführung eines fachübergreifenden Bereitschaftsdienstes *Debong*, ArztR 2012, 201, 203.

597 BGH VersR 2005, 408 = NJW 2005, 888.

er mit dem vorhandenen ärztlichen Personal seine Aufgaben auch erfüllen kann. Dazu muss insbesondere auch sichergestellt sein, dass die behandelnden Ärzte nicht auf Grund vorangegangenen Einsatzes körperlich oder geistig außer Stande sind, mit der im Einzelfall erforderlichen Konzentration und Sorgfalt zu arbeiten[598].

d) Apparative Ausstattung

210 [100] Organisatorische Aufgabe der Behandlungsträger ist weiterhin die Sicherstellung einer modernen **apparativen Ausstattung**. Soweit die Anpassung an einen fortentwickelten medizinischen Standard die Anschaffung neuer technischer Geräte erfordert[599], muss der Arzt oder die Klinik sich – auch unter Gesichtspunkten der Wirtschaftlichkeit – entscheiden, ob er die Beschaffung veranlasst oder die auf entsprechende Behandlung angewiesenen Patienten an besser ausgestattete ärztliche Einrichtungen verweist. Das Unterlassen beider Möglichkeiten stellt dann einen pflichtwidrigen Behandlungsfehler dar[600].

211 Für die Annahme eines Organisationsverschuldens wird jedoch zu berücksichtigen sein, dass der Einsatz moderner Apparaturen je nach Lage des Falles unterschiedlicher **organisationsbedingter Vorlaufzeiten** bedarf. Ab dem Zeitpunkt der Bedarfserkennung wird auch bei der rechtlichen Beurteilung für die verwaltungsinterne Entscheidung zur Anschaffung bis zur Lieferung und je nach Art des Gerätes auch zur Unterweisung des Personals eine vernünftige Karenzzeit zu gewähren sein. Allerdings bleibt es auch während dieser dabei, dass bei unzureichender Ausstattung eine mögliche Überweisung des Patienten vorzunehmen ist.

---

598 BGH VersR 1986, 295 = NJW 1986, 776; *Diederichsen*, GesR 2011, 257, 263. Eingehend hierzu *Büchner/Stöhr*, NJW 2012, 487 (auch zur Eigenhaftung des Arztes wegen Übernahmeverschuldens). Auch die Missachtung eines Beschäftigungsverbots während der Schwangerschaft (vgl. hierzu – wenngleich eher mit Blick auf die werdende Mutter und das Kind – *Ruhkamp*, ArztR 2015, 117) kann sich als Organisationsfehler darstellen.

599 Vgl. hierzu oben Rz. 175 ff.

600 BGH VersR 1989, 851 = NJW 1989, 2321; BGH VersR 1988, 179 = NJW 1988, 763; RGRK – *Nüßgens*, BGB § 823 Anh. II Rz. 195. Vgl. auch OLG München VersR 2007, 797: Verantwortlichkeit des Belegarztes, innerhalb seines Fachbereiches sicherzustellen, dass erforderliche Apparaturen und Geräte vom Klinikträger bereitgehalten werden.

[101] Ist die Klinikeinrichtung jedoch einmal auf den neuen, modernen medizinischen Standard gehoben, hat die Klinikleitung alsbald ärztliches und nichtärztliches Personal auf das aktuelle Behandlungsniveau einzuschwören. Insbesondere ist dieses zum tatsächlichen **Einsatz neuer Techniken** im Bedarfsfall anzuweisen und eine entsprechende Einweisung vorzunehmen. Dies muss im Übrigen auch für den Fall gelten, dass eine Klinik ausnahmsweise über technische Einrichtungen verfügen sollte, welche an sich über den zu fordernden Standard hinausgehen. Ist sie nämlich nach den bereits angeführten Grundsätzen[601] gehalten, diese Technik bei Verbesserung der Heilungschancen zugunsten des Patienten auch einzusetzen, so muss ebenfalls ausreichende organisatorische Vorsorge in Richtung auf Unterweisung und Schulung des Personals sowie Einsatz und Wartung der Technik getroffen werden. 212

[102] Weiterhin obliegt dem Behandlungsträger als Nebenpflicht[602] selbstverständlich die Gewährleistung der Mangelfreiheit und **Funktionstüchtigkeit** von eingesetzten **Gerätschaften**. Was im Einzelnen zur Erfüllung dieser Pflicht zu veranlassen ist, hängt wiederum von der Art des zu pflegenden technischen Gerätes sowie dessen Einsatzgebiet ab[603]. So kann es bei einem verhältnismäßig einfachen Gerät genügen, zuverlässige nichtärztliche Hilfskräfte anzuweisen (und insoweit auch zu überwachen), rein äußerliche Kontrollen des Gerätezustandes vorzunehmen[604], wohingegen komplexere medizinische Geräte von einem insoweit kompetenten Facharzt oder speziellem medizinisch-technischem Fachpersonal überprüft werden müssen[605]. Zusätzlich kann bei Verschleiß unterworfenen Gegenständen, bei deren Versagen noch dazu ernste Gesundheitsgefahren drohen, die organisatorische Sicherstellung turnusmäßiger Aussonderung und Neu- 213

---

601 Vgl. oben Rz. 179 mit der dort zitierten Rechtsprechung.

602 BGH VersR 1978, 82 = NJW 1978, 584.

603 Vgl. auch OLG Koblenz MedR 2016, 891: Bei der computergestützten Implantation einer Kniegelenksprothese kann aus deren suboptimalem Sitz kein schuldhafter Fehler des Arztes hergeleitet werden, sofern er keinen Einfluss auf den vom Computerprogramm vorgegebenen Operationsweg genommen hat und auch kein Anhalt dafür bestand, dass das Programm fehlerbehaftet sein könnte.

604 BGH VersR 1975, 952 = NJW 1975, 2245 zur Kontrolle eines Tubus für die Intubationsbeatmung.

605 BGH VersR 1978, 82 = NJW 1978, 584: Überprüfung Narkosegerät durch Facharzt.

anschaffung auch ohne Feststellung irgendwelcher Mängel geboten sein. Dann fordert die Rechtsprechung die konkrete Anweisung zum Festhalten des Anschaffungsdatums sowie ein verlässliches Vormerken des Zeitpunktes, an dem die Aussonderung zu erfolgen hat[606]. Wartungsintervalle müssen eingehalten werden.

214 Für den Bereich der **Medikation** kommt ein Organisationsverschulden des Krankenhausträgers beispielsweise dann in Betracht, wenn ein bestimmtes Medikament für den im Voraus zu bedenkenden Fall einer speziellen Operation nicht vorrätig ist oder doch bei statusmäßig weniger gut ausgerüsteten Kliniken nicht wenigstens durch Zusammenarbeit mit Spezialzentren rechtzeitig beschafft werden kann[607]. Besondere Pflichten bestehen bei der Verwendung von **Blutkonserven**. Soweit etwa mit Blick auf eine HIV-Kontamination noch keine Testmethoden zur Verfügung standen, durfte die Gewinnung von Blutkonserven nur mit höchstmöglicher Sorgfalt erfolgen[608]. Seither müssen Blutkonserven entweder untersucht werden oder nur von solchen Herstellern bezogen werden, die dafür Gewähr leisten, dass sie die Richtlinien und Bestimmungen zur Vermeidung verseuchter Blutkonserven beachtet und alle darüber hinaus etwa noch erforderlichen Vorkehrungen getroffen haben, um nur Blutkonserven ohne Krankheitskeime zu liefern[609].

e) Hygienevorkehrungen

215 Selbstverständlich ist auch die Einhaltung der **hygienischen Standards** zu gewährleisten. Die bloße **Infektion** einer Operationswunde geht nicht zwangsläufig mit einem Behandlungsfehler einher. Bei Infektionen ist zu berücksichtigen, dass eine absolute Keimfreiheit des medizinischen Personals, aber auch des Patienten selbst nicht erreichbar ist[610]. Die Wege, auf denen sich die ihnen unvermeidlich anhaftenden Keime verbreiten können, sind im Einzelnen nicht kontrollierbar.

606 So wegen des möglichen Verlustes von Elastizität und Dichtigkeit bei Wärmflaschen aus Gummi, die zur Verwendung in Inkubatoren bestimmt sind: BGH VersR 1994, 562 = NJW 1994, 1594.

607 BGH VersR 1991, 315 = NJW 1991, 1543.

608 Näher BGH VersR 1991, 816 = NJW 1991, 1948.

609 BGH VersR 1992, 314 = NJW 1992, 743.

610 Zur Entwicklung von Problemkeimen *Siegmund-Schultze*, DÄBl. 2016, A 655.

Keimübertragungen, die sich aus solchen nicht beherrschbaren Gründen (s. Rz. 338) und trotz Einhaltung der gebotenen hygienischen Vorbereitungen ereignen, gehören zum entschädigungslos bleibenden Krankheitsrisiko[611]. Eine Haftung kommt nur in Betracht, wenn die Keimübertragung durch die gebotene hygienische Vorsorge hätte verhindert werden können. Es muss also ein **konkreter Verstoß gegen Hygienestandards** vorliegen. Die einzuhaltenden Hygieneregeln richten sich nach der durchzuführenden Behandlungsmaßnahme und können daher variieren[612]. Die Einstandspflicht kann sich dabei auch daran knüpfen, dass die Keimübertragung durch nach dem hygienischen Standard gebotene **organisatorische bzw. technische Vorkehrungen** vermeidbar gewesen wäre[613]. So muss abgesichert werden, dass zur Desinfektion kein verunreinigter Alkohol verwendet wird[614] oder unsterile Infusionsflüssigkeit zu Verwendung gelangt[615].

Bedeutung für die Organisationspflichten im Zusammenhang mit der Sicherstellung der hygienischen Standards entfalten die **Regelungen des IfSG**. Das im Jahr 2011 novellierte Gesetz weist u.a. dem Leiter einer medizinischen Einrichtung die Pflicht zur Hygienesicherstellung zu (§ 23 Abs. 3 Satz 1 IfSG), regelt die Verpflichtung zur Festlegung der innerbetrieblichen Verfahrensweisen zur Infektionshygiene in Hygieneplänen (§ 23 Abs. 5 Satz 1 IfSG), gibt umfassende Präventionsmaßnahmen (§ 23 Abs. 4 IfSG; Aufzeichnungen etc.) auf und sieht eine rechtliche Aufwertung der Empfehlungen der beim Robert-Koch-Institut eingerichteten Kommissionen vor[616]. Die Regelungen prägen 216

611 BGH VersR 1991, 467 = NJW 1991, 1541; OLG Naumburg NJW-RR 2012, 1375.

612 Vgl. etwa OLG Köln, VersR 2016, 604 (zur Spritze in das Schultergelenk); OLG Hamm GesR 2015, 685 (Öffnung einer Abszedierung mit Handschuhen, die bereits die Türklinke berührt haben); OLG Hamm NJOZ 2014, 1334 (Handschuhwechsel vor Abstöpseln einer Infusion); OVG Nordrhein-Westfalen GesR 2014, 376 (Aufbereitung zahnärztlicher Übertragungsinstrumente der Risikokategorie „kritisch B").

613 BGH VersR 1991, 467 = NJW 1991, 1541; vgl. auch OLG Hamm MedR 2006, 215.

614 BGH VersR 1978, 764 = NJW 1978, 1683.

615 BGH VersR 1982, 161 = NJW 1982, 699.

616 *Stollmann*, GesR 2011, 705; *Lorz*, NJW 2011, 3397.

die arzthaftungsrechtlichen Organisationsmaßstäbe mit[617] und wirken sich auf die Vortragslast der Behandlungsseite im Prozess aus (s. Rn. 589).

f) Sicherungspflichten

217 [103] Eigentlich nicht besonders hervorzuheben, weil nicht berufsspezifisch, ist die Tatsache, dass der Leitung von Klinik bzw. Praxis[618] eine Pflicht zur **allgemeinen Verkehrssicherung** zufällt[619]. Dies beinhaltet diejenigen Vorkehrungen, die nach den Sicherheitserwartungen

617 Eine Vermutungsregelung zugunsten der Behandlungsseite enthält § 23 Abs. 3 Satz 2 IfSG (s. hierzu auch Rz. 338). Danach wird die Einhaltung des Standes der medizinischen Wissenschaft durch die nach § 23 Abs. 3 Satz 1 IfSG verpflichteten Leiter der dort genannten Einrichtung auf dem Gebiet der Vermeidung nosokomialer Infektionen und der Weiterverbreitung von Krankheitserregern vermutet, wenn jeweils die veröffentlichten Empfehlungen der Kommission für Krankenhaushygiene und Infektionsprävention beim Robert-Koch-Institut und der Kommission Antiinfektiva, Resistenz und Therapie beim Robert-Koch-Institut beachtet worden sind; vgl. auch § 8 Abs. 2 MPBetreibVO.

618 Nicht nur Verkehrssicherungspflichten medizinischer Behandlungsträger sind in der Praxis häufig streitig. Nicht minder häufig stellt sich die Frage der Verkehrssicherung in Pflegeheimen. Grundlegend hierzu BGH VersR 2005, 1443 = NJW 2005, 2613 (Umfang der Schutzmaßnahmen gegenüber sturzgefährdetem Heimbewohner); BGH VersR 2005, 984 = NJW 2005, 1937 (Beweislastverteilung bei Unfall im Heim). Siehe auch OLG Karlsruhe GesR 2019, 724 (Beachtung Intimsphäre auch bei Demenzkranken); OLG Düsseldorf VersR 2017, 501 (kein Gebot ständiger Beaufsichtigung demenzkranker Heimbewohner); OLG Düsseldorf VersR 2017, 306 (Versagen eines gewarteten, zuverlässigen Fahrstuhls: kein Pflichtverstoß); OLG Hamm MedR 2016, 198 (Sturz vom Bett); OLG Köln GesR 2016, 534 (Sturz gebrechlicher Heimbewohnerin; Pflicht zur Hinwirkung auf geänderte betreuungsrechtliche Regelung); OLG Jena NJW-RR 2016, 273 (Begleitung beim Toilettengang); OLG Köln VersR 2015, 1393 (keine Überwachung auf „Schritt und Tritt" bei Demenz); OLG Düsseldorf VersR 2015, 1127 (Sturz trotz angebrachtem Beckengurt); OLG Hamm NJW-RR 2014, 204 (Verbrennung durch heißen Tee); OLG Schleswig NJW-RR 2013, 31 (Sturz bei begleitetem Toilettengang).

619 Mit ausführlichen Nachweisen aus der Rspr.: *Pauge/Offenloch*, Arzthaftungsrecht, Rz. 254; aus der Rechtsprechung vgl. nur OLG Düsseldorf NJOZ 2011, 1042; OLG Koblenz VersR 2009, 1553 = GesR 2010, 27; OLG Düsseldorf NJW 1992, 2972; OLG Schleswig VersR 1997, 69.

des Klinikverkehrs im Rahmen des wirtschaftlich Zumutbaren geeignet sind, Gefahren von Patienten sowie Angehörigen und Besuchern tunlichst abzuwenden, die bei bestimmungsgemäßer oder nicht ganz fern liegender bestimmungswidriger Benutzung drohen. Auch hier gilt jedoch, dass Gefahrenquellen, welche gewissermaßen deutlich erkennbar vor sich selbst warnen, nicht besonders gesichert werden müssen[620].

Wege, Zugänge sowie sonstige Einrichtung (Betten[621], Möbel, sani- 218
täre Einrichtungen[622], Behandlungs-[623] und Transportgeräte etc.) sind im Rahmen des Zumutbaren möglichst **unfallfrei zu gestalten**; ggf. ist eine Einweisung vorzunehmen[624]. Speziell für den Klinikbereich müssen Zugänge sowie Fluchtwege frei und vor allem nicht nur begehbar, sondern auch **befahrbar** sein. Erschwert – wie in modern eingerichteten Kliniken häufig – schon das uniforme Äußere der Raumgestaltung eine sinnvolle Orientierung, ist durch deutlich angebrachte und möglichst eindeutige Weghinweise den dadurch möglichen Gefahrenlagen vorzubeugen. Mangelnde Vertrautheit des Patienten mit ihm fremden medizinischen Einrichtungsgegenständen und dadurch nicht hinreichend ausgeprägter Gefahrenerwartungshorizont sind durch **präsente Fürsorge des Krankenhauspersonals** auszugleichen. Letzteres gilt gleichermaßen für spezielle Gefahren, die sich aus körperlichen Unzulänglichkeiten des Patienten selbst ergeben können[625]. Umfang und Ausmaß der von einem Krankenhaus zu gewähr-

620 Vgl. etwa OLG Koblenz VersR 2009, 1553 = GesR 2010, 27.

621 Vgl. etwa OLG Koblenz GesR 2015, 231 (Wegrollen eines Krankenhausbetts); OLG Köln MedR 2015, 271 (Schlaganfallpatient); hierzu *Gaßner/Strömer*, MedR 2015, 252.

622 Vgl. etwa BGH VersR 1991, 1058 = NJW 1991, 2960: Unfall mit Duschstuhl. S. auch BGH VersR 2019, 1381 =NJW 2019, 3516: Schutz vor in DIN-Norm umschriebener Gefahrenlage kann erwartet werden; hier: Temperaturregelung über Einhebelmischer einer Badewanne in einem Heim, wobei sich die einschlägige DIN auch auf Krankenhäuser bezieht.

623 Vgl. OLG Stuttgart NJW-RR 2006, 1318: berstsicherer Gymnastikball in Reha-Klinik.

624 Vgl. etwa OLG Koblenz VersR 2005, 943.

625 Vgl. hierzu etwa OLG Schleswig NJW-RR 2014, 343 (Laubfall auf Klinikgelände); OLG Koblenz VersR 2015, 905 (Anstreicharbeiten im Krankenhaus). Zur Behandlung adipöser Patienten vgl. etwa *Kamps*, GesR 2009, 242.

leistenden Pflege und Betreuung sowie der zu ergreifenden Sicherungsmaßnahmen (Gehhilfe, Fixierung, Bettsicherung etc.) richten sich nach dem Gesundheitszustand des jeweiligen Patienten[626]. Entsprechendes gilt für Transportmaßnahmen[627].

219 [104] Besonders zu erwähnen ist die Verpflichtung zu organisatorischen Maßnahmen (Überwachung, Durchsuchung, speziell geschützte Ausgänge, Türen, Fenster etc.), welche den **Schutz vor Selbstschädigung** suizid- oder sonst verletzungsgefährdeter psychisch Kranker sicherzustellen haben[628]. Das Gleiche gilt für den **Schutz vor Verletzungen** Dritter[629]. Der Aufwand richtet sich auch hier nach der Größe der zu erwartenden Gefahr und dem für den sinnvollen Klinikbetrieb Zumutbaren[630]. Daneben können aber auch spezielle Aspekte aus

---

626 Insbesondere Stürze von Patienten sind beständig Gegenstand gerichtlicher Auseinandersetzungen; vgl. hierzu etwa OLG Koblenz NJOZ 2016, 633 (Sturz bei Toilettengang); OLG Hamm GesR 2015, 229 (Sturz bei eigenständigem Toilettengang); OLG Koblenz NJOZ 2013, 1772 (Sturz bei physiotherapeutischer Übung); OLG Düsseldorf NJOZ 2011, 1042; keine freiheitsbeschränkenden Sicherungsmaßnahmen gegen den Willen des bewusstseinsklaren Patienten: OLG Koblenz GesR 2009, 85; Klinikpersonal darf grundsätzlich auf Beachtung der Anweisung, nicht selbständig aufzustehen, vertrauen: OLG Koblenz VersR 2011, 225 = MDR 2010, 1323.

627 Vgl. etwa OLG Koblenz NJW-RR 2014, 849 (Patiententransport zur Rehablilitation).

628 Aktuell hierzu etwa *Heyer*, ArztR 2015, 313; *Schiller*, GesR 2011, 8, 13 ff. Zu einer gegensätzlichen Fallgestaltung, bei der eine Sicherung die Verletzung auslöst, vgl. OLG Koblenz GesR 2015, 692.

629 BGH VersR 1984, 460 = NJW 1985, 677.

630 BGH VersR 2014, 1210 = NJW 2014, 539: Keine Verpflichtung, alle Fenster einer geschlossenen psychiatrischen Klinik so auszustatten, dass sie auch unter Einsatz von Körperkraft nicht so geöffnet werden können, dass ein Hinaussteigen/-springen möglich ist. Bei den Anforderungen ist mit Blick auf den Einzelfall etwa danach zu differenzieren, ob eine latente oder eine akute Suizidgefahr vorliegt und ob sich der Patient in einer psychiatrischen Fachklinik oder einer anderen Fachabteilung eines Allgemeinkrankenhauses befindet. Zu den Anforderungen an eine internistische Station eines Allgemeinkrankenhauses bei Einlieferung eines psychotischen Patienten ohne konkrete Anhaltspunkte für eine akute Suizidalität vgl. etwa OLG Frankfurt GesR 2010, 68; s. auch KG NJW-RR 2014, 592 (Unterbringung im sechsten Stock bei nicht akuter Suizidgefährdung).

der Eigenart der psychischen Erkrankung selbst und der dadurch bedingten Therapiewahl einfließen. So kann im Einzelfall eine allzu strikte, insbesondere eine für den Kranken deutlich fühlbare Überwachung, ein ihm spürbar entgegengebrachtes Misstrauen, den Therapieerfolg infrage stellen[631]. Eine lückenlose Überwachung und Sicherung ist auch in diesen Fällen nicht denkbar und kann darüber hinaus die nach moderner Auffassung gerade bei psychisch Kranken therapeutisch angezeigte vertrauensvolle Beziehung und Zusammenarbeit zwischen Patient und Arzt sowie Krankenhauspersonal gefährden. Ob das Krankheitsbild des Patienten schädigende Handlungen befürchten lässt und welche Schutzmaßnahmen ggf. mit Rücksicht auf einen Therapieerfolg zu treffen sind, ist im Wege einer wertenden Gesamtschau sämtlicher medizinischen und sonstigen behandlungs- und sicherungsrelevanten Fakten zu ermitteln. Dabei ist im Spannungsverhältnis zwischen Sicherungsinteresse und der Therapie dienenden Lockerungen eine restriktive Handhabung umso eher geboten, je mehr eine Gefährdung des therapeutischen Konzepts durch die konkrete Einschränkung fernliegt[632]. Dies wird der Tatrichter regelmäßig nicht ohne Hinzuziehung eines medizinischen Sachverständigen beurteilen können[633].

Die Rechtsprechung zur bei suizidgefährdeten Patienten anzulegen- 220
den Sorgfalt ist indes nicht übertragbar auf Fälle, in denen die Gefahr einer Selbstschädigung erst durch die im Zusammenhang mit dem ärztlichen Eingriff durchgeführte **Sedierung und ihre Folgewirkungen** entstand, die u.a. wegen der gegebenen Möglichkeit einer Gedächtnisstörung für die Zeit nach Verabreichung des Medikaments und einer längeren Fahruntüchtigkeit für den Patienten gefährlich waren. Hier besteht ein erhöhtes Sicherungsbedürfnis, weshalb strenge Anforderungen an die Überwachung des Patienten zu stellen sind[634].

---

631 BGH VersR 2014, 1210 = NJW 2014, 539; BGH VersR 1994, 50 = NJW 1994, 794; BGH VersR 2000, 1240 = NJW 2000, 3425; vgl. auch OLG Oldenburg MedR 2012, 332; OLG Stuttgart VersR 1994, 731; OLG Frankfurt VersR 1994, 483 mit Anm. *Gaisbauer*; *Laufs*, NJW 1994, 1562 f.; *Marburger*, VersR 1971, 777, 784, auch zur Beweislast S. 788.

632 OLG Koblenz VersR 2008, 1217 = GesR 2008, 255.

633 BGH VersR 1994, 50 = NJW 1994, 794.

634 BGH VersR 2003, 1126 = NJW 2003, 2309; vgl. auch OLG Oldenburg VersR 2011, 1269 = MedR 2011, 294; kritisch *Laufs*, NJW 2003, 2288. Entsprechende Grundsätze erscheinen bei dementen Patienten sachge-

221 [105] Ist im Einzelfall Inhalt des Behandlungsvertrags gerade die ärztliche Versorgung wegen Selbstgefährdung und steht damit die „Inschutznahme vor sich selbst“ prägend mit im Zentrum des Anlasses für die Einschaltung ärztlicher Hilfe, handelt es sich dabei also nicht nur um eine das Behandlungsverhältnis begleitende Nebenpflicht, so kann, wenn der Patient während der stationären Behandlung dennoch einen Selbstmordversuch unternimmt, dem Krankenhausträger grundsätzlich der **Mitverschuldenseinwand** versagt sein[635]. Entsprechendes gilt immer dann, wenn die Verhinderung des eingetretenen Schadens allein der Behandlungsseite oblag[636].

3. Ärztliche Zusammenarbeit

222 [106] Bei der Zusammenarbeit ärztlicher Kollegen auf der Ebene der Gleichordnung (sog. **horizontale Arbeitsteilung**), sei es die Zusammenarbeit der einzelnen Fachabteilungen desselben Krankenhauses, sei es diejenige niedergelassener Ärzte untereinander oder schließlich die Kooperation der Kliniken mit niedergelassenen Ärzten[637], besteht für jeden der Beteiligten die eigenverantwortliche Pflicht zur Koordination und insbesondere zur Gewährleistung des für die sinnvolle Arbeit des jeweils anderen notwendigen Informationsflusses. Mängel in diesem Bereich, die dann zu einem Fehlverhalten des anderen bei der Tätigkeit auf seinem Spezialgebiet führen, stellen eigene Behandlungsfehler dar und verpflichten – möglicherweise gesamtschuldnerisch – zum Schadensersatz[638].

223 Werden **Ärzte unterschiedlicher Fachgebiete** tätig, handeln diese grundsätzlich gleichberechtigt und eigenverantwortlich innerhalb der meist klar voneinander abzugrenzende Verantwortungsbereiche. So-

recht, da auch hier der Therapieerfolg weniger Bedeutung bei der Ausgestaltung des Sicherungskonzepts beanspruchen kann. Vgl. zu einer solchen Fallgestaltung: OLG Hamm GesR 2017, 447.

635 BGH VersR 1986, 185 = NJW 1986, 775.

636 BGH VersR 2003, 1126 = NJW 2003, 2309.

637 Zur Übersicht vgl. RGRK – *Nüßgens*, BGB § 823 Anh. II Rz. 218 ff.

638 *Pauge/Offenloch*, Arzthaftungsrecht, Rz. 289 ff.; BGH VersR 1999, 579 = NJW 1999, 1779: notwendige Koordination zwischen Anästhesist und Ophthalmologe, um Risiken zu vermeiden, die sich gerade aus der Unverträglichkeit der von den beiden Fachrichtungen vorgesehen Methoden ergeben können.

lange keine offensichtlichen Qualifikationsmängel oder Fehlleistungen erkennbar sind, gilt der **Vertrauensgrundsatz**, wonach der Arzt auf die fachliche Richtigkeit des Handelns der Kollegen aus einer anderen Fachrichtung vertrauen darf[639]. Insoweit besteht keine wechselseitige Überwachungspflicht. So kann sich der mit der Durchführung einer bestimmten Operation beauftragte Chirurg auf die vom zuweisenden Arzt gestellte Indikation verlassen. Nur wenn Anhaltspunkte für Zweifel an dem diagnostischen oder therapeutischen Vorgehen des zuweisenden Arztes bestehen, ist ein Vertrauen auf die Richtigkeit der Behandlung ausgeschlossen. Solche Zweifel können sich auch intraoperativ zeigen, wenn sich ein vom Vorbefund grundlegend abweichendes Bild ergibt[640].

Diese Grundsätze finden keine Anwendung bei der regelmäßig nacheinander erfolgenden **Behandlung von Ärzten eines Fachgebiets**[641]. 224
In diesen Fällen ist der Nachbehandler gehalten, sich von der Richtigkeit der Diagnose und Therapie des Vorbehandlers zu vergewissern[642]. Grenzen können für die Verpflichtung zur erneuten Diagnostik bestehen, wenn die bestehenden Unterlagen hinreichend aussagekräftig sind oder sich die Diagnosemaßnahmen als erhebliche Belastung für den Patienten darstellen. Auch kann der Vertrauensgrundsatz nicht entlasten, wenn es nicht um zu differenzierende Aufgaben- und Verantwortungsbereiche geht, sondern fachübergreifende Kooperation und Kommunikation geschuldet ist. Das Zusammenwirken mehrerer Ärzte darf nicht etwa zu einer Risikoerhöhung für den Patienten führen, die sich aus der unterlassenen Abstimmung angewandter Be-

---

639 BGH VersR 1991, 694 = NJW 1991, 1539; BGH VersR 1999, 579 = NJW 1999, 1779; BGH VersR 2002, 1026 = NJW 2002, 2944; BGH VersR 2010, 816, 819 = JZ 2010, 466 m. Anm. *Spickhoff*; OLG Koblenz VersR 2014, 711; OLG Frankfurt GesR 2015, 286; OLG Naumburg VersR 2005, 1401; zum Problemkreis instruktiv *Pauge* in FS Hirsch, 2008, S. 423. Zur Frage der Anwendbarkeit des Vertrauensgrundsatzes zwischen Arzt und Hersteller eines Medizinprodukts *Andreas*, ArztR 2012, 145, 146 f.

640 OLG Köln VersR 2009, 1670 = NJW-RR 2009, 960.

641 Vgl. aber zur Mitbehandlung OLG Düsseldorf GesR 2012, 306.

642 KG GesR 2004, 136; OLG Frankfurt NJW-RR 2004, 1333; *Deutsch/Spickhoff*, Medizinrecht, Rz. 601; wohl anders OLG Jena GesR 2004, 180.

handlungsinstrumente (Medikation, Behandlungsmethode etc.) ergibt[643].

225 Wo die Arbeitsabläufe gleichsam Hand in Hand verlaufen, insbesondere die beteiligten Ärzte unterschiedlicher Fachrichtung wie häufig in Kliniken unter einem Dach oder sogar gleichzeitig am selben Operationstisch arbeiten, kann die Abgrenzung auf Grund bestehender **interdisziplinärer Vereinbarungen**[644], besonderer Regelungen der Klinikleitung oder letztlich – meist nur mit sachverständiger Hilfe – auf Grund der spezifischen fachlichen Qualifikation[645] vorgenommen werden. So hatte sich beispielsweise der BGH in der Vergangenheit mehrfach in dieser Weise mit der Abgrenzung der Verantwortung von Operateur und Anästhesist für die unterschiedlichen zeitlichen Phasen vor, während und nach der Operation zu befassen[646].

226 Je nach Lage des Falles und der diesen mitbestimmenden organisatorischen Verhältnisse schließt auch das Eingreifen des weisungsberechtigten Chefarztes in eine laufende Operation den unangetasteten Fortbestand der Verantwortlichkeit des für die Operation zunächst zuständigen Arztes nicht ohne weiteres aus[647].

227 [107] Bei voneinander abgrenzbaren Verantwortungsbereichen kommt auf Grund des im Regelfall eigenverantwortlichen Handelns der Ärzte eine Haftung des einen für Behandlungsfehler des anderen weder unter dem Gesichtspunkt eines Erfüllungsgehilfen (§ 278 BGB) noch un-

643 Vgl. *Diederichsen*, GesR 2011, 257, 263.

644 BGH VersR 1984, 356 = NJW 1984, 1400; *Rumler-Detzel*, VersR 1994, 254 f.; eine Übersicht zu bestehenden Vereinbarungen verschiedener Fachbereiche bietet: *Franzki*, Der Arzthaftungsprozess, S. 16.

645 Dieser Gesichtspunkt greift auch bei der Abgrenzung der Aufgabenbereiche von nichtärztlichem Rettungsdienstpersonal und (Not-)Arzt, vgl. OLG Karlsruhe GesR 2016, 515; *Brose*, VersR 2014, 1172.

646 BGH VersR 1991, 694 = NJW 1991, 1539; BGH VersR 1984, 356 = NJW 1984, 1400; zum Ende der Zuständigkeit des Anästhesisten in der postoperativen Phase: BGH VersR 1989, 1296 = NJW 1990, 759; Gehrlein, Grundriss der Arzthaftpflicht, Rz. B 56 ff. Vgl. auch OLG Koblenz VersR 2016, 863: Gemeinsame Verpflichtung von Chirurg und Anästhesist zur Abklärung von ihnen voroperativ vermuteter Blutgerinnungsstörung; diskutabel ist die Einschränkung des Zurechnungszusammenhangs zugunsten des Anästhesisten, wenn die schädliche Einblutung dann nur den Teilbereich betrifft, der allein Sache des Chirurgen war.

647 BGH VersR 1987, 770 = NJW 1987, 2291.

ter demjenigen eines Verrichtungsgehilfen (§ 831 BGB) in Betracht[648]. Wie im Übrigen weder Arzneimittelhersteller oder die Blutbank des Deutschen Roten Kreuzes Erfüllungsgehilfen von Ärzten oder Kliniken sind, ist auch der vom behandelnden Arzt zu histologischen Untersuchungszwecken zugezogene Pathologe weder dessen Erfüllungs- noch dessen Verrichtungsgehilfe, sondern wird in der Regel auf seinem Fachgebiet selbständig tätiger ärztlicher Vertragspartner des Patienten[649].

[108] Gleiches gilt im Verhältnis zwischen **überweisendem** und empfangendem **Arzt.** Grundsätzlich hat jeder Arzt nur denjenigen Gefahren zu begegnen, die in seinem Tätigkeitsfeld entstehen. Er muss sich, jedenfalls solange keine offensichtlichen Qualifikationsmängel (des anderen Arztes) oder Fehlleistungen erkennbar werden, darauf verlassen dürfen, dass auch der Kollege des fremden Fachgebietes seine Aufgaben mit der gebotenen Sorgfalt erfüllt. Eine gegenseitige Überwachungspflicht – mit der Folge eines **eigenen Behandlungsfehlers** bei deren Nichterfüllung – besteht insoweit nicht[650]. So darf sich der behandelnde Orthopäde auf den schriftlichen Befund des Radiologen 228

648 Eine davon zu unterscheidende Frage ist, ob der Zurechnungszusammenhang zwischen Gesundheitsschaden und Arztfehler allein deshalb entfällt, weil danach ein weiterer Behandlungsfehler eines die Behandlung übernehmenden Arztes hinzutritt: BGH VersR 1986, 601 = NJW 1986, 2367; vgl. Rz. 157.

649 Diese Rechtsprechung ist im Extremfall nicht ganz unproblematisch. Immerhin erfordert der Vertragsschluss mit dem zugezogenen Arzt unter dem Gesichtspunkt des Zustandekommens eines Rechtsgeschäftes eine hierauf gerichtete Willenserklärung des Patienten. Hierfür wird man eine zumindest rudimentär vorhandene Kenntnis des Patienten davon verlangen müssen, dass ihm nunmehr ein neuer Vertragspartner mit eigenständiger Leistungspflicht gegenübertreten soll. Nicht selten teilt aber der behandelnde Arzt dem Patienten nicht oder nicht mit ausreichender Deutlichkeit mit, dass eine bestimmte Leistung nicht von ihm selbst oder seinem Personal erbracht wird. So könnte man in solchen Fällen das Zustandekommen des Vertrages möglicherweise erst nachträglich, mit separater Rechnungsstellung etwa durch den Pathologen annehmen. Vgl. hierzu auch: *Franzki*, Der Arzthaftungsprozess, S. 28 und insbesondere oben Rz. 40 ff.

650 BGH VersR 1994, 102 = NJW 1994, 797; BGH VersR 1991, 694 = NJW 1991, 1539 m.w.N.; BGH VersR 1989, 186 = NJW 1989, 1536; OLG Koblenz GesR 2012, 346; OLG Köln VersR 2011, 1452; OLG Düsseldorf NJW-RR 2004, 22; auch OLG Jena VersR 2008, 401 = GesR 2008, 49.

zu einer von diesem gefertigten MRT-Aufnahme verlassen und muss diesen nur dann hinterfragen, wenn sich dieser mit den von ihm erhobenen klinischen Befunden nicht oder nur erheblich eingeschränkt vereinbaren lässt[651]. Bei anderer Handhabung würde gerade der angestrebte Vorteil der Arbeitsteilung infrage gestellt. Darüber hinaus würde man angesichts fortschreitender fachlicher Spezialisierung mit der Forderung nach einer Überwachung etwas in der ärztlichen Praxis kaum zu Leistendes verlangen.

229 [109] Wird einem **hinzugezogenen Arzt** im Rahmen eines bereits mit einem anderen Arzt bestehenden Behandlungsverhältnisses nur ein **begrenzter Leistungsauftrag** etwa im Hinblick auf eine ganz bestimmte Untersuchung erteilt, so verpflichtet dies zwar nicht zu umfassender Beratung und Behandlung des Patienten. Die Bindung des hinzugezogenen Arztes an die Grenzen des Überweisungsauftrags bedeutet indessen nicht, dass sich seine Tätigkeit einem Werkzeug gleich auf eine rein technische Ausführung seines Auftrags beschränkt. Er übernimmt vielmehr in gewissem Umfang auch eigenständige Pflichten. Er hat dabei auch zu prüfen, ob die von ihm erbetene Leistung den Regeln der ärztlichen Kunst entspricht und nicht etwa kontraindiziert ist. Auf Diagnose sowie Zutreffen der durch den überweisenden Arzt gestellten Indikation kann er sich zwar im Allgemeinen verlassen. Hat er jedoch – insbesondere wenn er selbst der Spezialist ist – auf Grund bestimmter Anhaltspunkte Zweifel an der Richtigkeit der Diagnose, darf er diese Zweifel weder auf sich beruhen lassen, noch darf er hierzu eigenmächtig zu Maßnahmen greifen, die über den ihm erteilten Auftrag hinausgehen. In solchem Falle ist er vielmehr verpflichtet, die Einwilligung des primär behandelnden Arztes einzuholen[652].

651 OLG München ArztR 2015, 184; vgl. auch OLG Koblenz VersR 2014, 711, 712 (Vertrauen des Hausarztes auf Befund eines konsultierten Facharztes).

652 Zum Ganzen BGH VersR 1994, 102 = NJW 1994, 797; OLG Stuttgart VersR 2002, 98 = NJW-RR 2001, 960. Nach der Rechtsprechung kann sich der hinzugezogene Arzt auch nicht darauf berufen, dass er für vom Auftrag nicht gedeckte Leistungen für einen Kassenpatienten keine Gebühren erhält. Denn die ärztlichen Pflichten hängen nicht zwingend von den jeweiligen Gebührenregelungen ab. Zur Abgrenzung der Pflichtenkreise von überweisendem Arzt und Facharzt: OLG Naumburg NJW-RR 2009, 28 = ZMGR 2008, 286.

[110] Jedenfalls gehört es zu den wesentlichen eigenen Sorgfaltspflichten des hinzugezogenen Arztes, den behandelnden Arzt in einem **Arztbrief** nicht nur klar und unmissverständlich[653] über das Ergebnis des Überweisungsauftrags, sondern auch über eventuelle bei Gelegenheit der Auftragsdurchführung gestellte Verdachtsdiagnosen zu informieren[654]. Der behandelnde Arzt wiederum muss den Arztbrief auswerten und – erforderlichenfalls – mit dem Patienten erörtern sowie in die weitere Behandlung einfließen lassen[655]. Bedenken hinsichtlich der Diagnose und Therapie des hinzugezogenen Arztes muss er nachgehen[656]. 230

Auch im Übrigen kommen nach Abschluss der eigenen Behandlung – etwa nach Entlassung des Patienten aus einer Klinik – noch fortdauernde Pflichten in Betracht. So sind in dem an den nachbehandelnden Arzt gerichteten Arztbrief jedenfalls in nicht einfach gelagerten, eine besondere ärztliche Überwachung erfordernden Fällen neben dem Entlassungsbefund alle sich daraus für die Nachbehandlung ergebenden besonderen therapeutischen Konsequenzen niederzulegen[657]. Außerdem ist auf mögliche, spezifische Komplikationen hinzuweisen[658]. 231

4. Diagnose/Befunderhebung

[111] Im Bereich der ärztlichen Diagnose ist für die Frage, ob ein Verstoß gegen die gebotene Sorgfalt anzunehmen ist, zwischen zwei grundsätzlich verschiedenen Situationen zu **unterscheiden**: Wird dem Arzt lediglich eine **Fehlinterpretation tatsächlich erhobener Befunde**, also ein Irrtum bei der Auswertung einer tatsächlich durchgeführten Untersuchung vorgeworfen oder steht vielmehr die **Nichterhebung von Befunden** und das Nichtabklären einer sich aufdrängenden 232

653 Vgl. OLG Köln MedR 2017, 318.

654 BGH VersR 1994, 102 = NJW 1994, 797; ähnlich: BGH VersR 1992, 1263 = NJW 1992, 2962; vgl. auch OLG Koblenz VersR 2018, 613 zu psychologischem Nebenbefund.

655 BGH VersR 2018, 1192, 1194 = NJW 2018, 3382.

656 BGH VersR 2018, 1192, 1194 = NJW 2018, 3382.

657 Näher OLG Koblenz VersR 2018, 613 (auch zur Aufnahme eines psychologischen Befundes nach Behandlung wegen Wirbelsäulenbeschwerden in einer Schmerzklinik).

658 BGH VersR 1988, 82 = NJW 1987, 2927; BGH VersR 1981, 954 = NJW 1981, 2513.

Verdachtsdiagnose im Vordergrund[659]. Dabei kann natürlich die eine Situation aus der anderen hervorgehen.

233 Da die Symptome einer Erkrankung nicht immer eindeutig sind, sondern auf verschiedene Ursachen hinweisen können, und jeder Patient auf Grund der Unterschiedlichkeiten im menschlichen Organismus die Symptome ein und derselben Krankheit in recht unterschiedlicher Ausprägung aufweisen kann, sind – sich nachträglich als solche herausstellende – Irrtümer bei der Diagnosestellung oft nicht Folge eines vorwerfbaren Versehens des behandelnden Arztes. Soweit **Diagnoseirrtümer** lediglich auf eine **Fehlinterpretation der Befunde** zurückzuführen sind, hat sie die Rechtsprechung deshalb stets nur mit **Zurückhaltung** als Behandlungsfehler gewertet[660]. Eine Einstandspflicht ist daher nicht gegeben, wenn sich die fehlerhafte Diagnose als in der gegebenen Situation vertretbare Deutung der Befunde darstellt[661]; bei der Beurteilung der Vertretbarkeit ist auf die Sicht des Arztes zum Zeitpunkt der Diagnosestellung abzustellen (Ex-ante-Sicht)[662]. Hingegen liegt ein **vorwerfbarer Diagnosefehler** vor, wenn Symptome oder Befunde gegeben sind, die für eine bestimmte Erkrankung kennzeichnend sind, vom Arzt aber nicht ausreichend berücksichtigt oder falsch gedeutet werden[663]. Zugrunde zu legen sind alle erhobenen Befunde, also auch Ergebnisse solcher Untersuchungen, die zur Einhaltung der berufsspezifischen Sorgfalt nicht geboten waren,

659 BGH VersR 2011, 400 = NJW 2011, 1672; BGH VersR 2008, 644 = NJW 2008, 1381; BGH VersR 2003, 1256; BGH VersR 1995, 46 = NJW 1995, 778; BGH VersR 1988, 293 = NJW 1988, 1513; OLG Koblenz GesR 2012, 346.

660 BGH VersR 1981, 1033 = MedR 1983, 107; BGH AHRS 1815/102 (Urteil v. 14.6.1994); BGH VersR 2003, 1256 = NJW 2003, 2827; OLG Koblenz GesR 2012, 346; OLG Frankfurt VersR 1997, 1358.

661 Vgl. etwa OLG Hamm NJOZ 2019, 1188 (keine Vertretbarkeit, wenn Fraktur allenfalls von einem Berufsanfänger hätte übersehen werden können); OLG Koblenz VersR 2015, 988 (nach Gesamtumständen naheliegende Erkrankung diagnostiziert, tatsächlich lag eine seltene Erkrankung – subfaszialer Gasbrand – vor); OLG Köln VersR 2014, 1005; *Geiß/Greiner*, Arzthaftpflichtrecht, Rz. B 55.

662 OLG Hamm VersR 2016, 926; OLG Naumburg VersR 2010, 1041 = GesR 2010, 139; vgl. auch OLG Koblenz GesR 2017, 399; OLG Koblenz GesR 2011, 539.

663 BGH VersR 1958, 545; BGH VersR 2003, 1256 = NJW 2003, 2827; OLG Köln VersR 2004, 794; *Müller*, GesR 2004, 257, 259.

aber trotzdem veranlasst wurden[664]. Der für die Auswertung eines Befundes medizinisch verantwortliche Arzt darf sein Augenmerk dabei nicht auf seinen Fachbereich beschränken. Vielmehr muss er auf alle Befunde und Auffälligkeiten reagieren, die für einen sorgfältigen Arzt seines Fachbereichs erkennbar sind. Erkennbare **„Zufallsbefunde"** dürfen also nicht unberücksichtigt bleiben[665].

[112] Viel eher dagegen kann das **Nichterheben gebotener Befunde**, 234
das Unterlassen erforderlicher Untersuchungen[666] – die dann möglicherweise zu anderer Diagnose geführt hätten – einen Behandlungsfehler darstellen. Unterlässt beispielsweise der Arzt die Überprüfung einer von ihm gestellten ersten Diagnose im weiteren Behandlungsverlauf, dann gilt dies nicht nur dann als sorgfaltswidrig, wenn die etwa begonnene Therapie keine Wirkung zeigt, sondern auch bereits dann, wenn Krankheitserscheinungen auftreten, die für die zunächst angenommene Erkrankung untypisch sind[667] oder auch für eine ganz andere Erkrankung sprechen könnten. Eigendiagnosen des Patienten entbinden den Arzt weder von der Verpflichtung zur selbstverantwortlichen Diagnosestellung noch von der Erhebung gebotener Befunde bzw. deren Veranlassung[668]. Eine Abklärung kann sich ausnahmsweise dann erübrigen, wenn sich im Einzelfall abweichende Erscheinungen zweifelsfrei aus einer besonderen körperlichen Konstitution des konkreten Patienten erklären lassen. Können Symptome – wenn auch vielleicht mit unterschiedlichem Wahrscheinlichkeitsgrad[669] – auf mehrere verschiedene Krankheiten hindeuten, so ist, wenn (wie in der Regel) eine vernünftige Therapie eine sichere Festlegung erfordert, durch weitere differenzialdiagnostische Untersuchungsmaßnahmen Auf-

664 BGH VersR 2011, 400 = NJW 2011, 1672; vgl. auch OLG Düsseldorf, VersR 1992, 494, 495.

665 BGH VersR 2011, 400 = NJW 2011, 1672 = JZ 2011, 795 m. insoweit krit. Anm. *Katzenmeier.*

666 Ggf. auch durch einen anderen Arzt: OLG Koblenz NJW-RR 2016, 539.

667 BGH VersR 1985, 886 = MedR 1986, 36.

668 Vgl. OLG Koblenz VersR 2012, 1041 = MDR 2012, 770. Siehe aber auch OLG Naumburg GesR 2015, 498: erweckt der Patient den Anschein einer Besserung des zuvor geäußerten Beschwerdebildes, kann dies einem Befunderhebungsfehler entgegenstehen; OLG Köln VersR 2015, 330, 331: Vertrauen eines Zahnarztes auf Mitteilung des Patienten, die Blutwerte seien in Ordnung, möglich, wenn dieser selbst Arzt ist.

669 Vgl. OLG Frankfurt NJW-RR 1994, 21.

schluss über die konkret vorliegende Erkrankung zu suchen[670]. Allein die Möglichkeit ergänzender Befunderhebungsmaßnahmen genügt aber nicht: Liegen etwa bei einer Schwangerschaftsbetreuung alle standardmäßigen Untersuchungsergebnisse im Normbereich, muss bei Fehlen von Risikofaktoren keine zusätzliche Untersuchung auf eine Makrosomie beim Kind veranlasst werden[671]. Nicht um einen Befunderhebungsfehler handelt es sich, wenn ein Arzt bei vollständig erhobenem Befund die im konkreten Fall als geboten anzusehende Einholung einer Zweitmeinung unterlässt[672].

235 [113] **Beweisrechtlich** gilt auch insofern der Grundsatz, dass der Patient die Voraussetzungen eines Behandlungsfehlers – also eines vorwerfbaren Diagnosefehlers oder einer Nichterhebung erforderlicher Befunde – und dessen Ursächlichkeit für den behaupteten Gesundheitsschaden darlegen und beweisen muss. Gelingt dem Patienten der Nachweis der Ursächlichkeit des bewiesenen Fehlers für den geltend gemachten Gesundheitsschaden nicht, kommen ihm Beweiserleichterungen nur dann zu Hilfe, wenn der objektive Fehler der Behandlungsseite entweder als grob zu werten ist (sog. fundamentaler Diagnosefehler)[673], ein grober Fehler in der Befunderhebung vorliegt[674] oder die Voraussetzungen für eine Beweislastumkehr wegen eines (lediglich einfachen) Fehlers bei der Befunderhebung oder der Befundsicherung gegeben sind (zum Ganzen Rz. 283 ff.)[675].

---

670 BGH VersR 1987, 1092 = NJW 1987, 2293; BGH VersR 1988, 293 = NJW 1988, 1513; BGH VersR 1987, 1089 = NJW 1987, 1482; BGH VersR 1993, 836 = NJW 1993, 2375; vgl. auch KG GesR 2012, 45.

671 OLG Naumburg GesR 2014, 352.

672 BGH VersR 2007, 541 = NJW-RR 2007, 744; OLG Koblenz GesR 2012, 346. Die Einholung einer Zweitmeinung ist jedoch von der – mit Hilfe eines Sachverständigen nach medizinischen Maßstäben zu klärenden – Frage zu unterscheiden, in welchen ärztlichen Fachbereich die Auswertung eines Befundergebnisses fällt; vgl. hierzu BGH VersR 2011, 400 = NJW 2011, 1672.

673 BGH VersR 2007, 541 = NJW-RR 2007, 744; BGH VersR 1996, 633; BGH VersR 1981, 1033; OLG Koblenz VersR 2007, 1001.

674 BGH VersR 1998, 457; BGH VersR 1999, 1282.

675 BGH VersR 1996, 633; BGH VersR 1999, 231; BGH VersR 1999, 1282.

[114] Andererseits kann auch ein **Zuviel** an diagnostischen Maßnahmen einen Behandlungsfehler darstellen[676]. Nicht jeder Diagnosevorgang bleibt für den Patienten ohne Folgen. Je stärker ein **diagnostischer Eingriff** die körperliche Integrität berührt und je größer die mit ihm verbundenen Risiken sind, desto mehr stellt sich neben den ansonsten eher maßgeblichen Wirtschaftlichkeitsgesichtspunkten die Frage nach einer ausreichenden medizinischen Indikation. Die Bejahung der Indikation zu einer risikobehafteten invasiven diagnostischen Maßnahme (beispielsweise in der diagnostischen Radiologie) setzt immer eine Güterabwägung zwischen der diagnostischen Aussagefähigkeit, den Aufklärungsbedürfnissen und den besonderen Risiken für den Patienten voraus[677]. Dabei kann es gegen den Eingriff sprechen, wenn er lediglich der sinnvollen Vervollständigung einer schon anderweit im Großen und Ganzen abgeklärten Diagnose zu dienen bestimmt ist. 236

Zur Haftung führen kann auch die **Mitteilung einer falschen Diagnose**[678]. Hierfür muss die Diagnose objektiv fehlerhaft sein, einer sachgerechten tatsächlichen Grundlage entbehren, beim Patienten die Befürchtung einer schweren Erkrankung hervorrufen und die Art und Weise der Mitteilung geeignet sein, den Patienten in psychischer Hinsicht schwer zu belasten[679]. 237

5. Therapiewahl und therapeutische Beratungspflichten

a) Wahl der Behandlungsmethode

[115] Sorgfaltsmaßstäbe für den therapeutischen Bereich sind teils schon angesprochen (vgl. oben Teil 3 II). Die Frage der Indikation[680] vermag der Jurist auch hier nur mit sachverständiger Unterstützung 238

676 *Laufs/Kern/Rehborn*, Handbuch des Arztrechts, § 52 Rz. 9 f.; *Pauge/Offenloch*, Arzthaftungsrecht, Rz. 193.

677 BGH VersR 1995, 1055 = NJW 1995, 2410 zu der schwerwiegenden Folge einer Querschnittslähmung, verursacht durch einen präoperativen Diagnoseeingriff; OLG Koblenz GesR 2012, 346.

678 Grundsätzlich besteht kein Anspruch auf Widerruf einer Diagnose: BGH VersR 1988, 827; OLG Koblenz VersR 2018, 613; s. auch OLG München GuP 2019, 232.

679 OLG Bamberg VersR 2004, 198.

680 Vgl. hierzu *Lipp*, MedR 2015, 762; *Köberl*, MedR 2019, 203. Zu Behandlungsziel und Indikation am Lebensende *Lipp*, MedR 2018, 754, 757 ff.; ferner *Korn*, GuP 2017, 168; *Janda*, MedR 2018, 778.

zu beantworten. In Rechtsprechung und Schrifttum ist anerkannt, dass die **Wahl der Behandlungsmethode** primär Sache des Arztes[681] ist, dem bei seiner Entscheidung ein weites **Ermessen** einzuräumen ist, soweit praktisch gleichwertige Methoden zur Verfügung stehen[682]. Stets ist das Verhältnis von Eingriffsintensität, Risiken und Nutzen sowie Erfolgsaussicht im Auge zu behalten[683]. Bei mehreren therapeutischen Möglichkeiten[684] muss der Arzt zwar nicht stets den sichersten Weg wählen[685]. Ein höheres Risiko muss jedoch in den besonderen Sachzwängen des konkreten Falles oder in einer günstigeren Heilungsprognose seine sachliche Rechtfertigung finden[686]. Jedenfalls hat der Arzt alle bekannten und medizinisch vertretbaren Sicherungsmaßnahmen anzuwenden, die eine erfolgreiche und komplikationsfreie Behandlung gewährleisten, und muss umso vorsichtiger vorgehen, je einschneidender ein Fehler sich für den Patienten auswirken kann[687]. Bekannte Risiken müssen deshalb möglichst durch die Wahl einer risikoärmeren Methode verringert werden. Im Gegenzug muss die Wahl der risikoreicheren Therapie stets medizinisch begründet sein[688]. In Grenzbereichen der Medizin, in denen Handeln geboten ist, aber keine ausreichenden Erfahrungswerte bestehen, kann der ärztliche Ermessensspielraum einen weiten Umfang einnehmen[689].

---

681 Zum Einsatz künstlicher Intelligenz *Dettling*, PharmR 2019, 633; vgl. auch *Duttge*, MedR 2019, 771.

682 BGH VersR 2020, 168 = NJW 2020, 1358; BGH VersR 2007, 1273 = NJW 2007, 2774; BGH VersR 2006, 1073 = NJW 2006, 2477; BGH VersR 2005, 836 = NJW 2005, 1718; *Katzenmeier*, Arzthaftung, S. 304 ff.; *Müller*, GesR 2004, 257, 259; *Frahm*, GesR 2005, 529, 530 f. Anderes gilt, wenn eine Behandlungsmethode zwingend indiziert ist: BGH VersR 1956, 224.

683 BGH VersR 1991, 315 = NJW 1991, 1543; vgl. auch OLG Hamm VersR 2005, 942.

684 Vgl. zur Standardermittlung bei mehreren Behandlungsmethoden *Dumbs*, GesR 2014, 513.

685 Vgl. auchBGH VersR 2020, 168 = NJW 2020, 1358.

686 BGH VersR 2007, 1273 = NJW 2007, 2774; BGH VersR 2006, 1073 = NJW 2006, 2477; BGH VersR 1988, 82 = NJW 1987, 2927; *Katzenmeier*, NJW 2006, 2738, 2739.

687 BGH VersR 2007, 1273 = NJW 2007, 2774 m.w.N.

688 *Geiß/Greiner*, Arzthaftpflichtrecht, Rz. B 35.

689 OLG Hamm GesR 2017, 179.

An diesen Grundsätzen ändert auch die für die vertragliche Haftung in **§ 630a Abs. 2 BGB** geregelte Verpflichtung zur Einhaltung des „allgemein anerkannten fachlichen Standards“ nichts[690]. Denn § 630a Abs. 2 BGB ist – wie auch in der Gesetzesbegründung anklingt – unter Berücksichtigung der Besonderheiten der ärztlichen Behandlung zu interpretieren. Die Fixierung auf die allgemein anerkannten Standards kann anders als in manchem technischen Bereich mit unabänderlichen Naturgesetzen nicht dahin verstanden werden, dass die am individuellen Behandlungsfall orientierte Methodenwahl eine Beschränkung erfährt. So wie in klassischen Behandlungssituationen die „allgemein anerkannten Standards“ geradezu verpflichtend wirken, können Eigenheiten – etwa in der Persönlichkeit des Patienten oder dem Ausmaß bzw. Fortschritt der Erkrankung – ärztliche Überlegungen zur Therapiewahl erfordern, weil die übliche Therapie in diesem konkreten Fall aufgrund der Besonderheiten eben nicht den „allgemein anerkannten fachlichen Standard“ repräsentiert und sich nur die Abweichung als „standardgerecht“ darstellt. Zudem können gleichwertige Behandlungsmethoden gemeinsam den „anerkannten Standard“ prägen. Diese Abhängigkeit der Methodenfreiheit vom konkreten Behandlungsfall entsprach auch dem bisherigen Verständnis. 239

[116] Unter Zugrundelegung dessen führt auch die Anwendung einer (noch) nicht anerkannten Heilmethode nicht ohne weiteres zu einer Einstandspflicht des Arztes im Schadensfall[691]. Die Anwendung einer Neuland- bzw. Außenseitermethodebzw. der **Heilversuch** mit einem noch nicht zugelassenen Medikament dürfen jedoch nur dann erfolgen, wenn die verantwortliche medizinische Abwägung und ein Vergleich der zu erwartenden Vorteile dieser Methode und ihrer abzusehenden und zu vermutenden Nachteile mit der standardgemäßen Behandlung unter Berücksichtigung des Wohls des Patienten die 240

690 Eine Einschränkung der Therapiefreiheit befürchtet *Katzenmeier*, MedR 2012, 576, 579.

691 BGH VersR 2020, 168 = NJW 2020, 1358; BGH VersR 2017, 1142 = NJW 2017, 2685; BGH VersR 2007, 1273 = NJW 2007, 2774; BGH VersR 1991, 469 = NJW 1991, 1535; BGH VersR 1985, 969 = MedR 1986, 77. Zum Placeboeinsatz *Katzenmeier*, MedR 2018, 367. Zur gebotenen Sorgfalt bei individuellen Gesundheitsleistungen (IGeL) *Voigt*, GuP 2015, 1, 3 f.

Anwendung der neuen Methode rechtfertigt[692]. Entsprechendes gilt bei Wahl einer ganzheitlich ausgerichteten Therapie[693]. Auch nach der Entscheidung für die **Neuland- bzw. Außenseitermethode** bzw. den Heilversuch muss der Arzt sich weiter dieser Abwägung stellen, da bei deren Anwendung in besonderem Maße mit bisher unbekannten Risiken und Nebenwirkungen zu rechnen ist. Den Arzt trifft folglich – insbesondere wenn Komplikationen auftreten – die Verpflichtung, die Behandlungsmethode permanent zu überprüfen und neue Erkenntnisse über mögliche Risiken und Nebenwirkungen zu berücksichtigen[694]. Treten Komplikationen auf, muss der Arzt sich über deren Ursache vergewissern und darf die Behandlung nur fortsetzen, wenn auszuschließen ist, dass die Komplikationen durch die Behandlung verursacht sind. Der Arzt unterliegt also sowohl bei der Entscheidung für die Anwendung der neuen Behandlungsmethode bzw. den Heilversuch als auch bei der Verlaufsbeobachtung gesteigerten Sorgfaltsanforderungen. Letztere führen insbesondere zu einer Verdichtung der Fortbildungspflicht. Anschaulich verlangt der BGH damit die Sorgfalt eines „vorsichtigen Arztes“[695].

241 Auch diese vom BGH entwickelten Grundsätze zur Neuland- bzw. Außenseitermethode stehen nach der Kodifikation durch das **Patientenrechtegesetz** nicht in Frage. Der Gesetzgeber strebt in der Begründung zu § 630a Abs. 2 BGB eine Offenheit für neue Behandlungsmethoden an[696]. Die Praxis wird zeigen, ob es für die Anwendung einer Neuland- bzw. Außenseitermethode nunmehr einer – rechtspoli-

692 BGH VersR 2007, 995 = NJW 2007, 2767; BGH VersR 2006, 1073 = NJW 2006, 2477. Zur Haftung des Arztes beim sog. „off-label-use“: BGH, Beschl. v. 11.10.2016 – VI ZR 229/15 – veröff. in juris; OLG Dresden GesR 2018, 510 = MedR 2018, 971; *U. Walter*, NZS 2011, 361 ff.; *Koenig/Müller*, MedR 2008, 190, 197 ff.; *Hasskarl*, PharmR 2010, 444; *Meyer/Grunert*, PharmR 2005, 205; vgl. auch *Deutsch*, VersR 2014, 1038.

693 BGH VersR 2017, 1142 = NJW 2017, 2685.

694 Zum Ganzen BGH VersR 2007, 1273 = NJW 2007, 2774; BGH VersR 2007, 995 = NJW 2007, 2767; BGH VersR 2006, 1073 = NJW 2006, 2477. Vgl. auch *Stöhr*, GesR 2011, 193; *Spickhoff*, MedR 2008, 89; *Vogeler*, MedR 2008, 697.

695 BGH VersR 2007, 1273 = NJW 2007, 2774.

696 BT-Drucks. 17/10488, 20.

tisch sicher nicht fragwürdigen[697] – **Vereinbarung einer Abweichung vom Standard** bedarf (§ 630a Abs. 2 a.E. BGB)[698]. Jedenfalls bei fehlendem Standard, aber auch bei nach allgemeinem Standard austherapierten Patienten dürfte eine Vereinbarung nach dem Sinn der Regelung nicht zu fordern sein. In den übrigen Fällen bleibt dies abzuwarten. Im Ergebnis wird jedoch auch das Erfordernis einer Vereinbarung der Abweichung vom allgemein anerkannten Standard weder zu einer Haftungsverschärfung noch zu gesteigertem „Verwaltungsaufwand" führen. Denn insoweit geht die – nach dem Regel-Ausnahme-Prinzip von der Behandlungsseite zu beweisende – Vereinbarung einer Standardabweichung nach § 630a Abs. 2 BGB mit den gesteigerten Anforderungen an Aufklärung und Einwilligung bei einer Neuland- bzw. Außenseitermethode (s. Rz. 422 f., 426 f.) Hand in Hand. Der Patient muss ohnehin für eine wirksame Einwilligung über die Neuland- und Außenseitermethode und auch deren Abweichung vom allgemeinen Standard aufgeklärt werden. Die daraufhin erteilte Einwilligung wird bei Geschäftsfähigkeit[699] häufig zugleich das Einverständnis in die Standardabweichung nach § 630a Abs. 2 a.E. BGB darstellen[700].

Im Ergebnis beantwortet sich die Frage, ob der Arzt bei der Wahl der 242
Therapiemethode einen Behandlungsfehler begangen hat, danach, ob er unter Einsatz der von ihm zu fordernden medizinischen Kenntnisse und Erfahrungen im konkreten Fall **vertretbare Entscheidungen über die therapeutischen Maßnahmen** getroffen und diese Maßnahmen sorgfältig durchgeführt hat. Nicht dagegen hat an dieser Stelle in die Beurteilung einzufließen, ob zusätzlich eine etwaige Verletzung der ärztlichen Aufklärungspflicht und damit ein Hinwegsetzen über das Selbstbestimmungsrecht des Patienten vorliegt[701].

---

697 Die Anwendung einer in ihren Auswirkungen zumeist noch nicht hinreichend erprobten Neuland- bzw. Außenseitermethode sollte nicht allein im Ermessen des Arztes stehen, sondern auch vom Patientenwillen gedeckt sein.

698 Dies halten wohl für erforderlich: *Katzenmeier*, MedR 2012, 576, 579; *Olzen/Uzunovic*, JR 2012, 447.

699 Vgl. hierzu *Spickhoff/Spickhoff*, Medizinrecht, §§ 104a-105 BGB Rz. 1 ff.

700 Generell sind jedoch eine vertragliche Vereinbarung nach § 630a Abs. 2 BGB und Einwilligung nach § 630d BGB zu unterscheiden; vgl. auch *Spickhoff*, VersR 2013, 267, 272.

701 BGH VersR 1987, 770 = NJW 1987, 2291.

b) Therapeutische Information und Beratung

243 [117] Ebenfalls abzugrenzen von der für eine wirksame Einwilligung des Patienten in den Eingriff erforderlichen Aufklärung sind die ärztlichen Pflichten zur **therapeutischen Information, Beratung und Kontrolle.** Diese bezwecken, durch begleitende, aber auch noch nach Beendigung des Behandlungsvertrags denkbare[702] beratende Maßnahmen zum Erfolg der medizinischen Heilbehandlung beizutragen und mögliche Selbstgefährdungen des Patienten zu vermeiden[703]. Der behandelnde Arzt ist nicht nur verpflichtet, seinen Patienten sorgfältig zu untersuchen, sondern auch, ihn auf mögliche, dem Laien nicht ohne weiteres bekannte Gefahren hinzuweisen und zu einer behandlungs- und erkrankungsadäquaten Lebensweise zu veranlassen. Die therapeutische Information ist notwendiger Bestandteil der fachgerechten ärztlichen Behandlung[704] und wird daher vertraglich[705] und deliktisch geschuldet. Verfehlungen in diesem Bereich stellen sich als **Behandlungsfehler** dar und sind daher **vom Patienten zu beweisen**[706].

244 Für die vertragliche Haftung regelt **§ 630c Abs. 2 S. 1 BGB** die Anforderungen an die therapeutische Information. Danach ist der Behandelnde verpflichtet, dem Patienten in verständlicher Weise zu Beginn der Behandlung und soweit erforderlich in deren Verlauf sämtliche für die Behandlung wesentlichen Umstände zu erläutern, insbesondere die Diagnose, die voraussichtliche gesundheitliche Entwicklung, die Therapie und die zu und nach der Therapie zu ergreifenden Maßnahmen[707]. Die gesetzliche Regelung weicht teilweise von den zuvor anerkannten Grundsätzen ab. Während therapeutische Beratungspflich-

702 Zur nachwirkenden Schutz- und Fürsorgepflicht BGH VersR 2018, 1192, 1194 = NJW 2018, 3382.

703 BGH VersR 2005, 834 = NJW 2005, 1716; BGH VersR 2005, 227 = NJW 2004, 3703.

704 BGH VersR 2009, 1267 = NJW 2009, 2820; *Geiß/Greiner*, Arzthaftpflichtrecht, Rz. B 98.

705 Anders als die in § 630c Abs. 2 S. 2 und Abs. 3 BGB als Nebenpflichten geregelten Informationspflichten über eigene und fremde Behandlungsfehler sowie wirtschaftliches Aspekte der Behandlung stellt die Informationspflicht nach § 630c Abs. 1 S. 1 BGB eine Hauptpflicht dar.

706 BGH VersR 2005, 834 = NJW 2005, 1716; OLG Hamm BeckRS 2018, 7527; OLG Hamm VersR 2005, 837.

707 Vgl. auch BGH VersR 2018, 1192, 1194 = NJW 2018, 3382: Unterrichtung über Befunde und Prognosen.

ten danach lediglich dort begründet wurden, wo sie zur Sicherstellung des Behandlungserfolges und der Mitwirkung des Patienten erforderlich sind, statuiert § 630c Abs. 2 S. 1 BGB eine **allgemeine Informationspflicht** für jedes Behandlungsverhältnis[708]. Inhaltlich bezieht sich diese auch auf Diagnose und Therapie und damit auf Aspekte der zur Beweislast des Arztes stehenden Selbstbestimmungsaufklärung. Letztere bezieht sich auf die Unterrichtung des Patienten über das Risiko der beabsichtigten Behandlungsmaßnahmen, um diesem die Ausübung seines Selbstbestimmungsrechts zu eröffnen (ausführlich Rz. 381 ff.)[709]. Die teilweise kritisierte **„Doppelung" der Informations- bzw. Aufklärungspflichten**[710] dürfte indes in der praktischen Anwendung keine Probleme verursachen. Therapeutische Sicherungsaufklärung und Eingriffs- und Risikoaufklärung weisen seit jeher Schnittmengen auf, wenn etwa die therapeutische Beratung den Hinweis auf eine den Patienten belastende Behandlung beinhaltet[711]. Zudem entsteht in den Fällen, in denen eine gebotene Risikoaufklärung vor dem Eingriff nicht möglich war, bei für den Patienten gefährlichen Risiken die Pflicht zu einer alsbaldigen nachträglichen Selbstbestimmungs- und Sicherungsaufklärung[712]. Die als „Doppelung" empfundene Verpflichtung zur Information auch über Diagnose und Therapie ist weit weniger „neu" als mitunter angenommen[713]. Bereits vor Inkrafttreten des § 630c Abs. 2 S. 1 BGBkonnte keine therapeutische Beratung ohne Information über Diagnose und Therapie erfolgen[714]. Sie ist vorgelagerter Bestandteil jeder auf die Sicherung des Behandlungserfolges bedachter Schutz- und Warnhinweise. Neu ist allerdings die von der konkreten Behandlungssituation unabhängige allgemeine

708 So auch *Wagner*, VersR 2012, 789, 792.

709 Zur Abgrenzung BGH VersR 2005, 227 = NJW 2004, 3703; BGH VersR 2005, 836 = NJW 2005, 1718; OLG Stuttgart VersR 2008, 927; instruktiv *Gehrlein* in FS Fischer, 2008, S. 135, 137 ff.; vgl. auch *Wever*, in Bergmann/Pauge/Steinmeyer, Gesamtes Medizinrecht, § 823 BGB Rz. 8 ff.

710 Kritisch etwa *Spickhoff*, ZRP 2012, 65, 67; *Katzenmeier*, MedR 2012, 576, 580.

711 BGH VersR 2005, 834 = NJW 2005, 1716; *Geiß/Greiner*, Arzthaftpflichtrecht, Rz. B 97; *Stöhr*, GesR 2006, 145, 148; zu den Wechselwirkungen *Gehrlein*, GesR 2016, 129.

712 BGH VersR 2005, 1238, 1239 f. = NJW 2005, 2614.

713 So auch *Reuter/Hahn*, VuR 2012, 247, 250.

714 Vgl. etwa auch BGH VersR 2018, 1192, 1194 = NJW 2018, 3382.

Verpflichtung zur Information[715]. Diese verpflichtet – nicht ohne Grund – zu mehr Kommunikation zwischen Arzt und Patient[716]. Nicht nur zur Erwirkung einer Einwilligung soll der Patient über Diagnose und Therapie informiert werden. Gleichwohl dürfte die Ausweitung der therapeutischen Informationspflichten kaum zu einer Haftungsverschärfung führen. Denn einen Schadensersatzanspruch wegen unterlassener Information – etwa über eine Diagnose – kann der Patient nur dann mit Erfolg geltend machen, wenn auch ein Schaden – also eine Verletzung von Körper und/oder Gesundheit – eingetreten ist[717]. Die bloße Pflichtverletzung begründet weiterhin keinen Schadensersatzanspruch. Die Ergebnisse nach früherer und geltender Rechtslage dürften daher kaum variieren.

245 [118] Auch wenn sich die **Intensität** der therapeutischen Beratung nach den Umständen des Einzelfalls richtet[718], muss der Arzt doch stets sicherstellen, dass die **zu vermittelnde Botschaft ankommt**[719]. Dies erfordert im Regelfall ein persönliches Gespräch, weshalb der Arzt den Patienten bei Kenntnis behandlungsrelevanter Befunde zur

715 In der Gesetzesbegründung wird lediglich einschränkend formuliert: Der Umfang und die Intensität der erforderlichen therapeutischen Information und Beratung richten sich nach den Umständen des Einzelfalls und dienen der Sicherung des Heilungserfolges, BT-Drucks. 17/10488, 21.

716 Zur Begrenzung vgl. etwa OLG Hamm, Urt. v. 25.3.2014 – 26 U 135/13, veröff. in juris: Besteht nach den sog. Mailand-Kriterien keine reelle Anmeldemöglichkeit für eine Organtransplantation (Leber), müssen die behandelnden Ärzte eine Transplantation nicht ansprechen. Im Falle der Lebendspende eines Kindes an einen Elternteil muss der Arzt nicht darauf eingehen. Kein Arzt kann verpflichtet werden, ein tödliches Risiko von 1 % für den – kindlichen – Spender in Kauf zu nehmen. Allgemein zur Gesprächsführung zwischen Arzt und Patient *Gartmeier*, GuP 2013, 14.

717 Hieran fehlt es, wenn die nicht bzw. nicht rechtzeitig erteilte Information ohne Auswirkung auf den Krankheitsverlauf geblieben ist; vgl. OLG Saarbrücken GesR 2016, 691.

718 Vgl. auch BT-Drucks. 17/10488, 21. Die therapeutische Beratung muss auch ergänzt werden, sofern neue bzw. weitere Befunde zu einer Veränderung der Sachlage führen; vgl. OLG Saarbrücken GesR 2011, 691.

719 Zur nicht gesetzlich geregelten Problematik der fehlenden Fähigkeit, die Information aufzunehmen: *Hegerfeld*, MedR 2019, 710.

Unterrichtung einbestellen muss[720]. Ggf. muss neben dem persönlichen Gespräch eine schriftliche Information erfolgen[721].

Liegt eine akute Gefährdung im Bereich des Möglichen, die eine sofortige Klinikeinweisung oder weitere diagnostische bzw. therapeutische Maßnahmen erfordert, so hat er dem Patienten diese Einweisung unter Darlegung der Gefahr in der gebotenen Form eindringlich nahezulegen. Eine Weigerung des Patienten darf er nur akzeptieren, wenn er sich sicher sein kann, diesem das damit eingegangene Risiko deutlich vor Augen geführt zu haben[722]. Die Nichtbefolgung ärztlicher Anweisungen und Empfehlungen kann dem Patienten mit Rücksicht auf den Wissens- und Informationsvorsprung des Arztes nur dann als Obliegenheitsverletzung oder Mitverschulden angelastet werden, wenn er die Anweisungen oder Empfehlungen auch verstanden hat[723]. Die mangelnde Mitwirkung des Patienten entlastet den Arzt folglich nur bei ausreichender – vor allem hinreichend deutlicher – **Aufklärung über die Risiken einer Nichtbehandlung**[724]. 246

Der Pflicht zu ärztlicher Beratung, bei der der Arzt notfalls zur Überwindung etwa bestehender Bedenken oder sonstiger psychischer Sperren gegen eine alsbaldige Operation oder eine weitere Diagnosemaßnahme beizutragen hat, kann der behandelnde Arzt **nicht ersatzweise** durch eine entsprechende **Information naher Angehöriger des Pa-** 247

720 Vgl. etwa auch BGH VersR 2018, 1192, 1194 = NJW 2018, 3382.

721 Vgl. KG GesR 2018, 261 für einen vergesslichen Patienten.

722 BGH VersR 1986, 601 = NJW 1986, 2367; OLG Köln, Urt. v. 18.2.2015 – 5 U 128/13, veröff. in juris (bei Verdacht auf gastrointestinale Blutung muss klar und unmissverständlich auf die drohenden Folgen hingewiesen werden, wozu gehört, dass der Patient ohne stationäre Behandlung und Überwachung verbluten und sterben könnte); OLG Köln VersR 2011, 760 = GesR 2011, 229; OLG Düsseldorf GesR 2008, 19: „bis hin zum Eklat"; OLG Düsseldorf VersR 2006, 841 (missverständlicher Leitsatz zu 2.); OLG Bamberg VersR 2005, 1292; OLG Düsseldorf VersR 1997, 1402.

723 BGH VersR 2009, 1267 = NJW 2009, 2820; BGH VersR 1997, 1357; BGH VersR 1997, 449.

724 BGH VersR 2009, 1267 = NJW 2009, 2820. Vgl. aber OLG Koblenz NJW-RR 2016, 539: Keine Ergänzung des Rats einer Abklärung eines gestiegenen PSA-Werts um eine konkrete Risikoprognose erforderlich, sofern unter wertender Gesamtschau des bisherigen Behandlungsgeschehens keinerlei Anhalt besteht, dass der Patient den Rat ignorieren wird.

tienten gerecht werden[725]. Auch die Befürchtung des Arztes, der Kranke werde die Eröffnung des Diagnoseergebnisses wegen dessen Tragweite nicht verkraften, rechtfertigt es in der Regel nicht, über dessen Kopf hinweg mit seinen Angehörigen über Krankheit sowie nunmehr vorzunehmende diagnostische und therapeutische Schritte zu sprechen und es ihnen zu überlassen, den Patienten über die Dringlichkeit etwa weiterer Untersuchungen zu unterrichten. Mag die Verpflichtung zur Information des Patienten grundsätzlich in mündlicher Form ausreichen, kann bei besonderen Umständen – etwa bei Schwerhörigkeit des Patienten – eine schriftliche Mitteilung erforderlich und geschuldet sein[726]. Dem trägt § 630 Abs. 2 S. 1 BGB ausdrücklich Rechnung, indem eine „verständliche" Information gefordert wird.

248 [119] Problematisch kann im Einzelfall die Frage sein, ob ausnahmsweise von einer therapeutischen Beratung abgesehen werden kann. Dies gilt etwa bei Vorliegen eines **hoffnungslosen Befundes**, bei dem also weitere medizinische Hilfe ohnehin nicht in Betracht kommt. Für die vertragliche Haftung regelt § 630c Abs. 4 BGB die **Ausnahmen** von der Informationspflicht. Danach bedarf es keiner Information, wenn diese ausnahmsweise aufgrund besonderer Umstände entbehrlich ist, insbesondere wenn die Behandlung unaufschiebbar ist oder der Patient auf die Information ausdrücklich verzichtet hat. Die Regelung greift die bisherige Rechtsprechung zur Selbstbestimmungsaufklärung auf und wird daher im Bereich der Informationspflichten nur mit Augenmaß anzuwenden sein[727]. **Unaufschiebbarkeit der Behandlung** liegt nur in Notfällen vor; die gebotene Information ist dann zu einem späteren Zeitpunkt nachzuholen. Ein **wirksamer Verzicht** unterliegt strengen Anforderungen. Nach Intention des Gesetzgebers muss der Patient den Verzicht deutlich, klar und unmissverständlich geäußert und die Erforderlichkeit der Behandlung sowie deren Chancen und Risiken zutreffend erkannt haben[728], was eigentlich eine vorangegangene therapeutische Information voraussetzt; der Anwendungsbereich des Ausnahmetatbestandes wird sehr eng bleiben[729]. Der nicht abschließende Katalog eröffnet Ausnahmen auch bei

725 BGH VersR 1989, 702 = NJW 1989, 2318.
726 Vgl. BVerfG MedR 2005, 91; auch OLG Köln VersR 1996, 856.
727 So auch *Olzen/Metzmacher*, JR 2012, 271, 273.
728 BT-Drucks. 17/10488, 22 f.
729 Zum „Recht auf Nichtwissen" vgl. etwa *Spickhoff*, VersR 2013, 267, 274.

sonstigen besonderen Umständen. Zu denken ist an die **Behandlung von Ärzten mit eigener hinreichender Sachkunde** oder aufgrund Vorbehandlung hinreichend kundiger Patienten[730]. Zudem können erhebliche therapeutische Gründe der Informationspflicht entgegenstehen, soweit die begründete Gefahr besteht, dass der Patient infolge der Information sein Leben oder seine Gesundheit gefährdet. Auch dies wird nur sehr selten – am ehesten bei psychischen Erkrankungen – in Betracht kommen. Bei hoffnungslosem Befund wird der Arzt es dem Patienten hingegen nicht durch Vorenthalten der Untersuchungsergebnisse unmöglich machen dürfen, die letzte, vielleicht recht kurze Zeitspanne seines Lebens inhaltlich so zu gestalten, wie er es persönlich in Anbetracht dieser Erkenntnis für richtig hält, und auch die notwendigen Regelungen für die Zeit nach seinem Ableben zu treffen. Jedenfalls die ausschließliche Mitteilung des Befundes an Angehörige hat deshalb – vielleicht gerade dann, wenn diese darauf drängen sollten – zu unterbleiben.

[120] Bei einem neuen Befund, der für die Weiterbehandlung be- 249
deutsam ist, muss der Arzt für eine **direkte Information des Patienten** sorgen und diesen hierfür einbestellen[731]. Dies gilt auch, wenn dieser zuvor vereinbarte Termine zur erneuten Vorstellung in seiner Praxis nicht wahrnimmt. Zwar mag darin zum Ausdruck kommen, dass der Patient keine weitere Behandlung wünscht. Dies kann die Behandlungsseite jedoch solange nicht entlasten, als für sie erkennbar dem Patienten schwere Gesundheitsgefahren drohen, über welche dieser bislang nicht entsprechend und eindringlich unterrichtet wurde[732]. Eine darüber hinausgehende generelle Verpflichtung des Arztes, den Patienten an konkret angeratene Vorsorge- bzw. Kontrolluntersuchungen zu erinnern, wird man hingegen nicht annehmen können[733].

730 BT-Drucks. 17/10488, 23.

731 BGH VersR 2018, 1192, 1194 = NJW 2018, 3382.

732 Ähnlich BGH VersR 1985, 1068 = NJW 1985, 2749, für den Fall, dass zwar schon zuvor dem Patienten die Vereinbarung eines neuen Termins angeraten war, zwischenzeitlich jedoch ein neuer und bedeutsamer, dem Patienten bislang unbekannter Befund bekannt wurde.

733 Vgl. auch OLG Koblenz GesR 2010, 546.

250 [121] Zu dem Bereich der therapeutischen Beratung[734] als Sicherungsaufklärung über dem Patienten nicht ohne weiteres bekannte Risiken – für ihn selbst sowie für Dritte[735] – zählt auch die Pflicht zum Hinweis auf die Notwendigkeit eines Aidsbluttests[736], zur Belehrung über die bei einem **Sterilisationseingriff** für die Familienplanung nach dem Eingriff einzukalkulierende Versagerquote[737] bzw. über das Restrisiko nach Anfertigung eines Spermiogramms[738] sowie zur Unterrichtung der Patientin über einen nachträglich auftretenden Hinweis auf den Misserfolg eines durchgeführten Schwangerschaftsabbruchs, um dieser die Möglichkeit zur Wiederholung des Abbruchsversuches zu eröffnen[739].

251 Wird eine Frau mit der Blutgruppe 0 Rhesusfaktor negativ von einem Kind mit Blutgruppe 0 Rhesusfaktor positiv entbunden und wird ihr deshalb zur Vorbeugung gegen eine Antikörperbildung Immunglobulin injiziert, so ist sie, die ja auf den Erfolg der Behandlung vertraut, auf eine – möglicherweise auch nur geringe – Misserfolgsquote und damit darauf hinzuweisen, dass sich bei ihr dennoch Antikörper bilden und daraus schwerwiegende Risiken für eine erneute Schwangerschaft erwachsen können[740]. Notfalls ist eine Nachuntersuchung über den Behandlungserfolg anzuraten, wenn das weitere Verhalten des Patienten vom Wissen über diesen Erfolg abhängen kann.

252 Im Übrigen gehören hierher ebenso Hinweise auf schädliche Folgen ärztlicher Eingriffe wie solche auf mögliche **Neben- bzw. Wechsel-**

734 Zur genetischen Beratung bei Schwangeren vgl. BGH VersR 1984, 186 = NJW 1984, 658.

735 So trifft den Arzt bei der Schutzimpfung unter Verwendung von Lebendviren die Pflicht (in dem entschiedenen Fall als Amtspflicht gem. § 839 BGB), den Geimpften auf das erhöhte Ansteckungsrisiko für Kontaktpersonen hinzuweisen: BGH VersR 1994, 1228 = MDR 1995, 585 (statistische Ansteckungsquote 1:15,5 Mio.).

736 OLG Düsseldorf VersR 1995, 339.

737 BGH VersR 1981, 730 = NJW 1981, 2002; zur Aufklärung über die Notwendigkeit eines Spermiogramms nach Sterilisation des Mannes: BGH VersR 1995, 1099 = NJW 1995, 2407.

738 OLG Köln MedR 2015, 522.

739 BGH VersR 1985, 1068 = NJW 1985, 2749.

740 BGH VersR 1989, 700 = NJW 1989, 2320.

wirkungen von Medikamenten[741] und deren richtige Einnahme[742] (nicht aber die Information über mögliche Behandlungsalternativen, vgl. hierzu unten Rz. 428 ff.). Eine Hinweispflicht besteht – und hier ist eine gewisse Ähnlichkeit mit der rechtlichen Behandlung von Verkehrssicherungspflichten nicht von der Hand zu weisen – umso eher, als Gefahrenlagen für den Laien nicht ohne weiteres erkennbar sind oder bestimmte Folgewirkungen von ihm nicht in einen ursächlichen Zusammenhang mit der ärztlichen Behandlungsmaßnahme gebracht werden.

Können etwa nach Abschluss einer Klinikbehandlung Folgewirkun- 253
gen wie Herzrhythmusstörungen oder allgemein Störungen des Herz-Kreislauf-Systems eintreten, deren Problematik gerade in ihrer Erkennbarkeit als Komplikation und als möglicherweise alarmierende Folge des Eingriffs liegt, so hat die Klinik für eine geeignete Nachbeobachtungszeit zu sorgen, oder doch zumindest – etwa wenn der Patient auf eigenen Wunsch vorzeitig entlassen wird – dem Patienten und dessen Hausarzt[743] diejenigen Informationen zukommen zu lassen, die notwendig sind, Komplikationen rechtzeitig zu erkennen und sachgemäß zu behandeln[744].

Zum Bereich therapeutischer Beratung zu zählen ist ebenfalls die 254
Pflicht des Arztes, etwa auf die **Notwendigkeit einer Begleitperson** für den Nachhauseweg des Patienten nach einer ambulant in Lo-

---

741 BGH VersR 2005, 834 = NJW 2005, 1716; *Geiß/Greiner*, Arzthaftpflichtrecht, Rz. B 96; *Stöhr*, GesR 2006, 145, 148.

742 Gesetzlich Krankenversicherte haben in bestimmten Fällen einen Anspruch nach § 31a Abs. 1 S. 1 SGB V i.V.m. § 29a BMV-Ä auf Erstellung, Erläuterung und Aushändigung eines Medikationsplans. Zweck ist die Verbesserung der Sicherheit der Arzneimitteltherapie. Der Anspruch besteht nur auf Verlangen; allerdings ist der Versicherte hierüber zu informieren. Es liegt nahe, dass diese Verpflichtungen auf das Haftungsrecht übertragen werden können.

743 Die Anforderungen an Arztbriefe sind zuletzt häufiger Gegenstand arzthaftungsrechtlicher Auseinandersetzungen. Der anzulegende Zeitrahmen richtet sich an der Dringlichkeit der weiteren Behandlung aus. Die inhaltliche Darstellung muss klar und unmissverständlich erfolgen.

744 BGH VersR 1981, 954 = NJW 1981, 2513.

kalanästhesie durchgeführten Operation hinzuweisen (hierzu auch Rz. 220)[745].

255 [122] Auch der **Abbruch** der Behandlung auf ausdrücklichen Wunsch des Patienten und **gegen den Rat** des Arztes entbindet Letzteren nicht vollständig von seiner therapeutischen Beratungspflicht. Da es um den eigenen Körper und das eigene Leben geht, um Schmerzen, Blut und unangenehme Wahrheiten, vielleicht Besorgnis erregende Aussichten, hat es der Arzt mehr noch als andere Berufsgruppen mit dem unvernünftigen, vergessenden und verdrängenden „Kunden" zu tun. Hier bedeutet mehr noch als anderswo Informationsvorsprung zugleich Informationspflicht. Wo es das Leben zu schützen gilt, wo der Körper – vielleicht sogar irreversibel – betroffen wird, müssen eben besondere Maßstäbe angelegt werden. Gefragt ist hier der Psychologe und Mensch im Arzt. Empfindlichkeiten des zurückgewiesenen Fachmannes haben dagegen zurückzutreten. Erst wo das berufsspezifische Kenntnisgefälle zum Patienten als Laien soweit überbrückt ist, dass dieser seine Situation selbst zu erkennen vermag, oder wo er in die Obhut eines anderen Arztes übergeben werden kann, darf sich der zunächst behandelnde Arzt auf die formelle Beendigung seines Heilauftrags zurückziehen[746].

256 Dabei kann auch speziell auf eine **Eilbedürftigkeit weiterer Maßnahmen** hinzuweisen sein. Wo etwa nach einer Fraktur die zunächst eingeleitete konservative Therapie nicht zum Erfolg führt und der Patient deshalb gegen ärztlichen Rat die Behandlung abbricht, die dann noch verbliebene Möglichkeit der Heilung durch Operation jedoch nur binnen einer Frist von zehn bis zwölf Wochen nach dem Bruch Erfolg verspricht, hat der Arzt bei Verlassen der Klinik eine therapeutische Beratung auch im Hinblick auf die Folgen der Fristversäumung zu erteilen[747].

745 BGH VersR 2003, 1126.

746 Vgl. aber OLG Frankfurt GesR 2017, 298: Der Arzt muss nicht in jeder Minute eines Aufenthalts einer Patientin in einer Klinik damit rechnen, dass sich die Patientin plötzlich unerwartet und absprachewidrig entfernt.

747 BGH VersR 1986, 1121 = NJW 1987, 705.

6. Sonderkonstellationen

[123] Innerhalb des in dieser Weise dargestellten Rahmens bestimmt aber immer auch entscheidend der konkret vorliegende **Einzelfall** das Maß der zu fordernden Sorgfalt (zur Umstandsabhängigkeit des objektivierten Sorgfaltsmaßstabs vgl. bereits Rz. 165). 257

a) Anatomische Besonderheiten

So kann die Anwendung einer generellen Kunstregel im Einzelfall ausnahmsweise einen Behandlungsfehler darstellen, wenn etwa erkennbar war, dass sie auf Grund besonderer anatomischer Verhältnisse oder **außergewöhnlicher Umstände** des Behandlungsfeldes zu vermeidbaren negativen Wirkungen führen würde[748]. Wenn auch beispielsweise die Handwurzel für eine Injektion wegen der dort schon relativ kleinen Gefäße normalerweise ungeeigneter ist als die Ellenbogenbeuge, so kann doch die Einstichstelle in der Handwurzel im Ausnahmefall als nicht fehlerhaft zu beurteilen sein, wenn etwa feststeht, dass wegen anatomischer Besonderheiten, etwa schlecht zu findender und überdies bereits erheblich zerstochener Venen in der Armbeuge, eine Injektion an jener Stelle nicht in Betracht kam oder doch wenigstens keine geringeren Risiken aufwies[749]. Ebenso können im Einzelfall besondere Gegebenheiten dem behandelnden Arzt die Befolgung ärztlicher Standardregeln soweit erschweren, dass ein Behandlungsfehler ausscheidet. Zwar mögen beim gesunden Säugling Nabelvene und Nabelarterie deutlich zu unterscheiden sein, so dass die Befolgung der Regel, niemals in die Arterie hinein zu injizieren, verlangt werden kann. Dies kann aber anders zu beurteilen sein, wenn nach den Feststellungen des hinzugezogenen Sachverständigen konkret bei dem etwa infolge des vorangegangenen Krankheitsverlaufes unter schwerem Schockzustand stehenden Säugling auch dem erfahrenen Geburtshelfer eine Unterscheidung von Vene und Arterie wegen der durch diesen Schock verursachten Veränderungen nicht mit Sicherheit gelingt[750]. 258

748 BGH VersR 1988, 1031 = NJW 1989, 771.
749 BGH VersR 1988, 1031 = NJW 1989, 771.
750 BGH VersR 1994, 1303 = NJW 1994, 3008.

b) Notfälle

259 [124] Für **Notfälle** ist der – nach Fachbereichen abgestufte[751] – Sorgfaltsmaßstab, im Bereich der professionellen Nothilfe auch bei einer Geschäftsführung ohne Auftrag (vgl. Rz. 102), nicht generell niedriger anzusetzen[752]. Gleich, ob der Notfall im Sinne eines sich etwa akut zuspitzenden Krankheitsverlaufes während einer schon zuvor begonnenen Erstbehandlung eintritt oder ob die Klinik schon von Anfang an bei der Einlieferung mit dem Patienten als Notfallpatienten konfrontiert wird, muss sich die Beurteilung nach dem richten, was vorhersehbar war und was wegen dieser Vorhersehbarkeit an Vorsorge möglich war. Eskalierende Geschehensabläufe können leicht auch dem ansonsten besonnenen und qualifizierten Arzt Abwägungen und Entscheidungen abverlangen, die er unter dem dann gegebenen Zeitdruck sowie wegen ihrer schicksalhaften Auswirkungen sinnvoll nicht zu treffen vermag. Auch kann die Zeit für notwendigste Behandlungsschritte fehlen. Hier mit spitzer Feder nach Behandlungsfehlern zu forschen, hieße denjenigen, der in höchster Not hilft, Unmenschliches leisten zu lassen. Der ärztliche Standard muss in solchen Fällen vielmehr in zweierlei Hinsicht der Eilsituation angepasst sein, nämlich hinsichtlich des Behandlungsumfanges als auch der Behandlungsqualität[753]. Im Umfang wird nicht vollständige Behandlung und Heilung, sondern nur das zunächst Notwendige zur Abwehr der akuten Gefahr geschuldet. In der Behandlungsqualität richtet sich das Geschuldete nach dem für den qualifizierten Arzt in der konkreten Notsituation mit all ihren medizinischen Unzulänglichkeiten tatsächlich Machbaren. Der Jurist, der die Situation ex post und in aller Ruhe nach Aktenlage beurteilen darf, muss hier im Extremfall sogar Verständnis für klare ärztliche Fehlentscheidungen zeigen, wenn eben die Situation den Arzt als Menschen in dieser Weise durchaus zu überfordern geeignet war[754].

260 Beherzigt man dies, so wird es in vielen Eil- oder Notfällen (beurteilt für den **Zeitpunkt der konkreten Behandlung**) an einem die Haf-

---

751 Der Allgemeinarzt schuldet im Notfall nicht den Standard eines intensivmedizinischen Facharztes; vgl. *Diederichsen*, GesR 2011, 257.

752 Vgl. etwa OLG Stuttgart NJW-RR 1997, 1114, 1116; anders wohl RGRK – *Nüßgens*, BGB § 823 Anh. II Rz. 209.

753 OLG Köln VersR 2000, 1150.

754 Zu einem akuten Notfall vgl. OLG München VersR 1992, 876.

tung begründenden Arztfehler mangeln, wobei es für die Praxis im Grunde genommen nicht einmal entscheidend darauf ankommt, ob es wegen der äußeren Umstände (knappe Zeit für genaue Diagnose oder Therapievorbereitung, nicht erreichbare Hilfsmittel etc.) schon an der objektiven Erfüllbarkeit des ansonsten medizinisch Gebotenen fehlt (impossibilium nulla estobligatio) oder ob das Nichterkennen des an sich Notwendigen auf Grund der drängenden Gefahr lediglich subjektiv entschuldbar ist. Allerdings muss der Arzt – gerade im vertragsärztlichen Bereitschaftsdienst – für die alsbaldige Veranlassung weiterer wegen der Notfallsituation nicht möglicher Befunderhebungen sowie Behandlungsmaßnahmen Sorge tragen[755].

[125] In all diesen Fällen ist aber immer – vorbehaltlich der Sachvortrag der Parteien lässt dies zu – die Frage nach einem **zeitlich vorverlagerten Behandlungsfehler** zu stellen, d.h. danach, ob für die Klinik das Geraten in eine derartige Notsituation schon zuvor vorhersehbar war und inwieweit generell organisatorisch für Notfälle vorzusorgen ist[756]. Steht etwa eine regulär geplante Erstoperation eines Patienten mit einer sehr seltenen Blutgruppe an, so kann es ausreichen, wenn der Krankenhausträger zu Beginn der Operation möglichst risikolose Blutersatzmittel im Umfange des Bedarfs bereitstellt, wie er normalerweise bei einem derartigen Eingriff vorauszusehen ist, im Übrigen aber für einen etwa darüber hinausgehenden Bedarf durch Zusammenarbeit mit anderen Kliniken und deren Vorräten gesorgt ist. Treten hiernach Komplikationen ein, die eine akut indizierte Notfalloperation bedingen, und müssen deshalb mangels Vorrat weniger risikoarme Blutkonserven transfundiert werden, so kommt es für die Beurteilung eines vorverlagerten Behandlungsfehlers darauf an, mit welcher Wahrscheinlichkeit mit derartigen Komplikationen und dem damit verbundenen plötzlichen Mehrbedarf zu rechnen war. 261

755 Vgl. etwa BGH VersR 2008, 221 = NJW-RR 2008, 263; auch OLG Stuttgart NJW-RR 1997, 1114.

756 Vgl. etwa zum fachübergreifenden Bereitschaftsdienst Rz. 201. Generell verweist ebenso auf die Organisationspflichten: *Diederichsen*, GesR 2011, 257, 258.

IV. Beweisführung und Beweislast

262 [127] Stärker als auf vielen anderen Rechtsgebieten gewinnen im Arzthaftungsrecht die Regeln der Beweisführung und der Beweislast entscheidende Bedeutung für die Rechtsstellung der Parteien; mehr als anderswo heißt Beweislast meist auch materiell Lastenzuweisung[757]. Die Verteilung der Beweislast im Arzthaftungsprozess begegnet besonderen praktischen Schwierigkeiten, die der typischen Situation der Parteien eines solchen Verfahrens entspringen. In aller Regel ist der Patient wegen der tatsächlichen Gegebenheiten einer Heilbehandlung – oft genug gelangen ihm Behandlungsschritte gar nicht zu Bewusstsein – erheblichen Schwierigkeiten in seiner Beweisführung ausgesetzt. Neben dieses Wissensgefälle treten die ohnehin aus dem Spannungsverhältnis zwischen medizinischer Behandlung und den regelmäßig unbeherrschbaren Unwägbarkeiten des lebenden Organismus resultierenden Schwierigkeiten bei der Klärung des Kausalverlaufs. Diese können aufgrund eines besonderen Fehlverhaltens der Behandlungsseite nochmals verstärkt werden. Diese im Hinblick auf die bestehenden Möglichkeiten der Beweisführung typische Situation der Parteien des Arzthaftungsprozesses hat die Rechtsprechung schon frühzeitig erkannt und auf verschiedene Weise durch speziell auf dieses Rechtsgebiet zugeschnittene Beweisregeln auszugleichen versucht. Die Bedeutung eines ausgewogenen Haftungsrechts für die Qualität der medizinischen Behandlung hat dabei eine wesentliche Rolle eingenommen.

263 An diese richterrechtlich entwickelten Beweisregeln knüpft auch das **Patientenrechtegesetz** mit der Regelung in **§ 630h BGB** an[758]. Die Vorschrift kodifiziert für die vertragliche Arzthaftung die speziell für den Arzthaftungsprozess entwickelten Beweisgrundsätze[759]. Damit bleibt es im Ausgangspunkt bei der Grundregel, die dem Patienten bzw. sonstigen Anspruchstellern die Beweislast für alle anspruchsbegründenden und der Behandlungsseite die Beweislast für alle anspruchsvernichtenden Tatsachen- und Rechtsbehauptungen, Einreden

757 BVerfG VersR 1979, 907 = NJW 1979, 1925; RGRK – *Nüßgens*, BGB § 823 Anh. II Rz. 286; *Giesen*, JZ 1982, 448.

758 Hierzu *Schärtl*, NJW 2014, 3601; *Walter*, GesR 2013, 129.

759 Neben diese treten die an allgemeine zivilprozessuale Grundregeln anknüpfenden Beweiserleichterungen (z.B. Anscheinsbeweis, Beweisvereitelung).

und Einwendungen zuweist. Aus guten Gründen hat der Gesetzgeber Abstand genommen von einer generellen Vermutung des Behandlungsfehlers bei einem Schadenseintritt sowie einer allgemeinen Vermutung der haftungsbegründenden Kausalität bei einfachen Behandlungsfehlern[760]. Die negativen Konsequenzen einer solchen – Verurteilungen ohne hinreichende Tatsachengrundlage offen in Kauf nehmenden – gesetzlichen Regelung wären unabsehbar. Entsprechendes gilt für eine – politisch ohnehin kaum durchsetzbare – gesetzliche Haftungsmilderung für die Behandlungsseite. Die im Schrifttum zur Lösung des Problems des Kausalitätsnachweises im Arzthaftungsprozess diskutierte Proportionalhaftung[761] bzw. die generelle Absenkung des Beweismaßes für die haftungsbegründende Kausalität auf eine überwiegende Wahrscheinlichkeit (§ 287 ZPO)[762] wurden vom Gesetzgeber offenbar nicht ernsthaft erwogen und kurz und bündig unter Verweis auf die Unvereinbarkeit mit dem deutschen Haftungsrecht und im Interesse der Kontinuität und Verlässlichkeit der Rechtsanwendung abgelehnt[763].

Der Anwendungsbereich des § 630h BGB beschränkt sich auf die vertragliche Haftung. Bislang hat sich die Rechtsprechung bei allen dogmatischen Schwierigkeiten auch – und insbesondere – mit Blick auf das Beweisrecht um einen **Gleichlauf von Vertrags- und Deliktshaftung** bemüht. Die von der Rechtsprechung herausgearbeiteten Beweisregeln sind in § 630h BGB – von kleineren Unschärfen abgesehen – verlässlich abgebildet. Der Status quo des arzthaftungsrechtlichen Beweisrechts ist damit gesichert. Ob Fortentwicklungen durch die Kodifikation gebremst werden[764], lässt sich nicht verlässlich prognostizieren. Aufgrund des von der Rechtsprechung stets intendierten Gleichlaufs der vertraglichen und deliktischen Haftung dürfte eher 264

760 Vgl. BT-Drucks. 17/10488, 31.

761 Hierzu insbesondere *Wagner*, Verhandlungen des 66. DJT 2006, Bd. I, S. A 57 ff.; ders., Karlsruher Forum 2006, S. 80 ff.

762 Vgl. etwa *Deutsch/Spickhoff*, Medizinrecht, Rz. 757; *E. Schmidt*, MedR 2007, 693.

763 Vgl. BT-Drucks. 17/10488, 9; ebenfalls zu Recht kritisch *Wenzel/Müller*, Der Arzthaftungsprozess, Kap. 2 Rz. 1638 ff.; *Katzenmeier*, MedR 2011, 201 m.w.N.

764 Dies befürchten nicht ohne Anlass *Deutsch*, NJW 2012, 2009, 2013; *Katzenmeier*, MedR 2012, 576, 578; ders., MedR 2011, 201, 205; *Hart*, GesR 2012, 385, 388.

nicht mit einer – dennoch als „letzter Ausweg“ verbleibenden – Fortentwicklung des Beweisrechts auf der Grundlage des kumulativ greifenden Deliktsrechts zu rechnen sein[765]. Gleichwohl erscheint übermäßige Skepsis hinsichtlich der **Entwicklungsfähigkeit des Arzthaftungsrechts** unangebracht. Bei näherer Betrachtung der beweisrechtlichen Rechtsprechung des BGH aus den vergangenen Jahren wird deutlich, dass die entsprechenden – im Schrifttum teilweise als Verschärfung der geltenden Beweisgrundsätze empfundenen – Postulate ohne weiteres auf der Grundlage einer Regelung wie § 630h BGB zu begründen gewesen wären. Schlagartige Innovationen sind freilich auf der Grundlage des § 630h BGB kaum zu erwarten. So scheint ein – entgegen ihrer Fürsprecher ohnehin nur bei gesetzlicher Regelung denkbarer – Schwenk auf eine Proportionalhaftung oder eine generelle Absenkung des Beweismaßes auf eine hinreichende Wahrscheinlichkeit angesichts der bestehenden gesetzlichen Regelung nicht umsetzbar[766]. Auch die Schwierigkeiten, gänzlich neue Beweisfiguren ins Leben zu rufen, können zwar nicht in Abrede gestellt werden, dürfen jedoch auch nicht darüber hinwegtäuschen, dass die „Rechtsetzung“ durch Richterrecht häufig kritisiert wird und trotz der Möglichkeit der Gewährung von Vertrauensschutz auch eine gewisse Rechtsunsicherheit zeitigen kann. Das in der Rechtsprechung des BGH entwickelte und nunmehr kodifizierte System der Beweislastverteilung im Arzthaftungsrecht wird zu Recht ganz überwiegend als wohl austariert und rechtsvergleichend durchaus nicht patientenunfreundlich angesehen[767]. Da Feinjustierungen des bestehenden Beweisrechts ohne weiteres möglich erscheinen und die Rechtsprechung häufig auch bei bestehenden gesetzlichen Regelungen zur – vom Gesetzgeber des Patientenrechtegesetzes offenbar auch gewünschten[768] – Rechtsfortbildung schreitet, erscheint die der Kodifikation geschuldete Gefahr einer Hemmnis der Fortentwicklung nicht gesichert feststellbar. Zudem gehört es zu den vordersten Aufgaben des Gesetzgebers, die bestehenden Regelungen im Auge zu behalten und – im Idealfall begleitet

765 Diese Möglichkeit erwägt *Wagner*, VersR 2012, 789, 801.
766 Vgl. auch *Wagner*, VersR 2012, 789, 800.
767 Vgl. zu Letzterem auch *Spickhoff*, ZRP 2012, 65, 69; hinsichtlich der Haftungssummen auch *Katzenmeier*, MedR 2011, 201, 212.
768 Vgl. BT-Drucks. 17/10488, 9.

durch wissenschaftliche Forschungsergebnisse – auf ihren Anpassungsbedarf zu überprüfen[769].

1. Allgemeine Grundregeln

[128] Auszugehen ist von dem allgemeinen Grundsatz, dass der Patient als Anspruchsteller die Beweislast für alle anspruchsbegründenden, der Arzt für alle anspruchsvernichtenden Tatsachen- und Rechtsbehauptungen, Einreden und Einwendungen trägt. Der **Patient** hat daher einen **Behandlungsfehler** und den **Ursachenzusammenhang** zwischen Fehler und dem geltend gemachten Gesundheitsschaden **zu beweisen**[770]. Besteht der Behandlungsfehler in einem Unterlassen, ist er für den Schaden nur dann kausal, wenn pflichtgemäßes Handeln den Schadenseintritt verhindert hätte; auch dies muss der Patient als Geschädigter beweisen[771]. 265

Diese für die deliktische Haftung seit jeher anerkannten Grundsätze gelten auch, soweit Ansprüche aus Vertrag hergeleitet werden; durch die Kodifikation der vertraglichen Arzthaftung in den §§ 630a ff. BGB ist insoweit keine Änderung eingetreten (s. Rz. 263)[772]. Zwar trifft im vertraglichen Bereich grundsätzlich den Arzt die Beweislast dafür, dass er einen vereinbarten operativen Eingriff **überhaupt** vorgenommen, also die Hauptpflicht erfüllt hat[773]. Anderes gilt jedoch für die Frage nach dem Vorliegen eines Behandlungsfehlers. Auch die Verletzung der Pflicht zur therapeutischen Information (§ 630c Abs. 2 S. 1 BGB), zur medizinischen Beratung, steht zur Beweislast des Patienten[774]. Das Gleiche gilt allgemein für die Behauptung der Verletzung einer ärztlichen Nebenpflicht. Der Beweis dafür, dass er eine von möglicherwei- 266

769 In diesem Sinne auch *Olzen/Metzmacher*, JR 2012, 271, 278: fortbestehender Novellierungsbedarf ist kein Argument gegen eine Kodifizierung.

770 BGH VersR 2011, 400 = NJW 2011, 1672; BGH VersR 2003, 1256; BGH VersR 1995, 539 = MDR 1995, 579; BGH VersR 1994, 562 = NJW 1994, 1594; BGH VersR 1989, 80 = NJW 1988, 2949.

771 BGH VersR 2012, 491 = NJW 2012, 850 = MedR 2012, 456 m. Anm. *Baur*.

772 Zur früheren Rechtslage: BGH VersR 1984, 356 = NJW 1984, 1400; BGH VersR 1986, 1121 = NJW 1987, 705.

773 BGH VersR 1981, 730 = NJW 1981, 2002.

774 BGH VersR 2005, 834 = NJW 2005, 1716; OLG Hamm VersR 2005, 837.

se zahlreichen Nebenpflichten nicht versäumt hat, kann nicht allgemein dem Schuldner des Vertrags auferlegt werden, da er ansonsten in eine kaum zu beherrschende Beweislage geriete.

267 [129] An dieser Grundregel zur Beweislastverteilung ist auch nach Inkrafttreten des Schuldrechtsmodernisierungsgesetzes – an dessen zentrale vertragliche Haftungsnorm in § 280 BGB auch das Patientenrechtegesetz bei vertraglicher Haftung aus dem Behandlungsvertrag anknüpft[775] – festzuhalten. Die Einführung der Verschuldensvermutung in **§ 280 Abs. 1 S. 2 BGB** hat insofern zu keiner Änderung geführt[776]. Dabei ist, auch wenn man berücksichtigt, dass der BGH und die überwiegende Auffassung im Schrifttum zum früheren Recht eine Beweislastumkehr analog § 282 BGB a.F.[777] auf die Behandlungsfehlerhaftung mit wenigen Ausnahmen abgelehnt haben[778], eine teleologische Reduktion der Verschuldensvermutung[779] nicht geboten. Denn

775 Zu Recht hat der Gesetzgeber von der angesichts der Regelung in § 280 Abs. 1 BGB überflüssigen Schaffung einer speziellen vertraglichen Haftungsnorm abgesehen; vgl. BT- Drs 17/10488, S. 10 f., 27.

776 *Müller*, NJW 2003, 697, 698; vgl. auch *Geiß/Greiner*, Arzthaftpflichtrecht, Rz. B 213 ff.; ausführlich zum Problemkreis *Deutsch/Spickhoff*, Medizinrecht, Rz. 304 ff.; *Walter*, Spezialisierung und Sorgfaltsstandard, S. 100 ff.; *Katzenmeier*, VersR 2002, 1066, 1068 f.; *Deutsch*, JZ 2002, 588. Vgl. nunmehr auch BT-Drucks. 17/10488, 11, 27 f., wo allerdings missverständlich von der aus § 280 Abs. 1 S. 2 BGB folgenden Beweislast der Behandlungsseite, die objektiv fehlerhafte Behandlung sei „subjektiv" nicht zu vertreten, die Rede ist. Hier kommt der Verdacht der Verkennung des objektiv-typisierten Fahrlässigkeitsmaßstabs im Zivilrecht auf.

777 Dabei konnte die Beweislastumkehr nach § 282 BGB a.F. nach dem Sinn der Beweisregel auch den Nachweis eines objektiven Pflichtenverstoßes des Schuldners umfassen, wenn der Gläubiger im Herrschafts- und Organisationsbereich des Schuldners zu Schaden gekommen ist und die den Schuldner treffenden Vertragspflichten auch dahin gingen, den Gläubiger gerade vor einem solchen Schaden zu bewahren: BGH VersR 1991, 310 = NJW 1991, 1540 m.w.N. Die Beweisregel wird nunmehr durch die Unterscheidung in erfolgs- und verhaltensbezogene Pflichten umgesetzt.

778 Vgl. nur BGH VersR 1967, 663, 664; BGH NJW 1969, 553, 554; kritisch hierzu: *Giesen*, JZ 1982, 448, 451; ders., Arzthaftungsrecht, S. 204 f.

779 Hierfür *Medicus*, Schuldrecht I – Allgemeiner Teil, 16. Aufl. 2005, Rz. 420; wohl auch *Rehborn*, MDR 2002, 1281, 1288; *Weidinger*, AusR 2003, 34, 36.

nach wie vor muss der Patient die Pflichtverletzung des Arztes darlegen[780] und beweisen. Nur soweit die Verpflichtungen erfolgsbezogen zu formulieren sind, kann allein aus dem Nichteintritt des Erfolgs auf das Vorliegen einer Pflichtverletzung geschlossen werden. Der Arzt schuldet dem Patienten indes nicht die erfolgreiche Herstellung seiner Gesundheit und damit keinen Handlungserfolg, sondern lediglich das sorgfältige Bemühen um Heilung. Die Vorgänge im lebenden Organismus vermögen auch vom besten Arzt nicht immer so beherrscht zu werden, dass schon der ausbleibende Erfolg eine Verletzung der vertraglichen Pflichten beinhalten kann[781]. Die vertraglichen Pflichten des Arztes sind folglich regelmäßig (zur Ausnahme des voll beherrschbaren Risikobereichs vgl. Rz. 335 ff.) verhaltensbezogen zu definieren. Danach bezieht sich die vertragliche Pflicht des Arztes grundsätzlich darauf, dem Patienten eine standardkonforme Behandlung zukommen zu lassen. Denkbar erscheint allenfalls eine Differenzierung nach dem anzulegenden Maßstab, indem Pflichtverstöße rein objektiv nach dem medizinischen Standard (Sorgfalt im Höchstmaß) und das Verschulden nach der Außerachtlassung der im Verkehr erforderlichen Sorgfalt i.S.d. § 276 Abs. 2 BGB unter Berücksichtigung etwaiger Sonderfähigkeiten beurteilt werden[782]. Die praktischen Auswirkungen dieser eher dogmatischen und vom Gesetzgeber in der Begründung zu § 630h BGB nicht aufgegriffenen Diskussion wären indes gering, würden insbesondere an der – häufig als unbefriedigend empfundenen – beweisrechtlichen Ausgangslage keine wesentliche Änderung herbeiführen. Für die Praxis ist daher nach wie vor davon auszugehen, dass der **Patient** grundsätzlich den **Behandlungsfehler** sowie dessen **Ursächlichkeit für die gesundheitliche Schädigung**[783] beweisen

---

780 Vgl. OLG Koblenz MedR 2015, 681: Waren an einer stationären Krankenhausbehandlung Ärzte unterschiedlicher Fachrichtungen beteiligt, muss der Patient im Arzthaftungsprozess darlegen, welches konkrete Fehlverhalten er jedem einzelnen Arzt zur Last legt.

781 BGH VersR 1991, 310 = NJW 1991, 1540; BGH VersR 1991, 467 = NJW 1991, 1541; BGH VersR 1978, 542 = NJW 1978, 1681; BGH VersR 1978, 82 = NJW 1978, 584.

782 Vgl. hierzu *Katzenmeier*, Arzthaftung, S. 188 f.; *Deutsch/Spickhoff*, Medizinrecht, Rz. 315; *Walter*, Spezialisierung und Sorgfaltsstandard, S. 118 ff.; *Deutsch*, JZ 2002, 588, 591.

783 Bei Einwänden bezüglich des Kausalverlaufs ist zwischen der Kausalität als solcher und Reserveursachen bzw. dem Einwand eines rechtmäßigen

muss[784], der Nachweis des Misserfolgs der ärztlichen Behandlungsmaßnahmen allein folglich nicht zur Haftungsbegründung genügt.

268 Den meist fachunkundigen **Anspruchsteller** treffen im Arzthaftungsprozess allerdings nur **maßvolle Substantiierungspflichten** (vgl. Rz. 580 f.)[785]. Die Behandlungsseite hingegen treffen im Arzthaftungsprozess besondere Anforderungen[786]. Der Übergang zur **sekundären Darlegungslast** ist häufig fließend. Dieses insbesondere zu negativen Tatsachen entwickelte Instrument[787], schränkt den Grundsatz der Erforderlichkeit der Darlegung aller anspruchsbegründenden Umstände durch den Anspruchsteller ein, wenn er außerhalb des maßgeblichen Geschehensablaufs steht und den Sachverhalt von sich aus nicht ermitteln kann, während dem Prozessgegner die erforderliche tatsächliche Aufklärung ohne weiteres möglich und auch zuzumuten ist[788]. Sie betrifft also die Darlegungsebene und nicht die Beweislastverteilung, kann aber prozessentscheidende Bedeutung erlangen. Behauptet etwa der Patient nach Auftreten einer Infektion **einen Hygieneverstoß**, muss die Behandlungsseite nach der Rechtsprechung des BGH regelmäßig zur Einhaltung der gebotenen Vorsichtsmaßnahmen vortragen, auch wenn der Patient keine konkreten Anhaltspunkte für eine bestimmte Missachtung von Hygieneregeln aufzeigt[789]. Die Anforde-

Alternativverhalten wegen der abweichenden Zuweisung der Beweislast zu differenzieren (Rz. 156).

784 Vgl. auch BT-Drucks. 17/10488, 27 f.

785 Der Tatsachenvortrag muss lediglich in groben Zügen erkennen lassen, welches ärztliche Verhalten fehlerhaft gewesen und welcher Schaden daraus entstanden sein soll; vgl. etwa OLG Köln VersR 2015, 1295. Die zurückhaltenden Substantiierungspflichten finden ihre Grenzen, wo eine umfassende Wahrnehmung des Patienten möglich ist und wo kein Sachkundedefizit besteht; vgl. etwa OLG Oldenburg NJW-RR 1999, 1153.

786 Ein pauschales Bestreiten der Vorwürfe des Patienten durch den Arzt reicht nicht. Ihn trifft eine Erklärungspflicht nach § 138 Abs. 2 ZPO; vgl. etwa BGH NJW 1987, 1479 (Stattfinden einer Visite). Die Behandlungsseite verfügt über den Prozessstoff und ist auf Grund ihrer Sachkunde und ihrer Möglichkeit, die Krankenunterlagen zur Gedächtnisunterstützung einzusehen, gehalten, nähere Angaben zu liefern.

787 Vgl. etwa BGH VersR 2017, 1545; BGH VersR 2018, 163.

788 Eingehend BGH VersR 2019, 553 = NJW-RR 2019, 467.

789 BGH VersR 2019, 1372 = NJW-RR 2019, 1360; BGH VersR 2019, 553 = NJW-RR 2019, 467; BGH, BeckRS 2020, 7538; vgl. zuvor bereits BGH VersR 2016, 1380 = NJW-RR 2016, 1360 = MedR 2018, 239 m. Anm. *Walter*.

rungen an ein wirksames Bestreiten können auch durch **bestehende Dokumentationspflichten** der Behandlungsseite beeinflusst werden[790].

[130] Mitunter wird gefordert, aus einem Verstoß gegen ärztliche **Leitlinien** (vgl. hierzu Rz. 189 ff.) beweisrechtliche Konsequenzen zu ziehen. So wird vereinzelt unter Verweis auf die inhaltliche Eigenheit der Leitlinien, grundsätzlich Risikofelder und damit den „Eignungsbereich für die Kausalität des Behandlungsfehlers" zu bestimmen, sowie auf die entsprechenden Rechtsfolgen bei Verletzung umweltrechtlicher Vorschriften oder auch technischer Regelungen eine Kausalitätsvermutung zugunsten des Geschädigten befürwortet[791]. Eine solche ließe indes die Unberechenbarkeit des menschlichen Organismus und die stete Möglichkeit überraschender Krankheitswendungen – der sog. „schicksalhafte Verlauf" – trotz zutreffender therapeutischer Maßnahmen als Besonderheiten medizinischer Behandlungsabläufe unberücksichtigt. Diese Unwägbarkeiten sind auch bei der Erstellung hochwertiger Behandlungsleitlinien kaum berechenbar, weshalb eine entsprechende Vermutung generell abzulehnen ist[792]. Im Regelfall wird auch eine Beweiserleichterung für das Vorliegen eines Behandlungsfehlers im Falle eines Leitlinienverstoßes nicht in Betracht kommen. Auf Grund des Zeitbezugs und der Situationsbezogenheit der ärztlichen Sorgfaltsprogramme und nicht zuletzt der ärztlichen Therapiefreiheit, die letztlich die fachgerechte Behandlung im individuellen Fall sicherstellen soll, kann dem Leitlinienverstoß auch insofern keine Vermutungswirkung zukommen[793]. Denkbar ist eine Vermutungswir- 269

790 BGH VersR 2005, 1238 = NJW 2005, 2614, 2616 (Chargennummer von verwendetem Blutprodukt); s. beispielhaft zu Pflegemängeln auch LG Nürnberg-Fürth NJW-RR 2013, 469: Dem wegen unzureichender Pflege in Anspruch genommenen Betreiber eines Seniorenheims trifft eine sekundäre Darlegungslast, nach der er umfassend vorzutragen hat, dass und in welcher Weise er seinen Pflichten ordnungsgemäß nachgekommen ist. Zu diesem Zwecke ist im Rechtsstreit regelmäßig eine lückenlose und detaillierte Pflegedokumentation vorzulegen.

791 *Hart*, MedR 1998, 8, 13 f.; ders., MedR 2012, 453, 454; *Ziegler*, VersR 2003, 545, 548.

792 *Dressler* in: Hart, Ärztliche Leitlinien, S. 161, 168 f.; *Frahm*, GesR 2005, 529, 532; *Walter*, GesR 2003, 165, 170.

793 BGH, Beschl. v. 8.1.2008 – VI ZR 161/07; vgl. auch *Dressler* in: Hart, Ärztliche Leitlinien, S. 161, 163; *Frahm*, GesR 2005, 529, 532; *Walter*, GesR 2003, 165, 170. *Ferner* OLG Koblenz VersR 2008, 696 = MedR 2008, 511; OLG Stuttgart MedR 2002, 650; OLG Düsseldorf NJW-RR

kung bei Verstößen gegen aktuelle und hochwertige Leitlinien zur Organisation und Hygiene ärztlicher Behandlung, da hochwertige Leitlinien den aktuellen Standard wiedergeben und damit in diesen Bereichen regelmäßig zumindest von der Festschreibung des Mindeststandards ausgegangen werden kann. Überdies stellt sich hier nur selten das Problem des Situationsbezugs der Sorgfalt[794]. Der Vermutung eines groben Behandlungsfehlers ist hingegen allgemein eine Absage zu erteilen[795].

2. Grobe Behandlungsfehler[796]

a) Ausgangslage und Anwendungsbereich

270 [131] Seit langem in der Rechtsprechung anerkannt[797] ist die im Falle eines groben Behandlungsfehlers[798] grundsätzlich eingeräumte Beweislastumkehr – früher sprach man von Beweiserleichterungen bis hin zur Beweislastumkehr – hinsichtlich der Ursächlichkeit des Behandlungsfehlers für den Primärschaden, die im vertraglichen und deliktischen Bereich Anwendung findet und sich auch an das Fehlverhalten einer Hebamme knüpfen kann[799]. Für die vertragliche Haftung ist

---

2001, 389. Abweichendes kann auch nicht aus der etwas missverständlichen Formulierung in der Gesetzesbegründung zu § 630h BGB gefolgert werden, vgl. BT-Drucks. 17/10488, 19.

794 *Frahm*, GesR 2005, 529, 533; *Walter*, GesR 2003, 165, 170. Die Rechtsprechung hat bei Hygieneverstößen zwar häufig mit einschlägigen Leitlinien argumentiert, jedoch bislang keine Vermutung eines Behandlungsfehlers bei Verstößen gegen Hygieneleitlinien angenommen; vgl. etwa OLG Hamm MedR 2008, 217; OLG Düsseldorf VersR 2000, 1019. Zu den Empfehlungen der Kommissionen des Robert-Koch-Instituts vgl. Rz. 158.

795 Vgl. auch OLG Stuttgart MedR 2002, 650, 652 f.; OLG Hamm VersR 2000, 1373 f.; *Deutsch/Spickhoff*, Medizinrecht, Rz. 372; *Stöhr* in FS Hirsch, 2008, S. 431, 439; *Jorzig/Feifel*, GesR 2004, 310.

796 Eingehend *Hausch*, Der grobe Behandlungsfehler in der gerichtlichen Praxis, 2007.

797 Gleichwohl ist die Rechtsfigur des groben Behandlungsfehlers nach wie vor kritischen Einwänden ausgesetzt, vgl. nur *Katzenmeier*, in: Laufs/Katzenmeier/Lipp, Arztrecht, Kap. XI Rz. 91 f.; *Steiner*, VersR 2009, 473.

798 Zur Entwicklung *Hausch*, Der grobe Behandlungsfehler in der gerichtlichen Praxis, S. 17 ff.; *Franzki*, Die Beweisregeln im Arzthaftungsprozess, 1982, S. 57 ff.; *Katzenmeier* in FS Laufs, S. 909 ff.

799 BGH NJW 2000, 2737, 2739.

diese Beweisregel nunmehr **in § 630h Abs. 5 S. 1 BGB gesetzlich geregelt**. Sie nimmt nach neuerer Rechtsprechung indes noch breiteren Raum ein: Bei grober Vernachlässigung einer **Berufs- oder Organisationspflicht, die dem Schutz von Leben und Gesundheit anderer dient**, soll nach Auffassung des BGH für die haftungsbegründende Kausalität eine Beweislastumkehr nach dem Vorbild des groben Behandlungsfehlers eingreifen[800]. Konsequenz dieser Rechtsprechung ist die Anwendung der Beweisfigur in anderen bislang teilweise umstrittenen Fallkonstellationen im Gesundheitssektor, wie der Tätigkeit des **Rettungssanitäters**[801], des Krankenpflegers[802] oder des **Apothekers**[803]. Zudem wendet der BGH den arzthaftungsrechtlichen Grundsatz der Beweislastumkehr bei einem groben Behandlungsfehler auch im Bereich der **Veterinärmedizin** an[804].

800 BGH VersR 2018, 614 = NJW 2018, 301 = JZ 2018, 412 m. krit. Anm. *Katzenmeier* = MedR 2018, 481 m. krit. Anm. *Laumen*; BGH VersR 2017, 1024 = NJW 2017, 2108 = MedR 2018, 90 m. krit. Anm. *Katzenmeier*; dem BGH zustimmend *Koch*, JZ 2017, 843; *Koch/Rupp*, NJW 2018, 267; mit guten Gründen – wenn auch in der Zielsetzung teilweise differierend – kritisch *Katzenmeier*, FS Prütting, 2018, S. 361; *Laumen*, MDR 2017, 797; *Mäsch*, NJW 2017, 2080; *Prütting*, NJW 2019, 2661. Zur Grenzziehung vgl. aber BGH VersR 2019, 881 = NJW 2019, 1809: Keine Beweislastumkehr bei einem Sportlehrer, da sich dessen Amtspflicht zur Ersten Hilfe nicht als Haupt-, sondern als Nebenpficht darstellt.

801 Vgl. hierzu KG VersR 2017, 551; kritisch hierzu *Voigt*, MedR 2017, 375.

802 Vgl. etwa OLG Oldenburg GesR 2016, 353.

803 OLG Koblenz BeckRS 2018, 10063; zuvor bereits OLG Köln VersR 2014, 106 = MedR 2014, 105. Zum Gesamtschuldnerausgleich bei Haftung von Arzt und Apotheker *Gothe/Koppermann*, MedR 2014, 90.

804 BGH VersR 2016, 1002 = NJW 2016, 2502. Die Rechtsprechung wird auf alle arzthaftungsrechtlichen Beweisregeln – neben der Beweislastumkehr aufgrund eines groben Behandlungsfehlers auch die aufgrund eines (einfachen)Befunderhebungsfehlers sowie die weiteren beweisrechtlichen Sondertatbestände – zu erstrecken sein. Die Übertragung auf den Tierarzt, die als solche keinen Bedenken unterliegt und sich in die bisherige Linie der Rechtsprechung bündig einfügt (vgl. auch *Koch*, NJW 2016, 2461), wird nicht vom Versuch einer vertieften, sich mit der seit Jahrzehnten geäußerten Kritik auseinandersetzenden Begründung der Beweisfigur des groben Behandlungsfehlers durch den BGH begleitet, kritisch daher *Fielenbach*, JZ 2016, 966.

271 Liegt im Einzelfall ein **grober Behandlungsfehler eines angestellten Arztes** vor, muss sich auch der Krankenhausträger, soweit er hierfür in Anspruch genommen wird, die Verschiebung der Beweisführungspflicht entgegenhalten lassen[805]. Werden Ansprüche gegen Ärzte durch **regressierende bzw. Ausgleichsansprüche verfolgende Dritte** (Krankenkasse, Erstschädiger etc.) geltend gemacht, können auch diese sich auf die Beweislastumkehr wegen eines groben Behandlungsfehlers berufen[806].

272 Anknüpfungspunkt für die Beweislastumkehr ist allerdings – anders als die Bezeichnung „grob" suggeriert – **kein grob fahrlässiges Verhalten**. Der BGH hat zwar in älteren Entscheidungen[807] darauf abgestellt, ob der Arzt für den Patienten eine Gefahr vorsätzlich oder grob leichtfertig herbeigeführt hat. Derartige Formulierungen sind jedoch zumindest ungenau. Die Zuweisung von Aufklärungslasten kann nicht vom Grad des Verschuldens abhängen[808]. Die Beweiserleichterungen, welche die höchstrichterliche Rechtsprechung bei groben Behandlungsfehlern gewährt, sind keine Sanktion für ein besonderes Arztverschulden; auf eine subjektive Vorwerfbarkeit kommt es nicht an[809]. Die beweisrechtlichen Konsequenzen knüpfen vielmehr daran an, dass die nachträgliche Aufklärbarkeit des tatsächlichen Behandlungsgeschehens wegen des besonderen Gewichtes des Behandlungsfehlers und seiner Bedeutung für die Behandlung in einer Weise erschwert ist, dass der Arzt nach Treu und Glauben – also aus Billigkeitsgründen – dem Patienten den vollen Kausalitätsnachweis nicht zumuten kann[810]. In diese Einbettung der Beweisfigur des groben Behandlungsfehlers

805 BGH VersR 1982, 1141 = NJW 1983, 340.

806 Vgl. OLG Hamm GesR 2005, 70; OLG Stuttgart, Urt. v. 18.4.2006 – 1 U 127/04; *Geiß/Greiner*, Arzthaftpflichtrecht, Rz. B 256; anders OLG Köln VersR 1989, 294; *Hausch*, VersR 2005, 600. Vgl. zur Problematik auch BGH VersR 2009, 1668 = NJW-RR 2010, 831; *Gothe/Koppermann*, MedR 2014, 90.

807 Vgl. etwa BGH VersR 1956, 499.

808 *Deutsch*, NJW 1993, 1506, 1509 f.

809 Vgl. nur BGH VersR 2012, 362 = NJW 2012, 227; BGH VersR 2011, 1569 = NJW 2011, 3442.

810 BGH VersR 2012, 362 = NJW 2012, 227; BGH VersR 2011, 1569 = NJW 2011, 3442; BGH VersR 2009, 1668 = NJW-RR 2010, 831; BGH VersR 2009, 1267 = NJW 2009, 2820; BGH VersR 1992, 238 = NJW 1992, 754 unter teilweiser Aufgabe des Standpunktes von BGH VersR

fügt sich die gesetzliche Regelung durch das Patientenrechtegesetz in § 630h Abs. 5 S. 1 BGB ein[811].

b) Definition des groben Behandlungsfehlers

[132] Von einer Legaldefinition des groben Behandlungsfehlers in § 630h Abs. 5 BGB hat der – eigentlich auf Transparenz bedachte – Gesetzgeber abgesehen[812]. Insofern muss weiter auf die einschlägige Rechtsprechung des BGH zurückgegriffen werden. Danach bietet der Grund für die Beweiserleichterung, dass nämlich Aufklärungserschwernisse in das Behandlungsgeschehen selbst hineingetragen werden, die sich insbesondere auch auf die Feststellung der für die Schädigung in Betracht kommenden Ursachen auswirken[813], zugleich einen Anhaltspunkt, wie denn ein solcher ärztlicher Fehler beschaffen sein muss, um als grob eingestuft zu werden. Der BGH stellt stets auf ein Fehlverhalten ab, das nicht aus in der Person des behandelnden Arztes liegenden Gründen, sondern aus objektiver ärztlicher Sicht **nicht mehr verständlich** erscheint, weil ein solcher Fehler dem Arzt aus dieser Sicht **schlechterdings nicht passieren darf**. Danach kommt es darauf an, ob das ärztliche Verhalten **eindeutig gegen gesicherte und bewährte medizinische Erkenntnisse und Erfahrungen** verstieß[814]. Hierzu gehören (insbesondere) auch die elementaren medizinischen Grundregeln, die im jeweiligen Fachgebiet vorausgesetzt werden. Ein Verstoß gegen diese kann einen groben Behandlungsfehler darstellen, 273

1983, 729 = NJW 1983, 2080; vgl. auch *Müller*, VersR 2006, 1289, 1296; *Hausch*, VersR 2005, 600, 603.

811 Dabei bleibt die Rechtfertigung der Beweisregel durch den Gesetzgeber noch hinter der – stets in der Kritik gebliebenen – Begründung durch die Rechtsprechung zurück. Diese erschöpft sich in dem Postulat, der Behandelnde sei im Falle eines groben Behandlungsfehlers „näher dran", das Beweisrisiko zu tragen; vgl. BT-Drucks. 17/10488, 30.

812 Eine Begriffsbestimmung erfolgt lediglich in der Gesetzesbegründung; vgl. BT-Drucks. 17/10488, 30.

813 BGH VersR 1989, 80 = NJW 1988, 2949.

814 BGH VersR 2012, 362 = NJW 2012, 227; BGH VersR 2011, 1569 = NJW 2011, 3442; BGH VersR 2009, 1267 = NJW 2009, 2820; BGH VersR 2007, 995 = BGHZ 172, 1; BGH VersR 2004, 909 = BGHZ 159, 48; BGH VersR 1995, 46 = NJW 1995, 778; BGH VersR 1992, 238 = NJW 1992, 754; BGH VersR 1992, 1263 = NJW 1992, 2962 m.w.N.; BGH VersR 1983, 729 = NJW 1983, 2080. Für eine begriffliche Neubestimmung *Nußstein*, VersR 2018, 390.

auch wenn für eine bestimmte Behandlungssituation aufgrund ihrer besonderen konkreten Umstände keine klaren – möglicherweise in Lehrbüchern oder Leitlinien[815] bzw. Richtlinien niedergelegten – medizinischen Vorgaben und Handlungsanweisungen bestehen[816]. Abzustellen ist allein auf die objektive medizinische Fehlerqualität[817].

---

815 Das Fehlen einer einschlägigen Leitlinie kann der Annahme eines groben Behandlungsfehlers nicht entgegenstehen; vgl. nur OLG Naumburg NJOZ 2010, 1270.

816 Vgl. insbesondere BGH VersR 2011, 1569 = NJW 2011, 3442 m. Anm. *Katzenmeier*, LMK 2012, 327738; s. auch BGH NJW 2018, 309 = VersR 2018, 379.

817 Beispiele aus der Rechtsprechung zum groben Behandlungsfehler:
1. Unterlassen therapeutischer Beratung bei Verlassen der Klinik entgegen ärztlichem Rat: BGH VersR 1986, 1121 = NJW 1987, 705;
2. Zurückhaltung dagegen bei Diagnoseirrtümern: BGH VersR 1988, 293 = NJW 1988, 1513; BGH VersR 1992, 1263 = NJW 1992, 2962; BGH VersR 1981, 1033 = MedR 1983, 107; OLG Hamm VersR 2016, 926 m. krit. Anm. *Jaeger*; BGH, OLG Bamberg VersR 1992, 831; hier wird ein sog. fundamentaler Irrtum gefordert: *Müller*, NJW 1997, 3049, 3053; BT-Drucks. 17/10488, 31;
3. Nichterhebung gebotener Befunde: BGH VersR 2010, 115 = NJW-RR 2010, 833; BGH VersR 1993, 836 = NJW 1993, 2375; BGH VersR 1988, 293 = NJW 1988, 1513; BGH VersR 1982, 1193 = NJW 1983, 333; aktuell etwa OLG Hamm VersR 2017, 1019: Unterlassen einer dauernden CTG-Überwachung des Geburtsgeschehens;
4. Zurücklassen von Tupfer in der Operationswunde: BGH VersR 1981, 462; vgl. aber OLG München GesR 2013, 620: Zurücklassen eines Tuchs als (nur) einfacher Behandlungsfehler;
5. Unterlassen der Überweisung an einen Spezialisten bzw. der Einweisung in eine Klinik: BGH VersR 1981, 1033 = MedR 1983, 107; KG VersR 2011, 760 = GesR 2011, 229;
6. Unterlassen therapeutischer Beratung, Aufklärung über Dringlichkeit: BGH VersR 2005, 228 = NJW 2005, 427; BGH VersR 1989, 702 = NJW 1989, 2318; aktuell etwa OLG Hamm, GesR 2016, 22: Notwendigkeit der Wiedervorstellung bei Melanomverdacht;
7. Missachtung grundlegender hygienischer Selbstverständlichkeiten: vgl. BGH VersR 2008, 490 = NJW 2008, 1304; OLG Naumburg NJOZ 2010, 1270;
8. Spülen einer offenen Wunde mit einem zur Reinigung von Böden und Möbeln vorgesehenen Flächendesinfektionsmittel: OLG Köln VersR 2013, 113;
9. Unterlassen der gebotenen Maßnahmen bei Schulterdystokie: OLG Oldenburg NJW-RR 2015, 863;

Eine etwaige Verletzung der ärztlichen Pflicht zur Aufklärung über den Eingriff und damit die Frage nach einem Hinwegsetzen über das Selbstbestimmungsrecht des Patienten – das ohnehin ungeeignet ist, Erkenntniserschwernisse über Schadensursachen in das Geschehen hineinzutragen – bleibt daher außer Betracht[818]. Im Bereich der medizinischen Betreuung können grobe Behandlungsfehler indes nicht nur Fehler bei der ärztlichen Behandlung im engeren Sinne (insbesondere auch Diagnosefehler, Nichterhebung von Diagnose- und Kontrollbefunden[819], Therapiefehler), sondern ebenso schwere Versäumnisse im Umfeld – also etwa im Bereich der therapeutischen Beratung, der Organisation[820], der Überwachung eines unerfahrenen Assistenzarztes sowie der notwendigen Weitergabe anamnestischer Befunde an den weiterbehandelnden Arzt – darstellen[821]. Dabei wirkt sich im Diagnosebereich die wegen der häufig gegebenen Mehrdeutigkeit von Befunden zurückhaltende Bewertung unzutreffender Diagnosen als behandlungsfehlerhaft auch bei der Feststellung eines groben Behandlungsfehlers aus. Die Fehlinterpretation des Befundes muss aus objektiver Sicht nicht mehr verständlich erscheinen und einem Arzt schlechterdings nicht unterlaufen dürfen, was nur bei **„fundamentalen Diagnosefehlern“** gegeben sein wird[822].

---

10. Verzögerte Behandlung eines akuten Gefäßverschusses: OLG Hamm NJW 2020, 938.

818 BGH VersR 1987, 770 = NJW 1987, 2291; *Deutsch*, VersR 1988, 1, 2; s. unten Rz. 497.

819 Bei grob fehlerhafter Nichterhebung von Befunden bedarf es zur Annahme eines groben Behandlungsfehlers nicht – zusätzlich – des Unterlassens einer gebotenen Therapie: BGH VersR 2010, 115 = NJW-RR 2010, 833.

820 BGH NJW 2018, 309 = VersR 2018, 379; OLG Koblenz GesR 2017, 784.

821 BGH VersR 1996, 976 = NJW 1996, 2429; BGH VersR 1994, 562 = NJW 1994, 1594; OLG Köln VersR 1997, 1404; OLG Celle VersR 1997, 365; OLG Hamm VersR 1997, 1403; OLG Stuttgart VersR 2000, 1108; OLG Oldenburg VersR 2003, 1544. Ausführliche Nachweise zur Rechtsprechung finden sich bei *Geiß/Greiner*, Arzthaftpflichtrecht, Rz. B 265 ff.; *Martis/Winkhart*, Arzthaftungsrecht, Rz. G 297 ff. Vgl. auch BT-Drucks. 17/10488, 30 f.

822 BGH VersR 2011, 400 = NJW 2011, 1672; BGH VersR 2007, 541 = NJW-RR 2007, 744; BGH VersR 2003, 1256 = NJW 2003, 2827; vgl. auch OLG Koblenz VersR 2010, 1184. Hieran anknüpfend auch BT-Drucks. 17/10488, 31.

274 Bei der Bewertung eines Behandlungsfehlers als grob handelt es sich um eine **juristische Wertung**. Diese hat der Tatrichter[823] selbst – nicht etwa der Sachverständige – auf Grund der ihm unterbreiteten Fakten zu treffen, wenn auch natürlich diese **Fakten nur mit sachverständiger Hilfe zu erlangen** sind. Die Bewertung muss daher in den Ausführungen eines Sachverständigen zur medizinischen Wertung ihre tatsächliche Grundlage finden[824]. Sie darf aber keinesfalls dem medizinischen Sachverständigen überlassen werden. Vielmehr ist darauf zu achten, ob der Sachverständige in seiner Würdigung einen Verstoß gegen elementare medizinische Erkenntnisse oder elementare Behandlungsstandards oder lediglich eine Fehlentscheidung in mehr oder weniger schwieriger Lage erkennt[825]. Lassen die Angaben des Sachverständigen Raum für Interpretationen („schwerwiegender Fehler", „unverzeihlicher Fehler") ist – wie auch bei Vornahme einer eigenen Bewertung des Sachverständigen anstelle der Unterbreitung medizinischer Fakten – weitere Aufklärung geboten. Gleiches gilt, wenn der Sachverständige eine klärungsbedürftige Zurückhaltung bei der Bewertung des Behandlungsgeschehens als grob fehlerhaft erkennen lässt (eingehend zum Sachverständigenbeweis Rz. 604 ff.).

823 Der BGH betont wiederkehrend, dass die Bewertung eines ärztlichen Fehlverhaltens als grob weitgehend im tatrichterlichen Bereich liegt. Revisionsrechtlich ist jedoch nachprüfbar, ob das Berufungsgericht den Begriff des groben Behandlungsfehlers verkannt und/oder bei der Gewichtung dieses Fehlers erheblichen Prozessstoff außer Betracht gelassen oder verfahrensfehlerhaft gewürdigt hat; vgl. nur BGH VersR 2012, 362 = NJW 2012, 227; BGH VersR 2011, 1569 = NJW 2011, 3442; BGH VersR 2009, 1267 = NJW 2009, 2820.

824 BGH VersR 2018, 1192, 1194 = NJW 2018, 3382; BGH VersR 2015, 712 = NJW 2015, 1601; BGH VersR 2012, 362 = NJW 2012, 227; BGH VersR 2002, 1026 = NJW 2002, 2944; BGH VersR 2001, 1116 = NJW 2001, 2795; BGH VersR 1997, 315 = NJW 1997, 798; BGH VersR 1996, 1148 = NJW 1996, 2428; BGH VersR 1988, 293 = NJW 1988, 1513; BGH VersR 1978, 1022 = NJW 1978, 2337. Ausführlich *Geiß/Greiner*, Arzthaftpflichtrecht, Rz. B 255; *Gehrlein*, Grundriss der Arzthaftpflicht, Rz. B 139. Siehe aber auch OLG Koblenz GesR 2012, 501 = MDR 2012, 843: Abweichung von der Einschätzung des Sachverständigen, wenn es zur Bewertung des Fehlverhaltens als grob keiner medizinischen Fachkunde bedarf; konkret war eine einschlägige Publikation in der führenden Fachzeitschrift über Monate unbeachtet geblieben.

825 BGH VersR 2012, 362 = NJW 2012, 227; BGH VersR 2009, 1406.

[133] In früheren Entscheidungen hat der BGH mehrfach betont, dass es zum Wesen des groben Behandlungsfehlers gehört, das Spektrum der für die schließlich eingetretene Schädigung in Betracht kommenden Ursachen so zu verbreitern bzw. zu verschieben, dass die – ansonsten dem Patienten obliegende – Kausalitätsaufklärung erheblich erschwert ist[826]. Mitunter blieb dabei unklar, ob das Ausmaß der Spektrumsverschiebung schon für die Einordnung des Fehlers als grob[827] oder erst bei der Rechtsfolgenbestimmung zu berücksichtigen ist[828]. In der neueren Rechtsprechung wird lediglich auf das Vorliegen eines groben Behandlungsfehlers nach Maßgabe der angeführten Definition abgestellt und die Frage einer Spektrumsverschiebung nicht mehr erörtert. Der BGH hat nunmehr klargestellt, dass es sich bei Letzterem nur um das Motiv der Gewährung einer Beweislastumkehr handelt, nicht jedoch um ein notwendiges Tatbestandsmerkmal[829]. Letztlich lassen sich die Merkmale der Aufklärungserschwernis auf der einen Seite und des krassen Verstoßes gegen gesicherte medizinische Erkenntnisse auf der anderen ohnehin nicht klar voneinander trennen. Beide sind wohl eher Facetten ein und derselben Erscheinungsform ärztlichen Fehlverhaltens und selten wird das eine ohne das andere gegeben sein. Allerdings leuchtet unter dem Blickwinkel des Hineintragens einer Aufklärungserschwernis ein, dass auch ein Aneinanderreihen einer Vielzahl kleinerer, an sich nicht grober Einzelfehler in seiner Gesamtheit betrachtet dennoch als schwer angelastet und damit eine Beweislastumkehr begründet werden kann[830]. Für die Beurteilung kommt es also letztlich auf eine **Gesamtbetrachtung des Behandlungsgeschehens** an. 275

826 BGH VersR 1995, 46 = NJW 1995, 778; BGH VersR 1982, 1193 = NJW 1982, 333. Vgl. auch BT-Drucks. 17/10488, 31.

827 BGH VersR 1995, 46 = NJW 1995, 778.

828 BGH VersR 1989, 80 = NJW 1988, 2949.

829 BGH VersR 2012, 1176 = NJW 2012, 2653; BGH VersR 2007, 995 = NJW 2007, 2767; BGH VersR 2004, 909 = NJW 2004, 2011.

830 BGH NJW 2018, 309 = VersR 2018, 379; BGH VersR 2011, 1569 = NJW 2011, 3442; BGH VersR 2001, 1030 = NJW 2001, 2792; BGH VersR 2000, 1146 = NJW 2000, 2737; OLG Hamm VersR 2019, 34, 37; OLG Koblenz VersR 2010, 1452; OLG Koblenz GesR 2008, 537; OLG Stuttgart VersR 1997, 700 *Pauge/Offenloch*, Arzthaftungsrecht, Rz. 595.

c) Generelle Eignung zur (Primär-)Schädigung

276 [134] Schon für das „Ob" einer Beweiserleichterung darf allerdings nicht die Frage nach der konkreten **Möglichkeit** außer Acht gelassen werden, dass der Arztfehler auch tatsächlich überhaupt zum Misserfolg der Behandlung beigetragen haben kann. Das bedeutet zwar nicht, dass hierfür eine gewisse Wahrscheinlichkeit oder ein Naheliegen der Kausalität gefordert würde. Voraussetzung ist jedoch, dass der grobe Verstoß des Arztes **grundsätzlich geeignet** war, den ganz konkret aufgetretenen Gesundheitsschaden hervorzurufen[831]. Ein bloß theoretisch denkbarer Zusammenhang genügt dagegen nicht. Unerheblich ist, ob die Kenntnis des generell möglichen Zusammenhangs zum Behandlungszeitpunkt zum medizinischen Standardwissen gehörte, da insoweit eine objektive Betrachtung vorzunehmen ist[832]. Ob im Einzelfall nach diesen Maßstäben die Voraussetzungen für die Annahme eines schweren Behandlungsfehlers gegeben sind, unterliegt weitgehend tatrichterlichem Ermessen. Die Würdigung muss jedoch erkennen lassen, dass der Tatrichter hierbei die von der höchstrichterlichen Rechtsprechung aufgestellten Grundsätze zugrunde gelegt hat[833]. Beweisen muss die Voraussetzung, dass der Arztfehler generell geeignet war, einen Schaden der tatsächlich eingetretenen Art herbeizuführen, der Patient[834].

d) Ausnahmen

277 [135] Unter dem Gesichtspunkt der Erschwerung der Aufklärung des Behandlungsgeschehens kann eine **Mitverursachung von Unklarheiten in der Ursachenaufklärung durch den Patienten** selbst eine Beweislastumkehr wegen des groben Behandlungsfehlers ausschließen. Voraussetzung ist, dass der Patient durch sein Verhalten eine selbständige Komponente für den Heilungserfolg vereitelt hat und dadurch in gleicher Weise wie der grobe Behandlungsfehler des Arztes dazu beige-

831 BGH VersR 2012, 1176 = NJW 2012, 2653; BGH VersR 2010, 115 = NJW-RR 2010, 833; BGH VersR 2008, 490 = NJW 2008, 1304; BGH VersR 2005, 228 = NJW 2005, 427; BGH VersR 2004, 909 = NJW 2004, 2011; BGH VersR 1997, 362 = NJW 1997, 756; BGH VersR 1989, 80 = NJW 1988, 2949; BGH VersR 1986, 366 = NJW 1986, 1540.

832 BGH VersR 2012, 1176 = NJW 2012, 2653.

833 BGH VersR 1995, 46 = NJW 1995, 778; BGH VersR 1986, 1121 = NJW 1987, 705.

834 *Franzki*, Der Arzthaftungsprozess, S. 66.

tragen hat, dass der Verlauf des Behandlungsgeschehens nicht mehr aufgeklärt werden kann[835]. Die entsprechenden Tatsachen sind vom Arzt zu beweisen. Beruht beispielsweise die Hoffnung auf einen Behandlungserfolg gegenüber einer schweren Wundinfektion auf mehreren gleichrangig wichtigen Behandlungskomponenten, nämlich der chirurgischen Versorgung, der antibiotischen Therapie sowie der Ruhigstellung, so kann trotz groben Unterlassens der Antibiotikatherapie durch den Arzt einer Beweiserleichterung entgegenstehen, dass der Patient selbst durch wiederholtes Missachten der Anordnung zur Ruhigstellung eine nahezu gleich wahrscheinliche Schadensursache gesetzt und damit eine mögliche Unaufklärbarkeit wesentlich mitverursacht hat. Das KG spricht insoweit von einem groben Behandlungsfehler des Patienten sich selbst gegenüber[836]. Auch die Nichtwahrnehmung von Kontrollterminen kann wegen der dadurch bewirkten Gefährdung des Heilverlaufs einer Beweislastumkehr entgegenstehen[837].

Der Gesetzgeber hat entgegen einer Anregung des Bundesrates[838] davon abgesehen, den Ausnahmetatbestand der Mitverantwortlichkeit des Patienten für die Aufklärungserschwernis ausdrücklich gesetzlich zu regeln. Aus der Gesetzesbegründung ergibt sich indes der Wille, an den entsprechenden Grundsätzen der Rechtsprechung festhalten zu wollen, wenngleich deren rechtliche Einordnung durch den Gesetzgeber kaum überzeugen kann[839]. 278

835 BGH VersR 2012, 1176 = NJW 2012, 2653; BGH VersR 2009, 1668 = NJW-RR 2010, 831; BGH VersR 2005, 228 = NJW 2005, 427; OLG Hamm GesR 2018, 371; OLG Köln VersR 1997, 1102; OLG Braunschweig VersR 1998, 459 mit Nichtannahmebeschluss des BGH; LG Dresden MedR 2008, 223.

836 KG VersR 1991, 928 mit begründetem Nichtannahmebeschluss des BGH.

837 OLG Saarbrücken GesR 2015, 364.

838 Vgl. zum überzeugenden – aber leider erfolglosen – Änderungsvorschlag BT-Drucks. 17/10488, 43.

839 Im Regierungsentwurf wird der Ausnahmetatbestand eines eigenen Verursachungsbeitrags des Patienten als Unterfall des Ausnahmetatbestandes eines äußerst unwahrscheinlichen Zusammenhangs dargestellt. Tatsächlich handelt es sich indes um eigenständige Sonderfälle, die in keinem Verhältnis zueinander stehen. Auf den ergänzenden Regelungsvorschlag des Bundesrates hat die Bundesregierung – unzutreffend – erwidert, eine gesetzliche Regelung des Ausnahmetatbestandes sei entbehrlich, da sich dieser aus den „allgemeinen Regeln des Haftungsrechts“

279 [136] Eine **Beweislastumkehr** ist ferner dann **ausgeschlossen**, wenn sich nicht das Risiko verwirklicht hat, dessen Nichtbeachtung den Fehler als grob erscheinen lässt[840], oder jeglicher haftungsbegründender **Ursachenzusammenhang gänzlich unwahrscheinlich** ist[841]; auch diese Ausnahmen sind in § 630h BGB nicht ausdrücklich geregelt, obgleich sich aus der Gesetzesbegründung ein entsprechender Regelungswille ergibt[842]. Das Vorliegen einer solchen Sachlage muss

---

ergebe. Die damit möglicherweise angesprochene Regelung des § 254 BGB hat indes mit dieser Frage nichts gemein. Vielmehr resultiert der Ausnahmetatbestand des Mitverursachungsbeitrags des Patienten aus dem Motiv der Beweislastumkehr bei groben Behandlungsfehlern, da in diesem Fall die Erschwerung der Aufklärung nicht allein auf dem groben Behandlungsfehler des Arztes beruht.

840 BGH VersR 2012, 1176 = NJW 2012, 265, wonach eine Ausnahme vom Grundsatz der Beweislastumkehr bei grobem Behandlungsfehler jedoch grundsätzlich nicht deshalb in Betracht kommt, weil der eingetretene Gesundheitsschaden als mögliche Folge des groben Behandlungsfehlers zum maßgebenden Zeitpunkt noch nicht bekannt war; vgl. ferner BGH VersR 2008, 490 = NJW 2008, 1304; BGH VersR 2005, 228 = NJW 2005, 427; BGH VersR 1981, 954 = NJW 1981, 2513; s. auch OLG Koblenz VersR 2016, 863: bei von Chirurg und Anästhesist grob fehlerhaft unterlassener Reaktion auf eine Blutgerinnungsstörung vor einer Operation keine Zurechnung eines im chirurgischen Einsatzgebiet entstandenen Schadens (krit.).

841 BGH VersR 2012, 1176 = NJW 2012, 2653; BGH VersR 2010, 115 = NJW-RR 2010, 833; BGH VersR 2008, 490 = NJW 2008, 1304; BGH VersR 2005, 228 = NJW 2005, 427; BGH VersR 2004, 909 = NJW 2004, 2011; OLG Köln VersR 2012, 109; OLG Koblenz VersR 2011, 1268; OLG Oldenburg VersR 2007, 1699 = MedR 2008, 296; OLG Karlsruhe VersR 2005, 1246; OLG Hamm VersR 2004, 1321; OLG Brandenburg VersR 2004, 1050.

842 Auch in diesem Zusammenhang erweist sich die von einem einheitlichen Ausnahmetatbestand ausgehende Gesetzesbegründung als missverständlich. Die Fallgruppen der äußerst unwahrscheinlichen Verursachung sowie der Realisierung eines anderweitigen Risikos sind allerdings – wie auch der Bundesrat in seiner Stellungnahme anführt – eigenständig zu betrachten. Die Gegenäußerung der Bundesregierung stellt darauf ab, bei äußerst unwahrscheinlichem Ursachenzusammenhang fehle es bereits an dem Tatbestandsmerkmal der „grundsätzlichen Eignung" des Fehlers für den Eintritt der Verletzung i.S.d. § 630h Abs. 5 BGB; vgl. zum Ganzen BT-Drucks. 17/10488, 31, 43, 56. Dieser Ansatz ist mit der bisherigen Rechtsprechung des BGH nicht zu vereinbaren. Es wird verkannt, dass für die vom Patienten zu beweisende generelle Eignung des

der Arzt beweisen[843]. Die **Bestimmung des Begriffs** der gänzlichen Unwahrscheinlichkeit hat noch keine belastbare höchstrichterliche Klärung gefunden. Chancen im Bereich von 10 bis 20 % können nicht als „äußerst unwahrscheinlich“ angesehen werden[844]. Es liegt nahe, nur Werte von unter 5 % in Betracht zu ziehen[845]. Zum Ausschluss der Beweislastumkehr für den gesamten Kausalzusammenhang kommt es allerdings nicht schon dann, wenn die Alleinverursachung äußerst unwahrscheinlich ist, sondern nur dann, wenn jeglicher Ursachenbeitrag äußerst unwahrscheinlich ist. Denn die **Mitursächlichkeit genügt**, um dem Schädiger den gesamten Schaden zuzurechnen[846]. Zur Beweislastumkehr genügt also, wenn der grobe Fehler die eingetretene Schädigung nur zusammen mit einer anderen Ursache, etwa einer besonderen Befindlichkeit des Geschädigten, einer Vorschädigung, herbeigeführt haben kann. Anderes gilt lediglich im Falle der sog. **Teilkausalität**, wenn das ärztliche Versagen und ein weiterer, der Behandlungsseite nicht zuzurechnender Umstand abgrenzbar zu Teil-

groben Fehlers zur Herbeiführung des eingetretenen Schadens eine rein abstrakte Betrachtung anzustellen ist, die weder eine gewisse Wahrscheinlichkeit noch ein Naheliegen der Kausalität erfordert. „Generelle Eignung“ und „äußerste Unwahrscheinlichkeit“ der Schadensverursachung durch den groben Behandlungsfehler sind zwingend zu trennen. Die Ausführungen der Bundesregierung sind als „Flüchtigkeitsfehler“ anzusehen, die den generellen Willen zur Festhaltung an den Grundsätzen der Rechtsprechung nicht tangieren.

843 BGH VersR 2011, 1148 = NJW 2011, 2508; BGH VersR 2004, 909 = NJW 2004, 2011; OLG Jena OLG-NL 2006, 125; OLG Düsseldorf VersR 2005, 654; *Geiß/Greiner*, Arzthaftpflichtrecht, Rz. B 259 m.w.N.

844 Vgl. etwa OLG Koblenz VersR 2017, 890.

845 OLG Hamm VersR 2017, 1017: Wahrscheinlichkeit von 5 bis 10 % nicht ausreichend, da ernsthafte Möglichkeit; OLG Hamm NJOZ 2016, 727: Ursachenzusammenhang von unter 1 % ausreichend („absolute Rarität“); OLG Hamm GesR 2016, 221: Wahrscheinlichkeit im Spektrum von 1 bis 10 % genügt nicht zur Entlastung; OLG Köln VersR 2019, 423, 425; OLG Köln VersR 2016, 404 (L): mehr als 95 % Unwahrscheinlichkeit genügt; OLG Koblenz VersR 2017, 890: auch inhaltliche Grenzziehung möglich, wenn Sachverständiger keine Prozentangabe vornehmen kann, aber nur eine rein theoretische Möglichkeit ohne medizinische Grundlage annimmt; OLG Düsseldorf GesR 2015, 721: überwiegende Wahrscheinlichkeit eines anderen Kausalzusammenhangs genügt nicht.

846 BGH VersR 2011, 1148 = NJW 2011, 2508; vgl. hierzu auch *Müller*, NJW 1997, 3049, 3052 m.w.N.

schäden geführt haben[847]. Die Behandlungsseite haftet deshalb vollumfänglich, solange sie nicht beweisen kann, dass der Schaden oder zumindest ein abgrenzbarer Teil desselben nicht auf dem ihr unterlaufenen groben Behandlungsfehler beruht[848]. Erst wenn feststeht, dass der Patient auch bei einwandfreiem ärztlichen Vorgehen qualitativ näher bestimmbare Schäden davongetragen hätte, kommt eine quotenmäßige Verteilung des Gesamtschadens unter Anwendung der §§ 254 BGB, 287 ZPO in Betracht. Kann also der Arzt etwa beweisen, dass der von ihm zu verantwortende grobe Behandlungsfehler den Schaden allenfalls zu 10 bis 30 % beeinflusst hat, so beschränkt sich seine Haftung auf 30 % des Gesamtschadens[849].

e) Folge: Beweislastumkehr

280 [137] Liegen danach die Voraussetzungen für eine Beweiserleichterung vor, besteht diese stets in einer **Beweislastumkehr** hinsichtlich der **Ursächlichkeit des Behandlungsfehlers für den Primärschaden**[850]. Greift die Beweislastumkehr, kann der Arzt freilich den Gegenbeweis führen, dass der Gesundheitsschaden nicht auf dem groben Behandlungsfehler beruht[851].

---

847 BGH VersR 2014, 1130 = NJW-RR 2014, 1118.

848 BGH VersR 2005, 942 = NJW 2005, 2072; BGH VersR 2000, 1282 = NJW 2000, 3423; BGH VersR 2000, 1146 = NJW 2000, 2737; BGH VersR 1997, 362 = NJW 1997, 796; BGH VersR 1996, 1535 = NJW 1997, 794.

849 BGH VersR 1997, 362 = NJW 1997, 796; OLG Hamm VersR 1996, 1371.

850 Grundlegend BGH VersR 2004, 909 = NJW 2004, 2011; vgl. auch BGH VersR 2008, 490 = NJW 2008, 1304; BGH VersR 2007, 995 = NJW 2007, 2767; BGH VersR 2005, 228 = NJW 2005, 427. Mit Blick auf das Ausmaß der Beweiserleichterung wurde in der Vergangenheit regelmäßig von „Beweiserleichterungen bis hin zur Umkehr der Beweislast" gesprochen; vgl. BGH VersR 1989, 701 = NJW 1989, 2332; BGH VersR 1978, 1022 = NJW 1978, 2337. Dies wirkte sich in der Praxis zwar nicht aus, war aber mit dem Gebot der Rechtssicherheit und der Gleichheit der Rechtsanwendung nicht in Einklang zu bringen; s. *Laumen*, NJW 2002, 3739. Daher ist der BGH zwischenzeitlich von seiner früheren Formulierung abgerückt.

851 Vgl. etwa OLG Saarbrücken MedR 2000, 326.

[138] Die **Beweislastumkehr begrenzt** sich allerdings auf den Nachweis der Ursächlichkeit des groben Behandlungsfehlers für den eingetretenen (vom Patienten nachzuweisenden[852]) **Primärschaden** und damit auf den Bereich der haftungsbegründenden Kausalität[853]. 281

Dagegen erfasst die Beweislastumkehr nicht die haftungsausfüllende 282
Kausalität und damit **Folgeschäden** (Sekundärschäden), die erst durch den infolge des Behandlungsfehlers eingetretenen unmittelbaren Gesundheitsschaden entstanden sein sollen, es sei denn, der Sekundärschaden war eine geradezu typische Folge der Primärverletzung[854]. Wird etwa als Folge eines ärztlichen Fehlers ein Hinterwandinfarkt beim Patienten nicht abgewendet und als dessen Folge wegen der dadurch bedingten stärkeren Belastung der Vorderwand des Herzens dort ein weiterer Infarkt verursacht, so hat die Rechtsprechung diesen bereits als Folgeschaden angesehen[855]. Als Konsequenz trägt der Patient die Beweislast dafür, dass auch dieser zweite Vorfall auf dem Arztfehler beruht. Insoweit greift allerdings das Beweismaß des § 287 ZPO[856].

3. Verstöße gegen Befunderhebungs- und Befundsicherungspflichten

a) Ausgangslage

[140] Die von der Rechtsprechung entwickelten Regeln zu beweis- 283
rechtlichen Folgen bei Verstößen gegen Befunderhebungs- und Be-

852 BGH VersR 2008, 490 = NJW 2008, 1304.

853 BGH VersR 2014, 247 = NJW 2014, 688; BGH VersR 2013, 1174 = NJW 2013, 3094; BGH VersR 2011, 1400 = NJW 2011, 3441; BGH VersR 2008, 644 = NJW 2008, 1381; BGH VersR 2005, 228 = NJW 2005, 427. Hierzu *Olzen/Kaya*, GesR 2013, 1.

854 BGH VersR 2014, 247 = NJW 2014, 688; BGH VersR 2013, 1174 = NJW 2013, 3094; BGH VersR 2008, 644 = NJW 2008, 1381; BGH VersR 2005, 228 = NJW 2005, 427; BGH VersR 1978, 764; OLG Frankfurt GesR 2019, 368; OLG Koblenz VersR 2016, 863; OLG Oldenburg GesR 2015, 696; OLG Köln MedR 2008, 46; OLG Karlsruhe NJOZ 2006, 3042.

855 BGH VersR 1994, 52 = NJW 1994, 801; Beispiele auch bei *Franzki*, Der Arzthaftungsprozess, S. 67 ff.

856 Vgl. beispielhaft jeweils zu einem Morbus Sudeck als Sekundärschaden: OLG Frankfurt GesR 2019, 368; OLG Köln VersR 2014, 1093.

fundsicherungspflichten können bereits bei einem einfachen Fehler eingreifen[857]. Für die vertragliche Haftung ist die Beweislastumkehr in **§ 630h Abs. 5 S. 2 BGB** geregelt. Allerdings lässt sich der Gesetzesbegründung weder eine Auseinandersetzung mit der Entwicklung noch mit der Rechtfertigung der Beweisfigur entnehmen. Beabsichtigt ist lediglich eine „Fortführung der Rechtsprechung des BGH“[858]. Etwaige Ungereimtheiten des Wortlauts der Regelung in § 630h Abs. 5 S. 2 BGB[859] sind daher an die von der Rechtsprechung entwickelten Grundsätze anzupassen.

284 Das **Motiv** der unter bestimmten Voraussetzungen möglichen Beweislastumkehr bei Verstößen gegen die Befunderhebungs- bzw. Befundsicherungspflicht ist in der als **unbillig empfundenen Beweisnot des Patienten** zu sehen. Es soll ein Ausgleich dafür erfolgen, dass durch das Nichterheben oder -sichern eines Befundes das Spektrum der für die Schädigung des Patienten möglichen Ursachen verbreitert oder verschoben worden ist[860]. Die Behandlungsseite soll sich nicht darauf berufen dürfen, man könne nunmehr nicht mehr feststellen, wie der Befund bei Erhebung ausgesehen haben würde[861]. Die Entwicklung der Rechtsprechung verlief allerdings nicht einheitlich, weshalb die vor Ende des Jahres 1995 ergangene Rechtsprechung nur mit Vorsicht herangezogen werden sollte. Nach anfänglich eher großzügiger Gewährung von Beweiserleichterungen wurde diese später entscheidend eingeschränkt[862]. Grundlage der Eingrenzung war die Überlegung,

---

857 Bei einer Einstufung als grob gelten dagegen auch hier die Grundsätze der Beweislastumkehr bei einem groben Behandlungsfehler; vgl. BGH VersR 2014, 247 = NJW 2014, 688; BGH VersR 2011, 1400 = NJW 2011, 3441; BGH VersR 2003, 1256; BGH VersR 1998, 585 = NJW 1998, 1782; BGH VersR 1998, 457 = NJW 1998, 1780; s. auch OLG Koblenz VersR 2013, 111.

858 BT-Drucks. 17/10488, 31. Kritisch *Spickhoff*, VersR 2013, 267, 280 f.

859 Vgl. nur den Einwand des Bundesrates BT-Drucks. 17/10488, 43.

860 Vgl. nur *Müller*, NJW 1997, 3049, 3053 m.w.N.

861 Grundlegend: BGH VersR 1987, 1089 = NJW 1987, 1482; sodann: BGH VersR 1994, 984 = NJW 1994, 2419; BGH VersR 1989, 512 = NJW 1989, 2330; BGH VersR 1989, 80 = NJW 1988, 2949; BGH VersR 1988, 293 = NJW 1988, 1513; BGH VersR 1987, 1092 = NJW 1987, 2293.

862 Vgl. hierzu: BGH VersR 1996, 330 = NJW 1996, 779 und BGH VersR 1996, 633 = NJW 1996, 1589; *Nixdorf*, VersR 1996, 160 ff. m.w.N.; *Müller*, NJW 1997, 3049, 3053 f.; *Müller*, DRiZ 2000, 259, 268.

dass der Patient bei einem Verstoß gegen die Befunderhebungspflicht nicht besser stehen soll als bei einer Erhebung des Befundes. Ohne weiteres kann daher bei einem Nichterheben bzw. Sichern von Befunden **bei hinreichender Wahrscheinlichkeit** – aber auch nur dann[863] – zunächst lediglich auf ein **positives Befundergebnis** geschlossen werden[864]. Eine Beweiserleichterung für die Kausalität des Fehlers für den unmittelbaren Gesundheitsschaden setzt indes einen groben Behandlungsfehler voraus, weshalb dies in die Voraussetzungen der Beweislastumkehr einfließen muss.

b) Voraussetzungen

[141] Nach der aktuellen Rechtsprechung des BGH und der daran anknüpfenden Neuregelung in § 630h Abs. 5 S. 2 BGB greift daher eine – verfassungsrechtlich unbedenkliche[865] – **Beweislastumkehr** zugunsten des Patienten bezüglich der **Ursächlichkeit** der Verletzung der Befunderhebungs- bzw. -sicherungspflicht für den **Primärschaden** nur dann ein, wenn 285

- behandlungsfehlerhaft medizinische Diagnose- oder Kontrollbefunde[866] nicht – ggf. verspätet[867] – erhoben bzw. gesichert wurden,
- die Erhebung mit hinreichender Wahrscheinlichkeit ein aus medizinischer Sicht reaktionspflichtiges Ergebnis erbracht hätte **und**
- sich das Unterlassen einer Reaktion auf einen derartigen Befund als grober Behandlungsfehler – ggf. in Form eines fundamentalen Diagnosefehlers – darstellen würde[868].

863 Klarstellend BGH VersR 2020, 233 = NJW 2020, 1071 (auch bei nicht dokumentierter Befunderhebung).

864 Vgl. nur BGH VersR 1999, 1241 = NJW 1999, 2731; *Müller*, NJW 1997, 3049, 3053 f.

865 BVerfG NJW 2004, 2079.

866 Nach OLG München NJW-RR 2006, 33 = GesR 2005, 550 finden die Grundsätze auch dann Anwendung, wenn die postoperative Überwachung durch eine Serie von Einzeluntersuchungen unterlassen wurde.

867 OLG Zweibrücken NJW-RR 2008, 537.

868 Ständige Rspr.: BGH VersR 2014, 247 = NJW 2014, 688; BGH VersR 2013, 1174 = NJW 2013, 3094; BGH VersR 2011, 1400 = NJW 2011, 3441; BGH VersR 2011, 1148 = NJW 2011, 2508; BGH VersR 2004, 909 = NJW 2004, 2011; BGH VersR 2004, 790 = NJW 2004, 1871;

(1) Begriff und Abgrenzung des Befunderhebungsfehlers

286 Ausgangspunkt der Beweisregel ist ein Behandlungsfehler in Form der Nichterhebung von Befunden. Insoweit stellt sich in der forensischen Praxis häufig das Problem der **Abgrenzung des Befunderhebungsfehlers** von anderen Behandlungsfehlerkategorien[869], da **keine Aufspaltung eines bestimmten Pflichtverstoßes** möglich ist; vielmehr muss eine klare Einordnung erfolgen[870]. Liegt ein anderer Behandlungsfehlertyp vor, kann ein Befunderhebungsfehler nicht angenommen werden, selbst wenn bei objektiv zutreffendem Vorgehen noch weitere Befunde zu erheben gewesen wären. Liegt etwa nach einer vertretbaren Diagnose eine absolute Indikation für einen bestimmten Eingriff vor, kann allein daraus, dass bei „richtiger Diagnose" eine weitere Befundabklärung erforderlich gewesen wäre, kein Befunderhebungsfehler konstruiert werden. Diese für den Diagnosefehler vom BGH angenommene **Sperrwirkung**[871] erstreckt sich auch auf andere Kategorien des Behandlungsfehlers. Für die danach zwingende Abgrenzung stellt der BGH auf den **Schwerpunkt der Vorwerfbarkeit** ab[872].

287 Für den **Diagnosefehler** hält der BGH als Grundregel fest, dass dieser an die fehlerhafte Interpretation eines Befundes anknüpft. Hingegen liegt ein Befunderhebungsfehler vor, wenn der Arzt die für die Diagnoseerstellung oder für die Überprüfung, Kontrolle oder weitere Abklä-

---

BGH VersR 1999, 1282 = NJW 1999, 3408; vgl. auch OLG Bamberg GesR 2008, 583.

869 Vgl. hierzu *Martis/Winkhart-Martis*, MDR 2019, 837 und MDR 2017, 925; *Nußstein*, VersR 2016, 641; *Ramm*, GesR 2011, 513.

870 BGH, NJW 2018, 621 = MedR 2019, 217: Eine Pflichtwidrigkeit des Arztes (fehlender Hinweis auf die Dringlichkeit der weiteren Abklärung des Befundes) lässt sich nicht in einen Fehler bei der therapeutischen Beratung einerseits und in einen Befunderhebungsfehler andererseits aufspalten, sondern ist als einheitlicher Vorgang zu behandeln, weil die unterbliebene zeitnahe Befunderhebung unmittelbare Folge der angenommenen unzureichenden therapeutischen Beratung ist.

871 Vgl. nur BGH, NJW 2011, 1672 = MedR 2011, 645; OLG Hamm VersR 2012, 493.

872 Deutlich BGH VersR 2016, 260 = NJW 2016, 563: „in diesen Fällen liegt der Schwerpunkt der Vorwerfbarkeit ärztlichen Fehlverhaltens regelmäßig nicht in der unterbliebenen Befunderhebung als solcher, sondern in dem Unterlassen von Warnhinweisen zum Zwecke der Sicherstellung des Behandlungserfolgs"; BGH VersR 2017, 888; OLG Oldenburg VersR 2017, 1084.

rung der Anfangsdiagnose erforderlichen Befunde nicht erhebt und deshalb als Ergebnis eine unrichtige Diagnose verbleibt[873]. Es muss folglich um eine Befunderhebung durch eine ärztliche Untersuchungsmaßnahme[874] gehen, die angesichts der konkreten Symptome des Patienten zur Aufklärung, Kontrolle und Sicherung des Krankheitsstatus **medizinisch zweifelsfrei geboten** war[875]. Es kommt hingegen nicht darauf an, ob die Befunderhebung für die Rechtsverfolgung durch den Patienten nützlich gewesen wäre. Maßgebend ist vielmehr allein, ob sie **medizinisch** ohnehin angezeigt war, weil der Arzt aus den Befunden den nur so zu erlangenden Aufschluss über die Natur eines sich entwickelnden Krankheitsprozesses gewinnen und dann die erforderlichen Behandlungsmaßnahmen einleiten kann[876].

873 Vgl. zur Problematik etwa BGH VersR 2011, 400 = NJW 2011, 1672; BGH VersR 2008, 644 = NJW 2008, 1381; BGH VersR 2007, 541 = NJW-RR 2007, 744; OLG Hamm VersR 2012, 493; KG GesR 2012, 44; OLG Brandenburg VersR 2009, 1540; OLG Köln VersR 2005, 1740 = NJW 2006, 69; OLG Düsseldorf VersR 2005, 117; KG GesR 2004, 136; ferner *Hausch*, MedR 2012, 231; *Ramm*, GesR 2011, 513; *Diederichsen*, GesR 2011, 257, 262 f.; *Feifel*, GesR 2006, 308; *Schultze-Zeu*, VersR 2008, 898; *Hausch*, VersR 2003, 1489.

874 Ggf. auch durch einen anderen Arzt: OLG Koblenz NJW-RR 2016, 539. Anders in der Begründung OLG Hamm GesR 2013, 728 mit krit. Anm. *Schmidt-Recla*, GesR 2014, 91: Das (einfach) behandlungsfehlerhafte Versäumnis, einen Neurologen zur Beurteilung der Bildgebung einer Computertomographie hinzuzuziehen, begründet einen fiktiven groben Behandlungsfehler, wenn ein massiver Hirnstamminfarkt unentdeckt bleibt, den hinzugezogener Neurologe erkennen musste, so dass ein Versäumnis seinerseits als grober Behandlungsfehler zu beurteilen wäre.

875 Allerdings ist keine Differenzierung zwischen einfachen Befunderhebungsfehlern und der Nichterhebung medizinisch zweifelsfrei gebotener Befunde, die allein Grundlage einer Beweislastumkehr sein könnten, veranlasst; anders *Karmasin*, VersR 2009, 1200, 1201. Kein Befunderhebungsfehler liegt vor, wenn zwar nicht die standardgerechte Untersuchungsmethode (hier: Proktoskopie), aber eine überlegene andere Untersuchungsmethode (hier: MRT) vorgenommen wurde: OLG Koblenz VersR 2015, 715.

876 Vgl. zu einer klassischen Konstellation beispielhaft BGH, Beschl. v. 4.12.2012 – VI ZR 320/11, veröff. in juris: Erhebung von Laborwerten und Vornahme eines Wundabstrichs zur Abklärung einer Keimbesiedelung; OLG Koblenz VersR 2017, 890: Unterlassung gebotener persönlicher Untersuchung im Bereitschaftsdienst; OLG Köln GesR 2015, 543: Unterlassen einer Ganzbein-Röntgenaufnahme zur Abklärung einer et-

Ausgehend von diesen Umschreibungen der Begrifflichkeiten kann indes nicht jedes Abgrenzungsproblem klar aufgelöst werden[877].

288 Die hieran anknüpfende Schwerpunktbetrachtung des BGH mündet in eine vielschichtige[878] und keineswegs unumstrittene[879] Kasuistik. Dem Arzt ist kein Diagnoseirrtum, sondern ein Befunderhebungsfehler vorzuwerfen, wenn die unrichtige diagnostische Einstufung einer Erkrankung ihren Grund bereits darin hat, dass der Arzt die nach dem medizinischen Standard gebotenen Untersuchungen erst gar nicht veranlasst hat[880]. Erkennt ein Arzt, dass das unklare kli-

---

waigen Achsfehlstellung vor knorpelchirurgischer Maßnahme; OLG Köln VersR 2013, 1447: keine explorative Revision der Wunde nach Eindringen eines größeren Holzstücks wegen etwaiger Holzsplitter. Dagegen Diagnosefehler beim Übersehen einer Fraktur auf einer Röntgenaufnahme: OLG Köln VersR 2016, 1382.

877 Vgl. etwa BeckOK-BGB/*Katzenmeier*, § 630h BGB, Rz. 88: „Mit diesen Leitsätzen ist für die Praxis nicht viel Klarheit gewonnen. Weiterhin fehlen praktisch handhabbare Kriterien, wann lediglich ein Diagnosefehler mit daraus resultierender Nichterhebung von Befunden vorliegt und wann ein vorwerfbares Versäumnis erstmaliger oder weiterer, der (Verdachts-)Diagnose entsprechender Befunderhebung (...).“

878 Eine gewisse Uneinheitlichkeit feststellend *Spickhoff*, NJW 2016, 1633, 1637.

879 Vgl. zuletzt etwa *Kolvenbach*, MedR 2018, 950; *Sommerfeld*, VersR 2018, 1491; *Nußstein*, VersR 2016, 641. Durchaus kritisch auch *Spickhoff*, NJW 2016, 1633, 1636: „Die Abgrenzung ist keinesfalls stets klar und überzeugend; gelegentlich kann man sich des Eindrucks kaum erwehren, dass die Rechtsprechung die Art des Fehlers nach dem ins Visier gefassten gewünschten Ergebnis bestimmt (...).“

880 BGH VersR 2016, 663 = NJW 2016, 1447: „Ein Diagnoseirrtum setzt aber voraus, dass der Arzt die medizinisch notwendigen Befunde überhaupt erhoben hat, um sich eine ausreichende Basis für die Einordnung der Krankheitssymptome zu verschaffen. Hat dagegen die unrichtige diagnostische Einstufung einer Erkrankung ihren Grund bereits darin, dass der Arzt die nach dem medizinischen Standard gebotenen Untersuchungen erst gar nicht veranlasst hat – er mithin aufgrund unzureichender Untersuchungen vorschnell zu einer Diagnose gelangt, ohne diese durch die medizinisch gebotenen Befunderhebungen abzuklären –, dann ist dem Arzt ein Befunderhebungsfehler vorzuwerfen.“ Konkret ging es um einen Gynäkologen, der in der Spätphase der Schwangerschaft erhöhten Blutdruck, massives Nasenbluten und erhöhte Eiweißausscheidungen im Urin als „leichte Blutdruckerhöhung“ eingeordnet und ein HELLP-Syndrom (dabei treten Bluthochdruck, Eiweiß im Harn und Le-

nische Beschwerdebild des Patienten umgehend weitere diagnostische Maßnahmen (hier: Hirndiagnostik) erfordert, verschiebt er die wegen unzureichender Ausstattung der Klinik erforderliche Verlegung in ein ausreichend ausgestattetes Krankenhaus aber auf den nächsten Tag, liegt ein Befunderhebungsfehler, nicht aber ein Diagnosefehler vor[881].

Positioniert hat sich der BGH auch zur Abgrenzung des Befunderhe- 289
bungsfehlers von der Verletzung der **Pflicht zur therapeutischen Beratung**. Danach ist in dem Unterlassen der Information des Patienten über die Dringlichkeit der ihm empfohlenen medizinisch gebotenen Maßnahmen und die Gefahren, die im Fall des Unterbleibens entstehen können, grundsätzlich ein Verstoß gegen die Pflicht zur therapeutischen Beratung des Patienten zu sehen. Wird also ein Patientüber das Vorliegen eines kontrollbedürftigen Befundes und die medizinisch gebotene Maßnahme informiert, kommt aber der Kontrollaufforderung nicht nach, liegt kein Befunderhebungsfehler vor[882].

Bezüge zur Befunderhebung können sich in vielen Bereichen stellen. 290
So hat der BGH – durchaus überzeugend auf der Grundlage seiner bisherigen Rechtsprechung – die medizinisch gebotene Befundung mit einem von Beginn an nur notdürftig reparierten und zunächst brauchbar, später aber **nicht mehr arbeitenden Gerät** als Befunderhebungsfehler eingeordnet[883]. Das Fehlverhalten betraf abstrakt betrachtet die Verwendung des fehlerhaften Geräts und übergeordnet die apparative Gewährleistung des fachärztlichen Standards und damit den Bereich

berfunktionsstörungen auf) nicht abgeklärt hat. Vgl. etwa auch OLG Köln VersR 2019, 764 (Anlass für Befunderhebung bei neuen Erkenntnissen im Behandlungsverlauf).

881 BGH VersR 2014, 374.

882 BGH VersR 2016, 260 = NJW 2016, 563 m. krit. Anm. *Mäsch*, JZ 2017, 158; *Jaeger*, MedR 2016, 433; *Sommerfeld*, VersR 2018, 1491; *Nußstein*, VersR 2016, 641; entgegen der Kritik erneut BGH VersR 2017, 888 = NJW 2018, 621; BGH VersR 2020, 1052 = NJW 2020 m. Anm. *Frahm*. Ebenso OLG Hamm MedR 2016, 63 m. krit. Anm. *Finn* (unterlassene Beratung über zwei mögliche Vorgehensweisen: kein Befunderhebungsfehler); vgl. aber OLG Oldenburg VersR 2017, 1084: Wäre es zur Krebsvorsorge geboten gewesen, dem Patienten wegen eines Verdachts auf ein Prostatakarzinom eine erneute PSA-Untersuchung spätestens in sechs Monaten zu empfehlen, liegt der Schwerpunkt des Vorwurfs in der unterbliebenen Befunderhebung.

883 BGH VersR 2019, 32 = MedR 2020, 212 m. Anm. *Walter*.

der Organisationspflichten[884]. Diese Einordnung illustriert die **Überschneidungen der Behandlungsfehlerkategorien**, wenn es um die Bewertung eines Fehlverhaltens im Sachzusammenhang mit einer Befunderhebung/-sicherung geht, wie etwa bei unterlassener Wiedereinbestellung[885] oder Überweisung[886], aber auch bei Unvollständigkeiten bei der Anamnese[887] oder Funktionsstörungen von Befunderhebungsgeräten bzw. sonstigen Störungen der Befunderhebung[888].

(2) Hinreichende Wahrscheinlichkeit

291 Die weitere Voraussetzung eines mit **hinreichender Wahrscheinlichkeit** reaktionspflichtigen Befundes bei erfolgter Erhebung bzw. Sicherung sorgt insbesondere mit Blick auf den Begriff der „hinreichenden Wahrscheinlichkeit" für Diskussion. In jedem Fall ist die Frage der hinreichenden Wahrscheinlichkeit eines reaktionspflichtigen Ergebnisses unabhängig von der Kausalitätsfrage zu beurteilen und darf insbesondere nicht mit der Begründung verneint werden, der Gesundheitsschaden könne auch infolge eines völlig anderen Kausalverlaufs eingetreten sein[889]. Bei den Versuchen einer Quantifizierung der hinreichenden Wahrscheinlichkeit scheint sich die Auffassung durchzusetzen, die Vermutung eines positiven Befundes von einer Wahrscheinlichkeit von mehr als 50 % abhängig zu machen[890]. Ein

884 Vgl. zum Überblick etwa *Katzenmeier*, in: Laufs/Katzenmeier/Lipp, Arztrecht, 7. Aufl. 2015, Kap. X Rz. 45.

885 OLG Karlsruhe GesR 2018, 494.

886 OLG Köln VersR 2018, 1129.

887 Vgl. etwa die Konstellation in OLG Naumburg VersR 2019, 624.

888 Vgl. die Konstellation bei LG Regensburg VersR 2016, 1056: zu starke Betäubung unter OP, so dass eine Befunderhebung zur gebotenen Überprüfung einer Nervenschädigung nicht durchgeführt werden kann.

889 BGH VersR 2004, 790 = NJW 2004, 1871.

890 OLG Köln VersR 2009, 1543; OLG Köln VersR 2004, 247 (mehr als 50 % Wahrscheinlichkeit); OLG Dresden, Urt. v. 21.5.2010 – 4 U 1545/09, zit. nach juris (mehr als 50 %); OLG Dresden VersR 2004, 648 (50 % genügen nicht); OLG Hamm GesR 2006, 31; offenlassend OLG Koblenz VersR 2005, 1738 = NJW 2005, 1200; anders OLG Zweibrücken NJW-RR 2008, 539, 540: ausreichend, wenn Erfolgsquote an ein mit „wahrscheinlich" zu bezeichnendes Maß „hinreicht" und nicht erforderlich, dass dieses Maß erreicht (50 %) oder gar übertroffen wird (größer 50 %); vgl. zum Ganzen auch *Wenzel/Müller*, Der Arzthaftungsprozess, Kap. 2 Rz. 1551; *Schultze-Zeu*, VersR 2008, 898; *Hausch*, VersR 2003,

ungewisses bzw. unsicheres Ergebnis[891] wird jedenfalls ebenso wenig ausreichen wie die Feststellung des Sachverständigen, ein positives Befundergebnis sei „durchaus vorstellbar".

c) Beweislastumkehr

[142] Würde sich schließlich die Nichtreaktion auf den positiven Befund – ggf. auf Grund eines fundamentalen Diagnosefehlers[892] – als grober Behandlungsfehler[893] darstellen, führt dies – ebenso wie ein generell zur Schadensverursachung geeigneter grober Behandlungsfehler – stets zu einer **Umkehr der Beweislast** für die Kausalität des Befunderhebungsfehlers zum Primärschaden. Auch insoweit hat sich der BGH von der Formulierung der Gewährung von „Beweiserleichterungen bis hin zur Beweislastumkehr" verabschiedet[894]. Zudem ist nicht erforderlich, dass der grobe Behandlungsfehler die alleinige Ursache des Schadens ist (s. Rz. 279)[895]. 292

1489, 1496. In der versicherungsrechtlichen Rspr. des IV. Zivilsenats des BGH kann bei dem sog. Beweis des äußeren Bildes eines Einbruchdiebstahls „hinreichende Wahrscheinlichkeit" auch weniger als 50 % bedeuten; vgl. BGH NJW-RR 1993, 797.

891 Vgl. etwa OLG Koblenz NJOZ 2012, 2129.

892 Keinesfalls müssen die Verkennung des Befunds *und* das Unterlassen der gebotenen Therapie völlig unverständlich sein. Vielmehr genügt es, wenn sich dessen Verkennung als fundamentaler Diagnosefehler *oder* die Nichtreaktion auf ihn als grob fehlerhaft darstellen würde, und diese Fehler generell geeignet sind, den tatsächlich eingetretenen Gesundheitsschaden herbeizuführen; BGH VersR 2011, 1148 = NJW 2011, 2508 m. krit. Besprechung von *Hausch*, MedR 2012, 231.

893 Zum Maßstab der Beurteilung des Vorliegens eines groben Behandlungsfehlers vgl. auch OLG Koblenz NJW-RR 2004, 106: Danach ist beim schuldhaften Unterlassen einer notwendigen Untersuchung durch einen anderen Facharzt bei Vorliegen der weiteren Voraussetzungen einer Beweislastumkehr wegen nicht erhobener Befunde zur Beurteilung der Frage, ob ein grober Behandlungsfehler vorgelegen hätte, auf den für den schuldhaft nicht eingeschalteten Facharzt geltenden Sorgfaltsstandard abzustellen.

894 BGH VersR 2004, 909 = NJW 2004, 2011.

895 BGH VersR 2011, 1148 = NJW 2011, 2508.

d) Ausnahmen

293 Der Beweislastumkehr kann die Behandlungsseite – wie beim groben Behandlungsfehler – durch den Nachweis entgegentreten, der haftungsbegründende Kausalzusammenhang zum Primärschaden sei ausgeschlossen oder zumindest „äußerst unwahrscheinlich“[896].

e) Anwendung auf unterlassene Befundsicherung

294 [143] Im Falle der unterlassenen Befundsicherungen sind die Grundsätze – wie bereits angedeutet – ebenfalls anwendbar. Die Befundsicherung im Sinne dieser Beweisfigur bezieht sich dabei anders als im Bereich der Produkthaftung[897] auch auf die **Aufbewahrung und Dokumentation** (Aufbewahrung einer erstellten Röntgenaufnahme, eines gefertigten EKG)[898]. Sie ist ein weiterer, sich an die Erhebung anschließender spezieller Unterfall der Befunderhebung. Die Umstände der Aufbewahrung und die Registrierung des Verbleibs dieser Unterlagen sind für Arzt und Klinik **voll beherrschbar**. Verschwinden daher tatsächlich erhobene Befunde, so muss die Behandlungsseite beweisen, hierfür nicht verantwortlich zu sein (vgl. Rz. 335). Misslingt der Beweis, greift für den Patienten die oben dargestellte Beweislastumkehr.

295 Der BGH hat jedoch keine Erleichterungen bei Bereichen angenommen, in denen das Erheben und Sichern von Daten sich lediglich auf medizinisches Gerät und dort auch nur auf das Festhalten von dessen Alter und Gebrauchsdauer bezog[899].

---

896 BGH VersR 2011, 1400 = NJW 2011, 3441; BGH VersR 2011, 1148 = NJW 2011, 2508; BGH VersR 2004, 645 = NJW 2004, 1452. Vgl. OLG Koblenz MedR 2017, 972: Ursachenzusammenhang äußerst unwahrscheinlich, wenn die erforderliche Reaktion auf den bei Vornahme der Befunderhebung anzunehmenden Befund von dritter Seite zeitgerecht vorgenommen wurde.

897 BGH VersR 1993, 367 = NJW 1993, 528.

898 BGH VersR 1996, 330 = NJW 1996, 779; BGH VersR 1996, 633 = NJW 1996, 1589; OLG Düsseldorf VersR 2004, 792.

899 BGH VersR 1994, 562 = NJW 1994, 1594.

4. Dokumentationsversäumnisse, Einsichtsanspruch des Patienten

[144] Eine dritte große Gruppe der Beweiserleichterungen bilden – allerdings nicht bezüglich der Kausalität, sondern ausschließlich für das Vorliegen eines Behandlungsfehlers – die Fälle der **Dokumentationsversäumnisse**. Ist die gebotene ärztliche Dokumentation lückenhaft und wird dadurch die Aufklärung des Behandlungsgeschehens für den geschädigten Patienten unzumutbar erschwert, so kommen Beweiserleichterungen zum Ausgleich dieser vom Arzt zu verantwortenden Erschwernis, einen Behandlungsfehler nachweisen zu können, in Betracht. Die ärztliche Dokumentation nimmt im **Patientenrechtegesetz** vergleichsweise breiten Raum ein. Geregelt sind die Verpflichtung zur Dokumentation des Behandlungsgeschehens sowie deren Aufbewahrung (§ 630f BGB), das Recht des Patienten bzw. dessen Erben auf Einsichtnahme (§ 630g BGB) sowie die beweisrechtlichen Konsequenzen einer unzureichenden Dokumentation bzw. Aufbewahrung derselben (§ 630h Abs. 3 BGB). 296

a) Grundlagen und Umfang der Dokumentationspflicht

(1) Zweck der Dokumentation

[145] Die Gewährung von Beweiserleichterungen wegen Dokumentationsmängeln steht und fällt mit der Frage, in welchem Umfang überhaupt Pflichten zur Dokumentation bestehen. Die ärztliche Dokumentation, das Festhalten von Daten, Maßnahmen, Befunden, Gesprächen etc. in Krankenunterlagen, **dient** vor allem **therapeutischen Belangen**, nach bisher ständiger Rechtsprechung nicht aber einer eventuellen späteren Rechtsverfolgung. Die Begründung zur gesetzlichen Regelung der Aufgabe einer Dokumentation als vertragliche Nebenpflicht der Behandlungsseite in § 630f BGB führt als „letzte“ Funktion, die „faktische Beweissicherung“ für den Fall eines etwaigen Behandlungsfehlers an[900]. Da der Zweck der Dokumentation auch deren notwendigen Umfang bestimmt, bleibt zu hoffen, dass damit lediglich die Bedeutung der Dokumentation als wichtige Erkenntnisquelle im Arzthaftungsprozess, nicht aber eine tatsächliche – auch neue Dokumentationspflichten bestimmende – Beweisfunktion gemeint ist[901]. 297

900 Vgl. etwa OLG Koblenz NJOZ 2012, 2129.

901 Dies erhoffen wohl auch *Reuter/Hahn*, VuR 2012, 249, 254.

298 Der Arzt schuldet, soweit nicht bereits gesetzlich Dokumentationspflichten statuiert werden[902], vertraglich[903] wie deliktisch in therapeutischer Hinsicht eine dem medizinischen Standard entsprechende Führung von **Aufzeichnungen und deren Aufbewahrung**, soweit die betreffenden Daten für eine weitere Behandlung des Patienten entweder durch denselben Arzt, medizinisches Personal oder aber durch einen anderen Arzt von Bedeutung sein können. Die in zeitlich unmittelbarem Zusammenhang mit der Behandlung (s. Rz. 314) anzufertigende Dokumentation dient zudem der Wahrung des Persönlichkeitsrechts[904]. Hingegen soll die Dokumentation – ungeachtet der missverständlichen Gesetzbegründung zu § 630f BGB – nicht Beweise für den Haftpflichtprozess sichern[905].

(2) Umfang der Dokumentation

299 Diese Grundlage der Dokumentationspflicht bestimmt sogleich deren Umfang. Voraussetzung einer Dokumentationspflicht ist, dass die Aufzeichnung etwa einer bestimmten Maßnahme geboten war, um Ärzte und Pflegepersonal über den Verlauf der Krankheit und die bisherige Behandlung **für ihre künftigen Entscheidungen ausreichend zu informieren**[906]. Eine Dokumentation, die medizinisch nicht in dieser Weise erforderlich ist, ist auch nicht aus Rechtsgründen gebo-

---

902 So begründet § 14 TFG besondere Dokumentationspflichten bei der Verwendung von Blutprodukten; vgl. hierzu *Bender*, MedR 2007, 533.

903 Zudem ist der Arzt auf Grund berufsrechtlicher Bestimmungen sowie auf Grund des Vertragsarztrechts zur Dokumentation verpflichtet; vgl. etwa OVG Nordrhein-Westfalen MedR 2016, 731.

904 Vgl. nur BT-Drucks. 17/10488, 26; *Pauge/Offenloch*, Arzthaftungsrecht, Rz. 505.

905 BGH VersR 1989, 512 = NJW 1989, 2330; OLG Naumburg VersR 2008, 1073; OLG Oldenburg VersR 2008, 691; OLG Braunschweig GesR 2008, 536.

906 Daher können die Anforderungen an die Dokumentation auch danach variieren, ob sie in erster Linie dem behandelnden Arzt im niedergelassenen Bereich als Gedankenstütze dient oder – wie in einem Krankenhaus – auch andere behandelnde Personen auf diese aufbauen müssen: OLG Koblenz GesR 2012, 346 (knappe, aber nicht unzureichende Dokumentation); LG Baden-Baden VersR 2014, 1506 m. Anm. *Jungbecker*: keine Dokumentation eines Probezugs vor Chirotherapie an Wirbelsäule erforderlich.

ten[907]. Damit ist klar, dass im Streitfall sowohl das „Ob" als auch der Umfang der Dokumentationsbedürftigkeit nur mit Hilfe eines medizinischen Sachverständigen zu bestimmen sein wird[908]. Dabei kann auch zu berücksichtigen sein, inwieweit tatsächlich eine ärztliche Übung besteht[909]. Sie bezieht sich auf die Anamnese, Diagnose und Therapie einschließlich Verlauf sowie etwaige erforderliche Nachsorgemaßnahmen. Wichtig ist jedenfalls, dass der Arzt nicht verpflichtet sein kann, jede Einzelheit seines Handelns durch Dokumentation oder Zeugengegenwart beweismäßig festzuhalten. Dies würde Effektivität und Zügigkeit ärztlichen Handelns stören und im Übrigen auch das Vertrauensverhältnis zum Patienten beeinträchtigen[910]. Aufzuzeichnen sind nur die für die Diagnose und Therapie wesentlichen medizinischen Fakten in einer für den Fachmann – für den sie ja nach dem Dargestellten bestimmt sind – hinreichend klaren Form. An diese anerkannten Grundsätze knüpft § 630f Abs. 2 BGB an, der dazu verpflichtet, in der Patientenakte sämtliche aus fachlicher Sicht für die derzeitige und künftige Behandlung wesentlichen Maßnahmen und deren Ergebnisse aufzuzeichnen, insbesondere die Anamnese, Diagnosen, Untersuchungen, Untersuchungsergebnisse, Befunde, Therapien und ihre Wirkungen, Eingriffe und ihre Wirkungen, Einwilligungen und Aufklärungen. Gesetzlich statuiert wird zudem die bislang bereits der Praxis entsprechende Übung, **Arztbriefe** in die Patientenakte aufzunehmen (§ 630f Abs. 2 S. 2 BGB).

Die Zielrichtung der Dokumentation ermöglicht auch effiziente Darstellungsformen wie **Kürzel und Symbole**[911]. Zu dokumentieren sind nur die wichtigsten Maßnahmen und Daten, so dass für den Nach- 300

---

907 BGH VersR 1993, 836 = NJW 1993, 2375; BGH VersR 1983, 983; OLG Köln VersR 2015, 758 (zurückhaltende Dokumentation bei Sterbeprozess); OLG Oldenburg VersR 2008, 691; vgl. auch *Hausch*, VersR 2006, 612, 616 ff. S. ferner OLG Nürnberg GuP 2018, 191: Kein Dokumentationserfordernis allein aufgrund der Vorgabe in einer Qualitätssicherungsrichtlinie des Gemeinsamen Bundesausschuss nach § 136 SGB V.

908 Vgl. OLG Köln VersR 1994, 1424.

909 Anders bei nur in manchen Krankenhäusern entgegen ärztlichem Standard eingerissenem Schlendrian: BGH VersR 1995, 706 = NJW 1995, 1611. Kritisch zur ausufernden Orientierung an der Üblichkeit in der Praxis *Hausch*, VersR 2006, 612.

910 BGH VersR 1978, 542 = NJW 1978, 1681.

911 BGH VersR 1989, 512 = NJW 1989, 2330; BGH VersR 1984, 386 = NJW 1984, 1403; BGH VersR 1983, 983.

behandelnden das Vorgeschehen ausreichend an Klarheit gewinnt[912]. So leuchtet ein, dass auftretende Komplikationen festzuhalten sind, nicht dagegen das Fehlen derartiger besonderer Vorkommnisse[913]. Denn da, wo das Schweigen des Dokuments aus sich selbst heraus verständlich ist, genügt es medizinischen Standards. Ähnliches gilt für das Vorliegen bestimmter Diagnoseergebnisse. Entspricht es medizinischem Standard, etwa nur eine positive Diagnose einer akuten Entzündung, nicht aber deren Fehlen zu dokumentieren, so kann bei einem Schweigen der Krankenunterlagen nicht ein Dokumentationsmangel angenommen werden[914].

301 [146] Auf Grund des dargelegten Zwecks der Dokumentation leuchtet ebenfalls ein, dass Behandlungsdetails sowie selbstverständliche Routineschritte[915] nicht festgehalten werden müssen. Steht etwa die Art der Lagerung des Patienten während der Operation durch Gebrauch eines Schlagwortes oder auch nur eines Symboles für den lesenden Fachmann fest und ergibt sich sodann die technische Durchführung im Einzelnen aus allgemein anerkannten, dabei einzuhaltenden medizinischen Regeln, so brauchen diese nicht jedes Mal bei einer Operation schriftlich fixiert zu werden[916]. Die Dokumentationspflicht setzt erst dort wieder ein, wo der Behandlungsablauf vom Selbstverständlichen abweicht, wo Komplikationen auftreten, wo der weitere Verlauf ohne zusätzliche Detailangaben nicht verständlich wird, wo nachträglich Korrekturen eingeleiteter Behandlungsmaßnahmen erfolgen oder wo die Behandlungsseite von der Norm abweicht, wo ungewöhnliche Behandlungsmethoden praktiziert werden.

---

912 Zum Einzelnen und mit Nachweisen aus der Rechtsprechung: *Pauge/Offenloch*, Arzthaftungsrecht, Rz. 507; RGRK – *Nüßgens*, BGB § 823 Anh. II Rz. 261 ff.; *Geiß/Greiner*, Arzthaftpflichtrecht, Rz. B 205 ff.

913 Vgl. etwa OLG Koblenz MedR 2012, 330 = MDR 2012, 51: „Recht knapper" Operationsbericht spricht ohne weitere Anhaltspunkte nicht für eine Dokumentationslücke, sondern für das Fehlen nennenswerter Auffälligkeiten und Besonderheiten.

914 BGH VersR 1994, 682 = NJW 1994, 799; anders BGH VersR 1995, 706 = NJW 1995, 1611, wo nach sachverständiger Sicht Blutdruckwerte auch dann zu dokumentieren waren, wenn sie einen Normalwert ergaben.

915 BGH VersR 1995, 539 = NJW 1995, 1618.

916 BGH VersR 1984, 386 = NJW 1984, 1403; OLG Dresden NJOZ 2008, 248; zum OP-Bericht vgl. auch OLG Oldenburg VersR 2008, 691; OLG Koblenz VersR 2007, 544 L.

[147] Dies soll allerdings nach der Rechtsprechung uneingeschränkt nur für den vollausgebildeten Arzt gelten, während der **Berufsanfänger** den Gang der von ihm selbständig durchgeführten Operationen, auch soweit Routineeingriffe anstehen, in den wesentlichen Punkten zu dokumentieren habe[917]. Bei ihm ist nicht selbstverständlich, dass er von vornherein die medizinisch richtige und übliche Operationstechnik anwendet und beherrscht. Um eine gewisse Kontrolle möglicher Fehlerquellen zu gewährleisten, soll der Gang der Operation genau aufgezeichnet werden. 302

[148] Ansonsten sind die Pflichten zur Dokumentation – mit der Folge von Beweiserleichterungen bei deren Verletzung – recht vielgestaltig[918]. Besteht etwa bei einem bettlägerigen Patienten die hochgradige Gefahr des Entstehens eines Durchliegegeschwürs, so können hiergegen zu unternehmende konkrete Maßnahmen der **Krankenpflege**, die über die normale Grundpflege hinausgehen, sowie die ärztliche Anordnung ihrer Durchführung in das Krankenblatt aufzunehmen sein[919]. Festzuhalten ist weiterhin neben der Medikation die Erfüllung bestimmter therapeutischer Beratungspflichten, wenngleich in diesem Zusammenhang eine Differenzierung nach der Bedeutung der ärztlichen Information erforderlich scheint[920]. So ist bei **Verlassen der Klinik entgegen ärztlichem Rat** zu dokumentieren, dass dieser Rat erfolgt ist und der Patient darauf hingewiesen wurde, welche Risiken der Behandlungsabbruch nach sich ziehen kann[921]. Zu vermerken sind auch besondere Vorkommnisse in der Person des Patienten, wie etwa die Verweigerung einer vom Arzt vorgeschlagenen Röntgenkontroll- 303

917 So BGH VersR 1985, 782 = NJW 1985, 2193.

918 Zum Sonderfall zweier nacheinander tätig werdender Operateure vgl. *Rumler-Detzel*, VersR 1994, 254, 256.

919 BGH VersR 1986, 788 = NJW 1986, 2365; BGH VersR 1999, 190 = NJW 1999, 863. Eingehend zur Dokumentation pflegerischer Prophylaxen *Jorzig/Plantholz*, GuP 2017, 53.

920 Allgemein anerkannt ist die Dokumentationspflicht bei der therapeutischen Beratung im Zusammenhang mit dringlich indizierten Behandlungsmaßnahmen, wie insbesondere Krebserkennungsmaßnahmen. Anderes kann für die Empfehlung einer Wiedervorstellung bei persistierenden Schmerzen gelten: OLG München, Urt. v. 5.5.2011 – 1 U 4306/10, juris; vgl. zum Ganzen auch *Martis/Winkhart*, Arzthaftungsrecht, Rz. D 399 ff.

921 BGH VersR 1987, 1091 = NJW 1987, 2300.

untersuchung[922], wenn der dem Arzt vorgehaltene Fehler gerade im Unterbleiben dieser Untersuchung liegt.

304 [149] Die Frage nach Beweislast und Dokumentationspflicht bei **Behandlungsverweigerung** gegen den ärztlichen Rat ist allerdings nicht ganz einfach zu beantworten. In der Rechtsprechung wird wiederkehrend darauf verwiesen, eine Behandlungsverweigerung sei von der Behandlungsseite in den Krankenunterlagen zu dokumentieren[923]. Damit wird offenbar davon ausgegangen, dass mit der Behauptung der Behandlungsverweigerung durch den Arzt der Vorwurf eines fehlerhaften Unterlassens in Abrede gestellt werde, folglich der Patient seine Behandlungsbereitschaft nachweisen müsse[924]. Die Behandlungsverweigerung fällt indes, wenn der Arztfehler gerade in dem Unterlassen einer bestimmten Behandlungsmaßnahme liegt, in den Bereich des Mitverschuldens des Patienten. Die Beweislast für ein Mitverschulden trägt aber bereits nach allgemeinen Regeln der Arzt als in Anspruch genommener Schädiger[925]. Eines Eingehens auf Beweiserleichterungen zugunsten des Patienten bedarf es deshalb an dieser Stelle nicht. Es dürfte daher unschädlich sein, wenn der BGH festhält[926], *jedenfalls* wegen Fehlens einer Dokumentation der Weigerung auf dem Krankenblatt sei der Beweis Sache des Arztes. Die Behandlungsseite muss vielmehr ohnehin in derartigen Fällen beweisen, dass eine bestimmte Maßnahme angeraten, aber vom Patienten abgelehnt wurde[927].

305 Anders liegen die Dinge, wenn nicht die unterlassene Behandlung bereits an sich fehlerhaft war und zu weiterem Patientenschaden geführt hat, sondern wenn der Fehler ausschließlich in einer **unterlassenen therapeutischen Beratung** liegen soll, welche dann ein schädigendes Fehlverhalten des Patienten selbst oder dritter Personen

922 BGH VersR 1987, 1089 = NJW 1987, 1482.

923 BGH VersR 1987, 1089 = NJW 1987, 1482; OLG Bamberg VersR 2005, 1292 = NJW-RR 2005, 1266; OLG Düsseldorf VersR 1985, 169; vgl. auch *Diederichsen*, GesR 2011, 257, 263.

924 So ausdrücklich *Geiß/Greiner*, Arzthaftpflichtrecht, Rz. B 220; *Gehrlein*, Grundriss der Arzthaftpflicht, Rz. B 51.

925 OLG Schleswig VersR 2001, 1516 = NJW 2002, 227.

926 BGH VersR 1987, 1089 = NJW 1987, 1482.

927 Ohne weitere Begründung im Ergebnis ebenso: OLG Hamm VersR 2003, 1312; OLG Hamm NJW-RR 2002, 814. Vgl. zum Problem auch *Walter*, MedR 2011, 166 f.

verursacht hat. Behauptet also der an Aids erkrankte Ehegatte, er habe sich nur deshalb ohne Kenntnis der Gefahr bei seiner Ehefrau anstecken können, da der diese behandelnde Arzt sie nicht auf die Notwendigkeit eines Aidstestes hingewiesen habe, so geht es ausschließlich um die Folgen einer therapeutischen Fehlberatung. Dies steht als Unterfall eines Behandlungsfehlers zur alleinigen Beweislast des Patienten. Der Arzt muss zwar den Inhalt des von ihm geführten Aufklärungsgesprächs darlegen, der Patient hat es jedoch beweismäßig zu widerlegen.

Hier stellt sich dann also die Frage, ob der **Inhalt des ärztlichen Rates** 306
zu dokumentieren ist und ob eine eventuelle Dokumentationslücke zu Beweiserleichterungen für den Patienten führen kann. Gleiches gilt für die eingangs genannte Fallvariante aus dem Bereich des Mitverschuldens, wenn der Arzt zwar die Verweigerung beweisen kann, der Patient jedoch entgegenhält, seine Weigerung sei rechtlich unbeachtlich, da der Arzt ihn nicht hinreichend über die dann bestehenden Risiken aufgeklärt habe[928]. Eine beweisrechtlich relevante Dokumentationslücke setzt indes voraus, dass eine Dokumentation aus medizinischen Gründen erforderlich war. Dies hat das OLG Düsseldorf[929] entgegen der Meinung des angehörten Sachverständigen im Aids-Fall verneint, da bei einer etwaigen Weiterbehandlung der Ehefrau durch einen anderen Arzt dieser aus der fehlenden Dokumentation lediglich den – unschädlichen – Schluss auf ein Unterlassen der HIV-Diagnostik ziehen konnte. Im Übrigen nimmt die Rechtsprechung jedoch ganz überwiegend in Fällen des Behandlungsabbruchs bzw. der Behandlungsverweigerung – häufig unter Verweis auf deren Üblichkeit – eine Dokumentationspflicht an. Der BGH betont allerdings auch hier, dass eine Pflicht nur dann besteht, wenn die Dokumentation aus **medizinischer Sicht** erforderlich war[930].

(3) EDV-Dokumentation

[150] Die nach § 630f Abs. 1 Satz 1 BGB in unmittelbarem zeitlichem 307
Zusammenhang vorzunehmende[931] Dokumentation muss in archivierungstauglicher Weise erfolgen. Dabei tritt neben die hand- bzw.

928 Vgl. BGH VersR 1997, 1357 = NJW 1997, 3090.
929 OLG Düsseldorf VersR 1995, 339 = MedR 1996, 79.
930 BGH VersR 1997, 1357 = NJW 1997, 3090.
931 Vgl. hierzu OLG Zweibrücken VersR 1999, 1546.

maschinenschriftliche Form zunehmend dic Dokumentation mittels elektronischer Datenspeicherung (**EDV-Dokumentation**), die gerade bei bilderzeugenden Untersuchungen – etwa Aufnahmen einer Koloskopie – auch für den Patienten nutzbringende Nebeneffekte (zu denken ist etwa an eine schnelle beratende Hinzuziehung eines anderen Arztes zur Diagnose) eröffnen kann. Die EDV-Dokumentation steht hinter der schriftlichen Dokumentation im Ergebnis prozessual nicht zurück[932]. Probleme können sich stellen, wenn die EDV-Dokumentation nicht in manipulationssicherer Weise angefertigt wird. Hier wird aufgrund der **Neuregelung durch das Patientenrechtegesetz** in § 630f Abs. 1 S. 2 und 3 BGB zu differenzieren sein. Nach bisheriger Rechtsprechung kam auch einer nicht gegen nachträgliche Veränderungen geschützten EDV-Dokumentation der Beweiswert einer handschriftlichen Dokumentation zu, wenn der Arzt nachvollziehbar darlegt, keine nachträglichen Veränderungen vorgenommen zu haben, und sie medizinisch plausibel ist[933]. Qualifizierte Anforderungen zum Schutz vor Veränderungen wurden mit Blick auf den Zweck der Dokumentationspflicht abgelehnt. Ab Inkrafttreten des Patientenrechtegesetzes bedarf es zwingend einer nachträgliche Änderungen und Berichtigungen mit dem Zeitpunkt der Ergänzung ausweisenden Dokumentation; der ursprüngliche Inhalt muss also weiter erkennbar bleiben[934]. Erforderlich ist folglich eine **revisionssichere Software**.

---

932 Gemäß § 371 Abs. 1 Satz 2 ZPO unterliegen elektronische Dokumente dem Augenscheinsbeweis und damit der freien richterlichen Beweiswürdigung nach § 286 ZPO, wobei der Tatrichter einer formell und materiell ordnungsgemäßen Dokumentation bis zum Beweis des Gegenteils Glauben schenken soll; vgl. nur *Muschner*, VersR 2006, 621, 622. Auf mit einer qualifizierten elektronischen Signatur versehene elektronische Dokumente finden nach § 371a ZPO die Vorschriften über den Beweiswert privater Urkunden Anwendung; hierzu *Roßnagel/Fischer-Dieskau*, NJW 2006, 806.

933 OLG Naumburg GesR 2012, 762; OLG Oldenburg MedR 2011, 163 m. Anm. *Walter*; OLG Hamm VersR 2006, 842, 843; *Muschner*, VersR 2006, 621, 623 f.

934 Vgl. BT-Drucks. 17/10488, 26. Vorbild für das Erfordernis einer – auch in § 10 Abs. 5 MBO-Ä angelegten – fälschungssicheren Organisation der Dokumentation sind die Regelungen zur ordnungsgemäßen Buchführung in § 239 Abs. 3 HGB und § 146 Abs. 4 AO. Die Übertragbarkeit des Regelungsgehalts dieser Vorschriften auf die ärztliche Dokumentation wurde zuvor überwiegend abgelehnt; vgl. nur *Walter*, MedR 2011,

(4) Aufbewahrungsdauer

[151] Die **Dauer der Aufbewahrung** von Krankenakten war **bislang** für das Haftungsrecht nicht einheitlich geregelt. In Anlehnung an das ärztliche Berufsrecht (vgl. § 10 Abs. 3 MBO-Ä[935]) ging man wohl überwiegend von einer Dauer von mindestens zehn Jahren aus[936]. Wo der Zweck der Dokumentation dies erfordert (vgl. hierzu oben Rz. 297 f.), sollte die Pflicht auch nach Ablauf dieser Frist fortbestehen. 308

Das Patientenrechtegesetz sieht in **§ 630f Abs. 3 BGB** eine gesetzliche Regelung der Aufbewahrungsfrist vor. Danach ist die Dokumentation für die Dauer von zehn Jahren nach Abschluss der Behandlung aufzubewahren, soweit nicht nach anderen Vorschriften andere Aufbewahrungsfristen bestehen. Der Beginn der Aufbewahrungsfrist setzt also den Abschluss der Behandlung voraus. Bei Dauerbehandlungen – etwa chronischen Erkrankungen – führt dies (wie bisher) zu einer fortdauernden Aufbewahrungspflicht. Die Gesetzesbegründung verweist zudem darauf, aus dem gesundheitlichen Zustand des Patienten oder den Gegebenheiten im Einzelfall könne sich eine längere Aufbewahrungsfrist ergeben. Dies gelte insbesondere für Ansprüche des Patienten, die nach der Höchstverjährungsfrist des § 199 Abs. 2 BGB erst nach 30 Jahren verjähren können[937]. Im Gesetzeswortlaut findet dieser Gedanke keinen Anklang. Dort werden als Begrenzung lediglich der Abschluss der Behandlung und die durch spezielle Vorschriften geregelten Aufbewahrungsfristen erwähnt. Das Verjährungsrecht kann jedoch nicht als andere Vorschrift i.S.d. § 630f Abs. 3 BGB angesehen werden, zumal dann auch die grundsätzlich zehnjährige Aufbewahrungsfrist konterkariert würde und generell eine 30-jährige Aufbewahrung anzuraten wäre. Die sinnvolle Anregung des Bundesrates, von der zehnjährigen Aufbewahrungsfrist Ausnahmen zu begründen, soweit „abweichende Regelungen bestehen oder eine längere Aufbewahrung aus anderen Gründen geboten ist" wurde nicht 309

166, 167. Hintergrund ist der unterschiedliche Zweck der ärztlichen Dokumentation und der Buchführung des Kaufmanns. Letztere dienen insbesondere dem Gläubigerschutz und der Beweissicherung. Hiermit setzt sich der Gesetzgeber indes nicht auseinander.

935 Vgl. hierzu *Ratzel*, in: Ratzel/Lippert/Prütting, MBO, 7. Aufl., § 10 Rz. 10.

936 Vgl. etwa OLG Hamm VersR 2005, 412.

937 BT-Drucks. 17/10488, 26.

aufgegriffen. Entgegen dem Ansinnen des Gesetzgebers wurde damit eher Rechtsunsicherheit geschaffen. Denn der missverständliche Verweis auf die Höchstverjährungsfrist in der Gesetzesbegründung ohne klare Verortung im Gesetzestext hinterlässt Zweifel, in welchen Fällen aufgrund der laufenden Verjährungsfrist eine über zehn Jahre hinausgehende Aufbewahrung der Krankenunterlagen geboten ist. Dies sollte nur im Einzelfall bei besonderen Umständen in Betracht kommen.

310 In einzelnen Rechtsvorschriften (§ 28 Röntgenverordnung und § 43 Strahlenschutzverordnung) ist die Aufbewahrung von Aufzeichnungen über Untersuchungen für zehn Jahre, über Behandlungen dagegen für 30 Jahre vorgeschrieben. Gesonderte Regelungen enthält etwa auch § 14 Abs. 3 S. 1 TFG[938].

311 Die **pflichtwidrige** vorzeitige Vernichtung von Datenträgern kann als schuldhafte nachträgliche Dokumentationslücke in gleichem Maß Beweiserleichterungen bewirken wie die anfängliche Dokumentationslücke. Hingegen darf dem Arzt wegen der Vernichtung nach Ablauf der Aufbewahrungsfrist wegen des Verlustes oder der Unvollständigkeit der verbliebenen Dokumentation kein beweisrechtlicher Nachteil entstehen[939].

b) Rechtsfolgen unzureichender Dokumentation

312 [152] Die Dokumentationslücke bewirkt auf der Rechtsfolgenseite der Beweisregel zunächst nur die Vermutung, dass das Nichtdokumentierte auch nicht stattgefunden hat[940]; für die vertragliche Haftung ist dies in § 630h Abs. 3 BGB geregelt. Die Vermutung betrifft also lediglich die Frage nach einem **Behandlungsfehler**, nicht die nach seiner Kausalität für den danach eingetretenen Gesundheitsschaden[941]. Ist also beispielsweise wegen des Krankheitsbildes des Patien-

938 Vgl. hierzu *Bender*, MedR 2007, 533, 534 f.

939 BT-Drucks. 17/10488, 30; OLG Hamm VersR 2005, 412, 413.

940 BGH VersR 2015, 327 = NJW 2015, 411; BGH VersR 1995, 706 = NJW 1995, 1611 m.w.N.

941 Grundlegend BGH VersR 1978, 1022 = NJW 1978, 2337; auch BGH VersR 1995, 706 = NJW 1995, 1611; BGH VersR 1993, 836 = NJW 1993, 2375; BGH VersR 1989, 512 = NJW 1989, 2330; BGH VersR 1989, 80 = NJW 1988, 2949.

ten eine ganz konkrete Untersuchungsmaßnahme medizinisch erforderlich und ist diese Maßnahme dann auch in den Krankenunterlagen festzuhalten, fehlen aber derartige Eintragungen, so besteht die Vermutung, dass der Arzt die Untersuchung fehlerhaft unterlassen hat[942]. Die Grundsätze finden auch dann Anwendung, wenn Krankenunterlagen verschwunden sind und die Behandlungsseite ihr Nichtverschulden hieran nicht beweisen kann[943].

Liegt im Einzelfall eine maßgebliche **Dokumentationslücke** vor, so 313
kann diese dennoch auch noch **im Prozess durch die Behandlungsseite geschlossen werden**[944]. Sie wirkt sich demnach nicht aus, wenn die Vornahme der nicht dokumentierten Handlung zwischen den Parteien unstreitig ist. Im Übrigen kann der Arzt den Nachweis (der Durchführung des Beratungsgesprächs, der Untersuchung, der Therapiemaßnahme etc.) auch außerhalb der Krankenunterlagen etwa im Wege des Zeugenbeweises führen[945].

Nach der Rechtsprechung des BGH soll der Tatrichter einer ordnungs- 314
gemäßen und **vertrauenswürdigen Dokumentation Glauben schenken**[946]. Ob man dabei so weit gehen sollte, dass die Behandlungsseite „in zumutbarem Umfang Umstände darlegen und unter Beweis stellen muss, aus denen sich die allgemeine Vertrauenswürdigkeit der Auf-

942 Auch bei einer pflichtwidrig nicht dokumentierten Befunderhebungsmaßnahme ist aber zunächst nur deren Unterlassen zu vermuten. Auf ein bestimmtes Befundergebnis kann nur bei hinreichender Wahrscheinlichkeit geschlossen werden: BGH VersR 2020, 233 = NJW 2020, 1071.

943 BGH VersR 1996, 330 = NJW 1996, 779; vgl. aber OLG München, Urt. v. 17.3.2011 – 1 U 5245/10, zit. nach juris: Anwendung der Grundsätze der Beweisvereitelung bei Verweigerung der Vorlage der Dokumentation im Rechtsstreit.

944 OLG Koblenz VersR 2017, 353; OLG Dresden GesR 2018, 28. Vgl. auch BT-Drucks. 17/10488, 30. Umgekehrt begründet eine vorhandene Dokumentation hinsichtlich der niedergelegten Umstände keine Geständniswirkung i.S.d. § 288 ZPO; vgl. OLG Koblenz MedR 2011, 659.

945 BGH VersR 1984, 386 = NJW 1984, 1403; BGH VersR 1989, 512 = NJW 1989, 2330; BGH VersR 1995, 539 = NJW 1995, 1618. Auch die Anhörung oder Parteivernehmung des Arztes kommt in Betracht; vgl. OLG Koblenz VersR 2017, 353.

946 BGH NJW 1978, 1681, 1682; vgl. etwa auch OLG Naumburg, GesR 2012, 762; OLG Naumburg GesR 2012, 310 = MedR 2012, 529 m. Anm. *Gödicke*; OLG Oldenburg VersR 2007, 1567.

zeichnungen ergibt“[947], mag durchaus zweifelhaft sein. Zur Korrektheit der Dokumentation gehört aber auch, dass sie im unmittelbaren Zusammenhang mit der Operation (bzw. Untersuchung etc.) erstellt und nicht etwa erst nach Erkennbarwerden eines Zwischenfalls abgewandelt wurde (vgl. § 630f Abs. 1 Satz 1 BGB)[948]. Auch ist der Nachweis hierzu bzw. die Darlegung der entsprechenden üblichen Handhabung und Organisation sicherlich für den Arzt nicht unmöglich. Dennoch dürfte eine solche Darlegung ohne konkreten erkennbaren Anhaltspunkt nicht zu verlangen sein[949]. Entscheidend anders stellt sich die Situation jedoch dar, wenn Unterlagen **äußerlich erkennbare Manipulationen**[950] enthalten[951]. Diese können im Einzelfall dazu führen, eine unzureichende Dokumentation mit der Folge der angeführten Vermutungswirkung anzunehmen. Ähnliches gilt, wenn – nicht mehr vorhandene – Originalunterlagen feststellbar nachträglich ins Reine geschrieben wurden[952] oder sonst Unredlichkeiten nachweisbar sind. Die Vertrauenswürdigkeit der Dokumentation kann auch bei **Abfassung mit langem zeitlichem Abstand** zur Behandlung erschüttert werden[953]. Welcher Zeitraum angemessen ist, hängt von den Umständen des Einzelfalls ab. Auch die gesetzliche Regelung in

947 BGH VersR 1978, 542 = NJW 1978, 1681.

948 Vgl. etwa OLG Hamm GesR 2017, 770: Arztprotokoll 1 ¾ Jahre nach der Behandlung nicht zu berücksichtigen.

949 Ebenso *Stürner*, NJW 1979, 1225, 1229, der eine begründete Behauptung der unkorrekten Dokumentation fordert; OLG Zweibrücken VersR 1999, 1546.

950 Anschaulich OLG Oldenburg MedR 2011, 163 m. Anm. *Walter*; vgl. zu Radierungen: OLG Frankfurt VersR 1992, 578 mit begründetem Nichtannahmebeschluss des BGH; *Franzki*, NJW 1975, 2225, 2227.

951 Zur Auflösung des scheinbaren Widerspruchs zwischen Operationsbericht und zum Zwecke der Abrechnung erstelltem Operationsprotokoll: OLG Koblenz NJOZ 2012, 1367. Die Durchführung einer bestimmten dokumentierten Behandlungsmaßnahme kann nicht unter Verweis auf die Abrechnungsunterlagen, in denen die Untersuchung nicht verzeichnet ist, angezweifelt werden, wenn die Abrechnungsaufstellung der Krankenkasse für den gesamten Behandlungstag unergiebig ist, tatsächlich aber unstreitig eine Behandlung an dem Tag stattgefunden hat: OLG Koblenz GesR 2018, 294.

952 BGH VersR 1978, 1022 = NJW 1978, 2337.

953 Vgl. etwa OLG Hamm GesR 2017, 770 (Arztprotokoll 1 ¾ Jahre nach der Behandlung); OLG Naumburg GesR 2012, 310; OLG Zweibrücken NJW-RR 2000, 27.

§ 630f Abs. 1 S. 1 BGB, die eine Dokumentation in unmittelbarem zeitlichem Zusammenhang mit der Behandlung vorgibt, sowie die Gesetzesbegründung enthalten hierzu keine näheren Vorgaben.

Wenn vielfach betont wird, die unterlassene oder lückenhafte Dokumentation bilde noch keinen eigenständigen Ansatz für eine Haftung[954], trifft dies im Kern zu, ist aber zumindest unvollständig. Denn wenn es richtig ist, dass grundsätzlich jeder Bedingung in einer Kausalkette gleiche Wertigkeit zukommt, kann auch in der Nichtdokumentation als dem entscheidenden Behandlungsfehler eine Haftung begründet werden. Dies nämlich dann, wenn sich der nachbehandelnde Arzt auf die Vollständigkeit der von seinem Vorgänger und ärztlichem Kollegen geführten Unterlagen verlässt und verlassen darf und gerade hierdurch einen vermeidbaren Gesundheitsschaden infolge unnötiger oder falscher Therapierung verursacht[955]. 315

Beweiserleichterungen auch für den Bereich der **Kausalität** können Dokumentationsversäumnissen – entgegen früherer Rechtsprechung – nur in Kombination mit anderen Beweisregeln zukommen, so mit derjenigen zum groben Behandlungsfehler (vgl. oben Rz. 270 ff.) und zu Verstößen gegen Befunderhebungspflichten (vgl. oben Rz. 283 ff.). Ausnahmsweise kann nämlich mittelbar der Dokumentationsmangel auch für den Nachweis des Ursachenzusammenhangs Bedeutung gewinnen, wenn der wegen des Fehlens der gebotenen Aufzeichnung gerade indizierte Behandlungsfehler als grob zu bewerten wäre oder sich als Verstoß des Arztes gegen eine besondere Befundsicherungspflicht darstellte (so etwa wenn mangels Dokumentation vom Fehlen zweifelsfrei gebotener Blutdruckmessungen auszugehen wäre) und aus **diesem** Grund nach den dafür entwickelten Grundsätzen dem Patienten zusätzlich auch insoweit Erleichterungen für den Kausalitätsnachweis zuzubilligen sind[956]. 316

954 BGH VersR 1993, 836 = NJW 1993, 2375; BGH VersR 1983, 151 = NJW 1983, 332; BGH VersR 1989, 80 = NJW 1988, 2949; anders aber *Fiekas*, MedR 2016, 32.

955 *Pauge/Offenloch*, Arzthaftungsrecht, Rz. 511.

956 BGH VersR 1989, 512 = NJW 1989, 2330; BGH VersR 1993, 836 = NJW 1993, 2375; begründeter Nichtannahmebeschluss des BGH, abgedruckt zu OLG Frankfurt VersR 1992, 578; OLG Oldenburg MedR 2011, 163 m. Anm. *Walter*.

317 Dokumentationsversäumnisse können sich zudem auf die Anforderungen an die Darlegung im Prozess auswirken. So können die **Grundsätze der sekundären Darlegungslast** zur Anwendung gelangen, wenn eine nicht beweisbelastete Partei alle wesentlichen Tatsachen kennt oder kennen muss und es ihr zumutbar ist, nähere Angaben zu machen. Besteht diesbezüglich eine Dokumentationspflicht – wie etwa bezüglich der Chargennummer eines verwendeten Blutprodukts – so sind entsprechende Angaben zumutbar[957].

c) Einsichtsrecht

(1) Einsichtsrecht des Patienten

318 [153] Der Patient[958] hat – sowohl auf vertraglicher Grundlage als auch für den Bereich deliktischer Verantwortung – auch außerhalb eines Rechtsstreits **Anspruch** auf **Einsicht in die** maßgeblichen **Krankenunterlagen**[959]. Für den vertraglichen Bereich folgt dieses Recht nun-

957 BGH VersR 2005, 1238, 1239 = NJW 2005, 2614.

958 Zum Recht eines Lehranalysanden auf Herausgabe von Kopien einer während einer Lehranalyse durch den Lehranalytiker gefertigten Dokumentation: BGH VersR 2014, 503. Einem Heimbewohner steht wie einem Patienten ein Einsichtsrecht in die über ihn geführte Pflegedokumentation als Nebenanspruch aus dem Heimvertrag zu; vgl. nur BGH VersR 2010, 969 = BGHZ 185, 74; BGH VersR 2010, 971 = MedR 2010, 851; LG Karlsruhe VersR 2010, 819. Liegt eine Einwilligung des Heimbewohners oder seines gesetzlichen Betreuers vor, kann dem Krankenversicherer aus übergegangenem Recht gem. § 116 Abs. 1 SGB X i.V.m. §§ 401 Abs. 1 analog, 412 BGB ein Anspruch auf Herausgabe von Kopien der Pflegedokumentation gegen Kostenerstattung zustehen. Der Anspruch besteht allerdings nicht zeitlich unbeschränkt, sondern nur soweit der Zweck des Hilfsrechts – Beschaffung von Informationen zur Prüfung eines Schadensersatzanspruchs – reicht. Ausführlich BGH VersR 2010, 969 m. krit. Anm. *Pregartbauer/Pregartbauer*= BGHZ 185, 74; BGH VersR 2010, 971 = MedR 2010, 851 m. Anm. *Jaeger*; zustimmend *Schultze-Zeu*, VersR 2011, 194; vgl. ferner dies., VersR 2009, 1050. Zur Einsichtnahme des Sozialleistungsträgers nach dem Versterben des Heimbewohners BGH VersR 2013, 648. Zum Einsichtsrecht von Patienten und Probanden auf Herausgabe ihrer genetischen Rohdaten *Fleischer/Schickhardt/Taupitz/Winkler*, MedR 2016, 481.

959 Bei einer Behandlung in einer Eigeneinrichtung der Krankenkasse hat der gesetzlich versicherte Patient ebenfalls einen Anspruch auf Einsichtnahme in die Patientenakte: BSG MedR 2016, 210. Zum Einsicht-

mehr aus § 630g Abs. 1 BGB[960]; überdies kommen Ansprüche aus §§ 809, 810 BGB in Betracht. Auch verfassungsrechtlich (Art. 2 Abs. 1 i.V.m. Art. 1 Abs. 1 GG) ist die umfängliche Einsichtsgewährung geboten[961].

Noch ungeklärt ist das Verhältnis von § 630g BGB zu den **Vorgaben der DSGVO**[962]. Diese räumt dem Betroffenen großzügigere Rechte ein, da nach der DSGVO ein Anspruch auf elektronische Auskunftserteilung besteht, Kopien überlassen werden müssen und für Auskunft bzw. Kopie grundsätzlich keine Kosten angesetzt werden dürfen. Die neben das Einsichtsrecht tretenden weitergehenden Rechte dürften auch durch die Öffnungsklauseln der DSGVO nicht in Frage zu stellen sein. Zügig Klarheit für die Praxis könnte wohl nur eine – nicht absehbare – Anpassung von § 630g BGB durch den Gesetzgeber bringen[963]. 319

Der **Umfang des Einsichtsrechts** wurde durch das Patientenrechtegesetz ausgeweitet. Zuvor bezog sich der Einsichtsanspruch im Grundsatz lediglich auf jene Aufzeichnungen und sonstigen Informations- 320

nahmeverlangen des privaten Krankenversicherers gegenüber dem Versicherungsnehmer (Patienten) sowie dem behandelnden Arzt vgl. *Bähr/Reuter*, VersR 2011, 953; zum Einsichtsrecht der Krankenkassen in Behandlungsunterlagen eines Krankenhauses einerseits *Knispel*, GesR 2011, 518 und andererseits *Heberlein*, GesR 2012, 9; ferner *Harks*, NZS 2013, 247; innerhalb eines Abrechnungsstreits BSG GesR 2019, 48.

960 Hierzu *Kensy*, MedR 2013, 767; *Schneider*, GesR 2014, 385; *Bayer*, MedR 2017, 211; zum Zwiespalt zwischen gesetzlicher und berufsrechtlicher Regelung *Hacker*, GesR 2018, 163; zur prozessualen und vollstreckungsrechtlichen Durchsetzung *Habermalz*, NJW 2013, 3403.

961 BVerfG NJW 2006, 1116. Zum Einsichtsrecht eines Strafgefangenen: BVerfG NJW 2017, 1014.

962 Eingehend hierzu *U. Walter/Strobl*, MedR 2018, 472; *Cornelius/Spitz*, GesR 2019, 69. Zum Verhältnis zum BDSG a.F. vgl. OLG Hamm MedR 2017, 480.

963 Eine weitere Wechselwirkung des Rechts der Behandlungsdokumentation wird sich zur geplanten elektronischen Patientenakte (ePA) ergeben. Zwischenzeitlich liegt der Regierungsentwurf eines Gesetzes zum Schutz elektronischer Patientendaten in der Telematikinfrastruktur vom 1.4.2020 vor. Krankenkassen müssen ihren Versicherten ab 2021 eine elektronische Patientenakte (ePA) anbieten. Insoweit sollen die Ärzte verpflichtet werden, die ePA zu befüllen. Der Versicherte kann selbst in die ePA Einsicht nehmen. Vgl. in diesem Zusammenhang auch *Cornelius/Spitz*, GesR 2019, 69, 74 f.

träger, welche **objektive physische Befunde und Berichte** über Behandlungsmaßnahmen (wie etwa Medikation und Operation) betreffen[964]. Nach § 630g Abs. 1 S. 1 BGB ist dem Patienten auf Verlangen unverzüglich Einsicht in die **vollständige**, ihn betreffende Patientenakte zu gewähren, soweit der Einsichtnahme nicht erhebliche **therapeutische Gründe** oder sonstige erhebliche **Rechte Dritter** entgegenstehen. Auch Niederschriften über persönliche Eindrücke und subjektive Wahrnehmungen sind danach im Grundsatz offenzulegen[965]. Anderweitige Unterlagen des Arztes bzw. Krankenhauses, die sich nicht auf Befunde und Behandlungsfakten beziehen, die den Patienten persönlich betreffen, werden jedoch nach wie vor nicht von dem Einsichtsanspruch umfasst[966]. Insbesondere besteht kein Recht des Patienten auf Einsicht in die Niederschriften über die vom Robert-Koch-Institut nach § 4 Abs. 2 Nr. 2b IfSG festgelegten nosokomialen Infektionen[967].

321 Ein irgendwie geartetes rechtliches Interesse muss der Patient[968] hierfür nicht darlegen[969]. Der Anspruch besteht darüber hinaus unter-

964 BGH VersR 1983, 264 = NJW 1983, 328; BGH VersR 1983, 267 = NJW 1983, 330; BGH VersR 1983, 834 = NJW 1983, 2627; BVerfG NJW 1999, 1777; offenlassend allerdings BVerfG NJW 2006, 1116; weiter gehend *Hinne*, NJW 2005, 2270.

965 Vgl. BT-Drucks. 17/10488, 27.

966 Vgl. etwa OLG Karlsruhe GesR 2017, 722: keine Einsicht in Unterlagen über die interne Organisation einer Klinik; OLG Hamm FamRZ 2018, 1162: kein Recht auf Einsicht in Kartei mit Samenspendern; LG Bonn VersR 2010, 358 = MedR 2010, 573: Kein Recht auf Einsicht in eine mit größerem Zeitabstand zur Behandlung zur Verwaltungsakte des Justitiariats einer Klinik gereichten internen Stellungnahme einer Pflegekraft.

967 Ausführlich OLG Hamm GesR 2011, 671 zur Rechtslage vor der Änderung des IfSG. Die Rechtsprechung ist auf die aktuelle Fassung des IfSG übertragbar, da die Niederschriften weiterhin nicht Teil der Patientendokumentation sind; a.A. *Schultze-Zeu/Riehn*, VersR 2012, 1208.

968 Auch ein Heimbewohner muss vor Einsichtnahme in die Pflegedokumentation – schon aus verfassungsrechtlichen Gründen – kein sachliches Interesse darlegen; anders *Harsdorf-Gebhardt*, PflR 1999, 253, 256; offen gelassen in BGH VersR 2010, 969 = BGHZ 185, 74; BGH VersR 2010, 971 = MedR 2010, 851.

969 Zur Erforderlichkeit einer Vollmachtvorlage bei anwaltlichem Einsichtbegehren: LG Hannover MedR 2016, 730; LG Stuttgart MedR 2016, 450 m. krit. Anm. *Walter*. Der Streitwert für die Übersendung von Foto-

schiedslos sowohl für Kassenpatienten als auch für Selbstzahler[970]. Beruft sich die Behandlungsseite auf die **Unmöglichkeit der Herausgabe**, muss sie die tatsächlichen Voraussetzungen der Unmöglichkeit darlegen und beweisen[971]. Nicht entgegenhalten kann der Arzt bzw. Krankenhausträger dem Patienten die Einrede des § 275 Abs. 2 BGB mit der Begründung, das Auffinden der Unterlagen sei mit einem unzumutbaren Aufwand verbunden[972]. Natürlich kann der Patient auch einem Dritten, etwa seinem Rechtsanwalt, Vollmacht zur Einsichtnahme erteilen.

Das Einsichtsrecht eröffnet grundsätzlich keinen Anspruch auf Abga- 322
be einer Bestätigung der Richtigkeit und Vollständigkeit der Behandlungsunterlagen[973].

Zum **Ort der Einsichtnahme** verweist § 630g Abs. 1 S. 3 BGB auf 323
§ 811 BGB. Die Einsichtnahme hat also an dem Ort zu erfolgen, an welchem sich die einzusehenden Unterlagen oder Dokumente befinden. Eine Einsichtnahme an einem anderen Ort kann der Patient nur im Falle eines „wichtigen Grundes" verlangen. Die Gesetzesbegründung verweist beispielhaft auf eine „nicht unerhebliche" Erkrankung des Patienten oder auf den Umzug des Behandelnden[974]. Unabhängig hiervon ist der Arzt verpflichtet, Krankenunterlagen vollständig an einen **nachbehandelnden Arzt** weiterzuleiten.

Soweit das Einsichtsrecht nach diesen Grundsätzen besteht, vermag es 324
der Patient jederzeit, d.h. auch **ohne besonderen Anlass**, geltend zu machen. Im Falle der Verweigerung ist es gesondert einklagbar. Im Rahmen eines etwa bereits schwebenden Rechtsstreits zwischen Patient und Behandlungsseite über die Frage einer Arzthaftung gelten

kopien aus einer Patientenakte beträgt höchstens 20 % des Wertes einer beabsichtigten Haftungsklage: OLG Dresden GesR 2018, 302; OLG Frankfurt GesR 2017, 783; vgl. auch OLG Köln GesR 2018, 467: i.d.R. 1/10.

970 BGH VersR 1983, 834 = NJW 1983, 2627.

971 Vgl. nur LG Köln MedR 2011, 167.

972 Eingehend LG Kiel GesR 2008, 540.

973 OLG Hamm FamRZ 2018, 1162 m.w.N.

974 Vgl. BT-Drucks. 17/10488, 27.

für die Pflicht zur Vorlage der betreffenden Krankenunterlagen die §§ 422, 423 ZPO sowie § 142 ZPO (vgl. auch unten Rz. 596)[975].

(2) Recht auf Kopien

325 Nach § 630g Abs. 2 BGB umfasst das Einsichtsrecht auch die Befugnis, sich **Fotokopien auf eigene Kosten** zu fertigen[976]; die Herausgabe gefertigter Kopien der Dokumentation kann nach § 630g Abs. 2 S. 2 BGB von der Bezahlung der Kopierkosten[977] abhängig gemacht werden[978]. Allerdings kann die Zurverfügungstellung von Kopien nicht das Einsichtsrecht in die Originalunterlagen ersetzen. Denn der Patient muss prüfen können, ob die ihm überlassenen Kopien mit den Originalen übereinstimmen und vollständig sind. Jedoch besteht kein Anspruch des Patienten auf Erteilung einer eidesstattlichen Versicherung der Richtigkeit und Vollständigkeit der Behandlungsunterlagen[979]. Bei **Röntgenbildern** wird ein Anspruch auf Überlassung der Originalaufnahmen – ggf. an einen bevollmächtigten Rechtsanwalt –

975 Zur Einsichtnahme in Krankenunterlagen in einem laufenden Rechtsstreit bei Gericht LG Essen GesR 2012, 574. Zur Problematik auch OLG Hamm, Beschl. v. 9.10.2012 – 1 W 56/12, veröff. in juris; OLG Karlsruhe GesR 2013, 50.

976 BVerfG NJW 2006, 1116; vgl. auch *Gehrlein*, NJW 2001, 2773, 2774; *Lux*, GesR 2004, 6, 8 ff.

977 Zur Angemessenheit vgl. etwa LG München GesR 2009, 201 (0,50 €/Seite). Über die Kopiekosten hinaus besteht keine Pflicht zur Erstattung einer Aufwandspauschale: AG Kempten GesR 2018, 296.

978 Die Ausgestaltung der Kostentragung hat der Gesetzgeber durch die Verweisung in § 630g Abs. 1 BGB auf § 811 BGB (pro Vorschusspflicht) und die Erwähnung einer „Erstattungspflicht“ in § 630g Abs. 2 BGB (contra Vorschusspflicht) bei der Erstellung von Kopien unglücklich geregelt. Es werden auch beide Ansätze vertreten. Für eine Vorschusspflicht etwa OLG Saarbrücken GesR 2017, 101; jurisPK/BGB/*Lafontaine*, § 630g BGB, Rz. 122; für einen Erstattungsanspruch etwa *Erman/Rehborn/Gescher*, § 630g BGB, Rz. 18; *Kensy*, MedR 2013, 767, 772. Die ausdrückliche Regelung einer Erstattungspflicht in § 630g Abs. 2 BGB wird eine Vorschusspflicht nicht ohne weiteres rechtfertigen, ein Zurückbehaltungsrecht der Behandlungsseite – dessen Geltendmachung der Patient vorprozessual abwarten kann, bei gerichtlicher Geltendmachung zur Meidung von Kostennachteilen aber im Klageantrag berücksichtigen sollte – aber auch nicht ausschließen.

979 OLG München VersR 2007, 1130 = NJW-RR 2007, 273; LG Kiel GesR 2008, 540.

zu bejahen sein[980]. Auch bei elektronischer Dokumentation besteht ein Recht auf Abschriften. Dies betont § 630g Abs. 2 BGB. Die **elektronischen Abschriften** können sowohl von einer in Textform erstellten Dokumentation als auch von elektronischen Dokumenten und gegebenenfalls auch in Form maschinenlesbarer Datenkopien oder Dateien in elektronischer Form gefordert werden[981].

Soweit sich offenbarungspflichtige und nicht offenbarungspflichtige 326
Passagen auf ein und demselben Informationsträger befinden, ist es der Behandlungsseite gestattet, die Begrenzung der Einsichtsgewährung durch entsprechende Abdeckung technisch zu gewährleisten[982].

(3) Beschränkungen des Einsichtsrechts

[154] Die Möglichkeiten zur Beschränkung des Einsichtsrechts wur- 327
den durch das Patientenrechtegesetz und die Regelung in § 630g Abs. 1 BGB in Teilbereichen in neue Bahnen gelenkt. Eine Verweigerung der Einsichtsgewährung kommt nur noch in Betracht, wenn der Einsichtnahme erhebliche **therapeutische Gründe** oder sonstige **erhebliche Rechte Dritter** entgegenstehen. Die Ablehnung der Einsichtnahme ist zudem nach § 630g Abs. 1 S. 2 BGB zwingend zu begründen.

Durch diese gesetzliche Regelung wird die frühere[983] Beschränkung 328
des Einsichtsrechts auf Aufzeichnungen über naturwissenschaftlich objektivierbare Befunde sowie Behandlungsfakten des jeweiligen Patienten obsolet. **Auch Aufzeichnungen mit einer persönlichen Komponente des dokumentierenden Arztes**, etwa Niederschriften über persönliche Eindrücke des Arztes beim Patientengespräch, über subjektive Wertungen, aber auch über später aufgegebene, folgenlos ge-

980 Vgl. hierzu OLG München NJW 2001, 2806; LG Kiel NJW-RR 2007, 1623 = MedR 2007, 733; LG München I MedR 2001, 524; *Deutsch/Spickhoff*, Medizinrecht, Rz. 929; *Mutter*, MDR 1995, 440; ablehnend *Lux*, GesR 2004, 6, 10.

981 BT-Drucks. 17/10488, 27 und BT-Drucks. 17/11710, 40: Die Verpflichtung kann auch beinhalten, dem Patienten die Kopie einer Filmaufnahme von einer Behandlungsmaßnahme des Patienten auszuhändigen, etwa in Form einer CD oder DVD.

982 BGH VersR 1983, 264 = NJW 1983, 328.

983 Vgl. etwa BGH VersR 1983, 264 = NJW 1983, 328.

bliebene bloße Verdachtsdiagnosen, sind offenbarungspflichtig[984]. Solche subjektiven Aspekte können nach § 630g Abs. 1 S. 1 BGB nur dann vom Einsichtsrecht ausgenommen werden, wenn erhebliche therapeutische Gründe oder sonstige erhebliche Rechte Dritter entgegenstehen. Das Entgegenstehen therapeutischer Gesichtspunkte bedarf stets besonderer Umstände, die dann auch über die persönlichen Anmerkungen des Arztes hinaus abzuwägen sind. Erhebliche Rechte Dritter sind nach der Intention des Gesetzgebers nicht solche des Arztes. Dieser ist nicht Dritter i.S.d. § 630g Abs. 1 S. 1 BGB. Etwaige Persönlichkeitsrechte des Arztes – die gerade bei seinen persönlichen Aufzeichnungen denkbar sind – blenden Gesetzestext und Gesetzesbegründung vollständig aus.

329 Lediglich in ganz besonderen Situationen darf der Arzt dem Patienten aus **therapeutischen Gründen** ausnahmsweise gewisse Erkenntnisse vorenthalten[985]. Ziel dieser Einschränkung ist der Schutz des Patienten vor Informationen über seine Person, die ihm erheblich schaden könnten, insbesondere wenn die Gefahr einer erheblichen gesundheitlichen (Selbst-)Schädigung des Patienten bei uneingeschränkter Einsichtnahme in die Dokumentation besteht[986]. Dies betrifft insbesondere den Bereich der **Psychiatrie und Psychotherapie**[987]. Hier vermögen therapeutische Rücksichten auf den Patienten das Einsichtsrecht häufiger als sonst stark einzuschränken, wenn auch nicht völlig auszuschließen. Zu berücksichtigen sind sowohl die Besonderheiten des konkret betroffenen Leidens als auch die Frage, welche Risiken es für den Patienten birgt, wenn er sich – auch nach bereits abgeschlossener Therapie – nach Einsicht in die Krankenunterlagen ohne begleitenden ärztlichen Rat mit seiner Krankheit und den Umständen ihrer Behandlung allein beschäftigen kann und dabei möglicherweise den Prozess der therapeutischen Verarbeitung seiner psychischen Ausfälle krankhaft reproduziert. Sind derartige spezifische Risiken konkret zu befürchten, kann die Behandlungsseite berechtigt sein, nach pflichtgemäßer Abwägung mit den Interessen

---

984 BT-Drucks. 17/10488, 27. Hierzu *Schneider*, GesR 2014, 385; *Bayer*, MedR 2017, 211.

985 BGH VersR 1983, 264 = NJW 1983, 328; *Pauge/Offenloch*, Arzthaftungsrecht, Rz. 525 ff.

986 Vgl. nur BT-Drucks. 17/10488, 26.

987 BGH VersR 1983, 267 = NJW 1983, 330; BGH VersR 1989, 252 = NJW 1989, 764; BGH VersR 1984, 1171 = NJW 1985, 674.

des Patienten an der Kenntnis seiner Krankengeschichte dem therapeutischen Schutz Vorrang einzuräumen[988]. Keine Einschränkungen des Einsichtsrechts bestehen aber regelmäßig bezüglich rein physikalisch objektivierter Befunde und bewertungsneutraler Aufzeichnungen (etwa Operationsprotokolle, Medikation)[989].

Neben die Einschränkung des Einsichtsrechts durch therapeutische 330
Belange treten die Fälle der kollidierenden **Rechte Dritter**. Die Grenze des Einsichtsrechts ist erreicht, soweit in die Aufzeichnungen Informationen über die Persönlichkeit dritter Personen eingeflossen sind, die ihrerseits schutzwürdig sind. Der Gesetzgeber führt als Beispiel den minderjährigen Patienten an, der eine Behandlung unter Einbeziehung seiner sorgeberechtigten Eltern durchführt, soweit sensible Informationen über die Eltern des Patienten in die Dokumentation eingeflossen sind[990]. Erforderlich ist eine Abwägung der berechtigten Interessen Dritter mit dem Selbstbestimmungsrecht des Patienten. Nach der Intention des Gesetzgebers ist der dokumentierende Arzt nicht als Dritter anzusehen, obgleich auch seine Rechte mit dem Dokumentationsinhalt in Zusammenhang stehen können.

Liegt eine Beschränkung des Einsichtsrechts aus Sicht der Behand- 331
lungsseite vor, muss diese verdeutlichen, dass sie diese Abwägung pflichtgemäß und unter verantwortlicher Berücksichtigung aller Interessen getroffen hat. Nach § 630g Abs. 1 S. 2 BGB muss die **Ablehnung der Einsichtnahme begründet werden**. Dies geht über die bisherige Rechtslage hinaus. Der Gesetzgeber hält die Begründung der Ablehnungsentscheidung für die Akzeptanz einer die Einsichtnahme ablehnenden Entscheidung unverzichtbar. Hierdurch werde der Patient in die Lage versetzt, den Grund der Ablehnung zumindest in seinen wesentlichen Zügen nachvollziehen zu können[991]. Ob dies der Behandlungswirklichkeit hinreichend Rechnung trägt, kann bezweifelt werden. Denn für eine halbwegs nachvollziehbare Begründung bedarf es einer Offenlegung der maßgeblichen Umstände, gegen die aber gerade aus therapeutischen Gesichtspunkten medizinische Bedenken bestehen bzw. erhebliche Rechte Dritter streiten.

988 BGH VersR 1989, 252 = NJW 1989, 764; BGH VersR 1984, 1171 = NJW 1985, 674; LG Bremen MedR 2009, 480.
989 *Pauge/Offenloch*, Arzthaftungsrecht, Rz. 526.
990 BT-Drucks. 17/10488, 27.
991 BT-Drucks. 17/11710, 40.

(4) Einsichtsrecht nach dem Tode des Patienten

332 [155] Nach dem Tode des Patienten geht der Anspruch auf Einsicht in die Krankenunterlagen insoweit auf seine **Erben** nach § 1922 BGB über, als ihm – etwa zur Klärung von Schadensersatzansprüchen – eine vermögensrechtliche Komponente zukommt und deshalb nicht ausschließlich von einem höchstpersönlichen Recht auszugehen ist[992]. Dies ist nun in **§ 630g Abs. 3 BGB** geregelt[993]. Anders als der Patient muss der Rechtsnachfolger die Umstände konkret darlegen, aus denen er sein besonderes Interesse an der Einsichtnahme herleiten möchte. Wegen der über den Tod hinaus wirkenden ärztlichen Schweigepflicht kann dem Erben das Einsichtsrecht allerdings nur zustehen, soweit dies nicht dem geäußerten oder mutmaßlichen Willen des Verstorbenen widerspricht[994]. Diesen nach der Gesetzeskonzeption zur Darlegungs- und Beweislast des Arztes stehenden Ausschlusstatbestand („soweit") regelt § 630 Abs. 3 S. 3 BGB. Die Annahme eines solchen entgegenstehenden Willens dürfte allerdings nach dem Ableben nur in Ausnahmefällen berechtigt sein.[995]

333 Die Rechtsprechung neigt darüber hinaus zur Befürwortung einer treuhänderischen Nachfolge – auch nicht erbberechtigter – naher Angehöriger in Auskunftsansprüche außerhalb dieses Vermögensbereiches zur Wahrung nachwirkender Persönlichkeitsbelange. Dies betrifft etwa die Inanspruchnahme des Einsichtsrechts insoweit, als es darum

992 BGH VersR 1983, 834 = NJW 1983, 2627; OLG München VersR 2009, 982 = MedR 2009, 49, hierzu VerfGH Bayern MedR 2012, 51. Vgl. auch *Hess*, ZEV 2006, 479. Zur Einsichtnahme des Sozialleistungsträgers nach dem Versterben eines Heimbewohners BGH VersR 2013, 648.

993 Hierzu *Müller*, ZEV 2014, 401.

994 BGH VersR 1983, 834 = NJW 1983, 2627: dort auch ausführlich zum Umfang der Darlegungslast des Arztes im Hinblick auf Geheimhaltungswünsche des Verstorbenen; OLG München VersR 2009, 982 = MedR 2009, 49, hierzu VerfGH Bayern MedR 2012, 51. Zum Verhältnis zu einer über den Tod hinauswirkenden Vorsorgevollmacht OLG Karlsruhe NJW 2020, 162.

995 Bei zur Prüfung bzw. Geltendmachung von Schadensersatzansprüchen gestellten Einsichtsbegehren tendiert die Rechtsprechung überzeugend zur Annahme des mutmaßlichen Willens des Verstorbenen zur Entbindung von der Schweigepflicht. Dies gilt auch, wenn nicht die Erben, sondern regressierende Dritte Einsicht verlangen; vgl. zur Problematik OLG München GesR 2011, 674; ferner OLG München GesR 2018, 357. Hierzu auch *Osmialowski*, ArztR 2013, 5.

geht, einen für den Tod des Patienten Verantwortlichen seiner Strafe zuzuführen[996]. Dies kann nunmehr unter **§ 630g Abs. 3 S. 2 BGB** gefasst werden, wonach den **nächsten Angehörigen** des Patienten ein Einsichtsrecht zusteht, soweit sie immaterielle Interessen[997] geltend machen.

Anders als für den Patienten selbst verlangt die Rechtsprechung für den Rechtsnachfolger die konkrete Darlegung der Umstände, aus denen er sein **besonderes Interesse an der Einsichtnahme** herleiten möchte. 334

5. Voll beherrschbarer Risikobereich

[156] Die Grundregel der Beweislastverteilung, wonach der Patient den Pflichtverstoß des Arztes beweisen muss, erfährt in den Fällen der sog. voll beherrschbaren Risiken eine Ausnahme[998]. Für die vertragliche Haftung ist diese Beweisfigur in **§ 630h Abs. 1 BGB** geregelt. Soweit darin als Anknüpfungspunkt ein „allgemeines" Behandlungsrisiko genannt wird, intendiert dies keine Abgrenzung allgemeiner und spezieller Behandlungsrisiken[999]. Angesprochen sind hiermit vielmehr alle Risiken, die ärztlicherseits voll ausgeschlossen werden können und müssen, die also nicht aus dem von den Unwägbarkeiten des lebenden Organismus beeinflussten Kernbereich ärztlichen Handelns herrühren[1000]. Verwirklicht sich ein solches Risiko, das losgelöst von den Eigenheiten des menschlichen Organismus durch Organisationsmaßnahmen und Koordinierung des Behandlungsgeschehens **objektiv voll beherrscht** werden kann, so muss die Behandlungsseite darlegen und beweisen, dass sie die gebotene Sorgfalt zur Vermeidung der Verwirklichung des Risikos gewahrt und damit nicht behandlungsfehler- 335

996 BGH VersR 1983, 834 = NJW 1983, 2627; *Pauge/Offenloch*, Arzthaftungsrecht, Rz. 531.
997 Vgl. hierzu auch VG Freiburg MedR 2017, 252.
998 Hierzu *Greiner* in FS Müller, 2009, S. 213; *Wenzel* in FS 25 Jahre AG Medizinrecht, 2008, S. 325.
999 Wohl zweifelnd *Spickhoff*, ZRP 2012, 65, 69.
1000 Vgl. etwa BGH VersR 2018, 1510, 1513 f. = NJW-RR 2019, 17: Gefahr einer Überschreitung der empfohlenen EE-Zeit nicht voll beherrschbar; OLG Braunschweig NJW-RR 2009, 1109: Vermeidung von Druckgeschwüren ist nicht voll beherrschbar.

haft gehandelt hat[1001]. Es muss objektiv eine Gefahr bestanden haben, deren Quelle jeweils festgestellt werden konnte und die deshalb objektiv beherrschbar war. Fehlt es hieran – etwa wegen einer unerkannten und außergewöhnlichen Disposition des Patienten –, kommt eine Beweislastumkehr nicht in Betracht. Allerdings bezieht sich die Vermutung nicht auf die Kausalität[1002]. Eine Unaufklärbarkeit des Ursachenzusammenhangs zwischen Fehler und Gesundheitsschaden geht daher zu Lasten des Patienten[1003]. Anderes gilt freilich auch hier bei Vorliegen eines groben Behandlungsfehlers.

336 Diese Grundsätze betreffen die vertragliche (s. § 630h Abs. 1 BGB) und die deliktische Haftung. Für den Bereich der Vertragshaftung bedarf es dabei auf Grund der Regelung in § 280 Abs. 1 S. 2 BGB nicht der Konstruktion einer Verschuldensvermutung. Bei der Verwirklichung „voll beherrschbarer Risiken“ wird im vertraglichen Bereich mit der Verwirklichung des Risikos die Verletzung der vertraglichen Pflichten begründet, da insofern nicht – wie im Kernbereich ärztlichen Handelns – eine auf Grund der Eigenheiten des menschlichen Organismus verhaltensbezogene, sondern eine erfolgsbezogene Verpflichtung verletzt wurde. Anders als im Kernbereich ärztlichen Handelns, wo wegen der fehlenden Erfolgsbezogenheit der vertraglichen Pflichten der Behandlungsfehler und damit die Verletzung des fachärztlichen Standards vom Patienten nachgewiesen werden muss, wird die Außerachtlassung der gebotenen Sorgfalt erst vom nach § 280 Abs. 1 S. 2 BGB vermuteten Verschulden erfasst. Auch nach § 282 BGB a.F. wurde bereits der objektive Pflichtverstoß und nicht lediglich das Verschulden vermutet, sofern ausnahmsweise ein voll beherrschbares Risiko und nicht der Kernbereich ärztlichen Handelns betroffen war[1004].

1001 BGH VersR 2018, 38; BGH VersR 2016, 1380 = MedR 2018, 239 m. Anm. *Walter*; BGH VersR 2007, 847 mit Anm. *Jungbecker* = NJW 2007, 1682; BGH VersR 1991, 467 = NJW 1991, 1541; *Müller*, NJW 1997, 3049, 3050. Ausführliche Nachweise bei *Geiß/Greiner*, Arzthaftpflichtrecht, Rz. B 240 ff.

1002 Vgl. auch BT-Drucks. 17/10488, 28.

1003 BGH VersR 1994, 562 = NJW 1994, 1594; BGH VersR 1981, 462; weiter gehend *Jungbecker*, VersR 2007, 848.

1004 Vgl. etwa OLG Zweibrücken NJW-RR 2006, 1254 f.; ferner LG Kassel VersR 2008, 405.

Im Bereich der deliktischen Haftung, der die im Vertragsrecht vorgesehene Unterscheidung zwischen Pflichtverletzung und Verschulden an sich fremd ist, ergeben sich diese Grundsätze aus einer Beweislastverteilung nach Gefahren- und Verantwortungsbereichen.

[157] Der am deutlichsten abgrenzbare Anwendungsbereich sind feststellbare **Fehlfunktionen medizinischer Geräte**[1005], die zu einer Gesundheitsschädigung geführt haben. Die Behandlungsseite hat die geeigneten technischen Voraussetzungen für eine sachgemäße und gefahrlose Behandlung zu gewährleisten. Wird diese Pflicht objektiv etwa durch Bereitstellen eines funktionsunfähigen Narkosegerätes[1006] oder Verwendung eines verformten Tubus[1007] verletzt, hat der auf Schadensersatz in Anspruch genommene Arzt zu beweisen, dass der ordnungswidrige Gerätezustand nicht von ihm oder einem seiner Gehilfen verschuldet ist oder jedenfalls eine gebotene Überprüfung des Gerätes vor dem Einsatz stattgefunden hat. Feststehen muss aber stets, dass die Gesundheitsschädigung des Patienten aus jenem voll beherrschbaren Bereich herrührt[1008]. Wird etwa ein Medikament, beispielsweise eine **Infusionslösung**, im Krankenhaus selbst produziert und dort bei der Produktion oder während der Lagerung unsteril, so liegt die **objektiv fehlerhafte Herstellung** zweifelsfrei im voll beherrschbaren Organisationsbereich. Es liegt genau genommen ein gewöhnlicher Produktfehler vor. Das Krankenhaus hat alle erforderlichen Maßnahmen zu treffen, um solche Verseuchungsfehler zu vermeiden. Es hat nunmehr darzulegen und zu beweisen, dass ihm kein (Organisations-)Verschulden oder zurechenbares Fehlverhalten eines Verrichtungsgehilfen zur Last fällt[1009]. 337

1005 BGH VersR 1991, 310 = NJW 1991, 1540 m.w.N. aus der Rspr.

1006 BGH VersR 1978, 82 = NJW 1978, 584.

1007 BGH VersR 1975, 952 = NJW 1975, 2245.

1008 Vgl. aber auch OLG Schleswig GesR 2014, 671: Ein „voll beherrschbares Risiko“ liegt auch dann vor, wenn ein minimales Restrisiko verbleibt oder theoretisch bleiben könnte, dass ein für die Herzkatheteruntersuchung verwendetes technisches Gerät auch bei Intaktheit und richtiger Bedienung nicht richtig funktioniert (hier: Luft in der Spülleitung).

1009 BGH VersR 1982, 161 = NJW 1982, 699; auch BGH VersR 1978, 764 (Reinheit verwendeten Desinfektionsmittels).

338 [158] Ähnliches gilt für **Keimübertragungen** während der Operation durch ein Mitglied des Operationsteams[1010]. Voraussetzung ist allerdings auch hier, dass die **Infektion** aus einem hygienisch durch Vorsorgemaßnahmen überhaupt beherrschbaren Bereich hervorgegangen ist[1011]. Verwirklicht sich ein solches Risiko, das losgelöst von den Eigenheiten des menschlichen Organismus durch Organisationsmaßnahmen und Koordinierung des Behandlungsgeschehens objektiv voll beherrscht werden kann, so muss die Behandlungsseite darlegen und beweisen, dass sie die gebotene Sorgfalt zur Vermeidung der Verwirklichung des Risikos gewahrt und damit nicht behandlungsfehlerhaft gehandelt hat. Der BGH hat bei einem Spritzenabszess des Patienten aufgrund einer **Infektion durch eine als Keimträgerin feststehende Arzthelferin** ein voll beherrschbares Risiko bejaht und die Beweislast unabhängig von der Erkennbarkeit der Gefahr im konkreten Fall auf die Behandlungsseite verlagert[1012]. Entlasten kann sich die Behandlungsseite etwa durch die Berufung auf die Vermutungsregel des § 23 Abs. 3 Satz 2 IfSG[1013]. Danach wird die Einhaltung des Standes der medizinischen Wissenschaft durch die nach § 23 Abs. 3 Satz 1 IfSG verpflichteten Leiter der dort genannten Einrichtung auf dem Gebiet der Vermeidung nosokomialer Infektionen und der Weiterverbreitung von Krankheitserregern vermutet, wenn jeweils die veröffentlichten Empfehlungen der Kommission für Krankenhaushygiene und Infektionsprävention beim Robert-Koch-Institut und der Kommission Antiinfektiva, Resistenz und Therapie beim Robert-Koch-Institut beachtet

1010 BGH VersR 1991, 467 = NJW 1991, 1541; BGH VersR 2007, 847 = NJW 2007, 1682; vgl. auch OLG Zweibrücken NJW-RR 2004, 1607.

1011 BGH VersR 2016, 1380 = NJW-RR 2016, 1360 = MedR 2018, 239 m. Anm. *Walter*; OLG Koblenz BeckRS 2015, 00263.

1012 BGH VersR 2007, 847 = NJW 2007, 1682 = MedR 2010, 30 m. Anm. *Prütting*. Demgegenüber konnte in dem 1991 zu entscheidenden Fall der Keimträger innerhalb des OP-Teams nicht identifiziert werden. Fest stand lediglich, dass ein Mitglied des OP-Teams Keimträger war; BGH VersR 1991, 467 = NJW 1991, 1541. Die Entscheidung aus dem Jahr 2007 dürfte die bisherige Rechtsprechung nicht (nur) – wie der BGH es im Leitsatz formuliert – fortentwickelt, sondern auch zu einer Haftungserweiterung geführt haben; so auch *Anschlag*, MedR 2009, 513, 514.

1013 Vgl. zu Medizinprodukten § 8 Abs. 2 MPBetreibVO.

worden sind[1014]. Kann aber, da eine absolute Keimfreiheit der Operationsbeteiligten naturgemäß nicht erreichbar ist und sich im Einzelfall etwa der Weg der Keimübertragung nicht mehr nachvollziehen lässt, keine Feststellung dazu getroffen werden, ob die Keimübertragung durch hygienische Vorsorge hätte verhindert werden können, so kann schon keine Herkunft der Infektion aus dem voll beherrschbaren Bereich in diesem Sinne angenommen werden[1015]. Eine Beweislastumkehr ist dann nicht möglich. Änderungen gegenüber dem bisherigen Stand der Rechtsprechung ergeben sich in diesem Zusammenhang aus der gesetzlichen Regelung nicht. Aufhorchen lässt allerdings die Gesetzesbegründung zu § 630h Abs. 1 BGB, die missver-

1014 Die Regelung wird mitunter als Vermutung zu Lasten der Behandlungsseite interpretiert, da diese aufgrund einer sekundären Darlegungslast die Einhaltung der Empfehlungen vorbringen müsse, und gelinge dies nicht, werde ein entsprechender Verstoß und damit ein Behandlungsfehler vermutet; so *Schultze-Zeu/Riehn*, VersR 2012, 1208. Diese Auffassung verkehrt indes die Vermutungsregelung in deren Gegenteil. Eine widerlegliche gesetzliche Vermutung zu Lasten der Behandlungsseite ist der Vorschrift nicht zu entnehmen. Denn die Vermutungsregel des § 23 Abs. 3 Satz 2 IfSG bezieht sich zugunsten der Behandlungsseite auf die Einhaltung des – letztlich auch für die zivilrechtliche Haftung maßgebenden – Standes der medizinischen Wissenschaft in dem genannten Bereich; vgl. auch *Stollmann*, GesR 2011, 705, 708; *Lorz*, NJW 2011, 3397, 3399 f. Keineswegs kann jedoch bei Nichteinhaltung der Empfehlungen ohne weiteres kraft Gesetzes auf einen Behandlungsfehler geschlossen werden. Denn die Einhaltung der Hygienestandards kann nach der Intention des Gesetzgebers auch ohne Umsetzung bzw. bei Unterschreiten der Empfehlungen durch anderweitige organisatorische Maßnahmen ausgeglichen werden; BT-Drucks. 17/5178, 18. Die Frage, inwieweit die Behandlungsseite im konkreten Fall aufgrund einer sekundären Darlegungslast zu Vorbringen hinsichtlich der Hygienevorsorge und der -bedingungen gehalten ist, muss hiervon unterschieden werden; hierzu Rz. 268. Bleiben die Empfehlungen hinter dem Haftungsstandard zurück, greift bei deren Beachtung gleichwohl die gesetzliche Vermutungsregel und der Patient muss die Standardwidrigkeit der Behandlung beweisen; so auch *Lorz*, NJW 2011, 3397, 3400.

1015 BGH VersR 2016, 1380 = NJW-RR 2016, 1360 = MedR 2018, 239 m. Anm. *Walter*: kein voll beherrschbares Risiko bei ungeklärter Infektionsquelle.

ständlich den Hygienebereich als klassisches Fallbeispiel anführt[1016]. Dies verkennt die aus der erforderlichen Zuordnung der Infektion zu einem voll beherrschbaren Bereich resultierenden Hürden.

339 [159] Zum sog. voll beherrschbaren Risikobereich zu zählen sind weiterhin nach der Rechtsprechung vor allem alle außerhalb des nur begrenzt steuerbaren Kernbereichs ärztlichen Handelns liegenden Aufgaben hinsichtlich der Organisation und Koordination des Behandlungsgeschehens sowie des Zustandes der hierzu benötigten Geräte und Materialien. Betroffen hiervon sind auch die **Pflegedienste** in ihrem eigentlichen Aufgabenbereich. Wird ein Patient im Verlauf einer reinen Pflegemaßnahme geschädigt, so hat sich die Behandlungsseite vom Fehlervorwurf zu entlasten. Es muss eine konkrete Gefahrensituation mit gesteigerter Fürsorge- und Obhutspflicht bestanden haben, deren Beherrschung gerade dem Pflegepersonal anvertraut war[1017]. Bekommt etwa ein Patient im Krankenhaus bei einer

1016 BT-Drucks. 17/10488, 28: „Eine weitere Fallgruppe des voll beherrschbaren Risikos stammt aus dem Bereich des von dem Behandelnden zu koordinierenden und zu organisierenden Behandlungsgeschehens, wie der hygienischen Standards und der Verrichtungssicherheit des Pflegepersonals in Krankenhäusern. Die Sicherung dieses Bereichs obliegt allein der Behandlungsseite. Tritt hier etwa eine Infektion bzw. eine Schädigung auf, ist der Patient besonders zu schützen. Denn bei Mängeln im Hygienebereich oder Fehlern bei der Koordinierung und Organisation der Behandlungsabläufe fällt die Beherrschbarkeit potentieller Gefahrenquellen in der Regel ausschließlich in den Organisations- und Gefahrenbereich des Behandelnden."

1017 Vgl. etwa OLG Naumburg GesR 2013, 58; OLG Hamm NJOZ 2010, 661; OLG Bremen MDR 2010, 212. Es muss also stets für den Einzelfall geprüft werden, ob die tatsächlichen Voraussetzungen für die Annahme eines „voll beherrschbaren Risikos" gegeben sind. Mitunter wird dies missachtet und irrig ein zu weiter Anwendungsbereich suggeriert; so etwa *Jaeger*, MedR 2016, 621, der nicht nur den Sachverhalt der von ihm besprochenen Entscheidung OLG Koblenz MedR 2016, 619 missinterpretiert (ein Pflegefehler war streitig), sondern auch vernachlässigt, dass die Behandlungsseite sich auch bei Vorliegen eines voll beherrschbaren Risikos entlasten kann und die entsprechenden Einwände geprüft werden müssen. Vergleichbare Grundsätze gelten in Pflegeheimen vgl. BGH VersR 2005, 984 = NJW 2005, 1937 (Beweislastverteilung bei Unfall im Heim); OLG Düsseldorf VersR 2015, 1127 (Sturz trotz angebrachtem Beckengurt – voll beherrschbar); OLG Schleswig NJW-RR

Bewegungs- und Transportmaßnahme der ihn betreuenden Krankenschwester das Übergewicht und stürzt, so ist es Sache des Krankenhausträgers, nachzuweisen, dass der Vorfall nicht auf einem pflichtwidrigen Verhalten der Pflegekraft beruht[1018]. Andererseits liegt kein Fall des voll beherrschbaren Risikos vor, wenn ein nicht sturzgefährdeter Patient bei seinem unbegleiteten Weg von seinem Krankenzimmer zur Toilette stürzt[1019]. Entsprechende Grundsätze können für **therapeutische Übungen** formuliert werden. Können diese aus therapeutischen Gründen nicht gänzlich risikolos bleiben, wird dies in aller Regel die Annahme eines voll beherrschbaren Risikos einschränken[1020].

[160] Voll beherrschbare Risiken im Sinne dieser Rechtsprechung 340
können sich aber auch bis in die sensiblen Randbereiche der eigentlichen, selbst von der spezifischen Unberechenbarkeit der Arbeit am lebenden Organismus geprägten ärztlichen Behandlung erstrecken und folgen dort den dargestellten Regeln. Wo im Einzelfall die Grenze zu ziehen ist, wird regelmäßig nur mit Hilfe eines medizinischen Sachverständigen bestimmt werden können. So ist für den Fall eines Entblutungsschocks, verursacht durch **unbeobachtetes Loslösen des Infusionsschlauches** von einer Verweilkanüle, nach sachverständiger Beratung angenommen worden, dass dieser Gefahr der Entkoppelung von ärztlicher und pflegerischer Seite vollumfänglich vorgebeugt werden kann, sie also gänzlich vermeidbar ist. Dann aber spricht das Loslösen des Infusionsschlauches für einen Behandlungsfehler. Diesen hat der Arzt zu widerlegen[1021]. Entsprechendes gilt, wenn bei **Einsatz ei-**

2013, 31 (Sturz bei begleitetem Toilettengang – voll beherrschbar); OLG Köln VersR 2015, 1393 (Möglichkeit der Gefahrbegründung durch Dritte – nicht voll beherrschbar).

1018 BGH VersR 2005, 1443 = NJW 2005, 2613; BGH VersR 1991, 310 = NJW 1991, 1540; OLG Hamm VersR 2007, 1525; OLG Zweibrücken NJW-RR 2006, 1254; KG MedR 2006, 182.

1019 OLG Köln GesR 2016, 435.

1020 Vgl. etwa OLG Köln GesR 2017, 505: Sturz eines Kindes bei ergotherapeutischer Übung an einem Kletterturm; OLG Frankfurt VersR 2018, 227: Sturz bei physiotherapeutischer Gangschule.

1021 BGH VersR 1984, 356 = NJW 1984, 1400; OLG Köln VersR 2000, 974.

nes Elektrokauters das Risiko von Verbrennungen durch atypischen Stromfluss durch das Lagern des Patienten auf einer dauerhaft nicht leitfähig bleibenden Unterlage verhindert werden kann und es dennoch zu Verbrennungen kommt[1022].

341 [161] Letztendlich kann unter der Prämisse des fehlenden Hineinspielens patientenspezifischer Unwägbarkeiten die Beweislast für sorgfältiges Handeln den Arzt bis auf den Operationstisch verfolgen. So hat der BGH mehrfach zu Gesundheitsschäden Stellung nehmen müssen, die infolge der Art der Lagerung des Patienten während des Eingriffs entstanden[1023]. Die **technisch richtige Lagerung des Patienten** auf dem Operationstisch[1024], die Beachtung der dabei zum Schutz des Patienten vor etwaigen Lagerungsschäden einzuhaltenden Regeln, die Kontrolle der Lagerung durch die operierenden Ärzte sind Maßnahmen, die dem voll beherrschbaren Risikobereich der Behandlungsseite zuzuordnen sind[1025]. Dies rechtfertigt es, die Beweislast dafür, dass der Patient ordnungsgemäß gelagert war und dies ärztlicherseits auch überprüft wurde, dem Krankenhaus aufzuerlegen, soweit ein Lagerungsschaden verursacht wurde[1026]. Auch das Zurückbleiben eines Tupfers im Operationsgebiet unterfällt dem voll beherrschbaren Ri-

1022 BGH VersR 2018, 38.

1023 BGH VersR 1995, 539 = NJW 1995, 1618; BGH VersR 1984, 386 = NJW 1984, 1403; vgl. auch OLG Hamm GesR 2011, 475; OLG Koblenz VersR 2010, 629 = NJW 2010, 1759.

1024 Hier sollte man sich von dem laienhaften Bild des liegenden Patienten freimachen: Wie die einschlägigen Fälle zeigen, reicht die Bandbreite der Möglichkeiten vom einfachen Liegen über bestimmte einzuhaltende Auslagerungswinkel der Extremitäten, etwa zur Vermeidung von Nervenbeschädigungen, über die sog. Häschenstellung bis hin zu Aufhängemaßnahmen, Auflage auf eine die Körperwärme stabilisierende beheizte Unterlage, auf einem Luftring, auf einer Air-Soft-Matratze etc.

1025 BGH VersR 2018, 38. Einschränkend aber OLG Köln GesR 2014, 345, wenn keine permanente Kontrolle der Lagerung möglich ist. Siehe auch OLG Köln GesR 2015, 725.

1026 Zur Entlastung durch die Behandlungsseite OLG Koblenz GesR 2017, 712.

sikobereich[1027]. Hingegen sind Dekubiti auch bei Anwendung gebotener Lagerungsmaßnahmen nicht sicher vermeidbar[1028].

[162] Stets ist jedoch im Auge zu behalten, wo der eigentliche Grund für die Anwendung der Beweisregeln bei voll beherrschbaren Risiken im Arzthaftungsrecht zu suchen ist: Es muss sich um Maßnahmen handeln, bei denen auch diejenigen Risikofaktoren, die sich etwa aus der körperlichen Konstitution des Patienten ergeben, regelmäßig vom Arzt eingeplant und vollumfänglich ausgeschaltet werden können[1029]. Ist dies typischerweise, wie etwa bei Lagerungsschäden, der Fall, muss sich der Arzt von der Fehlervermutung entlasten. **Ausnahmsweise** können aber auch in diesen an sich beherrschbaren Bereichen vom Patienten Risikofaktoren hineingetragen werden, die das Schadensfeld zu einem Gefahrenbereich werden lassen, der ärztlicherseits eben nicht mehr in dem dargestellten Sinne voll beherrscht zu werden vermag. So können etwa – vorher nicht erkennbare – seltene körperliche Anomalien des Patienten eingreifen, die eine Schadensempfänglichkeit selbst bei fehlerfreiem ärztlichem Vorgehen hervorrufen. In einem solchen Falle ist für eine Umkehr der Beweislast kein Raum[1030]. Nach dem Regel-Ausnahme-Prinzip trägt allerdings die Behandlungsseite 342

1027 BGH VersR 2007, 847 = NJW 2007, 1682; vgl. auch OLG Stuttgart GesR 2019, 337: Zurücklassen einer Nadel; offen lassend OLG Dresden BeckRS 2019, 9444 für Vaginaltupfer; anders OLG Köln BeckRS 2017, 133998: kein voll beherrschbares Risiko bei Zurücklassen eines Tupfers in der Vagina einer Patientin nach Versorgung der bei Entbindung vorgenommenen mediolateralen Episiotomie. Eine außergewöhnliche Sachverhaltskonstellation findet sich in OLG Zweibrücken NJW-RR 2009, 1110: Heraustreten eines Kirschnerdrahtes (15 cm lang und 1,2 mm dick) aus dem Rücken, nachdem rund 6,5 Monate zuvor bei einer Knieoperation ein Kirschnerdraht verwendet wurde. Das OLG nimmt – nach Ausschluss alternativer Verursachungsmöglichkeiten – ein voll beherrschbares Risiko an. Allerdings ist die Differenzierung zwischen der bejahten Haftung des Krankenhausträgers (totaler Krankenhausvertrag) und der abgelehnten deliktischen Einstandspflicht des handelnden Operateurs mangels näherer Begründung (keine konkreten Aussagen zum Verantwortungsbereich des Operateurs) schwierig nachvollziehbar.

1028 OLG Hamm GesR 2015, 688.

1029 Vgl. etwa LG Bonn GesR 2008, 248.

1030 BGH VersR 2018, 38.

die Beweislast dafür, dass im Einzelfall tatsächlich eine derartige Anomalie hineinspielt[1031].

6. Anfängereingriffe

343 [163] Häufig in Zusammenhang mit einem voll beherrschbarer Risiko wird, da es ebenfalls um die Organisation des Behandlungsbetriebes geht, die Haftung bei **Anfängereingriffen** gebracht[1032]. An anderer Stelle ist bereits ausgeführt (vgl. oben Rz. 194 ff.), dass die Übertragung eines Eingriffs auf einen hierfür nicht ausreichend qualifizierten Assistenzarzt unabhängig von der Regelung des § 831 BGB einen Behandlungsfehler der ärztlichen Leitung im Sinne eines Organisationsfehlers darstellen kann. Dabei trägt, soweit ein formal noch in der Ausbildung befindlicher Arzt eingesetzt wurde, die Behandlungsseite die Beweislast für das Vorliegen eines dennoch ausreichenden Kenntnis- und Erfahrungsstandes[1033]. Kann dieser nicht belegt werden, greifen Beweiserleichterungen ein, die für die vertragliche Haftung in **§ 630h Abs. 4 BGB** geregelt sind. Abweichend von den Regeln zum voll beherrschbaren Risikobereich beziehen sich jedoch die Beweiserleichterungen nicht eigentlich auf die Frage nach einem Behandlungsfehler. Dieser liegt ja schon in der organisatorischen Fehlentscheidung für den – **nicht ausreichend überwachten** (vgl. oben Rz. 194 ff.) – Einsatz des Arztes in Ausbildung. Erleichterungen greifen vielmehr für die Frage der **Kausalität** in einem weiteren Sinne. Ist nämlich der Gesundheitsschaden bei dem Eingriff des Arztes in Ausbildung entstanden, so haben der Krankenhausträger, der für die Übertragung der Operation Verantwortliche, möglicherweise der Aufsicht führende Arzt[1034], aber auch der behandelnde, in Ausbildung befindliche Arzt selbst[1035] zu **beweisen, dass die eingetretene Primärschädigung nicht auf mangelnder Übung und Erfahrung beruht,** also im

1031 BGH VersR 1995, 539 = NJW 1995, 1618.

1032 BGH VersR 1984, 60 = NJW 1984, 655; *Geiß/Greiner*, Arzthaftpflichtrecht, Rz. B 240; *Katzenmeier*, in: Laufs/Katzenmeier/Lipp, Arztrecht, Kap. XI Rz. 131.

1033 Allgemein: BGH VersR 1980, 940 = NJW 1980, 2751.

1034 BGH VersR 1993, 1231 = NJW 1993, 2989; BGH VersR 1992, 745 = NJW 1992, 1560; BGH VersR 1985, 782 = NJW 1985, 2193; BGH VersR 1984, 60 = NJW 1984, 655.

1035 BGH VersR 1984, 60 = NJW 1984, 655; kritisch insoweit: *Deutsch*, NJW 1984, 650, 651.

Endergebnis dem Anfänger selbst bei seinem Vorgehen kein Fehler unterlaufen ist, der den Schaden zur Folge hatte. Der BGH – der Gesetzgeber hat sich einer näheren Begründung der Beweisfigur enthalten – hält es auch im Falle der Schädigung bei Behandlung durch einen nicht ausreichend qualifizierten Arzt für gerechtfertigt, die Beweislast für den ursächlichen Zusammenhang auf den Schädiger zu verlagern[1036], zumal das Risiko der Anfängeroperation für den Krankenhausträger **voll beherrschbar ist**[1037]. Dann aber muss er – und hier bedient sich der BGH Argumentationshilfen aus dem Bereich grober Behandlungsfehler – auch die Gefahr der Unaufklärbarkeit der Kausalität der vorwerfbar geschaffenen Risikoerhöhung für den eingetretenen Schaden tragen.

Klärungsbedürftig erscheint der Anwendungsbereich der durch das **Patientenrechtegesetz** in § 630h Abs. 4 BGB verankerten Kausalitätsvermutung. Der **Wortlaut** der Regelung knüpft die Vermutung an den **Einsatz eines nicht befähigten Arztes**. Von einer Legaldefinition des Begriffs der Befähigung wird abgesehen. Nach dem Wortlaut könnten vielfältige Konstellationen erfasst sein[1038]. In der Gesetzesbegründung wird vom Fehlen der erforderlichen Befähigung ausgegangen, soweit der Behandelnde – hier dürfte abweichend von der Begrifflichkeit in § 630a Abs. 1 BGB der tatsächlich Behandelnde und nicht ausschließlich der Vertragspartner gemeint sein – nicht über die notwendige fachliche Qualifikation verfügt[1039]. Die Regelung bezieht sich nach der Begründung also auf den Anfängereingriff und bleibt damit hinter dem Referentenentwurf zurück, der neben der fehlenden Befähigung auch die mangelnde Eignung zur Grundlage einer Kausalitätsver- 344

1036 Die vielfach kaum zu lösenden Schwierigkeiten bei der Aufklärung des Kausalverlaufes würden es dem Patienten erheblich erschweren, den Beweis dafür zu erbringen, dass sich gerade bei ihm das spezifisch erhöhte Risiko der Anfängeroperation verwirklicht habe. Diese Schwierigkeiten erhöhen sich noch, wenn etwa der Berufsanfänger infolge seiner mangelnden Qualifikation anders als der erfahrene Facharzt eventuell auftretende Komplikationen gar nicht erst bemerkt und dokumentiert. Dies verschlechtert die Prozesssituation des Patienten zusätzlich. BGH VersR 1984, 60 = NJW 1984, 655.

1037 BGH VersR 1993, 1231 = NJW 1993, 2989; ebenso BGH VersR 1984, 60 = NJW 1984, 655.

1038 Vgl. auch *Hart*, GesR 2012, 385, 387.

1039 BT-Drucks. 17/10488, 30.

mutung erklärte[1040]. Eine mangelnde Eignung sollte etwa in den Fällen der körperlichen und/oder geistigen Überforderung vorliegen, was insbesondere auch bei Übermüdung in Betracht kommen könnte[1041]. Im Regierungsentwurf und dem letztlich beschlossenen Patientenrechtegesetz ist von einer Kausalitätsvermutung bei mangelnder Eignung keine Rede mehr. Eine Klarstellung, ob die „mangelnde Eignung" auch als „mangelnde Befähigung" angesehen werden kann oder ob eine Einschränkung gegenüber dem Referentenentwurf vorgenommen werden soll[1042], fehlt.

7. Verrichtungsgehilfen

345 [164] Für die mit dem vorstehenden Abschnitt sachlich zusammenhängende Frage der Haftung für Gehilfenhandeln legt **§ 831 BGB** Beweisregeln fest. Die Haftung des Geschäftsherrn nach dieser Vorschrift beruht auf der (widerlegbaren) Vermutung seines eigenen Verschuldens bei der Auswahl, Ausrüstung, Anleitung sowie Überwachung von Hilfspersonal. An sich setzt die Norm im Tatbestand lediglich eine widerrechtliche, nicht unbedingt schuldhafte Schadenszufügung durch den Verrichtungsgehilfen voraus. Nun indiziert im Allgemeinen der schadenverursachende Eingriff in das absolute Rechtsgut Körper die Rechtswidrigkeit des Tuns. Konsequent weitergedacht könnte man den Geschäftsherrn für verpflichtet erachten, sich gem. § 831 Abs. 1 S. 2 BGB immer schon dann zu entlasten, wenn der ärztliche Heileingriff – durchgeführt etwa von ärztlichem Hilfspersonal – erfolglos war. Dieses Ergebnis wäre an sich eine folgerichtige Konsequenz des für das Deliktsrecht in Rechtsprechung und Literatur vorherrschenden erfolgsbezogenen Rechtswidrigkeitsbegriffs (Lehre vom Erfolgsunrecht). Danach indiziert die tatbestandliche Rechtsgutverletzung die Rechtswidrigkeit, ohne dass zu prüfen wäre, ob sich der Handelnde nicht sach- und verkehrsrichtig verhalten hat.

346 Das mag bei der rechtlichen Beurteilung **eigenen** Handelns des Geschäftsherrn gem. § 823 BGB nicht gravierend ins Gewicht fallen, da die Frage nach einem sorgfaltswidrigen Verhalten dort im Rahmen des Verschuldens zu untersuchen ist und letztlich zur Beweislast des Geschädigten steht. Anders ist dies jedoch nach § 831 BGB, wo es auf ein

1040 RefE, S. 38.

1041 RefE, S. 38: operativer Eingriff nach einer 78-Stunden-Schicht.

1042 So *Olzen/Uzunovic*, JR 2012, 447, 450.

unsorgfältiges Vorgehen des Gehilfen an sich gerade nicht ankommt. Die Folge, dass nämlich wegen des Dahinstehenlassens einer Sorgfaltswidrigkeit sich die Haftungsfrage über § 831 BGB viel eher stellt, als hätte der Geschäftsherr **selbst** anstelle seines Gehilfen gehandelt, entspricht nicht uneingeschränkt dem Normzweck der Vorschrift[1043].

[165] Zwar ist heute anerkannt, dass unter Schutzzweckgesichtspunkten der Geschäftsherr dem Geschädigten trotz rechtswidriger Schadenszufügung nicht haftet, wenn der Verrichtungsgehilfe letztlich objektiv fehlerfrei, also sorgfältig vorgegangen ist. Damit ist aber das Problem nur teilweise behoben. Denn immerhin verbliebe auch nach dieser Lösung die Beweislast für das Nichtvorliegen eines Behandlungsfehlers beim Geschäftsherrn. Dieser hat also zwei Entlastungsmöglichkeiten. Einmal kann er den Beweis antreten, dass seinem Gehilfen kein Fehler unterlaufen ist. Gelingt dies nicht, kann er zum Zweiten den Entlastungsbeweis nach § 831 Abs. 1 S. 2 BGB führen. Für den Bereich des Arzthaftungsrechts ist jedoch noch ein Schritt weiter zu gehen. Anzusetzen ist hier schon bei der Indizwirkung der Rechtsgutverletzung. Der ärztliche Behandlungsauftrag ist geradezu dadurch geprägt, dass der Arzt in der einen oder anderen Weise in die körperliche Integrität des Patienten eingreift. Die dadurch bedingte ständige Nähe zur Rechtsgutverletzung, aber auch die Belastung der Heilungsaussicht durch mangelnde Beherrschbarkeiten des lebenden Organismus schließen eine unreflektierte Übertragung der ansonsten von der Lehre vom Erfolgsunrecht bestimmten Haftungsstrukturen aus. Vielmehr ist festzuhalten: Der Eingriff in die Gesundheit **indiziert** im Behandlungsbereich **nicht die Rechtswidrigkeit**[1044]. Auch für das Anwendungsgebiet des § 831 BGB hat also grundsätzlich der Patient den **Nachweis eines konkreten Behandlungsfehlers** des Gehilfen zu führen[1045]. Vermag er dies, ist es nunmehr Sache der Behandlungsseite, sich nach Maßgabe des § 831 Abs. 1 S. 2 BGB zu entlasten. Dabei umfasst die widerlegbare Vermutung auch die Frage der hinreichenden Qualifikation der eingesetzten Hilfsperson sowie die Kausalität. Es ist also ebenfalls der Beweis zu führen, dass der Schaden auch bei sorgfältiger Auswahl und Überwachung des Gehilfen entstanden wä- 347

1043 Ausführlich hierzu: RGRK – *Steffen*, BGB § 831 Rz. 28, 32 ff.

1044 RGRK – *Steffen*, BGB § 831 Rz. 32, 34.

1045 BGH VersR 1985, 343; BGH VersR 1978, 542 = NJW 1978, 1681; BGH VersR 1978, 82 = NJW 1978, 584; *Geiß/Greiner*, Arzthaftpflichtrecht, Rz. A 64.

re[1046]. Nicht ausreichend ist allerdings der Nachweis, dass nicht gerade derjenige Mangel in der Person des Verrichtungsgehilfen für den Schadenseintritt kausal geworden ist, den der Geschäftsherr etwa bei seiner Auswahl und Überwachung übersehen hat[1047]. Steht im Übrigen ein **grober Behandlungsfehler** des Gehilfen fest, so greift die hierfür von der Rechtsprechung entwickelte Beweislastumkehr (vgl. oben Rz. 270 ff.) für die Schadensursächlichkeit dieses Fehlers auch gegenüber dem Geschäftsherrn ein[1048].

348 Der **Entlastungsbeweis** gem. § 831 Abs. 1 S. 2 BGB ist nicht bereits dadurch verwehrt, dass der Krankenhausträger etwa im Einzelfall noch bis zum Schluss der mündlichen Verhandlung das dort sachverständig als objektiv fehlerhaft erwiesene Verhalten des Gehilfen als richtig verteidigt[1049]. Prozessuales Bestreiten muss auch in einem solchen Verfahrensstadium zulässig bleiben und besagt als solches nichts zur geübten Sorgfalt bei Auswahl und Überwachung der eingesetzten Hilfsperson.

349 [166] Abschließend sei für § 831 BGB auf Folgendes hingewiesen: Die Norm geht ersichtlich vom Verständnis eines die Arbeitsabläufe nicht nur tatsächlich, sondern auch intellektuell beherrschenden Geschäftsherrn aus. Diese Voraussetzung trifft mit der seit ihrem Inkrafttreten immer schneller fortschreitenden Technisierung und Spezialisierung immer weniger zu. Möglicherweise wird sich dies auf die Interpretation der Regelung auswirken. Anzeichen sind hierzu in der Rechtsprechung festzustellen. Das OLG Bamberg hatte zu einem Fall Stellung zu nehmen, bei dem eine Handoperation durch einen angestellten Oberarzt durchgeführt wurde, welcher durch Aus- und Weiterbildung vor allem im Ausland einen extrem hohen Kenntnis- und Spezialisierungsstand erreicht hatte. Nach Vortrag der Behandlungsseite war die Klinikleitung deshalb fachlich außerstande, in dem betroffenen Spezialbereich Weisungen zu erteilen und zu überwachen. Nach Meinung des entscheidenden Gerichts führt dies mangels Entlastungsmöglich-

---

1046 BGH VersR 1993, 1231 = NJW 1993, 2989.
1047 BGH VersR 1978, 542 = NJW 1978, 1681.
1048 BGH VersR 1982, 1141 = NJW 1983, 340; RGRK – *Nüßgens*, BGB § 823 Anh. II Rz. 309.
1049 So aber: OLG Celle VersR 1985, 994; OLG Schleswig OLGR 1999, 263.

keit zur Haftung gem. § 831 BGB[1050]. Es bleibt abzuwarten, ob und in welcher Form die höchstrichterliche Rechtsprechung in Zukunft auch in derartigen Fällen eine Entlastung zulässt oder ob sich im Ergebnis eine Unternehmenshaftung herausbilden wird[1051].

8. Anscheinsbeweis

[167] Nicht gerade ein Spezifikum des Arzthaftungsrechts, aber auch 350
dort anzuwenden sind die Grundsätze des Anscheinsbeweises, nach denen bei typischen Geschehensabläufen von einem feststehenden Behandlungsfehler als Ursache auf den Kausalzusammenhang mit einem bestimmten Gesundheitsschaden und umgekehrt von einem bestimmten Schaden nach den (medizinischen) Erfahrungen des Lebens auf einen ärztlichen Fehler als Ursache geschlossen werden kann. Sie gelten gleichermaßen für Vertrag wie Delikt[1052]. Zur Entkräftung hat die Behandlungsseite den Nachweis der **ernsthaften Möglichkeit** einer abweichenden Ursachenreihe zu führen. Nicht genügend ist dagegen der bloße Hinweis auf Geschehensabläufe, nach denen der Schaden die typische Folge auch einer anderen Ursache sein kann, ebenso das Dartun der theoretischen Möglichkeit eines atypischen Verlaufs[1053]. Die Tatsachen, aus denen eine solche ernsthafte anderweitige Möglichkeit hergeleitet werden soll, bedürfen, soweit sie streitig sind, des vollen Beweises durch die Behandlungsseite.

Insgesamt ist der **Anwendungsbereich** des Anscheinsbeweises **im** 351
Arzthaftungsrecht begrenzt, da hinsichtlich der Abläufe im menschlichen Organismus im Rahmen ärztlicher Eingriffe häufig eine ausreichende Verlaufstypizität nicht festzustellen sein wird, um einen für den Anscheinsbeweis erforderlichen Erfahrungssatz aufstellen zu kön-

1050 OLG Bamberg VersR 1994, 813 mit Nichtannahmebeschluss des BGH.

1051 Vgl. BGH VersR 1996, 469 = NJW-RR 1996, 867: Zumeist wird der Geschäftsherr aber in der Lage sein, den Gehilfen wirkungsvoll zu überprüfen, z.B. durch stichprobenartiges Abverlangen einer Erläuterung der von ihm getätigten Verrichtungen.

1052 Ausführlich: RGRK – *Nüßgens*, BGB § 823 Anh. II Rz. 291 ff. m.w.N.; und schon: BGH VersR 1956, 499; BGH VersR 1958, 545; BGH VersR 1978, 542 = NJW 1978, 1681.

1053 BGH VersR 1995, 723.

nen[1054]. Der Anscheinsbeweis kann insbesondere bei der **Übertragung bestimmter Infektionen** auf den Patienten und sodann für die Frage des Beweises der Weiterübertragung an Dritte (etwa Ehepartner) gelten[1055]. Allerdings besteht keine Grundlage für einen Anscheinsbeweis bei völlig ungeklärter Infektion, wenn also etwa nicht von der Verabreichung kontaminierter Blutprodukte auszugehen ist. Allein der enge zeitliche Zusammenhang einer Infektion mit einer Injektion/Operation stellt grundsätzlich keinen typischen Geschehensablauf dar, der einen Anscheinsbeweis für die Infektion durch die Injektion/Operation rechtfertigen würde[1056]. Anderes kann gelten, wenn zu dem engen zeitlichen Zusammenhang tatsächlich feststehende Hygieneverstöße treten bzw. durch die Behandlung in sonstiger Weise die Infektionsgefahr erhöht wurde[1057].

352 Schließlich kommt eine Anwendung bei fehlerhafter Handhabung technischer Geräte in Betracht. So soll bei Verbrennungen durch den Einsatz eines Hochfrequenzchirurgiegerätes der Anschein für eine Verursachung durch schuldhafte Nichtbeachtung der Gebrauchsvorschriften, wenn bei vorschriftsmäßiger Bedienung Verbrennungen des Patienten nicht auftreten können[1058].

9. Beweisvereitelung

353 [168] In der Nähe der Verletzung von Dokumentationspflichten befindlich, aber doch rechtlich nicht ganz mit dieser vergleichbar, sind

1054 Nachweise zur Rechtsprechung bei *Geiß/Greiner*, Arzthaftpflichtrecht, Rz. B 232 ff.

1055 Für die HIV-Infektion bei der Verabreichung von kontaminierten Blutprodukten: BGH VersR 2005, 1238 = NJW 2005, 2614; BGH VersR 1991, 816 = NJW 1991, 1948; OLG Düsseldorf VersR 1996, 1240.

1056 BGH VersR 2012, 363 = MDR 2012, 402; OLG Köln VersR 2014, 633.

1057 Vgl. etwa OLG Hamm VersR 1988, 807 (Operation zur Unzeit mit der Erhöhung der Infektionsgefahr); OLG Düsseldorf VersR 1991, 1136 (Punktion des Kniegelenks trotz Gefahr einer exogenen Keimverlagerung und Verstoß gegen hygienische Standards).

1058 BGH VersR 1955, 573; OLG Saarbrücken VersR 1991, 1289; OLG Zweibrücken VersR 1997, 1281. Hierzu *Riedel*, MedR 2009, 83. Vgl. aber BGH VersR 2018, 38: voll beherrschbares Risiko, wenn Verletzung durch Elektrokauter vermieden werden kann.

Fälle der Beweisvereitelung[1059]. Ausgehend von dem Gedanken, dass zu den Erkenntnisquellen der Beweiswürdigung u.a. auch das bloße Prozessverhalten der Partei zählt, können sich beweisrechtlich nachteilige Folgen für den Arzt, im Einzelfall aber auch einmal für den Patienten ergeben, wenn **Beweismittel schuldhaft beseitigt oder beeinträchtigt** werden[1060]. Die Beweislast für die tatsächlichen Voraussetzungen einer Beweisvereitelung trägt die sich auf diese berufende Partei[1061].

Eine solche Beweislastumkehr ist entsprechend § 444 ZPO auch möglich bei nur fahrlässiger Beweisvereitelung. Dabei muss sich das Verschulden nicht auf die objektbezogene Vernichtung des Beweisgegenstandes beziehen, sondern gerade auf die **Vereitelung der Beweisfunktion**. Notwendig ist also, dass für denjenigen, der einen Gegenstand vernichtet oder vernichten lässt, bereits vor der Vernichtung erkennbar ist, dass dieser später einmal Beweisfunktion haben kann[1062]. Angesichts der Abdeckung eines Teilbereiches dieser Fälle durch den Gesichtspunkt einer Dokumentationslücke (vgl. oben Rz. 312)[1063] kommt hier insbesondere das Beiseiteschaffen möglicherweise schadhafter medizinischer Gerätschaften etwa nach Misslingen eines ärztlichen Eingriffs oder das Vernichten verunreinigter oder sonst fehlerhafter Medikamente und Substanzen in Betracht. Zulasten des Patienten sind dagegen Beweiserleichterungen veranlasst, soweit er die ärztliche Schweigepflicht dadurch missbräuchlich allein zur Stärkung seiner prozessualen Situation ausnutzt, dass er durch Beharren auf ihr die Vernehmung ärztlichen Personals etwa als Zeugen im 354

1059 Vgl. aber OLG München, Urt. v. 17.3.2011 – 1 U 5245/10, zit. nach juris: Anwendung der Grundsätze der Beweisvereitelung bei Verweigerung der Vorlage der Dokumentation im Rechtsstreit.

1060 Vgl. aber OLG Koblenz NJOZ 2015, 845: Keine beweisrechtlich nachteiligen Folgen kommen in Betracht, wenn durch die Vernichtung eines denkbaren Beweismittels (hier: aus dem Körper entfernte Prothese) keine Beeinträchtigung der Beweischancen im konkreten Fall herbeigeführt wurde.

1061 Vgl. OLG Koblenz VersR 2012, 1444.

1062 BGH VersR 1994, 562 = NJW 1994, 1594; BGH VersR 1975, 952 = NJW 1975, 2245; *Müller*, DRiZ 2000, 259, 265 f.; *Schmid*, NJW 1994, 767, 772; vgl. auch OLG Köln MedR 2016, 982: Abhandenkommen einer als unbrauchbar gerügten Prothese; OLG Düsseldorf VersR 2004, 792: Verlust von beweisfähigen Präparaten beim Umzug der Arztpraxis.

1063 Vgl. OLG Hamm OLGR 2003, 93; *Giesen*, JZ 1982, 448, 454.

Rechtsstreit gegen den beklagten Arzt verhindert und dadurch die Aufklärung des Geschehensablaufes blockiert[1064].

10. Sonstige Fälle

355 [169] Ansonsten folgt die Verteilung der Beweislast für die verbleibenden **Einzelfälle** auch im Arzthaftungsrecht allgemeinen Grundsätzen, insbesondere auch dem Regel-Ausnahme-Prinzip.

356 [170] Bei unstreitiger Verletzung **therapeutischer Beratungspflichten** (zur Beweislast bei Behandlungsverweigerung gegen ärztlichen Rat s. Rz. 304) gilt: Zwar muss der Patient im Ausgangspunkt die Kausalität der Unterlassung beweisen, doch greift häufig die **Vermutung aufklärungsrichtigen Verhaltens**. Dann hat derjenige, der vertragliche Aufklärungspflichten verletzt, die Beweislast dafür zu tragen, dass der Schaden auch bei pflichtgemäßem Verhalten des Arztes eingetreten wäre, der Geschädigte sich also ohnehin nicht aufklärungsrichtig verhalten hätte. Dies gilt – für vertragliche wie deliktische Ansprüche – aber nur insoweit, als es um den auf eine bestimmte Verhaltensweise des Patienten, also etwa bestimmte Ernährungsweise, Vorstellung zu regelmäßigen ärztlichen Kontrollen, Unterlassen von Tabak- und Alkoholkonsum etc., ausgerichteten Rat und Hinweis geht[1065]. Ausschlaggebend ist insbesondere, ob es für den Patienten auf Grund der an sich geschuldeten Information nur eine bestimmte Möglichkeit gab, sich aufklärungsrichtig zu verhalten[1066]. Dabei kann auch eine etwa vorher bestehende Verweigerungshaltung des Patienten eine Rolle spielen. Diese kann allerdings je nach Erkenntnishorizont des medizinischen Laien unterschiedlich zu bewerten sein. So liegt es nach der Lebenserfahrung durchaus nahe, dass ein Patient, der die Krankenhausbehandlung verweigert, solange er meint, es gehe auch anders, dann seine Verweigerungshaltung überdenkt, wenn ihm die Ernstlichkeit

---

1064 *Katzenmeier*, in: Laufs/Katzenmeier/Lipp, Arztrecht, Kap. XI Rz. 122; RGRK – *Nüßgens*, BGB § 823 Anh. II Rz. 334; vgl. auch BVerwG NJW 2014, 2971; s. unten Teil 6 Rz. 270.

1065 BGH VersR 1989, 700 = NJW 1989, 2320; BGH VersR 1986, 601 = NJW 1986, 2367; BGH VersR 1984, 186 = NJW 1984, 658; vgl. auch OLG Köln VersR 2011, 760 = GesR 2011, 229; OLG Koblenz GesR 2010, 199.

1066 BGH VersR 1989, 700 = NJW 1989, 2320; BGH VersR 1994, 305, 307 = BGHZ 124, 151, 161.

der Gefahr und die Dringlichkeit der Behandlung pflichtgemäß vor Augen geführt werden. Dann trägt der Arzt die Beweislast für seinen Einwand, selbst bei pflichtgemäßer Beratung sei ein aufklärungsrichtiges Verhalten des Patienten nicht zu erwarten gewesen. Generell greift die Vermutung aufklärungsrichtigen Verhaltens dann nicht ein, wenn mehrere gleichwertige Verhaltensalternativen bestehen[1067].

[171] Die Beweislast für das Vorliegen nicht erkennbarer **körperlicher** 357
Anomalien des Patienten trägt derjenige, der sich auf sie als Ausnahmetatbestand und als für ihn rechtlich vorteilhaft berufen möchte[1068].

[172] So wie eine Kumulierung verschiedener Beweiserleichterun- 358
gen[1069] möglich ist, kann die Beweislast auch im Arzthaftungsprozess für eine bestimmte Tatsache bei verschiedenen rechtlichen Anknüpfungspunkten variieren. Wird etwa eine Sterilisation im Wege eigenmächtiger Operationserweiterung vorgenommen, muss der Arzt die voroperative Aufklärung und der Patient die nicht erfolgte nachoperative Information beweisen, wenn er auf deren Unterlassen einen Ersatzanspruch (überflüssige Kontrakonzeptiva) stützen will. Die entsprechende Unterrichtung des Patienten muss allerdings die Behandlungsseite beweisen, wenn sie sich auf die Einrede der Verjährung und eine entsprechende Kenntniserlangung durch den Patienten beruft[1070].

[173] Für den Vortrag eines **Mitverschuldens** des Patienten am Ent- 359
stehen des Gesundheitsschadens, sei es durch Abbruch der Behandlung, sei es durch unvernünftige, etwa gegen ärztlichen Rat erfolgende Verhaltensweisen, trägt nach allgemeinen Regeln die Behandlungsseite die Beweislast[1071]. Dies gilt auch für die Frage der Kausalität[1072]. Mit

1067 Daher ablehnend zur wirtschaftlichen Information: BGH VersR 2020, 622 = NJW 2020, 1211; OLG Köln VersR 2009, 405 m.w.N.

1068 BGH VersR 1995, 539 = NJW 1995, 1618.

1069 So können etwa die Grundsätze des voll beherrschbaren Risikobereichs für den Pflichtverstoß bzw. das Verschulden und die Regeln des Anscheinsbeweises für die Ursächlichkeit Anwendung finden, wenn ein sedierter Patient von der Behandlungsliege stürzt und kurze Zeit später eine Fraktur festgestellt wird.

1070 Vgl. OLG Koblenz MedR 2009, 93.

1071 OLG Schleswig VersR 2001, 1516.

1072 BGH VersR 1989, 186 = NJW 1989, 1536; BGH VersR 1987, 1089 = NJW 1987, 1482.

Rücksicht auf den Wissens- und Informationsvorsprung des Arztes ist jedoch bei der Bejahung mitverschuldensbegründender Obliegenheitsverletzungen des Patienten grundsätzlich Zurückhaltung geboten[1073]. Insbesondere bei mangelhafter therapeutischer Beratung können an die Mitwirkungspflichten des Patienten keine übertriebenen Anforderungen gestellt werden; ein Mitverschulden kann nur in Ausnahmefällen angenommen werden. So kommt ein Mitverschulden etwa durch mangelndes Nachfragen allenfalls dann in Betracht, wenn sich die Unvollständigkeit der ärztlichen Information jedem Laien geradezu aufdrängen oder dem Patienten wegen seines besonderen persönlichen Wissens die Unvollständigkeit der Unterrichtung klar sein musste[1074]. Abgesehen hiervon setzt die Annahme eines Mitverschuldens zutreffende und vollständige Therapieanweisungen voraus[1075].

360 Bei der **Schadensminderungspflicht**, bei der die Beweislast ebenfalls dem Schädiger obliegt, genügt es nicht schon, dass ein etwa durch Behandlungsfehler verursachter Gesundheitsschaden durch eine Nachoperation auch wieder beseitigt werden könnte. Vielmehr ist ein solcher Eingriff dem Geschädigten nur dann zumutbar und damit der Einwand der Schadensminderungspflicht nur dann zulässig, wenn er einfach und gefahrlos und nicht mit besonderen Schmerzen verbunden ist sowie die sichere Aussicht auf Heilung oder jedenfalls wesentliche Besserung bietet[1076].

11. Beweismaß

361 [174] Für das Beweismaß sind die für Primärschädigung und Folgeschäden unterschiedlichen Anforderungen gem. §§ 286, 287 ZPO zu

1073 BGH VersR 1997, 1357 = NJW 1997, 3090 zum Fall einer Untersuchungsverweigerung; OLG Braunschweig NJOZ 2020, 498: Nicht-Konsultation eines Arztes bei erneuten Symptomen; OLG Frankfurt GesR 2017, 392: bei Diagnosefehler hinsichtlich Malaria-Erkrankung kein Mitverschuldenseinwand, der Patient habe vor dem Aufenthalt in einem Malaria-Risikogebiet keine Malaria-Prophylaxe vorgenommen.

1074 BGH VersR 1997, 449 = NJW 1997, 1635.

1075 OLG Köln VersR 2011, 760 = GesR 2011, 229; KG NJOZ 2006, 174, 177; OLG München MedR 2006, 174, 176 f.

1076 BGH VersR 1989, 701 = NJW 1989, 2332; BGH NJW 1994, 1592 = MDR 1994, 667.

beachten[1077]. Der Beweis für den Behandlungsfehler und den **Kausalzusammenhang zum Primärschaden** unterliegt dem sog. Strengbeweis nach § 286 ZPO[1078]. Der Nachweis ist also zur vollen Überzeugung des Gerichts zu führen, das die im Prozess gewonnenen Erkenntnisse frei bewerten kann. Diese Überzeugung von der Wahrheit erfordert allerdings keine absolute oder unumstößliche Gewissheit und setzt nicht den Ausschluss letzter Zweifel voraus, was nicht zuletzt auf Grund der Unwägbarkeiten des Arbeitens am lebenden Organismus kaum zu erreichen wäre. Erforderlich ist ein für das praktische Leben brauchbarer Grad an Gewissheit, der verbleibenden Zweifeln Schweigen gebietet, ohne sie völlig auszuschließen[1079]. Die Ausräumung aller nur denkbaren abweichenden Möglichkeiten kann dem Gegenbeweis überlassen werden.

Die **haftungsausfüllende Kausalitätsverknüpfung zu körperlichen** 362
Folgeerscheinungen der Primärschädigung unterliegt hingegen den geringeren Beweisanforderungen des § 287 ZPO[1080]. Diese Vorschrift erleichtert dem Geschädigten die Darlegung und die Beweisführung. Für die Beweisführung nach § 287 ZPO kann es ausreichen, wenn für die Behauptung eine deutlich überwiegende, auf gesicherter Tatsachengrundlage beruhende Wahrscheinlichkeit angenommen werden kann[1081]. Angesichts dessen kommt der Unterscheidung zwischen Primärschaden und Folgeschäden erhebliche Bedeutung zu[1082]. So unter-

1077 Rechtspolitisch wird diese Unterscheidung wegen der Beweisschwierigkeiten den Patienten bei der Geltendmachung von Schadensersatzansprüchen durchaus kritisch betrachtet und eine generelle Anwendung des § 287 ZPO befürwortet; vgl. etwa *Illian*, ZRP 2018, 6.

1078 BGH VersR 2014, 247 = NJW 2014, 688; BGH VersR 1998, 1153 = NJW 1998, 3417.

1079 BGH VersR 2011, 223 = NJW 2011, 375; BGH VersR 2008, 1265; BGH VersR 1994, 52 = NJW 1994, 801.

1080 BGH VersR 2014, 247 = NJW 2014, 688; BGH VersR 2008, 644 = NJW 2008, 1381; OLG Köln MedR 2008, 46.

1081 BGH VersR 2014, 247 = NJW 2014, 688; BGH VersR 2011, 223 = NJW 2011, 375; BGH VersR 2008, 644 = NJW 2008, 1381; *Müller*, NJW 1997, 3049, 3051 m.w.N.

1082 Zur Abgrenzung: BGH VersR 2013, 1174 = NJW 2013, 3094; BGH VersR 2014, 632 = NJW-RR 2014, 1147 (Querschnittslähmung als Primärschaden nach beanstandeter Kontrastmittelverwendung); BGH VersR 1986, 1121 = NJW 1987, 705; BGH VersR 1998, 1153 = NJW 1998, 3417; BGH VersR 2008, 644 = NJW 2008, 1381; OLG Hamm liegt etwa der Nachweis von Lähmungserscheinungen (Folgeschaden), die infolge eines pflichtwidrig verursachten septischen Schocks als Infusionszwischenfall (Primärverletzung) entstanden sein sollen, der Regelung nach § 287 ZPO[1083]. Ein Folgeschaden liegt jedoch nur dann vor, wenn **derselbe Verletzungskomplex** betroffen ist, die feststehende Primärverletzung nach medizinischen Erkenntnissen also grundsätzlich geeignet ist, die weitere behauptete Gesundheitsstörung herbeizuführen. Werden hingegen mehrere Primärverletzungen infolge der Verletzungshandlung geltend gemacht, unterfallen diese dem Beweismaß des § 286 ZPO[1084].

363 Im Übrigen ist die Möglichkeit des Indizienbeweises zu berücksichtigen[1085]. Auch die Vernehmung eines **Zeugen** zu der Behauptung, die klagende Partei habe **Schmerzen** erlitten, darf nicht mit der Begründung abgelehnt werden, auf diesem Weg sei der Beweis nicht zu erbringen. Ob der Tatrichter dem Zeugen, der über Schmerzempfindungen berichtet, alsdann Glauben schenkt und ob er dann daraus Schlüsse auf die wirklichen subjektiven Empfindungen des Patienten zieht, ist eine Frage der Beweiswürdigung. Diese vermag naturgemäß erst nach erfolgter Vernehmung stattzufinden[1086].

V. „Kind als Schaden" – Fehler bei genetischer Beratung, Sterilisation und Abtreibung

364 [175] Es gibt im Arzthaftungsrecht verschiedene Konstellationen, bei denen sich die Frage stellt, ob der Arzt den Eltern aus einer Verletzung des Arztvertrages und aus Delikt den **Unterhalt für ein Kind** zu erstatten hat[1087].

NJOZ 2019, 1415 (weiteres Wachstum eines Karzinoms bei unterlassener Befunderhebung als Primärschaden); OLG Köln VersR 2014, 106 (Hirnschaden als Folge einer im Körper in Gang gesetzten Kettenreaktion nach Medikamenteneinnahme als Primärschaden).

1083 BGH VersR 1982, 161 = NJW 1982, 699.

1084 BGH VersR 2019, 694 = NJW 2019, 2092.

1085 BGH VersR 1967, 775.

1086 BGH VersR 1986, 183 = NJW 1986, 1541.

1087 Ausführlich: *Müller*, NJW 2003, 697; zur rechtlichen Einordnung im französischen, englischen und amerikanischen Recht: *Deutsch*, VersR

1. Überblick

[176] Die Rechtsprechung hat bereits mehrfach hierüber entschieden, so bei **fehlerhafter genetischer Beratung** (woraufhin ein genetisch bedingt behindertes Kind gezeugt wurde[1088]), bei einem auf Grund eines Arztfehlers **missglückten** (nach §§ 218 ff. StGB gerechtfertigten) **Schwangerschaftsabbruch**[1089], bei **fehlerhafter Sterilisation**[1090] und der Verletzung der **Hinweispflicht über eine eventuelle Erfolglosigkeit der Sterilisation**[1091] oder der Hinweispflicht, dass mit dem Ergebnis des Spermiogramms im konkreten Fall die Zeugungsunfähigkeit gerade nicht feststeht[1092] sowie bei (mangels hinreichender Beratung oder Untersuchung der Schwangeren) nicht durchgeführter, **fehlerhafter oder verspäteter Vornahme einer gebotenen Untersuchung** zur Früherkennung von Vorschäden des Kindes (infolgedessen ein rechtmäßiger Schwangerschaftsabbruch vereitelt wurde)[1093], aber auch **bei** 365

2008, 993; zur Rechtsprechung in Österreich: *Bernat*, MedR 2010, 169.

1088 BGH VersR 1994, 425 = NJW 1994, 788.

1089 BGH VersR 1985, 240 = NJW 1985, 671; BGH VersR 1985, 965 = NJW 1985, 2752; BGH VersR 1992, 829 = NJW 1992, 1556; OLG Oldenburg VersR 1997, 193 = NJW 1996, 2432 = MDR 1996, 1132; vgl. BGH VersR 1995, 964 = NJW 1995, 1609 und OLG Nürnberg VersR 2009, 547 = NJW 2009, 1757: kein Schadensersatzanspruch bei rechtswidrigem Schwangerschaftsabbruch; vgl. auch OLG Frankfurt VersR 1988, 637 = r+s 1988, 204. Zum Weigerungsrecht des Arztes, den rechtmäßigen Abbruch durchzuführen: OLG Zweibrücken FamRZ 2000, 1213 = MedR 2000, 540.

1090 BGH VersR 2008, 1265 = NJW 2008, 2846; BGH VersR 1980, 555 = NJW 1980, 1450; BGH VersR 1980, 558 = NJW 1980, 1452; BGH VersR 1984, 864 = NJW 1984, 2625; OLG Hamm VersR 1999, 1111 = NJW 1999, 1787.

1091 BGH VersR 1981, 278 = NJW 1981, 630; BGH VersR 1981, 730 = NJW 1981, 2002; BGH VersR 1992, 1229 = NJW 1992, 2961; BGH VersR 1995, 1099 = NJW 1995, 2407; vgl. auch OLG Oldenburg VersR 1994, 1348: Aufklärung über das Risiko wiederauflebender Zeugungsfähigkeit des Mannes.

1092 OLG Köln MedR 2015, 522.

1093 BGH VersR 2006, 702 = NJW 2006, 1660; BGH VersR 2003, 1541 = NJW 2003, 3411; BGH VersR 2002, 1148 = NJW 2002, 2636; BGH VersR 2002, 233 = NJW 2002, 886; BGH VersR 1997, 698 = NJW 1997, 1638; BGH VersR 1997, 449 = NJW 1997, 1635; BGH VersR 1983, 396 = NJW 1983, 1371; BGH VersR 1984, 186 = NJW 1984, 658; OLG Dresden GesR 2018, 123 = MedR 2018, 406 (Haftung verneint)

fehlerhafter Beratung über die Sicherheit der empfängnisverhütenden Wirkung eines verordneten Hormonpräparats[1094] oder bei **fehlerhafter Verabreichung eines Verhütungsmittels**[1095], schließlich **bei Durchführung einer künstlichen Befruchtung ohne Zustimmung des Samenspenders**[1096]. Denkbar ist schließlich eine Haftung des Arztes, weil er über die Voraussetzungen und über die Möglichkeit eines Schwangerschaftsabbruchs nicht bzw. ungenügend beraten hat[1097], weil er bei drohender Frühgeburt vor dem schwangerschaftsverlängerten Eingriff nicht über das damit verbundene Risiko einer Schwerstbehinderung des Kindes aufgeklärt hat[1098], weil er die einen Abbruch rechtfertigende Fehlbildung des Kindes[1099] oder schon die Schwangerschaft fehlerhaft nicht als solche erkannt hat[1100] oder weil er bei einer Hormonbehandlung zur Erfüllung eines Kinderwunsches nicht auf das – sich verwirklichte – **Risiko einer Mehrlingsschwangerschaft** hingewiesen hat[1101]. Maßgebend für die Bejahung eines Anspruchs gegen den medizinischen Vertragspartner auf Erstattung des Unterhalts

---

mit krit. Anm. *Müller*; OLG Stuttgart GesR 2016, 371; OLG Düsseldorf VersR 1998, 194 = OLGR 1997, 209; OLG Nürnberg VersR 1999, 1545: fehlerhafter HIV-Test; OLG Zweibrücken NJW-RR 2000, 235 = MedR 2000, 233; OLG Saarbrücken NJW-RR 2001, 671 = MedR 2001, 641: Unterlassen der Übersendung des die Gefahr einer Behinderung anzeigenden Berichts über die Fruchtwasseruntersuchung; vgl. aber auch KG VersR 1996, 332 = KGReport Berlin 1994, 254: keine Pflicht zur gezielten Suche nach Missbildungen ohne entsprechende Anhaltspunkte; OLG München ZfL 2016, 111: kein haftungsrechtlicher Vorwurf bei unterlassenem Hinweises des Arztes auf grenzwertige Nasenbeinlänge des ungeborenen Kindes (als Anhaltspunkt für eine Behinderung).

1094 BGH VersR 1997, 1422 = NJW 1998, 155.

1095 BGH VersR 2007, 109 = NJW 2007, 989 und LG Köln, Urt. v. 4.3.2009 – 25 O 221/07 – zit. nach juris: Verhütungsstäbchen Implanon.

1096 LG Dortmund GesR 2012, 353, s. aber nachfolgend OLG Hamm, Urt. v. 4.2.2013 – 22 U 108/12, zit. nach juris.

1097 OLG Zweibrücken MedR 2000, 540 = FamRZ 2000, 1213.

1098 OLG Celle VersR 2008, 123 = MedR 2008, 516 mit Anm. *Schmidt-Recla*.

1099 OLG Stuttgart GesR 2016, 371.

1100 BGH VersR 2002, 767 = NJW 2002, 1489.

1101 OLG Hamm VersR 1993, 1273 = NJW 1993, 795: Unterhaltsschaden durch überzählige Kinder.

ist, ob dem Art. 1 Abs. 1 GG entgegensteht und – bei einem Schwangerschaftsabbruch – ob dieser gerechtfertigt ist[1102].

a) Würde des Kindes

[177] Der 2. Senat des BVerfG hatte sich im Hinblick auf Art. 1 Abs. 1 GG gegen die Rechtsprechung des BGH ausgesprochen; das Dasein eines Kindes sei nicht als Schaden anzusehen[1103]. Da es sich bei diesem Punkt jener Entscheidung aber nur um ein obiter dictum handelte, brauchte der BGH sich hieran nicht gebunden zu fühlen. Er bejaht auch weiterhin einen Schadensersatz, der den Unterhalt für ein Kind erfasst. Die Zusprechung eines solchen Anspruchs verstoße nicht gegen die **Würde des Kindes**, denn nicht die Existenz des Kindes stelle den Schaden dar, sondern nur der durch die Geburt ausgelöste Unterhaltsaufwand[1104]. Diese Auffassung ist durch den 1. Senat des BVerfG hinsichtlich fehlerhafter genetischer Beratung und schuldhaft misslungener Sterilisation bestätigt worden: Die Rechtsprechung des BGH, wonach die Unterhaltspflicht für ein Kind als Schaden anzusehen ist, stellt keine Kommerzialisierung dar, die das Kind seines Eigenwertes beraubt[1105]. 366

b) Bedeutung der Indikation beim Schwangerschaftsabbruch

[178] Im Gegensatz zu Sterilisationen oder genetischen Beratungen setzt ein Schadensersatzanspruch auf Grund **fehlerhafter Fehlbildungsdiagnostik** oder **misslungenen Schwangerschaftsabbruchs** voraus, dass der Eingriff zum Schwangerschaftsabbruch insofern gerechtfertigt war bzw. (bei fehlerhafter Fehlbildungsdiagnostik) gerechtfertigt gewesen wäre, als eine medizinische bzw. medizinisch-soziale (die auch Fallkonstellationen der embryopathischen Indikation erfassen kann[1106]) 367

1102 OLG Stuttgart GesR 2016, 371: nach § 218a Abs. 2 StGB – hier verneint.

1103 BVerfGE 88, 203, 296 (und Leitsatz 14) = NJW 1993, 1751, 1764.

1104 BGH VersR 1994, 425, 428 = NJW 1994, 788, 791; BGH VersR 1995, 1099, 1101 f. = NJW 1995, 2407, 2409 f.

1105 BVerfG VersR 1998, 190 = NJW 1998, 519 = MDR 1998, 216 mit Anm. *Rehborn*; ausführlich: *Weber*, VersR 1999, 389.

1106 BGH VersR 2006, 702 = NJW 2006, 1660; BGH VersR 2003, 1541 = NJW 2003, 3411; BGH VersR 2002, 1148 = NJW 2002, 2636 (so bei Gefahr eines Suizidversuchs und schwerwiegender seelischer Beeinunbefristete[1107] Indikation nach § 218a Abs. 2 StGB oder eine befristete kriminologische Indikation i.S.d. § 218a Abs. 3 StGB vorlag[1108]. So sind Verträge, auf deren Grundlage aus rechtlich unbedenklichen Gründen eine Schwangerschaft abgebrochen werden soll, auf die Herbeiführung eines rechtmäßigen Erfolges gerichtet[1109]. Die Rechtswidrigkeit des Schwangerschaftsabbruchs – so auch im Falle des § 218a Abs. 1 StGB (Beratungslösung[1110]) und nach § 218a Abs. 4 StGB (nur persönlicher Strafausschließungsgrund[1111]) – schließt demgegenüber (unabhängig von der Gültigkeit des Behandlungsvertrages[1112]) die Unterhaltszahlung als Schadensersatz aus[1113]. So gelangte der BGH in einer den fehlgeschlagenen Schwangerschaftsabbruch betreffenden Entscheidung[1114] unter Hinweis auf das BVerfG[1115] zu der Auffassung, der Arzt hafte nicht, weil sich jene sozial indizierte Abtreibung (§ 218

---

trächtigung der Mutter angesichts zu erwartender sehr schwerer Behinderung des Kindes); OLG Stuttgart GesR 2016, 371: Eine nachträgliche depressive Episode mit Verdacht auf Persönlichkeitsveränderung und mit Suizidversuch erlaubt nicht ohne weiteres den Schluss auf das Vorliegen der Voraussetzungen des § 218a Abs. 2 StGB im Zeitpunkt des denkbaren Abbruchs; OLG Hamm GesR 2006, 126: Depression mit Krankheitswert allein reicht nicht; *Tröndle*, NJW 1995, 3009, 3015.

1107 Vgl. BGH VersR 2002, 1148 = NJW 2002, 2636 zur Problematik der Spätabtreibung bei Überlebensmöglichkeit des Kindes ab der 22. Schwangerschaftswoche.

1108 BGH VersR 2003, 1541 = NJW 2003, 3411; BGH VersR 2002, 1148 = NJW 2002, 2636; BGH VersR 2002, 767 = NJW 2002, 1489; BGH VersR 2002, 233 = NJW 2002, 886 zu § 218a Abs. 2, 3 StGB a.F.: Zwillingsschwangerschaft mit nur einem vorgeburtlich geschädigten Kind; OLG Stuttgart VersR 2010, 909 = GesR 2010, 142.

1109 BGH VersR 1994, 425, 427 f. = NJW 1994, 788, 790.

1110 BGH VersR 2002, 767 = NJW 2002, 1489; OLG Oldenburg VersR 2015, 242 = NJW 2015, 1832; OLG Nürnberg VersR 2009, 54 = NJW 2009, 1757; a.A. OLG Braunschweig OLGR 2008, 11 = MedR 2008, 372: § 218a Abs. 1 StGB stelle einen Rechtfertigungsgrund dar.

1111 OLG Hamm VersR 2002, 1153 = NJW 2002, 2649.

1112 Vgl. BVerfGE 88, 203, 295 = NJW 1993, 1751, 1763 f.; OLG Nürnberg VersR 2009, 54 = NJW 2009, 1757.

1113 BGH VersR 2002, 767 = NJW 2002, 1489; OLG Oldenburg VersR 2015, 242 = NJW 2015, 1832; OLG Nürnberg VersR 2009, 54 = NJW 2009, 1757.

1114 BGH VersR 1995, 964 = NJW 1995, 1609.

1115 BVerfGE 88, 203 = NJW 1993, 1751.

Abs. 2 Nr. 3 StGB a.F.) nachträglich als rechtswidrig erwiesen habe. Es folge hier allein aus dem durchgeführten Beratungs- und ärztlichen Prüfungsverfahren noch keine Vermutung für das Vorliegen dieser Indikation[1116].

Ist die Rechtmäßigkeit des Schwangerschaftsabbruchs ansonsten zwischen den Parteien streitig, trifft den Arzt, der die Indikationslage zu prüfen und für vorliegend erachtet hatte, insoweit die **Beweislast**; er hat zu belegen, aus welchem Grund er von seiner damaligen Auffassung abgerückt ist[1117]. Dies gilt aber nur für den Fall des missglückten Schwangerschaftsabbruchs. Bei fehlerhafter Fehlbildungsdiagnostik trägt die Mutter nach den allgemeinen Grundsätzen die Darlegungs- und Beweislast für das Vorliegen der Voraussetzungen eines rechtmäßigen Schwangerschaftsabbruchs wegen medizinischer Indikation bei fehlerfreier Diagnostik[1118]. Dabei dürfen die Anforderungen an die Darlegungslast dazu, wie sich die Mitteilung der richtigen Diagnose auf den Gesundheitszustand der Mutter ausgewirkt und ob sie sich für den Abbruch entschieden hätte, aber nicht überspannt werden[1119]. Das Gericht ist – jedoch nur bei hinreichendem Vortrag[1120] – nun gehalten, durch Einholung eines Sachverständigengutachtens zu prüfen, ob die geltend gemachten gesundheitlichen Beeinträchtigungen rückwirkend die medizinische Indikation begründet hätten[1121]. 368

1116 BGH VersR 1995, 964, 966 = NJW 1995, 1609, 1610.

1117 BGH VersR 1985, 965, 967 = NJW 1985, 2752, 2754; BGH VersR 1986, 869, 870 = r+s 1986, 203.

1118 OLG Stuttgart GesR 2016, 371.

1119 BGH VersR 2006, 702 = NJW 2006, 1660; BGH VersR 2003, 1541 = NJW 2003, 3411; vgl. auch OLG Hamm VersR 2002, 1153 = NJW 2002, 2649: keine erkennbaren Gesundheitsgefahren der Mutter vorgetragen; OLG Stuttgart VersR 2010, 909 = GesR 2010, 142: Erforderlich ist auf Seiten der Mutter die Gefahr einer behandlungsbedürftigen Erkrankung, schwerwiegender gesundheitlicher Schäden; OLG Köln MedR 2010, 41 = OLGR 2009, 585: Allein das Vorliegen einer „Teenager-Schwangerschaft" begründet für sich gesehen noch keine medizinisch-soziale Indikation.

1120 OLG Köln MedR 2010, 41 = OLGR 2009, 585.

1121 BGH VersR 2003, 1541 = NJW 2003, 3411.

2. Schutzbereich des Behandlungsvertrages

369 [179] Wenn auch die Rechtmäßigkeit des Schwangerschaftsabbruchs feststeht, so bedarf es – wie auch bei fehlerhafter (genetischer) Beratung und bei missglückter Sterilisation – noch der Beantwortung der Frage, ob der Vermögensschaden im Schutzbereich der Norm liegt. Der Behandlungsvertrag muss also auch auf den (von § 823 Abs. 1 BGB nicht abgedeckten) **Vermögensschutz der Eltern** ausgelegt sein. Dies ist bei einer Sterilisation aus Gründen der Familienplanung, bei fehlerhafter Beratung über die Sicherheit der empfängnisverhütenden Wirkung eines verordneten Hormonpräparats, bei fehlerhafter genetischer Beratung vor Zeugung eines genetisch behinderten Kindes und bei fehlerhafter Verabreichung eines Verhütungsmittels der Fall[1122], jedoch *im Allgemeinen* nicht bei einem Schwangerschaftsabbruch auf Grund rein medizinischer Indikation[1123] (anders aber in Fällen der – von der medizinischen Indikation mittelbar erfassten – embryopathischen Indikation[1124]) oder wenn eine Sterilisation aus reinen Gesundheitsgründen durchgeführt wird[1125].

370 Ist die fehlerhaft durchgeführte Untersuchung auf das Vorliegen einer Schwangerschaft nur erfolgt, um eine orthopädische Operation dergestalt vorzubereiten, dass ein Risiko für Mutter und Kind ausgeschlossen werden soll[1126], ist der **Schutzbereich des Behandlungsvertrages** ebenso wenig tangiert wie bei dem Nichterkennen einer

1122 BGH VersR 2007, 109 = NJW 2007, 989.

1123 BGH VersR 2002, 767 = NJW 2002, 1489 (Ausnahmen jedoch denkbar); BGH VersR 1985, 1068, 1071 = NJW 1985, 2749, 2751 f. (anders aber möglicherweise, wenn sich die Gefahr unzumutbarer Unterhaltsbelastung in erheblicher Weise auf den Gesundheitszustand der Mutter auswirken könnte).

1124 BGH VersR 2006, 702 = NJW 2006, 1660; BGH VersR 2003, 1541 = NJW 2003, 3411; BGH VersR 2002, 1148 = NJW 2002, 2636; kritisch *Mörsdorf-Schulte*, NJW 2006, 3105.

1125 Vgl. aber BGH VersR 1980, 555, 557 = NJW 1980, 1450, 1451 f.: In diesen Fällen ist es eher naheliegend, dass das Kind aus der Sicht der Familienplanung auch in wirtschaftlicher Hinsicht „unerwünscht", mithin der Ersatzanspruch zu bejahen ist. Dazu OLG Zweibrücken VersR 1997, 1009 = NJW-RR 1997, 666 = MedR 1997, 360 (mit kritischer Anm. *Quass*): Es müssen Umstände festgestellt werden, die dem Arzt mit hinreichender Deutlichkeit erkennbar machen konnten, dass die Familienplanung abgeschlossen werden sollte.

1126 BGH VersR 2000, 634 = NJW 2000, 1782.

Schwangerschaft im Rahmen einer alltäglichen, Beschwerden nachgehenden frauenärztlichen Untersuchung[1127] oder bei hausärztlicher Behandlung eines Hautausschlags (nicht erkannte Rötelninfektion) und späterer Erwähnung der Schwangerschaft durch die Patientin; denn auch hier geht es bei der Behandlung nicht um die Abwendung einer Belastung durch ein Kind[1128].

[180] Die Haftung des Arztes kann in Einzelfällen frühzeitig wieder **entfallen**, etwa wenn die Eltern das Kind unter Korrektur ihrer früheren Familienplanung nachträglich als erwünscht betrachten und damit der innere Grund der haftungsrechtlichen Zurechnung nachträglich entfällt[1129]. Die Haftung des Arztes hängt aber nicht davon ab, ob die Eltern ihre Familienplanung im Behandlungszeitraum bereits dauerhaft abgeschlossen hatten. Vielmehr kann auch ein nur auf Zeit angelegter Verzicht auf einen Kinderwunsch die Haftung des Arztes auslösen[1130]. Die Schadensminderungspflicht gebietet es nicht, das Kind zur Adoption freizugeben[1131]. 371

Verweigert die Schwangere bei fehlgeschlagenem Abbruch einen erneuten (noch rechtzeitigen) Eingriff, haftet der Arzt regelmäßig nicht, da der Haftungszusammenhang durch diesen Entschluss unterbrochen ist, es sei denn ein erneuter Abbruchversuch ist der Schwangeren im Hinblick auf ihre psychische Situation nicht mehr zumutbar[1132]. 372

1127 OLG Naumburg VersR 1999, 1244 = MDR 1998, 1479.

1128 BGH VersR 2005, 411 = NJW 2005, 891.

1129 Zurückhaltend BGH VersR 1980, 558 = NJW 1980, 1452 (u.U. bei plötzlichem Tod aller schon vorhandenen Kinder); OLG Schleswig SchlHAnz 1996, 123 = OLGR 1996, 86, wenn die Eltern unter Korrektur ihrer früheren Familienplanung das Kind nachträglich als erwünscht betrachten (hier: Geburt eines weiteren Kindes); s. auch OLG Saarbrücken MDR 1998, 104 = OLGR 1997, 302: Die Patientin hegte nach der Sterilisation erneut einen Kinderwunsch und suchte diesen zu verwirklichen.

1130 BGH VersR 2007, 109 = NJW 2007, 989.

1131 BGH VersR 1984, 864, 865 = NJW 1984, 2625, 2626.

1132 OLG Braunschweig VersR 1992, 91.

3. Umfang des ersatzpflichtigen Schadens

373 [181] Der Schadensersatzanspruch auf **Erstattung der Unterhaltsbelastung**[1133] für das Kind erfasst nicht immer den von den Eltern nach §§ 1601 ff. BGB geschuldeten oder tatsächlich erbrachten Unterhalt. Maßgebend ist vielmehr ein Betrag, der für die Existenzsicherung des Kindes erforderlich ist. Es ist dem Schädiger nach der Rechtsprechung des BGH nicht zuzumuten, auch für höhere Aufwendungen einzustehen, die mit einem wirtschaftlich gehobenen Lebenszuschnitt der Eltern zusammenhängen. Erstattungsfähig ist als Barexistenzminimum ein Betrag i.H.v. 135 % des Mindestunterhaltsbetrages aus § 1612a BGB zzgl. eines Zuschlags für den Wert der pflegerischen Dienstleistungen, die ein Elternteil gegenüber dem Kind erbringt, der 135 % des Mindestunterhaltsbetrages erreichen kann und regelmäßig auch erreicht, und zwar auch dann, wenn sich der Betreuungsaufwand für das Kind mit zunehmendem Alter verringert[1134]. Kindergeld ist aus dem Gedanken der Vorteilsausgleichung abzuziehen[1135], nicht jedoch der kindbezogene Anteil des beamtenrechtlichen Ortszuschlags oder kindbezogene Steuervorteile[1136]. Der Anspruch auf Freistellung von den Unterhaltsbelastungen steht neben der Mutter auch ihrem Ehemann zu[1137]. Dies gilt ebenso für den nichtehelichen Erzeuger; auch er ist regelmäßig in den Schutzbereich des Behandlungsvertrages mit einbezogen, und zwar auch dann, wenn er dem Arzt nicht bekannt ist[1138].

374 Der Anspruch auf Erstattung des Unterhalts ist insofern **beschränkt**, als er nur bis zur Vollendung des 18. Lebensjahres zuzusprechen ist, da

1133 Der Streitwert für die Unterhaltsersatzklage richtet sich nicht nach § 42 GKG, sondern nach § 9 ZPO, BGH VersR 1981, 481 = NJW 1981, 1318.

1134 BGH VersR 2007, 109 = NJW 2007, 989.

1135 BGH VersR 1980, 558, 562 = NJW 1980, 1452, 1456.

1136 BGH BGHR § 249 Unterhaltsaufwand 1 (Beschluss vom 11.6.1991).

1137 BGH VersR 2002, 1148 = NJW 2002, 2636; BGH VersR 1983, 396, 398 = NJW 1983, 1371, 1373; vgl. auch BGH VersR 1981, 278 = NJW 1981, 630 zur Unterhaltspflicht des geschiedenen Ehegatten.

1138 BGH VersR 2007, 109 = NJW 2007, 989 (aber offengelassen bei ungefestigten kurzfristigen Partnerschaften) mit kritischer Anm. *Mörsdorf-Schulte*, NJW 2007, 964; ebenfalls offengelassen bei erst 15-jährigem Vater und in erster Linie nur auf Verhütung einer künftigen Schwangerschaft gerichteten Behandlungsvertrages: BGH VersR 2002, 767 = NJW 2002, 1489; OLG Frankfurt VersR 1994, 942, 943.

ab dieser Altersstufe eine häusliche Betreuung durch die Eltern nur noch ausnahmsweise geschuldet wird und insbesondere weil offen ist, ob eine längerdauernde Berufsausbildung nicht Ausdruck der gehobenen Lebenshaltung der Familie ist, dessen Ersatz nicht geschuldet wäre[1139]. Für die Zeit danach könnte auf Feststellung geklagt werden[1140]. Da der Ersatzanspruch nur den Eltern zusteht, **endet** er jedoch mit deren Tod[1141].

Ist das Kind behindert, hat der Arzt nicht nur den **durch die Behinderung verursachten Mehrbedarf** zu ersetzen, sondern den gesamten Unterhaltsaufwand[1142]. Die Höhe des behinderungsbedingt zu zahlenden Unterhalts richtet sich nach dem Sonderbedarf des Kindes[1143], wobei es sachgerecht erscheinen kann, den betreuungsbedingten Mehraufwand nach den Pflegeversicherungsrichtlinien (§§ 14 ff. SGB XI) zu bemessen[1144]. Entscheidend ist aber in erster Linie der tatsächliche Pflegeaufwand[1145]. 375

[182] Nicht nur der Unterhalt für das Kind kommt als Schadensposition in Betracht, sondern neben der Erstattung der Behandlungskosten und dem geburtsbedingten Sachaufwand (nicht aber der Beerdigungskosten für das wenige Stunden nach der Geburt verstorbene behinderte Kind[1146]) auch ein **Schmerzensgeldanspruch** der Frau 376

1139 LG Dortmund GesR 2012, 353 = FamRZ 2013, 334.

1140 BGH VersR 1980, 558, 562 = NJW 1980, 1452, 1456.

1141 *Müller*, NJW 2003, 697, 706.

1142 BGH VersR 2002, 1148 = NJW 2002, 2636; BGH VersR 1994, 425, 430 = NJW 1994, 788, 793; BGH VersR 1984, 186, 188 f. = NJW 1984, 658, 660; OLG Düsseldorf VersR 1998, 194 = OLGR 1997, 207; a.A. LG Köln VersR 1999, 968 = MedR 1999, 323 mit zustimmender Anm. *Büsken*, VersR 1999, 1076.

1143 BGH VersR 1995, 1099, 1101 = NJW 1995, 2407, 2409; s. auch OLG Stuttgart VersR 1998, 366 zum behinderungsbedingten Mehrbedarf an Wohnraum und Ausstattung und BGH VersR 2004, 1267 = FamRZ 2004, 1569 zur Eingliederungshilfe nach dem BSHG.

1144 OLG Brandenburg VersR 2010, 1601 = GesR 2011, 469; *Derleder* in FS Heinrichs, 1998, S. 141, 150 ff.

1145 OLG Zweibrücken NJW-RR 2008, 620 = MedR 2008, 741; OLG Schleswig OLGR 2007, 859 = GesR 2008, 162; OLG Schleswig OLGR 2008, 9 = SchlHAnz 2008, 89; OLG Stuttgart OLGR 2006, 888 – jeweils mit konkreten Berechnungen. Ausführlich und großzügiger: *Huber*, MedR 2008, 712.

1146 OLG Düsseldorf VersR 1996, 711 f. = NJW 1995, 3059.

nach § 253 BGB wegen Schwangerschaft und Geburt, da nach fehlerhafter Sterilisation der Frau[1147] (oder wenn bei richtiger genetischer Beratung bereits die Zeugung des Kindes verhindert worden wäre) die Herbeiführung der Schwangerschaft gegen den Willen der Frau eine Körperverletzung darstellt[1148]. Demgegenüber besteht in den Abtreibungsfällen ein Schmerzensgeldanspruch nur bei über die bei normaler, komplikationsloser Schwangerschaft und Geburt hinausgehenden Beschwerden oder bei psychischen Belastungen, die in Zusammenhang mit den Indikationsgründen stehen; denn in diesen Fällen hatte die Schwangerschaft auf freier Entschließung der Mutter beruht[1149]. Die seelische Belastung durch das Haben eines schwer geschädigten Kindes begründet keinen Schmerzensgeldanspruch, es sei denn, die Belastung erreicht ausnahmsweise Krankheitswert[1150].

377 Gibt ein Ehegatte nach der Geburt seine Berufstätigkeit wegen der Betreuung des Kindes (oder weil er psychisch zur Ausübung des Berufes nicht mehr in der Lage ist) auf, so kann er die ihm **entgehenden Einkünfte** nicht als Schaden ersetzt verlangen[1151], und zwar auch dann nicht, wenn das Kind behindert ist[1152].

1147 BGH VersR 2008, 1265 = NJW 2008, 2846. Bei der fehlgeschlagenen Sterilisation des Mannes sind nicht alle seine späteren Geschlechtspartnerinnen in den Schutzbereich des Behandlungsvertrages einbezogen, so dass ein Schmerzensgeld bei unverheiratetem Patienten allenfalls der Partnerin einer nichtehelichen Lebensgemeinschaft zustehen kann (OLG Schleswig SchlHAnz 1996, 123 = OLGR 1996, 86). Siehe auch OLG Köln VersR 2011, 1325 = GesR 2011, 605: Lässt die werdende Mutter nun die Schwangerschaft abbrechen, kann unter dem Gesichtspunkt eines massiven und auf die Gesundheit durchschlagenden Entscheidungskonflikts ein Schmerzensgeld gerechtfertigt sein.

1148 BGH VersR 1995, 1099, 1100 = NJW 1995, 2407, 2408.

1149 BGH VersR 1983, 396, 397 = NJW 1983, 1371, 1373; BGH VersR 1985, 240, 243 = NJW 1985, 671, 673. Bei nur schuldhafter Verzögerung des Schwangerschaftsabbruchs kommt Schmerzensgeld in Betracht, KG NJW-RR 2008, 1557 = KGReport Berlin 2008, 787. S. auch OLG Hamm NJW 2019, 523: Schmerzensgeld kann auch geschuldet sein, wenn bei heterologischer Insemination das Sperma nicht vom richtigen Samenspender kam.

1150 BGH VersR 1983, 396, 397 f. = NJW 1983, 1371, 1373; OLG Zweibrücken NJW-RR 2000, 235, 238 = MedR 2000, 233, 237.

1151 OLG Saarbrücken NJW 1986, 1549, 1550 m.w.N.

1152 BGH VersR 1997, 698, 699 f. = NJW 1997, 1638; OLG Saarbrücken NJW-RR 2001, 671 = MedR 2001, 641; a.A. OLG Stuttgart NJW 1987,

[183] Dem bereits vor der Geburt geschädigten und entsprechend zur Welt gekommenen Kind steht gegen den Arzt etwa mit der Begründung, ohne den Fehler bei der genetischen Beratung wäre es nicht gezeugt worden bzw. durch einen ordnungsgemäß durchgeführten Schwangerschaftsabbruch wäre die Geburt verhindert worden, kein Schadensersatzanspruch zu (**„wrongful life"**). Es gibt keinen Anspruch des Kindes auf Nichtexistenz, so dass eine haftungsbegründende Verletzung vertraglicher Schutzpflichten gegenüber dem Kind zu verneinen ist. Ebenso scheidet eine deliktsrechliche Einstandspflicht des Arztes aus, da durch die Nichtverhinderung von Leben kein durch § 823 Abs. 1 BGB geschütztes Rechtsgut verletzt wird. Auch wenn das Kind als der in erster Linie Geschädigte erscheinen könnte, folgt daraus noch nicht, dass durch seine Existenz ein Schaden im Rechtssinne vorliegt. Würde dem Behinderten seine Nichtexistenz als günstiger attestiert, wäre dies nicht mit Art. 1 Abs. 1 GG vereinbar. Es kann ein Leben mit schwerer Behinderung vielmehr die gegenüber der Nichtexistenz günstigere Lage darstellen. Letztlich hat der Mensch sein Leben grundsätzlich so hinzunehmen, wie es von der Natur gestaltet ist[1153]. 378

Mangels eigenen Anspruchs des Kindes steht dem Träger der gesetzlichen Krankenversicherung als Krankenversicherer des familienversicherten Kindes ein **Regressanspruch** aus übergegangenem Recht (§ 116 SGB X, § 10 SGB V) damit gegen den Arzt nicht zu[1154]. 379

[184] Gegenüber dem Kind ist der Arzt aber dann schadensersatzpflichtig, wenn er ihm z.B. bei einem nicht kunstgerecht durchgeführten, misslungenen Schwangerschaftsabbruch Schädigungen zugefügt hat, obwohl es im Zeitpunkt der Verletzungshandlung **noch nicht rechtsfähig** war[1155]. 380

2934 (Alleinerziehende) und *Derleder* in FS Heinrichs, 1998, S. 141, 147 ff.

1153 BGH VersR 2002, 192 mit Anm. *Büsken*; BGH VersR 1983, 396, 398 f. = NJW 1983, 1371, 1373 f.; OLG Düsseldorf OLGR 1994, 294, 295 f. = VersR 1995, 1498 L; a.A. *Reinhart*, VersR 2001, 1081.

1154 BGH VersR 2002, 192 mit Anm. *Büsken* (Revisionsentscheidung zu OLG Naumburg VersR 2001, 341).

1155 Vgl. BGH VersR 1972, 372, 373 f. = NJW 1972, 1126 f.; BGHZ 106, 153, 155 f. = NJW 1989, 1538, 1539; OLG Karlsruhe OLGR 2003, 439.

Teil 4: Haftung wegen mangelhafter Eingriffs- und Risikoaufklärung (sog. ärztliche Eigenmacht)

I. Grundlagen der Aufklärungspflicht[1156]

[185] Den Arzt[1157] treffen mehrere Aufklärungsverpflichtungen: Zum einen gibt es die in diesem Teil behandelte **Eingriffs- und Risikoaufklärung („Selbstbestimmungsaufklärung")** nach § 630e BGB, die die Grundlage der Wirksamkeit der – nach § 630d Abs. 3 BGB jederzeit und ohne Angabe von Gründen (nur mit Wirkung für die Zukunft[1158]) formlos widerruflichen – Einwilligung und damit für die erforderliche Rechtmäßigkeit des ärztlichen Vorgehens darstellt (§ 630d BGB). Zum anderen treffen den Behandler Informationspflichten, deren Verletzung einen Behandlungsfehler bedeutet und auf die die bereits im Teil 3, IV., dargestellten Beweisregeln anzuwenden sind. Dabei handelt es sich um 381

- die **wirtschaftliche Aufklärung** über die den Patienten treffenden Kosten der Behandlung (§ 630c Abs. 3 BGB, dazu oben Rz. 81),
- die **therapeutische Aufklärung bzw. Sicherungsaufklärung**, mit der der Behandler die zur Sicherstellung des Behandlungserfolges erforderlichen Schutz- und Warnhinweise zu erteilen hat (§ 630c Abs. 2 S. 1 BGB, dazu oben Rz. 243, auch zu Überschneidungen und zur Abgrenzung zwischen therapeutischer und Eingriffs-/Risikoaufklärung) und
- die **Fehleraufklärung**, also die Pflicht, den Patienten unter bestimmten Voraussetzungen über geschehene Behandlungsfehler in Kenntnis zu setzen (§ 630c Abs. 2 S. 2, 3 BGB, dazu oben Rz. 91).

1156 Ausführlich zur Eingriffs- und Risikoaufklärung: *Hassner*, VersR 2013, 23. Zur strafrechtlichen Bedeutung von Aufklärungsmängeln: *Fehn*, GesR 2009, 11.

1157 Zur Aufklärung durch den Psychotherapeuten: OLG Hamm MedR 2017, 814 und *Gründel*, NJW 2002, 2987, durch den Tierarzt: BGH VersR 1980, 652 = NJW 1980, 1904; OLG Hamm RdL 2016, 45; OLG Koblenz VersR 2013, 513 = MDR 2013, 30; OLG München VersR 2005, 1546 = OLGR 2004, 247, KG KGReport Berlin 2006, 14 und OLG Zweibrücken VersR 1996, 1030.

1158 BT-Drucks. 17/10488, 55.

382 Zu denken ist auch an die Aufklärung über das Zweitmeinungsverfahren nach § 27b Abs. 5 SGB V[1159] und an eine (vorausgegangene) Aufklärung des Patienten oder des Totenfürsorgeberechtigten vor der Leichenöffnung durch den Pathologen[1160].

383 [186] Der Behandlungsseite wird als Hauptpflicht[1161] des Behandlungsvertrages eine **Eingriffs- und Risikoaufklärung** (Selbstbestimmungsaufklärung) abverlangt. Dem liegen folgende Überlegungen zugrunde: Ein Eingriff in die körperliche und gesundheitliche Befindlichkeit ohne Einwilligung des Betroffenen stellt eine rechtswidrige Körperverletzung und eine Verletzung des Behandlungsvertrages dar, selbst wenn er durch den Arzt fehlerfrei und erfolgreich vorgenommen wird. Fehlt also entgegen § 630d Abs. 1 S. 1 BGB eine Einwilligung[1162] oder ist sie nicht rechtswirksam erteilt, führt dies grundsätzlich zur Unzulässigkeit der ärztlichen Behandlung und damit zur Haftung für deren nachteilige Folgen, aber auch schon hinsichtlich **der mit dem Eingriff unmittelbar verbundenen Beschwerlichkeiten**[1163]. Letzteres wird häufig übersehen. Eine Einwilligung ist als rechtswirksam anzusehen, wenn der Arzt den Patienten zuvor über den beabsichtigten Eingriff hinreichend aufgeklärt hat, § 630d Abs. 1, 2 BGB. Erst dann wird der Patient in der Lage sein, eine sinnvolle Entscheidung zu treffen. Der Arzt – bzw. der Heilpraktiker, dessen Aufklärungspflicht grundsätzlich mit der des Arztes vergleichbar ist[1164] – muss ihm schon aus seiner Garantenstellung heraus[1165] ein zutreffendes allgemeines Bild von dem Schweregrad und von der Tragweite des Eingriffs sowie von den damit verbundenen Risiken vermittelt haben. Nicht aufzuklä-

1159 S. oben Rz. 87, 234.

1160 BGH VersR 1990, 1124 = NJW 1990, 2313; OLG Karlsruhe NJW 2001, 2808 = FamRZ 2002, 61.

1161 OLG Karlsruhe VersR 1989, 1053; *Hart*, MedR 2003, 603, 608; vgl. BGH VersR 1984, 538, 539 = NJW1984, 1807, 1808.

1162 Vgl. zum Erfordernis einer Einwilligung zum Aids-Test: LG Köln NJW 1995, 1621 = MedR 1995, 409 mit Anm. *Teichner*; *Uhlenbruck*, MedR 1996, 206 f.; zur Einwilligung in den „Einrenkversuch" durch einen Masseur: LG Weiden NJW-RR 1996, 738.

1163 BGH VersR 1987, 667 = NJW 1987, 1481; OLG Hamm VersR 2006, 1511.

1164 BGH NJW 1991, 1535, 1538 = BGHZ 113, 297, 309.

1165 BGH VersR 2007, 66 = NJW 2007, 217.

ren ist aber über die Möglichkeit, dass dem Arzt bei dem Eingriff ein Behandlungsfehler unterlaufen könnte[1166].

Das Erfordernis dieser ärztlichen Aufklärung beruht auf dem **Selbstbestimmungsrecht des Patienten**. Er selbst soll über das Ob und Wie des Heileingriffs bestimmen können und dürfen und ist demnach nicht Objekt, sondern Subjekt der ärztlichen Behandlung. Es ist also nicht in erster Linie Sache des Arztes, sondern des Patienten, darüber zu entscheiden, ob der Eingriff durchgeführt und das damit verbundene Risiko eingegangen werden soll[1167]. Die Aufklärungspflicht gilt dabei nicht nur für den Heileingriff, sondern auch für diagnostische und vorbeugende ärztliche Maßnahmen und erst recht bei der Einbeziehung eines Patienten in ein Forschungsprojekt, z.B. bei klinischer Prüfung von Medikamenten[1168]. 384

Die Einwilligung des Patienten nimmt dem Arzt nicht die Verantwortung für den Eingriff[1169] und für die **Wahl der richtigen Behandlungsmethode** ab. Diese Wahl ist primär Sache des Arztes[1170], so z.B. die Entscheidung zwischen Vakuumextraktion und Zangenentbindung (weitere Beispiele: Rz. 437). 385

[187] Die Frage nach der ärztlichen Aufklärung spielt in der Praxis eine **gewichtige Rolle**, obwohl dem Gericht durch die Verhandlungsmaxime versagt ist, bei einer nur auf einen Behandlungsfehler gestützten Klage von sich aus auf eine Aufklärungspflichtverletzung zu erkennen. Dies liegt zum einen daran, dass die **Beweislage** im Gegensatz zu behaupteten Behandlungsfehlern für die Patienten günstiger ist (s. unten Rz. 490 ff.). Zum anderen wird sich der Patient in der Regel kaum mehr an den genauen Inhalt des Aufklärungsgesprä- 386

1166 OLG Karlsruhe GesR 2018, 171, juris-Rz. 32; OLG Koblenz MedR 2015, 735, juris-Rz. 15: Sinn der Aufklärung ist es, den Patienten über ihm nicht bekannte Risiken einer ordnungsgemäßen Behandlung zu informieren.

1167 BGH VersR 2016, 1191 = NJW 2016, 3523; BGH VersR 2010, 115 = NJW-RR 2010, 833.

1168 Vgl. hierzu *Lippert*, VersR 1997, 545.

1169 OLG Nürnberg VersR 1988, 299, 300.

1170 BGH VersR 1988, 495 = NJW 1988, 1516; BGH VersR 1988, 179 = NJW 1988, 763, 764.

ches erinnern können[1171] bzw. er wird Hinweise auf Risiken verdrängt haben[1172] und sich deshalb umso leichter der Behauptung hingeben, nicht oder nur lückenhaft aufgeklärt worden zu sein. Wird der Vorwurf ärztlicher Eigenmacht hingegen erst spät in den Arzthaftungsprozess eingeführt, etwa wenn die Beweisaufnahme über den Behandlungsfehler für den Patienten ungünstig ausgegangen ist, so stehen dem gegebenenfalls die §§ 296, 529 ff. ZPO entgegen[1173]. Es besteht zumindest Anlass, das neue Vorbringen des Patienten besonders kritisch zu würdigen[1174].

387 [188] Die Möglichkeit der Haftung des Arztes wegen eines Aufklärungsmangels darf aber nicht darüber hinwegtäuschen, dass der Patient **die Ursächlichkeit der ärztlichen Behandlung für den eingetretenen Schaden** zu beweisen hat[1175]. So kann es z.B. möglich sein, dass der Schlaganfall des Patienten nicht auf der (wegen Verletzung der Aufklärungspflicht) rechtswidrigen Injektionsbehandlung beruhte.

388 [188a] Bei der unterlassenen oder unzureichenden **Aufklärung über Behandlungsalternativen** reicht der vom Patienten zu führende Beweis, dass der eingetretene Schaden auf dem dann rechtswidrigen Eingriff beruht, aber in bestimmten Fällen nicht aus. An sich gilt, dass mit dem Aufklärungsfehler der Eingriff rechtswidrig ist und damit der Behandler für alle nachteiligen Folgen aus diesem ärztlichen Eingriff einzustehen hat. Bezogen auf die Kausalität reicht es demnach aus, wenn der Patient beweist, dass sein Gesundheitsschaden auf diesem rechtswidrigen Eingriff beruht.

1171 A.A.*Ziegler/Ziegler*, GesR 2019, 205, 208: Der Patient kann sich wegen der vielleicht nur einmal im Leben vorkommenden Operation und Aufklärung an das Geschehen wesentlich besser erinnern als der Arzt.

1172 OLG Düsseldorf VersR 1987, 161, 163.

1173 KG VersR 1993, 189, 190; BGH VersR 2004, 1177 = NJW 2004, 2825. Zum neuen Vortrag in zweiter Instanz: s. unten Rz. 584 ff.

1174 BGH VersR 1984, 538, 540 = NJW 1984, 1807, 1809.

1175 OLG Dresden MedR 2018, 971 = GesR 2018, 510, juris-Rz. 30; OLG Köln VersR 2008, 1072; OLG Hamburg VersR 2000, 190, 191 = OLGR 1999, 105; OLG Stuttgart MedR 2000, 35; LG Augsburg VersR 1994, 1478: Es ist kein Beweis dafür möglich, dass es gerade durch die Amalgamfüllung zu den Vergiftungserscheinungen gekommen ist; s. auch Rz. 497 und zum Beweismaß Rz. 603.

Mit seinem Urteil vom 7.2.2012 weist der BGH[1176] im Falle einer unterlassenen Behandlungsalternativenaufklärung aber darauf hin, dass der Schaden nur dann kausal ist, **wenn pflichtgemäßes Handeln** (also ordnungsgemäße Aufklärung) **den Eintritt des Gesundheitsschadens verhindert hätte**. D.h. der Patient muss bezogen auf die Kausalität und sogar mit dem Beweismaß des § 286 ZPO[1177] ein Mehr beweisen – und er wird dies häufig nicht können –, nämlich 389

a) dass er sich überhaupt für die (unaufgeklärt gebliebene) Behandlungsalternative entschieden hätte[1178]

b) und dass dann der Schaden ausgeblieben wäre, also die Durchführung der Behandlungsalternative zu einem besseren Ergebnis geführt hätte.

1176 VersR 2012, 491 = NJW 2012, 850 (zustimmend *Middendorf*, MedR 2019, 37: Dies ist interessengerecht, wenn ein bestimmtes aufgeklärtes Risiko bei der einen wie bei der anderen Behandlungsalternative besteht; kritisch demgegenüber *Wagner* in MünchKomm/BGB, 8. Aufl. 2020, § 630h Rz. 43 und *Nußstein*, VersR 2017, 1379); so auch BGH VersR 2018, 1510 = NJW-RR 2019, 17 (juris-Rz. 27) und OLG Köln MedR 2013, 47; so auch zur wirtschaftlichen Aufklärungspflicht: BGH VersR 2020, 622 = NJW 2020, 1211, juris-Rz. 25; anders noch in BGH VersR 2005, 836 = NJW 2005, 1718: keine Frage der Kausalität, sondern des rechtmäßigen Alternativverhaltens mit der Beweislast beim Behandler. *Vogeler*, MedR 2020, 180, hat herausgearbeitet, woran es liegt, dass der BGH bei vergleichbaren Sachverhalten zu unterschiedlichen Ergebnissen gelangt: So wählte der BGH in 2012 einen vertragsrechtlichen Ansatz: Die Pflichtverletzung besteht in der Verletzung der Aufklärungspflicht, so dass es eine Frage der Kausalität (mit der Beweislast bei dem Patienten) ist, ob eine ordnungsgemäße Aufklärung den Gesundheitsschaden verhindert hätte. Demgegenüber ging der BGH in 2005 von einem deliktsrechtlichen Ansatz aus: Die Pflichtverletzung ist die Fortsetzung der konservativen Therapie; die Kausalität ist dann einfach zu bejahen, weil gerade hierdurch der Gesundheitsschaden eingetreten ist. Die Behauptung des Behandlers, auch bei einer Operation wäre der Schaden ebenfalls eingetreten, stellt dann den Einwand rechtmäßigen Alternativverhaltens dar (mit der Beweislast bei dem Behandler).

1177 BGH VersR 2012, 491 = NJW 2012, 850, juris-Rz. 10 a.E.: Anstelle des hier sonst geltenden Beweismaßes des § 287 ZPO, s. unten Rz. 603.

1178 Dann entfällt in diesen Fällen die Frage nach dem Einwand der hypothetischen Einwilligung.

390 Dies dürfte aber nur gelten, wenn es wie in dieser BGH-Entscheidung um eine (mangels Aufklärung über eine Operationsmöglichkeit, hier: Cerclage-Operation bei drohender Frühgeburt) rechtswidrige Fortsetzung der konservativen Therapie (Fortsetzung der Medikamentengabe – Tokolyse) geht[1179].

391 Denn hier liegt letztlich der Schwerpunkt der Vorwerfbarkeit in einem Unterlassen des Abbruches der konservativen Therapie, also **in einem doppelten Unterlassen** (Unterlassen der Behandlungsalternativenaufklärung und Unterlassen weitergehender Behandlungsmaßnahme, insbesondere eines operativen Eingriffs).

392 **In dem umgekehrten Fall** (drohende Frühgeburt, und der Arzt führt rechtswidrig die Cerclage-Operation durch, ohne zuvor auf die Behandlungsalternative der Tokolyse aufgeklärt zu haben) fehlt es an einem der beiden Unterlassungsvorwürfe, denn die Cerclage-Operation stellt ein positives Tun dar[1180]. In diesem Fall muss also der Grundsatz greifen, dass bei rechtswidrigem Eingriff der Patient (mit dem Beweismaß des § 287 ZPO, s. unten Rz. 603) lediglich beweist, sein Gesundheitsschaden beruhe auf diesem Eingriff[1181]. Hier ist ihm die Beweisführung also deutlich erleichtert. Dass der Patient auch bei ordnungsgemäßer Behandlungsalternativenaufklärung in diesen Eingriff eingewilligt hätte und dass bei der anderen Behandlungsmethode der Misserfolg ebenfalls eingetreten wäre, gehört dann – im Gegensatz zu der Fallvariante des BGH v. 7.2.2012 – nicht zur Kausalität (mit der Beweislast beim Patienten), sondern zum rechtmäßigen Alternativverhalten (mit der Beweislast auf Seiten des Behandlers)[1182].

393 [189] Der eigenmächtige Eingriff in die körperliche Integrität führt nach oben genannten Kriterien grundsätzlich zur Haftung des Arztes

1179 Ein ähnlicher Sachverhalt lag schon der Entscheidung BGH VersR 2005, 836 = NJW 2005, 1718 zugrunde: Fortsetzung der konservativen Therapie bei Handgelenksbruch und Unterlassen der Aufklärung über die Möglichkeit einer unblutigen oder operativen Reposition, s. oben.

1180 Vgl. Baur, MedR 2012, 458 (Anm.).

1181 So LG Regensburg VersR 2017, 1411. A.A. wohl KG MedR 2017, 46 = GesR 2016, 294 (anders dann aber KG ZMGR 2017, 244, juris-Rz. 32 ff.); OLG Koblenz MDR 2015, 1420; NK-BGB/*Katzenmeier*, 3. Aufl. 2016, § 823 Rz. 447.

1182 OLG Zweibrücken GesR 2020, 58, 61; KG ZMGR 2017, 244, juris-Rz. 32 ff.

für die dem Patienten daraus entstandenen – auch immateriellen – Schäden. Für die Höhe des **Schmerzensgeldes**, aber auch für die Frage, ob dieser Schadensersatz überhaupt geschuldet wird, ist zu berücksichtigen, welche gesundheitliche Entwicklung der Patient ohne den rechtswidrigen ärztlichen Eingriff genommen hätte[1183]. Ist der Patient nicht ordnungsgemäß über den Eingriff und die damit verbundenen Risiken aufgeklärt worden, kann dies neben der Schadensersatzhaftung auch zum Verlust der Vergütung des Krankenhausträgers führen[1184].

II. Ausnahmen von der Aufklärungspflicht

[190] Abgesehen von den Fällen, in denen der Patient z.B. wegen 394
Bewusstlosigkeit nicht in der Lage ist, einzuwilligen (s. dazu unten Rz. 452 f.), kann nach § 630e Abs. 3 BGB[1185] die Eingriffs- und Risikoaufklärung **gemindert sein oder ganz entfallen**. Hierzu bedarf es besonderer Umstände, die die Aufklärung entbehrlich machen, insbesondere wenn die Maßnahme unaufschiebbar ist oder der Patient auf die Aufklärung ausdrücklich verzichtet hat (s. unten Rz. 395). Diese Aufzählung ist aber nicht abschließend („insbesondere"). So kann ein Ausnahmefall auch dann vorliegen, wenn der Patient über eigene Sachkunde verfügt (s. unten Rz. 398) oder wenn der Aufklärung erhebliche therapeutische Gründe entgegenstehen (s. unten Rz. 399 f.).

1. Verzicht[1186]

[191] Die Aufklärung des Patienten ist an sich entbehrlich, wenn er 395
hierauf verzichtet (§ 630e Abs. 3 BGB, so auch § 630c Abs. 4 BGB), etwa um sich die Beunruhigung durch Mitteilung ihm drohender

1183 OLG Köln VersR 1990, 663, 665; im Falle rechtswidriger Operationserweiterung: OLG Naumburg NJW-RR 2004, 315; OLG Karlsruhe GesR 2003, 239.

1184 BSG GesR 2020, 327.

1185 Siehe auch Rz. 248 zu § 630c Abs. 4 BGB.

1186 Ausführlich *Harmann*, NJOZ 2010, 819. Siehe auch *Eberbach*, MedR 2019, 111, 117, der vorschlägt, nach erfolgter Grundaufklärung mit einem „Aushandeln" des Umfangs der Aufklärung zwischen Arzt und Patient (mithin durch einen teilweisen Verzicht) den Aufklärungsdefiziten des medizinischen Alltags zu begegnen.

Gefahren zu ersparen[1187], oder wenn er unter allen Umständen von seinem Leiden befreit werden will[1188]. Die Anforderungen an den **Verzicht** sind aber hoch anzusetzen. So muss der Patient diesen Willen ausdrücklich und damit deutlich und unmissverständlich erklärt haben[1189]. Ein wirksamer Verzicht setzt außerdem voraus, dass der Patient wenigstens im Groben weiß, worum es geht, d.h. er muss zumindest eine vage Vorstellung von den Konturen des Verzichtsgegenstandes haben[1190]. Der Verzicht darf nicht auf einer irrigen Annahme nur geringer Risiken des bevorstehenden Eingriffs beruhen; darüber hat der Arzt sich Klarheit zu verschaffen[1191].

396 Der erklärte Verzicht wird sich auch lediglich auf den für den Patienten **absehbaren Rahmen des Eingriffs** beziehen. Bei einer Überschreitung dieses Rahmens ist der Patient erneut zu befragen[1192].

397 Einem Verzicht vergleichbar ist es an sich, wenn der Patient durch sein **bewusstes Behandlungsbegehren** in eine notwendige ärztliche Standardmaßnahme (hier: Röntgen und Eingipsen nach Armbruch) stillschweigend einwilligt[1193]. Die Wirksamkeit eines solchen Verzichtes ist aber regelmäßig nicht mit dem Wortlaut des § 630e Abs. 3 BGB vereinbar, wonach es gerade einer ausdrücklichen Erklärung des Patienten bedarf[1194]; das konkludente Verhalten muss schon eindeutig dahingehend zu verstehen sein, dass der Patient im Bewusstsein der Komplikationsmöglichkeit mit dem Eingriff einverstanden ist[1195].

1187 BGH VersR 1973, 244, 246 = NJW 1973, 556, 558.

1188 BGH VersR 1959, 153, 155 = NJW 1959, 811, 813.

1189 BGH VersR 2020, 622 = NJW 2020, 1211, juris-Rz. 21; OLG Bremen MedR 1983, 111 f.; *Tempel*, NJW 1980, 609, 614.

1190 BGH VersR 1973, 244, 246 = NJW 1973, 556, 558 (juris-Rz. 32: Der Patient hatte sich zuvor von der Notwendigkeit der Inkaufnahme des ärztlichen Eingriffs überzeugt); *Roßner*, NJW 1990, 2291, 2294 f.

1191 RGRK – *Nüßgens*, BGB § 823 Anh. II Rz. 142.

1192 Vgl. OLG Frankfurt NJW 1973, 1415, 1416.

1193 OLG Koblenz VersR 2000, 230.

1194 BT-Drucks. 17/10488, 25, 22: An die Wirksamkeit eines Verzichts sind strenge Anforderungen zu stellen: der Verzicht muss deutlich, klar und unmissverständlich geäußert sein.

1195 OLG München ArztR 2011, 192, juris-Rz. 74.

2. Fehlende Aufklärungsbedürftigkeit

[192] Einer Aufklärung des Patienten bedarf es auch dann nicht, 398
wenn er **nicht (mehr) aufklärungsbedürftig** ist und damit ein besonderer Umstand i.S.v. § 630e Abs. 3 BGB vorliegt. Dies kann auf seinem eigenen Vorwissen beruhen, so z.B. wenn er selbst über eine fachärztliche Qualifikation verfügt[1196] oder wenn er aus Vorbehandlungen oder Dauerbehandlungen[1197] und damit zusammenhängenden Aufklärungsgesprächen eine ausreichende Kenntnis besitzt[1198]. Das gilt auch, wenn sich nach dem Aufklärungsgespräch die geplante Operation verzögertund Monate später durchgeführt wird[1199]. Das Vorwissen muss dem Patienten noch gegenwärtig sein; liegt das Auf-

1196 OLG Köln VersR 2012, 494: Ein Allgemeinarzt weiß um die Verletzung oberflächlicher Hautnerven bei einem Schnitt; OLG München, Beschl. v. 25.1.2007 – 1 U 5122/06 – veröff. in juris: Facharzt derselben Richtung; OLG Hamm VersR 1998, 322: Patient ist praktizierender Allgemeinarzt; bei einem Arzt im Praktikum oder einem Medizinstudenten im letzten Ausbildungsabschnitt kann demgegenüber nicht generell von einer Kenntnis über die aufklärungsbedürftigen Umstände ausgegangen werden, OLG Frankfurt MedR 2009, 532 und LG Duisburg MedR 1984, 196 = AHRS 4265/28; BGH NJW 1996, 788 = LM ZPO § 397 Nr. 11: kein Aufklärungserfordernis über das allgemeine Infektionsrisiko bei einer Krankenschwester.

1197 OLG Dresden MedR 2019, 150; bei einer einmal begonnenen und laufend fortgesetzten Dauerbehandlung reicht *eine* Aufklärung aus (BGH VersR 1980, 847; OLG Hamm VersR 2011, 758 = MedR 2011, 723).

1198 OLG Köln MedR 2004, 567: Dies kann auch gelten, wenn die Vorbehandlung inzwischen 10 Jahre zurückliegt. OLG Hamm, Urt. v. 1.12.2015 – 26 U 30/15 – veröff. in juris: eine neue Aufklärung ist bei in der Vergangenheit erfolgten vergleichbaren Eingriffen und damaliger Aufklärung zwar noch erforderlich, sie reicht dann aber am Tag des Eingriffs aus; vgl. auch OLG Celle VersR 2004, 384: Vorkenntnis auf Grund zuvor geschehener Komplikation in der Familie.

1199 BGH VersR 2014, 588 = NJW 2014, 1527: Noch keine „Entaktualisierung" nach nur etwas über einem Monat. BGH VersR 2007, 66 = NJW 2007, 217: zeitlicher Zusammenhang zwischen Aufklärungsgespräch am Vortag der Operation und einem Jahr zuvor. BGH VersR 2003, 1441 = NJW 2003, 2012 (Zi. 3): 1½ Monate vorher; LG Essen MedR 2013, 112 (juris-Rz. 40): fremdnützige Blutspende – 7 Monate; OLG Köln MDR 2012, 1287: bei 6 Monaten bedarf es einer genauen Betrachtung des konkreten Einzelfalls; OLG Düsseldorf, Urt. v. 5.6.2003 – 1-8 U 48/02 – veröff. in juris: 5 Monate vorher; aber OLG Dresden MedR 2017, 716: Orientierungsgespräch 6 Monate zuvor reicht nicht; OLG klärungsgespräch schon ein Jahr zurück, wird davon regelmäßig nicht mehr ausgegangen werden können[1200]. Der Arzt wird sich z.B. durch Nachfragen Klarheit über das aktuelle Wissen des Patienten zu verschaffen haben. Konnte sich der Patient nach hinreichender Aufklärung zunächst nicht zum operativen Eingriff entschließen und verlässt er daher das Krankenhaus, bedarf es später regelmäßig keiner erneuten Risikoaufklärung[1201].

3. Gebot der schonenden Aufklärung

399 [193] Der Umstand, dass der Patient möglicherweise eine medizinisch **unvernünftige Entscheidung** trifft, rechtfertigt keine Einschränkung oder gar den Wegfall der Aufklärungspflicht[1202]. Dies gilt ebenso, wenn jeder vernünftige Mensch in dieser Situation seine Einwilligung erteilen würde, etwa weil bei schwerer, notwendig zu behandelnder Erkrankung gute Heilungschancen bestehen. Anderenfalls würde das Selbstbestimmungsrecht des Patienten entsprechend dem Schweregrad seiner Behandlungsbedürftigkeit verkürzt werden[1203].

400 [194] Es gibt bis auf wenige Ausnahmen kein **„therapeutisches Privileg“** oder **„barmherziges Verschweigen“**[1204], also keinen gerechtfertigten Verzicht des Arztes auf die Aufklärung aus therapeutischen Rücksichtnahmen, selbst wenn der Patient beunruhigt und in seiner Gemütslage depressiv beeinträchtigt werden könnte oder er psychosomatische Beschwerden erleiden könnte[1205], obwohl allein die Kennt-

---

Hamm GesR 2005, 401: nicht mehr bei 5 Jahren; AG Essen MedR 2009, 541: 4 Monate ausreichend. S. auch OLG Köln MedR 2004, 567.

1200 Aber BGH VersR 2007, 66 = NJW 2007, 217 und OLG Köln VersR 2014, 751.

1201 Vgl. OLG Köln VersR 1995, 1237 L; aber *Wussow*, VersR 2002, 1337, 1342: Mehrere Wochen nach dem Aufklärungsgespräch könnte der Patient nicht mehr umfassend informiert sein.

1202 BGH VersR 1980, 940, 942 = NJW 1980, 2751, 2752 f.; BGH VersR 1980, 428, 429 = NJW 1980, 1333, 1334; OLG Frankfurt VersR 1989, 254.

1203 Vgl. aber OLG Karlsruhe VersR 1978, 769 = r+s 1978, 208.

1204 *Rehborn*, MDR 2013, 497, 499.

1205 OLG München VersR 2002, 985 = OLGR 2002, 257 (juris-Rz. 25); vgl. *Rohde*, VersR 1995, 392; BGH NJW 1983, 328 = BGHZ 85, 327: Es ist nicht zu verkennen, dass es besondere Situationen geben kann, in denen der Arzt dem Patienten – aber nur in sehr engen Grenzen – aus nis von Risiken sich schon negativ auf die Gesundheit des Patienten auswirken kann (Nocebo-Effekt). Vielmehr hat der Arzt dem **Gebot schonender Aufklärung** nachzukommen; eine demgegenüber schonungslose Darstellung wird dem Patienten kaum die Möglichkeit verschaffen können, eine ausgewogene Entscheidung zu treffen. Er wird eher verunsichert und kann unter Umständen sogar gesundheitlichen Schaden erleiden, so dass eine solche Art und Weise der Aufklärung einen Behandlungsfehler darstellen kann[1206]. Eine auf therapeutischer Rücksichtnahme beruhende Abmilderung oder gar ein Verzicht auf die Aufklärung über den Auffangtatbestand des § 630e Abs. 3 Alt. 1 BGB kann erst dann akzeptiert werden, wenn diese Gründe erheblich sind, die Aufklärung das Leben oder die Gesundheit des Patienten ernstlich gefährdet[1207].

Das Gebot der schonenden Aufklärung gilt nicht bei medizinisch 401 nicht indizierten Eingriffen wie Schönheitsoperationen, die lediglich einem ästhetischen Bedürfnis dienen. Hier muss dem Patienten **deutlich und schonungslos** vor Augen geführt werden, welche gesundheitlichen Beeinträchtigungen auch nur entfernt drohen[1208].

III. Inhalt und Umfang der Aufklärung (§ 630e Abs. 1 BGB)

[195] Der Arzt ist verpflichtet, dem Patienten die **wesentlichen Entscheidungsprämissen** zu vermitteln. 402 Er muss nach § 630e Abs. 2 Satz 1 Nr. 3 BGB sicherstellen, dass er sich dem Patienten gegenüber in ausreichendem Maß sprachlich und inhaltlich verständlich macht[1209]. Für die Bestimmung von Inhalt und Umfang der erforderlichen Auf-

---

therapeutischen Gründen gewisse Erkenntnisse vorenthalten darf und muss.

1206 *Pauge/Offenloch*, Arzthaftungsrecht, Rz. 419.

1207 *Wagner* in MünchKomm/BGB, 8. Aufl. 2020, § 630e Rz. 57: nur in krassen Fällen; BT-Drucks. 17/10488, 23, 25 unter Hinweis auf BGH VersR 1984, 465: Fälle, in denen eine Aufklärung unterbleiben kann, müssen die Ausnahme bleiben, damit das durch die Aufklärung zu wahrende Selbstbestimmungsrecht des Patienten nicht unterlaufen wird. Deshalb sind strenge Anforderungen an die therapeutische Unzumutbarkeit einer Aufklärung zu stellen.

1208 BT-Drucks. 17/10488, 25 und unten Rz. 420.

1209 BGH VersR 2017, 100 = NJW-RR 2017, 533; OLG Frankfurt VersR 1996, 1505: Allein aus dem Umstand, dass sich die Patientin auf den klärung kommt es sowohl auf die konkrete medizinische Behandlung als auch auf die Person des Patienten an. Der aufklärende Arzt muss nicht damit rechnen, dass der Patient die Aufklärung nicht oder falsch verstanden hat, wenn hierfür entsprechende Anhaltspunkte nicht vorliegen; hat der Patient noch Aufklärungsbedarf, kann er nachfragen[1210].

1. Aufklärung „im Großen und Ganzen"

403 [196] Dem Patienten müssen die Risiken der Behandlung nicht medizinisch exakt beschrieben und nicht in allen denkbaren Erscheinungsformen dargestellt werden. Denn mit der Aufklärung soll kein medizinisches Entscheidungswissen vermittelt werden[1211]. Es reicht für den **Inhalt der Aufklärung** ein allgemeines Bild von der Schwere und Richtung des Risikospektrums. Der Patient muss – auch wenn das Gesetz diese Formulierung nicht aufgegriffen hat – **„im Großen und Ganzen"** aufgeklärt werden, damit er erkennt, was der Eingriff für seine persönliche Situation bedeuten kann[1212]. Das bedeutet nach der Rechtsprechung des BGH im Einzelnen: Der Patient muss „über die Art des Eingriffs und seine nicht ganz außerhalb der Wahrscheinlichkeit liegenden Risiken informiert werden, soweit diese sich für einen medizinischen Laien aus der Art des Eingriffs nicht ohnehin ergeben und für seine Entschließung von Bedeutung sei können. Dem Patienten muss eine allgemeine Vorstellung von der Schwere des Eingriffs und den spezifisch mit ihm verbundenen Risiken vermittelt werden, ohne diese zu beschönigen oder zu verschlimmern"[1213]. Dies

Behandlungsstuhl begibt, ist noch nicht zu schlussfolgern, dass sie die Aufklärung auch verstanden hat.

1210 BGH VersR 2017, 100 = NJW-RR 2017, 533.

1211 OLG Dresden RDG 2019, 259: Keine Pflicht zur Vermittlung von medizinischem Detailwissen.

1212 BGH VersR 2017, 100 = NJW-RR 2017, 533; BGH VersR 2009, 257 = MDR 2009, 281; BGH VersR 2000, 725, 726 = NJW 2000, 1784; BGH VersR 1992, 960, 961 = NJW 1992, 2351, 2352; BGH VersR 1991, 777, 779 = NJW 1991, 2346, 2347; BGH VersR 1990, 1238 = NJW 1990, 2928 = MDR 1990, 996: Aufklärung über die Dringlichkeit des Eingriffs; OLG Koblenz VersR 2008, 690 = FamRZ 2008, 1533; OLG Hamm VersR 1993, 1399 = OLGR 1993, 117; OLG Oldenburg VersR 1990, 742; LG Nürnberg-Fürth VersR 2009, 113.

1213 BGH VersR 2011, 223 = NJW 2011, 375.

bedeutet damit regelmäßig eine Aufklärung über „Art, Umfang, Durchführung, zu erwartende Folgen und Risiken der Maßnahme sowie ihre Notwendigkeit, Dringlichkeit, Eignung und Erfolgsaussichten in Hinblick auf die Diagnose oder Therapie" (§ 630e Abs. 1 S. 1 BGB) und über eventuelle Behandlungsalternativen (§ 630e Abs. 1 S. 2 BGB).

Es wird nach der Rechtsprechung beispielsweise eine Aufklärung für 404
erforderlich gehalten

- bei der Operation einer **Aortenisthmusstenose** über das Risiko einer Querschnittslähmung[1214],
- über das Risiko einer Lähmung des Beines oder Fußes bei Implantation einer **Hüftgelenktotalendoprothese**[1215],
- über das mit einer (ernsthaft in Betracht kommenden) **Fremdbluttransfusion** verbundene Risiko einer Infektion mit Hepatitis oder Aids und über die Möglichkeit der Eigenblutspende[1216],
- über eine erhöhte Gefahr von Wundheilstörungen durch Vorschäden auf Grund vorangegangener **Bestrahlungen**[1217] oder wegen erhöhten Infektionsrisikos nach langjähriger **Cortisonbehandlung**[1218] (s. auch unten Rz. 419),
- über das Risiko einer Kieferknochenverletzung[1219] oder von Nervenschädigungen im Rahmen einer **Weisheitszahnextraktion** (jedenfalls wenn der Eingriff in der Nähe verlaufende Nerven in Mitleidenschaft ziehen kann)[1220],

---

1214 BGH VersR 1991, 812, 813 = NJW 1991, 2344, 2345; OLG Schleswig VersR 1996, 634, 635 f. = NJW 1996, 348, 349.

1215 BGH VersR 2017, 100 = NJW-RR 2017, 533; OLG Nürnberg VersR 2016, 195 = MedR 2016, 344 (juris-Rz. 40).

1216 BGH VersR 1992, 314, 316 = NJW 1992, 743, 744; OLG Hamm VersR 1995, 709, 710; anders jedoch unter Umständen bei eilbedürftiger Transfusionsbehandlung OLG Düsseldorf VersR 1996, 1240, 1241 = NJW 1996, 1599.

1217 KG VersR 1995, 338, 339.

1218 OLG Oldenburg OLGR 2007, 473.

1219 OLG Köln NJW-RR 2003, 1606 = MDR 2003, 993; OLG Düsseldorf VersR 1997, 620 = NJW-RR 1996, 1173, 1174.

1220 BGH VersR 1994, 682, 683 = NJW 1994, 799, 800; aber LG Frankenthal MedR 1998, 569 und OLG Stuttgart VersR 1999, 1500 = NJW-RR 1999, 751: keine Pflicht zur Aufklärung über eine vorübergehende oder

- bei **chiropraktischer Behandlung** der Halswirbelsäule über eine Gefäßverletzung mit nachfolgender Durchblutungsstörung einzelner Hirnareale[1221],
- über das Infektionsrisiko bei einer **Kniegelenkspunktion**[1222],
- über die irreversiblen Konsequenzen und über das Risiko psychischer Folgen einer **Sterilisation**[1223] und über eventuell auftretende psychische Beschwerden infolge des Ausfalls der Hormonproduktion nach **Gebärmutter-, Eileiter- und Eierstöckeentfernung**[1224],
- über das Risiko der Unfruchtbarkeit nach **Ausschabung** der Gebärmutterhöhle[1225],
- über das Risiko einer bleibenden Inkontinenz bei einer **Analfistelentfernung**[1226],
- bei einer **Koloskopie** über das Risiko der Darmperforation[1227],
- über die Gefahr von Lymphknotenentzündungen und neurologischen Ausfallerscheinungen beim **Zungenpiercing**[1228],
- über das Risiko einer Hepatitisinfektion durch die Gabe eines bestimmten **Blutgerinnungsmedikaments** (Prothrombinkomplex-Präparat) vor einer Operation[1229],

---

dauerhafte Schädigung des Nervuslingualis durch eine Leitungsanästhesie; a.A. OLG Koblenz VersR 2005, 118 = NJW-RR 2004, 1026; OLG Hamburg MDR 1998, 906 = OLGR 1998, 157; OLG Hamm VersR 2011, 758. S. auch *Gaisbauer*, VersR 1997, 274, 284 ff. m.w.N., und allgemein zur zahnärztlichen Aufklärung *Stöhr*, MedR 2004, 156.

1221 OLG Oldenburg VersR 2008, 1496 = NJW-RR 2009, 1106.

1222 BGH VersR 1994, 1302 = NJW 1994, 2414.

1223 OLG München VersR 2002, 717 = GesR 2003, 239 mit Anm. *Kern*: jedenfalls bei plötzlichem Sterilisationswunsch einer erst 23-jährigen Patientin.

1224 BGH VersR 1992, 358, 359 = NJW 1992, 1558, 1559.

1225 OLG Köln VersR 2008, 1072.

1226 BGH VersR 2005, 694 = NJW 2005, 1364; BGH VersR 1991, 547, 548 = NJW 1991, 2342, 2343.

1227 BGH VersR 2015, 196 = NJW 2015, 74.

1228 AG Neubrandenburg NJW 2001, 902.

1229 BGH VersR 1991, 315, 316 = NJW 1991, 1543, 1544.

- über im Beipackzettel (oder in der an den Arzt gerichteten Fachinformation[1230]) beschriebene mögliche schwere Nebenwirkung des vom Arzt *verabreichten* **Medikaments**[1231] (anders jedoch zumeist bei lediglich *verschriebener* Medikation, bei der der Patient sich selbst anhand des Beipackzettels zu informieren hat[1232]),
- bei der Anwendung eines nicht bzw. für diese Behandlung nicht zugelassenen Medikaments über den Versuchscharakter und die gegenüber der zugelassenen Vorgehensweise unterschiedlichen Chancen und Risiken (**„Off-Label-Use"**)[1233],
- über die Gefahr, dass es wegen Diabetes zu erheblichen Wundheilstörungen nach der **Herzoperation** kommen kann[1234],
- über die Blutungsgefahr bei einer **Lysebehandlung**[1235],
- und über die Gefahr, dass trotz ordnungsgemäßen Eingriffs eine Nachoperation mit erhöhtem Risiko einschneidender Folgen für

1230 OLG Köln VersR 2017, 354 = MedR 2017, 248.

1231 BGH VersR 2007, 999 = NJW 2007, 2771 mit krit. Anm. *Wenzel*, MedR 2007, 721: auch beim Wechsel zu weniger risikobehaftetem Medikament; OLG Hamburg VersR 1996, 1537; OLG Zweibrücken OLGR 1999, 374; OLG Bamberg NJWE-VHR 1997, 206, 207 f.; vgl. zur therapeutischen Aufklärung über medikamentenbedingte Beeinträchtigungen der Fahrtauglichkeit: *Riemenschneider/Paetzold*, NJW 1997, 2420. Ausführlich zur Aufklärung bei Medizinprodukten: *Deutsch*, VersR 2006, 1145. S. auch *Stöhr*, GesR 2011, 193.

1232 LG Dortmund MedR 2000, 331; aber BGH VersR 2005, 834 = NJW 2005, 1716: zusätzliche Aufklärungspflicht des Arztes trotz Warnhinweises in der Packungsbeilage über die Gefahr sehr schwerwiegender Nebenwirkungen; s. auch Hart, MedR 2003, 603, 606 f. Ausführlich: Stöhr, GesR 2006, 145. Für eine Aufklärungspflicht auch in diesen Fällen spricht das dann nicht eingehaltene Gebot mündlicher Aufklärung gem. § 630e Abs. 2 S. 1 Nr. 1 BGB und dass der Patient mit dem Lesen der Gebrauchsinformation erst nach erklärter Einwilligung Kenntnis von den Risiken erhält, Achterfeld, MedR 2019, 152 (Anm.).

1233 BGH VersR 2007, 995 = NJW 2007, 2767; OLG Dresden MedR 2018, 971 = GesR 2018, 510, juris-Rz. 27 f.; OLG Stuttgart GesR 2011, 562; AG Essen MedR 2009, 540; *Deutsch*, VersR 2014, 1038, 1040; *Stöhr*, GesR 2011, 193, 196 f. Siehe auch *Gaßner/Strömer*, VersR 2014, 299 und *Katzenmeier* MedR 2018, 367 (ihm folgend: *Drechsler*, MedR 2020, 271) zu dem Aufklärungsdilemma bei der Placebobehandlung.

1234 BGH VersR 1990, 1010, 1012 = NJW 1990, 2929, 2930 f.

1235 OLG Oldenburg MDR 2017, 881.

den Patienten erforderlich werden kann[1236], so über die Gefahr einer Bauchspeicheldrüsenentzündung, die erst durch die mit 10%iger Wahrscheinlichkeit erforderliche, auf eine **Gallenblasenentfernung** folgende Nachoperation (Revision der Gallenwege) entstehen kann[1237].

405 Wenngleich der Arzt sich auf eine Information des Patienten „im Großen und Ganzen" beschränken kann, so reicht ein Hinweis auf das Risiko einer Lähmung grundsätzlich nicht aus, wenn eine Querschnittslähmung zu befürchten ist[1238]. Besteht das Operationsrisiko in einer dauerhaften Lähmung des Beines oder Fußes, wird der Patient aber bei der Verwendung des Begriffs „Lähmung" nicht davon ausgehen können, es bestünde allein das Risiko eines nur vorübergehenden Lähmungszustands[1239].

406 Demgegenüber ist der Hinweis auf die Gefahr möglicher Hirnschäden infolge mangelnder Durchblutung bei der Bypass-Operation im Hinblick auf ein nicht erwähntes Risiko einer Erblindung **verharmlosend**[1240].

407 Der Hinweis auf ein Infektionsrisiko umfasst nicht die Information, dass die Amputation des Fußes erfolgen könne[1241]. Die Erwähnung von „Nervenverletzungen" reicht nicht aus, wenn damit eine dauerhafte erhebliche Beeinträchtigung verbunden wäre (Femoralisschädigung bei Hysterektomie[1242], Fußheberparese[1243] oder dauerhafter Nervenschaden nach zahnärztlicher Implantatversorgung[1244]).

1236 BGH VersR 1996, 1239 = NJW 1996, 3073.

1237 BGH VersR 1996, 330, 331 = NJW 1996, 779, 781.

1238 Vgl. aber BGH VersR 1995, 1055, 1056 = NJW 1995, 2410, 2411: Die Patientin hatte den ärztlichen Hinweis im konkreten Fall auch im Hinblick auf die Gefahr einer Querschnittslähmung verstehen können.

1239 BGH VersR 2017, 100 = NJW-RR 2017, 533; a.A. jedoch OLG Koblenz VersR 2013, 1446 = MedR 2014, 251: Eine Aufklärung über die Gefahr der „Verletzung des nervus recurrens – Stimmbandparese" kann ein Patient so verstehen, dass nur das Risiko einer vorübergehenden Stimmbandlähmung besteht.

1240 So BGH VersR 2010, 115 = NJW-RR 2010, 833.

1241 OLG Brandenburg VersR 2009, 1230.

1242 OLG Dresden MedR 2018, 817.

1243 OLG Köln VersR 2016, 191; OLG Koblenz VersR 2009, 1077.

1244 OLG Koblenz VersR 2013, 61.

Andererseits: Von dem Begriff der „Gefühlsstörungen und Nervenschädigungen mit Lähmungen" ist bei einer Bandscheibenoperation die Möglichkeit einer dauernden Impotenz erfasst[1245] sowie von der „Gefahr von Blutungen und innerlichen Verletzungen" bei einer Harnleiterschlitzung die Möglichkeit einer Arterienverletzung[1246]. Der Hinweis auf „Gefühlsstörungen, Lähmung und Schmerzen" beschreibt ausreichend das Risiko einer nicht selten chronisch verlaufenden Sudeck-Erkrankung[1247]. „Thrombosen und Gefäß- und Nervenschäden" decken das Risiko der Schädigung des Nervus ischiadicus ab[1248]. Wird der Patient ausdrücklich auf das Infektionsrisiko und damit verbundene unangenehme und gefährliche Folgen hingewiesen, bedarf es nicht der Erwähnung des Risikos einer Meningitis[1249]. Ist der Patient medizinisch nicht vorgebildet, aber „normal" intelligent (hier: Rechtsanwalt), reicht es aus, vor einer Arthroskopie auf die Gefahr einer „Thrombose" und „Embolie" hinzuweisen; bei dem Patienten dürfte dann im Falle einer Unkenntnis der medizinischen Begriffe Mut zum Nachfragen unterstellt werden[1250]. Bei der Schluckimpfung gegen Kinderlähmung erfasst der Hinweis auf das Risiko von „Lähmungen" auch das Risiko der Kinderlähmung sowie einer Lähmung aufgrund des Guillain-Barré-Syndroms (einer Nervenwurzelentzündung)[1251]. Schließlich soll bei näherer Darstellung großer Operationsrisiken eines umfangreichen Eingriffs nicht noch ausdrücklich 408

1245 OLG Hamm r+s 1995, 338, 339.

1246 OLG Hamm VersR 1999, 452.

1247 OLG Koblenz MedR 2017, 314.

1248 LG Frankfurt/M. GesR 2004, 67 (Hüftprothese): Bei Zweifeln über die Bedeutung hätte die Patientin nachfragen müssen. Aber BGH VersR 2006, 838 = NJW 2006, 2108 (fremdnützige Blutspende): Der bloße Hinweis auf Nervenschädigungen reicht wegen des breiten Spektrums möglicher Folgen nicht aus.

1249 OLG Dresden, Beschl. v. 12.3.2018 – 4 U 1755/17 – veröff. in juris: Für den Hinweis auf die Gefahren des Eingriffs ist es nicht erforderlich, sämtliche mit dem Auftreten von Infektionen einhergehende Krankheiten zu benennen.

1250 OLG Köln MedR 2017, 147: Hinzu kam hier, dass die Begriffe und die möglichen Folgen in dem Aufklärungsbogen näher beschrieben waren.

1251 BGH VersR 2000, 725 = NJW 2000, 1784; s. auch BGH VersR 1999, 190 = NJW 1999, 863: Lähmungsrisiko bei Lipomentfernung.

auf das Letalitätsrisiko hingewiesen werden müssen[1252]. Mit der Aufklärung über das Risiko des Herzinfarktes ist die Lebensbedrohlichkeit des Eingriffs hinreichend verdeutlicht[1253].

409 Der Arzt darf nach alledem das Operationsrisiko nicht verharmlosend darstellen, so dass der Patient eine unrichtige Vorstellung über das Ausmaß der ihn[1254] treffenden Gefahr erhält[1255]. Ihm ist auch untersagt, die Nutzen-Risiko-Relation dergestalt falsch darzustellen, als er die Erforderlichkeit des Eingriffs in unzutreffender Weise **dramatisiert**[1256]. Dem ärztlichen Eingriff kann es ebenfalls an einer Rechtfertigung fehlen, wenn der Arzt den Patienten zuvor fehlerhaft über die Zuverlässigkeit seiner diagnostischen Einschätzung aufgeklärt hat[1257].

410 Ist der ärztliche Eingriff nur **relativ indiziert**, muss er also nicht in jedem Fall vorgenommen werden und hängt seine Erforderlichkeit vom Sicherheitsbedürfnis des Patienten ab, ist der Patient hierauf hinzuweisen. Anderenfalls liegt ein Aufklärungsfehler vor[1258]. Dies gilt auch dann, wenn sich im Nachhinein ergibt, dass der zunächst nur relativ indiziert erschienene Eingriff sinnvoll und indiziert war. Der Mangel der Aufklärung wird also nicht dadurch beseitigt, dass sich der Eingriff – etwa auf Grund einer histologischen Untersuchung des entnommenen Gewebes – später als erforderlich erwiesen hat[1259].

1252 OLG Nürnberg MedR 2002, 29 = OLGR 2001, 177: Es kann als allgemein bekannt vorausgesetzt werden, dass größere Operationen (hier: Bauchspeicheldrüsenoperation mit etwa 10%igem Letalitätsrisiko) zum Tod führen können.

1253 OLG Frankfurt GesR 2017, 434.

1254 Und im Geburtsgeschehen auch über die das Kind betreffenden Risiken: OLG Naumburg GesR 2015, 99 (Gefahr der Bradykardie des Kindes aufgrund einer Periduralanästhesie).

1255 BGH VersR 1992, 960, 961 f. = NJW 1992, 2351, 2352 f.

1256 Vgl. BGH VersR 2000, 725, 726 f. = NJW 2000, 1784.

1257 Sog. Diagnoseaufklärung, OLG Frankfurt VersR 1996, 101 = NJW-RR 1995, 1048; OLG Koblenz NJW 1996, 1600.

1258 BGH VersR 2016, 51 = GesR 2016, 21; BGH VersR 2003, 858 = NJW 2003, 1862; BGH VersR 2000, 766 = NJW 2000, 1788; BGH VersR 1997, 451 = NJW 1997, 1637; OLG Hamm MedR 2006, 215 = GesR 2006, 30; OLG Köln VersR 2006, 124 = OLGR 2005, 710; OLG Köln MedR 2007, 599 = OLGR 2007, 591.

1259 BGH VersR 2003, 858 = NJW 2003, 1862.

[197] Mit dieser **Aufklärung „im Großen und Ganzen"** kann der Arzt sich in der Regel begnügen und Näheres entsprechend der **Fragestellung des Patienten** überlassen[1260]. Denn zumindest intelligenten und gebildeten Patienten ist es nach Ansicht des BGH[1261] zuzumuten, durch Nachfragen eine ihnen noch nicht umfassend erscheinende Aufklärung einzufordern. Trotzdem kann jeder Patient aus verschiedenen Gründen gehemmt sein, Fragen zu stellen; der Arzt wird sich gegebenenfalls vergewissern müssen. 411

Eine bloße **Formularaufklärung**[1262] ohne Aufklärungsgespräch wird von der Rechtsprechung daher als nicht ausreichend erachtet[1263] und entspricht auch nicht den Anforderungen des § 630e Abs. 2 S. 1 Nr. 1 BGB. Danach hat die Aufklärung mündlich zu erfolgen, wobei ergänzend auf Unterlagen Bezug genommen werden kann, die der Patient gem. § 630e Abs. 2 Satz 2 BGB in Textform erhalten muss; die **Nichtaushändigung** führt aber nicht zur Unwirksamkeit der Aufklärung, weil es schon keine Pflicht gibt, die Aufklärung zusätzlich schriftlich durch Formulare vorzunehmen. Überhaupt liegt die Art und Weise der Durchführung der Aufklärung grundsätzlich im pflichtgemäßen **Ermessen** des Arztes[1264]. Bei Reihenbehandlun- 412

1260 LG Frankfurt/M. GesR 2004, 67.

1261 VersR 1976, 293, 294 = NJW 1976, 363, 364; s. auch OLG Köln MedR 2017, 147.

1262 OLG Köln VersR 2008, 1072: Der Arzt darf sich nicht darauf verlassen, dass im Aufklärungsbogen alle aufklärungsbedürftigen Risiken aufgeführt sind. Zum Nachweis des Aufklärungsgesprächs durch Vorlage eines Aufklärungsformulars: Rz. 496. S. auch OLG München VersR 2006, 705 = MedR 2006, 431 und BGH VersR 1998, 716 = NJW 1998, 1784 = MedR 1998, 516 mit kritischer Anm. *Kern*: Ohne Unterschrift auf dem Formular wird von einer fehlenden Einwilligung in den Eingriff auszugehen sein. Beachte OLG Düsseldorf GesR 2020, 314 (beim BGH anhängig: III ZR 63/20): keine AGB-Widrigkeit der „Patienteninformation"; *Prütting*, GesR 2019, 749.

1263 BGH VersR 2003, 1441 = NJW 2003, 2012; BGH VersR 1985, 361, 362 = NJW 1985, 1399; OLG Naumburg GesR 2011, 560; LG Kiel NJW 1999, 3418; AG Leipzig MedR 2003, 582 mit Anm. *Mangelsdorf*: so auch bei der deutschen Sprache nicht hinreichend mächtigem ausländischem Arzt.

1264 BGH VersR 1990, 1238 = NJW 1990, 2928, 2929; vgl. auch BGH VersR 1984, 582, 583 = NJW 1984, 2629, 2630 zur Abgrenzung zwischen unzulässiger Verniedlichung des Risikos und zulässiger therapeutischer Beeinflussung des Patienten durch den Arzt.

gen[1265] (z.B. einer Schluckimpfung[1266]) konnte es nach Vorlage eines Merkblattes über den Eingriff und dessen Risiken bislang im Einzelfall ausreichen, wenn dem Patienten Gelegenheit zu einem Gespräch mit dem Behandler gegeben wird, ohne dass dieser von sich aus Risiken mündlich weiter erläutern muss. Es reichte dann aus, wenn der Arzt nachfragt, ob das Merkblatt gelesen wurde[1267]. Dies entspricht aber nicht mehr dem Wortlaut des § 630e Abs. 2 S. 1 Nr. 1 BGB, wonach nur ergänzend zum Gespräch auf Unterlagen Bezug genommen werden kann. Auch wenn die Regelungen in § 630e BGB lediglich die zur Selbstbestimmungsaufklärung bestehende Rechtsprechung nachzeichnen sollen[1268], darf nun die Aufklärung gerade nicht wie im genannten Reihenbehandlungsfall „auf einen lediglich formalen Merkposten innerhalb eines Aufklärungsbogens reduziert werden“[1269].

413 In einfach gelagerten Fällen reicht eine **telefonische Aufklärung** aus, weil sich der Arzt auch hierbei davon überzeugen kann, dass der Patient die Aufklärung verstanden hat und weil in einem Telefonat auf persönliche Belange des Patienten durchaus eingegangen werden kann und Fragen beantwortet werden können[1270]. Anders ist es aber, wenn

1265 Dazu zählt aber nicht die fremdnützige Blutspende, BGH VersR 2006, 838 = NJW 2006, 2108.

1266 Siehe zur Aufklärung bei Impfungen: *Zuck*, GesR 2016, 673 und *Ratzel*, GesR 2013, 399.

1267 BGH VersR 2000, 725, 728 = NJW 2000, 1784 = MDR 2000, 701 mit Anm. *Terbille*, MDR 2000, 1012; OLG Zweibrücken MedR 2014, 29 mit Besprechung *Gödicke*, MedR 2014, 18 (Schweinegrippe-Schutzimpfung im Jahr 2009); weiter gehend OLG Koblenz MDR 2013, 1344 = GesR 2013, 664 und OLG München OLGR 1996, 234 (mit Nichtannahmebeschluss des BGH v. 28.11.1995 – VI ZR 51/95): Allein die Übergabe eines ausführlichen Aufklärungsformulars reicht aus.

1268 BT-Drucks. 17/10488, 24.

1269 BT-Drucks. 17/10488, 24; anders noch der Referentenentwurf, wonach die Aufklärung bei geringfügigen Eingriffen auch in Textform erfolgen konnte.

1270 BGH VersR 2010, 1183 = NJW 2010, 2430 mit kritischer Anm. *Finn*, MedR 2010, 860. Bei einer nur telefonischen Aufklärung, also ohne Formular, könnte die Beweisführung einer ordnungsgemäßen Aufklärung für den Arzt dann aber erschwert sein (vgl. *Katzenmeier*, NJW 2019, 1769, 1773). Beachte: nach § 5 Abs. 5 S. 3 MBO-PsychTh ist bei Psychotherapeuten die Aufklärung aber nur bei Anwesenheit des Patienten zulässig (jedoch: nicht von allen Landespsychotherapeutenkammern so übernommen, s. näher *Hahn*, MedR 2020, 16, 21).

der Eingriff kompliziert und erheblich riskant ist oder wenn der Patient auf einem persönlichen Gespräch besteht[1271]. Bei einer telemedizinischen Behandlung (**Fernbehandlung**) kann auch in mehr als nur einfach gelagerten Behandlungsfällen das persönliche Gespräch unter Anwesenden durch die Verwendung von Telekommunikationsmitteln ersetzt werden[1272].

Nach § 630e Abs. 2 S. 2 BGB sind dem Patienten Abschriften, Durchschriften oder Kopien der von ihm im Zusammenhang mit der Einwilligung und Aufklärung unterzeichneten Unterlagen **auszuhändigen**. Einwilligung und Aufklärung sind nach § 630f Abs. 2 BGB in der Patientenakte zu **dokumentieren** (s. unten Rz. 494). 414

a) Art und Tragweite des Eingriffs („Eingriffsaufklärung", „Verlaufsaufklärung")

[198] Zunächst bedarf es nach § 630e Abs. 1 S. 2 BGB[1273] einer Aufklärung über die **Art**[1274]**, Umfang, Durchführung, zu erwartende Folgen der Maßnahme, ihre Notwendigkeit, Dringlichkeit, Eignung und Erfolgsaussichten** im Hinblick auf die Diagnose oder die Therapie[1275]. Ihm ist mitzuteilen, ob die Behandlung z.B. Dauerschmerzen, die Notwendigkeit weiterer Operationen, die dauernde Beeinträchtigung eines Gliedes oder Organs oder sonstige, die künftige Lebensfüh- 415

1271 So auch BT-Drucks. 17/10488, 24 unter Hinweis auf BGH VersR 2010, 1183 = NJW 2010, 2430.

1272 So die Begründung des Entwurfs zum Digitale-Versorgung-Gesetz (DVG) vom 23.9.2019, BT-Drucks. 19/13438, 70: Insbesondere bei der Videosprechstunde ist eine dem unmittelbaren Arzt-Patienten-Kontakt vergleichbare Gesprächssituation gegeben, so dass der Patient alle erforderlichen Rückfragen mit dem Behandelnden unmittelbar erörtern kann. Ausführlich: *Hahn*, MedR 2020, 16.

1273 Nach BT-Drucks. 17/10488, 24 ist die folgende Auflistung nicht abschließend; es könne im Einzelfall erforderlich sein, über weitere Umstände aufzuklären.

1274 OLG Koblenz VersR 2013, 236, juris-Rz. 13; OLG Koblenz VersR 2003, 1313 = NJW-RR 2002, 816.

1275 BGH VersR 2015, 240 = NJW 2015, 477; OLG München MedR 2013, 604; LG München I VersR 2013, 1314; KG NJW-RR 2004, 458 = KGReport Berlin 2004, 212.

rung betreffende Belastungen regelmäßig zur Folge hat[1276], wie eine lebenslange Herzschrittmacherpflicht[1277], oder dass ein dauerhafter Erfolg bei diesem Eingriff ohnehin fraglich ist[1278]. Zur Eingriffsaufklärung zählt auch die (gegenüber dem Betreuer bestehende) Erörterungspflicht über die Fortsetzung lebens-(aber auch leidens-)verlängernder künstlicher Ernährung nach § 1901b Abs. 1 BGB[1279].

b) Spezifische Risiken („Risikoaufklärung")

416 [199] Die Anforderungen an den Umfang der Aufklärung steigen, je problematischer die Entscheidung für den Patienten ist. Dies gilt insbesondere, sobald der Eingriff mit einem großen Risiko für den Patienten verbunden ist oder mit einem seltenen, aber für den Eingriff immer noch spezifischen Risiko, welches jedoch für den Patienten schwerwiegende Folgen haben kann[1280]. Deshalb verlangt § 630e Abs. 1 S. 2 BGB natürlich auch eine Aufklärung über mögliche Risiken der ärztlichen Maßnahme. Handelt es sich nicht um ein für den Eingriff **spezifisches Risiko**, sondern um eine außergewöhnliche, nicht voraussehbare Folge der Operation, die für den Einwilligungsentschluss des Patienten keine Bedeutung haben kann, bedarf es keiner Aufklärung. Dies kann z.B. bei einer psychogenen (Querschnitts-)Lähmung nach einer Bandscheibenoperation der Fall sein[1281], bei dem Risiko, dass sich bei der Entfernung von Osteosythesematerial eine Schraube nicht lösen lässt[1282], bei der entfernten Möglichkeit der Verbiegung der Nasenscheidewand während der Verlegung einer Magen-

1276 *Geiß/Greiner*, Arzthaftpflichtrecht, Rz. C. 19; OLG Hamburg VersR 1983, 63; OLG Köln MedR 2011, 161, 163: Sichtbarkeit eines unter die Haut gesetzten zigarettenschachtelgroßen Impulsgebers.

1277 OLG Köln MedR 2015, 264 (dort jedoch als Teil der Risikoaufklärung bezeichnet).

1278 OLG Köln MedR 2010, 716, 718; zurückhaltender OLG Koblenz VersR 2011, 1570.

1279 So OLG München MedR 2018, 317 = FamRZ 2018, 723, nachgehend jedoch BGH VersR 2019, 760 = NJW 2019, 669: „zweifelhaft", aber offen gelassen, weil bei Verletzung einer solchen Pflicht schon kein Schaden bestehe, denn das menschliche Leben sei ein höchstrangiges Rechtsgut und könne nicht als Schaden angesehen werden.

1280 BGH VersR 2007, 66 = NJW 2007, 217; OLG Hamm VersR 1995, 47, 48.

1281 BGH VersR 1991, 777 = NJW 1991, 2346.

1282 OLG Karlsruhe GesR 2018, 171, juris-Rz. 33 ff.

sonde[1283] oder der Gefahr einer nekrotisierenden Fasziitis bei der Entfernung einer gutartigen Fettgeschwulst[1284].

Liegt das Risiko lediglich im **Promillebereich**, so macht dies eine Aufklärung jedoch nicht entbehrlich, wenn es sich um ein spezifisches Risiko handelt, welches bei seiner Verwirklichung die Lebensführung des Patienten besonders belastet[1285]. Bei leichteren Eingriffen mit relativ niedrigem Risiko ist das Maß an erforderlicher Aufklärung demgegenüber nur ein geringes. Besteht ein höheres Risiko bei einem jedoch dringlichen Eingriff von lebenserhaltender Bedeutung, ist das Maß ebenfalls nicht allzu hoch anzusetzen[1286], jedoch ohne dass die Aufklärungspflicht damit vollständig entfällt[1287]. 417

[200] **Risikostatistiken** sind für die Beurteilung der erforderlichen Aufklärung insgesamt nur von geringem Wert, weil sie teils unzuverlässig sind und über die Zwischenfallhäufigkeit in der konkreten Behandlungssituation (Konstitution des Patienten, Verhältnisse in der behandelnden Klinik, das Können des Arztes) verlässliche Auskunft zu geben kaum in der Lage sind[1288]. Schließlich kommt der Risikodichte für die ärztliche Hinweispflicht nur eine nachgeordnete Bedeutung zu, weil nach dem eben Gesagten vielmehr maßgebend ist, ob das betreffende Risiko dem Eingriff speziell anhaftet und es bei seiner Verwirklichung die Lebensführung des Patienten besonders belastet[1289]. 418

Insbesondere ist bei der Aufklärung nicht zu fordern, dass der Arzt gegenüber dem Patienten statistische Wahrscheinlichkeitsangaben in 419

1283 OLG Naumburg MDR 2005, 395 = OLGR 2005, 5.

1284 OLG Hamm GesR 2006, 30 = MedR 2006, 215.

1285 BGH VersR 2015, 196 = NJW 2015, 74; BGH VersR 2011, 223 = NJW 2011, 375; BGH VersR 2007, 999 = NJW 2007, 2771; BGH VersR 1996, 330, 331 = NJW 1996, 779, 781; OLG Oldenburg VersR 2008, 1496 = NJW-RR 2009, 1106; OLG Koblenz VersR 2005, 118 = NJW-RR 2004, 1026; OLG Köln VersR 2008, 1072; LG Bremen VersR 2003, 1581; vgl. *Gaisbauer*, VersR 1996, 938, 943, zum Risiko einer Harnleiterverletzung bei Gebärmutteroperationen.

1286 OLG Saarbrücken VersR 1988, 95, 97.

1287 BGH VersR 1984, 465, 466 = NJW 1984, 1397, 1398.

1288 OLG Nürnberg MedR 2002, 29 = OLGR 2001, 177; OLG Bremen VersR 1983, 496, 497.

1289 BGH VersR 2015, 196 = NJW 2015, 74; BGH VersR 2011, 223 = NJW 2011, 375; BGH VersR 2009, 257 = MDR 2009, 281; OLG Köln VersR 2008, 1072; OLG Oldenburg VersR 2008, 1496.

Prozentzahlen angibt[1290] oder im Sinne einer Häufigkeitsangabe, wie sie für Beipackzettel von Medikamenten nach dem MedDRA vorgesehen sind[1291]. Anzugeben ist es vom Arzt aber, wenn bei gerade diesem Patienten z.B. aufgrund einer Vorerkrankung oder Vorbehandlung eine deutliche Risikoerhöhung vorliegt, etwa aufgrund früher erlittenen Schlaganfalls[1292], vorangegangener Bestrahlung[1293], Voroperation[1294] oder langjähriger Cortisonbehandlung[1295].

420 Über fernliegende Gefahren braucht generell nicht aufgeklärt zu werden[1296], wenn sie wegen ihrer Außergewöhnlichkeit für den Entschluss des Patienten, ob er einwilligt, keine Bedeutung haben[1297], es sei denn, es besteht **keine Dringlichkeit** für den Eingriff[1298]. Dies ist z.B. bei fremdnütziger Blutspende[1299], rein diagnostischen Maßnahmen[1300],

---

1290 BGH VersR 1992, 960 = NJW 1992, 2351; OLG Koblenz VersR 2018, 436 = GesR 2017, 728; OLG Köln VersR 2013, 1177, 1178.

1291 BGH VersR 2019, 688 = NJW 2019, 1283 (wenngleich nach dem MedDRA die Risikobezeichnung „gelegentlich" ein Risiko von 0,1 bis 1 % abbildet, ist in der Aufklärung nach allgemeinem Sprachgebrauch damit auch ein Risiko von 8,71 % abgedeckt); a.A. *Ziegler/Ziegler*, NJW 2019, 398 unter Hinweis auf OLG Nürnberg VersR 2016, 195 = MedR 2016, 344. Unrichtig dürfte es aber sein, wenn ein 20%iges Risiko als „vereinzelt" bezeichnet wird (a.A. jedoch OLG Frankfurt MDR 2019, 866 = GesR 2019, 328, nicht rechtskräftig: BGH, VI ZR 156/19).

1292 BGH VersR 2009, 257 = NJW 2009, 1209: Aufklärungspflicht bei Verdoppelung des Hirninfarktrisikos von 0,5 % auf 1,0 %; s. aber auch OLG Hamm, Urt. v. 23.8.2000 – 3 U 64/99 – AHRS 4650/301: keine Pflicht zur Aufklärung von Nervenschäden bei der Hüftpfannenoperation, das an sich bei 1 % liegt, hier aber wegen der Voroperation bei 2–3 %.

1293 KG VersR 1995, 338, 339.

1294 OLG Hamm VersR 2018, 1004 = RDG 2018, 86, juris-Rz. 38.

1295 OLG Oldenburg OLGR 2007, 473.

1296 BGH VersR 1980, 68, 69 = NJW 1980, 633, 634 f.; OLG Hamm VersR 1993, 102, 103; OLG Köln VersR 1968, 283.

1297 OLG Hamm VersR 1993, 1399, 1400 = OLGR 1993, 117; OLG Karlsruhe VersR 1966, 68, 69 = NJW 1966, 399, 400.

1298 OLG Oldenburg VersR 1997, 1493 = NJW 1997, 1642.

1299 BGH VersR 2006, 838 = NJW 2006, 2108; (Nervenverletzung); LG Essen MedR 2013, 112 (Hämatombildung); anders aber bei medizinisch indizierter Blutentnahme: LG Heidelberg MedR 2012, 136.

1300 BGH VersR 2009, 257 = MDR 2009, 281; OLG Koblenz VersR 2003, 1313 = NJW-RR 2002, 816; *Wigge/Loose*, MedR 2016, 318: Es besteht eine Aufklärungspflicht vor der Röntgenuntersuchung, sofern bei

bei Impfungen[1301], bei medizinisch nicht indiziertem Austausch von Amalgamfüllungen gegen Goldinlays[1302], Laserbehandlung einer Fehlsichtigkeit[1303] bzw. Austausch der Augenlinse gegen eine multifokale Kunstlinse[1304], bei medizinisch nicht indiziertem „Kaiserschnitt auf Wunsch" oder Schönheitsoperationen[1305] denkbar, bei denen ein ärztlicher Eingriff nicht geboten ist[1306], oder es handelt sich um eine zweifelhafte Operationsindikation mit hohem Misserfolgsrisiko[1307].

---

dem Patienten ein erhöhtes Risiko gegeben ist (z.B. Schwangerschaft oder wenn es bei früheren Untersuchungen Zwischenfälle gab).

1301 BGH VersR 2000, 725 = NJW 2000, 1784: Dabei ist nicht zwischen öffentlich empfohlenen und sonstigen Impfungen zu unterscheiden (a.A. *Deutsch*, VersR 1998, 1053); OLG Stuttgart MedR 2000, 35; OLG Stuttgart VersR 1986, 1198; OLG Köln VersR 2009, 1269 = MedR 2009, 669 (mit kritischer Anm. *Schaub*): Der Umfang der Aufklärung richtet sich nach den Empfehlungen der Ständigen Impfkommission; OLG Stuttgart AHRS 5100/20 (Urteil vom 13.8.1992); *Gaisbauer*, zfs 1997, 321; vgl. auch OLG Celle VersR 2003, 859 = OLGR 2002, 29 zur Keuchhustenimpfung; s. auch *Deutsch*, VersR 2003, 801 zur Haftung des Arztes, der nicht auf Schutzimpfungen hinweist. Zur Entscheidungsbefugnis welchen Elternteils bei der Impfung des Kindes: BGH NJW 2017, 2826 = MedR 2018, 39. Keine Haftung des Arbeitgebers bei einem Aufklärungsfehler vor der Impfung durch die Betriebsärztin: BAG NJW 2018, 1835 = MDR 2018, 748.

1302 LG Kiel NJW 1999, 3418.

1303 OLG Bremen VersR 2004, 911 = OLGR 2003, 335.

1304 OLG Naumburg VersR 2016, 404 = MDR 2016, 24.

1305 OLG Karlsruhe GesR 2016, 363: Verwendung von Brustimplantaten aus Silikon; OLG Hamm GesR 2017, 82 (juris-Rz. 31): Feinverödung von „Besenreißern"; LG München I VersR 2013, 1314: operatives „In-Form-Bringen" der Brust; OLG Zweibrücken GesR 2012, 503; OLG München GesR 2010, 414; OLG Hamm VersR 2006, 1511; OLG Düsseldorf VersR 2003, 1579 = NJW-RR 2003, 1332; Piercing: LG Koblenz MedR 2007, 738 und AG Neubrandenburg NJW 2001, 902.

1306 BGH VersR 1991, 227 = NJW 1991, 2349; OLG Naumburg VersR 2016, 404 = MDR 2016, 24; OLG Düsseldorf VersR 2001, 374 = NJW 2001, 900; vgl. OLG Köln NJW-RR 1992, 986 f.: Je weniger dringlich der Eingriff oder je fragwürdiger die Prognose ist, desto größere Anforderungen sind an die Aufklärung zu stellen. Anders ist es aber bei Maßnahmen der Wiederherstellungschirurgie, OLG Hamm VersR 2003, 599 (Brustimplantat aus Silikon bei Brustkrebspatientin).

1307 BGH VersR 1980, 1145 = NJW 1981, 633; vgl. auch BGH VersR 1992, 358, 359 = NJW 1992, 1558, 1560: In diesen Fällen ist auch über die Erfolgsaussicht der Operation aufzuklären.

421 Nicht die Risikostatistik, sondern das Gewicht, welches mögliche, nicht ganz außerhalb der Wahrscheinlichkeit liegende Risiken **für den Entschluss gerade dieses Patienten** haben bzw. haben können, steht bei der Frage der Erforderlichkeit einer Aufklärung im Vordergrund[1308]. Eine Schadenshäufigkeit der Erkrankung an Kinderlähmung von 1: 4,4 Millionen bei der Polioimpfung hat der BGH[1309] als aufklärungspflichtig angesehen (s. oben zu Fn. 1301).

422 [201] Keiner Aufklärung bedarf es, wenn es für das Bestehen eines Risikos **keinen wissenschaftlichen Nachweis** gibt und das Auftreten eines Risikos nur nicht ausgeschlossen werden kann[1310]. Anders liegt es jedoch, wenn eine **wissenschaftliche Diskussion** stattgefunden hat, in der ernsthafte Stimmen auf bestimmte Gefahren hingewiesen haben, die nicht lediglich als unbeachtliche Außenseitermeinungen abgetan werden können. Diese wissenschaftliche Auseinandersetzung muss noch nicht abgeschlossen sein oder zu allgemein akzeptierten Ergebnissen geführt haben[1311]. **War das Risiko im Behandlungszeitraum nicht bekannt** oder musste es dem behandelnden Arzt mangels einer Veröffentlichung im medizinischen Schrifttum noch nicht bekannt sein (s. auch unten Rz. 214), entfällt hingegen die Haftung aus einer Aufklärungspflichtverletzung[1312].

1308 BGH VersR 1977, 255, 256 = NJW 1977, 537; OLG Köln VersR 2017, 354 = MedR 2017, 248; OLG Zweibrücken VersR 2000, 892 = OLGR 2000, 549.

1309 BGH VersR 2000, 725 = NJW 2000, 1784.

1310 BGH VersR 2010, 1220 = NJW 2010, 3230: rein theoretisch bleibende Erörterungen über Risiken. Keine Aufklärungspflicht zu Risiken von Amalgamfüllungen: LG Lübeck NJW 2001, 2811; LG Augsburg VersR 1994, 1478; OLG Koblenz VersR 1999, 759 = NJW 1999, 3419.

1311 BGH VersR 1996, 233 = NJW 1996, 776, 777; OLG Hamm NJW 1999, 3421.

1312 BGH VersR 2018, 1001 = NJW 2018, 3652; BGH VersR 2011, 223 = NJW 2011, 375; begründeter Nichtannahmebeschluss des BGH, abgedruckt zu OLG Düsseldorf VersR 1996, 377 f.: bluttransfusionsbedingte Aidsübertragung im Jahr 1984. So auch OLG Düsseldorf NJW 1995, 3060 f. (NJW 1996, 3104) für das Jahr 1983.

Jedoch ist bei „Neulandmethoden“[1313] oder gar bei Verwendung eines nicht zugelassenen Medikaments[1314] vom Behandler zusätzlich darauf hinzuweisen, wenn unbekannte Risiken derzeit nicht auszuschließen sind. Handelt es sich um die Anwendung von **Alternativmedizin**[1315] oder um eine **Außenseitermethode**, die (noch) nicht medizinischem Standard entspricht, ist über die Risiken hinaus auch über diesen Gesichtspunkt aufzuklären, damit der Patient entsprechend das Für und Wider dieser Methode abwägen kann[1316] (s. auch unten Rz. 426 ff.: Behandlungsalternativenaufklärung). 423

[202] Das **Maß der Ausführlichkeit**, mit der die Risiken anzusprechen sind, hängt im Übrigen davon ab, ob und welche erheblichen Folgen einer Nichtbehandlung zu erwarten sind[1317], ob der Erfolg des Eingriffs zweifelhaft ist und möglicherweise nur zu einer vorübergehenden Besserung des Zustands des Patienten führen wird[1318] oder gar die Gefahr besteht, dass sich der Zustand des Patienten nach der Operation deutlich verschlechtert[1319], ob der Patient (für den Arzt erkennbar) von einer falschen Einschätzung der Erforderlichkeit des Eingriffs ausgeht[1320], ob lediglich ein diagnostischer, nicht unmittel- 424

1313 BGH VersR 2006, 1073 = NJW 2006, 2477 mit Anm. *Buchner*, VersR 2006, 1460 und *Katzenmeier*, NJW 2006, 2738; OLG Hamm MedR 2018, 409, juris-Rz. 26 ff.; OLG Hamm MedR 2017, 812; OLG Köln VersR 2013, 1177; OLG Köln VersR 2011, 226; OLG Dresden NJOZ 2008, 247: „Robodoc“.

1314 BGH VersR 2007, 995 = NJW 2007, 2767; ausführlich: *Koenig/Müller*, MedR 2008, 190.

1315 Ausführlich zu Aufklärungs- und zu Behandlungsfehlern bei Alternativmedizin: *Schumacher*, MedR 2019, 786.

1316 BGH VersR 2007, 1273 = NJW 2007, 2774.

1317 BGH VersR 1990, 1010, 1011 f. = NJW 1990, 2929, 2930 f.

1318 OLG Hamm VersR 1990, 855.

1319 BGH VersR 1988, 493 = NJW 1988, 1514; BGH VersR 1991, 227 = NJW 1991, 2349: erforderliche Information über Erfolgsaussichten und etwaige schädliche Folgen einer kosmetischen Operation; vgl. auch BGH VersR 1990, 1010, 1012 = NJW 1990, 2929, 2931: Es bedarf keiner detaillierten Aufklärung, warum der Eingriff möglicherweise nicht zum gewünschten Erfolg führen kann; ausreichend ist es, wenn der Patient einschätzen kann, wie groß oder gering die Erfolgs- oder Misserfolgsaussichten sind.

1320 BGH VersR 1992, 747, 748 = NJW 1992, 2354, 2355.

baren Heilungszwecken dienender Eingriff geplant ist[1321] und ob bereits über ein im konkreten Fall schweres Behandlungsrisiko aufgeklärt worden ist; im letzteren Fall kann die Aufklärung über ein gleichgerichtetes geringeres Risiko entbehrlich werden[1322].

425 [203] Keiner Aufklärung bedarf in der Regel das allgemeine, mit dem Eingriff regelmäßig verbundene Operationsrisiko, das **allgemein bekannt** sein dürfte (z.B. Wundinfektion[1323], Narbenbruch[1324], nur vorübergehende anästhesiebedingte Nervenschädigung[1325], Nervenirritation nach medizinisch indizierter Blutentnahme[1326]). Zum Teil wird sogar das Embolierisiko als nicht aufklärungspflichtig erachtet[1327]. Ausnahmsweise hat der Arzt aber dann aufzuklären, wenn der Patient diese Risiken ersichtlich nicht (er-)kennt oder soweit sich Komplika-

1321 OLG Karlsruhe VersR 1989, 1053. Zu beachten ist jedoch, dass einem diagnostischen Eingriff im Hinblick auf die dadurch erschlossenen Heilungsmöglichkeiten große Dringlichkeit zukommen kann, BGH VersR 1971, 929, 930 = NJW 1971, 1887, 1888.

1322 OLG Oldenburg VersR 1991, 1242, 1243 = MedR 1990, 348, 349; OLG Düsseldorf VersR 1987, 1138, 1139.

1323 Anders jedoch bei der Gefahr einer Wundinfektion infolge eines Eingriffs an großen Gelenken (BGH VersR 1979, 1012) und bei erhöhter Gefahr einer Wundheilstörung aufgrund vorangegangener Bestrahlung (KG VersR 1995, 338, 339).

1324 BGH VersR 1986, 342 = NJW 1986, 780.

1325 OLG Stuttgart VersR 1999, 1500 = NJW-RR 1999, 751: Diese Nebenfolge der Schmerzausschaltung kann als allgemein bekannt vorausgesetzt werden.

1326 LG Heidelberg MedR 2012, 136.

1327 So BGH VersR 1986, 342 = NJW 1986, 780: Das Auftreten einer Fettembolie ist im Zusammenhang mit der Operation einer Trümmerfraktur des Knöchels den Gefahren zuzuordnen, die der Patient, ohne sich über den medizinischen Tatbestand im Einzelnen klar sein zu müssen, in dem Sinne von vornherein auf sich nimmt, dass er weiß, jede größere Operation habe ihre Gefahren und könne im unglücklichen Fall zu schweren Gesundheitsschäden, ja sogar zum Tode, führen. Wenn andererseits solche schweren Auswirkungen aber, wie es bei der Fettembolie der Fall ist, letztlich sehr selten sind, muss der Patient, der mit allgemeinen Operationsgefahren rechnet, nicht besonders darauf hingewiesen werden. Sofern er überhaupt weiß, dass jede Operation gefährlich ist, darf der Arzt davon ausgehen, dass er die möglichen Ursachen von solchen allgemeinen Komplikationen nicht noch im Einzelnen mit dem Patienten erörtern muss.

tionen in eine für den Laien überraschende Richtung entwickeln können und für diesen Patienten besonders schwerwiegend wären[1328]. Im Gegensatz zu den allgemeinen Operationsrisiken soll die Gefahr einer Infektion nach einer Spritze jedenfalls dann zu den aufklärungsbedürftigen Risiken zählen, wenn sich durch das verabreichte Medikament das Infektionsrisiko erhöht; da es sich bei Injektionen um ärztliche Routineeingriffe handelt, werde dem Patienten regelmäßig nicht bewusst sein, dass von ihnen Gefahren mit schweren Folgen für seine Gesundheit ausgehen können[1329].

c) Außenseitermethoden, Behandlungsalternativen

[204] Wendet der Arzt eine **alternative Behandlungsmethode**[1330] an 426
oder eine **Außenseitermethode**[1331], der in der Fachliteratur Kritik entgegengebracht wird[1332], oder handelt es sich um eine ursprünglich anerkannte Methode, die mittlerweile nicht mehr empfohlen wird, so hat er darauf hinzuweisen[1333]. Eine Hinweispflicht trifft ihn auch, wenn er nicht eine allseits anerkannte Standardmethode, sondern eine

1328 BGH VersR 1992, 314, 315 = NJW 1992, 743 f.; BGH VersR 1989, 514, 515 = NJW 1989, 1533, 1534 (in BGHZ 106, 391 insoweit nicht abgedruckt); BGH VersR 1986, 342, 343 = NJW 1986, 780; OLG Köln VersR 1988, 744; vgl. aber OLG Karlsruhe MedR 1985, 79: Erforderlichkeit der Aufklärung über die Risiken der Vollnarkose (Herzstillstand) bei einfacheren Bevölkerungsschichten.

1329 BGH VersR 1989, 514, 515 = NJW 1989, 1533 f.; OLG Hamburg OLGR 2004, 324: deutliche Risikoerhöhung durch wiederholte Verabreichung; OLG Karlsruhe VersR 1994, 860, 861; vgl. aber zum Risiko eines Spritzenabszesses: OLG Hamm VersR 1998, 1548 mit kritischer Anm. *Wemhöner.*

1330 Ausführlich: *Schumacher*, MedR 2019, 786. Zur Aufklärung bei der homöopathischen Behandlung durch den Arzt: *Müller/Raschke*, NJW 2013, 428, 431 f.; zur Aufklärung bei einer Placebobehandlung: s. oben Fn. 1233.

1331 BGH VersR 2020, 168 = ZMGR 2020, 19: Aufklärung über das Für und Wider dieser Methode und dass der Eingriff (noch) nicht medizinischer Standard ist; BGH NJW 2011, 1088 (Strafsenat): unsteriler Zitronensaft bei Wundheilstörung.

1332 OLG Koblenz NJW 1996, 1600.

1333 BGH VersR 1978, 41, 42 f. = NJW 1978, 587, 588 f.; OLG Stuttgart VersR 2002, 1286; OLG Celle VersR 1992, 749, 750.

relativ neue Methode mit neuen, noch nicht abschließend geklärten Risiken anwendet[1334].

427 Bei der **Alternativmedizin** besteht insofern eine Besonderheit, als bei deren Anwendung der Patient regelmäßig auch über die konkret in Betracht kommende Standardmethoden und deren Nutzen und Risiken zu informieren ist; umgekehrt besteht bei der Anwendung herkömmlicher Verfahren aber grundsätzlich keine Pflicht zur Aufklärung über alternativmedizinische Methoden[1335].

428 Kommen mehrere medizinisch gleichermaßen indizierte[1336] und übliche Operationsmethoden oder mehrere übliche **Behandlungsalternativen**[1337] in Betracht, z.B. – und dies betrifft eine Vielzahl der Arzthaftungsprozesse – konservative statt operative Methode[1338] oder

1334 OLG Hamm MedR 2018, 409, juris-Rz. 25 ff.; OLG Bremen OLGR 2004, 320; OLG Oldenburg VersR 1997, 491 = NJW-RR 1997, 533, 534; OLG Oldenburg VersR 1997, 192 = NJWE-VHR 1996, 17: Außenseitermethode mit besonderen Risiken; OLG Karlsruhe VersR 2004, 244 = MedR 2003, 104 und OLG Düsseldorf VersR 2004, 386 = NJW-RR 2003, 89 zur Laserbehandlung der Fehlsichtigkeit in 1995/96. Zur Hinweispflicht bei „Robodoc“ s. Fn. 1313, 1352.

1335 *Schumacher*, MedR 2019, 786, 791.

1336 An einer Gleichwertigkeit fehlt es regelmäßig, wenn die eine Alternative nur eine vorübergehende Entlastung bringt (OLG Naumburg VersR 2012, 1568) oder wenn es um eine lediglich gegenüber der Nichtuntersuchung in Betracht kommende, nach fachärztlichem Standard nicht gebotene Untersuchung im Rahmen der Schwangerschaftsvorsorge geht (OLG Köln VersR 2012, 1305).

1337 BGH VersR 2015, 579 = NJW-RR 2015, 591: Die Aufklärung über eine alternative Behandlungsmöglichkeit ist erforderlich, wenn für eine medizinisch sinnvolle und indizierte Therapie mehrere gleichwertige Behandlungsmöglichkeiten zur Verfügung stehen, die zu jeweils unterschiedlichen Belastungen des Patienten führen oder unterschiedliche Risiken und Erfolgschancen bieten. Näher *Frahm*, ZMGR 2010, 138.

1338 BGH NJW 2016, 641: Hallux valgus; BGH VersR 2014, 586 = GesR 2014, 153: Fortsetzung der konservativen Therapie statt Implantation eines Spinalkatheters; BGH VersR 2012, 491 = NJW 2012, 850: invasive Cerclage zur Verhinderung einer Frühgeburt (so bei Einlingsschwangerschaft, nicht aber bei Mehrlingsschwangerschaft: OLG Köln MedR 2013, 47); BGH VersR 2005, 836 = NJW 2005, 1718: Fortführung der konservativen Behandlung oder Operation; BGH VersR 2000, 766 = NJW 2000, 1788 = MDR 2000, 700: relative Indikation zur Operation – Möglichkeit erfolgreicher Fortsetzung der konservativen Behand-

Kaiserschnitt statt Vaginalentbindung (s. unten Rz. 430), hat der Arzt aufzuklären, wenn sie zu wesentlich unterschiedlichen Belastungen, Risiken oder Heilungschancen führen können (§ 630e Abs. 1 S. 3 BGB). Auf diese Parameter sind diejenigen Behandlungsformen zu prüfen, die zum medizinischen Standard bei dieser Behandlung gehören[1339].

Der Patient muss dadurch eine **echte Wahlmöglichkeit** dahingehend 429
haben, auf welches Risiko er sich einlassen will[1340] (s. auch oben

---

lung; BGH VersR 1988, 190 = NJW 1988, 765; OLG Hamm VersR 2018, 1004 = RDG 2018, 86, juris-Rz. 31 ff. Aber OLG Dresden MedR 2018, 817 mit Anm. *Schmidt-Recla*: Die konservative oder rein abwartende Behandlung stellt nur dann eine echte Behandlungsalternative dar, wenn hiermit mehr als nur eine kurzzeitige Beschwerdelinderung erreicht werden kann.

1339 KG ZMGR 2017, 244, juris-Rz. 29: Das kann auch gelten, wenn der Sachverständige bei der Behandlungsalternative von „zweiter Wahl“ spricht.

1340 BGH VersR 2018, 247 = NJW-RR 2018, 404: **Tibialis-posterior-Dysfunktion** in der Unterschenle-Fuß-Region (Operation oder konservative Behandlung); BGH VersR 2018, 877 = NJW 2018, 3315: **Hüfttotalendoprothese** oder nur Oberflächenersatz; BGH NJW 2016, 641: Operation des **Hallux valgus** oder konservative Therapie; BGH VersR 2014, 586 = GesR 2014, 153: Implantation eines **Spinalkatheters** anstelle einer anderen Medikation oder einer Psychotherapie gegen die chronischen Schmerzen; BGH VersR 2011, 1450: Wirbelverengung – fraglich ob **Laminektomie oder Laminoplastie**; OLG Hamm VersR 2018, 1004 = RDG 2018, 86, juris-Rz. 31 ff.: Operation an der **Lendenwirbelsäule** oder **konservative Schmerzbehandlung**: Je weniger dringlich die Operation ist, desto weitgehender ist die Aufklärungspflicht; BGH VersR 2005, 836 = NJW 2005, 1718: **Unterarmbruch**; BGH VersR 1992, 314, 315 f. = NJW 1992, 743, 744: **Eigen- oder Fremdbluttransfusion**; BGH VersR 1988, 493 = NJW 1988, 1514: **Senk-Spreizfuß**; OLG Koblenz VersR 2015, 757 = GesR 2015, 91: **Leistenbruch**; BGH VersR 1986, 342 = NJW 1986, 780: **Trümmerfraktur** des Außenknöchels; **vaginale Geburt oder Schnittentbindung** (s. unten Rz. 430); OLG Köln MedR 2016, 616: **Sterilisation** durch Eileiterdurchtrennung oder aber durch Eileiterentfernung (dann ist eine Refertilisation nicht mehr möglich); OLG Zweibrücken OLGR 2007, 486 = MedR 2007, 549: Behebung eines **Scheidenprolaps**; BGH VersR 2012, 491 = NJW 2012, 850 Einleitung der **Frühgeburt** oder Abwarten; BGH VersR 2013, 491 = NJW 2012, 850: **Schwangerschaftsverlängerung** durch Legen einer Cerclage bei Einlingsschwangerschaft (nicht aber bei Mehrlingsschwangerschaft:

OLG Köln MedR 2013, 47); OLG Köln VersR 2006, 124 = OLGR 2005, 710: radikale **Tumorentfernung** oder weitere intraoperative Abklärung; OLG Koblenz VersR 2007, 111 = OLGR 2007, 47: **Laparotomie** (Bauchöffnung) oder **Laparoskopie** (Bauchspiegelung); KG ZMGR 2017, 244 **Herzkatheterablation** zur Heilung von Herzrhythmusstörungen oder medikamentöse Therapie zur bloßen Symptombekämpfung (a.A. OLG Dresden GesR 2018, 588: stabilisierende Operation beim Wirbelgleiten und Unterlassen der Operation – keine Aufklärungspflicht, wenn ein Unterlassen der Operation lediglich der Symptomlinderung dient); OLG Hamburg MDR 2006, 873 = OLGR 2006, 120: **kosmetische Operation** (Längs- oder Querschnitt); OLG Köln VersR 2009, 261; OLG Frankfurt VersR 2004, 1053 = NJW-RR 2003, 745: gleich- oder zweizeitige **Schilddrüsenresektion**; OLG Koblenz VersR 2007, 651 = MedR 2007, 553, OLG Naumburg VersR 2004, 1460 = GesR 2004, 332, OLG Stuttgart NJW-RR 2005, 1389 = OLGR 2006, 10 und *Zach*, MDR 2007, 933: Versorgung einer **Zahnlücke**/Implantologie; OLG Köln GesR 2014, 402: **Knochenaufbau im Oberkiefer** durch Knochenmaterial aus dem Unterkiefer oder dem Beckenkamm; OLG Stuttgart NJW-RR 2005, 1389 = OLGR 2006, 10: **Knochenmaterial** vom Rind; OLG Hamm GesR 2014, 234: **Einzelkronen statt Verblockung**; OLG Hamm VersR 2016, 1192 = GesR 2016, 432: intraligamentäre **Anästhesie** anstelle Leitungsanästhesie (a.A. aber OLG Köln, Beschlüsse vom 10.11.2016 – 5 U 39/16 – und 6.10.2008 – 5 U 84/08 – beide veröff. in juris); OLG Hamm GesR 2014, 234, OLG Naumburg VersR 2014, 70 und OLG Köln VersR 1999, 1498 = OLGR 1999, 35: **prothetische Versorgung** durch den Zahnarzt bzw. Kieferchirurgen; OLG Bremen VersR 1998, 1240 = OLGR 1998, 141: erforderliche Aufklärung über **verschiedene medikamentöse Möglichkeiten** zur Behandlung eines Herzinfarkts; s. auch oben Rz. 404 zur Alternative **„Off-Label-Use"**.
Aber keine Pflicht zur Aufklärung: OLG Naumburg, Beschl. v. 22.4.2010 – 1 U 14/10, zit. nach juris (minimalinvasive **Hüftoperation** anstelle herkömmlichen Vorgehens; offengelassen: OLG Karlsruhe GesR 2011, 356); OLG Naumburg VersR 2006, 979 = MDR 2006, 333: bei weitaus üblicherer konservativer Behandlung einer **Radiusfraktur**; OLG Dresden GesR 2018, 588: stabilisierende Operation beim **Wirbelgleiten** und Unterlassen der Operation – keine Aufklärungspflicht, wenn ein Unterlassen der Operation lediglich der Symptomlinderung dient, nicht aber der Bekämpfung des Grundleidens (jedoch a.A. KG ZMGR 2017, 244 **Herzkatheterablation**: die Alternative medikamentöser Therapie nur zur Symptombekämpfung erfordert eine Aufklärung); OLG Köln OLGR 2007, 547: **Meniskusglättung** oder Meniskusnaht; OLG Karlsruhe OLGR 2006, 617: Laparoskopie oder Laparotomie bei Überprüfung der Durchgängigkeit der **Eileiter**, OLG Schleswig OLGR

Rz. 410.: relative Indikation). Kommt demgegenüber eine Behandlungsalternative nur theoretisch in Betracht, bietet sie keine besonders ins Gewicht fallenden Vorteile und ist nicht besser indiziert, muss über sie nicht aufgeklärt werden[1341].

Andererseits kann die Verpflichtung zu einer **vorgezogenen Aufklärung** bestehen, wenn z.B. im **Geburtsgeschehen** bereits deutliche Anzeichen dafür vorliegen, dass sich der Vorgang so entwickeln *kann*, dass die Schnittentbindung zu einer echten Alternative zur vaginalen Geburt wird[1342]. 430

2009, 594, 596: bei **Gallenblasenentfernung**; BGH, Beschl. v. 18.12.2014 – VI ZR 207/14 – zit. nach juris, OLG Köln GesR 2016, 704 und OLG Stuttgart VersR 2007, 1417: über eine alternative **Sectio** bei normaler Entbindungssituation; OLG Karlsruhe GesR 2013, 662 = ZMGR 2013, 337: über die vaginal-operative Entbindung durch **Vakuumextraktion** statt Zangengeburt, wenn sich das Kind schon über die Beckenmitte hinaus befindet und es schnell geholt werden muss; OLG Naumburg GesR 2015, 99: über die **Periduralanästhesie** unter der Geburt; OLG Karlsruhe, Urt. v. 31.7.2019 – 7 U 118/18 – veröff. in juris: verschiedene Präparationsmethoden beim **Beschleifen der Zähne**; OLG Koblenz MedR 2016, 535 = GesR 2016, 258: bei der **Wurzelkanalbehandlung** ist eine Zahnextraktion keine Alternative; OLG München OLGR 1996, 234: **alternative Medikamententherapie** bei einer Thrombose trotz unterschiedlicher Risiken; OLG Oldenburg MedR 1991, 337, 340 = VersR 1991, 820 L: wenn die andere Behandlungsmöglichkeit **keine medizinisch vertretbare Alternative** bietet. Zur Aufklärung im insoweit ausschließlich stationär behandelnden Krankenhaus über die **Möglichkeit einer ambulanten Behandlung** in einem anderen Krankenhaus: *Kern*, NJW 1996, 1561, 1563.

1341 OLG Koblenz MedR 2016, 535 = MDR 2016, 210: Wurzelkanalbehandlung – keine Aufklärung über Zahnextraktion, umgekehrt aber schon.

1342 BGH VersR 2018, 1510 = NJW-RR 2019, 17; BGH VersR 2015, 579 = NJW-RR 2015, 591: Bei der Wahl zwischen vaginaler Entbindung und Kaiserschnitt handelt es sich um eine grundlegende Entscheidung, bei der die Schwangere selbst darüber bestimmen darf, ob sie ihrem eigenen oder dem Leben des Kindes Priorität einräumt. BGH, Beschl. v. 18.12.2014 – VI ZR 207/14 – veröff. in juris: nicht bei normaler Entbindungssituation. Siehe des weiteren: BGH VersR 2011, 1146 = NJW-RR 2011, 1173 und VersR 2005, 227 = NJW 2004, 3703; OLG Bamberg VersR 2009, 259 = GesR 2008, 594; OLG Koblenz VersR 2009, 70 = OLGR 2008, 676; OLG Hamm VersR 2001, 247 = OLGR 2001, 8: Allein ein geschätztes Geburtsgewicht von 4.000 g verpflichtet nicht zur

431 Ist die Schwangere bei relativer Indikation der Schnittentbindung bereits über die verschiedenen Entbindungsmethoden aufgeklärt, bedarf es nicht einer **erneuten Aufklärung** während des Geburtsverlaufs, wenn die Sectio wegen des Eintritts der für möglich gehaltenen Entwicklung nun zur gleichwertigen Behandlungsalternative geworden ist. Anderes gilt aber, wenn aufgrund entscheidend veränderter Umstände die verschiedenen Entbindungsmethoden im Sinne eines neuen Nutzen-Risiko-Verhältnisses nun anders einzuschätzen sind; dann ist eine weitere Aufklärung erforderlich[1343].

432 Eine Verpflichtung zur Aufklärung besteht auch, wenn der Patient zu einer echten Behandlungsalternative **zuzahlen** müsste, weil sie über die kassenärztliche Versorgung hinausginge; der Kassenpatient ist wegen der Möglichkeit privater Zuzahlung insoweit nicht zu benachteiligen; er muss selbst entscheiden können, welche Versorgung er sich leisten kann und will[1344].

433 Die Verpflichtung zur Aufklärung über Behandlungsalternativen gilt auch, wenn **ernsthafte Stimmen in der medizinischen Wissenschaft** Bedenken gegen eine zum Standard gehörende Behandlung und die damit verbundenen Gefahren äußern und die Möglichkeit einer ande-

---

Aufklärung über die Alternative der Schnittentbindung; so auch OLG Stuttgart VersR 2007, 1417: 3.900 g. Anders aber bei deutlich über 4.000 g, erheblichem Übergewicht der Mutter und nicht auszuschließender Schwangerschaftsdiabetes (OLG Köln MedR 2019, 803 = GesR 2019, 331). Zur Aufklärung bei einer „Wunsch-Sectio": *Rumler-Detzel*, GesR 2006, 241.

1343 BGH VersR 2017, 43 = NJW-RR 2016, 1359: etwa bei Blasensprung in Frühgeburtlichkeit; BGH VersR 2015, 579 = NJW-RR 2015, 591: z.B. bei einer Lageänderung des Kindes mit damit verbundener Risikoerhöhung.

1344 OLG Oldenburg GesR 2008, 539 = VersR 2008, 1652 L (jedenfalls für zahnprothetische Leistungen mit höherer Erfolgschance); OLG Koblenz VersR 2007, 651 = MedR 2007, 553; OLG Schleswig, Urt. v. 13.10.1993 – 4 U 145/91 – veröff. in juris; *Gaßner/Strömer*, MedR 2012, 159, 164 f.; *Frahm*, SchlHAnz 2005, 394, 396; *Schelling*, MedR 2004, 422, 427 und *Rinke/Balser*, VersR 2001, 423, 424 f.; a.A. LG Aachen VersR 2000, 1374; *Pauge/Offenloch*, Arzthaftungsrecht, Rz. 413.

ren Behandlung besteht[1345] und erst recht, wenn die vom Arzt beabsichtigte Behandlung nicht mehr standardgerecht ist[1346].

434 Die Pflicht zur Aufklärung besteht auch, wenn die verschiedenen Alternativen sich zwar erst in der intraoperativen Untersuchung ergeben, aber **vorhersehbar** sind[1347]. Eine Aufklärungspflicht besteht auch bei nicht gleichwertigen Alternativen, wenn der Patient nach anderen Behandlungsmöglichkeiten **fragt**, sich also umfassend beraten lassen will[1348].

435 Ansonsten ist die Wahl zwischen verschiedenen Methoden allein **Sache des Arztes**[1349]. Bei gleichwertigen Operationsmethoden muss über **„Schulstreite"** der medizinischen Wissenschaft nicht aufgeklärt werden[1350], es sei denn, die verschiedenen Verfahren weisen hinsichtlich ihrer Risiken gravierende Unterschiede auf[1351], wenn bei der anzuwendenden neuen Methode noch unbekannte Risiken bestehen

---

1345 BGH VersR 2000, 725, 727 = NJW 2000, 1784; OLG Naumburg NJW-RR 2012, 1423.

1346 OLG Köln VersR 2012, 1445.

1347 A.A. aber OLG Bamberg, Beschl. v. 27.11.2015 – 4 U 82/15 – veröff. in juris, mit kritischer Anm. *Hübel*, GesR 2016, 492: Stentimplantation oder Ballondilatation direkt nach der Herzkatheteruntersuchung.

1348 OLG Naumburg VersR 2014, 70.

1349 OLG Karlsruhe OLGR 2002, 392: Materialkombination einer Hüftprothese bei nahezu gleicher Haltbarkeit; OLG Karlsruhe MedR 2003, 229: Operation des Hallux valgus; OLG Celle VersR 2000, 58, 59: Knochennagelung mit kleinerem Nagel; OLG Oldenburg VersR 2000, 61 = OLGR 1999, 138: gleich- oder zweizeitige Krampfaderoperation an beiden Beinen; aber OLG München VersR 1993, 1528 = NJW-RR 1994, 20: Aufklärung über die unterschiedlichen Vor- und Nachteile der in Betracht kommenden Implantate erforderlich (Schönheitsoperation); ebenso OLG Koblenz VersR 2005, 1588 = NJW-RR 2005, 815: Aufklärung über die Möglichkeit vorheriger radiologischer Sicherung des Operationsfeldes bei Brustgewebeentfernung; OLG Hamburg OLGR 2006, 199: vollständiger oder nur teilweiser Beinlängenausgleich.

1350 KG VersR 1993, 189, 190.

1351 OLG Frankfurt VersR 2004, 1053 = NJW-RR 2003, 745.

können[1352] oder das beabsichtigte Vorgehen noch nicht mit erwiesenen Dauererfolgen ausgestattet ist[1353].

436 Dogmatisch betrachtet ist dieser Bereich nicht der therapeutischen Aufklärung, sondern der **Eingriffs- und Risikoaufklärung**[1354] zuzuordnen, was für die Frage der Beweislast von entscheidender Bedeutung ist (s. oben Rz. 266, 356 und s. unten Rz. 490 ff.; zur Beweislast bei der Kausalität s. oben Rz. 388 ff.).

437 Geht es bei der Alternative lediglich um eine **operationstechnische Seite** des Eingriffs, z.B. um die Auswahl des Nähfadens[1355] oder des Füllmaterials bei Implantaten[1356], um die genaue Stelle im Knie, an der Knorpel entnommen wird[1357], um die geringfügige Entfernung fehlerhaft knöchernder Strukturen bei der Bandscheibenoperation[1358], um die Frage, ob der Dammriss im Operationssaal oder im Kreißsaal versorgt wird[1359], um ein bestimmtes Vorgehen bei der Operation zur Beseitigung einer Spinalkanalverengung[1360] oder den Zugang des Katheters[1361] bzw. zum Operationsgebiet bei einer Hüftprothesenimplantation[1362], hat der Arzt nach eigenen Erfahrungen oder Fertigkeiten zu entscheiden. Führen **verschiedene Operationsmethoden** nicht zu unterschiedlichen Belastungen des Patienten und bieten keine unterschiedlichen Risiken und Erfolgschancen, ist über diese

1352 BGH VersR 2006, 1073 = NJW 2006, 2477 mit Anm. *Buchner*, VersR 2006, 1460 und *Katzenmeier*, NJW 2006, 2738 und OLG Dresden NJOZ 2008, 247: „Robodoc"; OLG Frankfurt GesR 2014, 230: „CASPAR".

1353 BGH VersR 1988, 495 = NJW 1988, 1516.

1354 BGH VersR 2005, 836 = NJW 2005, 1718; BGH VersR 2005, 227 = NJW 2004, 3703; *Rehborn*, MDR 2004, 371, 374 m.w.N.; a.A. OLG Nürnberg VersR 2002, 580 = MedR 2001, 577; vgl. auch OLG Nürnberg VersR 2003, 1444 zur erforderlichen Aufklärung über eine neue möglicherweise heilende Methode anstelle der bisher nur zeitlich hinauszögernden Behandlung: therapeutische Aufklärungspflicht.

1355 OLG Celle NJW 1985, 685 L.

1356 OLG München NJW-RR 2011, 749 = GesR 2011, 235.

1357 OLG Koblenz VersR 2010, 908.

1358 OLG Köln VersR 2012, 365.

1359 OLG Dresden RDG 2019, 259.

1360 OLG Koblenz NJW-RR 2015, 1434 = MDR 2015, 1183.

1361 Vgl. OLG Oldenburg VersR 2000, 191 = NJW-RR 1999, 1327.

1362 OLG München OLGR 2002, 419, juris-Rz. 128.

verschiedenen Techniken ebenfalls nicht aufzuklären[1363]. Die Pflicht zur Aufklärung „im Großen und Ganzen" (s. oben Rz. 403) erfasst diese Einzelfragen nicht mehr[1364], es sei denn die verschiedenen Vorgehensweisen haben unterschiedliche Folgen[1365].

d) Aufklärung über die personelle und fachliche Ausstattung

[205] Über die **personelle und fachliche Ausstattung** der Behand- 438
lungsseite („Qualitätsaufklärung")[1366] ist, selbst wenn sie sich im unteren Bereich des Standards bewegt, grundsätzlich nicht aufzuklären[1367]. Jedoch ist ein Hinweis auf deutlich bessere Heilungschancen für ein schweres Leiden in einem besser ausgestatteten Krankenhaus erforderlich[1368]. Eine Aufklärungspflicht über eine risikoärmere Methode besteht auch dann nicht, wenn sich ein besser ausgestattetes, diese Methode anwendendes Krankenhaus in der Nähe befindet, solange der Eingriff auch so noch dem zu beachtenden Behandlungsstandard entspricht und ärztlich noch zu verantworten ist[1369]. Dies gilt jedenfalls dann, wenn mit der besseren Ausstattung eine Komplikationsrate verringert wird, die lediglich im Promillebereich liegt[1370]. Demgegenüber bedarf es einer Aufklärung, wenn eine *deutlich* risikoärmere Behandlung durch einen anderen Arzt oder eine andere Klinik durchgeführt werden kann. Der operierende Arzt hat regelmäßig auch darauf hinzuweisen, dass er bei der von ihm gewählten Operations-

---

1363 OLG Brandenburg, Urt. v. 18.8.2016 – 12 U 176/14 – veröff. in juris: offene Technik oder biportal endoskopisches Vorgehen bei Karpaltunnelsyndrom.

1364 Vgl. OLG Oldenburg VersR 2000, 191 = NJW-RR 1999, 1327.

1365 So bei der Sterilisation durch Eileiterdurchtrennung oder aber durch Eileiterentfernung (dann ist eine Refertilisation nicht mehr möglich), OLG Köln MedR 2016, 616.

1366 OLG Oldenburg VersR 1997, 978 = OLGR 1997, 41.

1367 Ausführlich *Neelmeier*, NJW 2013, 2230. Vgl. OLG Saarbrücken VersR 1992, 52, 54: keine Aufklärungspflicht zu hygienischen Defiziten in einem baulich veralteten Krankenhaus, die sich infolge infektionsprophylaktischer und betrieblich-organisatorischer Maßnahmen statistisch gesehen nicht infektionserhöhend ausgewirkt hatten.

1368 BGH VersR 1989, 851 = NJW 1989, 2321.

1369 OLG Oldenburg VersR 1996, 1023, 1024 = OLGR 1996, 148, 149.

1370 BGH VersR 1988, 179, 181 = NJW 1988, 763, 765; BGH VersR 1984, 60, 61 = NJW 1984, 655.

methode noch unerfahren ist[1371], jedenfalls wenn es sich um die Vornahme eines schwerwiegenden Eingriffs mit erheblichen Risiken handelt[1372]. Sollte eine **Anfängeroperation** aber ohne Begleitung eines Facharztes durchgeführt werden, ist der Patient durch die Haftung für Behandlungsfehler geschützt (s. oben Rz. 194 ff., 343 f.)[1373].

e) Abweichung vom vereinbarten Operateur oder vom vereinbarten Operationsmaterial

439 [206] Grundsätzlich hindert die vom Patienten erteilte Einwilligung nicht die Durchführung des Eingriffs durch **einen anderen als den vorgesehenen Arzt**[1374]. Liegt aber eine Beschränkung dahingehend vor, dassein bestimmter Arzt, z.B. der Chefarzt[1375], den Eingriff vornimmt, und ein anderer Arzt soll nun die Operation durchführen (vergleichbar: wenn ein bestimmtes Prothesenmaterial vereinbart ist, dies aber nicht verwendet wird[1376]), bedarf es zur Rechtmäßigkeit einer entsprechenden Mitteilung an den Patienten und dessen Einwilligung hierzu[1377], die aber auch nachträglich (auch stillschweigend etwa durch

1371 OLG Karlsruhe GesR 2011, 356: insoweit gilt dasselbe wie bei Neulandverfahren; *strenger*: OLG Köln VersR 1982, 453, 454.

1372 OLG Düsseldorf VersR 1987, 161, 163.

1373 BGH VersR 1984, 60, 61 = NJW 1984, 655; OLG Saarbrücken NJW 2019, 239, juris-Rz. 24; OLG Celle VersR 1982, 46 = NJW 1982, 706.

1374 BGH VersR 2010, 1038 = NJW 2010, 2580 (mit kritischer Anm. *Rinke*, VersR 2010, 1653): Bei einem totalen Krankenhausvertrag besteht grds. kein Anspruch darauf, von einem bestimmten Arzt behandelt oder operiert zu werden. OLG Saarbrücken NJW 2019, 239: Der Pateint muss beim totalen Krankenhausvertrag ohne Arztzusatzvertrag schon eindeutig zum Ausdruck bringen, dass er nur in die Operation durch einen bestimmten Arzt einwilligt; ein geäußerter Wunsch oder subjektive Erwartungen reichen für die Annahme einer nur beschränkten Operationseinwilligung nicht aus.

1375 Zur Vertretung des Chefarztes bei wahlärztlicher Behandlung: BGH VersR 2008, 493 = NJW 2008, 987; ausführlich: *Bender*, MedR 2008, 336.

1376 OLG Oldenburg VersR 1997, 1535 = OLGR 1997, 29.

1377 OLG Hamm MedR 2018, 583 = GesR 2018, 170; OLG Oldenburg MedR 2008, 295; OLG Celle VersR 1982, 46 = NJW 1982, 706; OLG Hamburg MDR 1998, 906 = OLGR 1998, 157; OLG Düsseldorf VersR 1985, 1049, 1051; OLG München NJW 1984, 1412: Dies ist von der Vertragsbeziehung zwischen dem Patienten und dem Krankenhausträger bzw. dem behandelnden Arzt abhängig. Vgl. zu honorarrechtlichen die Begleichung der Arztrechnung) erteilt werden kann[1378]. Fehlt es aber an einer wirksamen Einwilligung, weil ein anderer als der vereinbarte Arzt den Eingriff vornimmt, ist der Eingriff rechtswidrig[1379]. In diesem Fall ist nach der Rechtsprechung des BGH sogar der **Einwand des rechtmäßigen Alternativverhaltens** unzulässig, wenn der Schädiger sich nun darauf beruft, der Gesundheitsschaden wäre auch bei dem Eingriff des richtigen Operateurs entstanden (s. Rz. 156[1380]).

2. Adressat der Aufklärung

[207] Ein maßgebendes Moment bei der Bestimmung des Umfangs 440 der Aufklärungspflicht stellt die Person des Aufklärungsempfängers, also der Adressat, dar.

a) Minderbegabte

[208] Nach § 630e Abs. 2 S. 1 Nr. 3 BGB muss die Aufklärung für 441 den Patienten verständlich sein[1381]. Bei Minderbegabten sind die Anforderungen damit wie schon bisher strenger zu setzen als bei gebildeten und intelligenten Patienten, von denen erwartet werden kann, dass sie zur Erlangung weiterer Informationen nachfragen (s. oben Rz. 411)[1382].

b) Spezielle Lebensführung des Patienten

[209] Die spezielle berufliche und private **Lebensführung des Patienten** 442 und seine erkennbaren Entscheidungspräferenzen wirken sich ebenfalls auf das Maß der Aufklärung aus. So besteht selbst bei wenig wahrscheinlichen Risiken von objektiv geringem Ausmaß Aufklä-

Fragen beim Wechsel in der Person des Operateurs: OLG Koblenz VersR 2008, 538 = NJW 2008, 1679; OLG Karlsruhe VersR 1988, 137 = MedR 1987, 244; OLG Hamm NJW 1995, 2420 = OLGR 1995, 163.

1378 OLG Köln VersR 1997, 115, 117 = NJWE-VHR 1996, 41.

1379 OLG Braunschweig MedR 2014, 891 = GesR 2014, 155.

1380 BGH VersR 2016, 1191 = NJW 2016, 3523; OLG Hamm MedR 2018, 583 = GesR 2018, 170.

1381 Vgl. BGH VersR 2018, 935 = NJW 2018, 3316, Rz. 13, zur therapeutischen Aufklärung: Sie muss verständlich und widerspruchsfrei sein.

1382 *Wussow*, VersR 2002, 1337, 1343.

rungsbedarf, wenn sie für diesen von besonderer Wichtigkeit sind (z.B. die Beeinträchtigung eines Fingers des Pianisten)[1383].

c) Minderjährige[1384]

443 [210] Minderjährige sind zum Teil noch nicht einwilligungsfähig[1385]. Das entbindet den Behandler aber nicht davon, die wesentlichen Umstände der beabsichtigten Maßnahme dem Verständnis dieses Patienten entsprechend zu erläutern, damit dieser über das Ob und das Wie der Behandlung nicht im Unklaren gelassen wird, § 630e Abs. 5 BGB[1386]. Die Einwilligung aber ist **von dem gesetzlichen Vertreter** einzuholen, der zuvor ordnungsgemäß aufgeklärt werden muss (§ 630e Abs. 4 BGB). Jedoch können minderjährige Patienten dann eine wirksame Einwilligung abgeben[1387], sofern sie die notwen-

---

1383 BGH VersR 1980, 68, 69 = NJW 1980, 633, 634 f.; OLG Karlsruhe VersR 1966, 68, 69 = NJW 1966, 399, 400.

1384 Ausführlich: *Lauf/Birck*, NJW 2018, 2230, 2233; *Spickhoff*, FamRZ 2018, 412, 418 ff.; *Kaeding/Schwenke*, MedR 2016, 935; *Kreße*, MedR 2015, 91; *Bichler*, GesR 2014, 208; *Nebendahl*, MedR 2009, 197; *Diederichsen* in FS Hirsch, 2008, S. 355; *Wölk*, MedR 2001, 80; zur Einwilligung minderjähriger Eltern in die Behandlung ihrer Kinder: *Kern*, MedR 2005, 628.

1385 Zum Begriff der Einwilligungsfähigkeit: *Damm*, MedR 2015, 775.

1386 So BT-Drucks. 17/11710, 39 unter Hinweis auf BVerfG NJW 2011, 2113. Beachte aber *Spickhoff*, VersR 2013, 267, 275: Das Unterlassen dieser Erläuterung hindert die Wirksamkeit der Einwilligung der Eltern aber nicht, weil § 630d Abs. 2 BGB nicht auf § 630e Abs. 5 BGB verweist.

1387 Zu der Frage, ob über den Schwangerschaftsabbruch die bereits einsichtsfähige Minderjährige allein entscheiden kann: bisher verneint vom OLG Hamm NJW 1998, 3424; nun aber bejaht vom OLG Hamm NJW 2020, 1373 = GesR 2020, 106 (im Ergebnis zustimmend: *Lugani*, NJW 2020, 1330, ablehnend *Schmidt*, NZFam 2020, 14), so schon AG Schlüchtern FamRZ 1998, 968 = NJW 1998, 832; näher *Scherer*, FamRZ 1997, 589 und 1998, 11 sowie *Siedhoff*, FamRZ 1998, 8; MünchKomm – *Wagner*, BGB, 8. Aufl. 2020, § 630d Rz. 45 f. und MünchKomm – *Huber*, BGB, 8. Aufl. 2020, § 1626 Rz. 48; *Nebendahl*, MedR 2009, 197, 204 (auch zur Verschreibung der „Pille"), jeweils mit zahlreichen Nachweisen aus Rspr. und Lit. Siehe auch OLG Hamburg FamRZ 2014, 1213 = NZFam 2014, 948 und OLG Naumburg FamRZ 2004, 1806: eventuell Entziehung eines Teils des Sorgerechts bei Verweigerung der Zustimmung der Eltern zum Schwangerschaftsdige Einsichts- und Willensfähigkeit besitzen[1388]. Zumindest wird man auf entsprechende Äußerungen Rücksicht nehmen müssen[1389]. Der Arzt ist aber verpflichtet, bei erheblicheren Eingriffen auch die Einwilligung der Eltern einzuholen[1390], wenn dies zeitlich noch möglich ist. Kommt es bei der Beurteilung der Einwilligungsfähigkeit zu einer nachvollziehbaren und dokumentierten Fehleinschätzung des Arztes, liegt eine zur Haftung führende schuldhafte Pflichtverletzung nicht vor[1391].

Steht beiden Eltern das Sorgerecht gemeinsam zu, bedarf es der Ein- 444
willigung beider Elternteile. Die Eltern können sich gegenseitig ermächtigen, für den anderen Elternteil mitzuentscheiden. Auf das Vorliegen einer solchen Ermächtigung kann der Arzt in Routinefällen vertrauen, ohne dass es einer Rückfrage bedarf, wenn z.B. das Kind mit einem Elternteil zur Behandlung erscheint[1392]. Bei Eingrif-

---

abbruch oder – so OLG Naumburg VersR 2014, 507 = GesR 2014, 99 – zur Fortsetzung einer gebotenen Chemotherapie.

1388 BGH VersR 1959, 308, 309 = NJW 1959, 811 (Nr. 1). *Wölk*, MedR 2001, 80, 85 ff.: Maßgebend ist, ob der Minderjährige die durch die Aufklärung erlangten Informationen versteht und vor seinem Wertehorizont zu bewerten vermag; er muss außerdem die Fähigkeit besitzen, sein Verhalten nach der erlangten Überzeugung zu bestimmen und eine eigene Nutzen-Risiko-Abwägung vorzunehmen.

1389 Vgl. BGH VersR 1991, 812, 814 = NJW 1991, 2344, 2345.

1390 BGH VersR 1991, 812 = NJW 1991, 2344; BGH VersR 1972, 153, 155 = NJW 1972, 335, 337; OLG Frankfurt MedR 2020, 383 (mit krit. Anm. *Kreße*: kein erheblicher Eingriff) = FamRZ 2020, 336: bei der Zirkumzision (Beschneidung) eines 16-Jährigen aus medizinischen Gründen; *Nebendahl*, MedR 2009, 197, 199 ff.: bei jedem Eingriff, ausgenommen die Routinebehandlungen wie Blutentnahme, Impfung oder einfache Zahnextraktion, bei denen der Arzt sich regelmäßig auf ein erteiltes Einverständnis der Eltern verlassen kann, wenn das Kind allein in der Praxis erscheint. Ausführlich: *Diederichsen* in FS Hirsch, 2008, S. 355, 359 ff. Gegen das Zustimmungserfordernis der Eltern bei Einsichtsfähigkeit des Minderjährigen: *Bichler*, GesR 2014, 208. Zum Schwangerschaftsabbruch: s. oben Fn. 1387.

1391 *Kreße*, MedR 2015, 91, 93; *Nebendahl*, MedR 2009, 197, 202; *Wölk*, MedR 2001, 80, 82; vgl. auch BGH VersR 1971, 929 = NJW 1971, 1887.

1392 BGH VersR 2010, 1183 = NJW 2010, 2430; BGH VersR 2000, 725 = NJW 2000, 1784: Polioimpfung; OLG Hamm GesR 2016, 90; OLG Koblenz MDR 2013, 1344 = GesR 2013, 664.

fen schwererer Art mit nicht unbedeutenden Risiken hat sich der Arzt darüber hinaus **zu vergewissern**, ob die Ermächtigung des anderen Elternteils besteht und ob sie so weit reicht, kann dabei aber regelmäßig darauf vertrauen, dass der erschienene Elternteil wahrheitsgemäße Angaben macht[1393]. Ggf. aber hat der Arzt darauf zu drängen, dass Eingriff, Risiken und Chancen zwischen den Elternteilen noch einmal besprochen werden[1394]. Es bedarf aber einer Aufklärung des anderen Elternteils und der Einholung von dessen Zustimmung, wenn es um schwierige, weit reichende und mit erheblichen Risiken für das Kind verbundene Entscheidungen geht, jedenfalls muss der Arzt sich die Gewissheit verschaffen, dass der nicht erschienene Elternteil einverstanden ist[1395].

445 Verweigert der Minderjährige bei entsprechender Reife und Einsicht im Gegensatz zu den Eltern die Zustimmung, geht der Wille des Minderjährigen vor, jedenfalls dann, wenn nicht ein absolut indizierter Eingriff in Betracht steht, der schwerwiegende Risiken für sein weiteres Leben in sich birgt (**Vetorecht des Minderjährigen** gegen elterliche Fremdbestimmung)[1396]. Da das Einwilligungserfordernis Ausdruck der Selbstbestimmung des Patienten ist, steht den Eltern als Fremdbestimmende die Freiheit über die Einwilligungsentscheidung nicht in gleichem Umfang zu wie bei einem nur sich selbst verantwortlichen Volljährigen[1397]. Eine Sterilisation ist nach § 1631c BGB stets unzulässig, ebenso eine Lebendorganspende (§§ 8, 8a TPG: Vetorecht bei Knochenmarkentnahme). Bei geschlechtskorrigierenden Operationen an einem intersexuellen Jugendlichen liegt bei einem Dissens zwischen

---

1393 OLG Hamm GesR 2016, 90, zeigt die denkbaren Fallmöglichkeiten im Einzelnen auf; OLG Stuttgart VersR 2011, 534 = NJW-RR 2011, 747.

1394 BGH VersR 2010, 1183 = NJW 2010, 2430; OLG Hamm GesR 2016, 90.

1395 BGH VersR 2010, 1183 = NJW 2010, 2430; BGH VersR 2007, 66 = NJW 2007, 217 (Wirbelsäulenoperation bei einer 15-Jährigen); BGH VersR 1989, 145 = NJW 1988, 2946 (Herzoperation an einem 7½-jährigen Kind); OLG Hamm GesR 2016, 90.

1396 BGH VersR 2007, 66 = NJW 2007, 217. *Diederichsen* in FS Hirsch, 2008, S. 355, 361 f.

1397 OLG Stuttgart VersR 1987, 515, 517. S. näher: *Wölk*, MedR 2001, 80, 83 f.

ihm und dem gesetzlichen Vertreter die Einwilligungskompetenz bei dem Jugendlichen[1398].

Ist in Eilfällen, also in dringenden Notfällen, bei denen durch einen Aufschub der Behandlung Gefahren für Leben und Gesundheit des Patienten drohen[1399], die Einholung einer Einwilligung nicht mehr möglich, darf nach § 630d Abs. 1 S. 4 BGB die unaufschiebbare medizinische Maßnahme dennoch durchgeführt werden, sofern sie dem mutmaßlichen Willen des Patienten (s. dazu näher unten Rz. 452) bzw. des gesetzlichen Vertreters entspricht. Können sich die Eltern bei der Entscheidung über die Einwilligung nicht einigen[1400] oder ist die Verweigerung der Einwilligung durch den gesetzlichen Vertreter z.B. medizinisch unvertretbar oder missbräuchlich, so kann das **Familiengericht** angerufen werden (§§ 1628, 1666 BGB). Bei Gefahr im Verzug und zweifelsfrei gebotenem Eingriff darf der Arzt sich über die Verweigerung hinwegsetzen[1401]. Im umgekehrten Fall der erteilten Einwilligung der Personensorgeberechtigten in einen medizinisch nicht gebotenen Eingriff, etwa eine von § 1631d BGB nicht gedeckte religiöse Beschneidung, kann diese mit der Folge der Rechtswidrigkeit des Eingriffs unbeachtlich sein[1402]. 446

Wenn es bei der **Geburt** um Risiken für das Kind geht, ist allein die Mutter Aufklärungsadressat und **Zustimmungsträgerin**[1403]. 447

1398 *Lindenberg*, MedR 2019, 208.

1399 So BT-Drucks. 17/10488, 24.

1400 BGH FamRZ 2017, 1057 = NJW 2017, 2826: Schutzimpfung des Kindes: Bestehen bei dem Kind keine besonderen Impfrisiken, erhält der Elternteil die Entscheidungsbefugnis, der den Empfehlungen der Ständigen Impfkommission beim Robert-Koch-Institut folgt.

1401 Zur Bluttransfusion bei minderjährigen Zeugen Jehovas: *Bender*, MedR 1999, 260; AG Nordenham VersR 2007, 1418 = MedR 2008, 225: Tetanusimpfung.

1402 LG Köln NJW 2012, 2128 = GesR 2012, 484; LG Frankenthal MedR 2005, 243; *Putzke*, NJW 2008, 1568; ders., MedR 2008, 268.

1403 BGH NJW 1989, 1538, 1539 = MDR 1989, 437.

d) Psychisch Kranke, Betreute

448 [211] Der psychisch Kranke[1404] ist aufzuklären, wenn er einwilligungsfähig ist, er also Bedeutung und Tragweite des Eingriffs zu ermessen vermag[1405]. Ist er hingegen **nicht einwilligungsfähig**, hat die Aufklärung gegenüber dem gesetzlichen Vertreter bzw. dem durch eine Vorsorgevollmacht in Gesundheitsangelegenheiten Bevollmächtigten zu erfolgen, § 630e Abs. 4 BGB. Steht dieser nicht zur Verfügung, besteht keine öffentlich-rechtliche Unterbringung und liegt keine für den Arzt verbindliche Patientenverfügung vor (§ 630d Abs. 1 Satz 2 BGB)[1406], ist ein Betreuer zur Entgegennahme der Aufklärung und zur Entscheidung über die Einwilligung zu bestellen (§ 1896 BGB – oder das Betreuungsgericht entscheidet in Eilfällen selbst, §§ 1908i Abs. 1, 1846 BGB). Soweit dies zeitlich nicht möglich ist, hat der Arzt nach den Regeln der mutmaßlichen Einwilligung zu verfahren, § 630d Abs. 1 S. 4 BGB (s. unten Rz. 452)[1407]. Der Patient muss aber eine seinen Fähigkeiten und seinem Verständnis angepasste Information erhalten, § 630e Abs. 5 BGB; jedoch führt die Nichtbeachtung dieser Informationspflicht nicht zur Rechtswidrigkeit des Eingriffs, denn § 630d Abs. 2 BGB verweist gerade nicht auf § 630e Abs. 5 BGB[1408]. Es bliebe dann allenfalls ein Schadensersatzanspruch wegen Verletzung des allgemeinen Persönlichkeitsrechts; jedoch fehlt es dann regelmäßig an der die Zuerkennung von Geldersatz erforderlichen Intensität[1409].

449 Es sind umso höhere Anforderungen an die Bejahung der Einwilligungsfähigkeit zu stellen, je schwerwiegender der Eingriff und je nachhaltiger die Folgen sind oder sein können[1410]. Das Vorliegen der Einwilligungsfähigkeit (vgl. Fn. 1388) hat **der Arzt zu beurteilen**; dabei

---

1404 Hierzu näher: *Lipp*, MedR 2016, 843; *Kern*, MedR 1993, 245; *Wigge*, MedR 1996, 291; *Schweitzer*, FamRZ 1996, 1317; *Hennies*, MedR 1999, 341.

1405 Zum Begriff der Einwilligungsfähigkeit: *Damm*, MedR 2015, 775.

1406 Dazu *Schwedler*, MedR 2013, 652.

1407 BGH VersR 1959, 153, 154 = NJW 1959, 811, 812; AG Lübeck GesR 2020, 110; *Kern*, MedR 1993, 247.

1408 Darauf weisen zu Recht *Schwedler*, MedR 2013, 652, *Spickhoff*, VersR 2013, 267, 275 und *Coester-Waltjen*, MedR 2012, 553, 554 hin.

1409 *Wagner* in MünchKomm/BGB, 8. Aufl. 2020, § 630e Rz. 61.

1410 *Soergel/Zimmermann*, BGB, 13. Aufl. 2000, § 1904 Rz. 4 f.: So kann der Patient bezüglich einer zahnärztlichen Behandlung einwilligungsfähig sein, nicht aber hinsichtlich einer Nierensteinoperation.

empfiehlt sich jedenfalls in Zweifelsfällen eine über die allgemein gehaltene Aufzeichnungsverpflichtung des § 630f Abs. 2 BGB hinausgehende Dokumentation der ärztlichen Entscheidung und deren Gründe[1411] oder die Einholung der Einwilligung sowohl des Betreuten wie auch des Betreuers. Hat der Patient **lichte Momente**, kann er während dieser aufgeklärt und seine Einwilligung eingeholt werden[1412].

In den Fällen, in denen durch den Eingriff die Gefahr des Todes des 450
Patienten oder schwerer und länger dauernder gesundheitlicher Schäden besteht, bedarf – sofern dies zeitlich noch möglich ist – die Einwilligung des Betreuers[1413] oder Bevollmächtigten[1414] nach § 1904 BGB noch der **Genehmigung des Betreuungsgerichts**[1415]. Diese ist auch erforderlich bei nicht nur kurzzeitigen unterbringungsähnlichen Freiheitsbeschränkungen, z.B. Bettgitter[1416] (§ 1906 Abs. 4 BGB). Bei einer dem natürlichen Willen des untergebrachten Betreuten widersprechender Zwangsbehandlung gilt für die Einwilligung durch den Betreuer (und für die Genehmigung des Betreuungsgerichts) nun § 1906a BGB[1417].

1411 *Kern*, MedR 1993, 247.

1412 *Hennies*, MedR 1999, 341.

1413 Siehe zur Erörterungspflicht über die Fortsetzung lebens-(aber auch leidens-)verlängernder künstlicher Ernährung nach § 1901b Abs. 1 BGB: oben Rz. 415.

1414 Vgl. *Uhlenbruck*, ZRP 1998, 46 zur Erweiterung des § 1904 BGB um Abs. 2.

1415 Näher: *Götz in Palandt*, BGB, 79. Aufl. 2020, § 1904 Rz. 5 ff. Zu der Frage, ob die Einwilligung des Betreuers in den Abbruch ärztlicher lebenserhaltender Maßnahmen der Genehmigung bedarf: BGH VersR 2003, 861 = NJW 2003, 1588.

1416 Näher *Schmidt-Recla*, MedR 2012, 669 (Anm. zu OLG Bamberg NJW-RR 2012, 467 = MedR 2012, 663); OLG Düsseldorf GesR 2010, 689; s. zur nachoperativen Fixierung: *Kuhla*, GesR 2007, 441.

1417 Bis zum 21.7.2017: § 1906 Abs. 3 S. 1 Nr. 2 BGB. Näher: *Mazur/Kießling*, MedR 2019, 792; BGH NJW 2018, 1086 = MDR 2018, 278; AG BüdingenRDG 2019, 316: Elektrokrampftherapie. Siehe zu dem nach § 1906a Abs. 1 Nr. 4 BGB erforderlichen Überzeugungsversuch: BGH NJW 2017, 3714 = FamRZ 2017, 2056; BGH NJW 2014, 2497 = MedR 2015, 116.

451 Nicht auf die Einwilligungsfähigkeit des Patienten, sondern auf seinen **natürlichen Willen** kommt es bei der Sterilisation (§ 1905 BGB), einem Schwangerschaftsabbruch[1418], der Schwangerschaftsverhütung und der Teilnahme an medizinischen Experimenten an[1419]. Über den natürlichen Willen des einwilligungsunfähigen Patienten kann sich der Betreuer hier nicht hinwegsetzen. Eine Lebendorganspende ist bei Einwilligungsunfähigen nicht möglich (§ 8 Abs. 1 Nr. 1a TPG).

e) Bewusstlose/Operationserweiterung

452 [212] Bei **bewusstlos eingelieferten Patienten**[1420] sollten, sofern möglich, nächste Angehörige zu dem gem. § 630d Abs. 1 S. 4 BGB für die weitere Behandlung entscheidenden mutmaßlichen Willen, also zu den persönlichen Umständen des Patienten, seinen individuellen Interessen, Wünschen, Bedürfnissen und Wertvorstellungen[1421] befragt werden. Diese Angehörigen entscheiden jedoch nicht über die Einwilligung, sondern sind nur Auskunftspersonen, d.h. deren geäußerte Ansicht stellt lediglich einen zusätzlichen Anhaltspunkt dafür dar, wofür der Patient sich ausgesprochen hätte[1422], es sei denn, der Patient hat seine Entscheidungsbefugnis zuvor einem anderen übertragen (Vorsorgevollmacht)[1423].

453 Ansonsten kann sich der Arzt – sofern nicht eine entgegenstehende Patientenverfügung vorliegt (vgl. § 630d Abs. 1 S. 2 BGB) – **am „verständigen Patienten" orientieren**, dessen Wille sich danach richtet,

---

1418 OLG Frankfurt NJW 2008, 3790 = FamRZ 2009, 368: Betreuerbestellung zur Entscheidung über einen Schwangerschaftsabbruch.

1419 Ausführlich: *Kern*, MedR 1993, 250 und – zur Teilnahme an medizinischer Forschung – *Taupitz/Fröhlich*, VersR 1997, 911; OLG Karlsruhe NJW-RR 2008, 813 = FamRZ 2008, 1211 zur Schwangerschaftsverhütung gegen den Willen der Betreuten.

1420 Siehe zur Aufklärung bei der Teilnahme des Notfallpatienten an klinischer Forschung: *Lippert*, VersR 2016, 299.

1421 BGH VersR 2000, 603 = MedR 2000, 231 (5. Strafsenat).

1422 BGH VersR 1987, 770, 772 = NJW 1987, 2291, 2293.

1423 LG Göttingen VersR 1990, 1401; s. auch OLG München NJW-RR 2002, 811 = MedR 2003, 174 (mit kritischer Anm. *Bender*) zur ausnahmsweisen Unbeachtlichkeit der eine Bluttransfusion versagenden Patientenverfügung eines Zeugen Jehovas; zustimmend *Spickhoff*, NJW 2003, 1701, 1709; a.A. *Dirksen*, GesR 2003, 124.

was gemeinhin als normal und vernünftig angesehen wird[1424]. Danach sind dringende Maßnahmen durchzuführen[1425] und weniger dringliche Eingriffe zurückzustellen, bis eine Aufklärung des Patienten durchführbar[1426] oder – bei länger dauernder Bewusstlosigkeit – ein Betreuer bestellt ist und dieser nach ihm gegenüber zu erfolgender Aufklärung unter Berücksichtigung des mutmaßlichen Willens des Patienten eingewilligt hat[1427]. Bedeutet eine Nichtbehandlung die Gefahr schwerer Folgen, die für das weitere Leben des Patienten von erheblichem Gewicht sind, kann von einer **mutmaßlichen Einwilligung** ausgegangen werden[1428]. Eine solche Einwilligung ist auch bei nur belangloser Erweiterung der Operation anzunehmen[1429] oder wenn die Erweiterung dringlich geboten ist (akute vitale Indikation)[1430].

Von dem Fall des bewusstlos eingelieferten Patienten zu unterscheiden ist der Fall, dass **der Patient aufgeklärt worden ist und dann operiert wird**, sich aber nun (in der Operation und damit in der Bewusstlosigkeit) herausstellt, dass der Eingriff geändert werden muss. War eine – mehr als nur belanglose[1431] – Erweiterung oder Änderung voraussehbar und hatte der Arzt den noch nicht in Narkose versetzten Patienten hierüber nicht aufgeklärt, kann er sich nicht auf die mutmaßliche Einwilligung berufen, sondern haftet grundsätzlich wegen Verletzung der Aufklärungspflicht. Denn zur Behandlungsaufklärung gehört auch der Hinweis auf **vorhersehbare Operationserweiterungen oder -änderungen**, die mit dem narkotisierten Patienten nicht 454

1424 BGH VersR 2000, 603 = MedR 2000, 231 (5. Strafsenat); *Pauge/Offenloch*, Arzthaftungsrecht, Rz. 459; AG Lübeck GesR 2020, 110: so auch bei einwilligungsunfähigem Patienten.

1425 OLG Naumburg GesR 2015, 99: Periduralanästhesie im Geburtsgeschehen, wenn die Schwangere nicht mehr einwilligungsfähig ist, aber der Schmerzentlastung bedarf.

1426 Vgl. ausführlich OLG Frankfurt NJW 1981, 1322, 1323 f. (NJW 1982, 2144) = MDR 1982, 933.

1427 BGH VersR 1959, 153, 154 f. = NJW 1959, 811, 812; *Kern*, MedR 1993, 247.

1428 KG MedR 2017, 46 = GesR 2016, 294, juris-Rz. 15.

1429 OLG München VersR 1980, 172, 173 f.

1430 OLG Frankfurt NJW 1981, 1322, 1323 f. (NJW 1982, 2144) = MDR 1982, 933; OLG Zweibrücken VersR 1999, 1546 = NJW-RR 2000, 27.

1431 OLG Hamm VersR 2003, 1544 L.

mehr besprochen werden können[1432], ebenso wie der Hinweis auf vorhersehbare Behandlungsalternativen als Ergebnis einer intraoperativen Untersuchung[1433]. Dies gilt übrigens auch dann, wenn deutliche Anzeichen dafür bestehen, dass im Verlauf der Geburt eine Kaiserschnittentbindung notwendig oder zumindest zu einer echten Alternative werden kann[1434]. Der Arzt muss die Operation aber in der medizinisch gebotenen Weise fortsetzen, wenn dem Patienten ansonsten schwere Gefahren drohen; der Abbruch der Operation würde sich dann gegebenenfalls als Behandlungsfehler darstellen.

455 Kann nicht geklärt werden, ob die haftungsrechtlich geltend gemachte Opertionskomplikation **vor der Operationserweiterung** geschah, also noch im Zeitpunkt der Rechtmäßigkeit des Eingriffs, geht dies zu Lasten des Behandlers; hier trägt er unter dem Gesichtspunkt der Reserveursache die Beweislast[1435]. Anders soll es aber sein, wenn es um zwei separate und eigenständig zu sehende operative Maßnahmen geht, die während *eines* Eingriffs durchgeführt werden; dann trägt der Patient die Beweislast dafür, dass der Schaden auf dem rechtswidrigen Teil beruht[1436].

456 Stößt der Arzt während der Operation unerwartet auf ein **nicht voraussehbares erhöhtes Operationsrisiko**, über das mit dem Patienten also noch nicht gesprochen worden ist, so hat er den Eingriff mangels wirksamer Einwilligung des Patienten zu unterbrechen (z.B. wenn die

1432 BGH VersR 2005, 942 = NJW 2005, 2072 (Vorinstanz OLG Naumburg NJW-RR 2004, 315: Dabei reicht dann ein pauschaler Hinweis auf das Risiko einer Operationserweiterung oder einer Nachoperation nicht aus; je naheliegender eine bestimmte Operationserweiterung oder Nachoperation ist, desto konkreter ist der Patient hierüber aufzuklären – insoweit vom BGH nicht beanstandet); BGH VersR 1989, 289 = NJW 1989, 1541, 1542; BGH VersR 1985, 1187; OLG Köln VersR 2017, 621; OLG Nürnberg VersR 2016, 195 = MedR 2016, 344 (juris-Rz. 39); *Dettmeyer/Madea*, MedR 1998, 247 (Schnellschnitt-Untersuchung).

1433 BGH VersR 2019, 1369 = NJW 2019, 3072 (minimalinvasive Hysterektomie oder offene Operation); a.A. OLG Bamberg, Beschl. v. 27.11.2015 – 4 U 82/15 – veröff. in juris, mit kritischer Anm. *Hübel*, GesR 2016, 492: Stentimplantation oder Ballondilatation direkt nach der Herzkatheteruntersuchung.

1434 Siehe hierzu näher oben Rz. 430: Geburtsgeschehen.

1435 BGH VersR 2005, 942 = NJW 2005, 2072.

1436 So OLG Dresden MedR 2018, 169 = GesR 2017, 445.

Eltern des zu operierenden Kindes erreichbar sind[1437]) oder abzubrechen, sofern dies medizinisch möglich und vertretbar ist[1438]. Lässt sich der Eingriff ohne Gefährdung des Patienten nicht vorzeitig beenden, so ist – anders als im oben genannten Fall der vorhersehbaren Operationserweiterung – dessen mutmaßlicher Wille ausschlaggebend[1439]. Allerdings ist von einer mutmaßlichen Einwilligung für eine ungefragt vorgenommene Sterilisation auch dann nicht auszugehen, wenn sich während einer Sectio ergibt, dass weitere Schwangerschaften besonders risikobehaftet sind[1440].

f) Ausländer[1441]

[213] Der deutschen Sprache nicht mächtige Ausländer (oder auch Deutsche – etwa nach ihrer Einbürgerung) sind ebenfalls verständlich (§ 630e Abs. 2 S. 1 Nr. 3 BGB) aufzuklären[1442]. Auch wenn Dolmetscherkosten von der gesetzlichen Krankenversicherung nicht erstattet werden[1443] (mit der Folge, dass der Patient diese Kosten dem Arzt unter dem Gesichtspunkt einer Geschäftsführung ohne Auftrag gem. 457

1437 OLG Hamm ArztR 2017, 190 = GesR 2017, 367.

1438 *Geigel/Wellner*, Der Haftpflichtprozess, 28. Aufl. 2020, Kap. 14 Rz. 236.

1439 OLG Naumburg VersR 2008, 224 = NJW-RR 2008, 270; vgl. BGH VersR 1993, 703, 705 = NJW 1993, 2372, 2374: Der Wille der Mutter geht nicht immer dahin, bei der Entscheidung zwischen Vaginalgeburt und Schnittentbindung das höhere Risiko für das Kind und nur das geringere für sich selbst einzugehen.

1440 OLG Koblenz VersR 2007, 796 = NJW 2006, 2928; Ausführlich: *Sickor*, GesR 2010, 60. S. auch OLG Köln VersR 2009, 1670 zur Geschlechtsumwandlung.

1441 Ausführlich: *Hegerfeld*, MedR 2019, 540 (auch zu der Frage, wer bei unrichtiger Übersetzung durch den Dolmetscher haftet), *Kletecka-Pulker*, GesR 2016, 206 und *Muschner*, VersR 2003, 826. Siehe auch unten Fn. 1569. Zur unzureichenden Aufklärung durch einen der deutschen Sprache nicht hinreichend mächtigen ausländischen Arzt: AG Leipzig MedR 2003, 582 mit Anm. *Mangelsdorf*.

1442 OLG Köln VersR 2016, 994 = GesR 2016, 518 mit Anm. Hübel, GesR 2016, 795; KG VersR 2008, 1649 = MDR 2008, 973; OLG Nürnberg NJW-RR 2002, 1255 = MedR 2003, 172.

1443 S. im Einzelnen: *Spickhoff*, VersR 2013, 267, 276 f. und BT-Drucks. 17/10488, 25 (Hinzuziehung eines Dolmetschers auf Kosten des Patienten). Anders aber bei Gehörlosen gem. § 17 Abs. 2 SGB I, s. BSG GesR 2014, 625.

§§ 677, 683, 670 BGB zu erstatten hat[1444]), hat der Arzt für das Aufklärungsgespräch erforderlichenfalls eine sprachkundige Person – z.B. einen **Dolmetscher**, einen der deutschen Sprache mächtigen Angehörigen des Patienten[1445] oder einen sprachkundigen Angestellten der Klinik[1446] – heranzuziehen[1447]. Dem Arzt ist – erst recht nach dem Gesetzeswortlaut des § 630e Abs. 2 S. 1 Nr. 3 BGB – gestattet, die Behandlung (ausgenommen in Eilfällen) abzulehnen, wenn der Patient die Dolmetscherkosten nicht aufbringen kann[1448].

458 Den Arzt trifft ein Versäumnis in haftungsrechtlicher Hinsicht nicht in jedem Fall, nämlich wenn er nach Durchführung von Verständniskontrollen[1449] und bei sprachlich angepasster Aufklärung und ohne entgegenstehende Äußerung des Patienten von einem sprachlichen Verständnis ausgehen darf[1450]. Auch könnte ein ausländischer Patient mit der Folge einer Nichthaftung des Arztes als nicht schutzwürdig anzusehen sein, wenn er von sich aus keine sprachkundige Person zur Übersetzung hinzuzieht, obwohl es ihm leichter als dem Arzt möglich ist[1451]. Ist der Eingriff **dringlich** und eine Verständigung auch nonverbal nicht ausreichend möglich, kann gegebenenfalls auf den mutmaßlichen Willen des Patienten (§ 630c Abs. 1 S. 4 BGB) abgestellt werden[1452]. Verzichten kann der sprachunkundige Patient auf die Auf-

1444 *Muschner*, Die haftungsrechtliche Stellung ausländischer Patienten und Medizinalpersonen in Fällen sprachbedingter Missverständnisse, 2002, S. 174 ff.

1445 OLG Köln VersR 2016, 994.

1446 OLG Köln VersR 2016, 994 = GesR 2016, 518 mit Anm. *Hübel* GesR 2016, 795; OLG Düsseldorf NJW 1997, 2457; OLG Karlsruhe VersR 1997, 241; OLG München VersR 1993, 1488 = OLGR 1993, 145.

1447 S. auch BT-Drucks. 17/10488, 25.

1448 Siehe *Spickhoff*, ZRP 2012, 65, 68.

1449 Erforderliche Verständniskontrolle auch bei einem übersetzenden Angehörigen des Patienten: OLG Köln MedR 2019, 803 = GesR 2019, 331.

1450 KG VersR 2008, 1649 = MDR 2008, 973; OLG München VersR 2002, 717 = GesR 2003, 239; OLG Hamm VersR 2002, 192; *Muschner*, VersR 2003, 826, 827, 829.

1451 So *Muschner*, VersR 2003, 826, 831.

1452 *Deutsch/Spickhoff*, Medizinrecht, Rz. 471; *Muschner*, VersR 2003, 826, 831; OLG Braunschweig zfs 2003, 114: Aufklärung über die Möglichkeit einer Schnittentbindung bei bevorstehender Geburt.

klärung nach §§ 630c Abs. 4, 630e Abs. 3 BGB nicht, wenn er selbst die Grundaufklärung nicht versteht[1453].

3. Verschulden[1454]

459 [214] Wenn der ärztliche Eingriff wegen (auf Grund unzureichender Aufklärung) fehlender Einwilligung rechtswidrig ist, bedarf es zur Schadensersatzpflicht des Arztes aus vertraglicher und deliktischer Haftung an sich nicht noch der Feststellung eines Verschuldens des Behandlers[1455]. Denn hat der Arzt das aufklärungspflichtige Risiko z.B. nicht gekannt, obwohl es ihm hätte bekannt sein müssen, handelte er schuldhaft[1456]. Hierbei wird weitgehend ein **objektivierter Sorgfaltsmaßstab**, bei dem es – abgesehen von dem gerade diesen Arzt treffenden Standard – auf subjektive Belange nicht ankommt, angewendet, weil bereits ein objektiver Verstoß des Arztes gegen die Aufklärungspflicht auf einen subjektiven Verstoß gegen die erforderliche Sorgfalt schließen lässt. Musste der Arzt das Risiko nicht kennen, fehlt es regelmäßig bereits an der Pflicht zur Aufklärung hierüber[1457]. Irrt der Arzt über das Vorliegen einer (mutmaßlichen) Einwilligung oder über das Vorliegen von tatsächlichen Voraussetzungen eines Rechtfertigungsgrundes, so schließt dies eine fahrlässige Körperverletzung nicht unbedingt aus[1458]. Hat der Arzt aber entschuldbar eine wirksame Einwilligung des Patienten angenommen und beruht der Irrtum nicht auf Fahrlässigkeit, entfällt die Haftung mangels Verschuldens[1459]. Unterbleibt die Aufklärung als Folge eines Behandlungsfehlers (hier: unter-

1453 *Hegerfeld*, MedR 2019, 540, 545. S. zum Verzicht oben Rz. 395.

1454 Ausführlich zu Verschulden und Irrtum des Arztes bei der Aufklärung: *Gehrlein*, GesR 2016, 129, 133 ff.

1455 So BGH VersR 1989, 514, 516 = NJW 1989, 1535; BGH VersR 1991, 777 = NJW 1991, 2346.

1456 OLG Köln VersR 2017, 354 = MedR 2017, 248; OLG Koblenz NJW-RR 2002, 310 = OLGR 2002, 69; OLG Köln VersR 2008, 1072: Ein Arzt darf sich nicht darauf verlassen, dass im Aufklärungsbogen alle aufklärungsbedürftigen Risiken aufgeführt sind.

1457 BGH VersR 2011, 223 = NJW 2011, 375; BGH VersR 2010, 115 = NJW-RR 2010, 833; OLG Koblenz MedR 2013, 300; OLG Köln MedR 2012, 121 (aber nur, wenn ansonsten eine hinreichende Grundaufklärung vorausgegangen war); OLG Hamm VersR 1995, 173, 174.

1458 OLG Stuttgart VersR 1989, 1150, 1151 (Irrtum über das Vorliegen einer mutmaßlichen Einwilligung).

1459 S. dazu BGH VersR 2007, 209 = NJW-RR 2007, 310.

lassene Behandlungsalternativenaufklärung als Folge vorangegangenen Diagnosefehlers), scheidet eine Haftung wegen der Aufklärungspflichtverletzung aus. Es wird dann allenfalls wegen des Behandlungsfehlers gehaftet[1460].

IV. Aufklärungspflichtige Personen

460 [215] Das Aufklärungsgespräch hat nach § 630e Abs. 2 S. 1 Nr. 1 BGB durch den Behandler oder eine Person zu erfolgen, die über die zur Durchführung der Maßnahme notwendige Ausbildung verfügt, also in jedem Fall durch einen **Arzt**; eine Delegation auf seine nichtärztliche Hilfsperson ist unzulässig[1461].

461 Meist sind an der Behandlung des Patienten mehrere Ärzte beteiligt. Den die Überweisung zur Operation ausstellenden Arzt trifft grundsätzlich nicht die Verpflichtung, den Patienten aufzuklären[1462]. Anderes kann gelten, wenn dieser Arzt zugleich Chefarzt der Klinik ist,

1460 OLG Dresden MedR 2018, 971 = GesR 2018, 510, juris-Rz. 33.

1461 OLG Hamm GesR 2014, 416, 417 a.E. (Hebamme); OLG Brandenburg, Urt. v. 27.3.2008 – 12 U 239/06 – zit. nach juris; OLG Jena GesR 2005, 556 = ZMGR 2005, 282; BGH VersR 1974, 486, 488 = NJW 1974, 604; Bamberger/Roth/*Katzenmeier*, BGB, 4. Aufl. 2019, § 630e Rz. 39: Abzuwarten bleibt, ob die Rspr. künftig bezüglich solcher Maßnahmen, die zwar von einem Arzt angeordnet, deren Durchführung aber zulässigerweise an nichtärztliche Mitarbeiter delegiert werden, eine Aufklärung durch diese für zulässig erachtet; *Frahm*, VersR 2009, 1576, 1577 f., auch zu der Frage des dann erhobenen Einwands der hypothetischen Einwilligung; *Bergmann*, VersR 2016, 661, 664 setzt hier früher an: Es fehlt nun nach inhaltlich ordnungsgemäßer Aufklärung an einer Aufklärungsbedürftigkeit des Patienten wegen seines Vorwissens; ausführlich, auch zu der Gegenansicht in der Lit.: *Achterfeld*, MedR 2012, 140, 142 (Anm.); s. auch *Wigge/Loose*, MedR 2016, 318: die Delegation auf MTRA und MFA bei Röntgenuntersuchungen oder -behandungen ist unzulässig. Ausführlich zu der Frage der Delegation: *Achterfeld*, Aufgabenverteilung im Gesundheitswesen, 2014, S. 143 ff.

1462 KG ZMGR 2017, 244 (juris-Rz. 31): So wenn die Überweisung zur Diagnose und Behandlung erfolgt ist; OLG Koblenz VersR 2011, 1570: Einem die Überweisung ausstellenden Arzt kann bei einer Operationsempfehlung, deren Befolgung durch den Patienten ungewiss ist, nicht abverlangt werden, ungefragt über die Risiken eines Eingriffs zu informieren, dessen Durchführung noch nicht konkret zur Debatte steht.

in der die Operation durchgeführt werden soll[1463]. Der **operierende Arzt** wird sich im Falle einer Überweisung nur dann darauf verlassen dürfen, dass der Patient von anderer Seite hinreichend aufgeklärt worden ist, wenn er sich insoweit Gewissheit verschafft[1464], z.B. durch stichprobenartige Verständnisfragen[1465].

Jeder beteiligte Arzt ist grundsätzlich **nur für seine spezielle Behandlungsaufgabe aufklärungspflichtig** (z.B. Chirurg, Anästhesist, Strahlentherapeut oder der Radiologe, dem der Patient zur Durchführung einer bestimmten Diagnosemaßnahme überwiesen wird)[1466], insbesondere der Belegarzt beim gespaltenen Krankenhausvertrag für den seinen Fachbereich betreffenden Teil[1467]. Weist etwa die Narkoseaufklärung des Anästhesisten einen Fehler auf, haftet der Chirurg nicht, es sei denn, ihm war die fehlende Narkoseeinwilligung bekannt oder sie hätte ihm bekannt sein müssen. 462

Überträgt ein Arzt seine Verpflichtung auf einen anderen, z.B. auf den Stationsarzt, so ist dagegen nichts einzuwenden, wenn dieser ausreichend mit den medizinischen Gegebenheiten vertraut ist und die 463

1463 BGH VersR 1981, 456, 457 = NJW 1980, 1905, 1906 f.; strenger OLG Oldenburg VersR 1999, 1422 = OLGR 1999, 7: Aufklärungspflicht des Arztes, der durch seine Therapieempfehlung einen Teil der Behandlung mit übernimmt; anders jedoch OLG Oldenburg VersR 1996, 1111, 1112 = NJW 1996, 1601, 1602 f. zum Konsiliararzt, der lediglich eine Operationsempfehlung abgibt.

1464 BGH VersR 1980, 68, 69 = NJW 1980, 633, 634 zu 2 a bb; BGH VersR 1990, 1010, 1011 = NJW 1990, 2929, 2930: Die die Voruntersuchung und Beratung übernehmenden Ärzte hatten dem Chirurgen der für die Operation zuständigen Klinik mitgeteilt, der Patient sei umfassend aufgeklärt worden; KG ZMGR 2017, 244 (juris-Rz. 31); OLG Koblenz VersR 2011, 1570; vgl. auch OLG Düsseldorf VersR 1984, 643, 644: Der Radiologe darf sich darauf verlassen, dass der Facharzt, der ihm den Patienten zur Diagnoseuntersuchung überweist, bereits hinreichend aufgeklärt hat; s. auch OLG Koblenz VersR 2006, 123 = NJW-RR 2005, 1111: Der Krankenhausarzt muss bei Überweisung durch den Hausarzt, der einen bestimmten Eingriff für indiziert hält, den Patienten umfassend aufklären.

1465 *Rohde*, VersR 1995, 391, 393.

1466 OLG Hamm VersR 1994, 815.

1467 OLG Zweibrücken, Urt. v. 17.4.2012 – 5 U 20/08 – veröff. in juris (Rz. 136).

erforderliche Qualifikation aufweist[1468], § 630e Abs. 2 S. 1 Nr. 1 BGB. Er muss also aufgrund **abgeschlossener fachlicher Ausbildung** zumindest über die theoretische Befähigung verfügen, um die vorgesehene Maßnahme durchzuführen, und über die nötigen Kenntnisse, um den Patienten umfassend aufklären zu können[1469]. Demnach kann es z.B. unzureichend sein, wenn der Operateur nicht nur über die Operationsrisiken, sondern auch noch über das Narkoserisiko aufklärt[1470].

464 Klärt dieser Arzt nun fehlerhaft auf, ist die nachfolgende Behandlung rechtswidrig und **der Operateur haftet neben dem die Aufklärung übernommenen Arzt**. Nur wenn der behandelnde Arzt entschuldbar von einer ordnungsgemäßen Aufklärung ausgehen durfte, entfällt bei ihm mangels Verschuldens die Haftung. Dies setzt aber einen Schuldausschließungsgrund voraus, z.B. weil eine irrige Vorstellung über die ordnungsgemäße Aufklärung bestand und diese nicht auf Fahrlässigkeit beruhte[1471]. Dazu muss der behandelnde Arzt durch geeignete organisatorische Maßnahmen und Kontrollen sichergestellt haben, dass die Aufklärung ordnungsgemäß erfolgt[1472]. Dies gilt erst recht, wenn der Operateur der Chefarzt und damit dem aufzuklärenden Arzt gegenüber überwachungspflichtig und weisungsbefugt ist[1473]. Allein ein Blick in die Krankenakten zur Prüfung, ob eine Einwilligungserklärung mit entsprechenden Hinweisen über die Risiken des Eingriffs vorliegt, reicht dann nicht[1474]. **Der die Aufklärung übernehmende Arzt** haftet – es sei denn nach den konkreten Umständen des Einzelfalls trifft gerade diesen Arzt nur einen abgrenzbaren Teil der Aufklä-

---

1468 OLG Karlsruhe VersR 1997, 241.

1469 Ausführlich *Bender*, VersR 2013, 962; s. aber OLG Karlsruhe VersR 2014, 710 = MedR 2014, 244: wirksame Aufklärung durch den Medizinstudenten im praktischen Jahr; dies widerspricht aber der Intention des Gesetzgebers, wonach eine abgeschlossene fachliche Ausbildung vorliegen muss, BT-Drucks. 17/11710, 28 f.

1470 BT-Drucks. 17/10488, 24.

1471 OLG Koblenz VersR 2009, 1077: den Operateur trifft dann die Darlegungs- und Beweislast für einen derartigen Irrtum.

1472 Kritisch *Katzenmeier*, JZ 2007, 642 (Anm.): Faktisch bedeutet das eine der Arbeitsteilung entgegenstehende Einstandspflicht des Operateurs für jedes Defizit bei der vorausgegangenen Aufklärung.

1473 OLG Koblenz VersR 2009, 1077.

1474 BGH VersR 2007, 209 = NJW-RR 2007, 310.

rungspflicht[1475] – im Falle eines Aufklärungsversäumnisses selbst[1476], gleich ob den Operateur ein Verschulden trifft, und zwar neben dem Behandlungsträger (§§ 278, 31, 89, 831 BGB)[1477]. Dieser wiederum haftet ohne Entlastungsmöglichkeit i.S.d. § 831 Abs. 1 S. 2 BGB, wenn es an klaren und eingehenden Organisationsanweisungen sowie an entsprechenden Kontrollen für die Einhaltung der Aufklärungspflicht mangelt.

V. Zeitpunkt der Aufklärung

[216] Nach § 630e Abs. 2 S. 1 Nr. 2 BGB hat die Aufklärung so recht- 465
zeitig zu erfolgen, dass der Patient seine Entscheidung über die Einwilligung **„wohlüberlegt" treffen kann**. Denn abgesehen von Eilfällen, in denen die Bedenkzeit verkürzt sein kann, um die Operation z.B. am gleichen Tag noch durchführen zu können[1478], verliert die Aufklärung ihren Sinn, wenn sie erst verspätet erfolgt, so dass dem Patienten keine Zeit verbleibt, das Für und Wider des bevorstehenden Eingriffs abzuwägen, sich gegebenenfalls mit Dritten zu besprechen und sich innerlich frei zu entscheiden. Beruft sich der Patient darauf, nicht rechtzeitig aufgeklärt worden zu sein, trifft ihn – spätestens auf den Einwand der hypothetischen Einwilligung des Arztes (s. unten Rz. 480) – die Darlegungslast, weshalb der späte Zeitpunkt der Aufklärung sein Entscheidungsrecht verkürzt hat[1479]. Wird die Verspätung der Aufklärung noch nicht in der Klage beanstandet, sondern erst später im Prozess,

1475 Siehe BGH VersR 2015, 240 = NJW 2015, 477.

1476 BGH VersR 2015, 240 = NJW 2015, 477: denn mit der Aufklärung übernimmt dieser Arzt einen Teil der ärztlichen Behandlung, was eine Garantenstellung gegenüber dem Patienten begründet; BGH VersR 2010, 115 = NJW-RR 2010, 833; BGH VersR 2007, 209 = NJW-RR 2007, 310.

1477 Auch der den Eingriff nicht selbst vornehmende Chefarzt haftet, wenn wegen einer von ihm verschuldeten ungenügenden Organisation die Aufklärung Mängel aufweist, BGH VersR 2007, 209 = NJW-RR 2007, 310; BGH VersR 1992, 314, 316 = NJW 1992, 743, 744.

1478 OLG München MedR 2007, 601 = OLGR 2007, 381; OLG Saarbrücken VersR 1988, 95. S. auch BT-Drucks. 17/10488, 25.

1479 OLG Hamm VersR 2011, 625 = MedR 2011, 339.

kann dies darauf schließen lassen, dass der Zeitpunkt der Aufklärung für den Patienten nicht von ausschlaggebender Bedeutung war[1480].

466 [217] Eine Aufklärung **des stationär aufgenommenen Patienten** erst am Operationstag ist grundsätzlich verspätet[1481], erst recht nach bereits erfolgter Beruhigungs-, Narkose- oder Schmerzmittelgabe, die eine freie Entscheidung nicht mehr zulässt[1482]

467 Eine **Aufklärung am Vortag** kann ausreichen[1483]. Bei risiko- und umfangreichen Operationen ist sie dann aber (abgesehen von besonderen Fällen[1484]) verspätet[1485]. Erst recht ist der Patient regelmäßig überfordert, wenn er erst am **Vorabend** der Operation von gravierenden Risiken erfährt[1486]. Von einer Rechtzeitigkeit kann aber noch ausgegangen werden, wenn eine umfassende Aufklärung bereits mehrere Tage vor dem Eingriff erfolgt ist und der Patient nur über ein weiteres Behand-

---

1480 So jedenfalls OLG Köln VersR 2014, 751.

1481 BGH VersR 2003, 1441 = NJW 2003, 2012; BGH VersR 1998, 716 = NJW 1998, 1784 = MedR 1998, 516 mit Anm. *Kern*: Unterzeichnung des Aufklärungsformulars erst auf dem Weg in den Operationssaal; BGH VersR 1992, 960, 961 = NJW 1992, 2351 f.; OLG Stuttgart VersR 2002, 1428 = NJW-RR 2002, 1601; OLG Hamm r+s 1995, 338; OLG Hamm VersR 1992, 833, 834; OLG Celle NJW 1987, 2304, 2305.

1482 BGH VersR 1998, 716 = NJW 1998, 1784; BGH VersR 1983, 957; OLG Brandenburg VersR 2011, 267.

1483 BT-Drucks. 17/10488, 25; OLG Koblenz VersR 2013, 462: hier zumal die Patientin sich schon zuvor vergleichbaren Eingriffen unterzogen und sie außerdem im Aufklärungsbogen unterzeichnet hatte, dass sie keine weitere Überlegungsfrist benötige.

1484 OLG Köln VersR 2014, 751: Die Patientin war drei Jahre zuvor bereits in dieser Klinik ähnlich operiert worden; damit sei ihr die Richtung der aufzuklärenden Risiken bekannt gewesen.

1485 OLG Köln VersR 2012, 863; BGH VersR 1992, 960 = NJW 1992, 2351: Der Patient muss substantiiert vortragen, aus welchem Grund seine Entscheidungsfreiheit nicht mehr gewahrt gewesen sein soll, etwa wegen der mitgeteilten Risiken oder wegen seiner besonders eingeschränkten Entschlusskraft. BGH VersR 2007, 66 = NJW 2007, 217: kein Aufklärungsversäumnis aber, wenn der an sich verspäteten Aufklärung schon Aufklärungsgespräche etwa ein Jahr zuvor vorausgegangen waren. S. auch BT-Drucks. 17/10488, 25: Regelmäßig reicht die Aufklärung am Vortag aus.

1486 BGH VersR 1998, 766 = NJW 1998, 2734; OLG Köln VersR 2012, 863.

lungsrisiko erst am Vorabend informiert wird[1487]. Wenn der Patient eine Operation bereits am darauf folgenden Tag wünscht und davon ausgegangen werden kann, dass dieser Wunsch auch nach der Aufklärung weiterhin Bestand hat, ist die Aufklärung am Vorabend ebenfalls noch als rechtzeitig anzusehen[1488].

Ist die Durchführung der Operation nicht mehr vom Vorliegen wichtiger Untersuchungsbefunde abhängig, kann der Arzt bereits **bei der Vereinbarung eines Operationstermins** zur Aufklärung verpflichtet sein, es sei denn, es handelt sich nur um eine Aufklärung über das normale Narkoserisiko oder es soll nur ein kleiner Eingriff bzw. eine Operation mit nur geringen oder wenig einschneidenden Risiken durchgeführt werden. Eine erst später erfolgte Aufklärung ist aber nicht verspätet, solange der Patient noch ausreichend Gelegenheit hat, sich innerlich frei zu entscheiden[1489]. 468

Die im Anschluss an die Diagnostik erfolgte Aufklärung ist rechtzeitig, 469
wenn zwar die Operation nicht so dringlich ist, dass sie bereits am nächsten Tag erfolgen muss, der Patient sich aber für einen frühen Operationstermin entscheidet. Eine Überlegungszeit muss ihm nicht aufgezwungen werden.

[218] Bei **ambulanten**[1490] **oder bloß diagnostischen**[1491] Eingriffen, 470
bei denen der Patient nicht so stark unter dem Druck des Eingebundenseins in den Krankenhausbetrieb steht, reicht eine Aufklärung am Tag des Eingriffs regelmäßig aus. Ihm darf jedoch nicht der Eindruck vermittelt werden, sich nicht mehr aus einem bereits in Gang gesetzten Geschehen lösen zu können[1492]. Ihm muss auch hier noch Gelegenheit zu einem ruhigen Abwägen gegeben sein[1493]. Sollte der Patient eine

1487 OLG Schleswig OLGR 2009, 594, 597; OLG Hamm VersR 1995, 1440.

1488 OLG Düsseldorf NJW-RR 1996, 347 = OLGR 1995, 184.

1489 BGH VersR 2003, 1441 = NJW 2003, 2012; BGH VersR 1992, 960 f. = NJW 1992, 2351 f.

1490 Ausführlich dazu: *Rohde*, VersR 1995, 391; s. auch OLG Bremen VersR 1999, 1370 = OLGR 1998, 373: Sterilisation und Schwangerschaftsabbruch.

1491 OLG Koblenz VersR 2003, 1313 = NJW-RR 2002, 816.

1492 OLG Koblenz VersR 2003, 1313 = NJW-RR 2002, 816.

1493 BGH VersR 1994, 1235 f. = NJW 1994, 3009, 3010 f.; OLG Koblenz MDR 2008, 507 = OLGR 2008, 383.

(weitere) Bedenkzeit für erforderlich ansehen, kann von ihm erwartet werden, dass er dies von sich aus gegenüber dem Arzt zum Ausdruck bringt und den bevorstehenden Eingriff ablehnt[1494]. Ambulante Operationen mit erheblichen Risiken erfordern – abweichend von der oben genannten Regel – jedoch eine frühzeitige Aufklärung[1495]. Dies kann auch für diagnostische Eingriffe gelten (Myelographie)[1496].

471 [219] Besteht nach einem operativen Eingriff das Risiko, dass es einer **Nachoperation** bedarf (z.B. der Revision der Gallenwege nach einer Gallenblasenentfernung), und ist diese Nachoperation mit einem Risiko behaftet, hat der behandelnde Arzt schon vor der ersten Operation über diese Gefahr aufzuklären[1497].

472 [220] Eine **nachträgliche Genehmigung** des Eingriffs hebt die Rechtswidrigkeit der Körperverletzung i.S.d. § 823 BGB nicht auf, kann aber nach gehöriger Aufklärung einen Verzicht auf Schadensersatzansprüche bedeuten[1498].

473 **Liegt das Aufklärungsgespräch einen längeren Zeitraum zurück**, etwa weil der operative Eingriff verschoben werden musste, ist regelmäßig keine erneute Aufklärung erforderlich (s. oben Rz. 398).

1494 BGH VersR 2000, 725, 727 = NJW 2000, 1784.

1495 BGH VersR 2003, 1441 = NJW 2003, 2012; BGH VersR 1994, 1235 f. = NJW 1994, 3009, 3010 f.: Risikoreichen ambulanten Operationen gehen regelmäßig Untersuchungen voraus, in deren Rahmen die erforderliche Aufklärung bereits erteilt werden kann. Siehe auch OLG Hamm, Urt. v. 1.12.2015 – 26 U 30/15, veröff. in juris: Die Aufklärung vor einer periradikulären Therapiemaßnahme ist jedenfalls dann am Tag des Eingriffs noch rechtzeitig, wenn der Patient anlässlich vergleichbarer Eingriffe in der Vergangenheit ausreichend aufgeklärt war.

1496 Vgl. auch BGH VersR 1996, 195, 197 = NJW 1996, 777, 779; BGH VersR 1995, 1055, 1056 f. = NJW 1995, 2410, 2411.

1497 BGH VersR 1996, 330, 331 = NJW 1996, 779, 781; BGH VersR 1996, 1239 = NJW 1996, 3073.

1498 OLG Stuttgart VersR 1989, 1150.

VI. Verteidigung der aufklärungspflichtigen Personen bei Aufklärungsmängeln

1. Hypothetische Einwilligung[1499]

[221] Verletzt der Arzt seine Rechtspflicht zur Eingriffs- bzw. Risikoaufklärung, so bedeutet dies nicht ohne weiteres eine Haftung für den durch die Behandlung verursachten Schaden. Denn dem Aufklärungspflichtigen ist nach § 630h Abs. 2 S. 2 BGB nicht verwehrt, sich darauf zu berufen, dass der Patient auch im Fall einer ordnungsgemäßen Aufklärung in die Maßnahme eingewilligt hätte, genauer gesagt, **der Patient hätte eine wirksame Zustimmung zu diesem konkreten, gerade durch diesen Arzt[1500] vorgenommenen Eingriff auch bei ordnungsgemäßer Aufklärung erteilt**[1501] oder er hätte auch ohne Aufklärung in den Eingriff eingewilligt[1502]. Dieses Einwands bedarf es aber gar nicht erst, wenn zwar nicht vollständig aufgeklärt wurde, sich aber ein Risiko verwirklichte, über das der Arzt ordnungsgemäß aufgeklärt hatte (s. unten Rz. 487). 474

Der Einwand der hypothetischen Einwilligung gehört zum Bereich des **rechtmäßigen Alternativverhaltens**. Dieses rechtmäßige Alternativverhalten erfährt im Arzthaftungsrecht **zwei Einschränkungen**: Zum einen ist der Einwand dann unzulässig, wenn anstelle des Operateurs **abredewidrig ein anderer Arzt** die Operation vorgenommen hat und der Schädiger sich nun darauf beruft, der Gesundheitsschaden wäre auch bei dem Eingriff des richtigen Operateurs entstanden (s. oben Rz. 156)[1503], und zum anderen, wenn es um eine **Lebendorganspende** geht, weil der Einwand der hypothetischen Einwilligung 475

1499 BGH VersR 2019, 1369 = NJW 2019, 3072; ausführlich: *Schellenberg*, VersR 2008, 1298.

1500 BGH VersR 1996, 1239 = NJW 1996, 3073; a.A. OLG Koblenz VersR 2003, 253: Der Einwand der hypothetischen Einwilligung greife auch dann durch, wenn der andere (hypothetisch zu Rate gezogene) Arzt ebenfalls diesen Eingriff vorgenommen hätte.

1501 BGH VersR 1979, 1012 f.; vgl. auch BGH VersR 1991, 547, 548 = NJW 1991, 2342, 2343: Nach zunächst ordnungsgemäßer Aufklärung kam es nicht mehr zur Einwilligungserklärung.

1502 BGH VersR 1993, 228, 229 = NJW-RR 1992, 1241, 1242.

1503 BGH VersR 2016, 1191 = NJW 2016, 3523.

dann dem Schutzzweck der erhöhten Aufklärungsanforderungen des § 8 Abs. 2 S. 1, 2 TPG widerspricht[1504].

476 Dringt der Arzt mit dem Einwand der hypothetischen Einwilligung durch, haftet er wegen der Verletzung der Aufklärungspflicht nicht, auch nicht etwa auf Schmerzensgeld wegen der Verletzung des **Selbstbestimmungsrechts** des Patienten[1505].

477 Bei der Feststellung einer hypothetischen Einwilligung legt die Rechtsprechung einen strengen Maßstab an[1506], ist auf der anderen Seite aber auch großzügig zugunsten des Behandlers. Im Einzelnen gilt:

- Der Behandler muss sich auf diesen Einwand ausdrücklich berufen (§ 630h Abs. 2 S. 2 BGB) und dabei konkret vortragen, dass der Patient bei ordnungsgemäßer Aufklärung den Eingriff in gleicher Weise von ihm hätte durchführen lassen[1507]; erst dann besteht für den Patienten Anlass, einen plausiblen Entscheidungskonflikt für den Fall ordnungsgemäßer Aufklärung darzulegen[1508]. Einem Sich-

1504 BGH, Urt. v. 11.2.2020 – VI ZR 415/18 – juris; BGH VersR 2019, 484 = NJW 2019, 1076; BGH ArztR 2019, 173.

1505 Unrichtig daher OLG Jena VersR 1998, 586 = MDR 1998, 536 mit berechtigter Kritik: BGH VersR 2008, 1668 = NJW 2008, 2344 mit krit. Anm. *Grams*, GesR 2009, 69; BGH VersR 2006, 517 (m.w.N.); *Müller*, GesR 2004, 257, 261, *Kullmann*, VersR 1999, 1190, *Rehborn*, MDR 1999, 1169, 1172 und *Terbille*, VersR 1999, 235 (Anmerkung): Es fehlt an einem kausalen Schaden; Schmerzensgeld (richtig laut BGH: „Geldentschädigung für zugefügten immateriellen Schaden“) ist nur bei schwerwiegendem Eingriff in das allgemeine Persönlichkeitsrecht zulässig, welcher nicht vorliegt, wenn der Patient eingewilligt hätte; das Berufen auf die nicht erfolgte Aufklärung kann dann sogar rechtsmissbräuchlich sein. Das OLG Jena hat die Rechtsauffassung inzwischen auch aufgegeben (s. Urt. v. 19.6.2012 – 4 U 797/09 – veröff. in juris).

1506 BGH VersR 2007, 995 = NJW 2007, 2767: An die Voraussetzungen einer hypothetischen Einwilligung sind strenge Anforderungen zu stellen, damit das Aufklärungs- bzw. Selbstbestimmungsrecht nicht unterlaufen wird (erst recht bei der Anwendung noch nicht zugelassener Medikamente).

1507 Zum Umfang der Darlegungslast des Arztes: *Schellenberg*, VersR 2008, 1298, 1299 f.

1508 BGH VersR 2009, 257 = MDR 2009, 281; BGH VersR 1998, 766 = NJW 1998, 2734; BGH VersR 1994, 682, 684 = NJW 1994, 799, 801.

berufen erst in zweiter Instanz könnte § 531 Abs. 2 ZPO entgegenstehen[1509].

- An sich müsste der Behandler wie auch sonst beim rechtmäßigen Alternativverhalten beweisen, dass der Patient bei ordnungsgemäßer Aufklärung in den ärztlichen Eingriff eingewilligt hätte. Da dieser Beweis nur selten zu erbringen ist, fordert die Rechtsprechung[1510] dies erst, wenn der Patient einen echten Entscheidungskonflikt plausibel gemacht hat, obwohl dies so nicht in § 630h Abs. 2 Satz 2 BGB steht.
- Nach der Rechtsprechung sind an die Substantiierungspflicht des Patienten zur Darlegung eines solchen Konflikts keine zu hohen Anforderungen zu stellen[1511].
- Bleiben Zweifel, ob der Patient vor einem Entscheidungskonflikt gestanden hätte, ist zu seinen Gunsten davon auszugehen, dass eine hypothetische Einwilligung nicht vorlag[1512].
- Gelingt dem Patienten der plausible Vortrag, hat der Behandler nun (erst) den Beweis für seine Behauptung, der Patient hätte auch bei ordnungsgemäßer Aufklärung in den Eingriff eingewilligt, zu erbringen. Hieran scheitert dann regelmäßig der Einwand der hypothetischen Einwilligung. Es ist aber nicht ausgeschlossen, dass im Einzelfall der Behandler den Beweis doch erbringen kann, so wenn ihm z.B. Beweismittel zu der Behauptung zur Verfügung stehen, die Schwangere habe noch kurz vor der Geburt darauf bestanden, es komme für sie – gleich was geschehe – nur eine natürliche Entbindung in Betracht und kein Kaiserschnitt[1513].

Der Arzt kann sich eigentlich nicht auf die Sicht des **„vernünftigen Patienten“** und auf eine objektive Risikobewertung berufen, da es um den Schutz des Selbstbestimmungsrechts gerade dieses Patienten, also um seine persönliche Entscheidungssituation aus damaliger Sicht geht und es nicht auf eine objektive Betrachtung ankommt (s. 478

1509 S. unten Rz. 587.
1510 BGH VersR 2019, 1369 = NJW 2019, 3072, juris-Rz. 17.
1511 BGH GesR 2016, 351; BGH VersR 2007, 999 = NJW 2007, 2771.
1512 BGH VersR 1991, 547, 548 = NJW 1991, 2342, 2344.
1513 Vgl. BGH GesR 2016, 351.

oben Rz. 399)[1514]. Dies hindert den Tatrichter aber nicht, bei der Wertung des Entscheidungskonflikts diesen Gesichtspunkt mit einfließen zu lassen, ohne dass jedoch diese Überlegung allein entscheidend sein kann[1515]. Hatten aber Eltern über den **ärztlichen Eingriff an ihrem Kind** zu entscheiden, ist die Situation nicht mit der eines selbstverantwortlichen volljährigen Patienten vergleichbar, denn sie sind nach § 1627 BGB verpflichtet, die Entscheidung in erster Linie am Wohl ihres Kindes auszurichten. Das bedeutet für die Beurteilung, wie sie sich bei ordnungsgemäßer Aufklärung verhalten hätten, dass eher davon auszugehen ist, ihre Entscheidung wäre unter verständiger und am Kindeswohl orientierter Abwägung zugunsten einer vernünftigen Behandlung getroffen worden[1516].

479 [222] Beruft sich der Arzt auf die hypothetische Einwilligung des Patienten, so kann dieser den ärztlichen Einwand dadurch entkräften, dass er nachvollziehbar geltend macht, er hätte sich bei ordnungsgemäßer Aufklärung in einem **echten Entscheidungskonflikt** befunden[1517]. Für diese Frage ist erst einmal festzustellen, worüber der Patient im konkreten Fall hätte aufgeklärt werden müssen[1518]. Erst dann kann von ihm abgefragt werden, ob er sich bei ordnungsgemäßer Aufklärung in einem echten Entscheidungskonflikt befunden hätte[1519]. Für

1514 BGH VersR 2015, 196 = NJW 2015, 74; BGH VersR 2007, 995 = NJW 2007, 2767; BGH VersR 1994, 682, 684 = NJW 1994, 799, 801; KG ZMGR 2017, 244 (juris-Rz. 34); OLG Naumburg MedR 2011, 560; OLG Koblenz VersR 2003, 1313 = NJW-RR 2002, 816; vgl. auch BGH VersR 1980, 940, 942 = NJW 1980, 2751, 2753: Gerade ein verständiger Patient wird bei hohem Risiko Wert darauf legen, optimale bzw. bessere Operationsbedingungen zu erhalten.

1515 Vgl. BGH VersR 1998, 766 = NJW 1998, 2734; OLG Naumburg GesR 2011, 560. Dazu BGH VersR 2007, 995 = NJW 2007, 2767: Der Tatrichter darf seine eigene Beurteilung des Konflikts nicht an die Stelle derjenigen des Patienten setzen.

1516 OLG Saarbrücken GesR 2012, 219, 222.

1517 BGH VersR 2019, 1369 = NJW 2019, 3072; BGH VersR 2006, 838 = NJW 2005, 1364: Geht es aber wie bei einer fremdnützigen Blutspende nicht um einen Heileingriff, also nicht um die Entscheidung zwischen Krankheitsrisiko und Behandlungsrisiko, muss kein Entscheidungskonflikt plausibel gemacht werden; es reicht aus, wenn der Kläger plausibel vorträgt, er hätte dann von der Spende abgesehen.

1518 BGH VersR 2019, 1369 = NJW 2019, 3072.

1519 Beachte: KG MDR 2015, 278 bezieht sich u.a. auf BGH VersR 1984, 465 und verlangt, dass darüber hinaus für die Frage einer hypothetidas Vorliegen eines solchen echten Entscheidungskonflikts ist vom Patienten kein genauer Vortrag dahingehend abzuverlangen, wie er sich wirklich verhalten hätte[1520]. Es reicht aus, wenn er einsichtig macht, dass ihn – aus Ex-ante-Sicht[1521] – die Frage nach dem Für und Wider des ärztlichen Eingriffs ernsthaft vor die Entscheidung gestellt hätte, ob er zustimmen soll oder nicht[1522]. Dies kommt häufig bei einer nur relativen Operationsindikation in Betracht[1523], kann aber auch bei zwingender Indikation der Fall sein, weil sich der Entscheidungskonflikt z.B. auf Modalitäten der Operation oder auf die Qualität der den Eingriff vornehmenden Klinik und deren Personal beziehen kann[1524].

---

schen Einwilligung zusätzlich geklärt sein muss, ob der Patient tatsächlich nicht aufgeklärt worden ist; a.A. jedoch OLG Schleswig (Beschl. v. 19.11.2018 – 4 U 55/18 – für juris vorgesehen, unbeanstandet geblieben durch BGH, Beschl. v. 21.5.2019 – VI ZR 468/18 – ohne Begründung und nicht veröff.) unter Hinweis auf *Greger* in *Zöller*, ZPO, 33. Aufl. 2020, Vor § 284 Rz. 9, wonach nach allgemeinen prozessualen Grundsätzen eine (hier bei Durchgreifen des Einwands der hypothetischen Einwilligung letztlich) unnötige Beweiserhebung zu unterbleiben hat. Siehe nun auch BGH VersR 2019, 1369 = NJW 2019, 3072, wonach die Patientin nach Feststellung des Inhalts der gebotenen Aufklärung zu einem Entscheidungskonflikt angehört werden kann – also: ohne zusätzliche Feststellung, ob eine ausreichende Aufklärung erfolgt war; so auch OLG Koblenz VersR 2018, 938, juris-Rz. 29.

1520 BGH VersR 2005, 834 = NJW 2005, 1716: Trägt der Patient überzeugend vor, er hätte sich bei ordnungsgemäßer Aufklärung so verhalten, dass sich das Risiko nicht hätte verwirklichen können, ist dem Arzt der Einwand der hypothetischen Einwilligung abgeschnitten (der Patient trägt vor, er hätte bei ordnungsgemäßer Aufklärung über das erhöhte Schlaganfallrisiko infolge der Wechselwirkung zwischen Nikotingenuss und der angeratenen medikamentösen Behandlung sofort mit dem Rauchen aufgehört); s. auch OLG Köln VersR 2009, 261.

1521 OLG Koblenz MDR 2015, 1420.

1522 BGH VersR 2007, 995 = NJW 2007, 2767; BGH VersR 1994, 1235, 1236 = NJW 1994, 3009, 3011; BGH VersR 1992, 960, 962 = NJW 1992, 2351, 2353; BGH VersR 1991, 315, 316 = NJW 1991, 1543, 1544; OLG Brandenburg VersR 2000, 1283, 1285 = NJW-RR 2000, 398, 400; OLG Hamm VersR 1995, 47, 48.

1523 OLG Köln VersR 2012, 1565, 1568 und MedR 2012, 812: Querschnittslähmungsrisiko.

1524 OLG Schleswig VersR 1996, 634, 636 = NJW-RR 1996, 348, 349 f.: Hier war die Operation zwar vital indiziert, aber nicht dringlich, so dass noch anderweitiger Rat hätte eingeholt werden können.

480 War die Aufklärung **verspätet**, hat der Patient darzulegen, dass ihn die späte Aufklärung in seiner Entscheidungsfreiheit beeinträchtigt hat, und plausibel zu machen, dass er bei rechtzeitiger Aufklärung vor einem echten Entscheidungskonflikt gestanden hätte[1525]. Dabei sind aber an die Substantiierungspflichten keine zu hohen Anforderungen zu stellen[1526]; denn in diesen Fällen wird davon auszugehen sein, dass die Entscheidungsfreiheit des Patienten im Hinblick auf den psychischen und organisatorischen Druck eingeschränkt war[1527].

481 Trägt der Patient (auch in der – in aller Regel erforderlichen – **mündlichen Anhörung**, s. unten Rz. 599) keine (ausreichenden) Gesichtspunkte vor, weshalb er seine Zustimmung verweigert oder jedenfalls bei ordnungsgemäßer Aufklärung aus seiner Sicht vor einem echten Entscheidungskonflikt gestanden hätte, so kann das Gericht annehmen, dass er seine Zustimmung erteilt hätte[1528].

482 **Von einem ernsthaften Entscheidungskonflikt kann aber dann ausgegangen werden**[1529], wenn der Patient sogar ohne Kenntnis der möglichen schwerwiegenden Operationsfolgen den Eingriff längere Zeit hinausgezögert hatte, um zu versuchen, mit einer konservativen Behandlung auszukommen[1530], wenn er den Eingriff in der Vergangenheit bereits verweigert hatte[1531], wenn er in Kenntnis der Möglichkeit einer Nervverletzung bei der Tumorentfernung am Beckeneingang die Operation eher durch einen Neurochirurgen als durch einen Urologen hätte durchführen lassen[1532], wenn der Patient bei nur relativer Operationsindikation von der Gefahr einer Querschnittslähmung erfahren hätte[1533], wenn er bei Mitteilung höherer Risiken erst

1525 BGH VersR 2003, 1441 = NJW 2003, 2012; OLG Stuttgart VersR 2002, 1428 = NJW-RR 2002, 1601.

1526 BGH VersR 2003, 1441 = NJW 2003, 2012.

1527 BGH VersR 1995, 1055 = NJW 1995, 2410; OLG Koblenz VersR 2003, 1313 = NJW-RR 2002, 816.

1528 BGH VersR 1982, 1142; BGH VersR 1982, 74, 75 f. = NJW 1982, 700; OLG Karlsruhe VersR 1994, 860, 861; OLG Koblenz NJW 1990, 1540, 1542 f. = VersR 1990, 489 L; OLG Frankfurt VersR 1996, 1505, 1506.

1529 S. auch die Beispiele aus der Rechtsprechung in *Martis/Winkhart*, Arzthaftungsrecht, Rz. A 1900 ff.

1530 OLG Oldenburg VersR 1996, 1111, 1112 = NJW 1996, 1601, 1602.

1531 BGH VersR 2007, 995 = NJW 2007, 2767.

1532 OLG Köln VersR 2009, 1119.

1533 OLG Köln MedR 2012, 812.

einmal eine Zweitmeinung einer anderen Klinik hätte einholen wollen, für die er sogar schon eine Überweisung in Händen hielt[1534], wenn die Patientin auf weiteren Fortschritt in der Medizin (mit der Folge einer Bildgebung anstelle einer diagnostischen Operation) hätte vertrauen können[1535], wenn die mögliche Stimmbandlähmung für eine Telefonistin die Berufsunfähigkeit bedeutet hätte[1536], wenn in einer anderen Klinik aufgrund besserer Ausrüstung dann nur eine Operation ausgereicht hätte, während der jetzige Behandler vielleicht zwei Eingriffe benötigt hätte[1537], wenn das verwendete Medikament zur Chemotherapie gegenüber anderen Mitteln das Risiko dauerhaften Haarausfalls in sich trägt[1538], wenn der Heilversuch mit einem neuen, erst im Laufe der Behandlung zugelassenen Medikament mit der Gefahr noch nicht bekannter Nebenwirkungen erfolgt[1539] oder wenn bei nur geringen Beschwerden ein Zuwarten des riskanten Eingriffs möglich gewesen wäre[1540]. Nach einer Ansicht in der Literatur soll der Patient etwa im Rahmen einer vor dem ärztlichen Eingriff abgegebenen „erweiterten" Patientenverfügung klarstellen können, wie er sich hypothetisch (nicht) entschieden hätte[1541].

Ein **Entscheidungskonflikt wird regelmäßig nicht zu bejahen** sein, 483
wenn der Patient erklärt, er würde sich als Laie auf die Meinung des (ihm zur dann durchgeführten Operation zuratenden) Arztes verlassen[1542], wenn er das Risiko eines erheblichen Dauerschadens (z.B. Versteifung des Hüftgelenks) kannte, sich nun aber darauf beruft, bei Kenntnis auch des aufklärungsbedürftigen Risikos einer selten vorkommenden Nervenschädigung hätte er die Behandlung abgelehnt[1543].

1534 OLG Hamm, Urt. v. 8.7.2016 – 26 U 203/15 – veröff. in juris.
1535 OLG Koblenz VersR 2013, 1446 = MedR 2014, 251.
1536 OLG Koblenz VersR 2013, 1446 = MedR 2014, 251.
1537 LG Heidelberg MedR 2016, 801, 804.
1538 OLG Köln VersR 2017, 354 = MedR 2017, 248.
1539 BGH VersR 2007, 995 = NJW 2007, 2767.
1540 BGH VersR 2007, 66 = NJW 2007, 217.
1541 So *Ziegler*, VersR 2019, 1406 mit Formulierungsvorschlag.
1542 OLG Koblenz MDR 2015, 1420.
1543 OLG Koblenz VersR 1992, 963, 964; s. auch OLG Köln MedR 2015, 274; OLG Karlsruhe OLGR 2002, 407; OLG Köln NJW-RR 1996, 405 = OLGR 1995, 299 f.; OLG Düsseldorf VersR 1987, 1138, 1139; OLG Oldenburg VersR 1991, 1242, 1243 = MedR 1990, 348, 349: erfolgte Aufklärung über das Risiko eines Hirninfarkts – unterlassene Information über eine mögliche Thrombosebildung außerhalb des zentralen

Wenig plausibel ist es auch, wenn der Patient, der wegen einer Krebserkrankung mit einer erheblichen Beeinträchtigung seiner Lebensqualität zu rechnen hatte, erklärt, er hätte von der Operation wegen des hohen Risikos des Potenzverlustes Abstand genommen[1544]. Ein Entscheidungskonflikt ist ebenfalls nicht plausibel, wenn bei der Netzhautoperation die Gefahr einer Erblindung des Auges besteht, die Erblindung ohne diesen alternativlosen Eingriff aber ebenfalls in absehbarer Zeit eingetreten wäre[1545] oder wenn das Einsetzen einer Schmerzpumpe die letzte Chance war, die Schmerzen zu lindern, und der Patient trotz des missglückten Eingriffs zu einem späteren Zeitpunkt die Pumpe anlegen lässt[1546]. Schließlich spricht es gegen einen Entscheidungskonflikt, wenn der Patient sich operieren lässt, obwohl aus seiner Sicht noch nicht alle Fragen geklärt waren[1547] und er sich mit dem Ganzen auch nicht habe auseinandersetzen wollen[1548] oder aber wenn die Patientin in ihrer Berufstätigkeit erheblich beeinträchtigt ist und ein Jahr lang konservative Behandlungen keinen Erfolg hatten[1549]. Gegen die Annahme eines Entscheidungskonfliktes soll auch sprechen, wenn der Patient den zu späten Aufklärungszeitpunkt erst in zweiter Instanz rügt; dies lasse darauf schließen, dass dieser Gesichtspunkt für die Entscheidung des Klägers nicht von ausschlaggebender Bedeutung war[1550].

484 Beruft sich der Patient darauf, **er hätte den Eingriff bei ordnungsgemäßer Aufklärung hinausgeschoben**, wird ihm ein Vortrag dahin abzuverlangen sein, auf welche Weise diese Zeit hätte genutzt werden sollen[1551]. So können bei nicht dringlichen Eingriffen private Gründe

---

Nervensystems. Vgl. demgegenüber OLG München VersR 1996, 102, 103.

1544 OLG Köln VersR 1990, 663 = r+s 1989, 326; vgl. auch OLG Jena MedR 2007, 733 = OLGR 2006, 710; OLG Köln VersR 1996, 1413 f. = NJW-RR 1996, 405.

1545 OLG Naumburg GesR 2011, 560: In der Regel ist es naheliegend, dass der Patient sich für die vernünftige Behandlungsmöglichkeit entscheidet.

1546 OLG Düsseldorf GesR 2012, 306, 308.

1547 OLG Koblenz MedR 2016, 60; OLG Köln MedR 2015, 274; OLG Koblenz VersR 2014, 69, 70 a.E.

1548 OLG Köln VersR 2013, 62.

1549 OLG Koblenz VersR 2014, 69, 70.

1550 So OLG Köln VersR 2014, 751.

1551 OLG Stuttgart VersR 1998, 1111, 1113 f. = NJWE-VHR 1997, 256.

(familiäre/berufliche Belastung) eine abwartende Haltung des Patienten, etwa um eine weitere Abklärung zu veranlassen, plausibel machen[1552].

Die Anforderungen an die **Substantiierungspflicht des Patienten** 485
sind auch nicht zu hoch anzusetzen[1553]. Die Möglichkeit eines plausiblen Vortrages zum Entscheidungskonflikt begrenzt den Einwand der hypothetischen Einwilligung danach in hohem Maß und fordert zugleich den Tatrichter bei der Frage, ob ihm der Patientenvortrag insoweit nachvollziehbar ist[1554]. Bleiben Zweifel, ob der Patient vor einem Entscheidungskonflikt gestanden hätte, ist zu seinen Gunsten davon auszugehen, dass eine hypothetische Einwilligung nicht vorlag, falls der Arzt nicht nachweist, der Patient hätte dennoch seine Einwilligung erteilt[1555].

2. Fehlende Realisierung des aufklärungspflichtigen Risikos

[223] Wenn sich das **Risiko**, über welches nicht aufgeklärt wurde, 486
nicht realisiert hat, sondern ein anderes, nicht aufklärungsbedürftiges Risiko, kann die Haftung des Arztes ausgeschlossen sein. Dies kommt aber lediglich dann in Betracht, wenn das sich realisierte, aber nicht aufklärungspflichtige Risiko nach Bedeutung und Auswirkung für den Patienten mit dem mitzuteilenden, aber nicht eingetretenen Risiko nicht vergleichbar ist (d.h.: wenn das Aufklärungsdefizit in eine ganz andere Richtung als das verwirklichte Risiko zielt[1556]) und der Patient zumindest eine **Grundaufklärung** erhalten hat. Dazu muss ihm ein

1552 OLG Köln VersR 2000, 361 = NJW-RR 1999, 674; OLG Köln VersR 2008, 1072.

1553 BGH VersR 2007, 999 = NJW 2007, 2771.

1554 Vgl. OLG Koblenz VersR 1992, 963 f.; zur Nachvollziehbarkeit: *Schellenberg*, VersR 2008, 1298, 1301.

1555 BGH VersR 1991, 547, 548 = NJW 1991, 2342, 2344; enger BGH VersR 2005, 836 = NJW 2005, 1718 und *Wagner*, VersR 2012, 789, 794: Beweislast des Arztes erst dann, wenn der Patient den Entscheidungskonflikt zur Überzeugung des Tatrichters plausibel gemacht hat.

1556 BGH VersR 2019, 1022 = NJW 2019, 2320: Keine Vergleichbarkeit zwischen nicht aufklärungspflichtigen Myoklonien und aufklärungspflichtiger Meningitis; BGH VersR 1989, 514 = NJW 1989, 1533: fernliegende Gefahr der Ausbildung einer tödlich verlaufenden Sepsis gegenüber einer Infektion des Gelenks mit der möglichen Folge einer Schulterversteifung; vgl. auch BGH NJW 1984, 1395: Es war keine Aufklärung über zutreffender Eindruck von der Schwere des Eingriffs und von der Art der Belastungen vermittelt werden, die für seine körperliche Integrität und Lebensführung auf ihn zukommen können. In der Regel ist dafür auch auf das schwerste in Betracht kommende eingriffsspezifische Risiko hinzuweisen. Damit liegt zwar noch keine vollständige Risikoaufklärung vor, aber der Patient hat nun eine allgemeine Vorstellung von dem Schweregrad des Eingriffs und der Stoßrichtung der damit zusammenhängenden Belastungen für seine Lebensführung[1557]. Die Verletzung des Selbstbestimmungsrechts des Patienten wiegt bei fehlender Grundaufklärung ähnlich schwer, wie wenn der Patient überhaupt nicht um eine Zustimmung zum Eingriff ersucht worden ist[1558].

3. Realisierung des aufgeklärten Risikos

487 [224] Ein anderer Fall liegt vor, wenn der Arzt über ein bestimmtes aufklärungspflichtiges Risiko ordnungsgemäß aufgeklärt hatte und sich *dieses* nun realisiert, der Arzt aber versäumt hatte, den Patienten auf weitere aufklärungspflichtige Risiken hinzuweisen. An sich war der Eingriff dann rechtswidrig. Der BGH[1559] lässt den Arzt dennoch nicht haften: Es spiele *regelmäßig* keine Rolle, ob auch andere Risiken der Erwähnung bedurften, weil der Patient **in Kenntnis des verwirklichten Risikos** seine Einwilligung gegeben habe; Überlegungen

erheblichen Untersuchungsschmerz erfolgt, realisiert hatte sich das (u.U.) nicht aufklärungspflichtige Risiko einer Darmperforation.

1557 BGH VersR 2019, 1022 = NJW 2019, 2320; BGH VersR 1991, 777, 779 = NJW 1991, 2346, 2347; s. auch BGH VersR 1989, 514, 516 f. = NJW 1989, 1533, 1534 f.: Verwirklicht sich das aufklärungspflichtige Eingriffsrisiko in einer seltenen Form, die dem Patienten insoweit nicht darzustellen war, so beeinträchtigt dies auch unter Schutzzweckerwägungen den Zurechnungszusammenhang nicht.

1558 BGH VersR 2019, 1022 = NJW 2019, 2320; BGH VersR 2001, 592 (mit Anm. *Gehrlein*) = NJW 2001, 2798; BGH VersR 1996, 195, 197 = NJW 1996, 777, 779 = LM BGB § 823 (Ac) Nr. 60 mit Anm. *Deutsch*.

1559 BGH VersR 2006, 1073 = NJW 2006, 2477; BGH VersR 2001, 592 = NJW 2001, 2798; BGH VersR 2000, 725, 726 = NJW 2000, 1784 = MDR 2000, 701 mit Anm. *Terbille*, MDR 2000, 1012; OLG Hamm VersR 2011, 625 = MedR 2011, 339; OLG Stuttgart GesR 2011, 562; anders jedoch u.U., wenn die Aufklärung darüber unterlassen wurde, dass es sich um eine Außenseitermethode handelt: BGH VersR 2007, 1273 = NJW 2007, 2774; s. aber LG Nürnberg-Fürth VersR 2009, 113 mit ausführlicher Anm. *Bender*, VersR 2009, 176, 179 f.

dazu, ob er bei vollständiger Aufklärung die Einwilligung möglicherweise versagt hätte, seien spekulativ und könnten nicht die Grundlage für einen Schadensersatzanspruch sein[1560].

4. Anderweitig zu erwartender Schadenseintritt

[225] An einem zurechenbaren Schaden des Patienten fehlt es, wenn bei Unterlassung des rechtswidrigen ärztlichen Eingriffs ein **gleichwertiger negativer Verlauf** eingetreten oder wenn dies im Rahmen einer späteren Behandlung ebenfalls geschehen wäre[1561]. Der Einwand, der Schaden hätte dann ebenfalls eintreten *können*, reicht hingegen nicht aus[1562]. 488

5. Mitverschulden

[226] Das Mitverschulden des Patienten nach § 254 BGB kann die Haftung des Behandlers zum Teil oder gar vollständig entfallen lassen, wenn er diejenige Sorgfalt außer Acht lässt, die ein **ordentlicher und verständiger Patient** zur Vermeidung eines eigenen Schadens anwendet. Hiervon wird man ausgehen können, wenn er die Ausführungen des Arztes nicht verstanden hat, dies dem Arzt gegenüber aber nicht zu erkennen gibt (s. auch oben Rz. 359), wenn er den unzutreffenden Eindruck vermittelt, ihm seien die Risiken bereits bekannt oder gleichgültig[1563], wenn er das Aufklärungsformular unterzeichnet, ohne es gelesen zu haben, oder wenn er sich bei ausreichender ärztlicher Aufklärung über Risiken des verschriebenen Medikaments (s. oben Rz. 404) nicht anhand des Beipackzettels informiert[1564]. Dem Patienten ist aber nicht vorzuwerfen, er hätte von sich aus durch geeignete Fragestellung die erforderliche Aufklärung selbst herbeifüh- 489

1560 So auch BT-Drucks. 17/10488, 29 unter Hinweis auf den Schutzzweck der Aufklärung.

1561 BGH VersR 1985, 60, 62 = NJW 1985, 676, 677 (Reserveursache); OLG Celle VersR 1977, 1106, 1107 = NJW 1978, 593; s. aber zum anderen Operateur oben Rz. 156 und 439.

1562 BGH VersR 1981, 677 = r+s 1981, 187, 188 f.

1563 BGH VersR 1976, 293 = NJW 1976, 363: Bei Patienten von einfacher Denkweise wird ein Mitverschulden dann aber in der Regel nicht in Betracht kommen.

1564 Zurückhaltend: *Stöhr*, GesR 2006, 145, 148 f.

ren können; dies gilt insbesondere dann, wenn er keinen Grund hat, in diese Richtung Fragen zu stellen[1565].

VII. Beweislast

1. Behandlungsseite

490 [227] Die Behandlungsseite trägt gem. § 630h Abs. 2 S. 1 BGB die Beweislast für das Vorliegen der vom Patienten erteilten **Einwilligung** und der zuvor ordnungsgemäß durchgeführten **Aufklärung**, weil diese Umstände die Voraussetzungen für die Rechtmäßigkeit des ärztlichen Handelns sind, dem Patienten der Nachweis einer unzureichenden Aufklärung häufig unmöglich sein wird (insbesondere mangels Risikokenntnis im maßgebenden Zeitpunkt) und weil der Arzt auf Grund seiner Fachkenntnis in der Lage und nach § 630f Abs. 2 S. 1 BGB nun auch gesetzlich verpflichtet ist, in der Aufklärung die erforderlichen Beweismittel herzustellen (Aufklärungsformulare, schriftliche Bestätigungen)[1566].

491 Ist zwischen den Parteien der Umfang der Aufklärungspflicht streitig, also ob über ein bestimmtes (vom Patienten im Prozess zunächst vorzutragendes) Risiko hätte aufgeklärt werden müssen, ist auf Grund des **Rechtswidrigkeitskonzepts** gem. § 630h Abs. 2 S. 1 BGB der Behandlungsseite abzuverlangen, diese Behauptung des Patienten zu widerlegen und die Vollständigkeit seiner Aufklärung auch insoweit zu beweisen[1567].

492 Die Behandlungsseite trägt auch die Beweislast zur Behauptung

- über eine mangelnde Aufklärungsbedürftigkeit des Patienten[1568],
- über eine ordnungsgemäße Aufklärung des Ausländers[1569],

1565 OLG Stuttgart VersR 1987, 515.

1566 BT-Drucks. 17/10488, 29.

1567 *Geiß/Greiner*, Arzthaftpflichtrecht, Rz. C. 132; vgl. auch BGH VersR 2014, 586 = GesR 2014, 153 zur Behandlungsalternativenaufklärung; BGH VersR 1999, 1515, 1517 = NJW 1999, 2823, 2825; kritisch: *Zurlinden*, VersR 2017, 1438, 1439.

1568 BGH VersR 1980, 68, 69 = NJW 1980, 633, 634.

1569 OLG München VersR 1995, 95; OLG Frankfurt VersR 1994, 986; OLG Düsseldorf VersR 1990, 852, 853; OLG Nürnberg NJW-RR 2002,

- über eine Kontraindikation der Aufklärung, weil mit ihr das Leben oder die Gesundheit des Patienten ernsthaft gefährdet worden wäre[1570],
- über die Richtigkeit der Darstellung der Eingriffsdringlichkeit[1571],
- über die erfolgte Aufklärung durch einen anderen Arzt[1572],
- über die Rechtzeitigkeit der Aufklärung[1573],
- über das Vorliegen der Voraussetzungen einer mutmaßlichen Einwilligung, z.B. dass auf das erst während der Operation entdeckte unerwartete Risiko der Eingriff aus medizinischen Gründen und im Interesse des Patienten (z.B. aus Lebenserhaltungsgründen) nicht abgebrochen werden konnte, um eine Einwilligung des Patienten auch insoweit einzuholen[1574],
- über das Mitverschulden des Patienten (s. oben Rz. 489),
- über eine hypothetische Einwilligung[1575],

1255 = MedR 2003, 172: Die Ermittlung der Qualität des Sprachverständnisses ist keine Tatsachenfeststellung, sondern eine Wertung und deshalb dem Zeugenbeweis nicht zugänglich; vgl. OLG Nürnberg VersR 1996, 1372, 1373: keine Sachverständigenvernehmung über damalige Deutschkenntnisse der Patientin. S. auch oben Rz. 457 f.

1570 *Geigel/Wellner*, Der Haftpflichtprozess, 28. Aufl. 2020, Kap. 14 Rz. 225. S. auch oben Rz. 400.

1571 BGH VersR 1990, 1238 = NJW 1990, 2928, 2929.

1572 BGH VersR 1984, 538, 539 = NJW 1984, 1807, 1808; OLG Hamm VersR 1991, 667 = NJW-RR 1991, 1309.

1573 BGH VersR 1992, 747, 749 = NJW 1992, 2354, 2356; BGH VersR 1992, 960, 961 = NJW 1992, 2351, 2352: Beruft sich der Patient substantiiert darauf, dass seine Entscheidungsfreiheit bei der verspäteten Aufklärung nicht mehr gewahrt war, muss der Arzt beweisen, dass sich der Patient trotz der Verspätung frei für den Eingriff entschieden hat. Zur hypothetischen Einwilligung bei verspäteter Aufklärung: s. oben bei Rz. 480.

1574 *Geigel/Wellner*, Der Haftpflichtprozess, 28. Aufl. 2020, Kap. 14 Rz. 236.

1575 BGH VersR 1992, 960, 962 = NJW 1992, 2351, 2353; BGH VersR 1991, 547, 548 = NJW 1991, 2342, 2344; BGH VersR 1994, 1302 = NJW 1994, 2414, 2415: Wenn der Patient den Eingriff zunächst abgelehnt und sich hierzu erst bereit gefunden hat, nachdem der Arzt oder die Sprechstundenhilfe auf ihn eingewirkt haben, sind die Anforderungen an den Nachweis einer hypothetischen Einwilligung hoch anzusetzen. Auf den Einwand des Arztes über das Vorliegen einer hypothetischen

- über den Einwand, ohne den rechtswidrig ausgeführten Eingriff hätte der Patient dieselben Beschwerden gehabt (weil sich das Grundleiden in mindestens ähnlicher Weise ausgewirkt haben würde)[1576], es wäre ein Schaden gleicher Ausprägung auch bei einer alternativ in Betracht stehenden Behandlung entstanden oder wenn der Patient den Eingriff in einem anderen Krankenhaus oder zu einem späteren Zeitpunkt hätte vornehmen lassen[1577].

493 [228] An die Darlegungs- und Beweislast der Behandlungsseite sind aber **keine unbilligen und übertriebenen Anforderungen** zu stellen[1578]. So hat der Tatrichter die besondere Situation des behandelnden Arztes ebenso zu berücksichtigen wie die Gefahr eines Missbrauchs der dem Arzt obliegenden Beweislast durch den Patienten. Ist für ein gewissenhaftes Aufklärungsgespräch einiger Beweis erbracht, sollte – so der BGH – dem Arzt im Zweifel geglaubt werden, dass die Aufklärung auch im Einzelfall in der gebotenen Weise geschehen ist[1579]. Wird le-

Einwilligung erfolgt die Vortrags- und Substantiierungslast des Patienten zu seinem Entscheidungskonflikt, jedoch ohne dass die Beweislast hinsichtlich der hypothetischen Einwilligung auf ihn verlagert wird, s. oben Rz. 477.

1576 BGH NJW 2016, 3522 = GesR 2016, 362.

1577 BGH VersR 2005, 942 = NJW 2005, 2072; BGH VersR 1989, 289, 290 = NJW 1989, 1541, 1542; BGH VersR 1981, 677, 678 = r+s 1981, 187, 188 f.; OLG Braunschweig NdsRpfl 2008, 99; OLG Celle VersR 1977, 1106, 1107 = NJW 1978, 593 f.; OLG Schleswig VersR 1996, 634, 637 = NJW-RR 1996, 348, 350: strenge Anforderungen an die Beweisführung. Siehe aber Rz. 156 und 439 zur Unzulässigkeit des Einwands des rechtmäßigen Alternativverhaltens bei Durchführung der Operation durch einen anderen als den vereinbarten Arzt.

1578 BGH VersR 2014, 588 = NJW 2014, 1527. BGH VersR 1985, 361, 362 = NJW 1985, 1399; OLG Schleswig VersR 1996, 634, 636 = NJW-RR 1996, 348, 349. Vgl. unten Rz. 600 hinsichtlich des Inhalts schriftlicher Aufzeichnungen im Krankenblatt über die Aufklärung.

1579 BGH VersR 2015, 196 = NJW 2015, 74 und VersR 2014, 588 = NJW 2014, 1527: So ist u.a. zu berücksichtigen, dass sich Patienten aus vielerlei verständlichen Gründen im Nachhinein nicht mehr an den genauen Inhalt des Aufklärungsgesprächs erinnern können. Entscheidend ist das vertrauensvolle Gespräch zwischen Arzt und Patient; deshalb muss der Arzt, selbst wenn er kein Formular benutzt hat, eine faire und reale Chance haben, den ihm obliegenden Beweis zu führen. BGH VersR 1985, 361 = NJW 1985, 1399; OLG Koblenz VersR 2018, 552; OLG Koblenz VersR 2010, 770.

diglich eine allgemeine Aufklärungsübung des Arztes etwa durch Vernehmung seiner Mitarbeiter als Zeugen oder durch seine Vernehmung als Partei gem. § 448 ZPO[1580] festgestellt, so kommt dem hinsichtlich der konkreten Aufklärung eine wesentliche Indizwirkung zu[1581] (**„Immer so"-Rechtsprechung**[1582]). Dies gilt aber auch **umgekehrt**: Dokumentiert der Arzt ansonsten stets („immer so") eine bestimmte Aufklärung und fehlt es aber im konkreten Fall an einer sol-

1580 BGH VersR 2015, 196 = NJW 2015, 74; BGH VersR 2002, 120 = NJW-RR 2001, 1431; OLG Koblenz VersR 2008, 690 = FamRZ 2008, 1533; OLG Düsseldorf GesR 2005, 464 = OLGR 2006, 12; OLG Celle VersR 2004, 384.

1581 BGH VersR 2014, 588 = NJW 2014, 1527: Angesichts der Vielzahl von Aufklärungsgesprächen kann vom Arzt nicht erwartet werden, dass er sich an das konkrete Gespräch nach Ort, Umständen und genauem Inhalt noch erinnert. BGH VersR 1985, 361 = NJW 1985, 1399; KG MedR 2018, 813, juris-Rz. 94 ff.; OLG Hamm MedR 2018, 409, juris-Rz. 24; OLG Hamm VersR 2011, 625 = MedR 2011, 339; OLG Oldenburg OLGR 2007, 473; aber OLG Hamm VersR 1995, 661 und OLG Brandenburg VersR 2000, 1283, 1285 = NJW-RR 2000, 398, 400: nur wenn feststeht, dass ein Aufklärungsgespräch überhaupt stattgefunden hat. S. auch OLG Hamm GesR 2005, 401. Einschränkend: *Prütting*, GesR 2017, 681, 686 ff.

1582 Siehe dazu OLG Koblenz, Urt. v. 28.6.2017 – 5 U 61/17 – veröff. in juris: „Während der Arzt insbesondere für häufige Eingriffe routinierte Abläufe entwickeln und daher seine Aufklärungsübung schildern kann, ist die Erinnerung des Patienten an das Aufklärungsgespräch in Anbetracht des häufig erheblichen Zeitabstands und der nicht seltenen Aufregung während und im Vorfeld medizinischer Behandlungsmaßnahmen häufig getrübt." Kritisch jedoch *Ziegler/Ziegler*, GesR 2019, 205: Angesichts der unterschiedlichen Behandlungssituationen gibt es ein „immer-so" nicht, höchstens ein „regelmäßig" (und dann auch allenfalls bei Standardbehandlungen ohne jede individuelle Besonderheit). Außerdem könnten sich der Patient und seine Angehörigen wegen der vielleicht nur einmal im Leben vorkommenden Operation und Aufklärung an das Geschehen wesentlich besser erinnern als der Arzt. Beachte auch OLG Dresden GesR 2018, 28, wonach die „immer-so"-Rechtsprechung auch außerhalb der Aufklärung zugunsten des Behandlers Anwendung findet, hier zur Dokumentationspflicht nach §§ 630f, 630h Abs. 3 BGB (fehlende Dokumentation einer Untersuchung des Kindes auf Anzeichen für Meningitis).

chen Dokumentation, kann das auf eine insoweit nicht durchgeführte Aufklärung schließen lassen[1583].

494 Das **Fehlen einer** nach § 630f Abs. 2 S. 1 BGB geforderten **Dokumentation** über eine erfolgte Aufklärung schließt den Nachweis der Aufklärung aber nicht aus[1584] und führt insbesondere nicht zu einer Beweislastumkehr zugunsten des Patienten; wegen der ohnehin den Behandler treffenden Beweislast bedarf es einer solchen Beweiserleichterung für den Patienten nicht, und die Beweisregelung in § 630h Abs. 3 BGB bezieht sich daher auch nicht auf die Aufklärungsdokumentation. Allein der Umstand, dass Vermerke in der Krankenakte **maschinenschriftlich** gefertigt sind, gibt keinen Anlass zu Zweifeln an der inhaltlichen Richtigkeit, weil sie dennoch in **zeitlichem Zusammenhang** diktiert und geschrieben worden sein können[1585]. Ist in das Krankenblatt des Patienten der Aufklärungszeitpunkt, die Aufklärungsperson und der Aufklärungsgegenstand eingetragen, kann dies ein Indiz für das Aufklärungsgespräch bedeuten. Allein ein schriftlicher Hinweis auf ein Aufklärungsgespräch wird für die Annahme einer inhaltlich ordnungsgemäßen Aufklärung aber nicht ausreichen[1586]. Auf die **Dokumentation** der Aufklärung[1587] kann der Arzt sich erst recht nicht stützen, wenn sie z.B. **äußerlich verdächtig** ist, weil sie auffällige Einschübe oder Nachträge enthält, die nicht hinreichend erklärt werden[1588].

495 Für den Nachweis einer ordnungsgemäßen Aufklärung ist regelmäßig eine **Zeugen- bzw. Parteivernehmung** (oder Parteianhörung, s. unten Rz. 598) des aufklärenden Arztes erforderlich[1589].

1583 OLG Nürnberg VersR 2016, 195 = MedR 2016, 344 (juris-Rz. 38); OLG Koblenz VersR 2009, 1077.

1584 Vgl. OLG München VersR 1991, 189 L; aber OLG Nürnberg VersR 2009, 71 = MedR 2008, 674: Die unvollständige Dokumentation konnte vom Arzt nicht mehr erläutert werden – er ist inzwischen verstorben.

1585 OLG Celle VersR 1995, 462, 463; vgl. zum Beweiswert von digitaler Dokumentation: *Ortner/Geis*, MedR 1997, 337, 339.

1586 BGH VersR 1996, 1239 = NJW 1996, 3073.

1587 Zur eventuellen AGB-Widrigkeit des Aufklärungsformulars: s. oben Fn. 1262.

1588 OLG Köln MedR 2019, 803 = GesR 2019, 331, juris-Rz. 33; aber OLG Koblenz, Urt. v. 28.6.2017 – 5 U 61/17 – veröff. in juris: Dort hatte der Arzt die nachträglichen Ergänzungen plausibel begründet.

1589 OLG Dresden, Beschl. v. 12.3.2018 – 4 U 1755/17 – veröff. in juris.

Ein **Einwilligungsformular** bedeutet nur ein Indiz für ein durchgeführtes Aufklärungsgespräch und – sowohl in positiver als auch in negativer Hinsicht – für den Gesprächsinhalt[1590]. Es beweist für sich allein noch nicht, dass der Patient das Formular auch gelesen hat[1591]. Es spricht aber schon dafür, dass die Aufklärung nach Maßgabe dieser schriftlichen Bestätigung stattgefunden hat[1592], insbesondere wenn das Formular vom Arzt (ggf. schon vorbereitend vor dem Aufklärungsgespräch[1593]) mit handschriftlichen Zusätzen und Zeichnungen versehen ist[1594], und erst recht wenn die einzelnen Zusätze auch noch vom Patienten abgezeichnet worden sind[1595]. Auf der anderen Seite führt das Fehlen eines Aufklärungsformulars[1596] oder der Umstand, dass ein bestimmtes Risiko darin nicht erwähnt ist[1597], regelmäßig nicht schon zur Beweisfälligkeit des Arztes, denn an ein 496

1590 BGH VersR 2014, 588 = NJW 2014, 1527; OLG Koblenz VersR 2018, 937. Enger KG MedR 2018, 813, juris-Rz. 86 (mit krit. Anm. *Gödicke*): Das Indiz erstreckt sich in der Regel lediglich darauf, dass abstrakt überhaupt ein Gespräch geführt worden ist, nicht jedoch auf seinen konkreten Inhalt. OLG Hamm 2018, 1004 = RDG 2018, 86, juris-Rz. 41: Das inhaltlich untaugliche Formular ist kein Indiz für eine umfassende und hinreichende Aufklärung, allenfalls dafür, dass ein Aufklärungsgespräch stattgefunden hat.

1591 BGH VersR 1985, 361, 362 = NJW 1985, 1399.

1592 Begründeter Nichtannahmebeschluss des BGH zu OLG München VersR 1979, 848: Anscheinsbeweis bei vorgelegter Einverständniserklärung und erbrachtem Beweis einer generell üblichen ausreichenden Aufklärung; vgl. auch BGH NJW 1996, 788 = LM ZPO § 397 Nr. 11 zum allgemeinen Infektionsrisiko; vgl. aber OLG Düsseldorf VersR 1995, 1316: Die Beweiskraft der Privaturkunde kann erschüttert werden. OLG Brandenburg VersR 2009, 1230: Die unterzeichnete Privaturkunde beinhaltet noch nicht die Vermutung der Vollständigkeit und Richtigkeit des Formularinhalts.

1593 OLG Köln VersR 2018, 878: Dies beseitigt nicht die Indizwirkung des Aufklärungsformulars.

1594 OLG Koblenz VersR 2018, 522; OLG Düsseldorf GesR 2005, 464 = OLGR 2006, 12; OLG Hamm MedR 2006, 720; OLG Nürnberg MedR 2002, 29 = OLGR 2001, 177.

1595 OLG Köln MedR 2016, 540.

1596 OLG Koblenz VersR 2014, 1004: Ist es nicht mehr auffindbar, ist der Arzt damit aber nicht von der Möglichkeit des Nachweises zum Inhalt des Aufklärungsgesprächs ausgeschlossen.

1597 OLG Hamm VersR 2018, 1004 = RDG 2018, 86, juris-Rz. 41: inhaltlich ungeeigneter Aufklärungsbogen.

solches Fehlen darf – so der BGH – keine allzu weitgehende Beweisskepsis geknüpft werden; schließlich ist aus medizinischer Sicht anders als bei Behandlungsmaßnahmen eine Aufklärungsdokumentation regelmäßig nicht erforderlich[1598]. Die Erklärungen des Patienten im Aufklärungsformular sind den Grundsätzen der **Auslegung** von Willenserklärungen zugänglich[1599].

2. Patient

497 [229] Der Patient trägt nur hinsichtlich weniger Punkte die Beweislast, z.B. zu seiner Behauptung, er sei im Zeitpunkt der Aufklärung bzw. seiner Einwilligungserklärung (z.B. schmerzbedingt) **nicht einwilligungsfähig** gewesen[1600], zu der Behauptung, das von ihm unterzeichnete Einwilligungsformular sei **nachträglich verändert** worden[1601], zu der Behauptung, es sei eine vom (unterzeichneten) Aufklärungsformular **abweichende Operationsmethode** vereinbart worden, zu der Behauptung, die vom Arzt nicht gewählte **Behandlungsalternative** sei eine echte und damit aufklärungspflichtige Alternative gewesen[1602], oder zu der Behauptung, der Arzt habe über die erforderliche Aufklärung

---

1598 BGH VersR 2014, 588 = NJW 2014, 1527; strenger OLG Schleswig VersR 1996, 634, 636 = NJW-RR 1996, 348, 349.

1599 BGH VersR 1992, 358 = NJW 1992, 1558, 1559; OLG Oldenburg VersR 1994, 1425, 1426 f. = OLGR 1994, 53, 54: Nachträgliche Behauptung der Patientin, mit der Gebärmutterentfernung nur bei Krebsbefall einverstanden gewesen zu sein.

1600 S. BT-Drucks. 17/10488, 23; OLG Dresden MedR 2019, 150; OLG Koblenz MedR 2016, 535 = GesR 2016, 258; OLG Koblenz NJW 2015, 79 = MedR 2015, 422; a.A. jedoch *Genske*, MedR 2016, 173 und *Kreße*, MedR 2015, 91, 92 f.; s. auch OLG Celle GesR 2013, 407: *Der Behandler* trägt die Beweislast dafür, dass bei einer Notlage in der Geburt die ordentliche Einwilligung der Schwangeren deshalb nicht mehr eingeholt werden konnte, weil sie nicht mehr in der Lage war, einem Aufklärungsgespräch zu folgen.

1601 OLG Hamm VersR 2011, 625 = MedR 2011, 339; OLG Koblenz VersR 2008, 1651 = MedR 2008, 672; OLG Hamm MedR 2006, 720; OLG Frankfurt VersR 1999, 758. Siehe aber *Martis/Winkhart*, Arzthaftungsrecht, Rz. P 55: anders aber wohl, wenn dem Patienten entgegen § 630e Abs. 2 S. 2 BGB eine Kopie/Abschrift des Aufklärungsbogens nicht ausgehändigt worden war, sondern erst nach Geltendmachung von Schadensersatzansprüchen.

1602 OLG Koblenz GesR 2013, 653; OLG Dresden VersR 2002, 440.

hinaus auf weitere entscheidungserhebliche Fragen **keine ausreichenden oder richtigen Antworten** gegeben[1603], sowie zu der Behauptung, er habe die erteilte Zustimmung **widerrufen**[1604]. Er trägt insbesondere die Beweislast für die **Ursächlichkeit** zwischen der Behandlung und seiner Schädigung (s. oben Rz. 387 ff.). Eine Beweislastumkehr zugunsten des Patienten, wie sie bei groben Behandlungsfehlern vorgenommen wird (s. oben Rz. 270 ff.), gibt es im Falle eines **„groben" Aufklärungsmangels** nicht[1605].

1603 Offengelassen OLG Naumburg GesR 2020, 322 (juris-Rz. 103).

1604 BGH VersR 1980, 676, 678 = NJW 1980, 1903, 1904; LG München I MedR 2018, 978 = FamRZ 2018, 1629-1634 (Widerruf des biologischen Vaters zum Embryonentransfer nicht bewiesen). Siehe auch BT-Drucks. 17/10488, 55: Der Widerruf einer erteilten Einwilligung erst nach dem medizinischen Eingriff beseitigt nicht dessen Rechtmäßigkeit. AG Lübeck GesR 2020, 110: Der Widerruf setzt ebenso wie bei der Einwilligung eine Einwilligungsfähigkeit des Patienten voraus.

1605 OLG Hamburg VersR 2000, 190, 191 = OLGR 1999, 105; *Geiß/Greiner*, Arzthaftpflichtrecht, Rz. C. 149; OGH MedR 2010, 411 (österr. Patient klagt in Österreich wegen fehlerhafter Behandlung in Deutschland).

Teil 5: Verjährung

I. Allgemeines, altes und neues Verjährungsrecht, Verwirkung

[230] Durch das **Gesetz zur Modernisierung des Schuldrechts vom 26.11.2001** wurde das Verjährungsrecht völlig neu geordnet[1606]. Danach hat die neu eingeführte Regelverjährung von drei Jahren für vertragliche und deliktische Ansprüche gem. § 195 BGB die bisherige Verjährungsfrist von 30 Jahren für vertragliche Ansprüche (§ 195 BGB a.F.) abgelöst. Im Ergebnis wurde damit das Verjährungsrecht an die vormalige Verjährungsregelung für deliktische Ansprüche nach § 852 BGB a.F., die ebenfalls eine Frist von drei Jahren vorsah, angeglichen. Die Rechtsprechung zu § 852 BGB a.F. kann daher – zumindest weitestgehend – auf den geltenden Rechtszustand übertragen werden[1607]. 498

[231] Die **Anwendbarkeit des alten oder neuen Verjährungsrechts** beurteilt sich nach Art. 229 § 6 EGBGB. Danach ist das neue Verjährungsrecht im Grundsatz auf alle zum 1.1.2002 bestehenden, aber noch nicht verjährten Ansprüche anzuwenden (Art. 229 § 6 Abs. 1 Satz 1 EGBGB). Hemmung und Neubeginn sind bis zu diesem Stichtag nach altem Recht, seither jedoch nach neuem Recht zu beurteilen (Art. 229 § 6 Abs. 1 Satz 2 und 3, Abs. 3 EGBGB). Bezüglich der grundsätzlichen Anwendung des neuen Verjährungsrechts ergeben sich aus Art. 229 § 6 Abs. 3 und 4 EGBGB gewisse Modifikationen, die letztlich darauf abzielen, das neue Recht nur zur Anwendung gelangen zu lassen, wenn es zu einer Verkürzung der Verjährung führt: Ist die Verjährungsfrist nach altem Recht kürzer, findet das neue Recht keine Anwendung, so dass Verjährung mit Ablauf der alten Frist eintritt. Diese Fallkonstellation – die etwa Honoraransprüche des Arztes betrifft – dürfte in Arzthaftungssachen kaum vorkommen. Ist hingegen die neue Frist kürzer, begann diese am 1.1.2002 zu laufen, sofern nicht nach altem Recht bereits vor Ablauf dieser Frist Verjährung eingetreten wäre. Dies wirkt sich auf vertragliche Schadensersatzansprüche 499

1606 Vgl. zum Überblick *Mansel*, NJW 2002, 89 ff.

1607 BGH VersR 2008, 1121 = NJW-RR 2008, 1237; BGH NJW 2008, 506.

aus, die bislang einer Verjährungsfrist von 30 Jahren unterlagen. Für diese begann am 1.1.2002 die neue Regelverjährung nach § 195 BGB von drei Jahren zu laufen, so dass – abgesehen von einer etwaigen Hemmung oder einem Neubeginn der Verjährung – mit Ablauf des 31.12.2004 Verjährung eingetreten ist. Erforderlich hierfür ist allerdings, dass am 1.1.2002 die Voraussetzungen für den Beginn der Verjährung nach § 199 Abs. 1 Nr. 2 BGB – also die Kenntnis oder die grob fahrlässige Unkenntnis – gegeben waren[1608]. Letzteres ist etwa für Regressfälle bedeutsam.

500 [232] Die Frage der Verjährung wird bekanntermaßen nur auf entsprechende **Einrede**, die unabhängig von den Voraussetzungen des § 531 Abs. 2 Satz 1 Nr. 1 bis 3 ZPO auch erstmals im Berufungsrechtszug erhoben werden kann, wenn die Erhebung der Verjährungseinrede und die den Verjährungseintritt begründenden tatsächlichen Umstände zwischen den Prozessparteien unstreitig sind[1609], geprüft (§ 222 BGB a.F. bzw. nunmehr § 214 BGB). Dies gilt auch für Ansprüche, die sich auf Grund der Regelungen der Art. 231 ff. EGBGB (insbesondere Art. 231 § 6 und Art. 232 § 10 EGBGB) noch nach dem **Recht der DDR** beurteilen[1610].

501 [233] Im Einzelfall kann auch im Arzthaftungsrecht der Einrede der Verjährung das Verbot unzulässiger Rechtsausübung auf der Basis

1608 BGH VersR 2007, 1090 = NJW 2007, 1584; vgl. auch BGH VersR 2010, 214 = NJW-RR 2010, 681.

1609 BGH VersR 2008, 1708; BGH VersR 2010, 86.

1610 Zwar war nach dem Recht der DDR der Eintritt der Verjährung von Amts wegen zu berücksichtigen, wie auch der Zivilprozess vor den Gerichten der DDR weitgehend von Amtsermittlung beherrscht war. Nach Inkrafttreten des Einigungsvertragsist jedoch der Eintritt der Verjährung auch dem materiellen Recht der DDR folgender Ansprüche nur noch auf entsprechende Einrede zu beachten, da es sich bei der Frage nach der Notwendigkeit einer Einrede um eine solche des Verfahrensrechts (nicht aber des materiellen Rechts) handelt. Insoweit gilt nach dem 3.10.1990 nicht mehr das Recht der DDR, sondern die ZPO; BGH NJW 1993, 2178. Instruktiv zu den Verjährungsregelungen des DDR-ZGB sowie auch zur schon nach dem Rechtssystem der DDR bestehenden Möglichkeit, im Falle eines ärztlichen Behandlungsfehlers einen auf Schadensersatz gerichteten Zivilprozess mit Erfolg zu führen: BGH VersR 1994, 825 = NJW 1994, 1792; OLG Brandenburg VersR 1999, 1110. Vgl. auch BGH VersR 2006, 1646 = NJW 2006, 3636; BGH VersR 2005, 699 = NJW-RR 2005, 1044.

der Grundsätze von **Treu und Glauben** (§ 242 BGB) entgegenstehen[1611]. Hier sind jedoch strenge Anforderungen zu stellen, da auch der Schuldner, der um die Berechtigung der gegen ihn gerichteten Ansprüche weiß, sich ohne weiteres auf den Eintritt der Verjährung berufen darf. Unzulässig ist dies nur dann, wenn er durch sein Verhalten den Anspruchsberechtigten gerade von der rechtzeitigen Verjährungsunterbrechung – etwa durch Klageerhebung – abgehalten hat oder wenn der Schuldner in dem Gläubiger das Vertrauen erweckt, dass er dessen Anspruch allein mit materiellen Einwendungen bekämpfen werde, so dass es der gerichtlichen Geltendmachung nicht bedürfe[1612]. Die Rechtsprechung verhält sich allerdings in der Bejahung dieser Voraussetzungen zu Recht restriktiv. Eine Absicht des Anspruchsschuldners wird allerdings nicht verlangt.

[234] Auch im Rahmen der Verjährungsfragen gilt für die **Verteilung** 502
der Beweislast der Grundsatz, dass jede Partei die Voraussetzungen des für sie günstigen Rechtssatzes, auf den sie sich beruft, zu beweisen hat[1613]. Der Verpflichtete trägt deshalb die Beweislast für alle Umstände, aus denen der Beginn der Verjährungsfrist abzuleiten ist, sowie für deren Ende. Die Behandlungsseite hat deshalb zu belegen, seit welchem Zeitpunkt auf Seiten des Patienten die subjektiven Voraussetzungen des § 852 Abs. 1 BGB a.F. bzw. § 199 Abs. 1 Nr. 2 BGB gegeben sind[1614]. Beweispflichtig für den Eintritt der Hemmung oder Unterbrechung/Neubeginn ist dagegen der Patient[1615]. Gelingt dieser Beweis, etwa durch Nachweis des Eintritts in Verhandlungen, so hat seine Behauptung eines Endes der Hemmung (durch Abbruch der Gespräche) wiederum der Schädiger zu beweisen[1616].

[235] Für den von der Verjährung zu unterscheidenden und nicht 503
nur auf Einrede, sondern von Amts wegen zu berücksichtigenden **Einwand der Verwirkung** ist zu differenzieren. Für die nach dem bis zum 1.1.2002 geltenden Verjährungsrecht der regelmäßigen 30-jähri-

1611 BGH VersR 1985, 62 = NJW 1985, 791.

1612 Vgl. etwa BGH VersR 2014, 1226, 1230.

1613 BGH NJW 2016, 2645.

1614 Illustrativ aus arzthaftungsrechtlicher Sicht hierzu *Jaeger*, MedR 2012, 675, 676 in Kritik zu OLG Brandenburg MedR 2012, 673; *Jaeger*, MedR 2012, 402 in Kritik zu OLG Koblenz MedR 2012, 400.

1615 MünchKomm – *Grothe*, BGB, 8. Aufl. 2018, Vorbemerkung §§ 194 ff. Rz. 25.

1616 *Staudinger/Peters/Jacoby*, BGB, 2019, § 203 Rz. 19.

gen Verjährungsfrist unterliegenden **vertraglichen Ersatzansprüche** kommt er in Betracht, wenn der Anspruchsinhaber sein Recht längere Zeit nicht geltend macht, obwohl er dazu in der Lage wäre, und der Verpflichtete sich mit Rücksicht auf das gesamte Verhalten des Berechtigten darauf einrichten durfte und auch tatsächlich eingerichtet hat, dass dieser sein Recht auch in Zukunft nicht geltend machen werde[1617]. Allgemein gilt jedoch der Grundsatz, dass wegen der zurückzulegenden Zeitspanne umso seltener Raum für eine Verwirkung sein wird, je kürzer die Verjährungsfrist ist. Gegenüber den der kurzen Verjährung des § 852 BGB a.F. unterliegenden **deliktischen Ansprüchen** kann deshalb nach der Rechtsprechung[1618] der Einwand der Verwirkung vor Ablauf der dreijährigen Verjährung grundsätzlich nicht mit Erfolg erhoben werden. Danach hat sich der Gesetzgeber ausweislich der Motive zum BGB in § 852 Abs. 1 BGB a.F. nur unter Überwindung gewichtiger Bedenken für die kurze Verjährungsfrist entschieden. Schon daraus wird gefolgert, dass dem Verletzten wenigstens dieser Zeitraum von drei Jahren in der Regel erhalten bleiben soll[1619]. Entsprechendes gilt im Arzthaftungsrecht für die nunmehr vertrags- und deliktsrechtliche Ansprüche erfassende Regelverjährung von drei Jahren nach § 195 BGB.

II. Arzthaftungsrechtliche Schwerpunkte des Verjährungsrechts[1620]

504 [236] Die Neuregelung des Verjährungsrechts durch das Schuldrechtsmodernisierungsgesetz erfasst nicht nur die Verjährungsfristen, sondern auch die Regelungen zum Verjährungsbeginn sowie zur Unterbrechung und Hemmung der Verjährung (§§ 203 ff. BGB). Eine Differenzierung zwischen der Verjährung vertraglicher und deliktischer Ansprüche ist danach nicht mehr erforderlich, da § 195 BGB eine **einheitliche kenntnisabhängige Regelverjährungsfrist von drei Jahren** vorgibt. Ohne Rücksicht auf die Kenntnis vom Schaden und der Person des Ersatzpflichtigen oder wenigstens die Erkennbarkeit setzt § 199 Abs. 2 und 3 BGB Höchstfristen fest. Die allgemeinen

1617 BGH VersR 2014, 835, 836; BGH NJW 1982, 1999.
1618 BGH VersR 1992, 627 = NJW 1992, 1755.
1619 Vgl. auch BGH VersR 2014, 835, 836.
1620 Aktuell hierzu *Fischer*, GesR 2017, 358.

Regelungen gelten auch für **Ausgleichsansprüche** nach § 426 BGB. Der Ausgleichsanspruch nach § 426 Abs. 1 BGB unterliegt unabhängig von seiner Ausprägung als Mitwirkungs-, Befreiungs- oder Zahlungsanspruch einer einheitlichen Verjährung[1621].

1. Verjährungsbeginn

[237] Nach der Ultimo-Regel des § 199 Abs. 1 BGB beginnt der Lauf der Frist mit dem Schluss des Jahres, in dem der Anspruch entstanden ist (Abs. 1 Nr. 1) und der Patient von den anspruchsbegründenden Umständen sowie der Person des Ersatzpflichtigen Kenntnis erlangt oder ohne grobe Fahrlässigkeit erlangen müsste (Abs. 1 Nr. 2). Mit dieser subjektiven Voraussetzung nach dem jeweiligen Erkenntnisstand des Geschädigten knüpft die Neuregelung deutlich an § 852 Abs. 1 BGB a.F. an, verallgemeinert den dort festgelegten Rechtsgedanken aber auf alle Anspruchsgrundlagen. Damit werden die meisten zu § 852 BGB a.F. entwickelten Grundsätze – insbesondere zu den subjektiven Voraussetzungen für den Beginn der Verjährung – auch im Rahmen des § 199 BGB zur Anwendung gelangen können[1622]. 505

a) Entstehung des Anspruchs

[238] Entstanden ist ein Anspruch nach allgemeinen Grundsätzen, soweit er im Wege der Klage geltend gemacht werden kann, wobei bei **Schadensersatzansprüchen** grundsätzlich die **Möglichkeit einer Feststellungsklage** ausreicht[1623]; allein das Setzen einer Schadensursache genügt also nicht. Für Schadensersatzansprüche ist weiter zu beachten, dass diese einheitlich auch für die erst in Zukunft fällig werdenden Beträge entstehen, sobald ein erster Teilbetrag klageweise verfolgt werden kann[1624]. Der gesamte einer unerlaubten Handlung entspringende Schaden stellt sich als eine **Einheit** dar und nicht als eine Summe einzelner selbständiger, nicht zusammenhängender Schäden. Daher schließt die Ungewissheit über den Umfang und die Höhe des Scha- 506

1621 BGH VersR 2017, 170.

1622 Vgl. nur BGH VersR 2012, 1005 = NJW 2012, 2644; BGH VersR 2008, 1121 = NJW-RR 2008, 1237; BGH NJW 2008, 506.

1623 Vgl. nur BGH VersR 2011, 682 = NJW 2011, 1799; BGH VersR 2009, 989 = NJW-RR 2009, 1471 m.w.N.

1624 Vgl. BGH NJW 2006, 694, 696.

dens den Beginn der Verjährung nicht aus[1625]. Eine Ausnahme gilt dann, wenn durch wiederholte Handlungen mehrere Schäden entstehen. Zudem wird der Grundsatz der Schadenseinheit bei nicht vorhersehbaren Schäden durchbrochen (vgl. hierzu auch Rz. 509)[1626]. Diese Grundsätze gelten auch für **Ausgleichsansprüche** zwischen Gesamtschuldnern. Der Ausgleichsanspruch nach § 426 Abs. 1 S. 1 BGB entsteht mit der Begründung der Gesamtschuld (§ 199 Abs. 1 Nr. 1 BGB). Auch hier gilt der Grundsatz der Schadenseinheit[1627].

b) Umfang der Kenntnis/grob fahrlässigen Unkenntnis

507 [239] Abweichend von § 852 Abs. 1 BGB a.F., der für den Verjährungsbeginn auf die Kenntnis „von dem Schaden und der Person des Ersatzpflichtigen“ abstellt, setzt § 199 Abs. 1 Nr. 2 BGB die Kenntnis bzw. grob fahrlässige Unkenntnis der „den Anspruch begründenden Umstände und der Person des Schuldners“ voraus. In der Sache ergeben sich aus dieser Klarstellung keine Unterschiede.

(1) Anspruchsbegründende Tatsachen

508 Die Kenntnis bzw. grob fahrlässige Unkenntnis des Anspruchstellers muss sich auf **sämtliche tatsächlichen Voraussetzungen** der anspruchsbegründenden Norm beziehen. Dies setzt im Bereich der Arzthaftung eine differenzierte Betrachtung voraus; insbesondere ist zwischen der Anknüpfung der Haftung an einen Behandlungsfehler bzw. eine unzureichende Aufklärung zu unterscheiden (s. Rz. 511 f.).

509 Für den Beginn der Verjährungsfrist ist nicht erforderlich, dass der Patient alle Einzelumstände und auch die weitere **Entwicklung des Schadensverlaufes** überblickt. Die Kenntnis bzw. grob fahrlässige Unkenntnis bezieht sich – klarer als § 852 Abs. 1 BGB a.F. („Kenntnis vom Schaden“) – auf die Kenntnis der „anspruchsbegründenden Umstände“. Hierfür genügt jedoch eine solche vom **haftungsbegründenden Geschehen** (sog. Primärschaden). Sobald also der Patient um die primäre körperliche Beeinträchtigung weiß bzw. wissen muss, beginnt die Verjährung, und zwar auch für alle **Schadensfolgen**, alle Glieder der weiteren haftungsausfüllenden Kausalkette, soweit sie auch nur zu

1625 Vgl. nur BGH VersR 2011, 682 = NJW 2011, 1799 m.w.N.
1626 Vgl. nur BGH VersR 2011, 682 = NJW 2011, 1799.
1627 BGH VersR 2017, 170.

diesem Zeitpunkt als möglich vorauszusehen sind[1628]. Dabei kommt es für die Frage nach der möglichen **Voraussehbarkeit** nicht stets auf die Sicht des geschädigten Patienten an. Für Körperschäden gilt vielmehr, dass die **Sicht der medizinischen Fachkreise** entscheidend ist. Diese Maßgeblichkeit des Erkenntnishorizonts der medizinischen Fachkreise beschränkt sich allerdings auf den Fall schon anfänglicher Voraussehbarkeit der Folgeschäden. Ist eine Schadensfolge selbst für Fachleute in diesem Zeitpunkt der allgemeinen Kenntnis vom Schaden nicht voraussehbar, wächst die Kenntnis dieser Schadensfolge vielmehr in den beteiligten Fachkreisen erst später heran, so kommt es für den Beginn der Verjährung (für diese Folgeschäden, nicht aber für den anfänglichen Schaden) nicht darauf an, in welchem Zeitpunkt sich diese Kenntnis in Fachkreisen durchgesetzt hat, sondern es ist jener Zeitpunkt entscheidend, in dem der Verletzte selbst von der Schadensfolge Kenntnis erlangt bzw. grob fahrlässig in Unkenntnis bleibt[1629].

Das Maß dieser Voraussehbarkeit orientiert sich an den Anforderun- 510
gen für eine Feststellungsklage. Ist diese zulässig, beginnt für alle davon betroffenen Schadensfolgen die Verjährung[1630].

(2) Unterscheidung zwischen Behandlungs- und Aufklärungsfehlern

[240] Wegen der **unterschiedlichen tatsächlichen Anknüpfungs-** 511
punkte ist für die Bestimmung der Kenntnis bzw. grob fahrlässigen Unkenntnis von den anspruchsbegründenden Tatsachen danach zu differenzieren, ob der geltend gemachte Anspruch auf Behandlungsfehler oder auf eine Verletzung der ärztlichen Aufklärungspflicht gestützt wird[1631]. Im letzteren Fall setzt der Beginn der Verjährung zusätzlich zur Kenntnis/grob fahrlässigen Unkenntnis einer durch die Behandlung eingetretenen Schädigung die Kenntnis/grob fahrlässige Unkenntnis derjenigen Tatsachen voraus, aus welchen sich die **Verletzung der Aufklärungspflicht** ergibt[1632]. Erforderlich ist damit das Wissen bzw.

1628 Vgl. nur BGH VersR 2011, 682 = NJW 2011, 1799.
1629 BGH VersR 2000, 331 = NJW 2000, 861; BGH VersR 1997, 1111 = NJW 1997, 2448.
1630 BGH VersR 1983, 735; so schon BGH VersR 1959, 1045; RGRK – *Kreft*, BGB § 852 Rz. 44.
1631 Vgl. nur BGH VersR 2017, 165.
1632 Vgl. BGH VersR 2007, 66 = NJW 2007, 217.

die grob fahrlässige Unkenntnis, dass der Arzt ein bestimmtes Eingriffsrisiko, über welches hätte aufgeklärt werden müssen, verschwiegen oder verharmlost hat[1633]. Notwendig ist auch ein hinreichender subjektiver Erkenntnisstand darüber, dass ein **bestimmtes Risiko** der Behandlungsseite als **aufklärungsbedürftig** bekannt gewesen sei bzw. habe sein müssen[1634]. Die Aufklärungspflicht kann sich naturgemäß nur auf Risiken erstrecken, die zur Zeit des Eingriffs nach fachlichen Erkenntnissen – abzustellen ist auf den Standard des konkreten medizinischen Fachbereichs – schon hätten bekannt sein müssen[1635]. Ist überhaupt keine Aufklärung erfolgt, genügt für den Verjährungsbeginn bezüglich des auf die Aufklärungspflichtverletzung gestützten Anspruchs die Kenntnis vom Eintritt schwerwiegender Komplikationen[1636], bei denen es sich um ein Risiko des Eingriffs handelte[1637].

512 Für die Haftung aus einem **Behandlungsfehler** ist von dem allgemeinen Grundsatz auszugehen, dass dort, wo die Anspruchsgrundlage eine Pflichtverletzung bzw. ein Verschulden des Schädigers voraussetzt, die Kenntnis bzw. grob fahrlässige Unkenntnis von Tatsachen erforderlich und ausreichend ist, die auf ein pflichtwidriges und schuldhaftes Verhalten und dessen Ursächlichkeit für den Schaden hinweisen. Hierzu genügt nicht das Wissen um den Misserfolg der Behandlungsmaßnahme. Misserfolge und Komplikationen im Verlauf einer ärztlichen Behandlung weisen nicht zuletzt wegen der vielfältigen Unwägbarkeiten der Arbeit am lebenden menschlichen Organismus nicht stets auf ein Fehlverhalten hin. Auch ein nicht weiter begründeter Verdacht auf einen Arztfehler reicht nicht aus[1638]. Vielmehr ist die positive Kenntnis bzw. grob fahrlässige Unkenntnis von einem **schuldhaften**

1633 Ausführlich *Eberhardt*, NJW 1983, 2613, 2614 ff.; BGH VersR 1976, 293 = NJW 1976, 363.

1634 *Geiß/Greiner*, Arzthaftpflichtrecht, Rz. D 14; BGH VersR 1976, 293 = NJW 1976, 363.

1635 So schon BGH VersR 1959, 1045.

1636 OLG München VersR 2006, 705 = MedR 2006, 431; OLG Düsseldorf NJW-RR 1999, 823.

1637 OLG Frankfurt GesR 2019, 158; OLG Oldenburg VersR 1999, 367 = NJW-RR 1998, 1245; vgl. auch BGH VersR 2017, 165, 166; OLG Hamm MedR 2010, 563.

1638 BGH VersR 1985, 740 = NJW 1985, 2194; OLG Stuttgart NJW-RR 1997, 1114, 1116; vgl. auch KG BeckRS 2017, 137499: bloße Bitte um Übersendung der Behandlungsunterlagen „zur Überprüfung des Vorfalls und Prüfung der weiteren Vorgehensweise".

Behandlungsfehler und damit zugleich von den **wesentlichen Umständen des Behandlungsverlaufes** erforderlich. Hierzu gehören etwa ein Abweichen vom üblichen ärztlichen Vorgehen und die zur Beherrschung von Komplikationen getroffenen oder gebotenen, aber unterlassenen ärztlichen Maßnahmen, etwaige anatomische Besonderheiten etc[1639]. Zwar kann es nicht darauf ankommen, ob der Patient aus dem ihm bekannten Tatsachenstoff sodann medizinisch und rechtlich zutreffende Schlüsse zieht[1640]. Es gehört aber zu einem hinreichenden subjektiven Erkenntnisstand, dass der Patient aus seiner Sicht **laienhaft** erkannt haben muss(te), der Schaden beruhe auf einem **fehlerhaften** Verhalten der Behandlungsseite[1641].

Unter dem Gesichtspunkt des Wissens bzw. der grob fahrlässigen Unkenntnis um den wesentlichen Behandlungsverlauf vermögen auch Versäumnisse im Bereich der **Dokumentation** für die Verjährung Bedeutung zu gewinnen. Dies gilt nämlich insoweit, als im Einzelfall wegen fehlender oder lückenhafter Aufzeichnungen in den Krankenunterlagen der Beginn der Verjährung hinausgeschoben sein kann, wenn gerade wegen dieser Mängel die vorausgesetzte Kenntnis des Patienten vom Behandlungsgeschehen erst später eintritt bzw. eintreten konnte[1642]. 513

Innerhalb ein und desselben Behandlungsgeschehens können naturgemäß **mehrere Behandlungsfehler** auftreten. Ob dies zu einem unterschiedlichen Verjährungsbeginn führt, ist eine Frage des Einzelfalls. Anders als bei der Hemmung der Verjährung durch Rechtsverfolgungsmaßnahmen kommt es insoweit nicht auf den Begriff des Streitgegenstands an. Vielmehr ist der **materiell-rechtliche Anspruch maßgebend** (§ 194 BGB). Dies führt beim Verjährungsbeginn zu einer vom Streitgegenstand losgelösten Betrachtung. Ansprüche wegen Aufklärungsmängeln und solche wegen Behandlungsfehlern werden häu- 514

1639 BGH VersR 2017, 165, 166; BGH VersR 2001, 108 = NJW 2001, 885; BGH VersR 1995, 659 = NJW 1995, 776; BGH VersR 1991, 815 = NJW 1991, 2350; *Geiß/Greiner*, Arzthaftpflichtrecht, Rz. D 4.

1640 BGH VersR 2007, 66 = NJW 2007, 217; BGH VersR 1990, 795 = NJW 1990, 2808; OLG Stuttgart NJW-RR 1997, 1114, 1116.

1641 BGH VersR 1999, 1149 = NJW 1999, 2734; OLG München VersR 2015, 199; OLG Koblenz VersR 2011, 759; OLG Koblenz NJOZ 2006, 3049, 3051.

1642 RGRK – *Nüßgens*, BGB § 823 Anh. II Rz. 268.

fig schon wegen der Anknüpfung an einen anderen Kenntnisgegenstand unterschiedlich verjähren[1643].

(3) Person des Schuldners

515 [241] Darüber hinaus muss Kenntnis bzw. grob fahrlässige Unkenntnis hinsichtlich der **Person des Schuldners** vorliegen[1644]. Dies kann im Bereich der Arzthaftung durchaus relevant werden, da nicht selten Behandlungsvorgänge und damit auch behandelnde Personen für den Patienten aufgrund seiner eingeschränkten Konstitution zum Behandlungszeitpunkt im Dunkeln bleiben. Kommen mehrere Personen als Schädiger in Betracht, so richtet sich der Verjährungsbeginn gegenüber jedem Einzelnen von ihnen und unabhängig voneinander danach, wann der Geschädigte von der Person gerade des betreffenden Schädigers Kenntnis erlangt hat bzw. sich grob fahrlässig in Unkenntnis befindet[1645]. Dies gilt selbst dann, wenn neben dem Krankenhausträger dessen Organe oder Mitarbeiter in Anspruch genommen werden[1646]. Konnte der Patient etwa erst durch den Inhalt der Dokumentation Kenntnis von der Person des operierenden Arztes erlangen, so beginnt die Verjährung frühestens zum Zeitpunkt des Erhalts der Krankenunterlagen[1647].

c) Kenntnis

516 [242] Der BGH hat frühzeitig in – nicht in Arzthaftungssachen ergangenen – Entscheidungen zum kenntnisabhängigen Verjährungsbeginn nach § 199 Abs. 1 Nr. BGB verdeutlicht, dass zur Bestimmung des Begriffs der Kenntnis auf die Rechtsprechung zu § 852 Abs. 1 BGB a.F. zurückgegriffen werden kann. Nach wie vor setzt die erforderliche Kenntnis grundsätzlich keine zutreffende rechtliche Würdigung vo-

1643 BGH VersR 2017, 165; OLG Hamm MedR 2010, 563; OLG München VersR 2006, 705 = MedR 2006, 431.

1644 Hierzu gehört neben dem Namen des Schuldners auch dessen ladungsfähige Anschrift; vgl. nur BGH NJW 2013, 448.

1645 Kommen mehrere Ersatzpflichtige in Betracht, beginnt die Verjährung erst mit dem Zeitpunkt, in dem begründete Zweifel über die Person des Ersatzpflichtigen nicht mehr bestehen: BGH VersR 1999, 1149 = NJW 1999, 2734.

1646 BGH VersR 2001, 381 = NJW 2001, 964.

1647 KG KGReport Berlin 2005, 122.

raus; es genügt vielmehr die Kenntnis der den Ersatzanspruch begründenden tatsächlichen Umstände[1648]. Vom Vorliegen der erforderlichen Kenntnis ist auszugehen, wenn dem Geschädigten die Erhebung einer Schadensersatzklage, sei es auch nur in Form der Feststellungsklage, Erfolg versprechend, wenn auch nicht risikolos, möglich ist[1649]. Der Geschädigte muss aber nicht alle Einzelumstände kennen, die für die Beurteilung möglicherweise Bedeutung haben. Ebenso wenig muss er bereits hinreichend sichere Beweismittel in der Hand haben, um einen Rechtsstreit im Wesentlichen risikolos führen zu können[1650].

Auch der für Arzthaftungssachen zuständige VI. Zivilsenat des BGH knüpft in diesem Zusammenhang an seine Rechtsprechung zu § 852 Abs. 1 BGB a.F. an. Allein die Wahrnehmung des Misserfolgs der Behandlung reicht für die Annahme einer Kenntnis der anspruchsbegründenden Tatsachen weiterhin nicht aus[1651]. Vielmehr ist hierfür das Wissen erforderlich, dass sich in dem Misslingen der ärztlichen Tätigkeit das Behandlungs- und nicht das Krankheitsrisiko verwirklicht hat[1652]. Die bekannten Tatsachen müssen ausreichen, um den Schluss auf ein schuldhaftes Fehlverhalten des Anspruchsgegners und auf die Ursache dieses Verhaltens für den Schaden als naheliegend erscheinen zu lassen[1653]. Eine Kenntnis kann insbesondere durch Sachverständigengutachten vermittelt werden[1654]. 517

1648 BGH NJW 2008, 2576; BGH VersR 2008, 1121 = NJW-RR 2008, 1237.

1649 Für Arzthaftungsansprüche BGH VersR 2010, 214 = NJW-RR 2010, 681; zuvor bereits BGH VersR 2009, 989 = NJW-RR 2009, 1471; BGH NJW 2008, 2576; BGH NJW 2008, 506.

1650 BGH NJW 2015, 1007; OLG Oldenburg MedR 2018, 693, 695.

1651 BGH VersR 2010, 214 = NJW-RR 2010, 681 m.w.N.; vgl. auch OLG Koblenz VersR 2011, 759; OLG Koblenz VersR 2011, 403.

1652 Vgl. zuvor bereits BGH VersR 1991, 815, 816.

1653 Ausführlich BGH VersR 2010, 214 = NJW-RR 2010, 681 m.w.N.; zu streng OLG Brandenburg MedR 2012, 673 m. krit. Anm. *Jaeger*. Streng auch OLG Saarbrücken NJW-RR 2014, 1305: Kenntnis bei Zweifeln an ordnungsgemäßer Behandlung und Anspruchsanmeldung nach Konsultation eines Rechtsanwalts.

1654 Zurückhaltung ist bei Äußerungen von Nachbehandlern angebracht, wenngleich diesen im Einzelfall Relevanz zukommen kann; vgl. etwa OLG Saarbrücken MDR 2016, 1449: Äußerung des Nachbehandlers „dem gehört in den Arsch getreten“ kann Kenntnis begründen. Näher

d) Grob fahrlässige Unkenntnis

518 [243] Neu positionieren muss sich die Rechtspraxis aber im Hinblick auf den neu geregelten Fristbeginn bei grob fahrlässiger Unkenntnis nach § 199 Abs. 1 Nr. 2 BGB. Insoweit stellt sich die Frage, ob der Begriff der grob fahrlässigen Unkenntnis höhere Anforderungen stellt als die Rechtsprechung im Rahmen des § 852 BGB a.F., in dessen Anwendungsbereich Kenntniserlangung bereits dann angenommen wird, wenn sich der Geschädigte in zumutbarer Weise ohne nennenswerte Mühe und Kosten die Kenntnis von Tatsachen und Person des Ersatzpflichtigen beschaffen konnte, er vor einer sich aufdrängenden Kenntnis die Augen verschloss oder auf der Hand liegende Erkenntnismöglichkeiten nicht nutzte (vgl. Rz. 548). Mag allgemein der Begriff der groben Fahrlässigkeit über die Anforderungen der Rechtsprechung zu § 852 BGB a.F. hinausgehen[1655], so ist doch im Bereich der Arzthaftung zu beachten, dass es die Eigenheiten des menschlichen Organismus nicht zulassen, aus der Gesundheitsverletzung auf einen schuldhaften Behandlungsfehler zu schließen. Dies rechtfertigt es, im Bereich der Arzthaftung nicht vorschnell eine grob fahrlässige Unkenntnis anzunehmen. Vielmehr bedarf es **stichhaltiger Umstände**, um eine **Obliegenheit zur näheren Information** zu begründen[1656].

519 Der BGH berücksichtigt diese Besonderheiten medizinischer Behandlungen bei der Ausfüllung des Begriffs der grob fahrlässigen Unkenntnis. Grobe Fahrlässigkeit setzt einen objektiv schweren und subjektiv nicht entschuldbaren Verstoß gegen die Anforderungen der im Verkehr erforderlichen Sorgfalt voraus; es muss ein **schwerer Obliegenheitsverstoß bei der Anspruchsverfolgung** vorliegen[1657]. Der Gläubiger ist generell nicht im Interesse des Schädigers zu einer frühzeitigen Initiative zur Klärung von Schadenshergang oder Person des Schädigers gehalten. Eine Nachfrage ist geboten, wenn **konkrete Anhaltspunkte für das Bestehen eines Anspruchs** ersichtlich sind und sich

---

liegt wohl die Annahme grober fahrlässiger Unkenntnis, wenn keine Initiative zur Sachaufklärung ergriffen wird.

1655 Vgl. BGH VersR 2012, 1005 = NJW 2012, 2644; BGH VersR 2012, 587 = NJW 2012, 447.

1656 Vgl. hierzu auch *Teichner/Schröder*, ZMGR 2014, 79; *Ziegler/Oynar*, NJW 2017, 2438.

1657 BGH VersR 2012, 1005 = NJW 2012, 2644; BGH VersR 2012, 738 = NJW 2012, 1789; BGH VersR 2010, 214 = NJW-RR 2010, 681.

der **Verdacht einer möglichen Schädigung aufdrängt**[1658]. Dabei ist die Vielfältigkeit der möglichen Kausalverläufe bei medizinischen Behandlungen zu berücksichtigen. Ohne weiteres muss nicht von einem Schaden auf einen schuldhaften Behandlungs- oder Aufklärungsfehler geschlossen und daher keine Initiative zur Aufklärung des Behandlungsgeschehens entfaltet werden[1659]. Allerdings können die Begriffe der (früher ansetzenden) grob fahrlässigen Unkenntnis und der Kenntnis nicht gleichgesetzt werden, weshalb der Verjährungsbeginn schon vor der – ggf. durch ein Gutachten vermittelten – Kenntnis liegen kann, sofern sich aus anderen Umständen hinreichende Anhaltspunkte für das Bestehen eines Anspruchs ergeben[1660]. Zu beachten ist ferner, dass eine ggf. gebotene Nachfrage auch tatsächlich Aufklärung gebracht haben müsste, um aussichtsreich, wenn auch nicht risikolos Klage – möglicherweise nur in Form einer Feststellungsklage – zu erheben. Die auf Befragung erfolgte Mitteilung nachbehandelnder Ärzte, in der bisherigen Behandlung sei alles richtig gemacht worden, wird den Patienten in aller Regel entlasten[1661].

e) Kenntnisträger und Wissensvertreter

[244] Für die Frage, in wessen **Person** die Kenntnis bzw. grob fahrlässige Unkenntnis gegeben sein muss, stellt das Gesetz auf den **Verletzten** ab. Gemeint ist derjenige, in dessen Person der Ersatzanspruch verfügbar entstanden ist. Dies ist in der Regel der Patient selbst. Allerdings kommen in Ausnahmefällen auch Dritte in Betracht. So kommt es im Falle eines (minderjährigen oder erwachsenen) geschäftsunfähigen oder beschränkt geschäftsfähigen Patienten allein auf den Erkenntnisstand seines **gesetzlichen Vertreters** an[1662]. Dies gilt auch 520

1658 Zur Vermittlung der Anhaltspunkte für eine Nachforschung durch einen Arztbericht: OLG Koblenz GesR 2018, 303.

1659 Eingehend und mit zahlreichen Nachweisen BGH VersR 2010, 214 = NJW-RR 2010, 681 = MedR 2010, 258 m. Anm. *Bergmann/Wever*; vgl. auch BGH VersR 2012, 738 = NJW 2012, 1789 (für den Regress des SVT); OLG München VersR 2015, 199. Strenger bei Kooperation mit dem MDK und stetem Meinungsaustausch: OLG Bamberg VersR 2014, 748 (Nutzung verfügbarer Informationsquelle). Zum Ganzen auch *Fischer*, GesR 2010, 295.

1660 Vgl. etwa OLG Koblenz BeckRS 2018, 3163.

1661 Anders OLG Brandenburg MedR 2012, 673 m. krit. Anm. *Jaeger*.

1662 BGH VersR 2017, 165, 166; BGH VersR 2007, 66 = NJW 2007, 217; BGH VersR 1995, 659 = NJW 1995, 776; BGH NJW 1994, 803 (insodann, wenn Geschäftsunfähigkeit erst im Rahmen des Behandlungsgeschehens eintrat.

521 Auf das Wissen rechtsgeschäftlicher Vertreter kommt es dagegen nicht an. Abweichend behandelte die Rechtsprechung im Zusammenhang mit der früheren Verjährung deliktischer Ansprüche nach § 852 BGB a.F. allerdings unter Heranziehung des Rechtsgedankens des § 166 Abs. 1 BGB den sog. **Wissensvertreter**[1663]. Ob diese Rechtsfigur auch im Rahmen des § 199 Abs. 1 Nr. 2 BGB Anwendung findet, hat der BGH zunächst offen gelassen[1664]. Zwischenzeitlich wurde – insbesondere bei Entscheidungen über Regressforderungen von Sozialversicherungsträgern – mehrfach auf die hierzu entwickelten Grundsätze abgestellt[1665]. Hiergegen sind – angesichts der weitreichenden Übertragbarkeit der zu den subjektiven Voraussetzungen für den Beginn der Verjährung nach § 852 BGB a.F. entwickelten Grundsätze – auch keine gewichtigen Gründe anzuführen. Wer einen Dritten – unabhängig vom Vorliegen eines Vertretungsverhältnisses – mit der Erledigung bestimmter Aufgabenkreise in eigener Verantwortung betraut, muss sich also auch im Bereich des § 199 Abs. 1 Nr. 2 BGB das hierbei erlangte Wissen des Dritten zurechnen lassen. Dies gilt insbesondere dann, wenn der Geschädigte bzw. beim Geschäftsunfähigen dessen gesetzlicher Vertreter einen **Rechtsanwalt** mit der Aufklärung eines Sachverhalts beauftragt hat[1666]. In Betracht kommt dies jedoch auch dann, wenn ein Elternteil dem anderen rein tatsächlich die Wahrung der Belange des Kindes aus Anlass einer medizinischen Behandlung allein überlässt. Dabei ist dem Rechtsinhaber nicht nur eine positive Kenntnis, sondern auch eine grob fahrlässige Unkenntnis des Wissensvertreters zuzurechnen.

---

weit nicht abgedruckt in VersR 1993, 1550); OLG Schleswig MDR 2009, 985; OLG Stuttgart NJW-RR 1997, 1114, 1116.

1663 BGH VersR 2007, 66 = NJW 2007, 217; BGH VersR 1989, 914 = NJW 1989, 2323; OLG Stuttgart NJW-RR 1997, 1114, 1116.

1664 BGH VersR 2007, 1090 = NJW 2007, 1584.

1665 Vgl. nur BGH NJW 2013, 448; BGH VersR 2011, 682 = NJW 2011, 1799.

1666 Vgl. zur Eingrenzung aber BGH VersR 2020, 1109 = NJW 2020, 2534; allgemein ferner BGH VersR 2017, 165, 167; BGH VersR 2007, 66 = NJW 2007, 217; BGH VersR 1989, 914 = NJW 1989, 2323; OLG Stuttgart NJW-RR 1997, 1114, 1116.

f) Behörden und Sozial- und Drittleistungsträger

[245] Auch juristische Personen oder Behörden können befugt sein, Schadensersatzansprüche aus dem Gesichtspunkt der Arzthaftung geltend zu machen (s. unten Rz. 569). Hier kommt es für den Beginn der Verjährung grundsätzlich nicht auf den Kenntnisstand des Patienten selbst an. Ersatzansprüche des Patienten gegen den behandelnden Arzt gehen, etwa soweit Sozialleistungsträger aufgrund eines bestehenden Versicherungsverhältnisses für die Folgen eintreten, gem. § 116 SGB X (und § 119 SGB X für den Beitragsschaden)[1667] bereits im Augenblick der Anspruchsentstehung, d.h. des schadensstiftenden Ereignisses, gleichsam durch den Geschädigten hindurch auf den Leistungsträger über[1668]. Der frühzeitige **Anspruchsübergang auf den Sozialversicherungsträger** erfolgt grundsätzlich bereits dann, wenn bei Schadenseintritt die – wenn auch nur weit entfernte – Möglichkeit besteht, dass eine Leistungspflicht des Sozialleistungsträgers irgendwie in Betracht kommt. Daher kann der Kenntnisstand des nicht mehr sachlegitimierten Patienten für den Verjährungsbeginn nicht maßgeblich sein[1669]. 522

Weder auf die Kenntnis bzw. grob fahrlässige Unkenntnis des Verletzten, noch auf diejenige seiner Hinterbliebenen kommt es an, soweit Unterhaltsersatzansprüche aus § 844 Abs. 2 BGB auf Sozialleistungsträger übergehen. Dies gilt selbst dann, wenn zwischen Verletzung des Patienten im Rahmen des ärztlichen Behandlungsgeschehens und dem dadurch verursachten Tod eine erhebliche Zeitspanne liegen sollte. Auch in solchem Falle geht der Anspruch nämlich bereits im Zeitpunkt der Vollendung der schadensbegründenden Kausalkette, d.h. im Zeitpunkt der Verletzung, auf den späteren Leistungsträger über. 523

1667 BGH VersR 1991, 478 = NJW 1991, 1546; BGH VersR 1990, 437; BGH VersR 1987, 1092; BSG VersR 1983, 956 = NJW 1984, 1422.

1668 Wie früher bei § 58 AFG setzt jedoch der gesetzliche Forderungsübergang auf den Sozialhilfeträger schon im Zeitpunkt des schädigenden Ereignisses zusätzlich voraus, dass bereits zu dieser Zeit mit dessen Leistungspflicht ernsthaft zu rechnen ist: BGH VersR 1996, 649 = NJW 1996, 1674; BGH VersR 1996, 349 = NJW 1996, 726; zur früheren Rechtslage bei §§ 127, 58 AFG: BGH VersR 1994, 1450 = NJW 1994, 3097.

1669 BGH VersR 2012, 1005 = NJW 2012, 2644; BGH VersR 2012, 587 = NJW 2012, 447; BGH VersR 2011, 682 = NJW 2011, 1799; BGH VersR 2000, 1277 = NJW 2000, 1411.

Der spätere Todeseintritt ist nicht entscheidend. Er ist lediglich Teil der dem Schadensrecht, nicht aber dem Haftungsrecht zuzuordnenden haftungsausfüllenden Kausalkette[1670]. Auf deren Vollendung stellt der gesetzliche Forderungsübergang nicht ab.

524 In all jenen Fällen beginnt die Verjährung erst dann, wenn der zuständige Bedienstete der **verfügungsberechtigten Behörde** Kenntnis erlangt bzw. grob fahrlässig in Unkenntnis verbleibt. Verfügungsberechtigt in diesem Sinne sind nur solche Behörden, denen die Entscheidungskompetenz für die zivilrechtliche Verfolgung der Schadensersatzansprüche zukommt. Dabei ist **die behördliche Zuständigkeitsverteilung** zu respektieren[1671].

525 Besteht innerhalb der Behörde eine **klare Zuständigkeitsaufteilung** etwa in eine Leistungs- und eine Regressabteilung, so kommt es allein auf den Kenntnisstand der **Bediensteten der für Regresse zuständigen Stelle** an[1672]. Das Wissen der Bediensteten der Leistungsabteilung ist hingegen grundsätzlich unmaßgeblich. Dies gilt auch dann, wenn die mit der Bearbeitung der Leistungsanträge befassten Mitarbeiter aufgrund einer behördeninternen Anordnung gehalten sind, die Schadensakte an die Regressabteilung weiterzuleiten, sofern sich im Zuge der Sachbearbeitung Anhaltspunkte für eine schuldhafte Verursachung des Schadens durch Dritte oder eine Gefährdungshaftung ergeben[1673]. In entsprechender Weise ist trotz innerorganisatorischer Überschneidungen – etwa Personalunion der Sachbearbeiter – zwischen Kranken- und Pflegekasse zu differenzieren, da beide voneinander unabhängige Gläubiger darstellen[1674]. Auch durch die Einführung

---

1670 BGH VersR 1996, 649 = NJW 1996, 1674; BGH VersR 1993, 55 = NJW 1992, 3298.

1671 BGH VersR 2012, 1005 = NJW 2012, 2644; BGH VersR 2012, 738 = NJW 2012, 1789; BGH VersR 2011, 682 = NJW 2011, 1799; BGH VersR 2009, 989 = NJW-RR 2009, 1471; BGH VersR 1997, 635 = NJW 1997, 1584.

1672 Vgl. nur BGH VersR 2012, 1005 = NJW 2012, 2644; BGH VersR 2012, 738 = NJW 2012, 1789; BGH VersR 2011, 682 = NJW 2011, 1799; OLG Hamm VersR 2017, 252.

1673 BGH VersR 2012, 1005 = NJW 2012, 2644; BGH VersR 2012, 738 = NJW 2012, 1789; BGH VersR 2012, 587 = NJW 2012, 447; BGH VersR 2011, 682 = NJW 2011, 1799.

1674 Ausführlich BGH VersR 2011, 682 = NJW 2011, 1799 (auch zur Ablehnung einer rückwirkenden Zurechnung etwaiger Kenntnisse).

des subjektiven Merkmals der grob fahrlässigen Unkenntnis in § 199 Abs. 1 Nr. 2 BGB hat sich an diesen Grundsätzen der Rechtsprechung nichts geändert. Ein nachlässiges Verhalten von Mitarbeitern der Leistungsabteilung – etwa wegen unterlassener Initiativen zur Aufklärung des Schadensgeschehens oder einer unterlassenen Information der Regressabteilung – vermag also keine grob fahrlässige Unkenntnis der öffentlichen Körperschaft oder Behörde zu begründen[1675]. Sowohl für die positive Kenntnis als auch für die grob fahrlässige Unkenntnis ist also bei Zuständigkeitsaufteilung auf die Regressabteilung abzustellen. Ein nachlässiges Verhalten der Regressabteilung bei der behördeninternen Organisation zur Sicherstellung einer frühzeitigen Information über mögliche Regressfälle kann im Einzelfall grob fahrlässig sein. In diesem Zusammenhang kann den Sozialversicherungsträger eine **sekundäre Darlegungslast hinsichtlich der internen Organisation und Arbeitsabläufe** treffen[1676].

Im Übrigen genügt auch bei einer Behörde nicht die Kenntnis eines 526
jeden beliebigen Bediensteten. Vielmehr ist zu prüfen, ob es sich bei ihm um einen sog. **Wissensvertreter** handelt. Das ist – in Fällen fehlender Zuständigkeitsaufteilung – anzunehmen, wenn der Bedienstete (vielleicht neben anderen) vom Anspruchsträger mit der Betreuung und Verfolgung gerade der Regressforderung in eigener Verantwortung betraut ist. Dafür genügt allerdings eine Betrauung auch nur mit der Vorbereitung von Schadensersatzansprüchen, selbst wenn dann für die anschließende Geltendmachung nach außen andere Mitarbeiter ein und derselben Behörde zuständig sind[1677].

Gehen die Ansprüche nicht mit dem Schadensereignis auf den Dritten 527
über, kommt es vor dem Forderungsübergang auf die Kenntnis bzw. grob fahrlässige Unkenntnis des Verletzten selbst an. Verjährt die Forderung noch vor dem Anspruchsübergang bzw. hat der **Lauf der Verjährungsfrist bereits begonnen**, muss der Dritte dies nach §§ 412,

1675 Eingehend und mit ausführlichen Hinweisen zum Meinungsstand: BGH VersR 2012, 587 = NJW 2012, 447; vgl. auch BGH VersR 2012, 1005 = NJW 2012, 2644; BGH VersR 2012, 738 = NJW 2012, 1789.

1676 BGH VersR 2012, 1005 = NJW 2012, 2644; OLG Hamm VersR 2017, 252.

1677 BGH VersR 2000, 1277 = NJW 2000, 1411; BGH VersR 1997, 635 = NJW 1997, 1584; BGH VersR 1996, 1126 = NJW 1996, 2508; BGH VersR 1994, 491 = NJW 1994, 1150; BGH VersR 1992, 627 = NJW 1992, 1755.

404 BGB gegen sich gelten lassen[1678]. Dies gilt für Abtretung, Legalzession, aber auch Gesamtrechtsnachfolge[1679]. Der Anspruch geht dann also mit in Gang gesetzter Verjährung auf den Rechtsnachfolger über, selbst wenn dieser die Kenntnis nicht mit oder erst nach dem Übergang des Anspruchs auf ihn erhält. Auf den Kenntnisstand des Rechtsnachfolgers kommt es nur dann an, wenn die Verjährung zum Zeitpunkt des Forderungsübergangs noch nicht aufgrund der Kenntnis bzw. grob fahrlässigen Unkenntnis des Verletzten in Lauf gesetzt war[1680]. Bei einem **Wechsel des Sozialleistungsträgers** geht die Ersatzforderung in dem Zustand auf den neuen Sozialleistungsträger über, in dem sie sich bei dem Rechtsübergang befindet[1681].

g) Sekundärpflichten der Behandlungsseite

528 [246] Liegt Kenntnis bzw. grob fahrlässige Unkenntnis nach Maßgabe des Ausgeführten vor, so beginnt gem. § 199 Abs. 1 BGB der Lauf der Verjährungsfrist. Dies gilt selbst dann, wenn die Behandlungsseite – freilich ohne Tatsachen zu verschweigen oder zu verdrehen – ein schuldhaftes Fehlverhalten leugnet, etwa anstelle eines Kunstfehlers die Verwirklichung eines schicksalhaften Operationsrisikos annimmt[1682]. Eine – über die in § 630c Abs. 2 S. 2 BGB geregelte Fehleraufklärungspflicht (s. oben Rz. 91 ff.) hinausgehende – Sekundärpflicht des Arztes, von ihm als solche erkannte Behandlungsfehler dem Patienten zu dem Zweck zu eröffnen, rechtzeitig Ersatzansprüche prüfen zu können, besteht nicht. Ein Sekundäranspruch, dessen Verletzung eine erneute Verjährungsfrist in Gang zu setzen vermag[1683], wird für das Gebiet der Arzthaftung zu Recht abgelehnt[1684].

2. Hemmung und Neubeginn

529 [247] Der Eintritt der Verjährung kann durch gesetzlich geregelte Tatbestände der Hemmung und des Neubeginns hinausgeschoben

1678 BGH VersR 2012, 924; vgl. auch BGH VersR 2015, 122.
1679 Vgl. nur BGH NJW-RR 2015, 1321.
1680 BGH VersR 2014, 1222.
1681 BGH VersR 2014, 1226.
1682 BGH VersR 1983, 1158 = NJW 1984, 661.
1683 BGH NJW 1993, 2747; BGH VersR 1985, 860 = NJW 1985, 2250.
1684 Ausführlich hierzu: *Taupitz*, NJW 1992, 713, 719; OLG Hamm NJW 1985, 685.

werden (§§ 203 ff. BGB). Ein Neubeginn ist nach § 212 BGB nur bei Anerkenntnissen und Vollstreckungshandlungen vorgesehen. Daneben bestehen mehrere Möglichkeiten zur Hemmung der (bereits laufenden[1685]) Verjährung. Bedeutsam für das Arzthaftungsrecht sind insbesondere die Hemmung durch Verhandlungen (§ 203 BGB) sowie Maßnahmen der Rechtsverfolgung (§ 204 BGB).

a) Hemmung durch Verhandlungen

[248] In § 203 BGB ist die – zuvor nur in § 852 Abs. 2 BGB a.F. für die 530
Verjährung deliktischer Ansprüche gesetzlich geregelte – Hemmung der Verjährung durch Verhandlungen[1686] über den Anspruch allgemein normiert. Auch insoweit hat der BGH bereits den Rückgriff auf die zu § 852 BGB Abs. 2 a.F. entwickelten Grundsätze bestätigt[1687].

Nach § 203 BGB ist die Verjährung so lange gehemmt, als zwischen 531
Behandlungsseite und Patient Verhandlungen über den zu leistenden Schadensersatz schweben. Die **Verjährung** kann nach § 203 S. 2 BGB jedoch **frühestens drei Monate nach dem Ende** der Hemmung eintreten. Zu beachten ist ferner, dass aufgrund des Verjährungsbeginns am Schluss des Jahres, in dem die Voraussetzungen des § 199 Abs. 1 Nr. 1 und 2 BGB vorliegen, die vor diesem Beginn bereits beendeten Verhandlungen für die Berechnung der Verjährungsfrist unbeachtlich bleiben[1688]. Insoweit gilt der allgemeine Grundsatz, dass sich noch vor Verjährungsbeginn wegfallende hemmungsbegründende Umstände nicht auf den Lauf der Verjährungsfrist auswirken[1689].

Der **Begriff der Verhandlungen** ist **weit auszulegen**. Nicht erforder- 532
lich sind beispielsweise Vergleichsverhandlungen, d.h. ein Signali-

1685 BGH VersR 2017, 903.

1686 Vgl. zu dem Hemmungstatbestand *Boemke/Dorr*, NJOZ 2017, 1578.

1687 BGH VersR 2009, 945 = NJW 2009, 1806; BGH VersR 2007, 705 = NJW 2007, 587.

1688 Liegen etwa die Voraussetzungen des § 199 Abs. 1 Nr. 1 und 2 BGB im Frühjahr eines Jahres vor und wird von diesem Zeitpunkt an bis zum Herbst desselben Jahres zwischen den Parteien über die Berechtigung der Forderung verhandelt, bleibt dies für die Berechnung der Verjährung ohne Belang, da die Verjährungsfrist erst am Ende des Jahres beginnt.

1689 Vgl. nur OLG Naumburg, Urt. v. 23.10.2008 – 9 U 19/08, veröff. bei juris.

sieren von Entgegenkommen. Vielmehr genügt jeder Meinungsaustausch über den Schadensfall und seine Folgen, wenn und solange nicht erkennbar die Verhandlungen über die Ersatzpflicht oder jeglicher Ersatz abgelehnt werden[1690]. Verhandlungen schweben folglich schon dann, wenn der in Anspruch Genommene – etwa auf eine reine Schadensmeldung[1691] hin – Erklärungen abgibt, die dem Geschädigten die Annahme gestatten, der Verpflichtete lasse sich auf Erörterungen über die Berechtigung von Schadensersatzansprüchen ein. Nicht erforderlich ist, dass dabei eine Vergleichsbereitschaft oder eine Bereitschaft zum Entgegenkommen signalisiert wird[1692]. Es kann also ausreichen, dass der Anspruchsgegner mitteilt, er habe die Angelegenheit seiner Haftpflichtversicherung zur Prüfung übersandt[1693]. Auch Verhandlungen über einen Verzicht auf die Einrede der Verjährung dienen letztlich der Vermeidung eines Rechtsstreites und fallen daher in den Anwendungsbereich des § 203 BGB[1694]. Verhandlungen in diesem Sinne sind nicht nur unmittelbare Gespräche der Beteiligten untereinander. Vielmehr fallen hierunter auch die – in Arzthaftungssachen spezifischen – Verfahren nicht nur vor den eigens hierfür eingerichteten Schiedsstellen, sondern auch vor reinen Gutachterstellen[1695], sofern nicht ohnehin die elegantere Lösung über die Einordnung der Anrufung der Schlichtungsstelle als Hemmung nach § 204 Abs. 1 Nr. 4 BGB vorzunehmen ist[1696]. Die diesbezügliche Hemmung tritt allerdings ausschließlich im Verhältnis derjenigen zueinander ein, die an dem Verfahren auch tatsächlich beteiligt waren (vgl. Rz. 556).

533 Die Hemmung findet ihr Ende, sobald einer der Beteiligten erkennbar nicht mehr gesprächsbereit ist, die Verhandlungen also **abgebrochen werden**, oder die Verhandlungen zwischen Schädiger und Geschädig-

---

1690 BGH VersR 2017, 901; BGH VersR 2007, 1383 = NJW-RR 2007, 1358; BGH VersR 2001, 108 = NJW 2001, 885; BGH VersR 1991, 475 = NJW-RR 1991, 796.

1691 Vgl. hierzu OLGR 2009, 771; OLG Köln, VersR 2007, 521.

1692 BGH VersR 2007, 705 = NJW 2007, 587; BGH VersR 2005, 699 = NJW-RR 2005, 1044; BGH NJW 2004, 1654.

1693 Vgl. BGH VersR 2007, 1383 = NJW-RR 2007, 1358.

1694 OLGR 2009, 771.

1695 BGH VersR 1983, 690 = NJW 1983, 2075; RGRK – *Nüßgens*, BGB § 823 Anh. II Rz. 339; zum Unterschied von Schieds- und Gutachterstellen vgl. *Eberhardt*, NJW 1983, 2613, 2615.

1696 Hierzu BGH VersR 2017, 618.

tem **erkennbar einschlafen**[1697]. Der Abbruch von Verhandlungen muss nach der Rechtsprechung wegen der Bedeutung für die Durchsetzbarkeit der geltend gemachten Ansprüche durch ein klares und eindeutiges Verhalten zum Ausdruck gebracht werden[1698]. Ein „Einschlafenlassen" ist hingegen anzunehmen, wenn der jeweilige Verhandlungspartner – gleich ob Gläubiger oder Schuldner[1699] – den Zeitpunkt versäumt, zu dem eine **Antwort auf die letzte Anfrage der anderen Seite spätestens zu erwarten** gewesen wäre[1700]. Der Anspruchsteller muss also darauf achten, dass die Behandlungsseite bzw. deren Haftpflichtversicherer die Verhandlungen nicht „einschläfert". Welcher **Untätigkeitszeitraum** anzusetzen ist, wird – ungeachtet der damit einhergehenden Rechtsunsicherheit – eine Frage des Einzelfalls bleiben müssen[1701]. Feste Fristen bestehen nicht. Stets muss der Gegenstand der Verhandlung und der **Verhandlungsrhythmus der Parteien** berücksichtigt werden[1702]. Gerade in komplexen Arzthaftungssachen wird für den Meinungsaustausch häufig etwas Zeit benötigt. Anlass zu einer weiteren Äußerung haben die Verhandlungspartner allerdings dann nicht, wenn für die Regulierung des Schadens eine **Verhandlungspause vereinbart** wird. Dann ist es grundsätzlich Sache der Behandlungsseite, die Initiative wegen einer Wiederaufnahme der Verhandlungen zu ergreifen, wenn sie die Hemmung einer Verjährung der Ersatzansprüche beenden will[1703].

Eine **Zusammenfassung mehrerer Verhandlungszeiträume** im Sin- 534
ne einer Verhandlungseinheit ist **generell nicht eröffnet**. Die Wiederaufnahme abgebrochener Verhandlungen kann also nicht zu einer

1697 BGH VersR 1990, 755 = NJW-RR 1990, 664.

1698 BGH VersR 2017, 165, 167; BGH VersR 2005, 699 = NJW-RR 2005, 1044; BGH VersR 1998, 1295 = NJW 1998, 2819.

1699 Klarstellend BGH VersR 2017, 165, 168.

1700 BGH VersR 2009, 945 = NJW 2009, 1806; BGH VersR 2005, 699 = NJW-RR 2005, 1044; BGH NJW 2003, 895 = NZV 2003, 80; BGH VersR 1990, 755 = NJW-RR 1990, 664.

1701 Vermehrt wird darauf abgestellt, „im Regelfall" führe eine Untätigkeit von einem Monat zum Ende der Verhandlungen; vgl. etwa OLG Dresden VersR 2011, 894 m. Anm. *Luckey*; KGReport Berlin 2008, 368; spätestens einen Monat nach Ablauf der vom Gläubiger gesetzten Frist: BGH VersR 2003, 99 = NJW 2003, 895.

1702 Vgl. auch BGH VersR 2017, 901, 902.

1703 BGH VersR 2005, 699 = NJW-RR 2005, 1044; BGH VersR 1986, 490 = NJW 1986, 1337.

auf den Beginn der Verhandlungen rückwirkenden Hemmung der Verjährung führen[1704]. In Unkenntnis nach Eintritt der Verjährung geführte Verhandlungen sind verjährungsrechtlich unerheblich[1705].

535 Bei der Prüfung, gegenüber wem Verhandlungen bei mehreren Schuldnern zu einer Hemmung führen, ist auf die Gesamtumstände abzustellen. So tritt eine Hemmung gegenüber dem Krankenhausträger und dem angestellten Arzt ein, wenn der für alle Beteiligten eintrittspflichtige Haftpflichtversicherer bei den Regulierungsverhandlungen für beide Versicherte tätig wird[1706]. Hingegen hemmen Verhandlungen mit dem Krankenhausträger die Verjährung gegenüber dem behandelnden Arzt nur dann, wenn sich aus den Umständen ergibt, dass der Krankenhausträger auch dessen Interessen vertritt[1707]. Keine Hemmung durch Verhandlungen kommt hingegen in Betracht, wenn mit dem nicht einstandspflichtigen Belegkrankenhausträger über Ansprüche wegen eines Behandlungsfehlers des Belegarztes verhandelt wird[1708].

b) Hemmung durch Rechtsverfolgung

536 [249] Die Hemmung der Verjährung durch Maßnahmen der Rechtsverfolgung sind in § 204 BGB geregelt. Die Hemmung endet sechs Monate nach der rechtskräftigen Entscheidung oder anderweitigen Beendigung des eingeleiteten Verfahrens (§ 204 Abs. 2 S. 1 BGB). Allerdings droht auch bei Nichtbetreiben des Verfahrens die Verjährung des Anspruchs, da nach § 204 Abs. 2 S. 2 BGB die letzte Verfahrenshandlung der Parteien bzw. des Gerichts an die Stelle der Beendigung

---

1704 BGH VersR 2017, 901, 903; kritisch *Peters*, JR 2018, 43 f.

1705 BGH VersR 2017, 901, 903.

1706 Vgl. OLG Brandenburg, Urt. v. 3.4.2008 – 12 U 190/07, veröff. in juris; OLG Düsseldorf AHRS 0600/135 (Urteil vom 17.12.1998); OLG Rostock OLGR 2002, 89: nur, wenn Ansprüche gegen einen Beteiligten deutlich ausgenommen werden, kommt eine beschränkte Hemmung in Betracht; hierzu auch *Pauge/Offenloch*, Arzthaftungsrecht, Rz. 554. Verhandlungen mangels Vollmacht des verhandelnden Dritten wegen Verstoßes gegen § 1626 Abs. 1 S. 2 BGB ablehnend: LG Nürnberg-Fürth MedR 2008, 744.

1707 OLG Jena GesR 2013, 29; OLG Oldenburg VersR 2007, 1277 = MDR 2008, 311.

1708 OLG Koblenz VersR 2011, 759.

des Verfahrens tritt, wenn dieses durch Nichtbetreiben[1709] der Parteien in Stillstand gerät; das Weiterbetreiben führt zur erneuten Hemmung. Ein Nichtbetreiben liegt etwa bei nicht erfolgender Anspruchsbegründung nach einem Mahnverfahren[1710] oder der ausbleibenden Einzahlung des Kostenvorschusses im selbständigen Beweisverfahren[1711] vor. Nicht unter § 204 Abs. 2 S. 2 BGB fallen die prozessrechtliche Unterbrechung und Aussetzung des Verfahrens. Bei der Begründung und Beendigung der Hemmung nach § 204 Abs. 1 BGB drohen – ebenso wie bei der Hemmung durch Verhandlungen nach § 203 BGB – zahlreiche Fallstricke, denen auch im Arzthaftungsprozess Bedeutung zukommen kann.

Die Hemmung der Verjährung durch **Klageerhebung** (§ 204 Abs. 1 537
Nr. 1 BGB) setzt eine „erhobene" Klage und damit die Zustellung an den Gegner voraus (§ 253 Abs. 1 ZPO)[1712]. Erfolgt die Einreichung der Klageschrift noch vor Eintritt der Verjährung, tritt die Hemmung bereits mit dem Eingang der Klage ein, wenn die Zustellung „demnächst" erfolgt (§ 167 ZPO)[1713]. Auch die unzulässige Klage hemmt

1709 Allg. hierzu *Palandt/Ellenberger*, BGB, 79. Aufl. 2020, § 204 Rz. 47.

1710 Vgl. BGH VersR 2011, 813 = NJW 2010, 1662.

1711 OLG Schleswig SchlHA 2011, 414.

1712 Hingegen begründen weder die Klage eines Nichtberechtigten (BGH NJW 2010, 2270) noch die negative Feststellungsklage des Schuldners (BGH ZIP 2012, 2157) die Verjährung.

1713 Der Sinn und Zweck der Rückbeziehung der Zustellungswirkung auf den Zeitpunkt der Einreichung des Antrags wird darin gesehen, die Partei bei der Zustellung von Amts wegen vor Nachteilen durch Zustellungsverzögerungen innerhalb des gerichtlichen Geschäftsbetriebs zu bewahren. Zur Bestimmung des Begriffs „demnächst" vgl. BGH VersR 2012, 382 = NJW 2011, 1227: Die Zustellung einer Klage ist jedenfalls dann noch demnächst erfolgt, wenn die durch den Kläger zu vertretende Verzögerung der Zustellung den Zeitraum von 14 Tagen nicht überschreitet. Bei der Berechnung der Zeitdauer der Verzögerung ist auf die Zeitspanne abzustellen, um die sich der ohnehin erforderliche Zeitraum für die Zustellung der Klage als Folge der Nachlässigkeit des Klägers verzögert. S. auch BGH NJW 2003, 2830: Einer Partei sind solche nicht nur ganz geringfügige Verzögerungen der Zustellung zuzurechnen, die ihr Prozessbevollmächtigter bei sachgerechter Prozessführung hätte vermeiden können. Die Partei und ihr Prozessbevollmächtigter müssen unter Berücksichtigung der Gesamtumstände das ihr Zumutbare für die alsbaldige Zustellung getan haben. Daran fehlt es, wenn die Partei oder ihr Prozessbevollmächtigter vorwerfbar zu einer nicht die Verjährung[1714]. Erhebt also der Geschädigte eine wegen des Vorrangs einer Leistungsklage unzulässige Feststellungsklage[1715], steht dies der Hemmung nach§ 204 Abs. 1 Nr. 1 BGB nicht entgegen. Die Hemmung der Verjährung umfasst den gesamten geltend gemachten **Streitgegenstand[1716], reicht aber nicht über diesen hinaus**[1717]. Mehrere Behandlungsfehler, die innerhalb eines einheitlichen Behandlungsgeschehens einen Streitgegenstand bilden[1718], werden daher von der Hemmung erfasst, auch wenn sie nur teilweise in der Klageschrift thematisiert werden. Anderes gilt für die neben den Behandlungsfehler tretende Aufklärungsrüge, sofern diese als separater Streitgegenstand angesehen wird[1719].

538 Die – in Arzthaftungssachen kaum sinnvolle – Hemmung durch Zustellung des **Mahnbescheids** im Mahnverfahren (§ 204 Abs. 1 Nr. 3 BGB)[1720] setzt die **hinreichende Individualisierung des geltend**

---

bloß geringfügigen Zustellungsverzögerung beigetragen hat. So verhält es sich schon, wenn die Partei oder ihr Prozessbevollmächtigter erkennen kann, dass die Zustellung einer Klage aussteht, und nach dem Grund hierfür nicht fragt. Zum Erfordernis der Nachfrage des Prozessbevollmächtigten nach der Vorschussanforderung des Gerichts vgl. etwa BGH VersR 2010, 1095; zur Erledigungsfrist zur Einzahlung des angeforderten Gerichtskostenvorschusses vgl. BGH NJW-RR 2018, 461.

1714 BGH VersR 2011, 1459, 1460.

1715 Allg. zur Hemmung durch eine Feststellungsklage *Tolani*, NJW 2019, 2751.

1716 Eingehend zum Begriff des Streitgegenstands im Arzthaftungsrecht *Walter*, in: Jorzig, Handbuch Arzthaftungsrecht, Teil 3 Kap. 5 Rz. 19 ff.

1717 Vgl. etwa OLG Köln VersR 2019, 423, 427: Unterscheidung zwischen ererbten und eigenen Ansprüchen.

1718 Vgl. BGH VersR 2017, 822; s. auch OLG Saarbrücken MDR 2000, 1317; OLG Hamm NJW-RR 1999, 1589: Mehrere in einem gewissen zeitlichen und räumlichen Zusammenhang stehende Behandlungsfehler bilden eine Behandlungseinheit und damit einen Streitgegenstand.

1719 Offen, aber mit entsprechender Tendenz BGH NJW-RR 2007, 414 als Revisionsentscheidung zu OLG Zweibrücken MedR 2006, 218 (zwei Streitgegenstände); *Zoll*, MedR 2009, 569.

1720 Auch im Mahnverfahren tritt nach § 167 ZPO die Hemmung der Verjährung bereits mit dem Eingang des Antrags auf Erlass des Mahnbescheids bei dem zuständigen AG (§ 689 ZPO) ein, wenn die Zustellung des Mahnbescheids demnächst erfolgt. Zum Eintritt der Verjährungshemmung trotz unwirksamer Zustellung des Mahnbescheids vgl. BGH VersR

gemachten Anspruchs voraus. Der Anspruch muss so abgegrenzt werden, dass er Grundlage eines der materiellen Rechtskraft fähigen Vollstreckungstitels sein und der Schuldner erkennen kann, welcher Anspruch oder welche Ansprüche gegen ihn geltend gemacht werden, damit er beurteilen kann, ob und in welchem Umfang er sich zur Wehr setzen will[1721]. Zudem ist zu beachten, dass die Zustellung eines Mahnbescheids, mit dem ein Teilbetrag aus mehreren Einzelforderungen geltend gemacht wird, die Verjährung nicht hemmt, wenn eine genaue Aufschlüsselung der Einzelforderungen unterblieben ist und die Individualisierung erst nach Ablauf der Verjährungsfrist im anschließenden Streitverfahren nachgeholt wird[1722].

Die Anspruchsverfolgung vor bei den Ärztekammern eingerichteten 539
Schlichtungsstellen kann eine Hemmung nach § 204 Abs. 1 Nr. 4 BGB begründen[1723]. Dabei ist es zur Verjährungshemmung nicht erforderlich, dass sich der Arzt oder der hinter diesem stehende Haftpflichtversicherer auf das Schlichtungsverfahren einlässt. Dies gilt auch dann, wenn ein Schlichtungsverfahren nach der Verfahrensordnung der jeweiligen Schlichtungsstelle nur dann durchgeführt wird, wenn Arzt und Haftpflichtversicherer der Durchführung des Verfahrens zustimmen[1724]. Maßgebend für den Eintritt der Hemmung ist die Bekanntgabe des Güteantrags, wobei § 167 ZPO entsprechend heranzuziehen ist[1725]. Zu beachten ist, dass der Güteantrag den formalen Vorgaben der einschlägigen Verfahrensordnung entspricht, der Anspruch hinreichend individualisiert wird und der Güteantrag nicht rechtsmissbräuchlich ist[1726].

2011, 893 = NJW-RR 2010, 1438. Allg. zur Hemmung der Verjährung nach § 204 Abs. 1 Nr. 3 BGB: *Klose*, MDR 2010, 11.

1721 Allgemein hierzu BGH NJW 2011, 613 = MDR 2011, 123; BGH VersR 2010, 86; vgl. auch BGH NJW-RR 2010, 1455 = MDR 2010, 1097: Falschangabe des Datums eines für den Gegner gleichwohl identifizierbaren vorprozessualen Anspruchsschreibens unschädlich; BGH ZInsO 2018, 1643: für den Anspruchsgegner erkennbares Schreibversehen unschädlich.

1722 BGH VersR 2010, 223 = NJW 2009, 56.

1723 Vgl. hierzu *Kremer*, GuP 2017, 121.

1724 Zum Ganzen BGH VersR 2017, 618.

1725 BGH VersR 2017, 618.

1726 *Greger*, MDR 2017, 506 m.w.N.

540 Die Zustellung der **Streitverkündung** hemmt nach § 204 Abs. 1 Nr. 6 BGB ebenfalls die Verjährung[1727]. Allerdings setzt dies – auch bei einem Beitritt des Streitverkündeten – voraus, dass die Streitverkündung zulässig ist[1728]. Die verjährungshemmende Wirkung einer Streitverkündung wird gegenständlich nicht durch den Streitgegenstand des Vorprozesses, sondern durch das Erfordernis der Zulässigkeit der Streitverkündung und den Inhalt der Streitverkündungsschrift bestimmt[1729].

541 Nach § 204 Abs. 1 Nr. 7 BGB wird die Verjährung durch die Zustellung eines Antrags auf Durchführung eines **selbständigen Beweisverfahrens** gehemmt[1730]. Die Verjährungshemmung setzt die förmliche Zustellung des Antrags voraus; allerdings kommt hinsichtlich der Verjährungshemmung auch bei fehlendem Willen des Gerichts, eine förmliche Zustellung vorzunehmen, eine Heilung des Zustellungsmangels nach § 189 ZPO in Betracht, wenn der Antrag dem Gegner nach formloser Übermittlung tatsächlich zugeht[1731]. Als problematisch erweist sich in der Praxis häufig die verjährungshemmende **Bestimmung der Beendigung des selbständigen Beweisverfahrens** und damit des nach weiteren sechs Monaten eintretenden Endes der Hemmung (vgl. § 204 Abs. 2 S. 1 BGB). Die hierbei mitunter anzutreffenden Schwierigkeiten beruhen auf der häufig vorzunehmenden rückwirkenden Bestimmung des Beendigungszeitpunktes des selbständigen Beweisverfahrens. Nach der Rechtsprechung des BGH endet das selbständige Beweisverfahren, wenn die Beweissicherung sachlich erledigt ist[1732]. Das Verfahren endet mit der mündlichen Zeugen- oder Sachverständigenaussage im Termin bzw. bei schriftlicher Begutachtung mit dem Zugang des (Ergänzungs-)Gutachtens bei den Parteien, wenn weder das Gericht eine Frist zur Stel-

1727 Eine Anhörungsrüge schiebt den Verjährungseintritt gegenüber dem Streitverkündeten nicht weiter hinaus; vgl. BGH VersR 2012, 1184 = NJW 2012, 3087.

1728 BGH VersR 2009, 90 = NJW 2008, 519; ausführlich hierzu *Fischer* in FS 25 Jahre AG Rechtsanwälte im Medizinrecht, 2011, S. 85, 116 ff.

1729 BGH NJW 2012, 674 (zu § 209 Abs. 2 Nr. 4 BGB a.F.).

1730 Dies gilt auch dann, wenn ein selbständiges Beweisverfahren vor dem 1.1.2001 eingeleitet und noch nicht beendet war: BGH NJW 2012, 2263 = MDR 2012, 1245.

1731 BGH VersR 2011, 1278 = NJW 2011, 1965.

1732 Unerheblich sind etwaige „Beendigungsbeschlüsse“ des Gerichts sowie der Zeitpunkt der Streitwertfestsetzung.

lungnahme zum Ergebnis der (mündlichen) Beweisaufnahme bzw. zum schriftlich erstatteten Gutachten gesetzt hat[1733], noch die Parteien innerhalb eines angemessenen Zeitraums nach der mündlichen Anhörung bzw. dem Erhalt des Gutachtens Einwendungen dagegen erhoben oder das Gutachten betreffende Anträge oder Ergänzungsfragen mitgeteilt haben[1734]. Als angemessener Zeitraum wird der Ablauf von einem Monat nach der Gutachtenübersendung angesehen[1735].

Auch die in Arzthaftungssachen häufig anzutreffende Veranlassung 542
der Bekanntgabe des erstmaligen Antrags auf Bewilligung von **Prozesskostenhilfe** hemmt die Verjährung (§ 204 Abs. 1 Nr. 14 BGB)[1736]. Allein die Einreichung des Antrags ohne Bekanntgabe genügt nicht. Nicht entscheidend ist aber, ob der Antrag dem Schuldner tatsächlich bekanntgeworden ist. Allein maßgeblich ist die **Veranlassung der Bekanntgabe**[1737]. Stets sollte die Veranlassung der Bekanntgabe unabhängig von den Erfolgsaussichten des Prozesskostenhilfegesuchs beantragt werden, da das Gericht diesem Ersuchen entsprechen muss[1738].

1733 Bei entsprechender Fristsetzung endet das Verfahren mit dem ergebnislosen Ablauf der gerichtlich gesetzten Frist.

1734 Zur Beendigung bei mündlicher Anhörung des Sachverständigen BGH NJW-RR 2009, 1243; zur Beendigung bei schriftlicher Gutachtenerstattung BGH VersR 2003, 129 = NJW 2002, 1640.

1735 OLG Hamm BauR 2005, 752.

1736 Für den Eintritt der Hemmungswirkung muss der Antrag weder ordnungsgemäß begründet, vollständig und von den erforderlichen Unterlagen begleitet noch von der subjektiven Ansicht der Bedürftigkeit getragen sein, sondern lediglich bestimmten Mindestanforderungen – etwa der Individualisierbarkeit der Parteien und der ausreichenden Darstellung des Sach- und Streitverhältnisses – genügen: BGH NJW 2009, 1137 = MDR 2009, 278. Die Nachreichung der Erklärung zu den persönlichen und wirtschaftlichen Verhältnissen ist also für die Hemmung der Verjährung ohne Belang; vgl. auch OLG Nürnberg VersR 2010, 1468.

1737 BGH NJW 2016, 151. Vgl. zur Frage der Vereinbarkeit der ausbleibenden Veranlassung der Bekanntgabe mit der EMRK: EGMR NJW 2018, 527.

1738 BGH VersR 2008, 1119 = NJW 2008, 1939. Vgl. insoweit auch BVerfG NJW 2010, 3083.

III. Altes Verjährungsrecht in der bis zum 1.1.2002 geltenden Fassung

543 [250] Beurteilt sich die Verjährung von Schadensersatzansprüchen nach der bis zum 1.1.2002 geltenden Rechtslage (zum Übergangsrecht s. Rz. 499), so ist mangels einheitlicher Verjährungsregelung zu **unterscheiden**, ob Ansprüche aus **Vertrag oder Delikt** hergeleitet werden[1739]. Beide Verjährungsfristen laufen unabhängig voneinander[1740]. Die Rechtsprechung geht dabei von dem Grundsatz aus, dass es sich bei dem Zusammentreffen von Ansprüchen aus Vertragsverletzung und aus unerlaubter Handlung um eine **echte Anspruchskonkurrenz** handelt, die sich aus dem gleichen Rang von Delikts- und Vertragsrecht ergibt. Verstößt ein Verhalten sowohl gegen eine allgemeine Rechtspflicht als auch gegen eine vertraglich begründete Verpflichtung, so sind die Rechtsfolgen sowohl den Vorschriften des Deliktsrechts als auch den für den Vertrag maßgeblichen Bestimmungen zu entnehmen. Jeder Schadensersatzanspruch folgt damit auch grundsätzlich seiner eigenen Verjährungsfrist.

1. Verjährung vertraglicher Ansprüche

544 [251] Für Ansprüche auf vertraglicher Grundlage gilt mangels besonderer gesetzlicher Vorgaben die regelmäßige Verjährungsfrist, die gem. § 195 BGB a.F. 30 Jahre beträgt. Sie beginnt gem. § 198 BGB a.F. mit der Entstehung des Schadensersatzanspruchs, nicht dagegen schon mit der Entstehung des primären Erfüllungsanspruchs. Probleme zur Verjährung der ärztlichen Haftung aus Vertrag (§ 195 BGB a.F.) treten in der Praxis kaum auf.

1739 Bei Renten (Rückstände, Vermehrung der Bedürfnisse, Verdienstausfall etc.) ist allerdings zu beachten, dass für diese als wiederkehrende Leistungen gem. § 197 BGB a.F. eine Verjährungsfrist von vier Jahren gilt, wobei dahinstehen kann, auf welchem Rechtsgrund der Anspruch beruht. Hierzu BGH VersR 2012, 372 = MDR 2012, 345; BGH VersR 2006, 132 = NJW-RR 2006, 191; BGH VersR 2003, 452 = NJW 2003, 1524.

1740 BGH VersR 1992, 589; RGRK – *Kreft*, BGB § 852 Rz. 17.

2. Verjährung deliktischer Ansprüche

[252] Für Ansprüche auf deliktischer Grundlage (vor allem wegen des Schmerzensgeldes nach früherem Recht von Bedeutung, vgl. oben Rz. 1) gilt dagegen § 852 BGB a.F. In diesem Zusammenhang stellen sich häufig Probleme, die allerdings zu weiten Teilen denen des neuen Verjährungsrechts entsprechen. Gemäß § 852 Abs. 1 BGB a.F. beginnt der Lauf der dreijährigen Verjährungsfrist mit der Kenntnis des Verletzten (grundsätzlich also des Patienten) von dem Schaden und der Person des Ersatzpflichtigen. Ohne Rücksicht auf diese Kenntnis verjähren Ersatzansprüche in 30 Jahren von der Begehung der Handlung an. 545

a) Verjährungsbeginn

Der Beginn der Verjährungsfrist knüpft in § 852 BGB a.F. an die Kenntnis des Verletzten von dem Schaden und der Person des Ersatzpflichtigen an. Wie auch im neuen Verjährungsrecht muss die Kenntnis so weit gehen, dass der Geschädigte auf Grund der ihm bekannten Tatsachen gegen eine bestimmte Person eine Schadensersatzklage, sei es auch nur in Form einer Feststellungsklage, mit einigermaßen sicherer Aussicht auf Erfolg erheben kann[1741]. Dabei stellt die Vorschrift allein auf die Kenntnis der anspruchsbegründenden Tatsachen, nicht auf deren zutreffende rechtliche Würdigung ab, auch nicht darauf, ob der Geschädigte aus den ihm bekannten Tatsachen zutreffende Schlüsse auf den in Betracht kommenden naturwissenschaftlich zu erkennenden Kausalverlauf zieht. 546

Der Lauf der Frist darf insoweit nicht von der kaum nachprüfbaren intellektuellen Verfassung des jeweiligen Geschädigten abhängig sein[1742]. Der Patient muss nur so viel wissen, dass bei zutreffender medizinischer und rechtlicher Subsumtion ohne weitere Ermittlung eine Einschätzung der Prozessaussichten möglich wäre. Nicht kommt es darauf an, ob der geschädigte Patient selbst im Einzelfall zu einer solchen Beurteilung der ihm an sich bekannten Tatsachen in der Lage ist. Insoweit besteht kein Unterschied zum Beginn der Verjährungsfrist 547

1741 RGRK – *Kreft*, BGB § 852 Rz. 23 f.; BGH VersR 2001, 108 = NJW 2001, 885; BGH VersR 1999, 1149 = NJW 1999, 2734.

1742 BGH VersR 1988, 465 = NJW-RR 1988, 411; BGH VersR 1983, 1158 = NJW 1984, 661.

nach § 199 Abs. 1 BGB. Allerdings genügt nach § 852 BGB a.F. **grundsätzlich** nur **positive Kenntnis**. Eine – sei es auch grob fahrlässig – vom Patienten selbst verschuldete Unkenntnis von Tatsachen reicht dagegen nicht aus, die Frist in Lauf zu setzen[1743].

548 Von dem Fall der bloß fahrlässigen Unkenntnis ist allerdings nach der Rechtsprechung das **rechtsmissbräuchliche Sichverschließen** vor **auf der Hand liegenden Erkenntnismöglichkeiten** zu unterscheiden. Im Rahmen des § 852 BGB a.F. trifft zwar den geschädigten Patienten im Allgemeinen keine Informationspflicht. Auf einer solchen Obliegenheit baut die Vorschrift nicht auf. Vielmehr kann es nur darum gehen, dem Geschädigten nach den Grundsätzen von Treu und Glauben das Sichberufen auf seine Unkenntnis dann ausnahmsweise zu versagen, wenn es angesichts eines ihm völlig offenstehenden Zugangs zu denjenigen Informationen, die die Kenntnis ausmachen, als formalistisch und rechtsmissbräuchlich erscheinen muss. Dann hindert die Unkenntnis den Lauf der Verjährungsfrist nicht[1744]. Anwendungsfälle aus der Rechtsprechung betreffen insbesondere Situationen, in denen auf Grund bereits zuvor bestehenden Informationsstandes nunmehr eine einfache Nachfrage ausreichen würde, dem Geschädigten die Kenntnis von der Person des Ersatzpflichtigen zu verschaffen[1745]. Indes ist hier äußerste Zurückhaltung geboten. Insbesondere kann dem Patienten nicht eine Überprüfung der – wenn auch ihm zugänglichen – Krankenhausunterlagen zugemutet werden. Auch muss sich der Patient nicht im Hinblick auf einen Haftungsprozess medizinisches Fachwissen aneignen[1746].

1743 BGH VersR 1988, 465 = NJW-RR 1988, 411; RGRK – *Nüßgens*, BGB § 823 Anh. II Rz. 283.

1744 BGH VersR 2012, 587 = NJW 2012, 447; BGH VersR 2010, 214 = NJW-RR 2010, 681; BGH VersR 2001, 866; BGH VersR 1995, 659 = NJW 1995, 776; BGH VersR 1989, 914 = NJW 1989, 2323; BGH VersR 1988, 465 = NJW-RR 1988, 411 (unter Anlehnung an § 162 BGB).

1745 BGH VersR 2000, 503 = NJW 2000, 953; BGH VersR 1999, 585 = NJW 1999, 423; BGH VersR 1996, 1258 = NJW 1996, 2933; BGH VersR 1983, 690 = NJW 1983, 2075.

1746 BGH VersR 2007, 66 = NJW 2007, 217.

b) Verjährung des rechtskräftigen Anspruchs

Deliktische Ansprüche, welche an sich gem. § 852 Abs. 1 BGB a.F. der kurzen Verjährung unterliegen, können ausnahmsweise nach § 218 BGB a.F. (jetzt § 197 Abs. 1 Nr. 3 und 4 BGB) erst in 30 Jahren (bzw. für Zinsen nach §§ 197, 218 Abs. 2 BGB a.F. in vier Jahren) verjähren. Dies ist selbstverständlich für den dort wörtlich geregelten Fall der rechtskräftigen Feststellung eines Anspruchs. Für die Praxis viel eher von Bedeutung ist, dass der Anwendungsbereich der Vorschrift auch auf bestimmte außergerichtliche Vereinbarungen erstreckt wird. Hat nämlich nach den Umständen des Einzelfalles eine Vereinbarung zwischen Schädiger und Geschädigtem gerade den Zweck einer Klaglosstellung, etwa durch Anerkennung von Ansprüchen dem Grunde nach, soll also ersichtlich die Notwendigkeit einer verjährungsunterbrechenden Feststellungsklage umgangen werden, so ersetzt sie in ihren Rechtswirkungen ein rechtskräftiges Feststellungsurteil i.S.d. § 218 Abs. 1 BGB a. F[1747]. 549

3. Hemmung und Unterbrechung

[253] Für die Hemmung und Unterbrechung der Verjährung bei Ansprüchen auf vertraglicher Grundlage gelten die allgemeinen Vorschriften (für die Unterbrechung die §§ 208 ff. BGB a.F. und für die Hemmung die §§ 202–207 BGB a.F.). Im deliktischen Bereich tritt als besonderer Hemmungstatbestand § 852 Abs. 2 BGB a.F. hinzu. 550

1747 BGH VersR 2002, 996; BGH VersR 1990, 755 = NJW-RR 1990, 664; BGH VersR 1985, 62 = NJW 1985, 791.

Teil 6: Verfahrensrechtliches

[254] Im Arzthaftungsprozess[1748] erfordert das verfassungsrechtlich qualifizierte **Postulat eines fairen Gerichtsverfahrens und der Waffengleichheit der Parteien**[1749] besondere Berücksichtigung. Die damit verbundenen und auch weiteren prozessrechtlichen Besonderheiten sollen im Folgenden dargestellt werden. 551

I. Vorprozessuales Verhalten

1. Strafanzeige

[255] Ein möglicher Weg des durch ärztliches Handeln Geschädigten ist der, über eine Strafanzeige sein Begehren zu verfolgen. Trotz der damit für den Patienten verbundenen kostenlosen Beweiserhebung durch die Ermittlungsbehörde im Rahmen ihrer Pflicht zu umfassender Sachverhaltsaufklärung[1750] wird dieser in der Regel **nicht anzuraten** sein, weil die vorprozessuale Vergleichsbereitschaft dadurch kaum gefördert wird[1751]. Außerdem läuft der Kläger Gefahr, dass das Zivilgericht das Verfahren nach § 149 ZPO aussetzt und sich die Erledigung des Rechtsstreits dadurch verzögert (s. unten Rz. 592 ff.). Schließlich 552

1748 Ausführlich zur Häufgkeit von zivil- und strafrechtlichen Vorwürfen gegen Ärzte: *Krumpaszky/Sethe/Selbmann*, VersR 1997, 420.

1749 BVerfG VersR 1979, 907 = BVerfGE 52, 131 = NJW 1979, 1925: Art. 2 Abs. 1, 3 Abs. 1 GG; BGH VersR 1984, 661 = NJW 1984, 1823; BVerfG NJW 2009, 137 = GesR 2008, 634: Das Gebot der Waffengleichheit verbietet im Arzthaftungsprozess nicht die Anwendung von § 522 Abs. 2 ZPO; s. aber BT-Drucks. 17/6406, 9: Nach § 522 Abs. 2 ZPO ist nicht zu verfahren, wenn die Rechtsverfolgung für den Berufungsführer existenzielle Bedeutung hat, wie es etwa in Arzthaftungssachen der Fall sein kann.

1750 Sollte dem Patienten nicht die Anschrift des behandelnden Arztes bekannt sein, benötigt er sie aber für die Klagerhebung oder später für eine Vollstreckung, besteht keine diesbezügliche Auskunftspflicht des Klinikträgers (BGH VersR 2015, 582 = NJW 2015, 1525); hier hilft ihm das Ermittlungsverfahren.

1751 *Schmidt*, NJW 1994, 767.

wird die Sachverhaltsaufklärung im Wege einer informatorischen Anhörung der betroffenen Ärzte verhindert, weil diese im Ermittlungs- oder Strafverfahren Betroffenen von ihrem Recht zu schweigen Gebrauch machen könnten[1752]. Es steht auch zu befürchten, dass die Furcht des Arztes vor einer Vorstrafe eine geringere Bereitschaft gegenüber der Haftpflichtversicherung, einen Fehler einzugestehen und die Schadensregulierung zu ermöglichen, zur Folge hat[1753]. Tatsächlich liegt die Quote der strafgerichtlichen Verurteilungen aus jährlich rund 3000 Ermittlungsverfahren gegen Ärzte bei ca. 5 %[1754]. Dies liegt u.a. daran, dass sich der strafrechtliche und der zivilrechtliche Sorgfaltsmaßstab unterscheiden (s. oben Rz. 165) und die Kausalitätsprüfung im Zivilrecht nach einem weniger strengen Maßstab erfolgt[1755]. Nach strafrechtlichen Vorgaben eingeholte Sachverständigengutachten können sich daher als für den klagenden Patienten unvorteilhaft erweisen.

553 Wenig gewinnbringend ist auch regelmäßig eine an die Kassenärztliche Vereinigung oder Ärztekammer gerichtete Anzeige bzw. Beschwerde des Patienten. Denn auch hier schwindet die Bereitschaft des Arztes, eine mögliche gütliche Einigung zu fördern, und das dortige Verfahren bietet keine Vorteile bei der zivilrechtlichen Anspruchsverfolgung.

2. Unterstützung durch die Krankenkasse

554 [255a] Nach § 66 SGB V hat der Patient gegen seine Krankenkasse und Pflegekasse einen Anspruch darauf, bei einem **Verdacht auf einen Behandlungs- oder Pflegefehler** unterstützt zu werden. Diese Unterstützung kann so aussehen, dass die Kasse vorgelegte Unterlagen auf Vollständigkeit und Plausibilität prüft, weitere Unterlagen von Leistungserbringern anfordert, ein **MDK-Gutachten** veranlasst und eine abschließende Gesamtbewertung abgibt[1756]. Die Verpflichtung der Kranken- und Pflegekassen gilt nicht,wenn „besondere Gründe" dage-

1752 Ausführlich: *Dann*, MedR 2007, 638; *Lippert*, NJW 1991, 1556 (Anmerkung).

1753 *Laufs/Kern/Rehborn*, Handbuch des Arztrechts, § 113 Rz. 17.

1754 Näher: *Müller*, DRiZ 1998, 155, 158.

1755 *Rath/Küppersbusch*, VersR 2005, 890, 892.

1756 So die seit 11.4.2017 geltende Fassung des § 66 Abs. 5 S. 2 SGB V.

gen sprechen[1757] oder wenn nach dem Tod des Patienten die Erben Schadensersatz begehren[1758].

3. Anrufung einer Schlichtungsstelle

[256] Fühlt sich ein Patient falsch behandelt und führt er seinen schlechten gesundheitlichen Zustand hierauf zurück, so steht ihm die Möglichkeit einer für ihn zumeist kostenfreien Vorklärung durch fachlich kompetente Ärzte bei den von den Ärztekammern geschaffenen **Schlichtungsstellen** und den **Gutachterkommissionen** zu[1759]. Die Beteiligung an einem solchen Schlichtungsverfahren zur Prüfung ärztlicher Behandlungsfehler bedeutet ohne entsprechende eindeutige Willenserklärungen noch keine Unterwerfung unter ein bindendes Schiedsgutachten[1760]. 555

Neben Vorteilen wie geringen Kosten oder gar Kostenfreiheit, einer hohen Quote von außergerichtlichen Einigungen und der **Hemmung der Verjährung** nach § 204 Abs. 1 Nr. 4 BGB[1761] gegenüber den am Schiedsverfahren Beteiligten (und nur gegenüber diesen[1762]) ist aber zu bedenken, dass mit der Anrufung der Schlichtungsstelle das Verfahren verzögert werden kann und ein Beweis (z.B. der Zeugenbeweis) dadurch erschwert wird[1763]. 556

1757 So BT-Drucks. 17/10488, 32.

1758 Denn das Recht aus § 66 SGB V steht nur dem Versicherten selbst zu, LSG Stuttgart MedR 2019, 604 = GesR 2019, 725.

1759 Näher: *Wenzel/Gaidzik*, Der Arzthaftungsprozess, 2012, S. 1200 ff.; *Scheppokat/Neu*, VersR 2002, 397; *Weltrich*, DRiZ 1996, 473; *Neumann*, MedR 2003, 326 (Statistik).

1760 OLG Frankfurt VersR 1989, 193 = AHRS 7310/1.

1761 Siehe oben Rz. 532. Näher: *Friedrich*, NJW 2003, 1781. Hat die Gegenseite aber bereits eindeutig mitgeteilt, sich an einem Güteverfahren nicht zu beteiligen, ist die Anrufung der Gütestelle zum Zwecke der Verjährungshemmung rechtsmissbräuchlich, BGH VersR 2015, 1548 = NJW 2016, 233 (Schadensersatzansprüche aus einer Lebensversicherung).

1762 BGH VersR 1983, 690 = NJW 1983, 2075; OLG Düsseldorf VersR 1985, 744 = AHRS 0600/19; RGRK – *Nüßgens*, BGB § 823 Anh. II Rz. 339: So sind z.B. Krankenhausträger häufig nicht beteiligt.

1763 *Schmidt*, NJW 1994, 767; vgl. auch *Giesen*, Arzthaftungsrecht, S. 31 ff.

557 Das Gericht bestellt, z.B. wenn eine Partei dem Gutachten entgegentritt, einen eigenen Sachverständigen, der möglicherweise zu abweichenden Ergebnissen gelangt[1764]. Der Bestellung dieses Sachverständigen für das gerichtliche Verfahren stehen sogar §§ 406 Abs. 1 S. 1, 41 Nr. 8 ZPO entgegen, d. h er kann abgelehnt werden, weil er bereits an einem „anderen Verfahren der außergerichtlichen Konfliktbeilegung" mitgewirkt hat[1765]. Das Gericht kann den Bescheid der Gutachterkommission aber im Wege des **Urkundenbeweises** verwerten[1766]; daran ist es trotz §§ 406 Abs. 1 S. 1, 41 Nr. 8 ZPO nicht gehindert[1767]. Die Anrufung einer Schlichtungsstelle ist keine Voraussetzung für die Bewilligung von Prozesskostenhilfe (s. unten Rz. 566).

4. Mediation[1768]

558 [257] Auch in Arzthaftungssachen kommt als **alternativer Weg zur Konfliktlösung** die **Mediation** in Betracht, erst recht, wenn die Auseinandersetzung Arzt und Patient schwer belastet, ihnen an der Aufrechterhaltung ihrer Beziehung liegt, der Behandler einen öffentlich geführten Rechtsstreit scheut, Patient oder Arzt bzw. sein Haftpflichtversicherer einen langen Rechtsstreit mit unsicherem Ausgang fürchten oder wenn es dem Patienten vorrangig um Entschuldigung und nur nachrangig um eine finanzielle Entschädigung geht[1769]. Gerichtliche Mediationen kommen bislang deshalb nur selten zustande, weil etwa von Seiten des Sachbearbeiters des Haftpflichtversicherers nicht die Bereitschaft zur Anreise an den örtlich weit entfernten Gerichtsstandort besteht. Inzwischen aber bieten Mediationsabteilungen der Gerichte die Möglichkeit der Teilnahme mittels Videokonferenz an.

1764 *Schmidt*, NJW 1994, 767.

1765 BGH VersR 2017, 376 = NJW 2017, 1247.

1766 OLG Hamm AHRS 6180/46 (Urteil vom 2.12.1991); näher zur urkundsbeweislichen Verwertbarkeit: s. unten Rz. 605.

1767 BGH VersR 2017, 376 = NJW 2017, 1247 (juris-Rz. 13).

1768 Umfassend: *Hattemer*, Mediation des Arzt-Patient-Verhältnisses, 2012.

1769 Ausführlich: *Katzenmeier*, NJW 2008, 1116.

5. Selbständiges Beweisverfahren[1770]

[258] Nach § 485 Abs. 1 ZPO ist die Einholung eines Sachverständigengutachtens bei Zustimmung des Gegners oder bei **drohendem Beweismittelverlust** zulässig, also wenn z.B. eine Korrekturoperation ansteht, nach der der derzeitige Zustand einer unmittelbaren klinischen Untersuchung nicht mehr zugänglich sein wird[1771]. 559

Die Zulässigkeit des selbständigen Beweisverfahrens im Arzthaftungsrecht wird auch dann bejaht, wenn § 485 Abs. 2 ZPO (**Vorliegen eines rechtlichen Interesses** u.a. an der Feststellung der Ursache des Personenschadens)[1772] betroffen ist[1773]. Seit der Entscheidung des BGH 560

1770 Ausführlich *Graf/Werner*, VersR 2017, 913.

1771 OLG Köln VersR 2003, 375: zahnprothetische Versorgung; OLG Schleswig OLGR 2001, 279 = SchlHAnz 2001, 237.

1772 Ausführlich zum selbständigen Beweisverfahren nach § 485 Abs. 2 ZPO: *Graf/Werner*, VersR 2017, 913 (mit Antragsmuster, auch zu Aufklärungsversäumnissen als Gegenstand dieses Verfahrens, zur Beiziehung von Behandlungsunterlagen, zu Vor- und Nachteilen des Verfahrens und zur Kostenschutzpflicht des Rechtsschutzversicherers, s. dazu auch OLG München VersR 2017, 1516 und *Graf/Schoenaich*, VersR 2017, 1505), *Laumen*, MedR 2015, 12 und *Fellner*, MDR 2014, 66. S. auch BGH VersR 2010, 1241 = MDR 2010, 767: Kein Anspruch aus § 412 ZPO auf Einholung eines weiteren Gutachtens im selbständigen Beweisverfahren (a.A. OLG Nürnberg VersR 2017, 969; offen gelassen in BGH VersR 2017, 908 = MDR 2017, 357); s. aber ausführlich *Graf/Werner*, VersR 2017, 913, 920 ff. BGH VersR 2006, 95 = MDR 2006, 287: Im selbständigen Beweisverfahren ist die mündliche Erläuterung des Gutachtens durch den Sachverständigen zulässig. BGH VersR 2007, 1713 = NJW-RR 2007, 1294: Im Haftpflichtprozess steht der beantragten Anhörung des Sachverständigen nicht entgegen, dass er das Gutachten in einem vorausgegangenen selbständigen Beweisverfahren erstattet hat. OLG Köln MedR 2017, 719: Für das selbständige Beweisverfahren kann Prozesskostenhilfe bewilligt werden. Ein Nebeneinander von selbständigem Beweisverfahren und Klageverfahren ist insbesondere im Falle des § 485 Abs. 1 ZPO denkbar, regelmäßig aber nicht bei einem selbständigen Beweisverfahren nach § 485 Abs. 2 ZPO, OLG Karlsruhe VersR 2019, 1106; näher: *Graf, Johannes*, VersR 2019, 1054.

1773 BGH VersR 2003, 794 = NJW 2003, 1741; so u.a. auch OLG Koblenz VersR 2012, 336; OLG Düsseldorf VersR 2010, 1056; OLG Schleswig OLGR 2009, 593 = SchlHAnz 2009, 332.

vom 24.9.2013[1774] ist es auch zulässig, in diesem Verfahren Beweisfragen nach dem Vorliegen eines Behandlungsfehlers und zur Schwere dieses Fehlers, also zu den Voraussetzungen eines **groben Behandlungsfehlers**, zu stellen[1775].

561 Jedoch kommt diesem Beweissicherungsgutachten gegenüber einem im Arzthaftungsprozess erstatteten Gutachten oft nur ein relativ geringer Wert zu, weil dem Sachverständigen z.B. mangels weiterer erhobener Beweise oder aufgrund nur unzureichend vorliegender Behandlungsunterlagen wichtige Erkenntnismittel nicht zugänglich sein könnten. Das erforderliche rechtliche Interesse i.S.v. § 485 Abs. 2 Satz 2 ZPO ist aber regelmäßig zu bejahen. So steht zu erwarten, dass ein für den Patienten ungünstiges Gutachten ihn von der Durchführung des Arzthaftungsprozesses abhalten wird. Bei einem ihm günstigen Ergebnis ist nicht ausgeschlossen, dass der Haftpflichtversicherer den Patienten außergerichtlich klaglos stellt[1776]. Für diese Annahme spricht insbesondere die erfolgreiche Arbeit der Gutachterkommissionen und Schlichtungsstellen. Die Zulässigkeit des selbständigen Beweisverfahrens kann im konkreten Fall jedenfalls dann nicht mit der Begründung verneint werden, das Verfahren diene nicht der **Vermeidung eines Rechtsstreits**, wenn der Patient bereits im Antrag mitteilt, er werde sich *voraussichtlich* einem für ihn ungünstigen Gutachten beugen[1777].

562 Das selbständige Beweisverfahren ist auch nicht stets unzulässig, nur weil der Antragsgegner von vornherein angekündigt hat, er werde unabhängig vom Ergebnis der Begutachtung im Beweisverfahren seine Einstandspflicht in keinem Fall anerkennen[1778]. Denkbar sind aber auch Fälle, in denen ein **rechtliches Interesse** i.S.v. § 485 Abs. 2 Satz 2 ZPO von vornherein zu verneinen ist, so wenn ein späterer Prozess mit dem selbständigen Verfahren nicht vereinfacht oder vermieden, sondern verzögert und komplizierter wird[1779], wenn es um eine

1774 VersR 2014, 264 = NJW 2013, 3654.

1775 So auch OLG Köln GesR 2017, 450. S. auch OLG Köln GesR 2019, 467: Zulässig ist auch die Frage, ob die Behandlungsdokumentation Widersprüchlichkeiten oder Unvollständigkeiten aufweist.

1776 OLG Düsseldorf NJW 2000, 3438; OLG Düsseldorf MDR 1998, 1241 = OLGR 1998, 434.

1777 OLG Saarbrücken VersR 2000, 891.

1778 BGH VersR 2014, 264 = NJW 2013, 3654.

1779 LG Kassel GesR 2005, 26.

Rechtsfrage geht, die der Sachverständige nicht an Stelle des Gerichts allein beantworten kann[1780], oder wenn es etwa um die Behauptung jahrelang verfehlter psychiatrischer Behandlung geht, bei der ein Gutachten im selbständigen Beweisverfahren die maßgebenden Fragen nicht annähernd beantworten kann[1781].

Das selbständige Beweisverfahren ist auch dann **unzulässig**, wenn es nur zur Ausforschung dient, also lediglich allgemein gehaltene Fragen enthält, etwa pauschal, ob ein ärztlicher Kunstfehler vorliegt[1782] oder wenn die Beweistatsachen unsubstantiiert sind[1783], also der Antragsteller in lediglich formelhafter und pauschaler Weise Tatsachenbehauptungen aufstellt, die mit dem zu beurteilenden Sachverhalt in keine Beziehung gesetzt werden[1784]. Eine Unzulässigkeit ist auch dann anzunehmen, wenn das Beweisverfahren klären soll, ob und welchem Antragsgegner bei mehrwöchiger Behandlung ein Behandlungsfehler unterlaufen ist[1785] oder wenn klar auf der Hand liegt, dass ein Haftungsanspruch nicht bestehen kann[1786]. 563

Nicht abschließend geklärt war bislang, ob auch die Frage nach einem **Aufklärungsversäumnis** des Behandlers Gegenstand des selbständigen Beweisverfahrens sein kann (mit der Folge, dass auch insoweit Hemmung der Verjährung eintritt[1787]). Nach bisheriger Ansicht wurde dies verneint, u.a. weil dabei weder der Zustand der Person noch die Ursache des Personenschadens i.S.v. § 485 Abs. 2 Satz 1 Nr. 1 und 2 ZPO betroffen sei und weil die Frage nach dem Ob und Wie des Aufklärungsgesprächs nur durch andere Beweismittel wie Zeugenbeweis zu klären sei[1788]. Mittlerweile gibt es aber beachtliche Gegenstim- 564

1780 OLG Naumburg OLGR 2006, 255: Bewertung der Rechtmäßigkeit der Medikamentendosierung.

1781 OLG Köln GesR 2004, 235.

1782 OLG Oldenburg VersR 2010, 927 = GesR 2010, 76 (mit Anm. *Ulrich*) und MDR 2008, 1059.

1783 OLG Bremen GesR 2019, 520.

1784 BGH VersR 2017, 59 = NJW-RR 2016, 63; OLG Köln MedR 2017, 719 mit Anm. *Hebecker.*

1785 OLG Hamm GesR 2010, 254.

1786 OLG Nürnberg NJW-RR 2011, 1216 = MDR 2011, 750.

1787 OLG Rostock VersR 2019, 640.

1788 OLG Karlsruhe VersR 2019, 635 mit krit. Anm. *Bomke*; OLG Stuttgart, Beschl. v. 30.3.2015 – 1 W 11/15 – veröff. in juris; OLG Oldenburg VersR 2010, 927 = MDR 2010, 715.

men[1789] insbesondere unter Hinweis auf die auch die Frage nach dem groben Behandlungsfehler zulassende, also den Anwendungsbereich ausweitende Entscheidung des BGH vom 24.9.2013[1790]; so gehe es auch hier um dem Sachverständigenbeweis zugängliche Fragen zum Inhalt und Umfang der ärztlichen Aufklärungspflicht, etwa betreffend das Vorliegen von Operationsrisiken[1791] oder ob es gleichwertige Behandlungsalternativen gibt[1792], und auch diese Feststellungen wie auch die Feststellungen des Sachverständigen, dass es an einer Aufklärungsdokumentation fehlt[1793], könnten der Vermeidung eines Rechtsstreits dienen, schließlich sei spätestens mit § 630h Abs. 2 BGB anerkannt, dass auch eine Aufklärungspflichtverletzung Ursache eines Personenschadens nach § 485 Abs. 2 Satz 1 Nr. 2 ZPO sein kann. Dieser jüngeren Ansicht hat sich nun auch der BGH angeschlossen.[1793a] Nicht zulässig ist hingegen die Frage, ob der Patient tatsächlich hinreichend aufgeklärt wurde[1793b] oder ob die Aufklärung für den Patienten im Sinne eines Entscheidungskonflikts[1794] überhaupt von Bedeutung war[1795].

565 Nach § 204 Abs. 1 Nr. 7 BGB i.V.m. § 167 ZPO tritt mit Eingang des Beweissicherungsantrags die **Hemmung der Verjährung**[1796] (nur!) zwischen den an diesem Verfahren Beteiligten ein, wenn demnächst die **Zustellung** erfolgt. Obwohl Anträge im selbständigen Beweisverfahren in der gerichtlichen Praxis entgegen § 270 Satz 1 ZPO vereinzelt nicht zugestellt werden, schadet dies der Hemmung nicht, soweit § 189 ZPO eingreift, also wenn ein Zugang des Antrags festgestellt werden kann[1797].

1789 OLG Köln MedR 2020, 217; OLG Hamm MedR 2020, 40; OLG Rostock VersR 2019, 640; OLG Hamburg VersR 2017, 967; OLG Nürnberg VersR 2017, 969; ausführlich *Graf/Johannes*, MedR 2020, 26; *Graf*, VersR 2019, 596; *Graf/Werner*, VersR 2017, 913; *Jorzig/Walter* Handbuch Arzthaftungsrecht, 2018, S. 521.

1790 BGH VersR 2014, 264 = NJW 2013, 3654.

1791 OLG Hamm MedR 2020, 40.

1792 OLG Köln MedR 2020, 217.

1793 OLG Rostock VersR 2019, 640.

1793a BGH NJW 2020, 2273; BGH NJW-RR 2020, 1005.

1793b BGH NJW 2020, 2273.

1794 S. dazu oben Rz. 479.

1795 OLG Köln MedR 2020, 217.

1796 Zur Verjährung s. auch oben Rz. 541.

1797 BGH VersR 2011, 1278.

6. Antrag auf Prozesskostenhilfe

[259] Der Arzthaftungsprozess findet seine Einleitung häufig mit einem Prozesskostenhilfeantrag des Rechtsuchenden[1798]. Wenn auch von einigen Gerichten die Bewilligung der **Prozesskostenhilfe** unter dem Gesichtspunkt der **Mutwilligkeit** des § 114 ZPO davon abhängig gemacht wurde, dass in den Fällen, in denen vorwerfbare Behandlungsfehler infrage stehen, **Gutachterkommissionen** oder **Schlichtungsstellen** erfolglos angerufen wurden[1799], so ist dem mit der herrschenden Meinung[1800] Folgendes entgegenzuhalten: Da mit der Anrufung der Schlichtungsstelle eine zeitliche Verzögerung eintreten kann (s. oben Rz. 556) und das Gericht in der Regel einen eigenen, unter Umständen zu einem anderen Ergebnis gelangenden Gutachter bestellt, außerdem im Schlichtungsverfahren Aufklärungsfehler zum Teil nicht geprüft werden, wird man nicht davon sprechen können, dass eine verständige, nicht hilfsbedürftige Partei ihre Rechte nur nach entsprechender Anrufung verfolgen würde. Einer hilfsbedürftigen Partei wird man also keine Mutwilligkeit vorwerfen können, wenn sie sich sogleich an das Gericht wendet[1801]. Dies gilt umso mehr, als die Gefahr besteht, bei einem ungünstigen Ausgang des Schlichtungsverfahrens keine Prozesskostenhilfe mehr zu erhalten, wenn das Gutachten eine ausrei- 566

1798 OLG Schleswig NJW-RR 2009, 727 = OLGR 2009, 51: Prozesskostenvorschuss des Kindes in Arzthaftungssachen gegen die Eltern. Vgl. zu den bei einem medizinischen Laien geringen Anforderungen an die Substantiierung des Vortrags des Antragstellers: OLG Stuttgart VersR 2005, 524; OLG Stuttgart AHRS 7400/4 (Beschluss vom 6.4.1987); s. auch unten Rz. 580.

1799 OLG Oldenburg AHRS 7400/2 (Beschluss vom 4.9.1984); LG Dortmund MedR 1987, 195 = VersR 1988, 606 L = JZ 1988, 255 mit ablehnender Anmerkung *Giesen*; LG Aurich NJW 1986, 792 mit ablehnender Anmerkung *Matthies*, der empfiehlt, den Parteien für die Durchführung des Schlichtungsverfahrens vorzuschlagen, nach § 251 ZPO vorzugehen; vgl. dagegen jedoch OLG Karlsruhe MDR 1995, 635: kein Ruhen des Verfahrens bei der Prozesskostenhilfebewilligung. Vgl. auch OLG Celle AHRS 7400/3 (Beschluss vom 5.5.1986): Mutwilligkeit kann vorliegen, wenn das Ergebnis eines bereits eingeleiteten Schlichtungsverfahrens nicht abgewartet wird.

1800 OLG Hamm VersR 2002, 1002; OLG Düsseldorf VersR 1989, 645 = NJW 1989, 2955; *Laufs/Kern/Rehborn*, Handbuch des Arztrechts, § 115 Rz. 40 f.; *Scholz*, r+s 1996, 381, 384; *Giesen*, Arzthaftungsrecht, S. 29 ff.

1801 *Schmidt*, NJW 1994, 767; OLG Düsseldorf VersR 1989, 645 = NJW 1989, 2955.

chende Grundlage bietet, um insgesamt eine negative Haftungsprognose abzugeben[1802]. Dazu muss das Gutachten dann aber nachvollziehbar, widerspruchsfrei und überzeugend sein und auch alle maßgebenden Fragen beantwortet haben[1803]. Im Übrigen beinhaltet das verfassungsrechtlich verankerte Gleichheits- und Sozialstaatsgebot das Recht, über sein Anliegen ordentliche Gerichte entscheiden zu lassen.

567 [260] Vereinzelt wird schon im Prozesskostenhilfeverfahren durch Einholung eines schriftlichen oder mündlichen Sachverständigengutachtens nach § 118 Abs. 2 Satz 3 ZPO die (übrigens nicht öffentliche[1804]) **Beweiserhebung** durchgeführt. Dies ist aber nur dann ausnahmsweise zulässig, wenn auf andere Weise nicht geklärt werden kann, ob die Rechtsverfolgung hinreichende Aussicht auf Erfolg bietet. Das wird man allenfalls dann annehmen können, wenn der zeitliche und materielle Aufwand für die Erhebung des Sachverständigenbeweises gering und der Streitwert hoch ist und wenn eine hinreichende Erfolgsaussicht bis dahin zweifelhaft ist[1805]. Es gibt keine Rechtsgrundlage dafür, im Prozesskostenhilfeverfahren die Beweisaufnahme der Hauptsache vorwegzunehmen[1806]. Wird die Beweisaufnahme dennoch im Bewilligungsverfahren umfangreich und damit unzulässig

1802 OLG Köln VersR 1990, 311; OLG Dresden GesR 2019, 112 = MedR 2019, 476 (hier hatte der Patient sich im Prozesskostenhilfeantrag nicht näher mit dem Inhalt des Gutachtens auseinandergesetzt) mit insoweit zustimmender Anm. *Kreße*, MedR 2019, 477, 479.

1803 *Jorzig/Walter*, Handbuch Arzthaftungsrecht, 2018, S. 535. So gab es keine ausreichende Grundlage in den folgenden Fällen: OLG Naumburg GesR 2013, 56; OLG Frankfurt GesR 2010, 365; OLG Karlsruhe NJW-RR 2006, 205 = MDR 2006, 332. Beachte auch OLG Oldenburg NJW 1994, 807: Bei Nichtvorlage des für den Antragsteller ungünstig ausgegangenen Gutachtens der Schlichtungsstelle droht Aufhebung der bewilligten Prozesskostenhilfe wegen Täuschung über den Sachverhalt, § 124 Nr. 1 ZPO.

1804 OLG Karlsruhe MDR 2013, 741.

1805 So jedenfalls OLG Schleswig GesR 2009, 330 = OLGR 2009, 72; OLG München, Beschl. v. 16.12.2005 – 1 W 2878/05 – veröff. in juris; OLG München OLGR 1997, 34; großzügiger *Schneider*, SchlHAnz 2005, 402, 404 f.

1806 OLG Köln NJW-RR 1999, 580 = FamRZ 1999, 305; OLG Stuttgart VersR 2008, 1373 = GesR 2009, 41: auch nicht im Abhilfeverfahren; vgl. auch OLG Düsseldorf GesR 2008, 107: keine Parteivernehmung im PKH-Verfahren über den Inhalt des Aufklärungsgesprächs.

durchgeführt, ist zu erwägen, ob für das Betreiben dieses Verfahrens bereits Prozesskostenhilfe zu bewilligen ist[1807].

Ist dem klagenden Patienten Prozesskostenhilfe bewilligt worden und ist er als medizinischer Laie nach Einholung eines gerichtlichen Sachverständigengutachtens nicht in der Lage, die Ausführungen des Sachverständigen zu hinterfragen und etwaige Widersprüche aufzudecken, kann die Einholung eines **Privatgutachtens** i.S.v. § 46 Abs. 1 RVG erforderlich sein. Dann ist der Prozessbevollmächtigte gem. § 47 Abs. 1 RVG befugt, hierfür einen **Vorschuss aus der Landeskasse** zu fordern[1808]. In Arzthaftungssachen wird der gesetzlich krankenversicherte Patient aber zunächst auf § 66 SGB V zu verweisen sein, wonach die Krankenkasse ihn bei der Verfolgung von Schadensersatzansprüchen wegen Behandlungsfehlern z.B. durch Einholung eines MDK-Gutachtens unterstützen soll. Erst wenn die Krankenkasse eine solche Unterstützung versagt oder sie unzureichend ist, kann auf § 47 RVG zurückgegriffen werden. Wird aber ein Vorschuss nach § 47 RVG gewährt, ist dem Patienten ausreichend Zeit zur Einholung des Gutachtens einzuräumen[1809]. 568

II. Parteien und deren Anträge und Sachvortrag[1810]

1. Kläger und Beklagter

[261] Im Arzthaftungsprozess tritt als **Kläger** in der Regel der unmittelbar Geschädigte auf. Versicherungs- und Versorgungsträger 569

1807 Bejahend OLG Bamberg NJW-RR 2005, 652 = MDR 2005, 2001; vgl. auch *Fischer*, MDR 2008, 477; a.A. OLG Nürnberg FamRZ 2002, 758 = OLGR 2002, 33; s. hierzu insbesondere BGH VersR 2005, 289 = NJW 2004, 2529.

1808 OLG Hamm AnwBl. 2013, 771 = AGS 2013, 348: keine Arzthaftungssache; es ging in einer Zivilsache um ein betriebswirtschaftliches Sachverständigengutachten.

1809 OLG Hamm, Urt. v. 26.3.2019 – 26 U 151/18 – veröff. in juris: Das LG hatte nur fünf Wochen Zeit gegeben und verfahrensfehlerhaft mehreren begründeten Fristverlängerungsanträgen nicht entsprochen.

1810 Der Gerichtsstand bei Arzthaftungsklagen richtet sich neben dem allgemeinen Gerichtsstand des Schuldners nach dem Handlungsort und dem Ort des Eintritts der Primärverletzung; diese entsprechen häufig einander (OLG Hamm GesR 2015, 632 = ZMGR 2015, 241; OLG Köln können Ansprüche des Patienten jedoch im eigenen Namen aus übergegangenem Recht[1811] verfolgen (§§ 116, 119 SGB X, § 93 SGB XII, § 86 VVG, § 87a BBG), soweit sie eigene Leistungen an den Patienten erbringen[1812]. Der Krankenversicherer kann aber mangels eigenen rechtlichen Interesses i.S.v. § 66 Abs. 1 ZPO im Haftpflichtprozess des Patienten nicht als Nebenintervenient beitreten[1813].

570 Betrifft der Arzthaftungsprozess z.B. einen Vorfall in einer Universitätsklinik, so kann als **beklagte Partei** anstelle der Hochschule das jeweilige Bundesland in Betracht kommen[1814]. Weist das Land erst in weit fortgeschrittenem Prozessstadium darauf hin, gar nicht Träger der Universitätsklinik zu sein, so ist es nach § 242 BGB daran gehindert, sich auf seine fehlende Passivlegitimation zu berufen[1815].

571 Dem Patienten ist die Wohnanschrift des zu verklagenden Arztes regelmäßig nicht bekannt[1816]. Als **ladungsfähige Anschrift** kann für die Klageschrift aber die Angabe der Arbeitsstelle genügen, wenn auf Grund näherer Bezeichnung (z.B. Funktionsbeschreibung, Nennung der medizinischen Abteilung der Klinik) von der ernsthaften Mög-

---

NJW-RR 2009, 569 = MDR 2009, 222 m.w.N.). Werden mehrere Anspruchsgegner mit unterschiedlichen Orten von dem Patienten gesamtschuldnerisch in Anspruch genommen, entscheiden bei der Bestimmung des Gerichtstands nach § 36 Abs. 1 Nr. 3 ZPO Zweckmäßigkeit und Prozessökonomie (BayObLG GesR 2019, 656). Zur internationalen Zuständigkeit für Arzthaftungsklagen und überhaupt zur Auslandsbehandlung: BGH VersR 2011, 1405 = NJW 2011, 3584; BGH VersR 2008, 1668 = NJW 2008, 2344; *Katzenmeier/Kurz/Jansen*, VersR 2019, 1045; *Fischer*, MedR 2014, 712; *Deutsch*, VersR 2009, 1.

1811 Und in der Regel nicht aus originär erworbenem Anspruch, vgl. BGH VersR 1994, 1195 = NJW 1994, 2417.

1812 BGH VersR 2004, 1267 = FamRZ 2004, 1569; OLG Düsseldorf VersR 1998, 194 = OLGR 1997, 207.

1813 OLG Koblenz VersR 2009, 994.

1814 Vgl. aber OLG Celle NdsRpfleger 1990, 225 zur Rechtslage in Niedersachsen.

1815 S. oben Rz. 129; BGHZ 96, 360, 370 = NJW 1986, 1542, 1543: nach siebenjähriger Prozessdauer; vgl. auch OLG Schleswig VersR 1996, 634, 635 = NJW-RR 1996, 348: nach achtjähriger Prozessdauer; aber BGH VersR 1999, 579, 581 = NJW 1999, 1779, 1781: dreijährige Prozessdauer reicht nicht. Für einen zustimmungsfreien Parteiwechsel auf der Beklagtenseite in diesen Fällen: OLG Celle NdsRpfleger 1990, 225.

1816 Vgl. auch unten Fn. 1880.

lichkeit ausgegangen werden kann, die Zustellung an den Arzt werde gelingen[1817].

2. Honorarklage[1818]

[262] Klagt der Arzt seinen Honoraranspruch ein, kann der Patient 572
diesem bei Behandlungs- oder Aufklärungsfehlern entgegenhalten, dass eine Schlechtleistung des Dienstvertrages den Honoraranspruch teilweise oder vollständig entfallen lässt, je nachdem in welchem Maße der Nachbehandler auf die bisherige Arbeit des Arztes aufbauen kann[1819]. Für das Entfallen des Entgeltanspruchs des Arztes bedarf es seit der BGH-Entscheidung vom 29.3.2011[1820] nicht **mehr eines schwerwiegenden Verstoßes** des Arztes, weil § 628 Abs. 1 S. 2 BGB[1821] eine solche Qualität nicht voraussetzt; der Fehler muss aber mehr als nur geringfügig sein[1822].

1817 BGH VersR 2001, 108 = NJW 2001, 885.

1818 Zum Gerichtsstand bei Honorarklagen: *Prechtel*, MDR 2006, 246 und *Sieper*, GesR 2005, 536 (nur der Wohnsitz des Patienten); a.A. *Hauser*, MedR 2006, 332 (auch der Sitz der Klinik bzw. Praxis, § 29 ZPO). Kein Honoraranspruch bei Formunwirksamkeit der Vergütungsvereinbarung, BGH VersR 2004, 1007 = NJW 2004, 686 und VersR 2005, 120 = NJW-RR 2004, 1428 (Wahlleistungsabrede), OLG Köln VersR 2010, 1606 (Vereinbarung höheren Honorars).

1819 BGH VersR 2019, 818 = NJW 2018, 3513: unmittelbar auf die Befreiung von der Vergütungspflicht gerichteter Schadensersatzanspruch, wenn die fehlerhafte Leistung des Arztes für den Patienten nutzlos und völlig unbrauchbar ist (das letztere liegt auch vor, wenn dem Nachbehandler nichts übrig bleibt, als die bisherige Leistung als bloße Notmaßnahme zur Vermeidung eines eventuell noch größeren Übels weiter zu verwenden); OLG Oldenburg VersR 2008, 781: mangelhafte Prothetik; OLG Koblenz VersR 2012, 446: wenn die Nachbesserung dem Patienten nicht mehr zumutbar ist, § 242 BGB; OLG Nürnberg MDR 2008, 554 = GesR 2008, 322 zur fehlerhaften Aufklärung: Das Honorar entfällt nur, wenn die ärztliche Dienstleistung unbrauchbar ist.

1820 BGH VersR 2011, 883 = NJW 2011, 1674; anders noch OLG Köln GesR 2003, 85 = OLGR 2003, 81; s. im Übrigen: *Kramer*, MDR 1998, 324.

1821 *Kramer*, MDR 1998, 324, 326: direkt oder analog angewendet.

1822 BGH VersR 2019, 818 = NJW 2018, 3513; BGH VersR 2011, 883 = NJW 2011, 1674; OLG Zweibrücken GesR 2012, 503.

3. Unbezifferter Klageantrag

573 [263] Ist die Ermittlung der Schadenshöhe von dem Ergebnis eines Sachverständigengutachtens, einer gerichtlichen Schätzung (§ 287 ZPO) oder von dem billigen Ermessen des Gerichts abhängig, so kann die zahlenmäßige Festlegung der Klageforderung dem Gericht überlassen werden. Da die Ermittlung der Höhe des Schmerzensgeldes (auch bei psychischer Beeinträchtigung wegen „Schockschadens"[1823]) oder der Höhe des Hinterbliebenengeldes (§ 844 Abs. 3 BGB) dem Tatrichter vorbehalten ist, wird gerade in diesem Bereich zumeist ein **unbezifferter Klageantrag** gestellt. Bei dieser Art des Schmerzensgeldantrages reicht es für § 253 Abs. 2 Nr. 2 ZPO aber nicht aus, den Betrag in das Ermessen des Gerichts zu stellen, ohne dass verbindliche Angaben zur Größenordnung, z.B. in Form eines Mindestbetrages, erfolgen[1824]. Als ausreichend anerkannt ist aber die Streitwertangabe des Klägers oder die Höhe des eingezahlten Kostenvorschusses. Auch ein Stillschweigen auf die gerichtliche Streitwertfestsetzung soll für die Bestimmtheit des Antrages genügen[1825]. Fehlt es an einem bestimmten Antrag i.S.d. § 253 Abs. 2 Nr. 2 ZPO, so hat das Gericht darüber gem. § 139 ZPO aufzuklären.

574 Vorsicht ist bei der Höhe der **Mindestangabe** des Schmerzensgeldbetrages geboten. Denn dem Gericht kann dadurch – ohne nähere Ausführungen des Klägers – der Eindruck vermittelt werden, dieser gebe sich mit jenem Betrag ohne weiteres zufrieden, und bei einem Vergleichsgespräch wird voraussichtlich bei dieser und nicht einer höheren Summe angesetzt werden. Entgegen früherer Rechtsprechung sind die Gerichte nach Ansicht des BGH[1826] nicht durch § 308 Abs. 1 ZPO gehindert, den als Größenordnung (nicht: als Mindestangabe) angegebenen Betrag um mehr als 20 % zu überschreiten, so dass sich ein zu niedriges Ansetzen insoweit nicht als schädlich erweisen muss. Jedoch kann, wenn eine Betragsvorstellung mitgeteilt und dem durch

---

1823 BGH VersR 2019, 960 = NJW 2019, 2387: Die zum „Schockschaden" entwickelten Grundsätze gelten auch im Falle fehlerhafter ärztlicher Behandlung.

1824 *Greger in Zöller*, ZPO, 33. Aufl. 2020, § 253 Rz. 14.

1825 BGH VersR 1984, 538 = NJW 1984, 1807; BGH VersR 1982, 96 = NJW 1982, 340.

1826 BGH VersR 1996, 990, 992 f. mit Anm. *Frahm*, VersR 1996, 1212; OLG Schleswig OLGR 2009, 296 (Ziff. II 4a.): Überschreitung mehr als 100 %.

das Gericht auch entsprochen worden ist, dieses Urteil in der nächsten Instanz nicht mit dem alleinigen Ziel eines höheren Schmerzensgeldes angefochten werden[1827].

Es sollte bei der Heranziehung von Vergleichsentscheidungen im Schmerzensgeldverfahren berücksichtigt werden, dass die Rechtsprechung bei der Bewertung von Körperschäden mittlerweile zu höheren Summen tendiert[1828] und sich die Angemessenheit des Schmerzensgeldes außerdem nach den Verhältnissen im Zeitpunkt der letzten mündlichen Verhandlung beurteilt, mithin nach einem Moment, der mehrere Jahre nach der Klageerhebung liegen kann. Andererseits ist zu bedenken, dass übersetzte Forderungen zwar unter Umständen eine weitere Instanz eröffnen[1829] (jedoch ggf. auch für die Gegenseite), sich aber negativ auf die Kostenentscheidung auswirken. Dieser Gedanke sollte gerade im Arzthaftungsprozess nicht vernachlässigt werden, in dem bei hohen Streitwerten mehrere Instanzen infrage kommen und insbesondere hohe Kosten für einen oder mehrere Gutachter anfallen können und damit der Kostenentscheidung eine große Bedeutung zukommt[1830]. An dieser Stelle soll aber auf § 92 Abs. 2 Nr. 2 ZPO hingewiesen werden. Diese „Kann-Vorschrift" gibt dem Gericht die zu selten genutzte Möglichkeit, das Schadensopfer bei verständlichen **Schätzfehlern** vor unbilliger Kostenlast zu bewahren[1831]. 575

Lautet der Antrag auf Zahlung eines Schmerzensgeldkapitals, ist es nicht zulässig, wenn das Gericht das Schmerzensgeld in **Kapital und Rente** aufteilt; denn die Zuerkennung einer Rente setzt einen dahingehenden Antrag voraus[1832]. 576

Auch auf unbezifferte Schmerzensgeldforderungen, deren Höhe in das Ermessen des Gerichts gestellt worden sind, können vom Zeit- 577

1827 BGH VersR 2004, 1018 = NJW-RR 2004, 863: mangels Beschwer; s. auch OLG Naumburg MedR 2014, 667 mit Anm. *Jaeger.*

1828 OLG Köln VersR 1995, 549 = OLGR 1995, 117.

1829 Vgl. BGH VersR 2004, 219 = NJW-RR 2004, 102.

1830 *Schmidt*, NJW 1994, 767.

1831 Vgl. *Mertins*, VersR 2006, 47, 49; *Gerstenberg*, NJW 1988, 1352, 1356 ff.; OLG Köln NJW 1989, 720; OLG München VersR 1985, 601 L.

1832 OLG Schleswig VersR 1992, 462 f. = NJW-RR 1992, 95; im Berufungsrechtszug: BGH VersR 1998, 1565 = NJW 1998, 3411.

punkt des Verzugseintritts oder der Klageerhebung Zinsen verlangt werden[1833].

4. Wiederkehrende Leistungen

578 [264] Mit der Klage nach **§ 258 ZPO** können wiederkehrende Leistungen (Renten- und Unterhaltsverpflichtungen) auch schon vor Fälligkeit eingefordert werden.

579 Demgegenüber ist ein **Feststellungsantrag** (s. auch unten Rz. 590) zu stellen, wenn wesentliche Veränderungen des Zustands des Geschädigten zu erwarten sind bzw. der entstandene oder noch entstehende Schaden nicht oder nicht vollständig[1834] beziffert werden kann oder z.B. ein Kind Rente wegen Beeinträchtigung der Erwerbsfähigkeit verlangt[1835]. Die Geltendmachung eines Anspruchs auf Ersatz **fiktiver Heilbehandlungskosten** ist dem Patienten versagt; sie sind nicht erstattungsfähig[1836], es sei denn der Patient hat unbestritten oder erwiesenermaßen die feste Absicht, diese Behandlung vornehmen zu lassen[1837].

5. Substantiierungslast

580 [265] Mangels entsprechender Sachkunde und Kenntnis der konkreten ärztlichen Tätigkeit sowie des Behandlungsgeschehens steht der Patient häufig vor der Schwierigkeit, keinen substantiierten, den Konfliktstoff umfassenden Sachvortrag liefern zu können. Er wird vielmehr in gewissem Umfang darauf angewiesen sein, dass der Sachverhalt erst durch die Einholung eines Sachverständigengutachtens

1833 BGH VersR 1965, 380 = NJW 1965, 531.

1834 OLG Koblenz MedR 2016, 619: wenn weitere Schadensfolgen nicht auszuschließen sind. OLG Koblenz MedR 2010, 507 und VersR 2006, 978; OLG Koblenz VersR 2006, 978 = NJW-RR 2007, 21; OLG Düsseldorf VersR 2006, 841 = MedR 2006, 537: Der Feststellungsantrag darf auch bereits eingetretene und bezifferbare Schäden mitumfassen; aber OLG Koblenz GesR 2012, 346, 347 (Zi. II. 1.): Ist der Patient inzwischen verstorben, ist der Feststellungsantrag in der Regel unzulässig, weil dann sämtliche Ansprüche bezifferbar sein dürften.

1835 OLG Köln VersR 1988, 1185.

1836 OLG Köln VersR 2000, 1021.

1837 BGH VersR 1986, 550 = NJW 1986, 1538.

aufbereitet wird[1838]. Aus Gründen der Waffengleichheit hat sich das Gericht im Vergleich mit anderen Rechtsstreitigkeiten hier mit geringeren **Anforderungen an die Substantiiertheit** zufrieden zu geben[1839]. Grundsätzlich hat zwar der Anspruchsteller alle Tatsachen vorzutragen, aus denen sich sein Anspruch herleitet. Dieser Grundsatz erfährt aber eine Einschränkung, wenn der primär darlegungsbelastete Patient wie regelmäßig im Arzthaftungsprozess außerhalb des von ihm vorzutragenden Geschehensablaufs steht und ihm eine nähere Substantiierung nicht möglich oder nicht zumutbar ist[1840], während der Behandler alle wesentlichen Tatsachen kennt oder unschwer in Erfahrung bringen kann und es diesem zumutbar ist, nähere Angaben zu machen. Insbesondere sind dem Klägervortrag medizinische Einzelheiten nicht abzuverlangen; der klagende Patient und sein Prozessbevollmächtigter sind vor allem nicht verpflichtet, sich zur ordnungsgemäßen Prozessführung medizinisches Fachwissen anzueignen[1841].

Der Tatsachenvortrag muss aber zumindest in groben Zügen erkennen lassen, welches ärztliche Verhalten fehlerhaft gewesen und welcher Schaden daraus entstanden sein soll. Nicht ausreichend ist z.B. 581

1838 BGH VersR 1991, 467 = NJW 1991, 1541.

1839 BGH VersR 2019, 1450 = NJW 2019, 2399; BGH VersR 2019, 1372 = NJW-RR 2019, 1360; BGH VersR 2019, 553 = NJW-RR 2019, 67; OLG Oldenburg VersR 2008, 1711 = MDR 2008, 527; OLG Brandenburg NJW-RR 2001, 1608 = OLGR 2002, 17; OLG Oldenburg VersR 1998, 1156 = OLGR 1998, 15; OLG Hamm AHRS 6050/18 (Urteil vom 16.9.1991); OLG Stuttgart VersR 1991, 229. Die Herabsetzung der Substantiierungslast gilt aber nicht im Regressprozess gegen den Gerichtssachverständigen nach § 839a BGB (BGH VersR 2020, 572 = GesR 2020, 260).

1840 Zumutbarkeit verneint: BGH VersR 2016, 1380 = NJW-RR 2016, 1360 (behaupteter Hygieneverstoß). Zumutbarkeit bejaht: OLG Dresden GesR 2019, 112 = MedR 2019, 476 (Geburtsschaden: Liegt bereits ein für den Patienten ungünstiges Schlichtungsgutachten vor, muss er sich – hier: im Prozesskostenhilfeverfahren – schon mit dem Gutachten auseinandersetzen; insoweit zustimmend *Kreße*, MedR 2019, 477, 479 [Anm.]).

1841 BGH VersR 2019, 1450 = NJW 2019, 2399; BGH VersR 2019, 1372 = NJW-RR 2019, 1360 und BGH VersR 2019, 553 = NJW-RR 2019, 67: Insbesondere ist der Patient nicht verpflichtet, mögliche Entstehungsursachen einer Infektion zu ermitteln und vorzutragen; BGH VersR 2016, 1380 = NJW-RR 2016, 1360; BGH VersR 2016, 795 = NJW 2016, 1328.

das ausschließliche Anstellen von Spekulationen, so wenn es für eine Gesundheitsbeeinträchtigung während der Behandlungszeit bei dem beklagten Arzt nicht den geringsten Anhaltspunkt gibt[1842]. Die verständlicherweise nur im Stadium der Vermutung stehende Behauptung des Klägers erfordert es, jedenfalls die Verdachtsgründe darzulegen, damit sich das Gericht, der Beklagte und der Gutachter sachlich mit dem Vortrag auseinandersetzen können[1843]. Lücken im Vortrag sind dem Kläger also generell nicht anzulasten, insbesondere nicht als Zugeständnis zu werten[1844].

582 Der Grundsatz der Waffengleichheit hat aber eine Kehrseite: Unabhängig davon, ob der Patient im Prozess sämtliche Behandlungsfehler vorgetragen hat, erfasst die **Rechtskraft** der gerichtlichen Entscheidung (§ 322 Abs. 1 ZPO) **das gesamte Behandlungsgeschehen**[1845]. Der Patient ist also gehindert, in einem neuen Prozess weitere, dem Behandlungsgeschehen zugrunde liegende Behandlungsfehler zu rügen[1846].

1842 OLG Naumburg MedR 2014, 174 = GesR 2013, 624. Strenger OLG Dresden GesR 2019, 112 = MedR 2019, 476 mit krit. Anm. *Kreße*: Die Gesundheitsbeeinträchtigung wurde nur allgemein auf eine Sauerstoffunterversorgung unter der Geburt zurückgeführt, ohne ein behandlungsfehlerhaftes Vorgehen näher darzulegen.

1843 OLG Köln VersR 2015, 1295; OLG Naumburg GesR 2013, 624 = MedR 2014, 174; OLG Naumburg GesR 2013, 228; OLG Hamm MedR 2010, 563; OLG Düsseldorf VersR 2005, 1737; *Schmidt*, NJW 1994, 767 f.; OLG Oldenburg VersR 1999, 848 = OLGR 1999, 86.

1844 BGH VersR 1981, 278 = NJW 1981, 630; OLG Stuttgart VersR 1991, 229.

1845 BGH VersR 2017, 822 = MedR 2017, 799: Zu diesem gesamten konkreten Behandlungsgeschehen gehört bei einem operativen Eingriff auch die damit in unmittelbarem Zusammenhang stehende Nachbehandlung.

1846 Ausführlich LG Wiesbaden GesR 2014, 676; s. auch OLG Saarbrücken OLGR 2000, 436 = MDR 2000, 1317 mit Anm. *Rehborn*: „arzthaftungsrechtliche Rechtskraftfalle". Beachte: nach Nußstein, VersR 2016, 1291, gehören Behandlungsfehler auf der einen Seite und auf der anderen Seite Dokumentationsfehler, Fehler bei der therapeutischen Aufklärung, der wirtschaftlichen Aufklärung und der Risikoaufklärung nicht zum einheitlichen Streitgegenstand.

Und für beide Parteien gilt auch im Arzthaftungsprozess, dass der **Subsidiaritätsgrundsatz** zu beachten ist. Ihm zufolge kann eine Partei sich auf eine Gehörsverletzung (Art. 103 Abs. 1 GG) nicht berufen, wenn sie eine ihr nachträglich gewährte Gelegenheit zur Äußerung nicht nutzt. Dies ist etwa der Fall, wenn auf den Hinweisbeschluss nach § 522 Abs. 2 ZPO insoweit nicht reagiert worden ist[1847]. 583

Da neues Vorbringen im **Berufungsverfahren**[1848] nach §§ 529, 531 ZPO nur ausnahmsweise zugelassen ist, kann eine Substantiierung des Patientenvortrags in zweiter Instanz verspätet sein[1849]. Hierbei ist jedoch zu differenzieren: Zulässig ist es, erstinstanzliches schlüssiges Vorbringen im Arzthaftungsprozess in zweiter Instanz zu konkretisieren, zu verdeutlichen oder zu erläutern, wobei wegen der geringen Anforderungen an die Substantiiertheit des Vortrags eine noch zulässige Konkretisierung häufig angenommen werden kann[1850]. Außerdem ist 584

1847 BGH VersR 2018, 247 = NJW-RR 2018, 404; BGH VersR 2020, 573 = NJW-RR 2020, 312: wenn ein Übergehen des erstinstanzlichen Beweisantrags durch das LG in der Berufungsinstanz nicht beanstandet wird.

1848 S. zu den Anforderungen an die Berufungsbegründung im Arzthaftungsprozess: BGH VersR 2015, 728 = NJW-RR 2015, 416; BGH VersR 2014, 895 = NJW-RR 2014, 760; BGH VersR 2006, 285 = NJW-RR 2006, 285; BGH VersR 2007, 414 = NJW-RR 2007, 414, dazu *Prütting*, MedR 2007, 724; BGH, Beschl. v. 10.6.2008 – VI ZR 266/07 – und Beschl. v. 15.12.2009 – VI ZB 51/09 – beide zit. nach juris. Wird ein erstinstanzlich zur Überprüfung gestellter Behandlungsabschnitt in zweiter Instanz erstmals kurz vor der abschließenden mündlichen Verhandlung wieder aufgegriffen, droht Nichtberücksichtigung nach § 530 ZPO (OLG Köln GesR 2011, 724).

1849 Ausführlich *Irrgang*, MedR 2010, 533. BGH VersR 2018, 1001 = NJW 2018, 3652: Wenn das erstinstanzliche Gericht – hätte es die später vom Berufungsgericht für zutreffend erachtete Rechtsauffassung geteilt – zu einem Hinweis nach § 139 Abs. 2 ZPO verpflichtet gewesen wäre, ist hierzu neuer Vortrag in zweiter Instanz nach § 531 Abs. 2 S. 1 Nr. 1 ZPO zuzulassen.

1850 BGH VersR 2004, 1177 = NJW 2004, 2825, dazu *Rehborn*, GesR 2004, 403 und *Dieti*, VersR 2005, 442; anders aber, wenn in erster Instanz hierzu nur unzureichend vorgetragen worden ist, OLG Düsseldorf GesR 2005, 526 = OLGR 2006, 42.

von einer Nachlässigkeit i.S.v. § 531 Abs. 2 Satz 1 Nr. 3 ZPO im Arzthaftungsprozess regelmäßig nicht auszugehen, weil dem Patienten nicht abverlangt wird, sich zur ordnungsgemäßen Prozessführung medizinisches Fachwissen anzueignen[1851].

585 Als neues Vorbringen nicht mehr zuzulassen ist demgegenüber der Vortrag eines Fehlers **in einem anderen Abschnitt des Behandlungsverlaufs**, der in erster Instanz – auch ohne medizinische Fachkenntnisse – bereits hätte vorgetragen werden können[1852]. Nicht mehr zuzulassen ist auch regelmäßig die **erstmalige Behauptung eines (weiteren) Aufklärungsmangels** in der Berufungsinstanz[1853]. Dies gilt auch, wenn ein Risikoaufklärungsmangel in erster Instanz bereits gerügt worden ist, nun aber in zweiter Instanz zusätzlich ein Fehler bei der Behandlungsalternativenaufklärung vorgetragen wird[1854]. Bleibt der an sich verspätete Vortrag aber **unstreitig**, kann er in zweiter Instanz nicht nach § 531 Abs. 2 ZPO als verspätet zurückgewiesen wer-

1851 BGH VersR 2016, 795 = NJW 2016, 1328: Es stellt keine Nachlässigkeit dar, wenn der Kläger in zweiter Instanz den Vortrag konkretisiert, nachdem sein neuer Prozessbevollmächtigter durch eigene medizinische Recherche zusätzliche Informationen erlangt hat; BGH VersR 2004, 1177 = NJW 2004, 2825, dazu *Rehborn*, GesR 2004, 403 und *Dieti*, VersR 2005, 442; OLG Koblenz, Urt. v. 29.3.2017 – 5 U 963/16 – veröff. in juris; vgl. auch BGH VersR 2006, 242 = NJW 2006, 152; BGH VersR 2008, 1265 = NJW 2008, 2846 und BGH NJW 2007, 1531 = MDR 2007, 670: zulässige Konkretisierung unter Vorlage eines Privatgutachtens.

1852 BGH GesR 2013, 50; BGH VersR 2004, 1177 = NJW 2004, 2825, dazu *Rehborn*, GesR 2004, 403 und *Dieti*, VersR 2005, 442. OLG Oldenburg VersR 2015, 242 = NJW 2015, 1832: Regelmäßig nicht mehr zu berücksichtigen ist es bei den Fällen „Kind als Schaden“ (s. dazu oben Rz. 364 ff.), sich erst in zweiter Instanz auf eine medizinische Indikation nach § 218a Abs. 2 StGB zu berufen.

1853 BGH GesR 2013, 50.

1854 OLG Koblenz VersR 2014, 883 = GesR 2014, 342: keine bloße Konkretisierung des erstinstanzlichen Vortrags; s. auch BGH VersR 2019, 553 = NJW-RR 2019, 467: Verspätung, wenn bei zwei separat zu sehenden operativen Maßnahmen, die während eines Eingriffs durchgeführt werden, erstmals in zweiter Instanz die Aufklärungsrüge zum anderen Teil erhoben wird, § 531 Abs. 2 Nr. 3 ZPO.

den[1855], es sei denn es handelt sich mit dem neuen Vorwurf um eine Änderung des Streitgegenstands nach § 533 ZPO[1856].

Erst recht wird die Klage in zweiter Instanz regelmäßig nicht auf einen 586
weiteren Arzt, der ebenfalls für den Gesundheitsschaden verantwortlich sein kann, erstreckt werden können, zumal dieser neue Beklagte nur mit seiner Zustimmung in den Prozess hineingezogen werden kann (es sei denn seine Verweigerung ist rechtsmissbräuchlich)[1857].

Der erstmals in zweiter Instanz erhobene **Einwand der hypotheti- 587
schen Einwilligung** (s. oben Rz. 474 ff.) ist jedenfalls dann verspätet, wenn der Arzt im Prozess erster Instanz etwa aufgrund gerichtlichen Hinweises für die Annahme Anlass gehabt hätte, dass eine Verurteilung wegen nicht erfolgter Aufklärung im Raume steht[1858], nicht aber wenn es auf die Frage der hypothetischen Einwilligung auf der Grundlage der Rechtsansicht der ersten Instanz nicht ankam[1859].

Lässt das Berufungsgericht entgegen § 531 Abs. 2 ZPO neuen Vor- 588
trag zu, ist dies nicht revisibel[1860].

1855 BGH VersR 2019, 553 = NJW-RR 2019, 467; BGH r+s 2015, 212: Das gilt selbst dann, wenn der unstreitige Vortrag im Hinblick auf Folgefragen eine Beweisaufnahme erfordert (hier zur Höhe der unstreitig gebliebenen ersparten Aufwendungen); s. auch BGH VersR 2009, 1373 = NJW 2009, 2532 und BGH VersR 2008, 1708 = NJW 2008, 3434.

1856 Vgl. BGH GesR 2013, 50; BGH VersR 2007, 414 = MedR 2007, 722. S. auch *Nußstein*, VersR 2019, 229, 230 f. (Anm.).

1857 BGH VersR 1998, 208 = NJW 1997, 2885; OLG Koblenz VersR 2014, 711 = MedR 2014, 166.

1858 BGH VersR 2015, 1313 = NJW-RR 2015, 1278; BGH VersR 2009, 257 = MDR 2009, 281 (Vorinstanz: OLG Oldenburg VersR 2008, 124 = MedR 2008, 437 mit Anm. *Ahrens*); OLG Karlsruhe GesR 2011, 356, 358; OLG Oldenburg VersR 2010, 1221 = MedR 2010, 570; OLG Schleswig OLGR 2009, 594, 597; s. auch OLG Köln GesR 2003, 85 = OLGR 2003, 81.

1859 BGH VersR 2018, 1001 = NJW 2018, 3652.

1860 BGH NJW 2004, 1458 = FamRZ 2004, 699. Anders ist es natürlich, wenn zu berücksichtigender Vortrag fälschlicherweise unbeachtet bleibt bzw. zurückgewiesen wird, BGH VersR 2017, 1164 = NJW-RR 2017, 1018 zu § 531 Abs. 1 ZPO.

589 Auf einen als schlüssig zu erachtenden erstinstanzlichen Sachvortrag des Klägers reicht ein **pauschales Bestreiten des Arztes** nicht aus. Ihm ist auf Grund seiner Sachkunde und seiner Möglichkeit, die Krankenunterlagen zur Unterstützung seines Gedächtnisses zu befragen, vielmehr abzuverlangen, nähere Angaben zu liefern[1861] – einzelfallabhängig bis hin zur Bejahung einer sekundären Darlegungslast[1862].

590 [266] Die Darlegung der für den **Feststellungsantrag**[1863] erforderlichen Möglichkeit des Eintritts späterer Schadensfolgen ist nur dann unzureichend, wenn danach aus der Sicht des Klägers bei verständiger Würdigung kein Grund besteht, mit dem Eintritt eines Schadens wenigstens zu rechnen[1864]. Ist der Vermögensschaden (z.B. Verdienstausfall) bereits teilweise entstanden, muss dies dem Feststellungsinteresse nicht entgegenstehen; eine Aufspaltung in eine Teilleistungsklage und eine diese ergänzende Feststellungsklage ist regelmäßig nicht erforderlich[1865].

III. Einzelrichter

591 [267] Im landgerichtlichen Verfahren erster Instanz entscheidet zwar seit dem am 1.1.2002 in Kraft getretenen Zivilprozess-Reformgesetz

1861 BGH VersR 1987, 686 = NJW 1987, 1479: einfaches Bestreiten der Durchführung der Visite.

1862 BGH VersR 2019, 1372 = NJW-RR 2019, 1360 und BGH VersR 2019, 553 = NJW-RR 2019, 467: so regelmäßig – auch ohne konkrete Anhaltspunkte – bei der Behauptung eines Hygieneverstoßes.

1863 Zur Zulässigkeit des Antrags auf Feststellung der Ersatzpflicht künftiger ungewisser immaterieller Schäden: BGH VersR 2001, 876 = NJW 2001, 3414; BGH VersR 2004, 1334 = NJW 2004, 1243; *Martis/Winkhart*, Arzthaftungsrecht, Rz. F 11. Gegen eine zu enge Wortlautauslegung des Feststellungsantrags: BGH VersR 2010, 1616 = NJW-RR 2010, 1363.

1864 BGH VersR 2001, 876 = NJW 2001, 3414; BGH VersR 1991, 779 = NJW-RR 1991, 917; OLG Karlsruhe GesR 2018, 171, juris-Rz. 36. Beachte BGH VersR 2007, 708 = NJW-RR 2007, 601: offengelassen, ob im Rahmen der Begründetheit der Feststellungsklage mehr, also eine gewisse Wahrscheinlichkeit, zu verlangen ist.

1865 BGH NJW-RR 2016, 759 = MDR 2016, 786; BGH VersR 2003, 1256 = NJW 2003, 2827; OLG Düsseldorf VersR 2006, 841.

gem. § 348 Abs. 1 S. 1 ZPO der „originäre“ Einzelrichter. Dies gilt aber im Zusammenhang mit der nach § 72a Abs. 1 Nr. 3 GVG verpflichtenden Einrichtung von Spezialkammern nicht (mehr) für den Bereich der Arzthaftung (§ 348 Abs. 1 Satz 2 Nr. 2e ZPO), es sei denn, die Kammer überträgt die Rechtssache nach § 348a Abs. 1 ZPO (ohne Ermessensspielraum) dem „obligatorischen“ Einzelrichter. In Arzthaftungssachen ist eine solche Übertragung aber in den allermeisten Fällen **nicht sachgerecht**, da diese Verfahren grundsätzlich deutlich über das übliche Maß hinausgehende Anforderungen stellen, also besondere Schwierigkeiten tatsächlicher und rechtlicher Art insbesondere bei der Sachverhaltserfassung, in dem Beweisverfahren und bei der Rechtsanwendung aufweisen[1866]. Im Berufungsrechtszug sollte demnach eine Übertragung auf den Einzelrichter (§ 526 Abs. 1 Nr. 1 ZPO) in Arzthaftungssachen regelmäßig ausgeschlossen sein, s. § 526 Abs. 1 Nr. 2 ZPO. Nach §§ 348 Abs. 4, 526 Abs. 3 ZPO kann ein Rechtsmittel auf einen hier geschehenen Verfahrensfehler allerdings nicht gestützt werden[1867].

IV. Aussetzung des Verfahrens

[268] Es gibt Gründe sowohl für wie auch gegen die Anordnung der 592
Aussetzung nach § 149 ZPO (Verdacht einer Straftat). Zum einen kann das Gericht sich bessere Erkenntnismöglichkeiten aus dem Strafverfahren zunutze machen. Die Aussetzung kann außerdem sich widersprechende Entscheidungen verhindern. Andererseits besteht die Gefahr der Verzögerung des Prozesses mit der Folge, dass z.B. der Zeugenbeweis erschwert wird. Es sollte auch nicht außer Acht gelassen werden, dass sich das Zivilgericht seine Überzeugung selbst zu bilden hat (§ 286 ZPO) und daher regelmäßig nicht an die Feststellungen in anderen Urteilen gebunden ist. Die Verwertung des Strafurteils oder einzelner Beweisergebnisse daraus (z.B. Protokolle über Zeugen- und Sachverständigenvernehmungen, über eingenommenen Augenschein

1866 BGH VersR 1993, 836, 838 f. = NJW 1993, 2375, 2377 f.; OLG Karlsruhe NJW-RR 2006, 205 = MDR 2006, 332; OLG Köln VersR 1987, 164; zurückhaltender: *Gehrlein*, VersR 2002, 935, 936.

1867 BGH VersR 2013, 1547 = NJW 2013, 2601.

und Parteierklärungen) ist ohne Einverständnis des Beweisgegners im Wege des Urkundenbeweises jedoch zulässig[1868]. Den Parteien bleibt aber die Möglichkeit, eine unmittelbare Beweiserhebung zu verlangen[1869], es sei denn, es handelt sich um ein gerichtlich oder staatsanwaltschaftlich eingeholtes Gutachten und das Gericht macht von seinem Ermessen nach § 411a ZPO entsprechenden Gebrauch (s. unten Rz. 605).

593 [269] In der Regel wird eine Aussetzung des Arzthaftungsprozesses nach § 149 ZPO allerdings **ermessensfehlerhaft** sein[1870]. Zum einen steht sie zumeist den vom Gericht zu beachtenden berechtigten Interessen des Klägers an einer alsbaldigen Entscheidung entgegen, und zwar erst recht dann, wenn sich das strafrechtliche Ermittlungsverfahren noch nicht in fortgeschrittenem Stadium befindet[1871] (s. auch § 149 Abs. 2 ZPO) oder aber der Zivilprozess schon eine geraume Zeit andauert[1872]. Zum anderen wird gerade im Arzthaftungsprozess der mit der Aussetzung verfolgte Zweck regelmäßig nicht zu erreichen sein. Weil sich Rechts- und Beweislage in diesem Prozess wesentlich anders gestalten als im strafrechtlichen Verfahren, können im Ermittlungsverfahren gewonnene Erkenntnisse wenig Nutzen bringen. Mit dem OLG Stuttgart[1873] ist insoweit auf die unterschiedlichen Verschuldensmaßstäbe, die andersartige Bedeutung und Auswertung der Behandlungsunterlagen und die dem Patienten gegebenenfalls zugute kommenden Beweiserleichterungen bis zur Beweislastumkehr zu verweisen sowie auf den Umstand, dass medizinische Sachverständige bei strafrechtlich zu sanktionierender Schuld zu einer andersartigen Akzentuierung im Gutachten neigen könnten[1874]. Häufig werden auch die durch den hohen Preis der Verfahrensverzögerung, und damit des

1868 BGH VersR 1970, 322.
1869 BGH VersR 1970, 322; BGHZ 7, 116.
1870 OLG Dresden GesR 2019, 714.
1871 OLG Stuttgart VersR 1991, 1027 = NJW 1991, 1556.
1872 OLG München AHRS 7450/1 (Beschluss vom 6.4.1987).
1873 OLG Stuttgart VersR 1991, 1027 = NJW 1991, 1556; so auch OLG Koblenz VersR 2006, 1140 = MDR 2006, 289.
1874 Vgl. OLG Köln VersR 1989, 1201 = NJW 1990, 778.

Beweisverlustes, erkauften Erwartungen des Zivilrichters enttäuscht, wenn das Ermittlungsverfahren schließlich eingestellt wird[1875].

Keine Bedenken gegen eine Aussetzung könnten aber bestehen, wenn 594
der beklagte Arzt von seinem im Zusammenhang mit einem eingeleiteten Ermittlungsverfahren bestehenden Schweigerecht nun auch im Zivilprozess Gebrauch macht (s. oben Rz. 552) und dadurch die erforderliche Sachverhaltsaufklärung behindert wird[1876].

V. Gerichtliche Sachverhaltsaufklärung und Schadensermittlung

1. Gesteigerte Pflicht des Gerichts zur Sachverhaltsaufklärung

[270] Im Arzthaftungsprozess steht der Arztseite ein regelmäßig nicht 595
fachkundiger Patient gegenüber (s. oben zur herabgesetzten Substantiierungslast des Patienten: Rz. 580 f.). Deshalb folgt aus dem Grundsatz der Waffengleichheit eine von Amts wegen gesteigerte Pflicht des – ebenfalls über das erforderliche medizinische Wissen nicht verfügenden – Gerichts zur Sachverhaltsaufklärung[1877]. Ihr ist durch eine großzügige Ausübung der **Aufklärungspflicht nach § 139 ZPO** bis hin zur Einholung eines Sachverständigengutachtens von Amts wegen nach § 144 Abs. 1 S. 1 ZPO Rechnung zu tragen, wenn der Patient darauf angewiesen ist, dass der Sachverhalt damit aufgearbeitet wird[1878]. Die Behandlerseite trifft demgegenüber eine erhöhte Substantiierungspflicht – einzelfallabhängig bis hin zur Bejahung einer sekundären Darlegungslast[1879].

1875 *Lippert*, NJW 1991, 1556 (Anmerkung).
1876 *Lippert*, NJW 1991, 1556 (Anmerkung).
1877 BGH VersR 1989, 378 = NJW-RR 1989, 1275; BGH VersR 1991, 467 = NJW 1991, 1541; OLG Oldenburg MDR 2008, 527.
1878 BGH VersR 2019, 553 = NJW-RR 2019, 467; OLG Hamm AHRS 6050/18 (Urteil vom 16.9.1991).
1879 BGH VersR 2019, 1372 = NJW-RR 2019, 1360 und BGH VersR 2019, 553 = NJW-RR 2019, 467: so regelmäßig – auch ohne konkrete Anhaltspunkte – bei der Behauptung eines Hygieneverstoßes.

596 **Behandlungsunterlagen** (§ 630g BGB)[1880] sind regelmäßig (mög-

1880 S. zum Einsichtsrecht des Patienten oben Rz. 318 ff.; BVerfG NJW 2006, 1116 = MedR 2006, 419; BGH VersR 2014, 503 = NJW 2014, 298; BGH VersR 1983, 264 = NJW 1983, 328; *Schneider*, GesR 2014, 385; *Kensy*, MedR 2013, 767; zu den Behandlungsunterlagen Verstorbener: OLG Karlsruhe NJW 2020, 162 = GesR 2019, 572 (§ 630g Abs. 3 BGB) und zum Einsichtsrecht des Sozialversicherungsträgers: BGH VersR 2013, 648 = MDR 2013, 653; BGH VersR 2015, 582 = NJW 2015, 1525: grundsätzlich keine Auskunftserteilung über Personalien der Behandler oder – so KG GesR 2019, 157 = MDR 2019, 280 – über den Berufshaftpflichtversicherer. Siehe zur Einsichtnahme in digitalisierte Behandlungsunterlagen: *Cornelius/Spitz*, GesR 2019, 69. Ein Anspruch auf Herausgabe von Röntgenbildern bejahen *Mutter*, MDR 1995, 440 und – einschränkend – OLG München NJW 2001, 2806 = OLGR 2001, 340; LG Kiel NJW-RR 2007, 1624 = MedR 2007, 733: Überlassung an Rechtsanwalt; a.A. *Lux*, GesR 2004, 6, 10. OLG Hamm GesR 2006, 569: kein Recht der Parteien auf Übersendung der zur Akte gereichten Behandlungsunterlagen an den Prozessbevollmächtigten. Beachte BVerfG NJW 1999, 1777 = MedR 1999, 180: Das Einsichtsrecht des Patienten kann eingeschränkt sein oder entfallen, so z.B. bei Unterlagen über eine psychiatrische Behandlung. Kein Anspruch des Patienten auf Abgabe einer eidesstattlichen Versicherung des Arztes, die Unterlagen seien authentisch und vollständig vorgelegt (OLG München VersR 2007, 1130 = NJW-RR 2007, 273) oder auf Herausgabe beglaubigter Kopien (LG Düsseldorf MedR 2007, 663 = GesR 2007, 18). Die Einrede der Klinik nach § 275 Abs. 2 BGB, die Suche nach den Unterlagen sei unzumutbar, greift grundsätzlich nicht durch, LG Kiel GesR 2008, 540. Kein Einsichtsrecht des Patienten in die Niederschriften nach § 23 Abs. 4 IfSG (OLG Hamm GesR 2011, 671 und GesR 2012, 312, dazu kritisch: *Schultze-Zeu/Riehn*, VersR 2012, 1208, 1215). Zur Pflegedokumentation: BGH VersR 2010, 969 = NJW-RR 2010, 1117; BGH VersR 2010, 971 = MedR 2010, 851. Streitwert der Klage auf Einsichtnahme in die Krankenunterlagen: je nach Interesse des Patienten, insbesondere inwieweit die Durchsetzbarkeit des Anspruchs von der Vorlage der Unterlagen abhängig ist, OLG München MDR 2012, 869 (10 bis 25 % des Hauptsachewerts), KG JurBüro 2019, 95 = MedR 2019, 394, OLG Frankfurt GesR 2017, 783 = JurBüro 2018, 140 und OLG Nürnberg VersR 2011, 818 = MDR 2010, 1418 (20 %), OLG Köln VersR 2010, 693 (10 %). Vgl. im Übrigen: *Palandt/Sprau*, BGB, 79. Aufl. 2020, § 810 Rz. 5 und *Palandt/Weidenkaff, a.a.O.*, § 630g Rz. 1 ff.; zur Durchsetzung des Anspruchs im Wege der Zwangsvollstreckung: *Habermalz*, NJW 2013, 3403.

lichst im Original[1881]) beizuziehen[1882] bzw. deren Vorlage dem Beklagten oder Dritten, etwa am Verfahren nicht beteiligten Ärzten, aufzugeben (§§ 142, 421, 422 ZPO)[1883]. Es kann auch der Sachverständige zur Beiziehung dieser Unterlagen beauftragt werden[1884]. Zweifeln an der inhaltlichen Richtigkeit der Unterlagen ist nachzugehen[1885]. Die Behandlungsseite ist aber grundsätzlich nicht verpflichtet, Namen und Anschriften von (als Zeugen in Betracht kommenden) Mitpatienten zu offenbaren; dem stünde regelmäßig § 203 Abs. 1 StGB entgegen[1886]. Jedoch kann ihr ggf. im Rahmen sekundärer Darlegungslast aufgegeben werden, bei dem Mitpatienten (schriftlich) Nachfrage zu halten, ob dieser auf die Einhaltung der Schweigepflicht verzichtet. Geht es aber nicht um ein Arzthaftungsverfahren, sondern um einen eventuellen deliktischen Schadensersatzanspruch wegen von dem Mitpatienten begangener vorsätzlicher Körperverletzung, geht dem Datenschutzinteresse des Schädigers das Auskunftsinteresse des Geschädigten vor[1887].

Verweigert der Beklagte die Vorlage der Krankenunterlagen, so kann dies einer **Beweisvereitelung** mit der Folge der Beweislastumkehr gleichgestellt werden[1888]. Ein Hinweis des Gerichts auf diese Rechtsfolge dürfte zu einem Erfolg des Vorlageersuchens führen. Gleiches gilt 597

1881 Ausreichend ist aber auch der Ausdruck einer digitalisierten Mikroverfilmung der Behandlungsunterlagen, OLG Brandenburg GesR 2018, 509.

1882 OLG Saarbrücken MDR 2003, 1250 = GesR 2003, 243; OLG Oldenburg NJW-RR 1997, 535 = OLGR 1997, 43; OLG Stuttgart AHRS 6180/36 (Urteil vom 7.6.1990).

1883 BGH VersR 2008, 1264 = NJW 2008, 2994 (juris-Rz. 3); OLG Saarbrücken MDR 2003, 1250 = GesR 2003, 243, aber OLG Koblenz, Urt. v. 29.3.2017 – 5 U 963/16 – veröff. in juris, OLG Koblenz GesR 2012, 346, 349 (Zi. II.2.c.[1.]) und LG Magdeburg, Beschl. v. 17.12.2009 – 9 O 1997/09: Die Beibringung von Behandlungsunterlagen der Vor- und Nachbehandler liegt im Verantwortungsbereich der Patientenpartei. BGH VersR 1978, 542 = NJW 1978, 1681 zur Vertrauenswürdigkeit dieser Unterlagen; sowie OLG München VersR 1988, 1136 zum Beweiswert unterzeichneter Aufklärungsformulare.

1884 OLG Köln VersR 1987, 164.

1885 BGH VersR 1998, 634 = NJW 1998, 2736: auf Grund mündlicher Mitteilung erstellte mechanische Aufzeichnung.

1886 OLG Karlsruhe VersR 2007, 245 = MedR 2007, 253.

1887 BGH VersR 2016, 129 = NJW 2015, 2652.

1888 Vgl. BGH VersR 1963, 65 = NJW 1963, 389.

für die vom Patienten wegen der ärztlichen **Verschwiegenheitspflicht** erforderliche Entbindungserklärung, z.B. gegenüber Vorbehandlern[1889]. Wird sie verweigert, ist dies ebenfalls nach den Grundsätzen der Beweisvereitelung zu würdigen[1890].

598 [271] Es ist in der Regel angezeigt, zur Sachverhaltsaufklärung die **Parteien formlos nach § 141 ZPO anzuhören**[1891]. Wie auch in anderen Prozessen werden dabei nicht zu selten Informationsversehen zwischen Partei und Prozessbevollmächtigten aufgedeckt und geklärt. Eine gezielte richterliche Befragung ist schon deshalb zu empfehlen, weil sie eine Aufklärung jener Punkte, die für die spätere Begutachtung wesentlich erscheinen, bewirken kann, zumal im Arzt-Patienten-Verhältnis häufig keine Zeugen zur Verfügung stehen. Dem Tatrichter ist auch gestattet, die bei der Anhörung abgegebenen Erklärungen im Rahmen der Beweiswürdigung zu verwerten, obwohl es sich dabei nicht um ein Beweismittel handelt[1892].

599 Grundsätzlich unverzichtbar ist eine persönliche Anhörung des Patienten bei der Frage der **hypothetischen Einwilligung** (s. oben Rz. 481), ob er seinerzeit vor einem ernsthaften Entscheidungskonflikt gestanden habe[1893]. Insoweit ist von einer Anhörungspflicht auszugehen, es sei denn, die unstreitigen äußeren Umstände erlauben bereits

1889 OLG München OLGR 2006, 341 = GesR 2006, 160, 161.

1890 *Schmidt*, NJW 1994, 768; OLG Frankfurt VersR 1981, 42 = NJW 1980, 2758 = AHRS 6445/6 mit begründetem Nichtannahmebeschluss des BGH; s. oben Rz. 354. Der Arzt ist nicht durch das Fehlen einer Entbindungserklärung des Patienten wegen § 203 StGB an der Erhebung einer Honorarklage gehindert; in diesem Fall handelt er zur „Wahrnehmung berechtigter Interessen" (§ 193 StGB), *Laufs/Kern/Rehborn*, Handbuch des Arztrechts, § 106 Rz. 35.

1891 BVerfG NJW 2017, 3218 = GesR 2017, 574 und BGH VersR 2018, 249 = NJW 2018, 308: Will die zweite Instanz die Parteianhörung anders würdigen als die erste Instanz, muss die Partei erneut angehört werden. BGH VersR 2015, 196 = NJW 2015, 74; s. allgemein zur Pflicht zur erneuten Parteianhörung: BVerfG NJW 2017, 3218 = GesR 2017, 574 und BGH VersR 2018, 249 = NJW 2018, 308.

1892 BGH VersR 1992, 358 = NJW 1992, 1558; OLG Koblenz GesR 2017, 731 = MDR 2017, 1301; OLG Koblenz VersR 2008, 123 = NJW-RR 2008, 342.

1893 BGH VersR 2010, 1220 = NJW 2010, 3230; BGH VersR 2005, 836 = NJW 2005, 1718; BGH VersR 2005, 694 = NJW 2005, 1364; BGH VersR 1995, 1055, 1057 = NJW 1995, 2410, 2411; OLG Naumburg eine *sichere* Beurteilung der hypothetischen Entscheidungssituation[1894] oder der schriftsätzliche Vortrag zum Entscheidungskonflikt ist unschlüssig[1895]. Ist eine persönliche Anhörung nicht möglich, etwa weil der Patient inzwischen verstorben ist[1896] oder er einen Hirnschaden erlitten hat, wirkt sich dies nicht zu seinen Lasten aus, wenn er aus nachvollziehbaren Gründen in einen ernsthaften Entscheidungskonflikt geraten sein könnte[1897]. Unverzichtbar kann auch die persönliche Anhörung des Arztes und des Patienten etwa zum Inhalt der Patientenaufklärung sein[1898].

[272] Auch im Arzthaftungsprozess ist die (gegenüber anderen Erkenntnisquellen subsidiäre) **Parteivernehmung** möglich. Sind z.B. 600
nach Vorlage schriftlicher Aufzeichnungen im Krankenblatt letzte Zweifel bei der Frage der ordnungsgemäßen Aufklärung durch den Arzt, für die dieser beweispflichtig ist, auszuräumen, kann er als Partei vernommen werden (dazu näher Rz. 493)[1899], und zwar ohne dass es

GesR 2011, 560; s. auch BGH VersR 2007, 66 = NJW 2007, 217: Anhörung des minderjährigen Patienten.

1894 BGH, Beschl. v. 29.9.2016 – VI ZR 418/14 – veröff. in juris; BGH VersR 2005, 694 = NJW 2005, 1364; OLG Koblenz VersR 2016, 1502 = GesR 2016, 571.

1895 So jedenfalls OLG Oldenburg VersR 2000, 191 = NJW-RR 1999, 1327.

1896 OLG Kobenz VersR 2014, 506.

1897 BGH VersR 2007, 999 = NJW 2007, 2771. S. aber OLG Köln MedR 2019, 725: verneint, wenn das Unterlassen einer Blinddarmentfernung bei akuter Entzündung nicht ernstlich in Betracht gekommen wäre und auch nichts dafür sprach, dass der Patient anstelle der Laparoskopie eine wesentlich stärker einschneidende offene Operation bevorzugt hätte.

1898 OLG München GesR 2003, 274; OLG Oldenburg VersR 1998, 854 = MDR 1997, 684. Siehe aber OLG Köln MedR 2016, 540: Nach zeugenschaftlicher Vernehmung des aufklärenden Arztes und Vorlage des von dem Patienten unterzeichneten Aufklärungsformulars (in dem dieser allerdings die einzelnen Risiken auch noch gesondert abgezeichnet hatte) hat das OLG keinen Anlass mehr gesehen, den klagenden Patienten persönlich anzuhören.

1899 BGH VersR 2013, 1547 = NJW 2013, 2601; VersR 2002, 120 = NJW-RR 2001, 1431; OLG München VersR 1988, 1136; OLG Oldenburg VersR 1998, 1156 = OLGR 1998, 15.

einer überwiegenden Wahrscheinlichkeit für die Richtigkeit der streitigen Behauptung bedarf[1900].

601 Sofern **Zeugen** zu Vorgängen im medizinischen bzw. klinischen Bereich vernommen werden sollen, wird es geboten oder zumindest in der Regel von Vorteil sein, die Befragung im Beisein des Sachverständigen durchzuführen. Die Vernehmung gewinnt dadurch an Qualität, und dem Gutachter wird die Möglichkeit eröffnet, ihm wesentlich erscheinende Fragen zu klären. Dies gilt auch für die **Anhörung des klagenden Patienten und des beklagten Arztes**. Denn dabei kann der Sachverständige das Gericht bei der Fragestellung unterstützen, welche medizinischen Vorgänge der Kläger meint und beanstandet[1901] und wie der Arzt vorgegangen ist.

2. Erleichterte Kausalitäts- und Schadensermittlung

602 [273] **§ 287 ZPO** bietet dem Tatrichter sowohl im vertraglichen als auch im deliktischen Arzthaftungsbereich Erleichterungen bei der Ermittlung der haftungsausfüllenden Kausalität und der Höhe des entstandenen Schadens[1902], während für den Umstand, dass die körperliche Beeinträchtigung als erster Körperverletzungserfolg (Primärschaden im Sinne einer Belastung der gesundheitlichen Befindlichkeit in ihrer konkreten Ausprägung) auf Grund des Behandlungsfehlers eintrat, der Beweis gem. **§ 286 ZPO** zu erbringen ist[1903]. Die Weiterentwicklung der Schädigung, also alle weiteren (Folge-)Schäden einschließlich der Frage einer Verschlimmerung von Vorschäden, gehört

1900 Vgl. BGH NJW-RR 2006, 61 = MDR 2006, 285.

1901 BGH VersR 1979, 939 = MDR 1980, 48.

1902 BGH VersR 1987, 667 = NJW 1987, 1481; BGH VersR 1976, 435 = NJW 1976, 1145: Epilepsie als Folge einer im Krankenhaus erlittenen Unfallverletzung.

1903 BGH VersR 2014, 632 = NJW-RR 2014, 1147: Querschnittslähmung nach fehlerhafter Verwendung eines Kontrastmittels, BGH VersR 2013, 1045 = NJW 2014, 71 nach fehlerhaftem Einbringen des Cage; BGH VersR 2013, 1174 = NJW 2013, 3094: das durch einen Befunderhebungsfehler geschaffene oder erhöhte Risiko, eine Epilepsie zu erleiden; BGH VersR 2005, 836 = NJW 2005, 1718: Beeinträchtigung des Handgelenks nach konservativer Behandlung des Bruches; BGH VersR 1998, 1153 = NJW 1998, 3417: Verhaltensstörung bei Hirnschaden; BGH VersR 1986, 1121 = NJW 1987, 705; OLG Karlsruhe NJW-RR 2006, 458 = OLGR 2006, 8.

mithin zur haftungsausfüllenden, nach § 287 ZPO festzustellenden Kausalität[1904].

Bei einem **Aufklärungsfehler** liegt die Primärschädigung demgegenüber bereits in dem rechtswidrigen Eingriff, so dass sich das Beweismaß bei der Kausalität für den behaupteten Gesundheitsschaden von vornherein nach § 287 ZPO richtet.[1905] Dies erfährt aber zum Teil eine Ausnahme bei der Aufklärung über Behandlungsalternativen (s. oben Rz. 389: § 286 ZPO). 603

VI. Sachverständigenbeweis[1906]

[274] Im Arzthaftungsprozess ist die **Beiziehung eines Sachverständigen** in der Regel unausweichlich[1907]; allein die Vernehmung etwa 604

1904 BGH VersR 2008, 644 = NJW 2008, 1381: Entwicklung eines Morbus Sudeck nach Übersehen des Knochenbruchs (s. aber auch BGH VersR 2004, 118 = NJW 2004, 777: Morbus Sudeck kann auch Primärschaden sein); BGH VersR 1986, 1121 = NJW 1987, 705. Siehe auch BGH VersR 2009, 69 = MedR 2009, 661 mit Anm. *Frahm/Walter*, wonach die Anwendung von § 287 ZPO nicht auf Folgeschäden einer einzelnen Verletzung beschränkt ist, sondern auch die *neben* der feststehenden Körperverletzung entstehenden weiteren Schäden aus derselben Schädigungsursache umfasst (Verkehrsunfall mit Schulterprellung und damit u.U. zusammenhängender Rotatorenmanschettenruptur); so auch OLG Saarbrücken, Urt. v. 11.10.2006 – 4 U 566/04 – zit. nach juris.

1905 BGH, Beschl. v. 20.9.2016 – VI ZR 432/15 – veröff. in juris; BGH VersR 2010, 115 = NJW-RR 2010, 833; BGH VersR 1987, 667 = NJW 1987, 1481; OLG Karlsruhe VersR 2003, 224 = OLGR 2002, 363 und OLG Stuttgart MedR 2000, 35; *Geiß/Greiner*, Arzthaftpflichtrecht, Rz. C. 147; a.A. OLG Köln MedR 2012, 466.

1906 S. hierzu ausführlich: *Frahm*, MedR 2019, 117; *Scholz*, VersR 2016, 625; *Müller*, MedR 2001, 487; *Stegers*, *Hansis*, *Alberts*, *Scheuch*, Sachverständigenbeweis im Arzthaftungsrecht, 2. Aufl. 2008; zur Begutachtung aus ärztlicher Sicht: *Scheppokat/Neu*, VersR 2001, 23. S. auch *Thole*, GesR 2006, 154 zu § 839a BGB und *Schobel*, MDR 2014, 1003, 1007 zu der Möglichkeit der Einholung eines Schiedsgutachtens nach § 278a ZPO.

1907 BGH VersR 2018, 1147 = NJW 2018, 2730: Der Tatrichter darf bei der Beurteilung medizinischen Fachwissens auf die Einholung eines Sachverständigengutachtens nur verzichten, wenn er entsprechende eigene besondere Sachkunde aufweist und die Parteien hierauf hingewiesen des Nachbehandlers als sachverständigen Zeugen (§ 414 ZPO) reicht regelmäßig nicht aus, denn es ist nicht seine Aufgabe, sondern die des Sachverständigen, dem Gericht allgemeine Erfahrungssätze und besondere Erkenntnisse des jeweiligen Wissensgebiets zu vermitteln bzw. aufgrund von Erfahrungssätzen und besonderen Fachkenntnissen Schlussfolgerungen aus einem feststehenden Sachverhalt zu ziehen[1908].

605 Ein eventuell bereits vorliegendes Gutachten, z.B. einer Schlichtungsstelle[1909], kann im Wege des **Urkundenbeweises** gewürdigt werden, insbesondere wenn es inhaltlich ausreicht, um die aufgeworfenen Fragen zu beantworten[1910]. Es führt aber nicht zu einer Erhöhung der Darlegungslast des Patienten[1911] und ist nicht geeignet, den Sachver-

---

hat. Dies gilt auch, wenn der Tatrichter auf ein Sachverständigengutachten verzichten will, weil er die Gutachtenerstattung auf Grundlage eigener Sachkunde für die Beantwortung der Beweisfrage als ungeeignet erachtet. BGH VersR 2015, 712 = NJW 2015, 1601; BGH VersR 2008, 1216 = MDR 2008, 915; OLG Stuttgart VersR 1991, 229. Zum Sachverständigengutachten im Prozesskostenhilfeverfahren: s. oben Rz. 567. Nach *Scholz*, VersR 2016, 625 gibt es Untersuchungen, nach denen Richter sich zu 90 bis 97 % dem Standpunkt des Gerichtssachverständigen anschließen. Sollte sich ein geeigneter Sachverständiger auch nach Ausschöpfung aller bekannten Erkenntnisquellen nicht finden lassen, kann unter den Voraussetzungen des § 356 ZPO von der Beweiserhebung abgesehen werden, BGH NJW 2017, 2354.

1908 OLG Koblenz, Urt. v. 28.6.2017 – 5 U 61/17 – veröff. in juris.

1909 BGH VersR 2019, 1450 = NJW 2019, 2399; BGH VersR 2017, 376 = NJW 2017, 1247 (juris-Rz. 13).

1910 BGH VersR 2008, 1216 = MDR 2008, 915; BGH VersR 1997, 1158 = NJW 1997, 3381; BGH VersR 1987, 1091 = NJW 1987, 2300; OLG Koblenz MedR 2011, 820; OLG Oldenburg VersR 1997, 318 = NJW-RR 1996, 406.

1911 BGH VersR 2019, 1450 = NJW 2019, 2399: Ansonsten wäre der Patient bei einem für ihn ungünstigen Schlichtungsgutachten gezwungen, sich medizinisches Fachwissen anzueignen. Anders aber OLG Dresden GesR 2019, 112 = MedR 2019, 476 zum Prozesskostenhilfeverfahren (Hier hatte der Patient sich in seinem Antrag nicht näher mit dem Inhalt des Gutachtens befasst). Dazu *Kreße*, MedR 2019, 477, 479 (Anm.): Es ist dem Patienten zumutbar, sich (aus Laiensicht und nicht etwa auf medizinwissenschaftlichem Niveau) mit der Plausibilität des Gutachtens, fehlender Überzeugungskraft und Ergänzungsbedürftigkeit auseinanderzusetzen.

ständigenbeweis zu ersetzen[1912]. Für gerichtlich oder staatsanwaltschaftlich eingeholte Gutachten gilt demgegenüber § 411a ZPO: Diese Gutachten sollen – soweit sie mit einem im Prozess an sich einzuholenden Gutachten gleichwertig sind – so verwertet werden, als seien sie im konkret zu entscheidenden Rechtsstreit erstattet worden[1913]. Der gerichtliche Verwertungsbeschluss ist auch dem Sachverständigen bekannt zu geben, damit er sich auf ein inzwischen eventuell entstandenes Verweigerungsrecht berufen kann, weil ihm das Urheberrecht zusteht (§§ 17 Abs. 1, 35 UrhG) und weil ihm ermöglicht werden muss, eine inzwischen u.U. gewandelte Überzeugung (§ 42 UrhG) mitzuteilen[1914].

1. Eigene Sachkunde des Gerichts

[275] In der Regel wird das Gericht aus eigener Sachkunde die Rügen – auch jene gegen die Kompetenz des Gutachters der Schlichtungsstelle – nicht entkräften können[1915]. Eine **neue schriftliche oder mündliche Begutachtung** (nicht unbedingt durch einen weiteren Sachverständigen) ist auch dann schon erforderlich, wenn von den Parteien gestellte Fragen mit dem urkundsbeweislich (s. oben Rz. 605) oder nach § 411a ZPO verwerteten Gutachten nicht vollständig beantwortet werden[1916]. 606

1912 BGH VersR 2019, 1450 = NJW 2019, 2399: Ob die inhaltliche Einschätzung im Schlichtungsgutachten richtig ist, unterliegt der freien tatrichterlichen Beweiswürdigung. Der Tatrichter muss dazu eine sachverständige Begutachtung in Auftrag geben, darf also nicht das Recht der Parteien verkürzen, Sachverständigenbeweis anzutreten. Anders noch OLG Brandenburg, Beschl. v. 9.5.2017 – 12 U 260/16 – veröff. in juris.

1913 OLG Naumburg GesR 2010, 318, 321: auch bei von einer Partei erklärtem Widerspruch gegen die Verwertung; differenzierend *Greger* in *Zöller*, ZPO, 33. Aufl. 2020, § 411a Rz. 3. Ausführlich: *Rath/Küppersbusch*, VersR 2005, 890.

1914 Näher: *Wenzel/Frahm*, Der Arzthaftungsprozess, 2012, S. 1540 f.

1915 BGH VersR 2018, 1147 = NJW 2018, 2730; *Schmidt*, NJW 1994, 768.

1916 BGH VersR 2008, 1216 = MDR 2008, 915; BGH VersR 1982, 793 = NJW 1983, 121; BGH VersR 1985, 361 = NJW 1985, 1399; BGH VersR 1992, 714, 716 = NJW 1992, 1684, 1686 (in BGHZ 117, 337 nicht abgedruckt); BGH VersR 1995, 481 = NJW 1995, 1294; BGH VersR 2001, 121 = NJW 2000, 3072.

607 Es reicht für die Herbeiführung einer neuen Begutachtung allerdings nicht aus, wenn die Partei lediglich die Einholung eines Sachverständigengutachtens beantragt. Dieser Antrag bedarf vielmehr der Begründung, z.B. in Form eines inhaltlichen Angriffs gegen das vorliegende Gutachten bzw. gegen die Sachkunde des Gutachters[1917], oder es muss auf neue Tatsachen hingewiesen werden, die noch nicht Gegenstand der Begutachtung waren. Einem unbegründeten Beweisantrag wird der Tatrichter nicht nachgehen müssen, wenn dieser sich auf Grund des vorliegenden Gutachtens bereits die für die Entscheidung erforderliche Sachkunde verschafft hat. Dies gilt jedoch nur für urkundsbeweislich oder nach § 411a ZPO verwertbare Gutachten. **Privatgutachten**[1918] und gutachterliche Stellungnahmen des **Medizinischen Dienstes der Krankenversicherung** (MDK-Gutachten nach §§ 66, 275 SGB V) sind demgegenüber nicht zur Verschaffung hinreichender Sachkunde heranzuziehen, da es sich bei ihrer Vorlage lediglich um (urkundlich belegten) qualifizierten Sachvortrag handelt[1919], es sei denn beide Parteien stimmen zu, dass dieses Gutachten wie ein gerichtlich angefordertes Sachverständigengutachten gewertet werden darf[1920].

608 Wird von den Parteien eine Behauptung z.B. eines Behandlungsfehlers nicht unter Sachverständigenbeweis gestellt, ist es mangels eigener Sachkunde des Tatrichters[1921], die kaum hinreichend aus Selbststudium, aus Leitlinien-Recherche oder Auswertung vorgelegter Fachliteratur begründet werden kann[1922], geboten, die Stellung entsprechender Beweisanträge anzuregen oder ein **Gutachten von Amts wegen gem. § 144 ZPO (n.F. vom 12.12.2019) einzuholen**[1923].

1917 BGH VersR 1987, 1091, 1092 = NJW 1987, 2300.

1918 S. unten Rz. 619.

1919 Beachte aber OLG Dresden GesR 2019, 519: Danach soll ein Privatgutachten ausreichen, wenn es die Beweisfragen abschließend und vollständig beantwortet und der Gegner der vorlegenden Partei nicht die Einholung eines Gerichtsgutachtens beantragt.

1920 BGH VersR 1997, 1158 = NJW 1997, 3381; OLG Koblenz VersR 2015, 1172 = MedR 2015, 515; *Gehrlein*, VersR 2003, 574.

1921 BGH VersR 2018, 1147 = NJW 2018, 2730.

1922 BGH VersR 2001, 722 (Ziff. II 2 a) = NJW 2001, 2796. In Fachbüchern sind Antworten auf den konkreten Fall selten zu finden, BGH VersR 1993, 749 = NJW 1993, 2378.

1923 *Schmidt*, NJW 1994, 768 f.; OLG München AHRS 6180/26 (Urteil vom 26.11.1987): Der Kläger hatte als Beweismittel für eine Nerven-

Von den Parteien eingeführte **Leitlinien** oder Fachliteraturnachweise hat der Tatrichter aber aufzugreifen und sich – gegebenenfalls unter Beiziehung eines Sachverständigen – damit auseinander zu setzen[1924]. Er darf und soll sich auch selbst durch medizinische Fachbücher oder eine Internetrecherche sachkundig machen[1925], jedoch wird er dadurch kaum eine eigene hinreichende Sachkunde erlangen[1926]. Insbesondere ersetzen Leitlinien kein Sachverständigengutachten[1927]. Beabsichtigt der Tatrichter jedoch, die Beurteilung einer medizinischen Frage allein auf Erkenntnisse aus diesen Quellen zu stützen oder gar von den Ausführungen des eingeholten Sachverständigengutachtens abzuweichen, so muss er im Urteil darlegen, dass er die hierfür erforderliche Sachkenntnis besitzt[1928]. Den Anforderungen an die Darlegung der Grundlagen eigener Sachkunde genügt es nicht, wenn der Richter pauschal auf persönliche Erfahrungen (z.B. aus der Schwangerschaft seiner Ehefrau) Bezug nimmt[1929]. 609

2. Auswahl des Sachverständigen

[276] Bei der im Ermessen stehenden und die Parteien einzubeziehenden[1930] Auswahl **des Sachverständigen** (§ 404 ZPO) – entsprechend 610

durchtrennung lediglich auf ein ärztliches Attest (§ 416 ZPO) verwiesen.

1924 BGH VersR 2016, 403 = NJW 2016, 639 und VersR 2011, 1202 = GesR 2011, 417 (Leitlinien); BGH VersR 2000, 766 = NJW 2000, 1788 (Fachliteratur).

1925 *Jaeger*, MedR 2019, 236, 238 (Anm.).

1926 BGH VersR 2016, 795 = NJW 2016, 1328: insbesondere nicht dazu, ob aus den Behandlungsunterlagen verlässliche Feststellungen zur Einhaltung des ärztlichen Standards folgen oder ob etwas aus medizinischen Gründen dokumentationspflichtig ist. BGH VersR 1993, 749 = NJW 1993, 2378; OLG Naumburg NJW-RR 2004, 964 = OLGR 2004, 162.

1927 BGH VersR 2014, 879 = NJW-RR 2014, 1053.

1928 BGH VersR 2015, 712 = NJW 2015, 1601; BGH VersR 1994, 984 = NJW 1994, 2419; BGH VersR 1993, 749 = NJW 1993, 2378.

1929 OLG Naumburg NJW 2001, 3420; vgl. auch BGH VersR 2007, 1008.

1930 § 404 Abs. 2 ZPO spricht zwar nur von *können* (s. BT-Drucks. 18/1902: damit das Gericht im Einzelfall flexibel vorgehen kann), jedoch *sollten* die Parteien einbezogen werden, damit sie vorab die Qualifikation des Sachverständigen, sein Fachgebiet und eine eventuelle Befangenheit prüfen können.

dem Grundsatz fachgleicher Begutachtung natürlich aus dem richtigen medizinischen Fachgebiet[1931] – ist zu beachten, dass dieser über eine überlegene Sachkunde verfügt. Dazu gehört es regelmäßig, dass der Sachverständige nicht nur medizinisch-theoretisches Wissen aufweist, sondern er auch über Kenntnisse der alltäglichen Realität der ärztlichen Behandlung verfügt. Erst dann vermag er die Frage nach dem standardgerechten Vorgehen eines Arztes in der konkreten Behandlungssituation auf der maßgebenden Versorgungsstufe sachgerecht zu bewerten und zu beantworten[1932]. Bei Begutachtungsinstituten sind diese Kenntnisse regelmäßig zu erwarten; es stellt sich dann aber die Frage, ob der dortige Sachverständige noch über einen ausreichenden Praxisbezug verfügt[1933], was nachzufragen wäre. Vereinzelt werden sie aber bei häufiger Beauftragung durch Versicherer und wegen damit verbundenen Eindrucks mangelnder Objektivität als Gerichtssachverständige nicht herangezogen. Rechtsmediziner scheiden in der Regel als Sachverständige im Arzthaftungsfall aus, weil ihnen

1931 Maßgebend ist, welchem Fachbereich die konkrete Beweisfrage zuzuordnen ist: BGH VersR 2018, 935 = NJW 2018, 3316; BGH VersR 2017, 1142 = NJW 2017, 2685: ungeeigneter Schulmediziner für die Begutachtung alternativmedizinischer Behandlung; BGH NJW 2016, 3785 = ZMGR 2016, 240; BGH VersR 2014, 879 = NJW-RR 2014, 1053; BGH VersR 2009, 257: Sonst übt das Gericht sein Ermessen fehlerhaft aus; OLG Naumburg MedR 2020, 217, juris-Rz. 48: Ist der Patient wegen eines Hirntumors in neurochirurgischer Behandlung und ist dem neurochirurgischen Sachverständigen zufolge eine Strahlentherapie keine echte Behandlungsalternative für die Operation, ist nicht noch ein strahlentherapeutisches Gutachten einzuholen (Grundsatz der Fachgleichheit). OLG Koblenz MDR 2016, 463: Zur Einschätzung der erforderlichen Sorgfalt der Fachärztin für Allgemeinmedizin im Notfallbereitschaftsdienst ist ein Sachverständiger aus dem Fachgebiet „Allgemeinmedizin“ zu bestellen; OLG Jena MedR 2012, 266. Näher zum Grundsatz fachgleicher Begutachtung: *Rensen*, MDR 2012, 497; *Ziegler/Hartwig*, VersR 2011, 1113 und zur Abgrenzung zwischen ärztlichem und pflegewissenschaftlichem Gutachten: OLG Köln MedR 2017, 887 (hier: Dekubitus).

1932 *Stegers/Hansis/Alberts/Scheuch*, Sachverständigenbeweis im Arzthaftungsrecht, 2. Aufl. 2008, Rz. 22 f.; KG VersR 2014, 205, juris-Rz. 6: Berechtigte Zweifel an der Sachkunde bestehen, wenn der Sachverständige eine solch komplizierte und technisch schwierige Operation (Pollizisation) selbst noch nie durchgeführt, ihr nur vor 18 Jahren assistiert hat.

1933 Daher kritisch: *Stegers/Hansis/Alberts/Scheuch*, Sachverständigenbeweis im Arzthaftungsrecht, 2. Aufl. 2008, Rz. 44 f.

zumeist die praktische Erfahrung in dem konkret zu beurteilenden Fachbereich fehlt[1934]. Der Sachverständige sollte auch möglichst nicht in der engeren räumlichen Umgebung des beklagten Arztes ausgewählt werden[1935]. Unzulässig ist die Auswahl aus räumlicher Nähe aber nicht, sofern weder Bedenken gegen die Sachkunde noch gegen die Unparteilichkeit des Sachverständigen bestehen[1936].

Erteilt das Gericht lediglich **einer Einrichtung** den Gutachtenauftrag 611
(z.B. „dem ärztlichen Leiter der psychiatrischen Universitätsklinik X. oder einem von ihm zu bestellenden Vertreter"), so entspricht dies § 404 Abs. 1 ZPO[1937].

3. Persönliche Erstellung des Gutachtens[1938]

[277] Dem Sachverständigen ist es trotz der ihn treffenden Pflicht zur 612
persönlichen Gutachtenerstattung im Rahmen des § 407a Abs. 2 ZPO[1939] erlaubt, Hilfskräfte und Mitarbeiter zu einzelnen Untersuchungen heranzuziehen[1940], sofern er weiterhin die Gesamtverantwortung trägt und mithin das Gutachten mit **„einverstanden auf Grund eigener Untersuchung und Beurteilung"** unterzeichnet[1941]. Davon

1934 Näher: *Stegers/Hansis/Alberts/Scheuch*, Sachverständigenbeweis im Arzthaftungsrecht, 2. Aufl. 2008, Rz. 76 ff.

1935 Er sollte aber auch nicht aus dem Ausland genommen werden, weil dies das Risiko von Verfahrensverzögerungen mit sich bringt (§ 363 ZPO), BGH VersR 2020, 442 = NJW 2020, 691 (Rz. 15). Darüber hinaus ist auch fraglich, ob der Sachverständige dann hinreichende Auskunft über den in Deutschland gelebten Facharztstandard geben kann.

1936 BGH VersR 1992, 358 = NJW 1992, 1558; OLG Hamburg AHRS 6180/47 (Urteil vom 6.3.1992).

1937 OLG Koblenz VersR 1998, 897 = MedR 1998, 421; a.A. OLG Frankfurt zfs 2002, 133: unzulässige Alternativauswahl.

1938 Näher: *Frahm*, MedR 2019, 117, 122 f.

1939 Näher: *Schikora*, MDR 2002, 1033 und *Wenzel/Frahm*, Der Arzthaftungsprozess 2012, S. 1566 ff.

1940 S. z.B. OLG Koblenz MedR 2018, 11 = GesR 2017, 399: Zulässig ist es, wenn der Sachverständige sich flankierend zur Plausibilitätskontrolle durch seine Institutsärzte beraten lässt, auch wenn er sie namentlich nicht benennt.

1941 OLG Koblenz r+s 2001, 211 = VersR 2000, 339 L; *Bürger*, MedR 1999, 100, 103; BSG, Beschl. v. 18.11.2008 – B 2 U 101/08 B – veröff. in juris: Der Sachverständige muss seine das Gutachten prägenden und regelkann bei einer Prüfung der auf die Mitarbeiter umfassend übertragenen Tätigkeit allein auf Plausibilität aber nicht ausgegangen werden[1942].

613 Ist das **Gutachten aber von einem anderen als dem im Beweisbeschluss benannten Sachverständigen** erstattet worden[1943], kann das Gericht es nach einer auch stillschweigenden Änderung des Beweisbeschlusses verwerten (§§ 360 Satz 2, 404 Abs. 1 Satz 3 ZPO), muss dies den Parteien aber zuvor zur Kenntnis bringen, damit sie Gelegenheit erhalten, dazu Stellung zu nehmen[1944]. Eine Verwertung des von einem anderen Sachverständigen erstatteten Gutachtens ist außerdem nach einer Heilung gem. § 295 Abs. 1 ZPO möglich[1945].

4. Körperliche Untersuchung des Patienten durch den Sachverständigen

614 [278] Bedarf es für die Erstattung eines Sachverständigengutachtens einer **körperlichen Untersuchung** des Patienten, ist der beklagte Arzt trotz des Grundsatzes der Parteiöffentlichkeit (§ 357 Abs. 1 ZPO) wegen des damit verbundenen Eingriffs in die Privat- oder gar Intimsphäre des Patienten nicht berechtigt, hierbei anwesend zu sein[1946], es

---

mäßig in einem unverzichtbaren Kern von ihm selbst zu erbringenden Zentralaufgaben selbst wahrgenommen haben.

1942 OLG Köln GesR 2011, 726.

1943 Besteht bei dem „Untersachverständigen" die Besorgnis der Befangenheit, kann u.U. er ausnahmsweise als befangen abgelehnt werden, OLG Düsseldorf MDR 2007, 104 = OLGR 2007, 702.

1944 BGH VersR 1985, 361 = NJW 1985, 1399; BGH, Beschl. v. 17.6.2008 – VI ZR 5/08 – veröff. in juris; OLG Koblenz MedR 2017, 972; OLG Oldenburg MedR 2012, 332 = GesR 2011, 481.

1945 OLG Frankfurt zfs 2002, 133; OLG Zweibrücken NJW-RR 1999, 1368 = OLGR 1999, 374; a.A. *Schikora*, MDR 2002, 1033, 1034: dort Fn. 4.

1946 OLG München GesR 2015, 634: so auch regelmäßig schon bei dem Anamnesegespräch; OLG Hamm MedR 2004, 60: sogar bei der Begutachtung einer Gesichtsnarbe; OLG Köln VersR 1993, 1111 = NJW 1992, 1568; a.A. OLG Frankfurt GesR 2011, 295: je nach Einzelfall (bejaht bei zahnärztlicher Begutachtung und damit nur geringem Eingriff in die Privat- und Intimsphäre des Klägers: schutzwürdiges Recht des Beklagten, die Untersuchung durch den Sachverständigen zu beobachten und sachbezogene Fragen und Anregungen anzubringen). Siehe auch OLG Bremen MDR 2013, 618: Keine Anfechtbarkeit der richterlisei denn der Patient erklärt sich damit ausdrücklich einverstanden[1947] oder ganz ausnahmsweise, wenn die Abwägung der Interessen der Parteien eine Anwesenheit gebietet[1948]. Wünscht der Patient demgegenüber die Teilnahme einer ihm nahestehenden Person während der Untersuchung, hat der Sachverständige bei der Frage, ob er dies zulässt, ein Ermessen[1949]. Bei engen Angehörigen ist dieses Ermessen zugunsten einer Anwesenheit regelmäßig reduziert; d.h. einer solchen dritten Person wird die Anwesenheit regelmäßig zu gestatten sein, es sei denn, der Begleiter stört die Untersuchung oder es besteht der Eindruck, die Teilnahme geschieht nur auf Druck dieser Person und gegen den Willen des Patienten[1950]. Abzulehnen ist aber die Teilnahme eines Privatgutachters oder Prozessbevollmächtigten des Patienten, weil dann die Gefahr der Beeinflussung des Sachverständigen und damit ein Ablehnungsgrund naheliegt, jedenfalls aus Sicht des (wegen der Privat- und Intimsphäre des Patienten) an der Teilnahme von vornherein gehinderten Beklagten und auch seines Prozessbevollmächtigten[1951].

Verweigert der klagende Patient eine ihm zumutbare körperliche Un- 615
tersuchung durch den Sachverständigen oder erscheint er nicht zu dem Untersuchungstermin, so bleibt er **beweisfällig** für seine anders nicht aufklärbare Behauptung eines Behandlungsfehlers und dessen Ursächlichkeit für den Gesundheitsschaden, § 230 ZPO[1952]; oder aber

---

chen Anordnung an den Sachverständigen, die Anwesenheit nur bei Einwilligung des Patienten zuzulassen.

1947 OLG Köln VersR 1993, 1111 = NJW 1992, 1568.

1948 Vgl. OLG München GesR 2015, 634.

1949 Strenger OLG Köln MedR 2010, 879: Kein Recht der Patientin auf Anwesenheit ihres Ehemannes, jedenfalls kein Ermessensfehler des Sachverständigen, wenn er die Anwesenheit ablehnt; anders u.U. wenn die Persönlichkeit oder der Intimbereich der Partei in besonderer Weise betroffen ist. Großzügiger: OLG Köln GesR 2018, 718 = MedR 2019, 154 mit Anm. *Frahm*. Siehe bezogen auf Strafverfahren die Sollvorschrift § 81d Abs. 1 Satz 3 StPO.

1950 *Frahm*, MedR 2019, 157 (Anm.); *Hansen*, DRiZ 2013, 400. Nach OLG Hamm NJW 2015, 1461 = MDR 2015, 792 soll der Partei die Gegenwart des Dritten gerade deshalb gestattet werden, um ihr z.B. bezogen auf eventuelle Wahrnehmungsfehler des Sachverständigen eine Rechtsschutzmöglichkeit zu verschaffen.

1951 So *Wenzel/Frahm*, Der Arzthaftungsprozess 2012, S. 1575.

1952 OLG Köln AHRS 6445/8 (Urteil vom 10.1.1983); *Bürger*, MedR 1999, 100, 104 f.

es liegt entsprechend §§ 427, 444 ZPO ein Fall der **Beweisvereitelung** vor, wenn z.B. der Arzt (aufgrund groben Behandlungsfehlers) die Beweislast für den Kausalzusammenhang trägt und es zur Klärung dieser Frage der körperlichen Untersuchung des Patienten bedarf[1953]. Das Gericht hat aber zunächst nach § 356 ZPO vorzugehen[1954].

616 Der Beweisantrag des Patienten, die fehlerhafte Behandlung durch einen operativen Eingriff klären zu lassen, ist unzulässig, weil er sich damit auf Veranlassung des Gerichts einer Gesundheitsgefährdung aussetzen würde[1955]. Lässt der Kläger den Eingriff aber außergerichtlich durchführen, ist das Ergebnis – ggf. durch den Operateur als sachverständigem Zeugen – im Prozess natürlich verwertbar[1956].

5. Schriftliches Gutachten und mündliche Anhörung des Sachverständigen

617 [279] Es wird in der Regel nicht ausreichen, auf ein schriftliches Gutachten zu verzichten und den Sachverständigen lediglich **mündlich anzuhören.** Denn erst durch ein schriftliches Gutachten werden die Parteien in die Lage versetzt, ihr Vorbringen zu präzisieren. Der Patient wird auch kaum in der Lage sein, dem Sachverständigen in der Verhandlung entsprechende Fragen zu stellen oder sogleich zum Ergebnis der Beweisaufnahme Stellung zu nehmen. Dem kann nicht entgegengehalten werden, die Partei habe auf Grund ihrer Kenntnis von den maßgeblichen medizinischen Daten vor dem Termin (etwa durch Einholung eines Privatgutachtens) die erforderlichen Informationen erhalten können. Denn schon wegen bis dahin fehlender Kenntnis vom Ergebnis der Sachverständigenäußerung ist dem Patienten nicht abzuverlangen, sogleich medizinisches Fachwissen vorzutragen. Vielmehr müssen die Parteien Gelegenheit erhalten, sich nach Vorliegen des Verhandlungsprotokolls ggf. anderweitig sachver-

---

1953 *Bürger*, MedR 1999, 104 f.: Für die Annahme einer Beweisvereitelung bedarf es aber einer gewissen Vorwerfbarkeit.

1954 Vgl. BGH VersR 1981, 532 = NJW 1981, 1319.

1955 OLG Düsseldorf VersR 2001, 1117 = NJW-RR 2001, 959; OLG Saarbrücken VersR 1988, 831; einer solchen Beweisanordnung steht schon die dadurch entstehende Kostentragungspflicht des Gerichts entgegen (*Stegers/Hansis/Alberts/Scheuch*, Sachverständigenbeweis im Arzthaftungsrecht, 2. Aufl. 2008, Rz. 925).

1956 Vgl. BGH VersR 2008, 1265 = NJW 2008, 2846.

ständig beraten zu lassen und zum Beweisergebnis Stellung zu nehmen (s. unten Rz. 625)[1957]. Dennoch kann es sich für das Gericht empfehlen, sogleich **zum ersten Verhandlungstermin** einen Sachverständigen zu laden, nicht zuletzt um den Prozess in die richtigen Bahnen zu lenken oder gar frühzeitig einem Vergleich zuzuführen.

[280] Liegt das Sachverständigengutachten vor, so sollte den Parteien im Hinblick auf § 296 ZPO nach § 411 Abs. 4 ZPO eine angemessene Frist zur Stellungnahme gesetzt werden[1958]. Nach Fristablauf eingehender Parteivortrag kann unter den Voraussetzungen des § 296 Abs. 1 ZPO (dann in zweiter Instanz gem. § 531 Abs. 1 ZPO) zurückgewiesen werden; das gilt aber nicht, wenn der späte Vortrag sich gerade nicht auf die im Gutachten behandelten Beweisfragen bezieht, sondern einen anderen Punkt aufgreift[1959]. Auch wenn keine **Einwendungen der Parteien** erhoben werden, so ist das Gericht aber nicht von der Prüfung befreit, ob der Streitstoff im Gutachten vollständig, in sich widerspruchsfrei und überzeugend behandelt ist[1960] und ob der Sachverständige die wesentlichen Grundlagen seines Gutachtens in dem Maße offengelegt hat, damit es sorgfältig und kritisch gewürdigt werden kann[1961]. 618

Unklarheiten im Gutachten[1962] und **Widersprüchen** nicht nur innerhalb desselben Gutachtens[1963] oder zwischen schriftlichem Gutachten und mündlicher Sachverständigenaussage[1964], sondern auch mit an- 619

1957 Vgl. BGH VersR 2018, 1445 = NJW 2018, 2737; BGH VersR 2009, 1137 = NJW 2009, 2604; BGH VersR 1982, 371 = NJW 1982, 1335; BGH VersR 1984, 661 = NJW 1984, 1823.

1958 BGH VersR 2002, 120 = NJW-RR 2001, 1431 und KG NJW-RR 2008, 371 = KGReport Berlin 2007, 1015: Fristsetzung durch das Gericht, nicht allein durch den Vorsitzenden; offen gelassen von BGH NJW-RR 2006, 428.

1959 So BGH VersR 2017, 1164 = NJW-RR 2017, 1018.

1960 *Schmidt*, NJW 1994, 769 f.

1961 Vgl. BGH VersR 2015, 338 = ZMGR 2015, 18: Der Sachverständige hatte von sich aus zusätzliche Gutachten eingeholt, die und deren Untersuchungsergebnisse er aber nicht vorgelegt hat.

1962 BGH VersR 2010, 1220 = NJW 2010, 3230.

1963 BGH NJW 2020, 934 = MDR 2020, 568.

1964 BGH VersR 2014, 261 = NJW 2014, 74; BGH VersR 2011, 223 = NJW 2011, 375; BGH VersR 2009, 499; BGH VersR 1985, 1187 = AHRS 7210/14; BGH DAR 1992, 57 = AHRS 6180/45; BGH VersR 1992, deren Gerichtsgutachten[1965], mit vorgelegten (ggf. von der Landeskasse bevorschussten, s. oben Rz. 568) **Privatgutachten**[1966], Schlichtungsgutachten[1967] oder MDK-Gutachten[1968], muss das Gericht von Amts wegen etwa durch Einholung eines schriftlichen Ergänzungsgutachtens nachgehen, den Sachverständigen gezielt in diese Richtung befragen[1969] und sich auch im Urteil ausführlich damit auseinander setzen[1970]. Der Tatrichter hat zuvor darauf zu achten und zu drängen,

1015 = NJW 1992, 2291; BGH VersR 1993, 245 = NJW 1993, 269; BGH VersR 1995, 195 = NJW 1995, 779.

1965 BGH VersR 2011, 400 = NJW 2011, 1672; BGH VersR 2009, 1405 = ZMGR 2009, 334; BGH VersR 1998, 716, 718 = NJW 1998, 1784, 1786; BGH VersR 1997, 698, 699 = NJW 1997, 1638.

1966 BGH VersR 2018, 247 = NJW-RR 2018, 404; BGH VersR 2016, 463 = NJW 2016, 713; BGH VersR 2016, 403 = NJW 2016, 639; BGH VersR 2015, 327 = NJW 2015, 411; BGH VersR 2011, 1202; BGH VersR 2010, 72 = NJW-RR 2010, 711; BGH VersR 2009, 1406; BGH VersR 2008, 1265 = NJW 2008, 2846; BGH VersR 2004, 790 = NJW 2004, 1871; BGH VersR 2001, 525 = NJW 2001, 77; BGH MDR 2000, 349 = NJW-RR 2000, 44: Ergeben Erkenntnisquellen einen entscheidungserheblichen Widerspruch, ist eine Überzeugungsbildung erst dann sachgerecht möglich, wenn die Widersprüche aufgeklärt sind; BGH VersR 1998, 853 = NJW 1998, 2735; BGH VersR 1981, 752 = r+s 1981, 155: Das Gericht hat sich mit dem Privatgutachten ebenso sorgfältig auseinanderzusetzen, als wenn es sich um eine abweichende Stellungnahme eines gerichtlich bestellten Gutachters handeln würde. Allgemein zu Privatgutachten im Arzthaftungsprozess: *Hattemer/Rensen*, MDR 2012, 1384.

1967 BGH VersR 2016, 403 = NJW 2016, 639.

1968 BGH VersR 2015, 1381.

1969 BGH VersR 2003, 1128 (mit Anm. *Walter*) = NJW 2003, 2311; BGH VersR 2001, 783 = NJW 2001, 1787; BGH VersR 2001, 859 = NJW 2001, 2791; s. auch BGH VersR 2002, 1026 = NJW 2002, 2944: Der Sachverständige hatte sich nicht eindeutig geäußert.

1970 BGH VersR 1989, 1296 = NJW 1990, 759; BGH VersR 1992, 747 = NJW 1992, 2354; BGH VersR 1995, 659 = NJW 1995, 776. Dies gilt auch, wenn das Privatgutachten zwar eingereicht, aber von der Partei im weiteren Verfahren nicht mehr erwähnt worden ist, BGH VersR 1996, 647, 648 = NJW 1996, 1597, 1599. OLG Koblenz VersR 2018, 522: Hier ist dem Gutachten des Gerichtssachverständigen gefolgt worden, weil das Privatgutachten nicht die konkrete Behandlungssituation berücksichtigte.

dass der Sachverständige auch für Nichtmediziner nachvollziehbar selbst medizinisch umstrittene Meinungen erläutert[1971].

Der BGH hat sich mehrfach veranlasst gesehen, darauf hinzuweisen, dass manche Sachverständige Behandlungsfehler nur zurückhaltend ansprechen und dass die Tatsacheninstanz dessen Äußerungen daher kritisch auf ihre Vollständigkeit und Widerspruchsfreiheit zu hinterfragen hat[1972]. Die geschilderte, von falsch verstandener beruflicher Solidarität geprägte Zurückhaltung von Sachverständigen dürfte eher bei jenen Gutachten eine Rolle spielen, die von der Staatsanwaltschaft oder dem Strafgericht eingeholt werden, also wenn es um deutlich mehr als nur um eine durch die Haftpflichtversicherung abgedeckte zivilrechtliche Haftung geht. Aber auch ein genau entgegengesetztes Verhalten von Sachverständigen ist denkbar und ebenso kritisch zu hinterfragen, wenn also das zu beurteilende ärztliche Vorgehen etwa aufgrund einer vom Sachverständigen empfundenen eigenen Überlegenheit zu streng bewertet wird[1973]. 620

Bedarf es einer **ergänzenden Stellungnahme des Sachverständigen**, so kann sie – auch wenn das Gutachten lediglich im selbständigen Beweisverfahren erstattet worden war[1974] – schriftlich eingeholt werden oder durch eine Anordnung der Anhörung des Gutachters erfolgen. Für die Frage, welcher Weg eingeschlagen wird, sollte maßgebend sein, wie der Streitstoff am ehesten endgültig und erschöpfend behandelt werden kann. Bei schwierigem oder umfangreichem Ergänzungsbedarf sowie in den Fällen, in denen damit zu rechnen ist, dass nach der Anhörung im Rahmen einer zu gewährenden[1975] Äußerungsfrist neue Fragen aufgeworfen werden, empfiehlt sich ein weiteres schriftliches Gutachten; die zusätzlichen Darlegungen des Sachverständigen liegen dann bereits in der mündlichen Verhandlung vor. Steht zu erwarten, dass Nachfragen des beklagten Arztes oder solche des Patienten, der zum Termin einen sachkundigen Berater mitzubringen beabsichtigt, sogleich vom Sachverständigen beantwortet werden kön- 621

1971 BGH VersR 1980, 940 = NJW 1980, 2751.
1972 BGH VersR 2010, 72 = NJW-RR 2010, 711; BGH VersR 2009, 1406; BGH VersR 2007, 1273 = NJW 2007, 2774.
1973 *Laufs/Katzenmeier/Lipp*, Arztrecht, Kap. XII Rz. 34: „Eine Krähe hackt der anderen *beide* Augen aus."
1974 BGH VersR 2007, 1713 = NJW-RR 2007, 1294.
1975 Vgl. BGH VersR 1984, 661 = NJW 1984, 1823.

nen und damit der Streitstoff vollständig abgehandelt werden kann, ist der Sachverständige sogleich ohne vorherige schriftliche Ergänzung zum Termin zu laden[1976].

622 [281] Gerade wegen der für den Nichtmediziner schwierigen Fragen ist der Partei ein Recht auf mündliche Anhörung des Sachverständigen (§§ 397, 402, 411 Abs. 3 ZPO) zuzubilligen, und zwar auch dann, wenn das Gericht das Gutachten für überzeugend hält und selbst keinen Erläuterungsbedarf sieht[1977]. Dies gilt aber nicht, wenn der Antrag rechtsmissbräuchlich oder verspätet ist[1978]. Ein solch unbeachtlicher Antrag liegt vor, wenn das Gutachten vollständig und überzeugungskräftig ist, der Antrag aber gleichwohl keine Begründung enthält oder wenn die Begründung abwegige, bereits eindeutig beantwortete oder entscheidungsunerhebliche Fragen zum Gegenstand hat[1979].

1976 *Schmidt*, NJW 1994, 770.

1977 BVerfG NJW-RR 2013, 626 und NJW 2012, 1346 = GesR 2012, 151; BGH VersR 2017, 1295 = NJW-RR 2017, 1144; BGH VersR 2005, 1555 = MDR 2005, 1308; BGH NJW-RR 2006, 1503; BGH VersR 2006, 950; BGH NJW-RR 2007, 212 = FamRZ 2006, 1752; BGH VersR 2007, 1697 = GesR 2008, 192; BGH VersR 2003, 926 = NJW-RR 2003, 208; BGH MDR 2004, 699; s. zum Antrag auf Sachverständigenanhörung in der Berufungsinstanz: BGH NJW 2004, 2828. Kein Recht auf Anhörung des Sachverständigen, wenn inzwischen nach § 412 ZPO ein anderer Gutachter bestellt ist, BGH VersR 2011, 1409 = NJW 2011, 852.

1978 BGH VersR 2002, 120 = NJW-RR 2001, 1431; BGH VersR 1998, 342 = NJW 1998, 162; BGH VersR 1997, 509 = NJW 1997, 802; BGH VersR 1986, 1079 = NJW 1986, 2886; BGH VersR 1982, 1141 = NJW 1983, 340; OLG Nürnberg NJW-RR 1993, 573; s. auch OLG Koblenz MedR 2016, 439, juris-Rz. 19: kein Fragerecht, wenn der Anhörungsantrag nur auf eine, aber gerade nicht beweiserhebliche Frage gerichtet ist; OLG Oldenburg VersR 1998, 636 = OLGR 1998, 17: kein Fragerecht bei bereits beantworteten Fragen. BGH VersR 2009, 69 = MedR 2009, 661 mit Anm. *Frahm/Walter*: Keine Verspätung des Antrags auf Anhörung des radiologischen Sachverständigen, wenn sich erst in der mündlichen Verhandlung herausgestellt hat, dass der orthopädische Sachverständige mit diesem Radiologen lediglich telefoniert hat und die daraus gezogenen Erkenntnisse in das mündliche Gutachten eingeflossen sind.

1979 OLG Köln MedR 2015, 882; OLG Köln VersR 2014, 1504; OLG Saarbrücken GesR 2004, 235 = OLGR 2004, 379; OLG Hamburg OLGR 2001, 257; *Greger* in *Zöller*, ZPO, 33. Aufl. 2020, § 411 Rz. 5.

Bei Bestehen des **Fragerechts** muss die Partei die Fragen an den Sachverständigen nicht im Voraus konkret formulieren; es reicht aus, wenn sie allgemein angibt, in welche Richtung sie durch ihre Fragen eine weitere Aufklärung der medizinischen Fragen wünscht[1980], bzw. die Partei darf sich auf den Vortrag von ihr zunächst nur vermuteter Umstände beschränken[1981]; insbesondere braucht sie nicht zusätzliche Maßnahmen wie etwa die Einholung eines Privatgutachtens zu ergreifen[1982]. 623

[282] Die Gegenwart des **Privatgutachters** bei der Anhörung des Sachverständigen hat den Vorteil, dass damit eine sachgerechte Fragestellung der nicht sachkundigen Partei möglich ist und somit eine Verzögerung des Verfahrens durch nachgelassene Schriftsätze, die unter Umständen zu einer erneuten Anhörung zwingen, vermieden wird[1983]. Eine Pflicht zur Ladung des Privatgutachters bzw. eine Verpflichtung, ihn dem gerichtlichen Sachverständigen gegenüberzustellen, besteht nicht[1984]. Für die gerichtliche Ladung des Privatgutachters fehlt es schon an einer Ermächtigungsgrundlage[1985]. Denn der Privatgutachter ist kein Beweismittel, also weder Gerichtssachverständiger noch sachverständiger Zeuge (es sei denn, es werden strittige Befundtatsachen in sein Wissen gestellt). Bringt die Partei ihn zur mündlichen Verhandlung mit, so kann das Gericht ihm gestatten, sich fachlich zu äußern[1986]; die Partei kann ihr Fragerecht auf den Privatgutachter übertragen mit der Folge, dass er nun direkt Fragen an den Gerichtssachverständigen stellen kann[1987]. 624

[283] Wenn der Sachverständige in seiner mündlichen Gutachtenerstattung neue und ausführliche Beurteilungen gegenüber dem schrift- 625

1980 BGH MDR 2019, 1013; BGH r+s 2015, 44; BGH VersR 2005, 1555 = MDR 2005, 1308; BGH NJW-RR 2007, 212 = FamRZ 2006, 1752; BGH VersR 2003, 926 = NJW-RR 2003, 208.

1981 BGH VersR 2004, 83 = NJW 2003, 1400.

1982 BGH VersR 2004, 83 = NJW 2003, 1400.

1983 *Schmidt*, NJW 1994, 770.

1984 OLG Karlsruhe VersR 1990, 53.

1985 So OLG Karlsruhe VersR 2003, 977 = OLGR 2003, 208.

1986 BGH VersR 2011, 552 = NJW-RR 2011, 609, juris-Rz. 5: ggf. hat das Gericht den Sachverständigen unter Gegenüberstellung mit dem Privatgutachter anzuhören.

1987 BGH VersR 2009, 69 = MedR 2009, 661; OLG Karlsruhe VersR 2003, 977. S. auch *Hattemer/Rensen*, MDR 2012, 1384, 1386: zweckmäßig.

lichen Gutachten abgegeben hat bzw. zuvor ein gründliches schriftliches Gutachten noch nicht vorgelegen hatte oder überhaupt wenn von einer Partei noch in der mündlichen Verhandlung eine umfassende sofortige Stellungnahme nicht erwartet werden kann, muss der nicht sachkundigen Partei, aber auch einer sachkundigen Partei[1988] Gelegenheit zur schriftsätzlichen Stellungnahme gegeben werden (**Schriftsatznachlass**), selbst wenn sie die Einräumung einer Schriftsatzfrist nicht beantragt; ansonsten wäre der Anspruch dieser Partei auf rechtliches Gehör verletzt[1989]. Dies gilt auch, wenn das Gericht neues Vorbringen aus einem erst nach der mündlichen Verhandlung eingereichten Schriftsatz seiner Überzeugungsbildung zugrunde legen möchte[1990]. Ergibt sich, dass nur die **Wiedereröffnung der Verhandlung** diese Verletzung heilen kann, muss das Gericht bei pflichtgemäßer Ausübung seines aus § 156 ZPO folgenden Ermessens dergestalt verfahren[1991].

626 [284] An **sachliche Einwendungen** der Parteien, insbesondere an solche des nicht fachkundigen Patienten, sind keine zu hohen Anforderungen zu stellen. Mehr noch: nach Ansicht des BGH macht die Partei, für die gewisse Ausführungen des Sachverständigen günstig sind, sich diese jedenfalls **konkludent zu eigen**. Damit liegt erhebliches Parteivorbringen auch dann vor und das von Seiten des Gerichts nicht übergangen werden darf, wenn die Partei die ihr günstigen Ausführungen des Sachverständigen nicht gesondert aufgreift[1992]. Das gilt sogar grundsätzlich auch dann, wenn sich aus dem Gutachten ein anderer als vom Kläger ursprünglich behaupteter Behandlungsfehler ergibt[1993].

1988 BGH VersR 2001, 722 = NJW 2001, 2796.

1989 BGH VersR 2018, 1445 = NJW 2018, 2723. S. auch BGH VersR 2020, 316 = NJW 2019, 2477: Mit dem Schriftsatznachlass bringt das Gericht zum Ausdruck, dass es eine Stellungnahme im Termin nicht erwartet und fristgemäß erfolgten Vortrag zum Beweisergebnis berücksichtigen wird.

1990 BGH VersR 2011, 1462.

1991 BGH VersR 2011, 1158 = NJW-RR 2011, 428; BGH VersR 2001, 722 = NJW 2001, 2796; BGH VersR 1988, 914 = NJW 1988, 2302.

1992 BGH VersR 2018, 38 = NJW-RR 2018, 205; BGH VersR 2017, 43 = NJW-RR 2016, 1359; BGH VersR 2015, 1293 = ZMGR 2015, 318.

1993 BGH VersR 2017, 822 = MDR 2017, 762.

Selbst ohne Beweisantritt des Patienten hat das Gericht nachvollziehbaren Einwendungen nachzugehen und sie durch eine erneute Anhörung des Sachverständigen oder durch die Einholung eines weiteren Gutachtens aufzuklären. Nur ausnahmsweise erübrigt sich dies. Die Grenzen, in denen das Gericht auf Grund aus dem Gutachten gezogener Erkenntnisse die neu aufgeworfenen Fragen als genügend geklärt ansehen kann, sind eng. Vom Gericht lediglich aus medizinischer Fachliteratur erworbenes Wissen ist auch hier nicht geeignet, eine die Zurückweisung von Einwendungen gestattende Sachkunde zu verschaffen oder gar Teile des Sachverständigengutachtens zu widerlegen (s. oben Rz. 606). Zumindest darf der Tatrichter erst dann abweichen, wenn er dem Sachverständigen die Widersprüche vorgehalten und sich über das Angelesene vergewissert hat. Aber auch dann muss das Urteil erkennen lassen, dass die gerichtliche Beurteilung, die vom Gutachten abweicht, nicht von einem Mangel an Sachkunde beeinflusst ist[1994]. 627

Werden **Einwendungen gegen die Sachkunde des Gutachters** erhoben, so sollte ihm Gelegenheit zur Stellungnahme gegeben werden. Vermag er Zweifel an seiner Fachkompetenz nicht auszuräumen oder hat er erklärtermaßen nicht die notwendige Sachkunde, ist ein neues Gutachten einzuholen[1995]. Gleiches gilt, wenn das Gutachten von unzutreffenden tatsächlichen Voraussetzungen ausgeht oder grobe Mängel aufweist[1996]. 628

Liegen bei dem Sachverständigen – u.U. sogar mit der Folge des Wegfalls des Vergütungsanspruchs des Sachverständigen nach § 8a JVEG[1997] – berechtigte **Gründe der Besorgnis einer Befangenheit** vor[1998], so sind diese bei der Würdigung der Überzeugungskraft des 629

1994 S. oben Rz. 609 a.E.; BGH VersR 1997, 510 = NJW 1997, 1446; BGH VersR 1989, 758 = NJW 1989, 2948; BGH VersR 1984, 354 = NJW 1984, 1408.

1995 *Schmidt*, NJW 1994, 770; vgl. auch BGH VersR 1987, 1238 = NJW 1988, 762.

1996 BGH VersR 1980, 533 = MDR 1980, 662; s. unten Rz. 632.

1997 OLG Stuttgart MDR 2014, 1346.

1998 *Jorzig/Schünemann*, Handbuch Arzthaftungsrecht, 2018, S. 484 empfiehlt den Prozessbevollmächtigten, dem Gericht einen Fragebogen für den Sachverständigen vorzulegen, mit dessen Beantwortung eventuelle Befangenheitsgründe abgefragt werden (z.B. dazu, ob der Sachverständige häufig für Haftpflichtversicherer als Gutachter tätig ist).

Zu einzelnen Befangenheitsgründen: BGH VersR 2017, 641 = NJW-RR 2017, 569: wenn der Sachverständige bereits zu einer gleichartigen Fragestellung in einem gleichartigen Sachverhalt ein **Privatgutachten** erstattet hat; OLG Karlsruhe VersR 2013, 77 = r+s 2013, 310: wenn zwischen dem Sachverständigen und dem Haftpflichtversicherer des Beklagten eine **intensive Geschäftsbeziehung** besteht (hier verneint bei jährlich insgesamt 1608 Gutachtenaufträgen, davon nur 12 Aufträgen dieses Versicherers); OLG Oldenburg MDR 2008, 44 = OLGR 2007, 786: bei **enger Zusammenarbeit** zwischen beklagtem Arzt und Sachverständigem; OLG Dresden, Beschl. v. 18.4.2017 – 4 W 288/17 – veröff. in juris: Sachverständiger und beklagtes Klinikum praktizieren langjährig und regelmäßig einen **Austausch von Patienten**; OLG Hamm MDR 2013, 169: bei **gemeinsamer Forschungsarbeit**; zurückhaltend bei **enger beruflicher Bekanntschaft**: OLG Saarbrücken MDR 2008, 226 = OLGR 2008, 113; keine Befangenheit bei **persönlicher Bekanntschaft** nur aufgrund Informationsaustauschs im Bereich der medizinischen Wissenschaft: OLG Hamm MDR 2012, 118 = GesR 2012, 46; anders aber bei **jahrelanger kollegialer Zusammenarbeit** und **„Duz-Verhältnis"**, jedenfalls wenn der Sachverständige dies nur scheibchenweise offenbart: OLG Celle MedR 2016, 628. OLG Naumburg GesR 2010, 203 und OLG Stuttgart GesR 2008, 424 = OLGR 2008, 618 (Beschl. v. 22.10.2007 – 1 W 51/07): Der Sachverständige ist Chefarzt eines **akademischen Lehrkrankenhauses** des beklagten Universitätsklinikums (Besorgnis der Befangenheit bejaht), s. auch OLG Schleswig GesR 2014, 670; OLG Stuttgart GesR 2008, 424 = OLGR 2008, 617 (Beschl. v. 19.12.2007 – 1 W 60/07): Der Sachverständige ist Chefarzt des akademischen Lehrkrankenhauses, beklagt ist ein derselben Universität zugehöriges **Lehrkrankenhaus** (Besorgnis der Befangenheit verneint). OLG Köln VersR 2014, 480: keine Befangenheit, wenn Sachverständiger und beklagter Arzt als Schönheitschirurgen in einem gewissen **Konkurrenzverhältnis** stehen. OLG Stuttgart MDR 2014, 560, OLG Koblenz VersR 2013, 1196 = MDR 2012, 994, OLG Köln MDR 2011, 507, OLG Saarbrücken MDR 2005, 233 und LG Frankfurt GesR 2011, 483 = MedR 2012, 332: Gefahr eines der Neutralität entgegenstehenden Informationsaustausches bei **nicht offengelegter Unterlagenbeschaffung** direkt von einer Partei. OLG Karlsruhe VersR 2010, 498: In erheblichem Maße auf mangelnde Sorgfalt hindeutende **fehlerhafte Begutachtung**. OLG Koblenz MedR 2013, 379 = ZMGR 2013, 171: Der Internetauftritt des Sachverständigen weist eine Hervorhebung besonderer **Patientennähe** auf und zugleich eine Distanz zu Klinikbetreibern. LG Kleve GesR 2011, 32: Der Sachverständige zeigt, dass er das Anliegen des Klägers **nicht ernst nimmt** und seine gutachterliche Tätigkeit als Belastung empfindet. OLG Köln GesR 2018, 718 = MedR 2019,

Gutachtens zu berücksichtigen, sofern ein Ablehnungsgesuch gegen den Sachverständigen nicht oder verspätet[1999] erhoben worden war. Hat eine Partei den Sachverständigen wegen Befangenheit abgelehnt,

---

154 mit krit. Anm. *Frahm*: Der Sachverständige äußert **persönliches Misstrauen** gegen den von ihm zu untersuchenden Patienten. OLG Frankfurt DS 2018, 311: Der Sachverständige bezeichnet die Partei auf den Ablehnungsantrag hin mehrfach als **„Gegenseite"**; OLG Hamm MedR 2010, 640 = MDR 2010, 653; OLG Celle MDR 2012, 1309, OLG Saarbrücken MDR 2005, 648 = OLGR 2005, 92: Überschreiten der Grenze zur **beleidigenden Herabsetzung** einer Partei; OLG Hamm MDR 2015, 1320: Bezeichnung eines Beweisantrags als **„Prozesshanselei"**; OLG Stuttgart MDR 2014, 1346: Der Sachverständige zeigt dem Prozessbevollmächtigten **einen „Vogel"**. OLG Zweibrücken MDR 2013, 1425: Der Sachverständige darf sich aber mit **deutlichen Worten** gegen massive anwaltliche Angriffe zur Wehr setzen; OLG Frankfurt MDR 2016, 1332: Er darf sich auch **deutlich äußern**, damit seine Sachaussage auch verstanden wird, solange es nicht in eine beleidigende Herabsetzung abgleitet. OLG Frankfurt GesR 2018, 52: Es ist zulässig, den Anwalt in medizinischer Hinsicht als **„fachlich inkompetent"** zu bezeichnen. OLG Oldenburg MDR 2008, 101 = OLGR 2008, 262; OLG München VersR 2008, 944; LG Nürnberg-Fürth r+s 2011, 180: Besorgnis der Befangenheit des Sachverständigen bei **ungefragtem Hinweis auf die fehlende Aufklärung oder das Vorliegen eines groben Behandlungsfehlers** (s. unten Fn. 2018), anders aber wenn die Klage auch auf Aufklärungsfehler gestützt ist (OLG Dresden GesR 2010, 136) oder der Sachverständige für die Parteien erkennbar den Beweisbeschluss nur fehlerhaft erfasst hat (OLG Dresden GesR 2018. 295; OLG Köln GesR 2012, 172). Siehe auch OLG München, Beschl. v. 27.7.2005 – 1 W 1835/05 – veröff. in juris: Zeigt eine Partei den Sachverständigen aus dem selbständigen Beweisverfahren zum Zwecke des Fernhaltens dieses Sachverständigen im Hauptsacheverfahren zu Unrecht bei dem ärztlichen Bezirksverband wegen **Standesvergehens** an, kann es sein, dass der Sachverständige nun Vorbehalte gegen diese Partei hegt; er ist aber nicht wegen Besorgnis der Befangenheit anzulehnen, weil es nicht in das Belieben einer Partei gestellt werden kann, einen ihr missliebigen Sachverständigen so aus dem Verfahren zu entfernen.

1999 Näher: *Frahm*, MedR 2019, 117, 122. Zur Ablehnungsfrist nach § 406 Abs. 2 ZPO, wenn sich die Besorgnis der Befangenheit aus dem schriftlichen Gutachten ergibt: BGH NJW 2005, 1869 = MDR 2005, 1007; OLG Hamm NJW-RR 2013, 1018; OLG Schleswig OLGR 2006, 920 = SchlHAnz 2007, 192; vgl. auch OLG Bamberg VersR 2009, 1427 = OLGR 2008, 851. S. auch VerfG Potsdam NJW-RR 2019, 831 (Rz. 17): Knüpft der Befangenheitsantrag an dem Verhalten des Sachverständiblieb dieses Gesuch aber wegen Verneinung der Besorgnis der Befangenheit erfolglos, so finden die im Ablehnungsverfahren vorgebrachten Gründe keine Berücksichtigung bei der Beweiswürdigung. Das Gericht muss die Unbegründetheit der Ablehnung im Urteil nicht noch einmal erörtern, nachdem dies bereits im vorherigen Beschluss erfolgt war[2000].

630 Die Ablehnung des Sachverständigen wegen Besorgnis der Befangenheit kann im laufenden Verfahren nicht dadurch bewirkt werden, dass ihm mit der Begründung, es bestünde gegen ihn ein Schadensersatzanspruch nach § 839a BGB[2001], der **Streit verkündet** (§ 72 ZPO) oder gegen ihn ein **Antrag im selbständigen Beweisverfahren** (§ 485 Abs. 2 ZPO) gestellt wird. Der BGH hat beide Vorgehensweisen als unzulässig erachtet[2002]. Auch hat der Gesetzgeber in § 72 Abs. 2 ZPO inzwischen geregelt, dass dem vom Gericht ernannten Sachverständigen nicht der Streit verkündet werden kann.

631 [285] Es reicht nicht aus, dass das Gericht im Urteil lediglich das Ergebnis des Gutachtens mitteilt. Denn damit liegt der verfahrensrechtlich relevante Verdacht nahe, der Tatrichter habe dem Sachverständigen indirekt die Entscheidung überlassen, ohne sich selbst mit der Begutachtung inhaltlich auseinander gesetzt zu haben. Erst recht darf dem Gutachter nicht die **rechtliche Wertung** überlassen werden, z.B. zu der Frage, ob der Behandlungsfehler als grob einzustufen ist[2003].

---

gen während der körperlichen Untersuchung an, kann nicht erst das schriftliche Gutachten abgewartet werden.

2000 BGH NJW 1959, 434 = MDR 1959, 196.

2001 Näher zur Haftung des Sachverständigen: *Wenzel/Frahm*, Der Arzthaftungsprozess 2012, S. 1612 ff.

2002 Streitverkündung: BGH NJW 2006, 3214 = FamRZ 2006, 1752 und BGH NJW 2007, 919 = MDR 2007, 733 (die Streitverkündungsschrift ist dem Sachverständigen nicht zuzustellen); s. auch BGH NJW-RR 2007, 1293 = MDR 2007, 1213: Bei erfolgreicher Sachverständigenablehnung nach unzulässiger Streitverkündung ist das Gutachten nicht von vornherein unverwertbar. Selbständiges Beweisverfahren: BGH NJW-RR 2006, 1454 = MDR 2007, 290.

2003 BGH VersR 1996, 633, 634 = NJW 1996, 1589, 1590; s. oben Rz. 273 f.

6. Voraussetzungen der Einholung eines weiteren Gutachtens

[286] Erweist sich, dass der Sachverständige hinsichtlich einer der Beweisfragen nicht hinreichend sachkundig ist, etwa weil es dabei um einen **anderen Fachbereich** geht (Auswirkungen einer Plexuslähmung nach Schulterdystokie: keine Frage an den gynäkologischen, sondern an den neurologischen/neurochirurgischen Sachverständigen[2004]), ist nun aus dem nächsten Fachbereich ein Sachverständiger zu bestellen. 632

Ansonsten gilt: Liegen über das Beweisthema bereits mehrere vom Gericht eingeholte Gutachten mit unterschiedlichen Ergebnissen vor, muss nicht unbedingt ein **weiteres (Ober-)Gutachten** (§ 412 ZPO)[2005] eingeholt werden, das möglicherweise zu einer weiteren, abweichenden Beurteilung gelangt. Die Einholung eines nächsten Gutachtens steht im pflichtgemäßen Ermessen des Tatrichters[2006]. Das Gericht darf sich in freier Beweiswürdigung einem der Gutachter anschließen. Dessen Gutachten muss jedoch vollständig, in sich widerspruchsfrei und überzeugend sein, und dem Urteil muss logisch einleuchtend und nachvollziehbar zu entnehmen sein, aus welchem Grund das Gericht den anderen Gutachten nicht gefolgt ist[2007] und dass diese Beurteilung nicht von einem Mangel an Sachkunde beeinflusst ist. Es empfiehlt sich, zuvor die Ansichten der Sachverständigen in einer mündlichen Anhörung gegenüberzustellen[2008]. Vermag der Tatrichter keinem der Gutachten den Vorrang zu geben und geht er von einem non liquet aus, muss er dies in seiner Entscheidung ausführlich begründen und sich dabei mit dem Inhalt der Gutachten näher auseinander setzen[2009]. Er muss in der Beweiswürdigung also erkennen lassen, dass die einander widersprechenden Ansichten der Sachverständigen gegeneinander abgewogen worden sind und dass sich nach Herausarbeitung der abweichenden Standpunkte keine weiteren Aufklärungsmöglichkeiten ergeben haben[2010]. 633

2004 BGH GesR 2016, 351.

2005 Vgl. zur Abgrenzung zwischen einem weiteren und einem Ober-Gutachten: *Walter/Küper*, NJW 1968, 182.

2006 BGH VersR 1999, 716 = NJW 1999, 1778.

2007 BGH VersR 1980, 533 = MDR 1980, 662.

2008 BGH VersR 1980, 533, 534 = MDR 1980, 662, 663.

2009 *Bürger*, MedR 1999, 100, 108.

2010 BGH VersR 2009, 518 = NJW-RR 2009, 387.

634 Ein **Anspruch einer Partei auf die Einholung eines weiteren (Ober-) Gutachtens** besteht ausnahmsweise nur bei ungewöhnlichen Schwierigkeiten der Beweisfrage, wegen grober Mängel ihrer Begutachtung, bei durch neuen Vortrag bedingter Änderung der Anschlusstatsachen, wenn Widersprüche zwischen mehreren Gutachten ohne neues Gutachten nicht geklärt werden können, wenn die Sachkunde des früheren Gutachters zweifelhaft ist oder wenn ein neuer Gutachter über überlegene Forschungsmittel verfügt[2011]. Ein neuer Sachverständiger muss aber auch in diesen Fällen nur dann bestellt werden, wenn mit dem bisherigen Gutachten trotz Ergänzung und Erläuterung keine sichere Überzeugung zur Beantwortung der Beweisfrage zu erreichen ist[2012]. Wird nach § 412 ZPO ein neuer Sachverständiger bestellt, haben die Parteien kein Recht mehr auf Anhörung des „abgelösten" Sachverständigen zur Erläuterung seines Gutachtens, es sei denn seine Anhörung ist zur weiteren Sachaufklärung, insbesondere zur Behebung von Lücken oder Zweifeln erforderlich[2013].

7. Neue Haftungsgesichtspunkte im Gutachten und prozessuale Behandlung eines Gutachtens

635 [287] Es kommt vor, dass das Gutachten zwar zu dem Ergebnis gelangt, der behauptete Behandlungsfehler liege nicht vor, **der Sachverständige dabei aber (z.B. aufgrund weit gefasster Beweisbeschlusses, demzufolge der Sachverständige sich auch dazu zu erklären hat, ob das ärztliche Vorgehen unter einem anderen, bislang nicht behaupteten Gesichtspunkt als fehlerhaft zu bewerten ist[2014]) andere, auf den beklagten Arzt zurückfallende Umstände** für bedenklich erachtet[2015], zu denen sich der Patient schon mangels eigener Sach-

2011 BGH VersR 1999, 716 = NJW 1999, 1778; BGH VersR 1980, 533 = MDR 1980, 662; BGH VersR 1968, 900 = AHRS 6180/5; OLG Köln VersR 2015, 583.

2012 KG VersR 2004, 350.

2013 BGH VersR 2011, 1409 = NJW 2011, 852; BGH NJW-RR 2011, 704 = MDR 2011, 317; OLG Hamm GesR 2014, 607.

2014 *Frahm*, MedR 2019, 117, 120 f.; OLG Oldenburg VersR 2008, 1711 = MedR 2008, 618: Dies begründet keine Besorgnis des den Beweisbeschluss verfassten Richters.

2015 Eine spontane Erweiterung der Aussage des Sachverständigen zu Lasten des Arztes ist nach BGH VersR 1982, 168 nicht immer mit Sicherheit zu erwarten. Deshalb sei der Sachverständige gezielt dahingehend kunde nicht hat äußern können. Dann hat das Gericht diesen neuen Umständen im Rahmen der gesteigerten Pflicht zur Sachverhaltsaufklärung nachzugehen[2016]. Dabei wird es regelmäßig davon ausgehen können, dass sich der Patient ihm Günstiges aus dem medizinischen Sachverständigengutachten zumindest **hilfsweise zu eigen macht**, denn es entspricht – so der BGH – einem allgemeinen Grundsatz und gilt erst recht im Arzthaftungsprozess, dass eine Partei die bei der Beweisaufnahme zutage getretenen, für sie günstigen Umstände auch ohne ausdrückliche Erklärung in ihr Prozessvorbringen aufnimmt[2017]. Dieser Grundsatz gilt selbstverständlich auch für den beklagten Arzt, wenn das Gutachten z.B. ergibt, dass die Kosten der erforderlichen Nachbehandlung deutlich geringer ausfallen werden[2018]. Jedenfalls muss das Gericht der Partei Gelegenheit geben, sich auf diesen neuen Umstand und den damit verbundenen Tatsachenvortrag zu berufen[2019]. Beabsichtigt das Gericht, den neuen medizinischen Sachverhalt zu verwerten, hat es die Gegenseite darauf hinzuweisen und ihr Gelegenheit zu ergänzendem Vortrag zu geben (§ 139 Abs. 2 ZPO)[2020].

---

zu fragen, ob die ärztliche Handlung nicht aus einem anderen Grunde fehlerhaft gewesen sein könnte, sofern hierfür Anhaltspunkte vorliegen; so auch *Rehborn*, MDR 2000, 1319, 1321 (Anmerkung). Beachte auch OLG Oldenburg VersR 2008, 1711 = MDR 2008, 527: Keine Besorgnis der Befangenheit des Gerichts, wenn der Sachverständige auch mit der Prüfung beauftragt wird, ob sonstige für den Gesundheitsschaden ursächliche Behandlungsfehler zu erkennen sind. S. aber OLG München VersR 2008, 944: Besorgnis der Befangenheit des Sachverständigen bei ungefragtem Hinweis auf eine fehlende Aufklärung.

2016 Beachte OLG Koblenz MedR 2013, 379 = ZMGR 2013, 171; OLG Oldenburg MDR 2008, 101 = OLGR 2008, 262: Geht der Sachverständige über den Gutachtenauftrag hinaus, kann dies aber die Besorgnis der Befangenheit begründen; s. auch OLG Jena FamRZ 2008, 284 = OLGR 2007, 1013 und Fn. 2000. OLG Bamberg MedR 2017, 714 und OLG Karlsruhe VersR 2014, 768: Anders aber, wenn der Sachverständige z.B. den Beweisbeschluss falsch verstanden hatte; erforderlich ist stets, dass sich seinem Verhalten eine Belastungstendenz entnehmen lässt (strenger: LG Schweinfurt GesR 2017, 180).

2017 BGH VersR 2016, 1380 = NJW-RR 2016, 1360; BGH, Beschl. v. 1.7.2014 – VI ZR 243/10 – zit. nach juris; BGH VersR 2014, 632 = NJW-RR 2014, 1147; BGH VersR 1991, 467 = NJW 1991, 1541.

2018 BGH VersR 2010, 497 = NJW-RR 2010, 495.

2019 *Schmidt*, NJW 1994, 771.

2020 BGH AHRS 6180/31 (Urteil vom 29.11.1988).

636 [288] Versteht das erstinstanzliche Gericht einen Sachverständigen in dessen mündlicher Erläuterung des schriftlichen Gutachtens in einer bestimmten Weise, so darf das **Berufungsgericht** von diesem Verständnis nicht ohne eigene Vernehmung des Sachverständigen abweichen[2021].

637 [289] Wird bei der mündlichen Erläuterung des Gutachtens im Einverständnis mit den Parteien von der nach § 160 Abs. 3 Nr. 4 ZPO grundsätzlich gebotenen Protokollierung der Sachverständigenangaben abgesehen[2022], bedarf es im **Berichterstattervermerk** einer hinreichend klaren und vollständigen Niederlegung der Punkte, die wesentlich sind, insbesondere zu solchen Angaben, die eine Abweichung von dem schriftlichen Gutachten bedeuten[2023].

VII. (Prozess-)Vergleich

638 [290] Bei Vergleichen[2024] ist zu beachten, dass es unter Umständen der **Genehmigung** des Familiengerichts (§ 1822 Nr. 12 BGB: Vergleichsabschluss durch den Vormund; § 1908i BGB: durch den Betreuer)[2025], des Ehegatten (bei ehevertraglich vereinbarter Gütergemeinschaft und gemeinsamer Verwaltung, §§ 1416, 1421 BGB) oder bei Minderjährigen beider Sorgeberechtigter (§ 1629 Abs. 1 BGB, beachte aber §§ 1630 Abs. 2, 1915 Abs. 1 BGB)[2026] bedarf.

2021 BGH VersR 2011, 1450; BGH VersR 1993, 1550 = NJW 1994, 803; BGH VersR 1986, 366 = NJW 1986, 1540; BGH VersR 1993, 1110 = NJW 1993, 2380: Es kann nichts anderes gelten als bei der abweichenden Beurteilung von Zeugenaussagen erster Instanz oder der abweichenden Beurteilung des Ergebnisses eines Augenscheins.

2022 BGH NJW 2010, 3774 = MDR 2011, 213; BGH NJW 1991, 1547 = MDR 1991, 343; *Gehrlein*, GesR 2019, 545, 549.

2023 BGH VersR 2003, 1128 = NJW 2003, 2311; BGH NJW 1991, 1547 = MDR 1991, 343; BGH VersR 1988, 290 = NJW-RR 1987, 1197; BGH VersR 1995, 195 = NJW 1995, 779.

2024 Ausführlich zur vergleichsweisen Regulierung: *Lang*, VersR 2019, 385 auch näher zur Versteuerung des Abfindungsbetrages und zur Kapitalisierung; *Röttger*, SchlHAnz 2019, 289; *Scholten* NJW 2018, 1302 (mit Formulierungsvorschlägen); *Engelbrecht*, DAR 2009, 447; *Jahnke*, VersR 1995, 1145.

2025 OLG Köln VersR 2018, 999 = GesR 2018, 464.

2026 *Lang*, VersR 2019, 385, 387.

Bestehen z.B. wegen schwerer Gesundheitsfolgen Bedenken gegen die **Geschäftsfähigkeit des Patienten**, sollte der Beklagte den Abschluss des Vergleichs wegen der Gefahr der Nichtigkeit von der Vorlage eines (amts-)ärztlichen Attestes über den Kläger abhängig machen oder die Bestellung eines Betreuers nach § 1896 BGB anregen[2027]. Eine im Wege des nichtigen Vergleichs gezahlte Summe kann später unter Umständen wegen Vermögenslosigkeit des Klägers nicht mehr erfolgreich herausverlangt werden (§ 818 Abs. 3 BGB); einer Aufrechnung bzw. einem Zurückbehaltungsrecht gegenüber weiteren Ersatzleistungen, z.B. Rentenzahlungen, zu denen wegen der Fortsetzung des Prozesses eine Verurteilung erfolgen könnte, stehen §§ 394 BGB, 850b ZPO entgegen[2028]. 639

Ein Vergleich zwischen unmittelbar Geschädigtem und Schädiger erledigt ohne entsprechende Einbeziehung die **Ersatzansprüche mittelbar Geschädigter** (§§ 844, 845 BGB) ebenso wenig wie nach § 116 SGB X bereits im Zeitpunkt des schädigenden Ereignisses auf den Sozialversicherungsträger kraft Gesetzes übergegangene Ansprüche[2029]. Dies gilt auch für erbrachte Pflegeleistungen des Sozialversicherungsträgers, selbst wenn das Schadensereignis vor 1995 lag, also vor Einführung der Pflegehilfeleistungen nach §§ 36 ff.SGB XI[2030]. Demgegenüber sind die nicht kraft Gesetzes im Zeitpunkt des Schadensereignisses übergegangenen Ansprüche vom Abfindungsvergleich erfasst, also mit abgegolten (**z.B. Heilbehandlungskosten bei privat Krankenversicherten oder Ansprüche auf Lohnfortzahlung**). Insoweit sollte ein Vorbehalt in den Vergleich aufgenommen werden, wonach diese Kosten ausgenommen bleiben[2031]. 640

Schließt der Patient mit dem Krankenhausträger einen Vergleich, können damit auch seine eventuellen Ansprüche gegen einen mithaftenden, aber am Vergleich nicht beteiligten Arzt der Klinik mit abgegolten sein (§ 423 BGB), jedenfalls wenn der Krankenhausträger den Arzt aus 641

2027 So *Lang*, VersR 2019, 385, 387.

2028 *Geigel/Bacher*, Der Haftpflichtprozess, 28. Aufl. 2020, Kap. 39 Rz. 77.

2029 *Lang*, VersR 2019, 385, 390; *Geigel/Bacher*, Der Haftpflichtprozess, 28. Aufl. 2020, Kap. 40 Rz. 86 f.

2030 BGH VersR 2011, 775 = NJW 2011, 2357: Die Einführung der Pflegehilfeleistungen bedeutete keine „Systemänderung“ gegenüber der bis dahin bestehenden Pflegeleistungen nach §§ 53 ff. SGB V a.F.

2031 *Scholten*, NJW 2018, 1302, 1303; *Engelbrecht*, DAR 2009, 447, 448.

arbeitsrechtlichen Gründen freizuhalten hat und im Vergleich die Klausel „zur Abgeltung aller Ansprüche“ verwendet wurde[2032].

VIII. Rechtskraft einer früheren Entscheidung über Körperverletzungsfolgen (§ 322 Abs. 1 ZPO)

1. Später eintretende Körperverletzungsfolge und Rechtskraft

642 [291] Auch im Arzthaftungsprozess stellt sich die Frage, ob bei einer **später (aber noch innerhalb der 30-jährigen Verjährungsfrist des § 197 Abs. 1 Nr. 3 BGB[2033]) eintretenden Körperverletzungsfolge** weiterer Schadensersatz (auch weiteres Schmerzensgeld) und die Feststellung der Ersatzpflicht für Zukunftsschäden begehrt werden kann, nachdem bereits eine rechtskräftige Entscheidung ergangen war, in der künftige Verletzungsfolgen nicht ausgenommen sind[2034].

643 Der Umfang der Rechtskraft richtet sich nach dem **Streitgegenstand des damaligen Verfahrens**, also dem Klageantrag und dem damals vorgetragenen Lebenssachverhalt, § 253 Abs. 2 Nr. 2 ZPO (s. auch oben Rz. 582: Die Rechtskraft sperrt bei neuen Fehlervorwürfen des selben Lebenssachverhalts). Ist im Vorverfahren z.B. ein uneingeschränktes Schmerzensgeld[2035] verlangt worden, so sind damit jene Schadensfolgen abgegolten, die entweder bereits eingetreten oder objektiv erkennbar waren oder deren Eintritt bereits vorhersehbar war und damit bei der Entscheidung hätte berücksichtigt werden kön-

2032 So LG Oldenburg, Urt. v. 5.4.2019 – 8 O 4096/18 – veröff. in juris. Siehe dazu BGH VersR 2012, 729 = NJW 2012, 1071: Ein Vertrag zugunsten des am Vergleich nicht beteiligten Gesamtschuldners kommt in Betracht, wenn die Parteien hierzu den erkennbaren Willen haben.

2033 BGH VersR 2018, 892 = NJW 2018, 2056: Können Schäden noch nach Ablauf der 30-jährigen Verjährungsfrist eintreten, kann eine erneute Feststellungsklage zulässig sein.

2034 *Bussmann*, MDR 2007, 446; *Terbille*, VersR 2005, 37. Beachte auch OLG Karlsruhe VersR 2010, 924: Sollen künftige Verletzungsfolgen nicht vom zuerkannten Schmerzensgeld erfasst sein, etwa um noch nicht deutlich erkennbare Entwicklungen abzuwarten, so können sie im Urteil ausdrücklich von der Schmerzensgeldbemessung ausgenommen werden.

2035 S. oben Fn. 1863 zur Zulässigkeit des Klagantrags auf Feststellung der Ersatzpflicht künftiger ungewisser immaterieller Schäden.

nen[2036]. Maßgebend ist jedoch nicht die subjektive Sicht der Parteien. Die **Erkennbarkeit der Verletzungsfolgen** richtet sich vielmehr nach den Kenntnissen und Erfahrungen eines insoweit Sachkundigen[2037]. Dies gilt auch für ein Wiederaufflackern einer im Vorprozess bekannten Körperverletzungsfolge, wenn der Rückfall seinerzeit objektiv nicht vorhersehbar, die Verletzung mithin als endgültig ausgeheilt angesehen worden war[2038]. Es genügt auch nicht, wenn damals ein Wiederaufleben der Erkrankung nicht auszuschließen war, um den jetzigen Rückfall zum Gegenstand des früheren rechtskräftig entschiedenen Verfahrens zu machen. Der BGH stellt hierbei darauf ab, ob sich die Folge „als derart naheliegend darstellte, dass sie schon damals bei der Bemessung des Schmerzensgeldes berücksichtigt werden konnte"; demgemäß ist in jenem Urteil bei einer auf höchstens 3 ‰ geschätzten Wahrscheinlichkeit eines Wiederauflebens der Erkrankung dieses als im Vorverfahren nicht berücksichtigungsfähig angesehen worden[2039].

2. Reichweite eines Vergleichs

[292] Bei einem (erwiesenermaßen auf der ursprünglichen Schädi- 644
gung beruhenden) **nach Vergleichsschluss eingetretenen weiteren Schaden** des Patienten im Sinne einer Gesundheitsverschlechterung[2040] kann der einen Zukunftsvorbehalt[2041] nicht enthaltende Ver-

2036 BGH VersR 2004, 1334 = NJW 2004, 1243; BGH VersR 1995, 471 = NJW 1995, 1614; BGH VersR 1988, 929 = NJW 1988, 2300 = MDR 1988, 951; BGH VersR 1980, 975 = NJW 1980, 2754; OLG München MDR 2013, 844; OLG Karlsruhe VersR 2010, 924.

2037 BGH VersR 2006, 1090 = NJW-RR 2006, 712; BGH VersR 1995, 471; BGH VersR 1988, 929; OLG München MDR 2013, 844; OLG Karlsruhe VersR 2010, 924.

2038 BGH VersR 1995, 471.

2039 BGH VersR 1995, 471; s. auch BGH VersR 2006, 1090 = NJW-RR 2006, 712; OLG München MDR 2013, 844.

2040 Siehe OLG München MDR 2013, 844: objektiv vorhersehbare Spätschäden sind vom Vergleich erfasst, jedenfalls wenn bei Vergleichsschluss damit ernstlich zu rechnen war.

2041 Vgl. BGH VersR 2008, 376; OLG Schleswig OLGR 2009, 305 = SchlHAnz 2009, 222 (Vereinbarung einer Abänderbarkeit entsprechend § 323 ZPO); *Lang*, VersR 2019, 385, 388 f. Zur Frage der Verjährung trotz Zukunftsvorbehalts: s. BGH VersR 2003, 452 = NJW 2003, 1524; BGH VersR 2002, 474 = NJW 2002, 1878; s. aber auch § 197 Abs. 1 Nr. 4 BGB, §§ 796a ff. ZPO.

gleich gem. § 157 BGB unter Umständen so auszulegen sein, dass sich nach dem beiderseitigen Willen der im Vergleich enthaltene Verzicht nicht auf Spätfolgen erstreckt, obwohl dem Sinn des Abfindungsvergleichs entsprechend in der Regel von einem Verzicht auf Ersatz auch künftiger Schäden auszugehen sein dürfte. Jedenfalls kann dem Schädiger bei krassem Missverhältnis zwischen dem Folgeschaden und der Abfindungssumme die Störung der Geschäftsgrundlage (§ 313 BGB)[2042] bzw. der Einwand der unzulässigen Rechtsausübung (§ 242 BGB) entgegengehalten werden[2043].

2042 OLG Köln GesR 2016, 692 zur Anwendung des § 313 BGB i.V.m. § 323a ZPO bei eingetretener Änderung der Pflegemehraufwendungen.

2043 BGH VersR 2008, 1648 = NJW-RR 2008, 1716; BGH VersR 1961, 382; BGH VersR 1967, 804; BGH VersR 1990, 984 = NJW 1991, 1535; OLG Koblenz NJW 2004, 782; OLG Frankfurt NJW 2004, 522; OLG Oldenburg VersR 2004, 64; OLG Schleswig VersR 2001, 983 = OLGR 2001, 12; OLG Nürnberg VersR 2001, 982 = r+s 2000, 459; OLG Schleswig VersR 1978, 187 = r+s 1978, 81; OLG Hamm VersR 1987, 389 = zfs 1986, 364 = VRS 71 (1986), 252; OLG Hamm VersR 1987, 509; OLG Köln VersR 1988, 520 = r+s 1987, 254; ausführlich *Engelbrecht*, DAR 2009, 447, 448 f. S. auch BGH NJW-RR 2008, 649 = MDR 2008, 563 und OLG Oldenburg NJW 2006, 3152 = MDR 2007, 273: Äquivalenzstörung bei Änderung der Sozialleistungen.

Stichwortverzeichnis

(Die Zahlen verweisen auf die Randnummern des Buches)

Die Autoren

Wolfgang Frahm ist Vorsitzender Richter am OLG und Dozent für Arzthaftungsrecht in der Rechtsanwalts- und Richterfortbildung sowie in der Schulung für medizinische Sachverständige. Von 1994 bis 1997 war er als wissenschaftlicher Mitarbeiter bei dem VI. Zivilsenat des BGH im Bereich der Arzthaftung tätig und seit 1999 ist er Mitglied des Arzthaftungssenats des OLG in Schleswig. Seit 2013 ist er Vorsitzender dieses Senats. Er war Mitglied der Expertengruppe „Medizin und Standard" des Instituts für Medizinrecht an der Universität zu Köln und der Arbeitsgruppe der Landesjustizministerien zum Thema „Verbesserungen im Arzthaftungsrecht". Aktuell arbeitet Herr Frahm in der Expertengruppe „Ärztliche Aufklärung" der Bucerius Law School Hamburg mit.

Dr. Alexander Walter promovierte an der Universität Regensburg und ist Richter am OLG in Koblenz. Er veröffentlicht regelmäßig auf den Gebieten des Arzthaftungs-, Verkehrs- und Zivilverfahrensrechts. Zudem referiert er zum Arzthaftungs- und Personenschadensrecht sowie zum Zivilprozessrecht.